LE CHANT DU BOURREAU

Tome I

Fils d'émigrés juifs, Norman Kingsley Mailer est né dans l'Etat de New Jersey (U.S.A.) en 1923. Après des études à Harvard, il participa à la seconde guerre mondiale, ce qui lui inspira son premier roman, Les Nus et les Morts *(The Naked and the Dead, 1948) avec lequel Norman Mailer fait une entrée fracassante dans le monde des lettres. Il s'oriente ensuite vers l'existentialisme, qui demeure, encore aujourd'hui, une composante importante de son œuvre. Mais le grand tournant de sa carrière se produit dans les années 60, avec l'apparition de livres qui se situent entre le roman, l'essai (politique, historique, philosophique) et le reportage journalistique. C'est vers ce nouveau type de récit que Mailer se tourne en priorité, surtout depuis 1967.*

Ce qui reste dans les mémoires, c'est le dénouement : le 17 janvier 1977, à la prison d'Etat de l'Utah, un peloton d'exécution mit un terme à la vie de Gary Gilmore, reconnu coupable de meurtre. Pour la première fois sans doute, un condamné refusait tout appel, tout recours, et demandait que la justice allât jusqu'au bout : condamné à mort, Gilmore exigeait d'être exécuté. C'était la conclusion d'une histoire de violence et de peur, de jalousie et de désarroi, d'un amour aussi qui même dans la mort restait encore un défi.

L'auteur recrée dans ses détails les plus intimes et les plus sordides, les plus bouleversants et les plus étonnants, le monde tourmenté de Gilmore. Il s'appuie pour cela sur les témoignages de sa maîtresse, Nicole, confrontée à un monde presque aussi impitoyable pour elle que pour Gilmore, sur les témoignages de sa famille, de ses amis, de policiers, de gardiens de prison, de juges, d'avocats, de journalistes, de psychiatres : des centaines de gens qui d'une façon ou d'une autre ont été mêlés à cette extraordinaire aventure.

Ce livre nous décrit une Amérique que l'on voit rarement : les gens pauvres et déshérités de l'Ouest américain qui depuis longtemps n'est plus une frontière, les descendants de ces pionniers mormons venus si nombreux dans ces terres arides que le voyageur, aujourd'hui encore, peut voir d'avion les traces laissées par leurs chariots.

C'est un homme de chair et de sang qui meurt devant le peloton d'exécution. Un meurtrier que nous en sommes venus à connaître et presque à aimer, car le plus surprenant, c'est que cette histoire pleine de bruit et de fureur est au fond une poignante histoire d'amour : l'amour fou entre deux êtres dont l'un a passé les trois quarts de sa vie en prison et l'autre est une jeune femme belle, sensible, détraquée, irrémédiablement paumée, une enfant comme Gilmore de cette nouvelle génération perdue des années 60.

ŒUVRES DE NORMAN MAILER

Dans Le Livre de Poche :

LES NUS ET LES MORTS.
UN RÊVE AMÉRICAIN.
LE CHANT DU BOURREAU, tome II.

NORMAN MAILER

Le Chant du bourreau

Tome I

ROMAN

TRADUIT DE L'AMÉRICAIN
PAR JEAN ROSENTHAL

ROBERT LAFFONT

Titre original :

THE EXECUTIONER'S SONG

Du fond de mon donjon
je t'accueille
Du fond de mon donjon
je respecte ta peur
Au fond de mon donjon
j'habite
Je ne sais pas
si je te souhaite du bien.

(Vieille chanson de prison.)

VOIX
DE
L'OUEST

PREMIÈRE PARTIE

GARY

CHAPITRE PREMIER

LE PREMIER JOUR

1

BRENDA avait six ans lorsqu'elle tomba du pommier. Elle était montée tout en haut et la branche avec les pommes mûres se rompit ; Gary la rattrapa au vol. Ils eurent peur tous les deux. Les pommiers représentaient la meilleure cueillette de leur grand-mère et il était interdit de monter sur les arbres fruitiers. Elle l'aida à aller cacher la branche et tous deux espéraient bien que personne ne remarquerait rien. Voilà le premier souvenir que Brenda avait de Gary.

Elle avait six ans, lui en avait sept et elle le trouvait formidable. Il était peut-être brutal avec les autres gosses, mais jamais avec elle. Lorsque la famille venait à la ferme de grand-père Brown pour le Memorial Day ou pour Thanksgiving, Brenda ne voulait jouer qu'avec les garçons. Plus tard, elle conservait de ces sorties un souvenir paisible et chaleureux. Pas d'éclats de voix, pas de jurons, rien qu'une bonne réunion familiale. Elle se rappelait qu'elle s'entendait si bien avec Gary que peu lui importait si d'autres étaient là. « Bonjour, grand-mère, je peux avoir un biscuit ? Viens, Gary, allons jouer dehors. »

La porte donnait sur une vaste étendue : par-delà la cour, il y avait les vergers et les champs et puis les montagnes. Un chemin de terre passait devant la maison et gravissait la pente de la vallée jusqu'au canyon.

Gary était du genre silencieux. C'était la raison pour laquelle ils s'entendaient si bien : Brenda pérorait sans arrêt et lui avait l'art d'écouter. Ils s'amusaient bien. Même à cet âge, il était très poli. Si on avait un ennui, il revenait sur ses pas pour vous donner un coup de main.

Puis il déménagea. Gary et son frère Frank Jr, qui était son aîné d'un an, sa mère, Bessie s'en allèrent retrouver Frank Sr à Seattle. Brenda ne le vit plus pendant longtemps. Lorsqu'elle entendit de nouveau parler de Gary, elle avait treize ans. Ida, la mère de Brenda, lui dit que tante Bessie avait téléphoné de Portland et qu'elle avait le cafard. Gary avait été envoyé en maison de correction. Brenda lui écrivit donc une lettre et Gary lui répondit du fond de l'Oregon en lui disant qu'il était navré d'en faire voir ainsi de toutes les couleurs à sa famille.

D'un autre côté, bien sûr, il ne se plaisait pas en maison de correction. Son rêve lorsqu'il sortirait, écrivait-il, c'était de devenir gangster pour bouscu-ler les gens. Il disait aussi que sa vedette de cinéma préférée, c'était Gary Cooper.

Gary n'était pas le genre de garçon à envoyer une seconde lettre avant d'avoir reçu une réponse. Des années pouvaient s'écouler, il n'écrirait pas si on ne lui avait pas d'abord répondu. Comme Brenda ne tarda pas à se marier — elle avait seize ans et pensait qu'elle ne pouvait pas vivre sans un gar-çon — elle se mit à négliger sa correspondance. Elle postait bien une lettre de temps en temps, mais Gary ne reprit sa place dans la vie de Brenda que lorsque, deux ans auparavant, tante Bessie téléphona de nouveau. Elle se faisait encore du souci pour Gary. On l'avait envoyé du pénitencier de l'Etat d'Oregon à Marion, dans l'Illinois, et cet établissement, annonçait Bessie à Ida, c'était ce qu'ils avaient construit pour remplacer Alcatraz. Elle n'avait pas l'habitude de considérer son fils comme un criminel dangereux que l'on ne pouvait garder que dans une prison de haute surveillance.

Du coup, Brenda se mit à penser à Bessie. Dans la famille Brown, avec ses sept sœurs et ses deux frères, Bessie devait être celle dont on parlait le plus. Bessie avait les yeux verts, des cheveux noirs et c'était une des plus jolies filles de la région. Elle possédait un tempérament artistique et avait horreur de travailler dans les champs car elle ne voulait pas que le soleil lui durcisse la peau, la hâle et la tanne. Elle avait la peau très blanche et tenait à la conserver ainsi. Ils avaient beau être des mormons qui faisaient de la culture dans le désert, elle aimait les jolies toilettes, le beau linge et portait des robes blanches avec de grandes manches chinoises et des gants blancs. Elle confectionnait tout elle-même. Avec une de ses amies elles se mettaient sur leur trente et un et s'en allaient en stop jusqu'à Salt Lake City. Maintenant Bessie était vieille et arthritique.

Brenda se remit à écrire à Gary. Bientôt, ils entretinrent une correspondance régulière. L'intelligence de Gary ne cessait de se développer. Il n'était pas encore au lycée quand on l'avait mis en maison de correction, et il avait donc dû lire beaucoup en prison pour être aussi instruit. On pouvait dire qu'il savait utiliser les grands mots. Il en avait quelques-uns parmi les plus longs que Brenda était incapable de prononcer, et elle était encore moins sûre de leur signification.

Parfois Gary, au grand ravissement de Brenda, ajoutait de petits dessins dans la marge ; ils étaients rudement bons. Elle parlait d'essayer de dessiner un peu elle-même et lui adressa un échantillon de ses tentatives artistiques. Il corrigeait ses dessins pour lui montrer les erreurs qu'elle faisait. Ça n'était pas si mal pour des cours par correspondance.

De temps en temps, Gary faisait observer qu'ayant passé tant de temps en prison il avait plus l'impression d'être la victime que l'homme qui avait commis le forfait. Bien sûr, il ne niait pas avoir commis un crime ou deux. Il donnait déjà à entendre à Brenda qu'il n'était pas Le Bon Petit Diable.

Toutefois, après avoir échangé des lettres pendant un an ou davantage, Brenda remarqua un changement. Gary ne semblait plus croire qu'il ne sortirait jamais de prison : sa correspondance devenait plus optimiste. Brenda dit un jour à son mari, Johnny : « Ma foi, je crois bien que Gary est prêt. »

Elle avait pris l'habitude de lire ses lettres à Johnny, ainsi qu'à sa mère, à son père et à sa sœur. Parfois, après avoir commenté ces lettres, ses parents, Vern et Ida, discutaient ce que Brenda devrait répondre et ils semblaient s'intéresser sincèrement à Gary. Toni, la sœur de Brenda, disait souvent combien elle était impressionnée par les dessins qu'il envoyait. Il y avait une si grande tristesse dans ces images... Des enfants avec de grands yeux tristes.

Un jour Brenda demanda : « Quelle impression ça fait de vivre dans ton club là-bas ? Dans quelle sorte de monde vis-tu au fait ? » Il avait répondu :

Je ne crois pas qu'il y ait moyen de décrire correctement ce genre d'existence à quelqu'un qui ne l'a jamais expérimentée. Je veux dire : ce serait totalement étranger pour toi et pour ta façon de penser, Brenda. C'est comme une autre planète.

Et ces mots, lorsqu'elle les lisait dans son living-room, lui évoquaient des visions de la lune.

Etre ici, c'est comme marcher jusqu'au bord et regarder par-dessus plus de vingt-quatre heures sur vingt-quatre pendant plus de jours que tu n'arrives à te rappeler.

Il terminait en écrivant :

Avant tout, il s'agit de rester fort quoi qu'il arrive.

Assis autour de l'arbre de Noël, ils pensaient à Gary en se demandant s'il serait avec eux l'année suivante. Il parlait de ses chances d'être libéré sur parole. Il avait déjà demandé à Brenda de parrainer sa demande et elle avait répondu : « Si tu fais des bêtises, je serai la première à me retourner contre toi. »

D'ailleurs, la famille était plutôt pour. Toni, qui ne lui avait jamais écrit une ligne, s'offrit pour être coresponsable. Si dans certaines de ses lettres Gary paraissait terriblement déprimé, et si celles où il demandait à Brenda de le parrainer étaient à peu près aussi sentimentales qu'une note de service, il y en avait quelques-unes qui vous allaient droit au cœur.

Chère Brenda,
J'ai reçu ta lettre ce soir et ça m'a fait du bien. Ton attitude me met du baume au cœur... Un toit pour m'abriter et un boulot, c'est déjà une sacrée garantie,

mais le fait que quelqu'un s'intéresse à moi, c'est encore plus important pour la commission de libération sur parole. Jusque-là, j'ai toujours été plus ou moins seul.

Ce ne fut qu'après la soirée de Noël que Brenda se rendit compte qu'elle allait se déclarer responsable d'un homme qu'elle n'avait pas vu depuis près de trente ans. Ça la fit penser à la remarque de Toni qui disait que Gary avait un visage différent sur chaque photo.

Johnny, à son tour, commença à s'inquiéter. Il était tout à fait d'accord pour que Brenda écrivît à Gary, mais s'il s'agissait de l'installer chez eux, Johnny commençait à avoir quelques appréhensions. Ça n'était pas que ça le gênait d'abriter un criminel, ça n'était tout bonnement pas le genre de Johnny. Il avait simplement l'impression qu'il allait y avoir des problèmes.

D'abord, Gary n'allait pas débarquer dans une communauté comme les autres. Il allait pénétrer dans un bastion mormon. Ça n'était déjà pas commode pour un homme tout juste sorti de prison mais, si en plus, il avait affaire à des gens qui estimaient que boire du café et du thé était un péché...

« Allons donc », disait Brenda. Aucun de leurs amis n'était pratiquant à ce point-là. On ne pouvait pas dire que Johnny et elle représentaient le couple typique et guindé du comté d'Utah.

« C'est vrai, disait Johnny, mais pense à l'atmosphère. » Tous ces gosses ultra-purs de B.Y.U. qui se préparaient à partir comme missionnaires. Marcher dans la rue pouvait vous donner l'impression qu'on était à un dîner paroissial. Ça créerait sûrement une certaine tension, disait Johnny.

16

Brenda n'était pas mariée à Johnny depuis onze ans sans avoir fini par découvrir que son mari était partisan de la paix à tout prix. Pas de vague dans sa vie s'il pouvait l'éviter. Brenda ne voulait pas dire qu'elle cherchait des ennuis, mais quelques vagues rendaient la vie intéressante. Brenda proposa donc que Gary ne restât avec eux que les week-ends et qu'il habitât pendant la semaine chez Vern et Ida. Cette solution donna satisfaction à Johnny.

« Bah, lui dit-il en souriant, si je ne marche pas, tu le feras de toute façon. » Il avait raison. Elle pouvait témoigner d'une compassion sans bornes à quelqu'un qui vivait cloîtré. « Il a payé sa dette, dit-elle à Johnny, et je veux le faire rentrer. »

Ce furent les mots qu'elle employa pour parler au futur inspecteur responsable de Gary. Lorsqu'on lui demanda : « Pourquoi voulez-vous de cet homme ? » Brenda répondit : « Il a passé treize ans en prison. J'estime qu'il est temps que Gary rentre chez lui. »

Brenda connaissait sa force de persuasion dans ce genre de conversation. Elle était plus près de trente-cinq ans que de trente, et elle n'avait pas eu quatre maris sans s'apercevoir qu'elle était séduisante jusqu'au bout des ongles, et l'inspecteur en question, Mont Court, était blond, grand et costaud. Le beau gars du style Américain moyen, dans le genre sain et soigné, mais malgré tout, se dit Brenda, plutôt sympathique. Il était partisan de l'idée d'une seconde chance et était prêt à céder du terrain si on avait de bons arguments. Sinon, il était plutôt coriace. C'était comme ça qu'elle le voyait. Il avait l'air d'être tout à fait le genre d'homme qu'il fallait pour Gary.

Mont Court lui expliqua qu'il avait travaillé avec un tas de gens qui sortaient de prison et il prévint Brenda qu'il y aurait une période de réadaptation. Peut-être quelques petits ennuis çà et là, une bagarre d'ivrognes. Elle le trouva plutôt large d'esprit pour un mormon. Un homme, expliqua-t-il, ne pouvait pas sortir de prison et reprendre d'emblée une vie normale. C'était comme quand on avait fini son service militaire, surtout si on avait été prisonnier de guerre. On ne redevenait pas immédiatement un civil. Il dit que si Gary avait des problèmes, elle devrait essayer de l'encourager à venir en discuter.

Peu après, Mont Court et un autre officier, délégué à la liberté surveillée, rendirent visite à Vern à son échoppe de cordonnier pour voir si c'était un bon artisan. Ils avaient dû être impressionnés car personne dans la région ne s'y connaissait plus en chaussures que Vern Damico et, après tout, non seulement il allait offrir à Gary un endroit où habiter, mais du travail dans son atelier.

Une lettre arriva de Gary pour annoncer qu'il allait être libéré dans une quinzaine de jours. Puis, au début d'avril, il téléphona à Brenda de la prison pour lui dire qu'il allait sortir dans quelques jours. Il comptait prendre le car qui allait à Saint Louis par Marion et de là prendre la correspondance vers Denver et Salt Lake. Au téléphone il avait une voix agréable, douce, chaude et retenue. Et qui vibrait de sentiment.

Dans son excitation, ce fut à peine si Brenda se rendit compte que c'était pratiquement le même itinéraire qu'avait suivi leur arrière-grand-père mormon lorsqu'il avait quitté le Missouri avec une charrette à bras il y avait près de cent ans et qu'il s'en était allé vers l'Ouest avec tout ce qu'il possédait, traversant les grandes plaines et les cols des

Rocheuses pour venir s'installer à Provo dans le royaume mormon de Deseret, tout juste à quatre-vingts kilomètres au-dessous de Salt Lake.

2

Gary, toutefois, n'avait sans doute pas fait plus de soixante ou quatre-vingts kilomètres depuis Marion lorsque, à un arrêt, il téléphona à Brenda pour lui dire qu'il avait les reins brisés tant il avait été secoué dans ce car, que jamais il n'avait connu une expérience pareille et qu'il avait décidé de se faire rembourser son billet à Saint Louis et de faire le reste du trajet en avion. Brenda approuva. Gary avait envie de voyager dans le luxe ; ma foi, il méritait bien ça.

Il la rappela le même soir. Il avait trouvé une place sur le dernier vol et retéléphonerait à son arrivée.

« Gary, il nous faut trois quarts d'heure pour aller à l'aéroport.

— Ça m'est égal. »

Brenda trouva que c'était une attitude nouvelle, mais c'est vrai qu'il n'avait pas pris beaucoup d'avions. Il voulait sans doute avoir le temps de se détendre.

Même les enfants étaient excités et Brenda n'arrivait pas à trouver le sommeil. Après minuit, Johnny et elle étaient là, à attendre. Brenda avait menacé de tuer quiconque lui téléphonerait tard : elle voulait que la ligne restât libre.

« Je suis arrivé », dit sa voix. Il était 2 heures du matin.

« Bon, on vient te chercher.

— Parfait » , fit Gary, et il raccrocha. Ça n'était pas un type à vous casser les oreilles pour dix *cents*.

Pendant le trajet, Brenda ne cessa de dire à John de se dépêcher. C'était le milieu de la nuit et la route était déserte. John, cependant, n'avait pas envie de choper une contravention. Après tout, ils étaient sur l'autoroute. Il ne dépassait donc pas le cent à l'heure. Brenda renonça à la lutte. Elle était bien trop excitée pour discuter.

« Oh ! mon Dieu, dit Brenda, je me demande quelle taille il a maintenant.
— Quoi ? » fit Johnny.

Elle avait commencé à se dire qu'il était peut-être petit. Ce serait terrible. Brenda ne mesurait qu'un mètre cinquante-huit, mais c'était une taille qu'elle connaissait bien. Depuis l'âge de dix ans, elle possédait cette mensuration, pesait soixante kilos et portait la même taille de soutien-gorge qu'aujourd'hui : bonnets C.
« Comment ça, quelle taille il a ? demanda Johnny.
— Je ne sais pas, j'espère qu'il est grand. »

Au lycée, si elle mettait des talons, la seule personne assez grande pour danser avec elle était le prof de gym. Elle en était arrivée à détester embrasser un garçon sur le front pour lui dire bonsoir. En fait, elle était si obsédée par l'idée d'être grande que c'était peut-être bien ça qui avait arrêté sa croissance.
Bien sûr, ça la faisait aimer les garçons plus grands qu'elle. Ils lui donnaient l'impression d'être féminine. Elle avait tout d'un coup ce cauchemar que, lorsqu'ils arriveraient à l'aéroport, Gary ne lui arriverait qu'à l'aisselle. Bah ! dans ce cas-là, elle plaquerait là toute l'histoire. « Démerde-toi tout seul », lui dirait-elle.

20

Ils s'arrêtèrent le long du refuge aménagé devant l'entrée principale de l'aérogare. A peine était-elle descendue de voiture que Johnny, qui était sorti à gauche, essayait de rentrer son pan de chemise dans son pantalon. Brenda était exaspérée.

Elle voyait Gary adossé au bâtiment. « Le voilà », cria Brenda, mais Johnny dit : « Attends, il faut que je referme ma braguette.

— On se fout pas mal de ton pan de chemise, dit Brenda. J'y vais. »

Comme elle traversait la rue entre le refuge et la porte principale, Gary l'aperçut et ramassa son sac. Ils se précipitèrent l'un vers l'autre. Lorsqu'ils se retrouvèrent, Gary laissa tomber son sac, la regarda puis la serra si fort dans ses bras qu'elle crut être étouffée par un ours. Même Johnny n'avait jamais étreint Brenda aussi fort.

Lorsque Gary la reposa sur le sol, elle recula d'un pas pour le regarder. Elle voulait le voir tout entier. Elle dit : « Mon Dieu, tu es grand. »

Il se mit à rire. « Qu'est-ce que tu attendais, un nain ?

— Je ne sais pas ce que j'attendais, dit-elle, mais, Dieu merci, tu es grand. »

John était planté là avec sa bonne grande gueule qui faisait hum, hum, hum.

« Salut, cousin, dit Gary, content de te voir. » Il serra la main de Johnny.

« Au fait, Gary, fit Brenda d'un air de sainte nitouche, je te présente mon mari.

— Je pensais bien que c'était ce qu'il était », fit Gary.

Johnny dit : « Tu as toutes tes affaires avec toi ? »

Gary ramassa son sac de voyage — Brenda le trouva pitoyablement petit — et dit : « C'est ça. C'est tout ce que j'ai. » Il dit cela sans humour et sans amertume. De toute évidence, les choses matérielles, ça ne l'intéressait pas beaucoup.

Ce fut alors qu'elle remarqua ses vêtements. Il avait un imperméable noir qu'il tenait sur le bras et portait un blazer marron foncé par-dessus — c'était à peine croyable — une chemise à rayures jaunes et vertes. Puis un pantalon de tissu synthétique beige, mal ourlé. Plus une paire de souliers en plastique noir. Elle prêtait attention aux chaussures des gens à cause du métier de son père, et elle se dit : « Fichtre, c'est vraiment de la camelote. On ne lui a même pas offert une paire de chaussures de cuir pour rentrer chez lui. »

« Allons, dit Gary, foutons le camp d'ici. »
Elle sentit alors qu'il avait bu. Il n'était pas ivre, mais il était quand même un peu éméché. Il la prit délibérément par la taille tandis qu'ils regagnaient la voiture.

Ils montèrent, Brenda s'assit au milieu et Johnny prit le volant. Gary dit : « Dites donc, c'est une jolie bagnole. Qu'est-ce que c'est ?
— Une Maverick jaune, lui dit-elle. C'est mon petit veau à moi. »

Ils démarrèrent. Ce fut le premier silence.

« Tu es fatigué ? demanda Brenda.
— Un peu, mais je suis un peu rond aussi. (Gary sourit.) J'ai profité du champagne dans l'avion. Je ne sais pas si c'était l'altitude ou le fait de ne pas avoir bu de bon alcool depuis longtemps mais, bon sang, qu'est-ce que je me suis beurré dans cet avion. J'étais gai comme un pinson. »

Brenda se mit à rire. « Je pense que tu as bien le droit de te piquer un peu le nez. »

On pouvait dire qu'on lui avait coupé les cheveux court en prison. Ce seraient de beaux cheveux bruns et drus quand ils pousseraient, estima Brenda, mais pour l'instant ça rebroussait sur la nuque d'une façon très plouc. Il n'arrêtait pas de les rabattre.

Malgré tout, elle le trouvait bien. Dans la faible lumière qui pénétrait dans la voiture tandis qu'ils traversaient Salt Lake par l'autoroute, la ville endormie autour d'eux, elle se dit que Gary était tout ce qu'elle attendait dans ce domaine. Un beau nez long, un menton solide, des lèvres minces et bien dessinées. Un visage qui avait du caractère.

« Tu veux qu'on s'arrête pour boire une tasse de café ? » proposa Johnny.

Brenda sentit Gary se crisper. On aurait dit que même l'idée de s'aventurer dans un endroit qu'il ne connaissait pas le rendait nerveux. « Viens, dit Brenda, on va te faire faire la visite rapide. »

Ils choisirent le café *Chez Jean*. C'était le seul endroit au sud de Salt Lake ouvert à trois heures du matin, mais c'était vendredi soir et les gens arboraient leurs plus belles toilettes. Lorsqu'ils furent installés dans leur box, Gary dit : « Je pense qu'il va falloir que je me trouve des vêtements. »

Johnny l'incita à manger, mais il n'avait pas faim. De toute évidence il était trop excité. Brenda avait l'impression de pouvoir percevoir le tremblement qui l'agitait dans chaque couleur vive que Gary examinait sur le juke-box. Il avait l'air presque étourdi par la lumière tournante rouge, bleu et or qui défilait sur l'écran électronique du distributeur de cigarettes. Il était si absorbé que sa fascination gagna Brenda. Lorsque deux jolies filles entrèrent et que Gary marmonna : « Pas mal », Brenda se mit à rire. Il y avait quelque chose de si sincère dans la façon dont il avait dit ça.

Sans cesse des couples arrivaient sortant d'une soirée et repartant. Le bruit des voitures qui se garaient ou démarraient n'arrêtait pas. Malgré cela, Brenda ne regardait pas la porte. Sa meilleure amie aurait pu franchir le seuil, elle aurait été toute seule avec Gary. Elle ne se rappelait pas avoir jamais vu quelqu'un absorber à ce point son attention. Elle ne voulait pas être désagréable avec Johnny, mais elle oublia bel et bien qu'il était là.

Gary, lui, regarda à travers la table et dit : « Merci, mon vieux. C'est chic d'être venu avec Brenda me chercher. » Ils échangèrent une nouvelle poignée de main. Plus franche cette fois.

Tout en buvant son café, il posa des questions à Brenda sur ses parents, sa sœur, ses gosses et sur le travail de Johnny.

Johnny était à l'entretien de la Fonderie du Pacifique. Tout en étant maintenant forgeron, il fabriquait des canalisations métalliques, les faisait cuire, les fondait, parfois les moulait.

La conversation s'alanguissait. Gary ne savait plus quoi demander d'autre à Johnny. « Il ne sait rien de nous, se dit Brenda, et je sais si peu de sa vie. »

Gary parla de deux de ses copains de prison en disant combien c'étaient de braves types. Puis il ajouta en s'excusant : « Bah, vous n'avez pas envie d'entendre parler de prison, ça n'est pas un sujet très agréable. »

Johnny dit qu'ils y allaient sur la pointe des pieds seulement parce qu'ils ne voulaient pas le vexer. « On est curieux, dit Johnny, mais tu sais, on ne veut pas te demander : Comment c'est là-dedans ? Qu'est-ce qu'ils vous font ? »

Gary sourit. Le silence retomba entre eux.

Brenda savait qu'elle rendait Gary très nerveux. Elle n'arrêtait pas de le dévisager, mais elle ne s'en lassait pas. Il y avait tant de choses à voir sur son visage.

« Mon Dieu, répétait-elle, c'est bon de t'avoir ici.

— C'est bon d'être rentré.

— Attends de connaître ce pays », dit-elle. Elle mourait d'envie de lui parler des parties de plaisir qu'ils pourraient avoir sur le lac Utah, et des excursions qu'ils pourraient faire dans les canyons. Le désert était tout aussi gris, brun et sinistre que n'importe quel désert, mais les montagnes avaient des sommets qui frôlaient les quatre mille mètres et les canyons étaient couverts de magnifiques forêts. On pouvait faire des balades super avec les copains. On lui apprendrait à chasser à l'arc et elle était sur le point de le lui dire quand tout d'un coup elle put bien voir Gary dans la lumière. Elle avait eu beau le dévisager tout le temps, c'était comme si elle ne l'avait pas encore regardé du tout. Elle éprouva soudain un violent sentiment de malheur. Il était beaucoup plus marqué qu'elle ne s'y attendait.

Elle tendit la main pour lui tâter la joue là où il avait une très vilaine cicatrice et Gary dit : « C'est pas joli à voir, hein ?

— Je suis navrée, Gary, dit Brenda, je ne voulais pas t'embarrasser. »

Ça créa un tel silence que Johnny finit par demander : « Comment c'est arrivé ?

— Un gardien m'a frappé, dit Gary. (Il sourit.) Ils m'avaient attaché pour me faire une piqûre de prolixine... et j'ai réussi à cracher à la figure du docteur. C'est à ce moment-là que je me suis fait matraquer.

— Ça te dirait, demanda Brenda, de mettre la main sur ce gardien qui t'a frappé ?

— Ne cherche pas à deviner mes pensées, dit Gary.

— Bon, fit Brenda, mais est-ce que tu le détestes ?

— Bon Dieu, oui. Tu ne le détesterais pas, toi ? fit Gary.

— Bien sûr que si, dit Brenda. C'est juste pour vérifier. »

Une demi-heure plus tard, sur le chemin de la maison, ils passèrent devant Point of the Mountain. A gauche de l'autoroute, une longue colline se détachait des montagnes et sa crête était comme la patte d'une bête dont les griffes arriveraient jusqu'à la route. De l'autre côté, dans le désert sur la droite, se trouvait la prison de l'Etat d'Utah. A cette heure, dans les bâtiments, il n'y avait que quelques lumières d'allumées. Ils firent quelques plaisanteries sur la prison de l'Etat d'Utah.

3

Quand il se retrouva dans le living-room de Brenda à boire de la bière, Gary commença à se détendre. Il aimait bien la bière, avoua-t-il. En prison il fabriquait une espèce de bibine avec du pain. Ils appelaient ça du Pruno. Cependant, Brenda et Johnny remarquaient que Gary avait une sacrée descente.

Johnny ne tarda pas à être fatigué et à aller se coucher. Gary et Brenda commencèrent alors à parler vraiment. Il raconta quelques histoires de prison. Brenda trouva chacune d'elles plus extraordinaire que l'autre. Sans doute y avait-il une part de vérité et une part de bière. Il devait savoir tout ça par cœur.

Ce ne fut que lorsqu'elle regarda par la fenêtre et qu'elle vit que le jour se levait qu'elle se rendit compte combien ils avaient parlé longtemps. Ils franchirent la porte pour regarder le soleil se lever derrière la maison style ranch et toutes les maisons style ranch de ses voisins et, comme ils étaient plantés là, sur son bout de pelouse, jonchée de jouets abandonnés, humides de la froide rosée du matin, Gary regarda le ciel et prit une profonde inspiration.

« J'ai envie d'aller courir un peu, dit-il.

— Tu dois être dingue, fatigué comme tu es », dit-elle.

Il se contenta de s'étirer en respirant à fond et un grand sourire s'épanouit sur son visage. « Tu te rends compte, dit-il, je suis vraiment dehors. »

Dans les montagnes, la neige était gris fer, violette dans les creux et elle brillait comme de l'or sur chaque pente qui faisait face au soleil. Les nuages, au-dessus des montagnes, se levaient avec la lumière. Brenda le regarda longuement dans les yeux et de nouveau se sentit pleine de tristesse. Le regard de Gary avait pris l'expression des lapins qu'elle avait débusqués, des lapins affolés. Mais elle avait déjà vu ces yeux de lapins effrayés et ils étaient calmes et tendres, avec un peu de curiosité. Ils ne savaient pas ce qui allait se passer.

CHAPITRE II

LA PREMIÈRE SEMAINE

1

BRENDA installa Gary sur le canapé transformable dans la pièce où il y avait la télé. Comme elle commençait à faire le lit, il resta là à sourire.

« Qu'est-ce qui te donne ce petit sourire en coin ? dit-elle après un silence.

— Tu sais depuis quand je n'ai pas dormi dans des draps ? »

Il prit une couverture mais pas d'oreiller. Puis elle regagna sa chambre. Elle ne sut jamais s'il s'était endormi. Elle avait l'impression qu'il s'était allongé et qu'il se reposait sans ôter son pantalon, rien que sa chemise. Lorsqu'elle se leva, quelques heures plus tard, il était déjà debout.

Ils étaient encore en train de prendre le café lorsque Toni vint leur rendre visite ; Gary la serra dans ses bras, puis recula et lui prit le visage à deux mains en disant : « Voilà enfin que je fais la connaissance de la petite sœur. Mon vieux, j'ai regardé tes photos. Tu es une vraie petite dame.

— Tu vas me faire rougir », fit Toni.

C'était vrai qu'elle ressemblait à Brenda. Les mêmes yeux noirs tout ronds, les cheveux noirs, le même regard effronté. La seule différence, c'est que Brenda avait des courbes voluptueuses et que Toni était mince comme un mannequin. Comme ça, on avait le choix.

Lorsqu'ils s'assirent, Gary ne cessa pas de tendre le bras pour le passer autour de la taille de Toni ou pour lui prendre la main. « Dommage que tu sois ma cousine, dit-il, et que tu aies épousé ce grand connard. »

Par la suite, Toni devait raconter à Brenda combien Howard avait été bon et bien avisé de lui dire : « Va voir Gary sans moi. » Elle continua en disant que Gary lui inspirait de la tendresse, sans rien de sexuel, plutôt comme un frère. Elle avait été stupéfaite de voir tout ce qu'il connaissait de sa vie à elle. Par exemple, le fait que Howard mesurait un mètre quatre-vingt-quinze. Brenda s'abstint de lui faire remarquer que ça n'était sûrement pas dans une lettre de Toni qu'il l'avait appris puisque Toni ne lui avait jamais écrit une ligne.

Avant de laisser Brenda emmener Gary voir Vern et Ida, Johnny lui fit faire une épreuve de force. Il prit la bascule de la salle de bain et en serra le plateau entre ses mains jusqu'à ce que l'aiguille grimpât à cent quinze kilos.

Gary essaya à son tour et atteignit cinquante-cinq kilos. Furieux, il serra le plateau jusqu'à en trembler. L'aiguille monta à soixante-dix kilos.

« Hé oui, fit Johnny, tu fais des progrès.

— Quel est le plus haut score que tu aies fait ? demanda Gary.

— Oh ! fit Johnny, le cadran s'arrête à cent trente, mais j'ai poussé l'aiguille plus loin. J'imagine cent trente-cinq. »

Pendant le trajet jusqu'à la cordonnerie, Brenda en dit un peu plus long à Gary sur son père. Vern, expliqua-t-elle, était sans doute l'homme le plus fort qu'elle connaissait.

« Plus fort que Johnny ? »

Oh ! poursuivit Brenda, personne n'était plus fort que Johnny pour presser un plateau de bascule, mais elle ne savait pas qui avait jamais battu Vern Damico au bras de fer.

Vern, dit Brenda, était assez fort pour être toujours doux. « Je ne crois pas que mon père m'ait jamais donné une fessée sauf une fois dans toute ma vie, et je l'avais vraiment méritée. Ce n'était qu'une claque sur le derrière, mais avec sa main il pouvait me couvrir tout le corps. »

A l'aube les montagnes étaient violettes et dorées, mais maintenant, dans la lumière du matin, elles étaient grandes, brunes et nues et il restait sur les crêtes des traînées de neige grise saturée de pluie. Ça influa sur leur humeur. Du côté nord d'Orem où elle vivait, jusqu'à la boutique de Vern au centre de Provo, il y avait dix kilomètres, mais en passant par State Street, ça prenait un moment. Il y avait des centres commerciaux et des snack-bars, des vendeurs de voitures d'occasion, des magasins de confection et des stations-service, des marchands d'appareils ménagers, des panneaux publicitaires et des éventaires où l'on vendait des fruits. Il y avait des banques et des agences immobilières dans des ensembles de bureaux sans étage et des rangées d'immeubles d'habitation avec des toits mansardés. Il ne semblait pas y avoir un immeuble qui ne fût peint dans des couleurs de nursery : jaune pastel, orange pastel, marron pastel, bleu pastel. Il n'y avait que quelques maisons de bois à deux étages qui avaient l'air d'avoir été construites depuis trente ans. Sur State Street, tout au long des dix kilomètres d'Orem à Provo, ces maisons paraissaient aussi vieilles que les saloons de westerns.

« On peut dire que ça a changé », dit Gary.

Au-dessus de leurs têtes s'étendait l'immensité bleue du robuste ciel de l'Ouest américain. Ça, ça n'avait pas changé.

Au pied des montagnes, à la limite entre Orem et Provo se trouvait l'université Brigham Young. Elle aussi était neuve et semblait avoir été bâtie avec un jeu de construction pour enfant. Voilà vingt ans, l'université avait quelques milliers d'étudiants. Aujourd'hui il y avait près de trente mille inscrits, lui dit Brenda. Tout comme Notre-Dame pour les bons catholiques, il y avait la B.Y.U. pour les bons mormons.

2

« Je ferais mieux de t'en dire un peu plus sur Vern, fit Brenda. Il faut que tu comprennes quand papa plaisante et quand il est sérieux. Ça peut être un peu difficile à deviner parce que papa ne sourit pas toujours lorsqu'il plaisante. »

Elle ne lui raconta pas que son père était né avec un bec-de-lièvre, mais elle pensait qu'il le savait. Vern avait eu le palais si bien refait qu'il parlait normalement, mais la cicatrice était visible. Sa moustache ne cherchait pas à la dissimuler. Lorsqu'il alla pour la première fois à l'école, il ne lui fallut pas longtemps pour devenir un des costauds de la classe. Tous les garçons qui avaient envie de se moquer de Vern à cause de sa lèvre, dit Brenda, recevaient un gnon en pleine poire.

Ça faisait la personnalité de Vern. Aujourd'hui encore, quand les enfants entraient dans l'échoppe et le voyaient pour la première fois, Vern n'avait pas besoin d'entendre ce que l'enfant disait quand sa mère lui soufflait : « Chut ! » Il était habitué. Maintenant ça ne le gênait plus. Au long des années, toutefois, il avait dû faire un effort pour surmonter ça. Non seulement ça l'avait laissé robuste mais franc. Il pouvait avoir des manières douces, dit Brenda, mais en général il disait carrément ce qu'il pensait. Ça pouvait être rude.

Pourtant, quand Gary rencontra Vern, Brenda décida qu'elle l'avait trop préparé. Il était un peu nerveux quand il dit bonjour. Il regardait autour de lui et avait l'air surpris de la taille de la boutique, comme s'il ne s'attendait pas à cette sorte de grande caverne. Vern fit remarquer que ça faisait pas mal d'espace à parcourir quand les clients n'étaient pas là, et puis ils se mirent à parler de son ostéoarthrite. Vern avait une ostéite du genou extrêmement pénible qui lui avait bloqué l'articulation. Rien que d'en entendre parler, on aurait dit que ça rendait Gary soucieux. Il avait l'air sincère, se dit Brenda. C'était tout juste si elle ne sentait pas la douleur du genou de Vern passer tout droit dans l'aine de Gary.

Vern estimait que Gary devrait venir s'installer avec Ida et lui tout de suite, mais il ne devrait pas envisager de se mettre au travail avant quelques jours. On avait besoin de s'habituer à la liberté, observa Vern. Après tout, Gary venait d'arriver dans une ville inconnue, il ne savait pas où était la bibliothèque ; il ne savait pas où aller prendre un café. Il parla donc à Gary avec une grande lenteur. Brenda avait l'habitude des hommes qui mettaient un moment à se dire des choses, mais si on était impatient, ça avait de quoi vous rendre dingue.

Mais quand elle et Gary arrivèrent à la maison, Ida fut ravie. « Bessie était ma grande sœur préférée, et moi j'étais toujours celle qu'elle aimait le mieux », lui expliqua Ida. Elle prenait un peu d'embonpoint, mais avec ses cheveux brun-roux et sa robe aux couleurs vives, Ida avait l'air d'une séduisante Gitane.

Gary et elle commencèrent tout de suite à évoquer comment il était quand il était petit garçon et qu'il allait voir grand-mère et grand-père Brown. « J'aimais ce temps-là, lui dit Gary. Je n'ai jamais été aussi heureux de ma vie. »

Tous les deux, Gary et Ida, offraient un drôle de spectacle dans cette petite pièce de séjour. Vern avait beau avoir des épaules capables d'occuper tout l'encadrement d'une porte et chacun de ses doigts plus gros que deux doigts de n'importe qui, il n'était pas si grand et Ida était petite. Ça n'était pas un plafond bas qui les gênerait.

C'était une salle de séjour avec un tas de meubles capitonnés, dans de brillantes couleurs automnales, avec des tapis de couleurs vives et des tableaux pleins de couleurs dans des cadres dorés. Debout à côté de la cheminée, se trouvait une statue en céramique représentant un garçon d'écurie noir avec une veste rouge. Des tables basses chinoises et de grands coussins de couleur occupaient une partie du plancher.

Après avoir vécu derrière des barres d'acier, du béton et des murs de ciment, Gary allait maintenant passer une bonne partie de son temps dans cette pièce.

De retour chez elle, sous prétexte de l'aider à déballer ses affaires, Brenda jeta un coup d'œil dans son sac de voyage. Il contenait juste une boîte de crème à raser, un rasoir, une brosse à dents, un peigne, quelques photos, son certificat de libération, quelques lettres et pas de linge de rechange.

Vern lui passa du linge, un pantalon marron, une chemise et vingt dollars.

Gary dit : « Je ne pourrai pas te rembourser tout de suite.

— Je te fais cadeau de cet argent, fit Vern. Si tu en as besoin d'autre, viens me trouver. Je n'en ai pas beaucoup, mais je te donnerai ce que je pourrai. »

Brenda comprenait le raisonnement de son père : un homme qui n'a pas un sou en poche peut s'attirer des ennuis.

Le dimanche après-midi, Vern et Ida l'emmenèrent en voiture à Lehi, de l'autre côté d'Orem, pour aller rendre visite à Toni et Howard.

Annette et Angela, les deux filles de Toni, étaient excitées par la présence de Gary. Il avait un effet magnétique sur les gosses, reconnurent Brenda et Toni. Ce dimanche-là, deux jours après sa sortie de prison, il était assis dans un fauteuil tapissé de tissu doré, à dessiner à la craie sur une ardoise pour Angela.

Il faisait un beau dessin et Angela, qui avait six ans, l'effaçait. Ça l'amusait beaucoup. Il se donnait beaucoup de mal pour le suivant, faisait un dessin superbe et elle arrivait en faisant ohé, euh euh, et elle l'effaçait. Comme ça il pouvait en faire un autre.

Au bout d'un moment il s'assit par terre pour jouer aux cartes avec elle.

Angela ne savait jouer qu'à la bataille, mais elle ne se rappelait pas la hauteur des cartes. Elle disait que le 6 avait la queue en l'air parce que la ligne montait et que le 9 l'avait en bas. Le 7 était un crochet. Ça amusait beaucoup Gary. Les reines, expliqua Angela d'un ton définitif, étaient des dames. Les rois étaient de grands garçons. Les valets de petits garçons.

« Toni, cria-t-il, voudrais-tu m'expliquer quelque chose ? Est-ce que c'est un jeu illicite que je joue là avec ta fille ? » Gary trouvait ça très drôle.

Plus tard ce dimanche-là, Howard Gurney et

Gary essayèrent de se parler. Howard avait travaillé toute sa vie dans le bâtiment, c'était un électricien syndiqué. Il n'avait jamais été en prison sauf un soir quand il était gosse. C'était difficile de trouver entre eux un dénominateur commun. Gary savait plein de choses et avait un vocabulaire fantastique, mais Howard et lui ne semblaient avoir aucune expérience en commun.

3

Le lundi matin, Gary entama le billet de vingt dollars que Vern lui avait donné pour s'acheter une paire de baskets. Cette semaine-là, tous les jours il s'éveilla vers six heures et s'en allait courir. Il sortait de la maison de Vern d'un long pas rapide, descendait jusqu'à la Cinquième Rue Ouest, faisait le tour du parc et revenait : plus de dix blocs en quatre minutes, un bon temps. Vern, avec son mauvais genou, trouvait que Gary était un coureur fantastique.

Au début, Gary ne sut pas très bien ce qu'il pouvait faire dans la maison. Le premier soir qu'il passa seul avec Vern et Ida, il demanda s'il pouvait aller prendre un verre d'eau.

« Tu es chez toi, dit Vern. Tu n'as pas à demander la permission. »

Gary revint de la cuisine, le verre à la main. « Je commence à m'y habituer, dit-il à Vern. C'est rudement bon.

— Mais oui, fit Vern, va et viens comme tu veux. Enfin dans des limites raisonnables. »

Gary n'aimait pas la télévision. Peut-être qu'il l'avait trop regardée en prison, mais le soir, quand Vern était allé se coucher, Gary et Ida restaient assis à bavarder.

Ida évoquait l'art avec lequel Bessie utilisait le maquillage. « Elle s'y prenait si bien, disait Ida et avec un tel goût. Elle savait toujours comment se rendre belle. Elle avait la même élégance que notre mère qui était française et qui avait toujours eu des traits aristocratiques. » Sa mère, raconta Ida, avait de bonnes manières qu'elle avait transmises à ses enfants. La table était toujours bien mise, peut-être pas suivant les règles les plus strictes — ils n'étaient que de pauvres mormons — mais il y avait une nappe, toujours une nappe, et assez d'argenterie pour que ça fasse bien.

Bessie, confia Gary à Ida, était aujourd'hui si arthritique qu'elle pouvait à peine bouger, et la petite caravane où elle habitait était tout en plastique. Compte tenu du climat de Portland, cette caravane devait être humide.

Quand il aurait un peu d'argent, il essaierait d'améliorer ça. Un soir, Gary téléphona à sa mère et lui parla longuement. Ida l'endendit lui dire qu'il l'aimait et qu'il allait la faire revenir habiter Provo.

C'était une semaine douce pour avril et c'était agréable de bavarder le soir, de faire des projets pour l'été à venir.

Vers le troisième soir, ils se mirent à parler de l'allée de Vern. Elle n'était pas assez large pour laisser passer plus d'une voiture, mais Vern avait à côté un bout de pelouse qui pourrait donner de la place pour une autre voiture à condition de pouvoir retirer la margelle de béton qui séparait l'herbe de la partie goudronnée. Ce muret courait sur une dizaine de mètres depuis le trottoir jusqu'au garage. Il avait environ quinze centimètres de haut sur vingt de large et ce serait un rude boulot que de le casser. A cause de sa mauvaise jambe, Vern n'y avait pas touché.

« Je vais le faire », annonça Gary.

Et en effet, le lendemain matin à six heures, Vern fut réveillé par Gary qui s'attaquait à la margelle avec une grosse masse. Le fracas en retentissait à l'aube dans tout le voisinage. Vern était embêté pour les gens du motel juste à côté qui allaient être réveillés par les vibrations. Gary travailla toute la journée, fendant le rebord de béton à grands coups de masse, puis faisant sauter les morceaux centimètre par centimètre avec le ciseau à froid. Bientôt Vern dut en acheter un neuf.

Il lui fallut une journée et une partie du lendemain pour démolir ces dix mètres de margelle. Vern proposa son aide, mais Gary ne voulut pas en entendre parler. « Je m'y connais pour ce qui est de casser des cailloux, dit-il à Vern en souriant.

— Qu'est-ce que je peux faire pour toi ? demanda Vern.

— Ma foi, c'est un travail qui donne soif, dit Gary. Tu n'as qu'à m'entretenir en bière. »

Ça se passa ainsi. Il buvait beaucoup de bière, trimait vraiment dur et ils étaient contents tous les deux. Lorsqu'il eut terminé, il avait sur la main des ampoules ouvertes aussi grandes que les ongles de Vern. Ida insista pour lui bander les paumes, mais Gary se conduisit comme un gosse — un homme ne porte pas de bandages — et il s'empressa de les ôter.

Toutefois ça l'avait détendu de faire ce travail. Il était prêt à se lancer dans sa première exploration de la ville.

Provo était bâtie en damiers, avec des rues très larges où se trouvaient quelques immeubles de quatre étages. Il y avait trois cinémas : deux dans Center Street, la principale rue commerçante, et l'autre sur University Avenue, l'autre rue commerçante. A Provo, l'équivalent de Times Square, c'était l'intersection des deux rues. A un coin il y avait un jardin public auprès d'une église et à l'autre extrémité un très grand drugstore.

Pendant la journée, Gary se promenait en ville. Si, vers l'heure du déjeuner, il se trouvait dans les parages de la cordonnerie, Vern l'emmenait au *Café Provo*, ou bien au *Sou Neuf de Joe*, qui servait le meilleur café de la ville. Ce n'était qu'un petit bistrot avec vingt sièges, mais à l'heure du déjeuner les gens faisaient la queue dans la rue pour entrer. Bien sûr, lui expliqua Vern, Provo n'était pas célèbre pour ses restaurants.

« Elle est célèbre pour quoi ? demanda Gary.

— Du diable si je le sais, dit Vern. Peut-être un taux de criminalité bas. »

Dès l'instant où Gary commencerait à travailler à la cordonnerie, il se ferait deux dollars cinquante de l'heure. Deux ou trois fois après le déjeuner, il resta à traîner dans la boutique pour se mettre dans le bain. Après avoir regardé Vern s'occuper de quelques clients, Gary décréta qu'il préférait se concentrer sur les réparations. Il ne savait pas s'il serait capable d'affronter des clients désagréables. « Il va falloir que je m'y mette doucement », dit-il à Vern.

En se baladant, Gary décida de se débarrasser de son pantalon en tissu synthétique pour s'acheter des jeans. Il emprunta quelques dollars de plus à Vern, et Brenda l'emmena dans un centre commercial.

Il lui dit qu'il n'avait jamais rien vu de pareil. C'était époustouflant. Il n'arrivait pas à détourner ses regards des filles. Il était en train de les lorgner quand il heurta le rebord d'un bassin. Si Brenda ne l'avait pas rattrapé par la manche, il se serait retrouvé dedans. « On peut dire que tu n'as pas perdu ton coup d'œil », lui dit-elle. Il ne reluquait que les plus belles filles. Il était presque complètement trempé, mais il avait très bon goût.

Au rayon des jeans, chez Penney's, Gary était indécis. Au bout d'un moment il dit : « Je ne sais pas comment on s'y prend. Est-ce qu'on doit prendre les pantalons sur l'étagère ou est-ce que quelqu'un vous les donne ? »

Brenda le plaignit sincèrement. « Cherche ceux que tu veux, dit-elle, et préviens la vendeuse. Si tu veux les essayer, tu peux.

— Sans les payer ?

— Oh ! oui, tu peux les essayer d'abord », dit-elle.

4

Le premier jour de travail de Gary à la cordonnerie se passa bien. Il était plein d'enthousiasme et Vern n'était pas mécontent. « Ecoute, fit Gary, je n'y connais rien, mais tu n'as qu'à me dire et je pigerai. »

Vern le fit commencer sur un pied de fonte, à démonter des chaussures. C'était comme un pied de métal posé à l'envers, et Gary enfilait la chaussure dessus, décousait la semelle, ôtait le talon, enlevait les clous, arrachait les fils et préparait le dessus pour la nouvelle semelle et le talon neuf. Il fallait faire attention à ne pas entamer le cuir ni à faire du gâchis pour celui qui travaillerait après lui.

Gary était lent, mais il travaillait bien. Les premiers jours il eut une attitude parfaite ; il se montrait humble, aimable, charmant. Vern commençait à bien l'aimer.

La difficulté, c'était de l'occuper. Vern n'avait pas toujours le temps de lui donner des leçons. Il y avait des travaux urgents à faire. La vraie difficulté, c'était que Vern et son compagnon, Sterling Baker, avaient l'habitude de se répartir le travail entre eux. C'était plus facile de le faire à eux deux que de montrer à un nouveau comment il fallait s'y prendre. Gary devait donc attendre alors qu'en réalité il voulait passer à l'étape suivante. S'il ôtait un talon, il avait envie de poser le talon neuf. Vingt minutes s'écoulaient parfois avant que Vern pût revenir s'occuper de lui.

Gary disait : « Je n'aime pas rester là à attendre. Tu comprends, j'ai l'impression de ne servir à rien. »

Le problème, selon Vern, c'était que Gary voulait atteindre vite la perfection. Il voulait pouvoir réparer une paire de chaussures, comme Vern. Ça n'allait pas lui venir comme ça tout seul. Vern lui dit : « Tu ne peux pas apprendre ça tout de suite. »

Gary comprenait. « Oh ! je sais », disait-il, mais son impatience ne tardait pas à revenir.

Bien sûr, Gary s'entendait très bien avec Sterling Baker qui avait une vingtaine d'années et qui était le plus charmant garçon du monde. Il n'élevait jamais la voix, il était beau garçon et ça ne l'ennuyait pas de parler cordonnerie. Les deux premiers jours qu'il passa là, Gary n'arrêta pas de ramener la conversation sur les chaussures comme s'il avait l'intention d'apprendre tout ce qu'on pouvait savoir là-dessus. Les seules fois où Gary eut du mal à se concentrer, ce fut quand de jolies filles entraient dans la boutique. « Regarde-moi ça, disait-il. Ça fait des années que je n'ai rien vu de pareil. »

Les filles qu'il aimait le mieux, disait-il, étaient celles qui avaient une vingtaine d'années. Vern se dit que Gary n'avait guère mûri depuis l'époque où il avait dit adieu au monde pour treize ans. En tout cas il n'avait aucun mal à devenir copain avec un gosse comme Sterling Baker.

Cependant le premier rendez-vous de Gary fut organisé par Vern et Ida avec une femme divorcée qui avait à peu près son âge, Lu Ann Price. Lorsqu'elle l'apprit, Brenda dit à Johnny : « Il faut que ça marche. »

5

Brenda ne trouvait pas que Lu Ann était la femme qu'il fallait pour Gary. Elle était maigre comme un échalas, elle avait des enfants et était très sûre d'elle. Ses paupières étaient toujours irritées. Tout ça ne faisait pas un mélange bien excitant.

C'était une rouquine. Peut-être que ça plairait à Gary.

Les Damico avaient décidé que ça valait la peine d'essayer avec Lu Ann. Ils ne pensaient à personne d'autre pour l'instant et Lu Ann, après tout, avait un peu entendu parler de Gary lorsque Brenda avait repris sa correspondance avec lui. Lorsqu'elle entendit raconter que Gary ne savait pas comment rencontrer des gens et qu'il avait du mal à se débrouiller tout seul, Lu Ann se sentit prête à le secourir. « Pourquoi pas, dit-elle. Il est très seul. Il a payé un prix terrible. » Peut-être une amie pourrait-elle expliquer des choses dont une famille ne pouvait pas parler.

Le jeudi soir donc, moins d'une semaine après ce vendredi où Gary avait pris l'avion de Saint Louis à Salt Lake, Lu Ann téléphona pour demander à Vern si Gary aimerait sortir avec elle pour aller prendre une tasse de café.

« Je trouve que c'est une idée épatante », dit Vern. Gary, appelé au téléphone, ne tarda pas à dire oui.

Elle passa vers neuf heures. Gary parut abasourdi lorsqu'il la vit. Non pas qu'il fût surpris de lui trouver cet air-là. Malgré tout, comme Lu Ann devait le raconter plus tard à des amis, elle n'aurait pu dire s'il était content ou déçu. Il lui dit bonjour en bredouillant, puis s'assit dans un fauteuil en face d'elle à l'autre bout de la pièce.

Il avait un vieux pantalon de gabardine qui non seulement était trop court, mais trop étroit. Il portait une veste qu'on aurait dit empruntée à Vern, large aux épaules et cintrée aux hanches. Cependant, il était trop habillé pour Lu Ann qui, par cette nuit douce, portait des jeans et une blouse de paysanne.

Comme il restait silencieux dans son fauteuil, Vern et Lu Ann entretinrent la conversation jusqu'au moment où ça commença à marcher. « Gary, finit-elle par lui demander, voulez-vous que nous sortions prendre cette tasse de café ou préférez-vous rester ici ?

— Sortons », dit-il. Il passa toutefois dans sa chambre pour en ressortir avec un chapeau de pêcheur que Vern portait par plaisanterie. Il était bleu, blanc, rouge, avec des étoiles partout. Vern lui en avait fait cadeau parce que Gary avait dit qu'il lui plaisait. Maintenant il le portait toujours. « Qu'est-ce que tu penses de ce chapeau ? demanda-t-il à Vern.

— Ma foi, répondit Vern, ça ne t'arrange pas. »

Lu Ann trouvait que ça faisait un contraste abominable avec le reste de sa tenue.

Ils se dirigèrent vers la voiture de Lu Ann et Gary ne prit pas la peine de lui ouvrir la portière. Dès qu'elle demanda s'il avait une idée de l'endroit où ils pourraient prendre un café, il tiqua. « Je préférerais prendre une bière », dit-il.

Lu Ann l'emmena chez Fred. Elle connaissait les patrons et était sûre que personne ne l'embêterait. De la façon dont il était habillé, ce ne serait pas difficile de s'attirer des histoires dans un établissement inconnu. Le problème c'est qu'il n'y avait pas de bar agréable dans les parages. Les mormons ne voyaient aucune raison pour que l'absorption de boissons en public se déroulât dans un cadre agréable. Si on voulait une bière, il fallait aller dans un bouge. Pour chaque voiture garée devant un bar à Provo ou à Orem, il y avait trois ou quatre motocyclettes.

Chez Fred, Gary n'arrêtait pas de regarder autour de lui. Ses yeux ne semblaient pas parvenir à se rassasier.

Quand la serveuse approcha, Lu Ann dit : « Gary, qu'est-ce que vous prenez ? » Il prit un air éperdu. La serveuse était une dame, une dame bien en chair, bien nantie.

Après un moment de réflexion il répondit : « Je voudrais une bière. »

Lu Ann ajouta : « Quelle marque ? »

Il choisit une Coors. Lu Ann dit à Gary ce que ça coûterait et lui remit l'argent. Lorsque la serveuse rapporta la monnaie, il avait l'air enchanté de lui, comme s'il avait accompli une transaction délicate.

Il se retourna sur son siège et se mit à regarder la table de billard. L'une après l'autre, il examina les gravures accrochées aux murs, les miroirs et les petits dictons punaisés derrière le comptoir. Bien qu'il ne désirât rien manger, il déchiffra les lettres blanches qui se détachaient sur le tableau gris foncé du menu pendu au mur. Il inspectait les lieux avec la même intensité qu'on mettrait à un jeu si l'on devait mémoriser les différents objets représentés sur un tableau.

« Gary, fit Lu Ann, ça fait longtemps que vous n'êtes pas allé dans un bar ?

— Pas depuis que je suis sorti. »

L'établissement était pratiquement vide. Deux clients jouaient aux dés avec la barmaid. Lu Ann expliqua que c'était le perdant qui mettait les pièces dans le juke-box.

Gary demanda : « Je peux jouer ? » Lu Ann répondit : « Bien sûr. » Il poursuivit : « Vous m'aiderez ? » Elle affirma : « Oui, je vous aiderai. »

Ils réclamèrent le cornet et Gary demanda : « J'ai gagné ? » Lu Ann répondit : « Ma foi, je crains que cette fois-ci vous n'ayez perdu. » Il reprit : « Combien est-ce que je dois mettre ? » Elle dit : « Cinquante cents. » Et Gary dit : « Vous voulez bien m'aider à choisir les sélections ? »

Pendant qu'ils buvaient leurs bières, Lu Ann se mit à parler d'elle. Elle n'avait pas toujours été rousse, lui confia-t-elle. Elle avait jadis été blonde et, avant cela, avait essayé différentes nuances, un peu brune, blond cendré, blond miel. Par pure connerie, disait-elle. Elle s'était décidée pour le roux parce que ça convenait à son tempérament. Lu Ann était justement blond miel, expliqua-t-elle, quand sa première fille était née avec des cheveux roux. Elle en eut vite assez des gens qui lui demandaient comment il se faisait que le bébé avait cette couleur de cheveux. Alors, malgré les protestations de son mari, elle se dit qu'elle allait essayer les cheveux roux. Joli retournement : elle n'aimait pas ça, mais son mari était ravi. Alors elle garda ses cheveux comme ça. Ça faisait tant d'années maintenant qu'elle disait : « Etre rouquine, c'est être moi. »

C'était une fille de l'Utah, disait-elle, et elle avait été pas mal trimbalée. Ses parents déménageaient souvent dans l'Etat. Quand son mari, avec qui elle sortait depuis le lycée, était entré dans la Marine, elle avait connu avec lui les deux côtes : la Californie et la Floride. Voilà ce qu'avait été sa vie jusqu'à son divorce.

Maintenant elle était de retour dans l'Utah. Le désert était au bout de chaque rue, dit-elle, sauf vers l'Est. Là, il y avait l'autoroute et après cela, les montagnes. C'était tout.

Elle avoua qu'elle se posait des questions sur la vie de Gary. « C'est comment, en prison ? demanda-t-elle. Qu'est-ce qu'il faut faire pour survivre ? »

Gary répondit : « Je me suis fait mettre en haute surveillance autant que j'ai pu pour qu'on me fiche la paix. »

Lorsqu'ils furent prêts à partir, Gary demanda : « Est-ce que je peux prendre un paquet de six canettes pour rapporter à la maison ? » Elle dit : « Si vous voulez. » Gary demanda : « Ça ne vous ennuie pas si je bois ma bière dans votre voiture ? » Elle répondit que non.

Gary voulut savoir pourquoi elle était venue le voir. Elle dit que c'était bien simple : lui avait besoin d'une amie et elle avait besoin d'un nouvel ami. La réponse ne le satisfit pas. Il dit : « En prison, quand quelqu'un offre son amitié, c'est qu'il veut quelque chose en échange. »

Ils roulaient et lui fixait la route devant eux. A un moment il releva les yeux et dit : « Vous faites ça souvent... rouler comme ça ?

— Oh! oui, lui dit Lu Ann, ça me détend.

— Ça ne vous ennuie pas ? demanda-t-il.

— Non, fit-elle, ça ne m'ennuie pas le moins du monde. »

Ils roulaient toujours. Tout d'un coup il se tourna vers elle et dit : « Vous voulez venir avec moi dans un motel ? »

Lu Ann répondit non.

« Non, lui expliqua Lu Ann, je suis ici pour être votre amie. (Elle dit cela avec toute la conviction dont elle était capable.) Si c'est *autre chose* qu'il vous faut, vous feriez mieux d'aller chercher ailleurs.

— Pardonnez-moi, dit-il, mais ça fait longtemps que je ne suis pas sorti avec une fille. (Il gardait les yeux fixés sur le tableau de bord. Après un silence qui se prolongea deux ou trois minutes, il reprit :) Tout le monde a quelque chose, mais moi, je n'ai rien.

— Nous devons tous le mériter, Gary, répondit Lu Ann.

— Je ne veux pas entendre parler de ça », dit-il.
Elle arrêta la voiture. « Nous avons bavardé, lui dit-elle, mais nous n'avons pas parlé face à face. Je veux que vous m'écoutiez. » Elle expliqua que toutes ses amies avaient trimé dur pour avoir leur maison, leur voiture, leurs enfants.

« Vous, dit-il, ça vous est arrivé sur un plateau.

— Gary, dit-elle, vous ne pouvez pas vous attendre à ce qu'on vous donne tout dès l'instant où vous franchissez la porte de la prison. Je travaille, expliqua-t-elle. Brenda travaille dur chez elle. Elle doit s'occuper de ses gosses et de son mari. Vous ne croyez pas qu'elle a mérité tout cela ? »

Pendant qu'elle parlait, il s'agitait. Alors, il répondit : « Je suis un invité dans cette voiture.

— Oui, répliqua Lu Ann, vous êtes dans ma voiture mais vous n'irez nulle part à moins que vous n'y alliez à pied. » Elle eut l'impression qu'à cet instant il serait descendu s'il avait su où ils se trouvaient.

« Je ne veux plus entendre parler de ça, fit Gary.

— Eh bien pourtant, vous allez encore m'écouter. »

46

Soudain, il leva le poing.

« Vous voulez me frapper ? » dit-elle. Elle ne croyait pas vraiment qu'il le ferait, mais elle sentit pourtant la rage de Gary passer sur elle comme une rafale.

Lu Ann se pencha en avant en disant : « J'entends ce petit commutateur dans votre tête qui vient de se fermer. Gary, remettez-le et écoutez-moi. Je vous offre mon amitié.

— Rentrons », dit-il.

Elle le raccompagna chez Vern et ils restèrent assis dans la voiture devant la maison. Gary demanda s'il pouvait la prendre dans ses bras. Il demanda ça comme si c'était une grande faveur. « J'ai de bons rapports avec un tas de gens, expliqua Lu Ann, mais je n'offre mon amitié qu'à très peu d'entre eux. » Il se déplaça sur la banquette pour passer ses bras autour d'elle et la serra contre lui. Il l'étreignit très fort et dit : « Je ne croyais pas que ce serait comme ça. »

Elle avait l'impression qu'il cherchait à tout agripper. On aurait dit que le monde était juste à portée de ses doigts, mais pas tout à fait. « Pas tant de précipitation, Gary, fit-elle. Vous avez le temps. Vous avez tellement de temps. » Mais il dit : « Je n'en ai pas. Je l'ai perdu. Je ne peux pas rattraper toutes ces années.

— Allons, lui dit-elle, peut-être que vous ne pouvez pas, mais il faut oublier tout ça. En faisant un pas après l'autre, vous allez vous trouver une femme et des gosses. Vous pouvez encore avoir tout ça.

— Vous n'allez plus me revoir, n'est-ce pas ? demanda-t-il.

— Mais si, dit-elle, je vous reverrai si vous voulez. »

Il l'embrassa, mais c'était forcé. Puis il l'écarta en

47

la tenant par les épaules et la regarda, une main sur chaque épaule.

« Je suis désolé, dit-il. J'ai tout gâché, n'est-ce pas ?

— Non, Gary, pas du tout. Je vous reverrai. » Elle prit une petite clé dont ils s'étaient servi pour ouvrir leurs bières et lui en fit cadeau. Il la remercia. Lu Ann ajouta : « Si vous avez besoin de quelqu'un à qui parler, mon téléphone fonctionne vingt-quatre heures par jour, Gary. »

Il descendit de voiture et dit : « Je suis navré. J'ai tout bousillé. Vern, ajouta-t-il, va être furieux après moi. »

6

En fait, Vern n'était pas encore couché quand Gary franchit la porte, et ils parlèrent de la soirée. Vern avait l'impression que Gary s'était peut-être montré trop impatient.

« Tu comprends, expliqua Vern, il ne faut pas essayer de tout faire à ton premier rendez-vous. Il faut apprendre à vous connaître. »

Gary se mit à attaquer la bière qui se trouvait dans le réfrigérateur. Vern se rendait bien compte que Gary en avait déjà absorbé pas mal.

« Gary, fit Vern, est-ce que tu vas te reprendre ou bien est-ce qu'il va falloir que je te donne la fessée ?

— Qu'est-ce que tu vas faire ? demanda Gary.

— Je vais bien être obligé de le faire.

— Tu n'as pas peur de moi ? demanda Gary.

— Non, fit Vern, pourquoi donc ? (Et de sa voix la plus douce, il ajouta :) Je peux te fouetter. »

Le visage de Gary s'éclaira comme si, pour la première fois, il avait l'impression qu'on voulait de lui dans cette maison.

« Tu n'as pas peur ? interrogea-t-il encore une fois.

— Non, dit Vern, pas du tout. J'espère que ça n'a pas l'air trop dingue. »

Là-dessus ils éclatèrent de rire tous les deux.

Gary parcourut la pièce du regard et dit à Vern : « C'est ça, ce que je veux.

— Bon, fit Vern, qu'est-ce que tu veux ?

— Eh bien, je veux une maison. Je veux une famille. Je veux vivre comme les autres.

— Tu ne peux pas avoir ça en cinq minutes, répondit Vern. Tu ne peux pas l'avoir en un an. Il faut travailler pour ça. »

Le lendemain matin, Gary essaya d'appeler Lu Ann mais elle n'était pas là, et il laissa un message. Lorsque Lu Ann rappela la boutique, il était sorti.

Ce fut Sterling Baker qui prit la communication. Gary, expliqua-t-il à Lu Ann, était allé prendre un verre au bistrot d'à côté.

« Oh ! Sterling, fit Lu Ann, je vous en prie, expliquez-lui que je suis son amie. Je n'étais vraiment pas là quand il a téléphoné. Mais j'ai bien essayé de le rappeler. »

Sterling dit qu'il le dirait à Gary. Lu Ann n'eut jamais de ses nouvelles.

Gary retourna à la boutique pour deux heures et semblait n'avoir pas trop bu. C'était jour de paye, mais Vern lui avait avancé de l'argent, si bien qu'il ne lui devait rien. Toutefois, quand Gary dit qu'il était à court, Vern lui fila un billet de dix en disant : « Gary, si tu ne penses pas que ce travail te convienne, préviens-moi. On te trouvera autre chose. »

Ce soir-là Gary était invité à dîner chez Sterling Baker. Il fit une grande impression sur Ruth Ann, la femme de Sterling, en jouant un long moment avec le bébé. Comme il aimait la musique que transmettait la radio, il fit sauter le bébé en l'air au rythme d'une chanson de cow-boy. Johnny Cash, révéla-t-il dans la conversation, était son chanteur favori. Après sa sortie de prison, il avait passé toute une journée à n'écouter rien d'autre que des disques de Johnny Cash.

Combien de temps au total avait-il passé en prison ? voulut savoir Ruth Ann. Elle était petite et avait de longs cheveux si clairs qu'elle avait l'air d'une blonde platinée naturelle. Si elle avait été un garçon, on l'aurait surnommée Whity.

Ma foi, leur expliqua Gary, si on faisait le total, il estimait que l'un dans l'autre il avait passé, enfermé, dix-huit de ses vingt et une dernières années. On l'avait mis au frais ; maintenant il était sorti et se sentait encore jeune. Sterling Baker était navré pour lui.

Pendant le dîner, Gary raconta des histoires de prison. En 68, il avait participé à des émeutes en prison et une équipe de télé locale l'avait choisi comme un des meneurs et lui avait fait prononcer quelques mots à la télévision. Son allure ou quelque chose dans sa façon de parler attira l'attention. Il reçut pas mal de courrier, et se lança notamment dans une superbe correspondance avec une fille du nom de Becky. Il tomba amoureux d'elle par lettres. Puis elle vint lui rendre visite. Elle était si grosse qu'elle devait franchir les portes de côté. Malgré cela, il l'aimait suffisamment pour avoir envie de l'épouser.

Ça n'avait rien d'extraordinaire, expliqua Gary. On voyait toujours de grosses femmes dans la salle de visites d'une prison. On ne sait pourquoi, les femmes très grosses et les condamnés s'entendaient bien. « Une fois qu'on est derrière des barreaux, observa Gary, peut-être qu'on a plus besoin d'une mère nourricière. »

Ils étaient sur le point de se marier et Betty avait dû se faire hospitaliser pour une intervention chirurgicale. Elle mourut sur la table d'opération. Ce fut la seule aventure romanesque de Gary en prison.

Il avait d'autres histoires. LeRoy Earp, qui avait été un de ses meilleurs copains quand il était gosse, fut envoyé, deux ans après Gary, au pénitencier de l'Etat d'Oregon. LeRoy avait tué une femme, écopé d'une condamnation à vie et il n'avait donc pas un avenir bien reluisant. Alors il avait pris une mauvaise habitude. LeRoy, raconta Gary, se drogua aux tranquillisants pendant des mois.

« Il s'endetta auprès d'un type du nom de Bill, qui faisait le trafic de la drogue en prison, dit Gary, regardant Sterling et Ruth Ann, et Bill faisait toujours des entourloupes aux gens. Un jour, LeRoy fit savoir que Bill était venu dans sa cellule, l'avait rossé puis l'avait bourré de coups de pied pendant qu'il était à terre. Là-dessus, Bill s'était barré avec tout le matériel de LeRoy, vous savez, sa seringue et son aiguille, son fric, tout. (Gary but d'un trait la moitié d'une boîte de bière.) Vous savez, reprit-il, les tranquillisants, ça peut vous donner des hallucinations, alors je n'étais pas sûr que l'histoire de LeRoy était vraie. J'en discutai avec un type qui allait au trou pour sept jours et il se chargea de vérifier pour moi et me confirma l'histoire. Le type voulait savoir si j'avais besoin d'un coup de main pour régler son compte à Bill.

« Je lui dis que je m'en chargerais moi-même. LeRoy était mon ami personnel. La direction de la prison faisait des travaux de construction dans la cour, alors j'allai sur le chantier, je volai un marteau et je surpris Bill en train de regarder un match de rugby à la télé. Je lui donnai un grand coup de marteau sur la tête. Puis je tournai les talons et je m'en allai. (Gary hochait la tête en examinant leurs réactions.) Ils ont emmené Bill à Portland dans un service de chirurgie du cerveau. Il était assez amoché.

— Qu'est-ce qui vous est arrivé ? demanda Ruth Ann.

— Il y avait deux ou trois mouchards dans la salle de télé, ils m'avaient vu faire le coup et me dénoncèrent au directeur. Mais les mouchards avaient la trouille de témoigner au tribunal. Alors le directeur s'est contenté de me coller au trou pour quatre mois. Quand j'en suis sorti, mon copain m'a donné un petit marteau en miniature pour porter au bout d'une chaîne et on m'a surnommé le Forgeron. »

Gary raconta son histoire avec l'accent du Texas, d'un ton très uni. En fait, il faisait savoir à Sterling qu'il avait un code : être loyal envers ses amis.

Là-dessus, Gary demanda à Ruth Ann si elle connaissait des filles qui voudraient bien sortir avec lui.

A première vue, elle n'en connaissait pas.

CHAPITRE III

LE PREMIER MOIS

1

GARY revint rendre visite à Brenda et Johnny pour le week-end de Pâques. Une fois les enfants couchés, ils passèrent la soirée du samedi à peindre les œufs de Pâques disposés sur la table, et Gary s'amusa beaucoup à dessiner de belles images et à inscrire les noms des enfants en caractères gothiques et en lettres en sucre si bien que si petits qu'ils fussent sur l'œuf de Pâques, ils avaient quand même l'air gravés dans la pierre.

Au bout d'un moment, Johnny et Gary se mirent à avoir le fou rire tous les deux. Ils étaient toujours à peindre des œufs, mais au lieu d'écrire « Christie, je t'aime », ou bien « Continue, Nick », ils traçaient des formules comme : « Merde pour les œufs de Pâques ». Brenda s'écria : « Vous ne pouvez pas cacher ceux-là ! »
— Alors, fit Gary avec un grand sourire, je crois qu'il va falloir les manger. » Johnny et lui firent un festin d'œufs durs aux inscriptions malsonnantes.

Ils passèrent le reste de la soirée à écrire des cartes : faire tant de pas ; regarder sous une pierre ; l'indice suivant ne peut se lire que dans un miroir ;

etc. Puis la moitié de la nuit à cacher des bonbons, des œufs et des sucreries dans toute la cour.

Brenda s'amusait bien à regarder Gary grimper à l'arbre — il était trempé. Ils avaient des Pâques plutôt humides. Il était là, à moitié perdu parmi les branches, à cacher des confiseries et à se faire tremper jusqu'aux os.

Puis il répandit des bonbons fourrés dans toute la chambre, surtout sur l'étagère au-dessus de son lit, si bien que quand les gosses se lèveraient le lendemain matin, ils devraient se bagarrer avec lui pour atteindre les confiseries.

Le petit Tony, qui n'avait que quatre ans, marcha carrément sur la poitrine de Gary, lui piétina le visage en lui écrasant le nez et repartit en lui aplatissant l'oreille. Gary riait à en perdre le souffle.

La matinée se passa comme ça. Une bonne matinée. Quand l'animation fut un peu calmée, ils se mirent à jouer au fer à cheval et Johnny et Gary s'entendaient le mieux du monde.

Dans la cuisine, Brenda lui dit : « Gary, tu vois cette casserole en cuivre ? C'est ta mère qui me l'a donnée.

— Ah ?

— Oui, c'était un cadeau de mariage quand je me suis mariée la première fois.

— Fichtre, dit Gary, elle devrait être rudement cabossée maintenant.

— Ne fais pas le mariole », dit Brenda.

Le moment parut bien choisi à Brenda pour demander à Gary s'il était allé voir Mont Court. Gary répondit oui.

« Il t'a plu ?

— Oui, dit-il, ça a l'air d'un type bien.

— Gary, fit Brenda, si tu travailles avec lui il t'aidera. »

Gary sourit. Il expliqua que beaucoup de gens avaient essayé de s'occuper de lui. Des gens qui travaillaient en prison et d'autres qui travaillaient dans l'administration de la prison. Il ne connaissait vraiment personne qui ait montré beaucoup d'entrain à travailler avec lui.

Le dîner ne se passa pas comme Brenda l'avait espéré. Elle avait invité Vern et Ida, ainsi que Howard et Toni avec leurs enfants, et bien sûr Johnny et elle avaient là toute leur progéniture, y compris Kenny, le fils de Johnny d'un précédent mariage. En comptant tous les nez, ils arrivèrent au chiffre de treize, et ils firent tous des plaisanteries à ce sujet. Le plat de résistance était des spaghettis à l'italienne, dont Brenda avait affirmé à Gary qu'ils étaient préparés comme les accommodait son grand-père sicilien, avec des champignons et des poivrons, des oignons, de la marjolaine et du pain à l'ail. Elle avait fait des beignets en croix pour le dessert avec un X blanc en sucre glacé par-dessus et plein de café. Elle aurait été ravie du repas si Gary n'avait pas eu l'air aussi tendu.

Plusieurs conversations se déroulaient en même temps. Ce n'était pas un repas silencieux, mais Gary était un peu hors du coup. De temps en temps quelqu'un lui posait une question par politesse, ou bien il disait quelque chose comme : « Bon sang, c'est quand même meilleur que ce qu'on nous donnait à bouffer à Marion », mais il mangeait la tête basse et masquait son silence en engloutissant sa nourriture en hâte.

Brenda en arriva à la triste conclusion que Gary ne savait absolument pas se tenir à table. Dommage. C'était une des choses à quoi elle attachait beaucoup d'importance. Elle ne pouvait pas supporter de voir un homme manger salement et gloutonnement.

D'après les lettres qu'il envoyait, elle s'attendait à

trouver un véritable gentleman. Elle se dit qu'elle aurait bien dû se douter qu'il aurait des manières communes. En prison, on ne mangeait pas avec des serviettes et on ne mettait pas de couvert. Quand même, ça l'agaçait. Gary avait de longs doigts d'artiste, effilés, de belles mains de pianiste, mais il tenait sa fourchette avec son poing et l'utilisait comme un bulldozer.

Il était en bout de table, auprès du réfrigérateur, si bien que le tube fluorescent au-dessus de l'évier éclairait son visage. Cela faisait briller ses yeux. Brenda observa : « Fichtre, tu as les yeux les plus bleus que j'aie jamais vus. » Ça ne lui plut pas beaucoup. Il répondit : « Ils sont verts. »

Brenda le regarda : « Ils ne sont pas verts, ils sont bleus. »

Et ainsi de suite. Brenda finit par dire : « D'accord, quand tu es en colère, ils sont verts ; mais quand tu ne l'es pas, ils sont bleus. Pour l'instant ils sont bleus. Tu le sens ?

— Tais-toi et mange », fit Gary.

Quand Vern et Ida, Howard et Toni et les enfants furent partis et que Johnny fut allé se coucher, Brenda resta là avec Gary à boire une tasse de café. « Tu t'es bien amusé ? demanda-t-elle.

— Oh ! oui, fit Gary. (Puis il haussa les épaules.) Je ne me sentais pas à ma place. Je n'ai rien à raconter.

— Bon sang, fit-elle, j'aimerais quand même que nous passions cet obstacle-là.

— Allons donc, fit-il, qui a envie d'entendre parler de prison ?

— Moi, fit Brenda. J'ai simplement peur d'évoquer pour toi de mauvais souvenirs. Préférerais-tu que nous ne tournions pas comme ça autour de ce sujet ?

— Oui », fit Gary.

Il lui raconta quelques histoires de prison. Mon

56

Dieu, qu'elles étaient grossières ! Gary pouvait vous raconter des histoires drôlement salées. Il y avait, par exemple, ce nommé Skeezix, qui arrivait à se sucer lui-même. Il en était fier. Personne d'autre au P.E.O. n'en était capable.

« P.E.O. ? demanda Brenda.

— Pénitencier de l'État d'Oregon. »

Gary avait pris une petite boîte en carton, l'avait peinte en noir et avait percé dedans un petit trou si bien que ça ressemblait à un de ces boîtiers sans objectif. Il dit à Skeezix qu'il y avait de la pellicule dans la boîte et qu'il pourrait prendre une photo par le petit trou. Tout le monde se rassembla pour regarder Gary prendre une photo du type en train de se faire lui-même une pipe. Skeezix était si bête qu'il attendait encore la photo.

En terminant son histoire, Gary se mit à rire si fort que Brenda crut qu'il allait balancer ses spaghettis à travers la pièce. Elle fut rudement contente lorsqu'il se tut, haletant, et qu'il la fixa des yeux comme pour dire : « Maintenant, tu comprends mon problème de conversations ? »

2

Rikki Baker était un des habitués des parties de poker de Sterling Baker. Sans être lourd pour sa taille, il était grand, très grand ; il faisait peut-être un mètre quatre-vingt-douze. Gary s'attacha vite à lui. Il était le seul joueur plus grand que Gary. Ils s'entendaient assez bien.

Rikki était le cousin de Sterling et il avait entendu parler de Gary avant même sa sortie de Marion. Bien que Rikki eût suivi un entraînement dans la Marine pour être mécanicien de Diesel, il n'avait pas assez d'expérience pour trouver un vrai travail une fois démobilisé et il devait donc prendre ce qui se présentait comme travail journalier ou dans la construction. Quand il ne travaillait pas, Rikki passait son temps dans la boutique de Vern et Sterling lui enseignait la cordonnerie. Rikki se trouvait donc là quand Vern parlait de son neveu en prison qui allait bientôt sortir. Par la suite, Rikki rencontra Gary dans la boutique, mais ce type n'avait l'air que d'un ouvrier, pas sûr de lui, rien de plus. Ce fut seulement lorsqu'il le vit jouer aux cartes qu'il se rendit compte que c'était un sacré gaillard à avoir dans sa famille.

On pouvait dire qu'il n'avait pas la même personnalité au poker qu'à la boutique. Rikki s'aperçut tout de suite que ce n'était pas l'honnêteté qui étouffait Gary. Il avait un tas d'habitudes qui étaient tout simplement de mauvaises manières. Par exemple, il se penchait pour voir ce que le type avait dans la main, et devenait un véritable homme de loi quand il s'agissait des règles. Il les interprétait toujours en sa faveur. Et puis il traitait de haut les autres joueurs parce qu'ils ne connaissaient pas les règles du poker qu'utilisaient les détenus. Comme on ouvrait dix cents avec des relances à vingt-cinq cents, un pot pouvait monter jusqu'à dix dollars. De toute évidence, le seul intérêt que Gary trouvait au poker, c'était l'argent. Il ne se faisait pas d'amis.

Après ce soir-là, deux copains de Sterling annoncèrent qu'ils ne viendraient plus. Sterling leur dit : « Comme vous voudrez. » On pouvait dire qu'il se montrait fidèle à Gary. Pourtant, quand Rikki se retrouva seul avec lui, Sterling se mit à descendre Gary. Rikki en fit autant. Ils reconnurent tous deux qu'il n'y avait pas grand-chose à tirer de lui. Quand même, il faisait une drôle d'impression à Rikki. Il n'avait pas envie de se faire un ennemi de lui pour peu de chose. Il se disait que si Gary cherchait la bagarre, il n'aurait pas peur de lui rentrer dans le chou, mais il était assez inquiet à l'idée de ce que Gary pourrait tirer de sa poche.

Toutefois ils le plaignirent. Gary avait un problème : il n'avait pas de patience.

Les parties de poker se poursuivirent. Avec d'autres gens. Le troisième soir, Sterling prit Rikki à part et lui demanda s'il voulait bien emmener Gary ailleurs. Ce type tapait vraiment sur les nerfs de tout le monde.

Rikki lui demanda donc s'il voulait aller draguer des filles. Gary dit que oui. Rikki en arriva vite à la conclusion qu'il n'avait jamais vu un type qui bandait à ce point-là. Il était vraiment dingue.

Rikki s'était une fois de plus séparé de sa femme. Cela faisait six ans qu'il était avec Sue depuis qu'il avait dix-sept ans et qu'elle en avait quinze. Ils avaient trois gosses et la scène de ménage facile. Rikki se mit donc à faire marcher Gary. Il lui raconta combien Sue était belle, une grande et superbe blonde à l'air mauvais, mais une chic fille. Maintenant qu'elle était en rogne contre son mari, peut-être que ça lui ferait plaisir de rencontrer Gary.

En fait, Rikki était si en colère contre elle la première fois qu'il était parti, qu'il avait raflé tout l'argent de la maison, plus les timbres-primes et le chèque des allocations familiales. Ça la rendrait sûrement furieuse s'il lui envoyait un type excité comme Gary. Rikki avait donc dit ça à Gary en plaisantant.

Mais une fois la possibilité évoquée, Gary n'arrêtait pas de harceler Rikki à ce propos. Rikki lui dit qu'il avait juste voulu plaisanter. Quand même, c'était sa femme ! Néanmoins Gary ne cessait pas de demander quand Rikki allait l'emmener chez Sue. Lorsque Rikki finit par lui dire qu'il n'en était pas question, Gary se mit dans une telle colère qu'ils faillirent se battre. Rikki dut changer les idées de Gary en lui disant qu'ils pourraient aller draguer dans Center Street. Il se débrouillait pas mal avec les filles. Il l'expliqua à Gary.

Ils s'en allèrent donc dans la voiture de sport de Rikki Baker. Ils dépassaient des filles qui se promenaient dans leur voiture et essayaient de leur faire des signes, puis ils faisaient demi-tour et redescendaient Center Street, voyaient les mêmes filles, essayaient encore une fois de leur faire des signes, en roulant côte à côte dans le flot de la circulation, au milieu d'une longue file d'autres connards dans leurs voitures ou dans leurs camionnettes. Les filles, dans leurs voitures, faisaient marcher leurs radios à plein rendement.

Gary finit par trouver ennuyeuse l'absence de résultats. Lorsqu'ils arrivèrent à un feu rouge derrière une voiture pleine de filles qui les avaient taquinés, il sauta à terre et passa la tête par leur vitre ouverte. Rikki ne pouvait pas entendre ce qu'il disait, mais lorsque le feu passa au vert et que les filles voulurent repartir, Gary ne retira pas sa tête de la portière. Il se foutait bien des voitures bloquées derrière. Quand les filles finirent par repartir, Gary voulut que Rikki les poursuive. « Pas possible, dit Rikki.
— Vas-y ! »
Avec toute la circulation qu'il y avait, Rikki n'arrivait pas à les rattraper. Et pendant tout ce temps, Gary lui criait de se remuer le train et de montrer qu'il était aussi fort avec les filles qu'il le prétendait.

Mais ils avaient commencé trop tard dans la soirée. Il y avait plein de voitures avec des types et seulement quelques-unes avec des filles, et celles-ci se contentaient de plaisanter et se montraient très prudentes. Il fallait les aborder en douceur, ne pas effrayer tout de suite le poisson. Gary lui fit promettre de sortir plus tôt la prochaine fois.

Comme ils se disaient bonsoir, Gary lui fit une proposition. Qu'est-ce que Rikki penserait de former une équipe ? Pour se faire un peu de fric au poker.

Rikki avait déjà entendu parler de ça par Sterling. Il fit à Gary la même réponse que Sterling : « Tu sais, Gary, je ne pourrais pas tricher avec mes amis. »
En guise de réponse, Gary dit : « Je peux conduire ta voiture ? » Comme c'était une voiture de sport, elle était rapide. Cette fois-là, il dit oui. Il se dit que ça vaudrait mieux. Quand on ne faisait pas ce qu'il voulait, on ne savait pas jusqu'où un type aussi tordu que Gary pouvait aller.
Il avait à peine pris le volant qu'il faillit les tuer tous les deux. Il prit un virage à toute allure et manqua de peu un panneau de stop. Puis il ne ralentit pas au carrefour et passa à toute allure sur le caniveau disposé là pour vous faire ralentir. Ensuite il faillit faire quitter la route à plusieurs conducteurs, et même une voiture qui arrivait vers eux dut mordre sur le bas-côté. Rikki lui criait sans cesse d'arrêter. Il avait l'impression d'avoir passé une heure avec un fou. Gary ne cessait pas de lui dire que ça n'était pas si mal quand on réfléchissait au temps écoulé depuis qu'il n'avait pas conduit. Rikki était au bord de la crise cardiaque. Il n'arrivait pas à le faire arrêter jusqu'au moment où Gary passa une vitesse supérieure sans accélérer assez et le moteur cala. Ensuite impossible de redémarrer. La voiture avait une mauvaise batterie.
Il fallut cet incident pour que Rikki se retrouve derrière le volant. Gary était très déprimé à l'idée que la batterie l'avait lâché. Il en était énervé comme les gens qui se mettent à broyer du noir quand il fait mauvais temps.

Le lendemain vers l'heure du déjeuner, Toni et Brenda passèrent prendre Gary à la cordonnerie pour l'emmener manger un steak haché. Assis au comptoir et l'encadrant, lui parlant dans son oreille gauche et dans son oreille droite, ils en vinrent droit au fait. Ce qui les préoccupait, c'était qu'il avait emprunté trop d'argent.

Oui, dit Toni avec douceur, il avait commencé par taper Vern d'un billet de cinq dollars par-ci, de dix dollars par-là, de vingt une fois de temps en temps. Il n'était pas non plus allé travailler tout le temps convenu. « C'est Vern et Ida qui t'ont dit ça ? demanda Gary.

— Gary, dit Toni, je ne crois pas que tu te rendes compte de la situation financière de papa. Il a trop d'orgueil pour t'en parler.

— Il serait furieux s'il savait que nous t'avons parlé de ça, fit Brenda, mais papa ne gagne pas grand-chose pour l'instant. Il a créé un emploi pour que la commission de libération sur parole t'aide à t'en tirer.

— Si tu as besoin de dix dollars, fit Toni, papa sera toujours là. Mais que ce ne soit pas pour acheter un paquet de six canettes de bière et puis rentrer à la maison et rester là à boire. »

Voici comment Toni voyait les choses. Brenda et elle comprenaient que c'était difficile pour Gary de savoir comment organiser son budget. Après tout, il n'avait jamais eu auparavant à s'occuper de sa paie hebdomadaire.

« Hé oui, répondit Gary, on dirait que je ne sais pas. Je m'en vais acheter quelque chose et tout d'un coup, voilà qu'il ne me reste pas assez. Je me retrouve fauché. » Toni lui assura : « Mais, Gary, je me suis dit que dès l'instant où tu comprendrais que papa ne peut pas continuer à te prêter de l'argent, tu ne recommencerais pas à lui en demander.

— Ça me navre, dit Gary. Vern n'a pas d'argent ?

— Il en a un peu, dit Brenda. Mais il essaie d'en mettre de côté pour se faire opérer. Vern ne se plaint pas, mais sa jambe n'arrête pas de lui faire mal. »

Gary était assis, la tête basse, à réfléchir. « Je ne me rendais pas compte, dit-il, que je mettais Vern dans le pétrin.

— Gary, poursuivit Toni, je sais que c'est dur. Mais essaie de te ranger un peu, juste un peu. Ce que tu dépenses en bière, ça n'a pas l'air de grand-chose, mais ça ferait une fichue différence pour papa et maman si tu prenais ces cinq dollars et que tu ailles acheter des provisions parce que, tu sais, ils te nourrissent, ils t'habillent, et ils t'abritent. »

Brenda passa au sujet suivant. Elle savait que Gary avait besoin de temps pour se détendre et qu'il pouvait le faire avec quelqu'un comme Vern qu'il n'avait pas à considérer tout le temps comme un patron. Pourtant le moment semblait venu, peut-être, de commencer à envisager de trouver une chambre et un vrai travail. Elle avait même fait quelques recherches pour lui.

« Je ne crois pas que je sois prêt, fit Gary. J'apprécie ce que tu essaies de faire, Brenda, mais j'aimerais rester avec tes parents un peu plus longtemps.

— Papa et maman, dit Brenda, n'ont plus personne chez eux depuis que Toni s'est mariée. Ça fait bien dix ou douze ans. Ils t'aiment bien, Gary, mais je vais être franche : tu commences à leur taper sur les nerfs.

— Peut-être que tu ferais mieux de me dire ce qu'est ce travail.

— J'ai parlé, dit Brenda, à la femme d'un type qui a un magasin de matériaux isolants. Il s'appelle Spencer McGrath. D'après ce qu'on m'a dit, Spencer ne joue pas du tout au patron. Il est là, sur le tas, avec ses hommes. »

Si Brenda ne l'avait pas rencontré lui-même, elle avait passé, expliqua-t-elle, quelques moments agréables avec Marie, Mme MacGrath. C'était une femme charmante, dit Brenda, dans le genre un peu poids lourd, mais toujours souriante ou riante, une robuste.

Marie avait dit à Brenda : « Si on ne tend pas la main à quelqu'un qui sort de prison, il risque de se sentir isolé et frustré et de recommencer à faire des bêtises. » La société devait se montrer un peu accueillante, avait-elle dit, si on voulait arriver à récupérer quelqu'un.

« Très bien, fit Gary, j'irai voir ce type. Mais, ajouta-t-il en les regardant, laissez-moi encore une semaine. »

Après son travail, Gary entra avec un sac de provisions. Un peu de tout, mais pas de quoi faire un repas, et Ida trouva que c'était un geste gentil. Cela lui évoqua le temps, au moins trente ans plus tôt, où elle avait prêté quarante dollars à Bessie parce que Frank Gilmore était en prison. Il fallut à Bessie près de dix ans, mais elle remboursa ces quarante dollars. Peut-être que Gary ferait la même chose. Ida décida de lui parler de Margie Queen.

Elle connaissait cette gentille fille, Marge, dont la mère était une de ses amies. Il y avait environ six ans, Marge avait eu un bébé, mais elle vivait seule maintenant, et elle élevait très bien son enfant. Elle habitait avec sa sœur et travaillait comme femme de chambre un peu plus loin dans la rue.

« Elle est jolie, lui dit Ida, quoique un peu triste, mais elle a de magnifiques yeux bleus. Très profonds.

— Ses yeux sont aussi beaux que les tiens ? demanda Gary.

— Oh ! va-t'en donc, petit effronté », fit Ida.

Gary déclara qu'il aimerait la voir tout de suite.

La fille faisait le service de nuit à la réception du motel de Canyon Inn. Elle vit un homme de haute taille franchir la porte. Il s'approcha avec un grand sourire. « Oh ! dit-il, vous devez être Margie.

— Non, dit-elle, Margie n'est pas là à cette heure-ci. »

Le type se contenta de repartir.

Margie Queen reçut un coup de téléphone. Une voix agréable dit : « Je suis Gary, le neveu d'Ida. » Elle dit bonjour, il répondit qu'elle avait une jolie voix et qu'il aimerait la rencontrer. Elle était triste ce soir-là, lui dit-elle, mais qu'il passe donc le lendemain, elle savait qui il était.

La mère de Marjorie Queen avait déjà raconté que Ida avait un neveu tout juste sorti de prison et se demandait si Marge envisagerait de sortir avec lui. Marge demanda pourquoi il avait fait de la prison et apprit que c'était pour vol. Elle trouva que ça n'était pas si terrible. Après tout, ça n'était pas comme s'il avait commis un meurtre. Puisque, à ce moment-là, elle ne voyait qu'un seul type et encore pas régulièrement, elle se dit : « Ma foi, ça ne peut pas faire de mal. »

Il arborait un grand sourire lorsqu'elle lui ouvrit la porte. Il avait un drôle de chapeau, mais à part ça il avait l'air très bien. Elle lui demanda s'il voulait une bière, et il s'assit pour en boire une dans le salon, installé bien droit sur le canapé.

Marge le présenta à Sandy, sa sœur, qui vivait avec elle, puis à sa fille, et au bout d'un moment elle lui demanda s'il avait envie d'aller faire un tour en voiture jusqu'au canyon.

Ils n'étaient pas très loin quand Gary dit : « Prenons encore une bière. » Marge dit : « Ma foi, pourquoi pas ? »

A mi-chemin du col, ils s'arrêtèrent au Saut de la Mariée où un étroit torrent faisait une chute de trois cents mètres, mais ils ne prirent pas le funiculaire : c'était trop cher.

Ils s'assirent au bord de la rivière et bavardèrent un moment. La nuit commençait à tomber et Gary regarda les étoiles en disant à Marge à quel point il les aimait. Lorsqu'il était en prison, il avait rarement l'occasion de les voir, expliqua-t-il. Dans la journée on pouvait sortir dans la cour, raconta-t-il, et apercevoir pas mal de ciel par-dessus le mur, mais le seul moment où on voyait les étoiles, c'était en hiver, si on allait au tribunal pour une raison ou pour une autre. Dans ces cas-là, on pouvait vous ramener au pénitencier en fin d'après-midi, quand il faisait déjà nuit. Par un soir clair, on voyait les étoiles.

Il commença à parler à Marge de ses yeux. Il lui dit qu'il les trouvait beaux. Il y avait de la tristesse dans ses yeux et des reflets de lune.

Elle trouva qu'il avait une conversation agréable. Quand il lui demanda si elle aimerait aller voir un film avec lui, elle accepta.

Mais soudain, une voiture de police remonta par hasard le canyon. L'humeur de Gary changea aussitôt. Il se mit à parler des flics. Plus il parlait, plus il se mettait en colère. Ça sortait de lui comme un four dont on aurait laissé la porte ouverte. Elle se demanda si elle avait bien fait d'accepter d'aller au cinéma avec lui.

Une fois la nuit vraiment tombée, ils remontèrent le canyon jusqu'à Heber, s'arrêtèrent pour prendre encore une bière, puis rebroussèrent chemin. Il devait alors être dix heures et demie. Comme ils descendaient la colline jusqu'à Provo, il dit : « Ça ne vous ennuie pas si je vous raccompagne maintenant ? Je n'ai pas envie de rentrer.

— Demain, il faut que je me lève pour aller travailler, dit Marge.

— Demain, c'est samedi.

— C'est un jour de coup de feu au motel.

— Passons d'abord chez vous.

— D'accord, dit-elle, un petit moment. Pas trop longtemps. »

Sa sœur était allée se coucher, alors ils s'installèrent dans le salon. Il l'embrassa. Puis il commença à pousser les choses plus loin.

« Je ferais mieux de vous raccompagner, dit-elle.

— Je ne veux pas, dit-il. Ils ne sont pas là. »

Elle insista. Elle le décida à partir. Cela lui demanda toute sa force de persuasion, mais elle finit par le raccompagner. Ça n'était qu'à quelques pâtés de maisons de là et lorsqu'ils arrivèrent, il n'y avait de lumière nulle part. Il répéta : « Ils ne sont pas là. »

Elle se rendit compte alors qu'elle était ivre. Elle s'aperçut tout d'un coup qu'elle était complètement beurrée. Elle réussit à dire : « Où voulez-vous que je vous conduise ?

— Chez Sterling.

— Vous ne pouvez pas entrer ici ?

— Je n'en ai pas envie. »

Elle le conduisit donc jusque chez Sterling. Lorsqu'ils y arrivèrent, il annonça : « Sterling est couché. » Elle dit : « Vous ne pouvez pas dormir chez moi. »

Ils revinrent à l'appartement de Marge. Elle ne tenait pas à se faire arrêter pour conduite en état d'ivresse, et au moins elle connaissait le chemin pour rentrer chez elle.

Dans le salon, Gary se remit à l'embrasser. Elle se sentait malheureuse et se demandait comment se tirer de là, lorsqu'elle tomba dans les pommes. Lorsqu'elle revint à elle, il était parti. Elle s'éveilla le lendemain en se rappelant qu'elle avait pris rendez-vous pour aller au cinéma avec lui un jour de la semaine suivante.

4

Le lendemain matin, Gary téléphona de bonne heure. Marge demanda à sa sœur de répondre qu'elle n'était pas levée. Il rappela une demi-heure plus tard et Marge dit : « Tu n'as qu'à lui dire que je ne suis pas là. » Les choses en resteraient là, espérait-elle.

Le samedi soir, Gary était ivre. Au début de la soirée il essaya de convaincre Sterling Baker de le conduire jusqu'à Salt Lake City, mais Sterling le persuada de rentrer. Gary essaya alors de se faire emmener par Vern, mais il s'entendit répondre qu'il était près de minuit, que ça faisait cent soixante kilomètres aller et retour et qu'il valait mieux ne plus y penser. Gary répondit : « Très bien, tu n'as qu'à me prêter ta voiture.

— Mais non, fit Vern, tu ne peux pas la prendre. »

Gary le regarda. Dans ces moments-là, ses yeux avaient la fureur d'un aigle en cage. Ces yeux-là disaient pratiquement à Vern : « Ta Pontiac dorée 69 est dans l'allée, tout comme ta camionnette Ford verte 73. Et tu ne veux me prêter ni l'une ni l'autre. » Tout haut il dit : « Je vais faire du stop. »

Vern s'imaginait Gary dans un bar de Salt Lake, cherchant des histoires. « Fais ce que tu veux, dit-il à Gary. Je préférerais que tu restes ici.
— Je m'en vais. »

Lorsqu'il partit, c'en fut trop pour Vern. Trois minutes ne s'étaient pas écoulées qu'il dit à Ida : « La barbe, je vais le conduire. » Il monta dans sa voiture en s'imaginant l'expression de Gary lorsqu'il s'arrêterait auprès de lui, ouvrirait la portière du côté passager en marmonnant : « Pourquoi ne vas-tu pas à Salt Lake avec ce pauvre crétin ? » Mais Vern ne réussit pas à le trouver. Il y avait un endroit sur la Ve-Avenue où on se plantait généralement si on voulait faire du stop, mais il n'y avait personne. Vern sillonna les rues. Gary avait dû trouver une voiture tout de suite.

A huit heures le dimanche matin, Gary appela de l'Idaho. Il était à cinq cents kilomètres. « Comment es-tu arrivé là-bas ? » demanda Vern.
Ma foi, expliqua Gary, un connard l'avait ramassé, il s'était endormi et le type avait traversé Salt Lake. Quand Gary s'était éveillé, on était dans l'Idaho. « Vern, dit Gary, je suis fauché. Pourrais-tu venir me chercher ?
— Peut-être que Brenda voudra y aller, dit Vern, mais moi, sûrement pas. » Il prit une profonde inspiration.
« Tu ne veux pas venir me chercher ? » Gary avait l'air vraiment furieux. Il y avait un gouffre entre eux. Vern dit : « Reste où tu es. Je vais appeler Brenda. »

« Qu'est-ce que tu fais là-bas dans le Nord ? demanda Brenda.
— J'avais envie de passer voir maman, dit Gary.

Tu comprends, je suis tombé sur ce type, à Provo, qui a des amis dans l'Idaho. Il m'a dit : « Allons « voir mes copains, et puis on montera jusqu'à « Fortland. »

— Oh ! mon Dieu », fit Brenda. Il n'avait pas tenu ses engagements. On lui avait dit de ne pas quitter l'Etat.

« Bref, fit Gary, une fois arrivé dans l'Idaho, ce type s'est mis en colère contre moi et m'a plaqué là. Je suis coincé dans le bar, Brenda, et je ferais mieux de rentrer. Tu peux venir me chercher ?

— Pauvre imbécile, dit Brenda. Tu n'as qu'à te retirer le pouce du cul et le lever en l'air. »

Quelques heures plus tard, Mont Court reçut chez lui un coup de fil de l'Inter. On lui demandait de contacter l'inspecteur Jensen à Twin Falls, dans l'Idaho. Mont Court apprit alors que son prisonnier libéré sur parole, Gary Gilmore, avait été arrêté pour conduite sans permis. L'inspecteur Jensen voulait savoir comment ils devaient procéder. Mont Court réfléchit un moment et conseilla qu'on laisse Gilmore regagner l'Utah par ses propres moyens et qu'il vienne aussitôt se présenter à lui.

Brenda reçut un autre coup de fil. Gary était à Twin Falls, dit-il. Il avait fait du stop et s'était fait prendre par un type qui conduisait une camionnette. Lorsqu'ils s'étaient arrêtés dans un bar, le type avait commencé à lui faire du gringue. Gary avait dû se battre avec lui dans le bar. Puis ils étaient sortis sur le parc de stationnement pour terminer. Il avait assommé le type.

« Brenda, j'ai cru que je l'avais tué. Mon Dieu, j'ai vraiment cru que je l'avais tué. Je l'ai mis dans sa camionnette et j'ai foncé comme un dingue. Je me disais que si je pouvais trouver un hôpital, je le déposerais là.

« Là-dessus, le type a piqué une crise. J'ai arrêté

la voiture et j'ai pris son portefeuille pour voir son nom... au cas où il serait en train de mourir. Puis je suis parti à fond de train pour un hôpital. Dès que les flics m'ont fait m'arrêter sur le bas-côté, le type est revenu à lui. Il a dit aux policiers qu'il voulait qu'on m'inculpe d'agression et de voies de fait, de kidnapping, et aussi de lui avoir volé son portefeuille et pris sa camionnette. »

Brenda essayait d'enregistrer tout ça.

« Il me restait un peu de ma paye de la semaine, poursuivit Gary, et ça suffisait pour payer la caution pour avoir conduit sans permis. Ensuite, je me suis débrouillé.

— Tu t'es débrouillé ? dit Brenda. Mon Dieu, mais comment ?

— Eh bien, vois-tu, ce type était connu dans la région pour être un pédé. Je crois que les flics étaient de mon côté et ils l'ont persuadé de renoncer à porter plainte. Je n'ai pas besoin de revenir.

— Je ne peux pas le croire, dit Brenda.

— Seulement il y a juste une chose, fit Gary, j'ai claqué mon argent pour la caution. Je ne sais pas comment je vais rentrer.

— Tu ferais mieux de t'arranger, dit Brenda. Si tu n'es pas ici demain matin, j'appelle Mont Court. Il se ferait un plaisir de te ramener à l'œil.

— Mont Court est déjà au courant », dit Gary.

Brenda explosa. « Pauvre crétin, lui dit-elle, qu'est-ce que tu peux traîner ! »

Ce fut un long dimanche. Une neige de printemps avait commencé à tomber et le soir, c'était presque le blizzard. Dans le salon, Brenda en avait assez de regarder son tapis rouge, ses meubles rouges et ses lampes en fer forgé noires. Elle était prête à donner des coups de pied dans les jouets des gosses. Elle n'arrêtait pas de ressasser tout ça avec Johnny, en essayant de trouver une solution pour Gary.

Encore heureux, songea-t-elle, qu'il ne se soit pas barré après avoir rossé le type. Ça montrait qu'il avait un certain sens de ses responsabilités. D'un autre côté, est-ce qu'il n'était pas parti avec lui dans la camionnette parce que ce serait facile de faire les poches du gars ? Et comment avait-il réussi à le persuader de ne pas porter plainte ? En arborant son sourire juvénile ?

Il était temps de reconnaître, conclut Brenda tristement, que quand on avait Gary dans les parages, il y avait des questions auxquelles on n'obtenait pas de réponses. La neige continuait à tomber. Sur les routes, le paysage ne devait être qu'un grand champ blanc.

5

A neuf heures du soir, Gary téléphona de Salt Lake. Cette fois il était complètement fauché. Il était aussi bloqué par la neige.

Johnny regardait à la télé une émission qu'il aimait bien. « En tout cas, dit-il, je ne vais pas aller chercher cet imbécile. »

Brenda dit : « C'est la famille de mon côté qui est en jeu, alors est-ce que je peux prendre ton camion ? » Il avait les quatre roues motrices et un émetteur-récepteur radio. Sa voiture à elle était trop légère.

Toni se trouvait là et elle dit qu'elle l'accompagnerait. Brenda n'était pas mécontente. Toni connaissait mieux qu'elle Salt Lake.

Il neigeait si fort que Brenda faillit manquer la sortie de l'autoroute. Le bar était au diable, après l'aéroport, et se révéla être la boîte la plus dingue que Brenda eût jamais vue. On pouvait compter sur

Gary pour se retrouver dans l'endroit le plus moche.

Lorsqu'elles franchirent le seuil, il était en train de bavarder avec le tenancier. Brenda fut aussitôt frappée de constater qu'il avait plein de monnaie sur le comptoir.

Gary les gratifia d'un large sourire. « Comment vont les deux nanas les plus futées du monde ? » Oh ! qu'il était bourré ! Il en était fier : ses poules faisanes venaient juste d'apparaître sur le seuil. Brenda regarda Toni et dit : « Qu'est-ce qu'on fait de cet ivrogne ? »

Elles lui avaient passé les bras autour du cou pour lui faire garder l'équilibre. Il les prit par la taille.

« Tu es prêt à partir, Gary ?

— Laisse-moi finir ma bière. »

Brenda dit : « Bois-la près de la porte. » Elle ne tenait pas à rester au milieu de ce bar avec tous ces clochards qui les lorgnaient. Jamais de sa vie elle n'avait été autant de fois déshabillée du regard en trente secondes.

« Gary, tu t'es trouvé un chouette endroit pour t'arrêter.

— Bah ! il faisait chaud », répondit-il. Il avait toujours une explication valable pour tout.

« Au fait, dit-il, son verre de bière à la bouche, c'est mon tour maintenant de jouer au billard.

— Tu comptes rester ici pour jouer au billard ? dit Brenda.

— C'est que, répondit-il, j'ai un gros pari qui mijote.

— Tu m'as dit que tu étais fauché. »

Elles regardèrent les dollars sur le comptoir auprès de son verre. « C'est ce type, dit-il, qui m'a payé mes consommations toute la soirée.

— Tu mens comme tu respires, fit Brenda. Moi, je m'en vais. »

Alors Gary changea d'avis. « Bon, bon, dit-il d'une voix forte, si ça peut faire plaisir à mes petites dames, je vais partir maintenant. » Il se tourna, avec une délicieuse expression de regret, vers la table de billard où il n'irait pas et donna à Brenda un baiser sur le nez. Puis il en planta un autre sur la joue de Toni. « Venez mes deux petites futées, dit-il d'une voix bruyante, allons-y. » Il serait sans doute tombé dans la neige si elles ne l'avaient pas soutenu pour arriver au camion. Tout d'un coup, il eut l'air lessivé. Elles parvinrent à l'installer entre elles sur la banquette, mais il dit : « Oh ! non, je ne peux pas supporter ça. Je vais dégobiller.

— Laisse-moi descendre », hurla Brenda.

Elles se réinstallèrent avec Toni au milieu et Gary à droite, la vitre à demi ouverte. Cet abruti chantait. Il chantait très mal.

Sa chanson, c'était *Des bouteilles contre un mur*. Il y avait cent bouteilles contre un mur, quelque chose arrivait à une des bouteilles, alors il n'en restait que quatre-vingt-dix-neuf. C'était comme *Les dix petits nègres*. Elles durent subir les cent bouteilles.

« Pourquoi n'essaies-tu pas quelque chose que tu saches faire ? dit Brenda. Voyons, tu ne sais pas chanter.

— Mais si », dit-il en attaquant un nouveau couplet. Rien d'autre à faire que d'en prendre son parti.

Lorsqu'ils arrivèrent à la Pointe de la Montagne, c'était une vraie tempête de neige sur l'autoroute. Brenda n'arrivait pas à voir les feux des voitures devant elle, et avec le plateau du camion qui n'était pas chargé, le véhicule commençait à chasser. Bientôt ça glisserait comme si elle roulait sur une colonie de serpents. Elle alluma la radio et essaya d'avoir des nouvelles du temps par un camion qui serait sur l'autre versant de la montagne. Si c'était mauvais, elle s'arrêterait en attendant que la tempête se calme.

Mais Gary était inquiet de voir Brenda utiliser la radio. Il avait entendu parler de ces appareils, mais il ne savait pas très bien à quoi ils servaient. Il était un peu paranoïaque. Il croyait que Brenda parlait aux flics. « Qu'est-ce que tu fais ? demanda-t-il.

— J'essaie d'avoir un rapport des Bleus.

— Qu'est-ce que c'est qu'un rapport des Bleus ? demanda Gary.

— C'est le nom de code de la police, dit Brenda.

— Eh, demanda Gary, tu vas me livrer ? »

Brenda dit : « En quel honneur ? Parce que tu t'es conduit comme un trou du cul ? On ne peut pas livrer quelqu'un qui s'est conduit comme un trou du cul.

— Ah, fit Gary. D'accord, j'ai compris.

— Non, dit Brenda, je ne m'en vais pas te livrer. Mais c'était idiot de dire ça.

— Je ne suis pas idiot, déclara-t-il.

— Gary, tu as un Q.I. élevé, mais tu n'as pas un brin de bon sens.

— C'est ce que tu penses. »

Il avait l'air de croire que se fourrer dans les situations les plus insensées et trouver moyen de s'en sortir, c'était du bon sens.

Le rapport des Bleus annonça que le temps était moins mauvais sur l'autre versant, mais Brenda ne savait pas si elle devait tenter le coup. A la radio, un énorme camion remorque qui montait derrière elle lui signala que la route, un peu plus loin, était dangereuse. Le type demanda alors quel genre de véhicule elle conduisait. Quand Brenda lui eut décrit la camionnette de Johnny, le routier dit : « D'accord. Vous êtes juste devant moi. (Puis il ajouta :) J'ai un copain derrière. On va vous escorter.

— C'est que je ne sors qu'à Orem, dit Brenda.

— On va rester avec vous. »

Brenda roula donc sur l'autoroute en convoi entre deux gros semi-remorques. Elle restait à portée de vue des feux arrière du type devant elle et celui qui suivait n'était pas loin. Ils l'escortaient parfaitement.

Le camion de tête restait sur la file de gauche pour lui éviter de déraper vers le terre-plein central. L'autre était à sa droite et juste derrière. Si l'arrière de la camionnette de Johnny commençait à virer vers le bas-côté, il pourrait donner un petit coup sur le pare-chocs près de la roue arrière droite. Ça arrêterait le dérapage. Les routiers savaient faire ça. C'était une assistance importante. Pour des raisons d'écoulement d'eau, le bas-côté, sur cette portion de l'autoroute, tombait à pic dans un caniveau d'écoulement et comme c'était une tempête de neige de printemps, il n'y aurait plus de talus enneigés pour vous protéger. En fait, sur la droite il n'y avait que du gravier et de l'à-pic. Le type derrière elle n'arrêtait pas de lui dire : « Ne vous en faites pas, vous n'allez pas passer par-dessus la rambarde. »

Tout ça impressionna Gary. « On peut dire que tu es protégée, dit-il. (Puis il lui fit un large sourire en disant :) Mais tu ne crois pas que tu aurais besoin d'être protégée contre moi ?

— Comment, fit Brenda, quelle idiotie. Est-ce que tu me ferais du mal ?

— Voilà, dit Gary maintenant vexé, une chose idiote qui n'était pas à dire.

— Pas plus idiote que ce que tu viens de dire.

— Mes enfants, mes enfants, fit Toni, pas de dispute. »

Ils continuèrent donc leur route et rentrèrent. Gary, ce soir-là, coucha chez Brenda et Johnny.

Le lundi matin, dans la pluie et la neige fondue, Gary s'en alla voir Mont Court. Voici l'histoire qu'il raconta à son délégué à la liberté surveillée :

Il était allé à une soirée où il avait un peu bu. Puis il avait décidé d'aller à Salt Lake pour trouver une prostituée. En route, il avait été pris en stop par un homme qui lui avait dit qu'il connaissait des filles qui les accueilleraient, à Twin Falls, dans l'Idaho. Mais quand ils étaient arrivés à Twin Falls, le type qui avait fait cette promesse l'avait tout simplement laissé tomber.

Il avait alors appelé l'Utah au téléphone et sa cousine lui avait conseillé de rentrer en stop. Il avait pu trouver un homme qu'il avait rencontré dans un bar. En chemin, le type s'était mis à avoir des convulsions et avait fini par perdre connaissance. Gary avait donc dû se mettre au volant et essayer de trouver un hôpital. Là-dessus, il avait été arrêté pour conduite sans permis et avait fait contacter M. Mont Court. Et lui, Gary Gilmore, se présentait maintenant comme on le lui avait ordonné.

Mont Court n'était pas trop content de cette histoire. Gilmore était assis dans son bureau, sympathique comme tout et très poli. Mais il n'expliquait pas grand-chose. Il répondait juste aux questions. Ça ne donnait pas une bonne impression. Quand même, il y avait pas mal de cas qu'on devait bien supporter tels qu'ils étaient.

Court était responsable d'environ quatre-vingts détenus libérés sur parole ou sous surveillance, et il en voyait trente ou quarante par semaine, chacun entre cinq et quinze minutes. Ça voulait dire qu'il fallait prendre des risques. Il en avait pris un la veille en pariant que Gilmore reviendrait tout seul de l'Idaho.

D'un autre côté, s'il avait été mis en prison dans l'Idaho, Court aurait dû le renvoyer aux autorités de l'Oregon, puisque c'était là qu'avait eu lieu sa libération. Il aurait été extrêmement difficile, un dimanche après-midi, de trouver des membres de commission de Libération sur Parole de l'Oregon. En fait, ça pourrait même prendre quelques jours avant qu'ils puissent se réunir pour prendre une décision à propos de l'escapade de Gilmore. Et Gary, pendant tout ce temps-là, poireauterait dans une prison de Twin Falls. Là-bas, un avocat pourrait le faire sortir en invoquant l'*habeas corpus,* et Gilmore pourrait se tirer. Plus il serait vraiment dans le pétrin, plus il essaierait de se barrer vite fait. Alors que Gilmore, revenant de lui-même, conforterait le côté positif de son image. Il saurait que Court avait eu raison de lui faire confiance. Ça donnerait une base de départ. Le principe était d'assurer à un homme un semblant de relations positives avec les autorités. A partir de là, il pourrait commencer à changer. Court avait été missionnaire mormon en Nouvelle-Zélande et il croyait au pouvoir de l'autorité pour provoquer un changement, c'est-à-dire réussir à obtenir des modifications réelles dans la personnalité des gens. Bien sûr, ceux-ci devaient être prêts à accepter l'autorité, que ce fût l'Ecriture, le Livre des Mormons ou bien, dans le cas de Gilmore, accepter tout bonnement le fait que lui, Mont Court, un délégué à la liberté surveillée, n'était ni une tête de mule ni un super flic, mais un homme disposé à parler ouvertement et à prendre avec vous des risques raisonnables. Il était là pour aider, pas pour réexpédier un homme dans une prison surchargée à la première infraction mineure.

Bien sûr, il en fit tout un plat. Gilmore avait

incontestablement enfreint les engagements de liberté surveillée. Toute nouvelle infraction risquerait de la faire annuler. Gilmore hochait la tête, Gilmore écoutait poliment. Il avait l'air vieilli. Ils étaient à peu près du même âge, mais Gilmore, se dit Court, avait l'air bien plus âgé. D'un autre côté, si on dessinait un portrait-robot de ce à quoi pourrait ressembler un artiste de trente-cinq ans, Gilmore pourrait correspondre à ce profil-là.

Court avait vu quelques échantillons de son art. Avant qu'il ne le rencontre, Brenda avait montré à Mont Court deux ou trois dessins et toiles de Gary. Les renseignements que lui transmettait le pénitencier d'Oregon affirmaient sans ambages que Gilmore était un être violent, et pourtant, dans ses tableaux, Court percevait une partie de l'homme que ne reflétait tout simplement pas le rapport de la prison. Mont Court y voyait de la tendresse. Il se disait : « Gilmore ne peut pas être totalement mauvais, totalement perdu. Il y a quelque chose de récupérable. »

Après l'entrevue avec Mont Court, Gary décida de rencontrer Spencer McGrath en vue d'un nouveau travail. Brenda le conduisit à Lindon pour ce rendez-vous et McGrath lui plut. Il était vraiment sympa, se dit-elle, un petit bonhomme avec des traits rudes, une moustache sombre et des manières simples qui pouvaient vous faire croire, au premier abord, que c'était un plombier. Le genre de type à arriver sur un chantier et à dire à ses hommes : « Allons, les gars, on s'y met. » Elle le trouva formidable bien qu'il fût petit.

Deux jours plus tôt, Gary était allé voir un homme qui gérait une société d'enseignes, mais on ne lui avait offert qu'un dollar cinquante de l'heure. Lorsque Gary avait dit que ça n'était même pas le salaire minimum, l'homme avait répondu :

« Qu'est-ce que vous croyez ? Vous sortez de taule. »
Spencer reconnut que ça n'était pas juste. Si Gary
faisait le même travail qu'un autre, il devait toucher le même salaire.

Il se révéla toutefois que Gary n'avait pas beaucoup d'expérience dans ce domaine. Il savait peindre bien sûr, mais les ouvriers ne faisaient pas
beaucoup de peinture d'enseignes, ils se contentaient de teinter des machines au pistolet. « Bien,
dit Spencer, vous me donnez l'impression d'être
intelligent. Je pense que vous pouvez apprendre. »
Il voulait bien engager Gary à trois dollars cinquante de l'heure. Le gouvernement avait un programme pour les anciens détenus et paierait la
moitié de son salaire. Il commencerait le lendemain. De huit heures à cinq heures avec des pauses
pour le café et pour le déjeuner.

Ça faisait presque douze kilomètres de chez
Vern, à Provo, jusqu'à l'atelier à Lindon, douze
kilomètres par State Street et ses bâtiments sans
étages. Le premier matin, Vern le conduisit en
voiture. Après, Gary partait à six heures pour être
sûr d'arriver au travail pour huit heures au cas où
il ne parviendrait pas à se faire prendre en stop.
Une fois, après avoir trouvé presque tout de suite
une voiture pour l'emmener, il était arrivé à six
heures et demie, une heure et demie en avance.
D'autres fois, ça n'allait pas si vite. Un jour, une
averse déferla des montagnes et il dut marcher
sous la pluie. Le soir, il rentrait souvent à pied
faute de trouver quelqu'un pour le ramener. Ça
faisait beaucoup de déplacements pour aller à un
atelier qui n'était guère plus qu'un grand hangar
situé au milieu d'une cour boueuse pleine de
camions et de matériel lourd.

Durant les premiers jours de travail, Gary fut très
silencieux. De toute évidence, il ne savait pas quoi

faire. Si on lui donnait une planche à raboter, il se contentait d'attendre après avoir fini. On était obligé de lui dire de retourner la planche pour raboter l'autre face. Un jour, le contremaître, Graig Taylor, un type de taille moyenne avec de larges épaules et des bras costauds, découvrit que Gary travaillait sur une perceuse électrique depuis un quart d'heure sans aucun résultat. Impossible de faire un trou.

Graig lui expliqua qu'il faisait fonctionner la perceuse en marche arrière. Gary haussa les épaules en disant : « Je ne savais pas que ces engins avaient une marche arrière. »

D'après les rapports qui parvenaient à Spencer McGrath, il était très bien, mais il n'en savait pas plus qu'un gamin sorti du lycée. Les appareils à affûter, les sableurs, les pistolets à peinture, il fallait tout lui expliquer. Et puis c'était un solitaire. Il apportait son casse-croûte dans un sac de papier et les premiers jours il déjeuna tout seul. Il s'asseyait dans un coin, sur une machine, et mangeait, plongé dans sa solitude. Personne ne savait ce qu'il pensait.

7

La nuit, ça n'était pas pareil. Gary sortait à peu près tous les soirs. Rikki commençait à le craindre un peu. Il savait qu'il n'avait pas envie d'avoir d'histoires avec Gary. Au cours d'une partie de poker, Gary leur parla du type de l'Idaho qu'il avait déposé dans un hôpital après une bagarre.

Gary parlait aussi à tout le monde de ce connard de Noir qu'il avait tué en prison, parce qu'il essayait de s'envoyer un gentil gosse blanc. Le gosse avait appelé Gary au secours, alors lui et un autre copain s'étaient procuré des tuyaux. Il fallait ça. Le détenu auquel ils s'attaquaient était vraiment un sale nègre et il avait été boxeur professionnel. Ils l'avaient attendu dans un escalier et l'avaient à moitié assommé avec leurs tuyaux. Puis ils l'avaient ramené dans sa cellule et l'avaient poignardé à cinquante-sept reprises avec un couteau de leur fabrication.

Rikki pensait que cette histoire était de la frime. En la racontant à tout le monde, Gary essayait simplement de se donner l'air d'un dur. Malgré tout, ça mettait Rikki un peu mal à l'aise. Un type qui voulait faire croire à une histoire pareille pouvait difficilement reculer s'il commençait à faire pression sur vous et qu'on le repoussait.

Il y avait cependant des moments où Gary semblait presque simple. A courir les filles dans la voiture de sport de Rikki, on pouvait dire que Gary n'avait pas appris grand-chose. Rikki ne cessait d'essayer de lui expliquer comment on parlait aux filles, dans le style doux et coulant, comme Sterling Baker, au lieu de jouer les durs et de rouler les mécaniques, mais Gary disait qu'il ne voulait pas jouer ce jeu-là. Ça n'était pas un problème pour Rikki de trouver deux filles pour bavarder un moment, mais on pouvait être sûr que Gary leur ferait peur.

Un soir, Rikki se mit à rouler au ralenti à côté d'une camionnette où se trouvaient trois filles. La camionnette était à la gauche de Rikki et il leur parla par la vitre ouverte jusqu'au moment où elles purent se rendre compte qu'il était sympa et assez beau gosse. Les filles s'engagèrent alors dans une rue sombre, il les suivit et se gara derrière. La fille qui était au volant vint parler à Gary, Rikki descendit et alla jusqu'à leur camionnette. Il était en train de faire du gringue aux deux autres filles afin de les persuader d'aller s'amuser un peu chez elles, mais deux minutes ne s'étaient pas écoulées que la conductrice revint, l'air effrayé. Elle dit : « Tu devrais faire attention avec ce type que tu trimbales. » Elle remonta vite dans sa camionnette et démarra.

« Qu'est-ce qui s'est passé ?
— Eh ben, je suis allé droit au fait et je lui ai posé la question. Je lui ai dit : « Ça fait bien longtemps et j'aimerais faire ça tout de suite ! » (Gilmore secoua la tête.) J'en ai marre. Si on mettait la main sur deux nanas et qu'on les viole ? »
Rikki choisit ses mots avec soin. « Gary, c'est une chose que je ne pourrais tout simplement pas faire. »

Ils roulèrent jusqu'au moment où Gary dit qu'il connaissait une fille du nom de Margie Queen. « Vraiment bien. » Maintenant il voulait aller chez elle, rien que chez elle. Elle habitait au premier étage d'un petit immeuble dont chaque palier desservait plusieurs appartements. Un peu comme un petit motel.

Gary martela la porte pendant dix minutes. La sœur de Margie finit par venir répondre. Elle entrebâilla la porte et murmura : « Margie est allée se coucher.
— Dites-lui que je suis ici.
— Elle est couchée.
— Vous n'avez qu'à lui dire que je suis ici et elle se lèvera.
— Elle a besoin de sommeil. »
La porte se referma.
« Connasse », cria Gary.

Puis il se mit en colère. En descendant de l'escalier, il dit à Rikki : « Renversons sa bagnole. »
Rikki était lui-même passablement ivre. Ça lui

parut une idée marrante. Rikki n'avait jamais renversé de voiture.

C'était une vieille petite bagnole étrangère, mais lourde. Ils s'adossèrent à la carrosserie en poussant de toutes leurs forces mais ils arrivaient tout juste à la secouer. Alors Gary alla prendre un démonte-pneu dans le coffre de la voiture de sport de Rikki, revint en courant jusqu'à celle de Margie Queen et fit voler le pare-brise en éclats.

Le bruit du verre cassé effraya suffisamment Rikki pour le faire regagner à toutes jambes sa voiture. Ce fut juste au moment où il démarrait que Gary ouvrit la portière et sauta à l'intérieur. Rikki ne put s'empêcher de rire en pensant que Gary aurait pété toutes les vitres s'ils n'avaient pas dû décamper.

Ils décidèrent de passer voir Sterling. En chemin, Gary dit : « Tu m'aiderais à attaquer une banque ?

— C'est quelque chose que je n'ai jamais fait. »

Une banque, dit Gary, c'était facile. Il savait comment s'y prendre. Il donnerait à Rikki quinze pour cent du butin si Rikki voulait bien l'attendre dans sa voiture et l'emmener quand il sortirait. Rikki, dit-il, ferait un très bon chauffeur dans un hold-up.

Gary précisa : « Tu n'aurais pas à entrer dans la banque.

— Je ne pourrais pas. »

Gary s'emporta. « Je croyais que tu n'avais peur de rien.

— Je ne le ferais pas, Gary. »

Ils parcoururent le reste du trajet en silence jusqu'à la maison de Sterling.

Une fois là-bas, Gary se calma suffisamment pour

préparer une histoire acceptable au cas où Margie Queen appellerait les flics. Ils pourraient dire qu'ils étaient allés passer la nuit à Salt Lake et qu'ils n'en étaient rentrés que le matin. La sœur les aurait confondus avec deux autres types.

Le vendredi matin, Margie découvrit son pare-brise fracassé. La première idée qui lui vint à l'esprit fut que c'était Gary qui avait fait cela, mais elle espérait que ce n'était pas vrai. Le voisin du rez-de-chaussée dit : « Oui, c'est cette bagnole péta-radante avec ces deux types saouls. Ils se sont arrêtés juste à côté de la vôtre. Après, je ne sais pas ce qui s'est passé. »

Elle ne fit rien. Ce n'était qu'un petit malheur de plus.

8

Ce matin-là, Gary appela Brenda. Il allait toucher sa paie ce soir. Son premier chèque de Spencer McGrath. « Tu sais, lui dit-il, c'est moi qui vous invite tous les deux. »

Ils décidèrent d'aller au cinéma. C'était un film qu'il avait déjà vu, *Vol au-dessus d'un Nid de Coucou*. Il les avait vus tourner ça sur la route qui passait au pied du pénitencier, il avait vu ça de la fenêtre de sa cellule. D'ailleurs, lui raconta-t-il, il avait même été envoyé dans cet asile deux fois quand il était en prison. Tout comme Jack Nicholson dans le film. On l'y avait conduit de la même façon, avec des menottes et des fers aux pieds.

Comme le film se donnait au cinéma Una à Provo, Brenda et Johnny vinrent en voiture d'Orem et, lorsqu'ils passèrent le prendre chez Vern et Ida, Gary avait déjà bu quatre ou cinq bières pour fêter sa première paie.

Dans la camionnette, il fuma une cigarette de marijuana. Ça le rendit tout content. Il n'arrêta pas de glousser pendant le trajet jusqu'au cinéma. Brenda se dit : ça va être une soirée catastrophique.

Sitôt le film commencé, Gary se mit à le commenter. Il disait : « Tu vois cette pépée ? Elle travaille vraiment à l'asile. Mais le type à côté d'elle est un faux : ça n'est qu'un acteur. » Gary s'adressait à toute la salle.

Au bout d'un moment, son langage devint plus corsé. « Regarde-moi ce connard là-bas, dit-il. Je le connais, ce connard. »

Brenda en serait morte de honte. Facilement. « Gary... Il y a des gens qui essaient d'entendre le dialogue. Tu veux bien la fermer ?

— Je suis grossier ?

— Tu es *bruyant*. »

Il se retourna dans son fauteuil et demanda aux gens derrière lui : « C'est vrai que je suis bruyant ? Est-ce que je vous dérange ? » Brenda lui donna un grand coup de coude dans les côtes.

Johnny se leva et alla s'installer une ou deux places plus loin. « Où est-ce qu'il va, Johnny ? demanda Gary. Il a envie de pisser ? » D'autres gens se déplacèrent.

Johnny s'enfonça dans son fauteuil si bien qu'on ne voyait même pas sa tête. Gary poursuivait son commentaire de *Vol au-dessus d'un Nid de Coucou*. « Le fils de pute, cria-t-il, il était juste comme ça. » Des rangées du fond, des gens criaient : « Silence devant. Chut ! » Brenda le tira par le pan de sa chemise. « Tu es odieux.

— Je suis désolé. (Il lui chuchota bruyamment :) Je vais me tenir tranquille. » Mais il parlait quand même très fort.

« Gary, blague à part, ça n'est vraiment pas drôle d'être assise à côté de toi.

— Bon, je vais me tenir. » Il posa ses pieds contre le dossier du fauteuil devant lui et se mit à se balancer. La femme qui y était assise avait sans doute résisté jusque-là à une violente envie de changer de place, mais cette fois elle renonça et alla un peu plus loin.

« Pourquoi as-tu fait ça ?

— Mon Dieu, Brenda, tu ne vas pas jouer tout le temps au chien de berger ?

— Tu as fait se déplacer cette pauvre dame.

— Sa coiffure me gênait.

— Alors assieds-toi plus droit.

— Ça n'est pas confortable d'être assis tout droit. »

En rentrant chez Vern, Gary avait l'air très content de lui. Brenda et Johnny ne voulurent pas entrer.

« Qu'est-ce qui se passe ? demanda Gary. Tu ne m'aimes plus ?

— En ce moment ? Je crois que tu es l'être le plus insensible que j'aie jamais connu.

— Brenda, dit Gary, je ne suis pas insensible au fait d'être traité d'insensible. »

Il monta l'escalier en sifflant.

Au petit déjeuner, il était d'excellente humeur. Il vit Vern qui le regardait manger et dit : « Tu dois trouver que j'engloutis la nourriture comme un porc, que ça va trop vite.

— Oui, fit Vern, j'ai remarqué ça.

— C'est que, dit Gary, en prison, on apprend à manger vite. On a un quart d'heure pour aller chercher sa nourriture, s'asseoir et l'avaler. Il y a des jours où on n'arrive même pas à l'avoir.

— Mais toi, demanda Vern, tu te débrouillais ?

— Oui, j'ai travaillé un moment aux cuisines.

Mon travail, c'était de préparer la salade. Ça me prenait cinq heures de faire autant de salade. Maintenant, je ne peux plus la voir.

— Ça ne fait rien, dit Vern, tu n'as pas besoin d'en manger. »

« Tu es plutôt costaud, Vern, hein ?
— Un vrai champion.
— Faisons une partie de bras de fer », dit Gary.

Vern secoua la tête mais Ida dit : « Allons, vas-y.
— Mais oui, viens donc, dit Gary. (Il regarda Vern en louchant :) Tu crois que tu peux me prendre ?
— Je n'ai pas à croire, dit Vern. Je peux te prendre.
— Ma foi, je me sens plutôt costaud aujourd'hui, Vern. Qu'est-ce qui te fait croire que tu peux me battre ?
— Je pense que j'en suis capable, dit Vern.
— Essaie.
— Bon, fit Vern. Mange ton petit déjeuner d'abord. »

Ils s'y mirent une fois la table débarrassée. Vern continuait à prendre son petit déjeuner de la main gauche et luttait avec le bras droit.

« Merde alors, fit Gary, pour un vieux, tu es plutôt costaud.
— Tu me fais pitié, dit Vern. C'est une bonne chose que tu aies fini ton petit déjeuner. Je ne te le donnerais même pas maintenant. »

Lorsqu'il eut à demi plié le bras de Gary, Vern reposa sa fourchette, prit quelques cure-dents et les mit dans sa main gauche. « Bon, mon ami, quand tu en auras assez, tu n'as qu'à le dire. Sinon, je m'en vais te coincer la main sur ces cure-dents. »

Gary avait bandé tous ses muscles. Il se mit à crier comme au karaté. Il se leva même à demi de son siège mais ça ne changeait pas grand-chose. Vern lui plia la main jusqu'à la pointe des cure-dents. Gary s'avoua vaincu.

« Il y a une chose que je voudrais savoir, Vern. Tu m'aurais vraiment coincé la main si je n'avais pas crié grâce ?

— Mais oui, je t'ai dit que je le ferais, non ?

— Eh ben, mon cochon... » fit Gary en secouant sa main.

Un peu plus tard, Gary voulut essayer avec le bras gauche. Il perdit encore.

Puis il essaya la lutte aux doigts croisés. Mais personne ne battait Vern à ce jeu-là.

« Tu sais, dit Gary, en général je n'aime pas beaucoup être battu. (Comme Vern soutenait son regard, Gary poursuivit :) Tu sais, Vern, tu es bien. »

Vern ne savait pas très bien comment prendre tout ça.

9

Spencer McGrath, dans son domaine, avait mis au point quelques innovations techniques. Par exemple, il utilisait de vieux journaux et produisait un matériau isolant d'excellente qualité pour les constructions résidentielles et commerciales. Pour l'instant, il travaillait sur un projet afin de recueillir toutes les ordures du comté pour les recycler. Cela faisait vingt ans qu'il essayait d'intéresser les gens à ce genre de projet. Ça commençait à bouger un peu. Voilà tout juste deux ans et demi, Devon Industries, à Orem, avait passé un accord avec Spencer McGrath pour lui faire déplacer son installation de Vancouver dans l'Etat de Washington au comté de l'Utah.

Spencer avait un personnel de quinze personnes. Il était occupé à construire le matériel dont il aurait besoin pour remplir son contrat avec Devon Industries. C'était un gros contrat et McGrath travaillait très dur. Il savait qu'il était arrivé à un de ces moments de la vie d'un homme où en deux ans il pourrait faire avancer sa carrière et ses finances de dix ans. Ou bien il pouvait échouer et ne pas gagner grand-chose d'autre que de juger jusqu'à quel point il pouvait travailler dur.

Sa vie de loisirs était donc réduite au minimum. Sept jours par semaine, il travaillait de sept heures du matin jusqu'à la nuit. De temps en temps, à la fin du printemps, il allait faire du ski nautique sur le lac d'Utah, ou bien il faisait venir des amis pour un barbecue. Mais après, pendant plusieurs jours de suite, il lui arrivait de ne pas pouvoir rentrer chez lui à temps pour voir les informations de dix heures à la télé.

Peut-être aurait-il pu s'en tirer en travaillant moins, mais Spencer estimait qu'il devait donner le temps nécessaire à chaque personne qui se présentait devant lui dans la journée. C'était donc tout naturel pour lui, non seulement de garder un œil sur Gilmore après l'avoir engagé, mais de lui parler assez souvent et, pour autant qu'il pouvait en juger, personne n'essayait le moins du monde de rabaisser Gary. Les hommes savaient, bien sûr, que c'était un ancien détenu — Spencer estimait que c'était juste pour eux (et pour Gary d'ailleurs) de les prévenir — mais c'était une bonne équipe. Si cela avait un effet, ce genre de révélation était plutôt en faveur de Gilmore.

Il fallut pourtant toute une semaine à Spencer

McGrath pour apprendre que Gary se rendait à pied à son travail chaque fois qu'il ne pouvait pas se faire prendre en stop, et il ne le découvrit que parce qu'il avait neigé ce matin-là et que Gilmore était arrivé en retard. Cela lui avait pris beaucoup de temps de faire tout le trajet à pied. Spencer l'apprit. Gilmore n'en avait jamais soufflé mot à personne. Un tel orgueil était plutôt bon signe. McGrath s'assura que quelqu'un le raccompagnerait en voiture ce soir-là.

Plus tard ce jour-là, ils bavardèrent un peu. Gilmore ne tenait pas à aborder le fait qu'il ne possédait pas de voiture alors que la plupart des gens en avaient. L'idée vint aussi à Spencer ; il se dit que d'ici à une paie ou deux, il pourrait emmener Gary chez Val J. Conlin, un vendeur de voitures d'occasion qu'il connaissait. Conlin demandait une petite somme au départ et, pour le reste, des versements hebdomadaires pas trop gros. Gilmore parut enchanté de cette conversation.

Spencer était très content. Il avait fallu une semaine, mais Gilmore avait l'air de se détendre. Il commençait à comprendre que Spencer n'aimait pas que ses hommes le considèrent comme un patron. Il faisait le même travail qu'eux et ne voulait pas d'une relation de supérieur à employé. Si, comme il y comptait, ses hommes étaient assidus dans leur travail, ça lui suffisait. Pas la peine de mener qui que ce soit à la cravache.

Le lendemain, Gary demanda à Spencer s'il était sérieux à propos de la voiture. Il voulut savoir s'ils pourraient y passer dans l'après-midi pour en regarder une.

Au garage V.J., il y avait une Mustang six cylindres 66 qui semblait en assez bon état. les pneus étaient bons, la carrosserie saine. Spencer trouva que c'était une occasion raisonnable : elle était à sept cent quatre-vingt-quinze dollars, mais le marchand dit qu'il la laisserait à Spencer pour cinq cent cinquante. Ça valait mieux que de marcher.

Donc, ce vendredi-là, quand Gary eut touché sa paie, Spencer le conduisit de nouveau au garage et on convint que Gary verserait cinquante dollars, que Spencer McGrath en verserait cinquante autres sur son salaire à venir et que Val Conlin toucherait le reste à raison de versements de cinquante dollars tous les quinze jours. Comme Gary gagnait cent quarante dollars par semaine et que, là-dessus, il en ramenait quatre-vingt-quinze à la maison, on pouvait considérer cet arrangement comme réalisable.

Gary demanda s'il pouvait prendre un moment le lundi pour se faire délivrer un permis de conduire. Spencer lui donna son accord. Il fut convenu que Gary passerait prendre son permis lundi matin, prendrait la voiture et viendrait ensuite au travail.

Le lundi, lorsqu'il arriva à l'atelier, il expliqua à Spencer que le Bureau des Permis avait dit qu'il devrait suivre des cours s'il n'avait pas eu de permis auparavant. Gary leur répondit qu'il en avait eu un dans l'Oregon, et qu'ils allaient le faire venir. En attendant, il laisserait la voiture au garage.

Le mercredi, toutefois, après son travail, il alla prendre la Mustang. Ce soir-là, pour fêter ça, il fit une partie de bras de fer avec Rikki Baker chez Sterling. Rikki se donna beaucoup de mal, mais Gary l'emporta et il n'arrêta pas de s'en vanter durant toute la partie de poker.

Rikki, gêné de toujours perdre, s'abstint quelque temps. Quand il repassa quelques jours plus tard, ce fut pour apprendre que sa sœur Nicole était venue un soir rendre visite à Sterling et que Gary se trouvait là. Ce même soir, Nicole et Gary s'étaient retrouvés ensemble. Ils étaient maintenant à Spanish Fork. Sa sœur Nicole, qui en avait toujours fait à sa tête, vivait avec Gary Gilmore.

Cette nouvelle ne plut pas du tout à Rikki. A son avis, Nicole était ce qu'il y avait de mieux dans sa famille. Il dit à Sterling que si Gary lui faisait le moindre mal, il le tuerait.

Pourtant, quand Rikki les vit ensemble, il se rendit compte que Nicole l'aimait beaucoup. Gary vint trouver Rikki et lui dit : « Mon vieux, tu as la plus belle sœur du monde. C'est la fille la plus chouette que j'aie jamais rencontrée. » Gary et Nicole se tenaient la main comme s'ils étaient enchaînés par le poignet. Ce n'était pas du tout ce à quoi s'attendait Rikki.

Le dimanche matin, Gary emmena Nicole pour la présenter à Spencer et à Marie McGrath. Spencer vit une très belle fille, une ligne du feu de Dieu, pas trop grande, avec une bouche forte, un petit nez et de beaux cheveux bruns et longs. Elle devait avoir dix-neuf ou vingt ans et semblait absorbée par ses propres pensées. Elle portait des jeans coupés à la cuisse, un T-shirt et pas de chaussures. On avait l'impression qu'un bébé pleurait dans sa voiture, mais elle ne fit pas un geste pour y aller.

Gary était extrêmement fier d'elle. On aurait cru qu'il venait d'arriver avec Marilyn Monroe. On pouvait dire qu'ils avaient l'air de bien s'entendre. « Regardez ma petite amie ! répétait tout le temps Gary. N'est-ce pas qu'elle est fabuleuse ? »

Lorsqu'ils furent partis, Spencer dit à Marie : « C'est juste ce qu'il faut à Gary. Une petite amie avec un bébé à nourrir. Mais je n'ai pas l'impression qu'elle va lui apporter grand-chose. (Il plissa les yeux pour regarder leur voiture qui s'éloignait.) Mon Dieu, est-ce qu'il a peint sa Mustang en bleu ? Je croyais qu'elle était blanche.

— C'est peut-être sa voiture à elle.

— Même année, même modèle ?

— Ça ne me surprendrait pas », dit Marie.

10

Comme Spencer habitait juste à côté de l'atelier, à Lindon, Marie pouvait regarder par la fenêtre et voir quand Gary était en avance. Certains matins, elle l'invitait à entrer prendre une tasse de café.

Tout en sirotant son café, Gary posait les pieds sur la table. Marie s'approchait et lui donnait une claque sur les chevilles.

« Elle, dit Gary à Brenda, c'est une dame qui sait ce qu'elle veut. Ça n'est pas le genre à faire des façons. (Il sourit.) J'ai mis mes pieds sur la table rien que pour l'agacer.

— Si c'est une femme si bien, pourquoi veux-tu l'agacer ?

— Sans doute, dit-il, que j'aime bien une claque sur la cheville. »

Brenda ne voulait pas espérer trop, mais, si Dieu le voulait, Gary allait peut-être franchir le virage.

Elle ne fut pas ravie lorsqu'il amena Nicole chez elle. Oh ! mon Dieu, se dit Brenda, c'était bien à Gary de se retrouver avec une fille qui avait l'air de sortir d'un roman de science-fiction. Nicole était assise et le regardait. Elle tenait par le bras une petite fille sans même avoir l'air de se rendre compte de ce qu'elle faisait. L'enfant, une fillette de quatre ans à l'air pas commode, semblait vivre dans un monde et Nicole dans un autre.

Brenda demanda : « Où habitez-vous ? »

Nicole se secoua. « Hein ? (Elle se secoua encore.) Au bas de la route », dit-elle d'une voix douce et un peu étouffée.

Brenda devait fonctionner au radar. « Springville ? demanda-t-elle. Spanish Fork ? »

Nicole eut un sourire angélique. « Ouais, Spanish Fork, elle a deviné », dit-elle à Gary comme si de petites merveilles poussaient comme des fleurs sur la grand-route de la vie.

« Tu ne la trouves pas superbe ? dit Gary.

— Si, fit Brenda, tu t'es trouvé une vraie Miss Univers. »

Eh oui, songea Brenda, encore une fille qui pond un gosse à tout juste quinze ans et qui, après, vit des allocations familiales. Mais, il fallait bien le reconnaître, Nicole était une sacrée pépée. Sur ce plan-là, c'était du super.

Mon Dieu, Gary et elle avaient l'air en transe quand ils étaient ensemble. Ils pouvaient rester toute la journée assis à se reluquer. Pas la peine de faire des visites. Brenda était prête à demander aux pompiers de venir éteindre l'incendie.

« Elle a dix-neuf ans, dit Gary dès l'instant où Nicole se fut éloignée.

— Pas possible, fit Brenda.

— Crois-tu qu'elle soit trop vieille pour moi ? » demanda-t-il. En voyant l'expression de sa cousine, il se mit à rire.

« Non, dit Brenda, très franchement, je pense que vous êtes tous les deux au même niveau de maturité intellectuelle et mentale. Bon sang, Gary, elle est assez jeune pour être ta fille. Comment peux-tu avoir une histoire pareille avec une gosse ?

— Je me sens dix-neuf ans, lui dit-il.

— Pourquoi n'essaies-tu pas de grandir avant d'être trop vieux ?

— Dis donc, cousine, tu n'y vas pas de main morte, dit Gary.

— Tu ne trouves pas que j'ai raison ?

— Probablement », dit-il. En marmonnant.

Ils étaient assis dans le patio, au soleil, lorsque Nicole revint. Tout comme si de rien n'était, Gary désigna d'un geste tendre le cœur tatoué sur son avant-bras. Quand il était sorti de Marion, un mois plus tôt, raconta-t-il, c'était un cœur vide. L'espace était empli maintenant par le nom de Nicole. Il avait essayé d'assortir le bleu-noir de l'ancien tatouage, mais son nom apparaissait en bleu-vert. « Tu aimes ça ? demanda-t-il à Brenda.

— Ça fait toujours mieux que d'avoir un blanc, dit-elle.

— Ah ! fit Gary, j'attendais de le remplir. Mais il fallait d'abord que je me trouve une femme comme elle. »

Nicole aussi avait un tatouage. Sur la cheville. GARY.

« Tu aimes ça ? demanda-t-il.

— Pas du tout », répondit Johnny.

Nicole avait un large sourire. C'était à croire que la meilleure façon d'éveiller un écho chez elle, c'était de dire la vérité. « Oh ! dit-elle, en tendant la cheville pour exhiber au monde la courbe de son jarret et la chair de sa cuisse, je trouve que ça fait plutôt joli.

— Je reconnais, dit Brenda, que c'est fait d'une main experte. Mais un tatouage sur la cheville d'une femme, ça donne l'impression qu'elle a marché dans la merde.

— Vu, dit Gary.

— Oh ! dit Brenda, autant que je te donne mon

avis. J'aime ce tatouage autant que ce chapeau de connard que tu portes.

— Tu n'aimes pas mon couvercle ?

— Gary, quand il s'agit de chapeau, je n'ai jamais vu quelqu'un avoir plus mauvais goût. » Elle était si furieuse qu'elle était au bord des larmes.

Moins d'une semaine auparavant, il était venu lui faire ses excuses pour la façon dont il s'était conduit au cinéma ; il était arrivé sur son trente et un, avec un pantalon beige et une belle chemise marron, mais coiffé d'un panama blanc avec un grand ruban arc-en-ciel. Ce chapeau n'aurait même pas fait bien sur un maquereau noir, et Gary le portait avec le bord rabattu devant et relevé derrière, un peu comme le Parrain. Il était resté planté sur le paillasson de Brenda, le dos un peu voûté, les mains dans les poches, et donnant des coups de pied dans le bas de la porte.

« Pourquoi est-ce que tu ne soulèves pas le loquet ? avait demandé Brenda en l'accueillant.

— Je ne peux pas, avait-il répondu, j'ai les mains dans mes poches », et il avait attendu qu'elle applaudisse à sa tenue.

« C'est un joli chapeau, dit Brenda, mais il ne te va pas. A moins que tu ne sois devenu proxénète.

— Brenda, tu es épouvantable, avait-il dit, tu n'y connais vraiment rien. » Toute son assurance avait disparu.

Et voilà qu'elle recommençait. Ça ne lui plaisait pas qu'elle n'aimât pas le tatouage de Nicole ni les chapeaux qu'il portait. Il se leva pour prendre congé et Brenda les raccompagna jusqu'à la porte. En sortant, elle aussi fut surprise en voyant la Mustang bleu pâle.

Ça suffit à lui faire retrouver son aplomb. N'est-ce pas que c'était fantastique ? lui dit-il. Nicole et lui avaient acheté exactement le même modèle de la même année. C'était un signe.

Ce jour-là, elle fit tout mal. Elle n'arrêtait pas de penser au tatouage sur la cheville de Nicole. Et à chaque fois, son malaise revenait.

11

La pire histoire que Gary lui eût jamais racontée lui revenait maintenant en mémoire. Un soir, dans le salon de Brenda, il n'arrivait pas à s'arrêter de rire tout en lui parlant d'un tatouage qu'il avait dessiné sur un détenu nommé Fungoo.

« Il était costaud et abruti, dit Gary, mais il avait de l'affection pour moi. Un jour où on était en haute surveillance, Fungoo était de corvée de nettoyage, alors il put passer devant ma cellule. Et voilà qu'il me demande de lui dessiner un bouton de rose derrière le cou. Je pris mon aiguille et mon encre à tatouer et, au lieu d'un bouton de rose, je lui tatouai une petite verge toute ratatinée avec des couilles grosses comme des cacahuètes.

« Son père et sa mère devaient venir le lendemain. Quand il s'est aperçu de ce que j'avais fait, il est devenu dingue. Il a dû voir ses parents avec une serviette autour du cou. Ce matin-là, il faisait plus de trente degrés. Il leur a raconté qu'il aimait bien porter une serviette comme ça quand il faisait chaud », dit Gary. Il riait si fort qu'il faillit en tomber du canapé.

« Mais Fungoo était si crétin qu'il ne m'en voulait pas. Il est revenu me trouver en disant : « Gary, je ne peux pas me balader avec une quéquète sur le cou.

« — Bon, je lui ai dit, je vais en faire un ser-« pent. » Seulement, voilà que j'ai été inspiré et que j'en ai fait une grosse verge à trois têtes. C'était bien comme tout. Tout en le faisant, j'avais du mal à m'empêcher de rigoler. « Je compte sur toi pour « que ce soit un joli serpent », répétait tout le temps Fungoo. Gary riait à en perdre le souffle. Là, dans leur salon, le souvenir était encore vivace pour lui. « Oh ! dis-je, je crois que je n'ai jamais « rien vu d'aussi beau. » Quand Fungoo a fini par le voir avec une glace, il est resté pétrifié. Il ne pouvait même pas frapper. On nous avait fait passer un peu de H en haute surveillance, et il s'était dit que j'étais camé jusqu'aux yeux. Il a mis ça sur le compte de l'herbe. La dernière fois que je l'ai vu, il avait un énorme serpent à sonnettes tatoué tout autour du cou pour masquer la triple verge. Il ne se fiait plus à personne, alors il l'avait fait avec de la suie et de l'eau. » Brenda et Johnny avaient des sourires aussi figés que la graisse sur un steak froid.

« Bah ! fit Gary, ça n'est pas une très jolie histoire. Oui, reprit-il, ça m'est arrivé d'avoir des remords. On peut dire que ça a foutu en l'air le monde de Fungoo. Je pense qu'un truc comme ça, ça a foutu un coup à mes chances de bonne réincarnation... Mais j'ai pas pu résister. » Il soupira.

Ça faisait exactement cinq semaines et deux jours qu'il était venu les voir en sortant de prison. Aujourd'hui elle arrivait à croire à l'histoire. « Mon Dieu, demanda-t-elle à Johnny, comment peut-il être aussi horrible ? Comment a-t-il pu faire ça à un homme qui lui faisait confiance.

— Je crois qu'il disait qu'un homme en prison est prêt à faire n'importe quoi pour s'amuser. Si on n'en est pas capable, on est foutu. »

Elle aimait Johnny d'avoir dit ça, elle aimait son grand costaud de mari au cœur gros comme ça, capable d'éprouver de la sympathie pour d'éventuels rivaux, ce qui était plus qu'elle ne pouvait en dire pour elle-même. « Oh ! Seigneur, dit Brenda, Gary est amoureux de Nicole. »

DEUXIÈME PARTIE

NICOLE

CHAPITRE IV

LA MAISON DE SPANISH FORK

1

JUSTE avant que son père et sa mère se séparent, Nicole avait trouvé une petite maison à Spanish Fork, et ça lui parut une amélioration. Elle avait envie de vivre seule et la maison lui facilitait les choses.

Elle était très petite, à une quinzaine de kilomètres de Provo, dans une rue tranquille au pied des collines. C'était la plus vieille construction du pâté de maisons et, à côté de tous ces pavillons style ranch alignés sur chaque trottoir comme des photos dans des magazines de supermarché, la maison avait l'air d'une illustration pour conte de fées. A l'extérieur, elle était tout en stuc bleu lavande avec des encadrements de fenêtres chocolat, et, à l'intérieur, il n'y avait qu'une salle de séjour, une chambre, une cuisine et une salle de bain. La poutre maîtresse s'incurvait au milieu et la porte d'entrée était pratiquement sur le trottoir : c'est vous dire qu'elle ne datait pas d'hier.

Dans la cour, derrière, il y avait un chouette pommier avec quelques fils de fer rouillés pour retenir les branches. Elle l'adorait. Cet arbre était comme un de ces chiens perdus dont personne ne s'occupe et qui s'en foutent : il est encore magnifique.

Juste au moment où elle allait vraiment s'installer, se mettre à aimer pour de bon cette fois, s'occuper de ses gosses et essayer de mettre de l'ordre dans ses idées pour qu'elles ne fassent pas clic clic dans sa tête quand elle était seule, voilà que Kathryne et Charles choisissent de se séparer, sa pauvre mère et son pauvre père qui s'étaient mariés alors qu'ils sortaient à peine du lycée, mariés depuis plus de vingt ans, cinq gosses et qui, Nicole l'avait toujours pensé, ne s'étaient jamais vraiment aimés même si de temps en temps ils étaient amoureux. Bref, ils s'étaient séparés. Ça l'aurait démolie si elle n'avait pas eu la maison de Spanish Fork. La maison, ça valait mieux qu'un homme. Nicole s'étonnait elle-même. Ça faisait des semaines qu'elle n'avait couché avec personne ; elle n'en avait pas envie, elle voulait juste digérer sa vie, ses trois mariages, ses deux gosses et plus de mecs qu'on ne pouvait en compter.

Donc la routine habituelle. Nicole avait un assez bon travail comme serveuse au *Café de la Grand-Vue*, à Provo, et puis elle trouva du travail comme couturière dans un atelier. Ça n'était qu'un pas au-dessus d'être serveuse, mais elle était contente. On l'envoya une semaine à l'école, elle apprit à utiliser les machines à coudre à moteur, et elle gagnait plus d'argent que jamais. Deux dollars trente de l'heure. Elle rapportait à la maison quatre-vingts dollars par semaine.

Bien sûr, le travail était dur. Nicole ne s'estimait pas particulièrement bien coordonnée dans ses mouvements et elle n'était certainement pas rapide : elle avait la tête trop dérangée pour cela. Elle s'énervait. On l'installait sur une machine et, juste au moment où elle commençait à en piger le fonctionnement et où elle approchait du quota horaire, voilà qu'on la mettait sur une autre. Et puis la machine se mettait à déconner au moment où elle s'y attendait le moins.

Quand même, ça n'allait pas trop mal. Elle avait un petit matelas de cent dollars obtenu en escroquant à l'assistance sociale un supplément de fric qu'elle lui avait versé un jour en se trompant dans les chèques, et elle avait ajouté soixante-quinze dollars d'économie sur son travail. Elle put donc payer cash cent soixante-quinze dollars pour une vieille Mustang qu'elle acheta au frère de son voisin. Il en voulait trois cents, mais il aimait bien Nicole. Elle avait eu de la veine.

Le soir où Nicole fit la connaissance de Gary, elle avait emmené Sunny et Jeremy faire un tour : les gosses adoraient la voiture. Sa belle-sœur était avec elle. Sue Baker et elle n'étaient pas exactement comme cul et chemise, mais elles passaient pas mal de temps ensemble et à cette époque-là, Sue n'avait pas le moral, car elle était enceinte et séparée de Rikki.

En se promenant, Nicole passa à un bloc environ de la maison de ses cousins et Sue proposa de passer les voir. Nicole accepta. Elle se dit que Sue aimait bien Sterling et qu'elle avait dû apprendre que lui aussi avait plaqué sa bonne femme, justement cette semaine, avec bébé et tout.

C'était une nuit sombre et fraîche, une de ces nuits de mai où l'air de la montagne sentait encore la neige. Mais ce n'était pas si froid puisque Sterling avait sa porte entrouverte. Les filles frappèrent et entrèrent. Nicole n'avait que ses jeans et une sorte de corsage bain de soleil. Et il y avait ce type à l'air bizarre assis sur le canapé. Elle trouva qu'il avait tout simplement l'air bizarre. Il n'était pas rasé depuis au moins deux jours et buvait une boîte de bière. Après avoir dit bonjour à Nicole et à Sue, Sterling ne le présenta même pas.

Nicole fit semblant d'ignorer la présence de l'inconnu, mais ce type avait quelque chose. Quand leurs regards se croisèrent, il dit : « Je vous connais. » Nicole ne répondit rien. Pendant une fraction de seconde, quelque chose lui traversa l'esprit, puis elle se dit : « Non, je ne l'ai jamais rencontré, j'en suis sûre. Peut-être que je l'ai connu dans un autre temps. »
Ce fut ce qui déclencha tout. Ça faisait un bon moment qu'elle ne pensait pas comme ça. Et voilà qu'elle retrouvait ce sentiment. Elle comprit ce qu'il voulait dire.

Ses yeux semblaient très bleus dans un long visage triangulaire, ils la dévisageaient et il répéta : « Eh, je vous connais. » Nicole finit par avoir un petit rire en disant : « Oui, ça se peut. » Elle y pensa encore un moment, puis le regarda de nouveau et dit : « Ça se peut. » Ils ne se dirent rien de plus pendant un moment.

Elle consacra son attention à Sterling. En fait, les deux filles entouraient Sterling, le type le plus facile du monde avec qui s'entendre. Nicole l'avait toujours bien aimé, car il était gentil et tendre et très hospitalier, et fichtrement sexy. Il calmait tout.

Comme Sue l'aimait bien aussi, la soirée devenait excitante. Au cours de la conversation, Nicole finit par avouer à Sterling qu'elle avait eu le béguin pour lui pendant des années quand elle était gosse. Il lui répliqua qu'il avait toujours été fou d'elle. Ils éclatèrent de rire. Des cousins qui ont un béguin... L'autre type était assis là-bas et continuait à la regarder.

106

Au bout d'un moment, Nicole se dit que le nouveau venu était plutôt pas mal. Il était beaucoup trop vieux pour elle, il pouvait avoir pas loin de quarante ans. Mais il était grand, il avait de beaux yeux et une assez jolie bouche. Il avait l'air intelligent et pourtant mauvais en même temps, comme un type plus âgé qui pourrait faire partie d'une bande de motards. Et elle éprouvait une certaine fascination, même si elle n'était pas disposée à avouer autant d'intérêt.

Sue ne lui adressait pas la parole non plus. En fait elle faisait comme s'il n'était pas là. Pour compenser, Sunny commença à se conduire comme une vraie morveuse de quatre ans et à se montrer désagréable et autoritaire devant l'étranger. Elle se mit à ordonner à Nicole de faire ceci et de faire cela. Sunny était toute rouge et jolie, et elle flirtait avec l'inconnu. Là-dessus, il regarda Nicole en disant : « Vous allez avoir bien des ennuis avec cette petite fille. Elle pourrait se retrouver en maison de correction. »

Ça lui donna un coup. C'était une remarque qui vous touchait. Peut-être bien qu'elle était le genre de mère qui pouvait avoir cette influence-là sur ses gosses. Nicole savait que ces mots-là allaient rester plantés en elle comme un hameçon pendant les deux années à venir.

Elle se mit à penser que ce type avait une sorte de pouvoir psychique, et qu'il pouvait vraiment voir ce qui allait arriver. Comme si c'était un hypnotiseur ou quelque chose de ce genre. Elle n'était pas sûre d'aimer ça.

En tout cas, ça lui parut suffisant pour engager la conversation. Bientôt, il lui parlait avec beaucoup d'insistance. Il voulait aller à l'épicerie acheter un paquet de six canettes et il n'arrêtait pas de la harceler pour qu'elle l'accompagnât. Elle secouait la tête. Sue et elle s'apprêtaient à partir et elle ne voulait pas aller à l'épicerie avec ce type. Il était trop bizarre. D'ailleurs, ça ne rimait à rien puisque le magasin était juste un peu plus bas dans la rue.

Ce qui joua en sa faveur, toutefois, ce fut que Sue n'avait pas l'air prête à partir. Elle commençait tout juste à bavarder avec Sterling et de toute évidence ça ne l'ennuierait pas d'être en tête-à-tête avec lui un petit moment. Alors Nicole dit : « D'accord », et elle emmena Jeremy en guise de protection. Sunny dormait déjà.

Lorsqu'ils arrivèrent au magasin, c'était fermé. Ils continuèrent vers le centre. Nicole ne descendit même pas de voiture. Elle resta assise pendant que ce grand type allait acheter ses canettes de bière et rapportait une banane pour Jeremy. C'était son idée. C'était bizarre, mais il avait une Mustang juste comme la sienne, le même modèle, la même année. Il n'y avait que la couleur qui était différente. Alors elle se trouvait bien dedans.

Lorsqu'il revint avec la bière, elle était adossée contre la portière et il posa sur ses genoux le paquet de six canettes. Elle dit en plaisantant : « Oh ! ça fait mal. » Il se mit à lui frictionner le genou. Il le fit très convenablement ; rien de trop personnel, mais c'était agréable et simple, et ils repartirent. Lorsqu'ils arrivèrent devant l'allée de Sterling, elle n'avait pas eu le temps de descendre de voiture qu'il se tourna vers elle en la regardant et lui demanda si elle voulait bien l'embrasser. Elle ne dit rien pendant une minute puis répondit oui. Il se pencha pour lui donner un baiser et ça ne changea rien à l'idée qu'elle se faisait de lui. Même, elle fut surprise d'avoir envie de pleurer. Longtemps après, elle se souviendrait de ce premier baiser. Puis ils rentrèrent chez Sterling.

Maintenant, Nicole ne l'ignorait plus tout à fait autant, mais elle tenait quand même à s'asseoir à l'autre bout de la pièce. Sue, manifestement, ne pouvait pas supporter ce type et lui accordait encore moins d'attention qu'avant. En fait, Nicole fut surprise de voir comme ça semblait lui être égal d'être antipathique à Sue. Sue avait beau être visiblement enceinte, Nicole trouvait que c'était une belle blonde. C'était peut-être la plus jolie d'elles deux. Pourtant il ne faisait pas attention à elle, il semblait prêt à rester assis dans son coin. Sterling aussi était silencieux. Au bout d'un moment, on aurait pu croire que la soirée n'allait mener nulle part.

Comme l'ambiance tombait, Nicole et Sue se mirent à bavarder ensemble. Nicole avait souvent l'impression que Sue, du temps où ça se passait bien avec Rikki, n'avait pas trop bonne opinion d'elle à cause de tous les types avec qui elle sortait. Sue et Rikki l'avaient même dénoncée le jour où elle avait amené un coquin dans son lit dans la maison de sa grand-mère, et après cela elle n'avait plus jamais fait vraiment confiance à Sue. Elle ne voulait sûrement pas donner à Sue le sentiment qu'elle était toujours une fille facile. Nicole prit donc un air un peu pincé quand, au moment où elle s'apprêtait à rentrer les enfants, Gary lui demanda son numéro de téléphone. Ça lui faisait un drôle d'effet d'avoir l'air si disponible devant sa belle-sœur, après toutes les remarques qu'elle avait faites ce soir pour expliquer qu'elle avait changé de vie. Alors elle répondit qu'elle ne pouvait pas le lui donner. Il en resta baba.

Il dit : « Ça ne rime à rien si vous vous en allez maintenant et que je ne vous revoie jamais. Ce serait gâcher quelque chose de bien », ajouta-t-il. Il se mit même un peu en colère parce qu'elle continuait à dire non. Il était assis là à la regarder. Elle fixait ses yeux bleus en lui disant qu'elle ne lui donnerait pas son numéro mais, avec les gosses et Sue en train de dire au revoir à Sterling, ça lui prit un moment pour partir. Lorsqu'ils se retrouvèrent dehors, Nicole aurait voulu hurler, tant elle avait eu envie de lui donner son numéro de téléphone.

Elle n'avait même pas le téléphone. Tout ce qu'elle aurait pu lui donner, c'était son adresse ou le numéro des voisins.

Pendant le trajet, Nicole se sentit bizarre. Elle raccompagna Sue puis repartit jusqu'à Spanish Fork, s'arrêta devant la maison mais sans descendre de voiture. Puis elle dit : « Et puis merde », et repartit chez Sterling. En route, elle décida qu'elle était idiote et que le type ne serait même plus là. Ou alors, il serait peut-être en train d'essayer de faire du gringue à une autre fille. Sterling aurait fort bien pu en appeler une pour lui.

2

Nicole avait vraiment peur de la situation dans laquelle elle se mettait. Elle n'arrivait pas à comprendre pourquoi elle faisait ça. C'était la première fois qu'elle courait après un type depuis Doug Brock, et c'était le premier mec qui l'avait jamais plaquée. Brock était bien plus âgé et on peut dire qu'elle l'aimait bien. Nicole travaillait depuis un moment dans un motel de Salt Lake, et lui habitait juste au coin. Un jour il lui dit qu'il la paierait bien si elle voulait faire le ménage chez lui. Dès qu'il l'eut fait venir chez lui, ça commença à être assez fantastique, et il lui dit de venir quand elle voudrait. Une nuit où elle ne pouvait pas dormir et où elle en avait assez d'être seule, elle alla chez lui. Il était deux heures du matin. Il vint lui ouvrir tout nu et dit : « Qu'est-ce que tu fous à cette heure-ci ? » Il se montra grossier, parla d'un autre type et dit qu'il ne voulait pas entendre parler d'une nana qui sortait avec un autre. Il avait l'air d'un contremaître en disant ça — et c'était justement ce qu'il était. Puis il lui dit qu'il était occupé avec une autre fille. Il lui lança ça froidement sur le pas de sa porte et à deux heures du matin. C'était un peu fort. Nicole ne revint jamais le voir. A vrai dire, c'était à peine si elle pensait à lui jusqu'à ce jour-là, en revenant chez Sterling, alors qu'elle se demandait si Gary y serait encore.

Mais elle commença à avoir vraiment peur de l'histoire dans laquelle elle allait peut-être se lancer. En fait, elle était si excitée qu'elle avait l'impression d'avoir respiré un gaz bizarre qui, à la fois, lui ramollissait les jambes et lui montait à la tête. Elle n'avait jamais rien senti d'aussi fort auparavant. A croire que ce serait impossible de laisser ce type s'en aller.

Sa voiture était toujours là et elle se gara juste derrière. Les gosses dormaient sur la banquette arrière, alors elle les laissa.

On ne risquait rien de laisser les gosses dans une rue tranquille. Elle alla frapper à la porte, qui pourtant était entrebâillée. Elle entendit Gary dire quelque chose juste avant qu'elle frappe. C'était incroyable, mais elle l'entendit dire : « Mon vieux, elle me plaît, cette fille. »

Lorsqu'elle entra, il s'approcha d'elle et la toucha ; il ne l'empoigna pas pour un grand baiser, mais l'effleura tout juste. Elle se sentait vraiment bien. C'était formidable. Elle avait bien fait de revenir. Ils restèrent une heure ou deux assis sur le divan, à rire ou à bavarder. Peu importait si Sterling était présent ou pas.

Au bout d'un moment, quand il fut évident qu'elle allait rester, ils allèrent jusqu'à la voiture pour prendre les enfants endormis et les ramener dans la maison. Ils les installèrent sur le lit de Sterling sans les réveiller et se remirent à bavarder.

Ils ne faisaient pratiquement rien d'autre que rire. Ils eurent un grand fou rire à l'idée de compter les taches de rousseur qu'elle avait, et Gary disait que c'était impossible parce qu'on ne pouvait pas compter les taches de rousseur sur un lutin. Puis, dans un moment de calme qui suivit plusieurs crises de rire, il lui raconta qu'il avait passé la moitié de sa vie en prison. Il lui dit cela d'un ton détaché.

Si Nicole n'avait pas peur de lui, elle était pleine d'appréhension. C'était l'idée de se trouver embringuée une fois de plus avec un perdant. Quelqu'un qui n'avait pas assez haute opinion de lui-même pour essayer d'arriver à quelque chose. Elle trouvait que c'était dommage de se laisser entraîner par la vie. On risquait un jour d'avoir à le payer trop cher.

Ils se mirent à parler de Karma. Depuis qu'elle était gosse, elle croyait à la réincarnation. C'était la seule explication qui tenait debout. On avait une âme et, quand on était mort, votre âme revenait sur terre sous forme d'un nouveau-né. On avait une nouvelle vie où on expiait ce qu'on avait fait de mal dans la vie précédente. Elle voulait être raisonnable pour ne pas avoir à faire encore un voyage.

A sa stupéfaction, il pensait la même chose. Il dit que cela faisait longtemps qu'il croyait au Karma.

Le châtiment, c'était d'avoir à affronter quelque chose qu'on n'avait pas eu le courage de regarder en face dans cette vie.

Oui, lui dit-il, si on tuait quelqu'un, peut-être qu'on devrait revenir et être les parents de cette personne dans un siècle futur. C'était toute la raison de l'existence, dit-il, s'affronter soi-même. Si on ne le faisait pas, le fardeau devenait plus lourd.

Ça devenait la meilleure conversation qu'elle ait jamais eue. Elle avait toujours pensé que la seule manière d'avoir des conversations comme ça, c'était dans sa tête.

Puis il se redressa sur le divan et lui prit le visage entre ses mains : « Tu sais, je t'aime. » Il était à quelques centimètres d'elle en disant cela. Elle hésitait à lui répondre. Nicole avait horreur de « je t'aime ». A dire vrai, c'était une phrase qu'elle méprisait. Elle l'avait dite tant de fois quand elle n'en pensait pas un mot... Quand même, il se dit qu'il fallait le lui dire. Comme elle s'y attendait, ça sonnait tout drôle. Ça lui laissa un écho désagréable dans la tête.

Il dit : « Tu sais, il y a un endroit dans le noir. Tu sais ce que je veux dire ? Je crois que c'est là que je t'ai rencontrée. C'est là que je t'ai connue. » Il la regarda en souriant et poursuivit : « Je me demande si Sterling connaît cet endroit-là ? Est-ce qu'il faut lui dire ? » Ils regardèrent Sterling tous les deux. Il était assis là avec, ma foi, un drôle de sourire, comme s'il savait comment les choses allaient se passer. Puis Gary reprit : « Il sait. Ça se sent. Ça se voit dans ses yeux qu'il sait. » Nicole eut un rire ravi. C'était marrant. Ce type semblait deux fois plus âgé qu'elle, et pourtant il y avait quelque chose de naïf chez lui. Il était astucieux, mais il était si jeune à l'intérieur.

Il n'arrêtait pas de boire de la bière, et Nicole se levait de temps en temps pour donner le biberon au bébé de Sterling. Ruth Ann était à son travail : même si Ruth Ann et Sterling étaient séparés, ils vivaient quand même dans la même maison. Ils ne pouvaient pas se permettre autre chose.

Gary n'arrêtait pas de dire à Nicole qu'il avait envie de lui faire l'amour. Elle ne cessait de lui répéter qu'elle ne voulait pas commencer cette nuit-là. Il disait : « Je n'ai pas simplement envie de te sauter, je veux te faire l'amour. »

Au bout d'un moment, elle passa dans la salle de bain et lorsqu'elle ressortit, Sterling s'en allait. Ça lui fit un drôle d'effet. Sterling ne manifestait aucun signe d'être obligé de partir. Il n'avait pas du tout l'air d'avoir été mis dehors. Pourtant, elle se dit que Gary s'était peut-être montré un peu grossier. Très grossier, même. Avec toute cette bière, il commençait aussi à devenir un peu brutal. Mais maintenant qu'ils étaient tous les deux seuls, ça ne rimait pas à grand-chose de refuser. Au bout d'un moment, elle s'était déshabillée et ils avaient roulé par terre.

3

Il n'arrivait pas à bander. On aurait dit qu'il avait été frappé avec une hache mais il essayait de sourire. Il ne voulait pas s'arrêter pour se reposer. Il avait une demi-érection.

Il était lourd sur elle et n'arrêtait pas d'essayer. Au bout d'un moment il commença à s'excuser en disant qu'il avait dû boire trop de bière. Il lui demanda de l'aider. Nicole commença à faire ce qu'elle pouvait. Lorsqu'elle en fut presque à avoir des crampes dans le cou, il n'était toujours pas disposé à renoncer. Ça devenait épuisant et ça la rendit furieuse.

Elle lui dit qu'ils devraient laisser tomber un moment. Peut-être essayer plus tard. Il lui demanda alors avec douceur de se mettre sur lui. Il lui murmura à l'oreille qu'il aimerait qu'elle reste là pour toujours. Il lui demanda aussi si elle arriverait à dormir comme ça, sur lui. Ça lui ferait plaisir. Elle essaya un long moment. Elle lui dit qu'il devrait se reposer et ne pas s'inquiéter. Avec la chaleur, l'épuisement et le fait que ça ne marchait pas, elle éprouvait quand même de la tendresse pour lui. Elle en était étonnée. Elle était triste de le voir ivre et navrée qu'il s'énerve à ce point-là et peut-être bien qu'elle l'aurait aimé, mais en même temps elle était exaspérée de le sentir trop excité pour renoncer et s'endormir. Et il n'arrêtait pas de s'excuser. Il répétait que c'étaient la bière et le fiorinal. Il lui expliqua qu'il devait prendre du fiorinal tous les jours pour ses migraines.

Sterling frappa à la porte en demandant s'il pouvait revenir, et Gary lui dit d'aller se faire voir. Nicole dit à Gary que ça ne lui plaisait pas de le voir si grossier avec Sterling. Gary finit par jeter une couverture sur elle et par aller ouvrir le verrou afin que Sterling puisse entrer. Puis Gary revint, il se glissa sous la couverture et recommença à la harceler. Ça dura toute la nuit. Ils dormirent très peu.

Vers six heures du matin, Ruth Ann rentra de son travail à l'asile de vieillards. C'était un peu gênant pour Nicole, parce qu'elle savait que Ruth Ann n'avait pas très bonne opinion d'elle. D'un autre côté, ça lui donnait une excuse pour se lever, et c'était tout ce que demandait Nicole : elle avait envie d'être seule un moment.

Pourtant, avant de se séparer, elle lui donna son adresse. C'était vraiment un premier pas. Il n'arrêtait pas de lui demander si c'était bien sa véritable adresse. Lorsqu'elle lui répéta que oui, il annonça qu'il passerait la voir après son travail.

Et, bien sûr, il était là. Elle avait dû aller à l'épicerie et avait laissé un mot qui disait simplement : « Gary, je reviens dans quelques minutes. Fais comme chez toi. » Mais ce mot réussit à rester dans la maison tout le temps où ils furent ensemble. Elle le cachait, les gosses s'en emparaient et puis Gary retombait dessus.

Cet après-midi, lorsqu'elle rentra, il était déjà planté dans l'entrée, l'air crasseux. Il portait un pantalon comme ceux des employés du téléphone qui trimbalent des outils dans leurs poches. Il avait un T-shirt, était tout sale d'avoir travaillé, et pourtant Nicole se dit qu'il était superbe.

Le grand-père de Nicole, qui habitait le canyon de Spanish Fork, vint un peu plus tard. Il ne fit que passer et se mit à lui lancer des coups d'œil en coin du genre : « Bon sang, tu remets ça, la Boulotte ? » C'était le surnom qu'il lui donnait quand elle était gosse. Son grand-père savait dans quelle situation elle était capable de se fourrer. Bien sûr, il pouvait aussi deviner quand elle avait envie que le type reste ; alors il ne s'attarda pas.

Gary semblait mal à l'aise d'être dans une maison qui n'était pas la sienne. Pendant qu'elle s'affairait avec les gosses, il sortit pour faire le tour de la maison. Plus tard, quand les choses se calmèrent, ils veillèrent très tard une fois de plus à bavarder, et ça la rendait mal à l'aise de sentir à quel point ce type était prêt à s'installer avec elle. Ça lui fichait vraiment la frousse. Nicole avait toujours considéré qu'en amour elle n'était jamais sincère. Ça pouvait commencer dans la sincérité, mais elle n'était pas très sûre d'avoir jamais été vraiment amoureuse d'un type. Elle s'intéressait aux garçons, elle avait eu des tas de béguins, dont certains assez durables. La plupart du temps, c'était parce que le type était beau gosse, ou qu'il lui faisait des choses agréables. Mais en regardant Gary, elle ne voyait pas seulement son visage et son air ; c'était plutôt que Nicole, pour la première fois, se sentait à sa place. Elle savourait chaque minute de sa présence.

Plus tard, elle ne se souvint plus de la façon dont ça s'était passé au lit la seconde nuit, et pourtant ç'avait été mieux. Il n'avait sans doute pas battu de record, mais au moins ça n'avait pas été la bagarre comme la première fois. Et puis les jours et les nuits commencèrent à se succéder. Pendant une semaine il vécut à peu près tout le temps avec elle, mais sans s'installer complètement.

4

Pourtant, le week-end, il l'emmena faire la connaissance de Vern et Ida. Il avait l'air rudement fier. Elle aimait bien la façon dont il la présenta et dont il expliqua que le surnom de Jeremy, c'était Petit Pois. Est-ce qu'ils n'avaient jamais entendu un meilleur surnom ? Personne ne fût surpris quand il annonça : « Vern, j'ai décidé de partir pour vivre avec Nicole. » Ils savaient tous que c'était déjà réglé, mais on se rendait bien compte que ça lui faisait plaisir de le dire tout haut.

Vern réagit très bien. Gary, déclara-t-il, faisait ce qu'il voulait. Vern reconnut que, comme Nicole travaillait aussi, peut-être qu'à eux deux, avec les deux salaires, ils pourraient s'en tirer. En attendant, Gary pouvait se sentir libre de garder sa chambre. Ce n'était pas comme s'il était un pensionnaire qui habitait le sous-sol et payait son loyer toutes les semaines.

Cependant, quand elle vit sa chambre, Nicole trouva que c'était un trou à rat. Pas de tableau au mur, pas de lampe. Ça avait l'air d'un recoin dans un hôtel minable, et Gary n'avait que très peu d'affaires : un pantalon et quelques chemises dans ses tiroirs. Dans un dossier vert, un tas de photos de ses amis de prison. Elle comprenait mal pourquoi il l'avait emmenée dans sa chambre jusqu'au moment où il prit son chapeau pour le mettre sur sa tête, une sorte de chapeau insensé. Il se regarda dans la glace avec des airs de dandy. Puis il exhiba un autre chapeau avec des rayures bleues, blanches et rouges. C'est ce qui était le plus bizarre en lui ; ces chapeaux absolument dingues qu'il trouvait élégants.

5

Sue Baker ne savait même pas que Gary voyait Nicole, encore moins qu'il vivait avec elle. Mais un jour, Nicole vint la voir en disant qu'elle avait décidé de prendre sa journée. Elle avait envie de bavarder avec Sue. Elles emmenèrent donc les gosses faire un pique-nique dans le parc. Ce fut là que Nicole lui raconta qu'elle n'avait jamais éprouvé pour personne les sentiments qu'elle avait pour Gary. Elle l'aimait.

Elle le connaissait depuis trois ou quatre nuits

quand il s'était enivré, raconta Nicole, ivre au point qu'elle était furieuse contre lui. Mais là-dessus il s'était assis et avait dessiné un portrait d'elle. Jusque-là, il avait toujours dit combien il était bon en dessin et comment il raflait les prix dans les concours, mais elle ne l'avait jamais vu à l'œuvre. Elle ne l'avait pas cru. Elle avait souvent écouté des gars parler de ce qu'ils étaient capables de faire. Elle avait entendu bien des foutaises. Mais lorsqu'il fit ce portrait, c'était rudement bien. Il ne se contentait pas de crayonner : il faisait ça comme un véritable artiste.

Quand le moment vint de quitter le parc pour aller chercher Gary à son travail, il y avait une lumière dans les yeux de Nicole. Ça lui était venu juste à l'idée d'aller le chercher. Sue n'avait donc besoin de personne pour comprendre combien Nicole se sentait bien. Si Nicole était amoureuse à ce point-là, alors, même si sa première impression n'avait pas été bonne, Sue était prête à changer d'avis à propos de ce type.

Bien sûr, maintenant que Rikki et elle étaient séparés, Sue n'avait plus de moyen de transport. Elle accompagna donc Nicole à Lindon et, à vrai dire, pendant le trajet du retour, elle trouva Gary plutôt sympathique. Il était agréable. Il n'arrêtait pas de répéter comme il se sentait fier de s'être fait ramasser par deux créatures superbes.

C'était un compliment. Elle avait un gros ventre. Sue sortait encore de temps en temps et elle était même allée danser une fois, mais elle était grosse et c'était la faute de Rikki. Il avait commencé par se plaindre que son stérilet lui faisait mal, alors elle l'avait enlevé et il l'avait mise enceinte. Elle était la plus jeune d'une famille de dix enfants, la paria de la famille, et voilà que maintenant Rikki l'avait plaquée.

Sans les compliments de Gary à ce moment-là, Sue Baker aurait sombré dans le désespoir.

Seulement voilà que la chance avait tourné pour Nicole. Alors peut-être que ça se passerait pour elle aussi. Peut-être que quelque chose de formidable pouvait surgir dans votre vie.

Après avoir déposé Sue, Nicole montra à Gary un coussin qu'elle avait apporté. Pour être près de lui, Nicole s'asseyait toujours près du rebord du siège avant plutôt que sur la banquette elle-même, et ça n'était pas très confortable dans la Mustang avec ses deux sièges en baquet. Elle avait fini par avoir l'idée d'apporter un coussin. Non seulement c'était plus confortable, mais elle pouvait être assise plus haut et lui passer ainsi un bras autour du cou. Lui conduisait, sa main libre sur les genoux de Nicole.

Ce jour-là, lorsqu'ils s'arrêtèrent devant l'épicerie pour faire des courses, il ne descendit pas mais se mit à lui parler de sa mère. Il ne l'avait pas vue depuis longtemps, expliqua-t-il, elle était arthritique et pouvait à peine marcher. Gary s'interrompit, les larmes aux yeux. Nicole était très étonnée de le voir éprouver des sentiments aussi forts pour sa mère. Elle était stupéfaite de le voir pleurer. Elle l'aurait cru plus dur que cela. Sans rien dire elle se serra contre lui et passa la main sur la trace de ses larmes. En général, quand elle voyait des hommes pleurer, cela lui répugnait. Elle en avait eu des types qui pleuraient quand elle les quittait. Elle avait l'art de se débrancher quand ils se conduisaient ainsi. Elle trouvait que c'était une faiblesse que de pleurer sur une fille. Mais, Gary, elle ne le trouvait pas faible. Elle avait envie de faire quelque chose pour lui. Par exemple, elle aurait aimé claquer des doigts et que sa mère apparaisse.

Ils se mirent à parler de monter jusqu'à Portland

pour aller lui faire une visite. Peut-être qu'ils pourraient mettre un peu d'argent de côté et faire le
voyage dans sa voiture, ou peut-être que celle de
Gary tiendrait pour le voyage. Puis ils se mirent à
parler d'îles qu'ils pourraient louer pour quatre-
vingt-dix-neuf ans. Gary dit qu'il ne savait pas
grand-chose là-dessus mais qu'il allait se rensei-
gner.

6

Les jours de semaine il devait se lever de bonne
heure, mais il en avait l'habitude. Elle trouvait que
c'était vraiment chouette de l'avoir qui la serrait
dans ses bras dans l'obscurité du petit matin en lui
murmurant qu'il l'aimait. Ils dormaient nus tous les
deux, mais il avait quand même besoin de poser les
mains sur elle pour s'assurer qu'elle était là. Bien
sûr, ça pouvait être un problème. Nicole n'aimait
pas beaucoup l'embrasser à cette heure matinale.
Lui ne fumait pas et il avait bonne haleine mais elle
fumait beaucoup et à cinq heures et demie du
matin, elle avait un goût affreux dans la bouche.

Bientôt elle se levait et allait dans la cuisine lui
préparer des sandwiches et mettre la cafetière en
marche. Elle avait un petit peignoir très court
qu'elle portait parfois, ou bien elle circulait toute
nue. Il s'asseyait et prenait son petit déjeuner avec
toute une poignée de vitamines. C'était un maniaque des vitamines et il croyait que c'était bon pour
donner de l'énergie. Bien sûr, s'il avait pas mal
picolé après le travail, le matin il était fatigué.
C'était un compagnon agréable quand même. Il
restait assis avec elle à prendre son café aussi
longtemps qu'il pouvait, sans cesser de la regarder.
Il lui disait qu'elle était belle et ça la stupéfiait. Il

n'avait jamais cru qu'une femme puisse être aussi fraîche et sentir aussi bon qu'elle. Nicole, d'ailleurs, était toute disposée à entendre tout ça, car elle aimait prendre des bains, et même si la maison ou les gosses avaient peut-être parfois l'air négligé, elle attachait beaucoup d'importance à être soignée de sa personne.

Sans maquillage, son visage était frais comme la rosée, lui dit-il. Elle était son lutin. Elle était ravissante. Au bout d'un moment, Nicole eut l'impression qu'il était tout à fait comme elle et qu'il avait du mal à comprendre ce qui se passait : ce sentiment d'avoir tout le temps près de soi quelque chose de magnifique.

Et puis, juste au moment où il allait partir, il se levait et s'enfermait vingt minutes dans la salle de bain. Nicole pensait qu'il se coiffait et qu'il faisait ses besoins. Ensuite, ils passaient cinq minutes sur le pas de la porte et de là, elle le regardait monter en voiture. Souvent il avait du mal à la faire démarrer. Parfois, après avoir passé ses jeans, elle sortait pour le pousser. Parfois, il était obligé de prendre sa voiture à elle. Ça dépendait quelle Mustang avait le plus d'essence. Il y avait des jours où ils étaient rudement fauchés.

Pourtant, elle ne regrettait pas d'avoir quitté son travail. Après le jour où elle avait fait l'école buissonnière pour aller en pique-nique avec Sue, elle avait compris qu'elle n'allait pas continuer à travailler. Elle avait besoin de temps pour penser. C'était difficile d'être sérieuse devant une machine à coudre quand on voulait tout le temps rêver de son homme. D'ailleurs, ils avaient sa paie à lui et ses allocations familiales à elle et Gary était plutôt content qu'elle ait plaqué l'atelier.

Pendant qu'il n'était pas là, elle traînait, elle faisait le ménage, elle faisait manger les gosses. Elle travaillait beaucoup dans le jardin et buvait du café. Ça lui arrivait de s'asseoir et de boire du café pendant deux heures en pensant à Gary. De rester assise là en souriant toute seule. Elle se sentait si bien qu'elle n'arrivait pas à croire certaines des choses qu'elle éprouvait. Souvent, elle s'en allait en voiture lui porter son déjeuner rien que pour être avec lui et il venait s'asseoir à côté d'elle.

Elle se mit à aller voir sa mère assez souvent parce que la maison de Kathryne n'était pas loin de là où il travaillait. Nicole pouvait prendre le café avec Kathryne et puis lui laisser les gosses et être seule avec Gary. Elle aimait vraiment ces moments-là. Elle revenait passer une heure avec sa mère, puis rentrait à Spanish Fork pour ranger la maison et attendre. C'était la première fois de sa vie qu'elle avait l'impression d'être une riche oisive.

Un dimanche, pendant qu'elle bêchait dans son jardin, Gary grava leurs noms sur le pommier. Il fit ça avec un couteau de poche, c'était joli, bien net : GARY AIME NICOLE. Personne n'avait jamais fait ça auparavant.

Le lendemain, elle avait beaucoup de choses à faire et elle avait envie de rentrer. Quand elle fut arrivée à la maison, elle commença par nettoyer la voiture de Gary, puis elle monta dans l'arbre plus haut que là où il était allé et elle grava dans le tronc : NICOLE AIME GARY. Elle s'installa dans la maison juste à temps pour l'accueillir.

Il sortit dans la cour avec une canette de bière et elle lui dit de regarder le pommier. Comme il ne voyait rien, elle finit par devoir le lui montrer. Alors il se montra heureux comme un gosse et dit qu'elle avait fait son inscription bien mieux que lui. Il lui déclara que c'était un magnifique cœur qu'elle avait gravé autour de leurs noms.

Peut-être une semaine après que Gary fut venu
vivre avec elle, elle trouva dans ses affaires un
grand dossier jaune avec un tas de papiers à
propos d'une discussion qu'il avait eue avec un
dentiste de la prison. Tout ça était tapé en argot de
prison et ça lui parut si drôle qu'elle resta là à rire
toute seule. Tous ces grands mots à propos d'un jeu
de fausses dents. Mais quand elle le raconta à Gary,
il ne fut pas content. Il n'avait jamais dit qu'il avait
de fausses dents. Il était fou de rage qu'elle ait
découvert ça.

Bien sûr, ça n'était pas du nouveau pour elle. Elle
s'en était aperçue la première nuit. Elle avait déjà
vécu avec un type qui avait un dentier et elle savait
la sensation qu'on éprouvait. On pouvait toujours
deviner, quand on embrassait un homme, parce
qu'ils ne voulaient jamais qu'on leur mette la langue dans la bouche, alors qu'ils étaient toujours
prêts à vous fourrer la leur dans la vôtre. Elle alla
même jusqu'à le taquiner à propos de son dentier
mais il prit ça plutôt mal. Il changea aussi brusquement que passe une pièce de la lumière à l'obscurité. Elle continua à le taquiner, pour lui faire
comprendre que ça ne la gênait pas. Elle n'avait
aucune envie de le comparer aux autres, ni de le
classer dans une catégorie ou dans une autre. Elle
était prête à le prendre tel qu'il était.

Chaque jour, elle n'arrêtait pas de constater que
certaines des petites choses qu'il faisait lui procu-
raient un plaisir surprenant. Par exemple, il ne
fumait pas, et pourtant quand il la voyait qui s'en
roulait une, il rapportait à la maison une cartouche

de cigarettes. C'était agréable, ces petites attentions.

Le soir, il restait assis à boire de la bière, et ils
n'avaient jamais assez de temps ensemble. Elle
pouvait être aussi sincère qu'elle le voulait et lui
raconter n'importe quoi à propos de son passé. Il
écoutait. Il enregistrait tout ce qu'elle pensait avoir
à lui dire. Si, venant d'un autre, une attention aussi
constante avait pu l'écœurer, cette fois ça ne gênait
pas du tout Nicole. Elle étudiait Gary de la même
façon.

Tout ce qu'elle voulait, c'était passer davantage
de temps avec lui. Elle avait toujours apprécié
chaque minute qu'elle avait pour elle-même, mais
maintenant elle était impatiente de le voir revenir.
Quand cinq heures sonnaient et qu'il était là, ça lui
remplissait sa journée. Elle adorait lui ouvrir sa
première boîte de bière.

Quelquefois, quand le soir venait il prenait sa
carabine et, dans la cour, ils tiraient sur des bouteilles et sur des boîtes de bière jusqu'au moment
où on ne pouvait plus dire quand on faisait mouche, sauf au bruit du ricochet ou au tintement du
verre. La nuit tombait lentement. C'était comme si
on respirait l'une après l'autre les roses d'un buisson. L'air, à cette heure-là, était bon comme de la
marijuana.

Ces premiers soirs, s'ils restaient à la maison, il y
avait toujours les gosses. Leur baby-sitter était une
fille du nom de Laurel, une adolescente qui avait
un tas de petits cousins et ils venaient avec elle.
Parfois, quand Gary et Nicole revenaient d'une
promenade, tous ces gosses étaient encore là et il
jouait avec eux. Il les prenait sur son dos. Ils se
mettaient debout sur ses épaules et touchaient le
plafond avec leurs mains. Il aimait bien jouer avec
ceux qui avaient le courage de traverser toute la

pièce ainsi perchés. Ils étaient en adoration devant lui.

Mais souvent, sitôt qu'il rentrait, ils faisaient venir Laurel et s'en allaient faire un tour tous les deux.

En général, ils allaient dîner dans un restaurant où on n'avait pas besoin de descendre de voiture. Deux ou trois fois il l'emmena au Stork Club pour jouer au billard. Il y avait des après-midi où, juste après son travail, ils s'en allaient au centre commercial choisir pour elle des dessous affriolants ou bien acheter de la bière et des cigarettes pour le cinéma en plein air.
Ils étaient à peine garés qu'il voulait qu'elle se déshabille. Et puis ils faisaient l'amour à l'avant de la voiture. Gary adorait la voir nue. Il n'arrivait pas à se faire à l'idée qu'il tenait une femme nue dans ses bras.

Un jour, en regardant *Peter Pan*, ils allèrent s'asseoir sur le coffre, dos à dos. Elle était nue. La Mustang était garée sur l'extérieur, mais il y avait d'autres voitures à côté et elle était nue comme un ver. Dieu, que c'était bon. Après toutes ces années de prison, Gary était fou de la voir aller et venir avec le derrière à l'air et les nichons qui tressautaient. Elle pigea vite qu'il aimait bien la voir toute nue. Il la menait par le bout du doigt et ça ne la gênait pas du tout.

Pourtant, ça ne le rendait pas arrogant. Il était si touchant quand il lui demandait de faire quelque chose. Un soir, elle se déshabilla même sur les marches de la Première Église Mormone, dans le parc de Provo, presque en plein centre de la ville. Il était tard. Ils restèrent assis là, sur les marches, les vêtements de Nicole jonchant l'herbe. Puis elle fit quelques petits pas de danse et Gary se mit à chanter un peu comme Johnny Cash, mais pas aussi bien, à moins qu'on ne soit amoureuse de Gary, et il chanta *Stupéfiante Grâce* :

> *A travers bien des dangers, des épreuves*
> *[et des pièges,*
> *Que nous avons déjà connus,*
> *C'est la Grâce qui nous a menés jusqu'ici,*
> *Et c'est la Grâce qui nous guidera encore...*

Elle était assise toute nue à côté de lui, à deux heures du matin, par une chaude nuit de printemps, avec la chaleur qui arrivait du désert au lieu du froid qui descendait des montagnes.

Cette nuit-là, très tard, quand ils se retrouvèrent au lit, ils firent vraiment l'amour. Juste au moment où ça marchait bien, il dit qu'il allait poser ses grosses pattes sur son cul doux et tiède et qu'il allait lui souffler dans l'âme. Et là-dessus elle jouit avec lui, elle jouit vraiment pour la première fois.

Le matin, elle s'installa pour lui écrire une lettre où elle disait qu'elle l'aimait bien et qu'elle ne voulait pas que ça s'arrête. C'était une courte lettre et elle la laissa à côté de ses vitamines. Il ne répondit pas après l'avoir lue, mais un soir ou deux plus tard, ils passaient auprès de la même église non loin de Center Street, et ils virent une étoile filante. Ils firent tous les deux un vœu. Il lui demanda ce que pouvait bien être le sien, mais elle ne voulait pas lui dire. Puis elle lui avoua avoir souhaité que son amour pour lui soit constant et éternel. Il lui dit qu'il espérait qu'aucune tragédie inutile ne s'abattrait jamais sur eux. Là-dessus, toute une pluie de souvenirs déferla sur Nicole comme quand on tombe dans un rêve.

CHAPITRE V

NICOLE ET ONCLE LEE

1

UN jour, comme Gary lui demandait si elle se rappelait la première fois où elle avait couché avec quelqu'un, Nicole réfléchit avant de répondre et dit : « Vaguement.

— Vaguement ? demanda Gary. Comment ça, vaguement ?

— Ça n'était pas bien extraordinaire, dit Nicole. Je n'avais que onze ou douze ans. »

Bien sûr, elle ne lui raconta pas toutes ses histoires à la fois. Elle commença par des détails charmants, comme son expérience avec un raton laveur apprivoisé quand elle avait six ans. Elle allait à l'école à pied avec le petit animal sur son épaule et trouvait que c'était formidable.

Elle faisait souvent l'école buissonnière, lui confia-t-elle. Parfois, elle montait sur la colline qui dominait l'école, s'asseyait au milieu des pins et regardait tous ces petits idiots en classe. Un jour, Nicole voulut faire la mariole et, au lieu de rester dans les bois, alla se promener sur la route. Juste à ce moment-là sa mère déboucha du virage. Nicole était coincée. Elle se souvenait de sa mère lui disant : « Bon, ma fille. Monte dans la voiture. »

Ou bien la fois où sa mère lui avait coupé les cheveux si court qu'on voyait la peau du crâne derrière ses oreilles. Les gens croyaient qu'elle était un garçon. Un jour, dans la cour de récréation, des gosses le lui dirent, et elle leur prouva que ça n'était pas le cas.

Gary se mit à rire. Ça accéléra les choses.

Elle se rappelait, quand elle avait dix ou onze ans, avoir écrit une lettre pornographique à un très vilain petit garçon qui parlait très mal. Aujourd'hui, elle ne se souvenait plus pourquoi elle l'avait écrite, mais seulement que, après l'avoir terminée, elle y avait jeté un coup d'œil et l'avait déchirée. Kathryne l'avait repêchée dans la poubelle et l'avait recollée. Sa mère lui avait dit alors combien elle était horrible. D'autant plus qu'elle avait écrit : « Bon, puisque tu en parles tant, faisons-le. »

Il y avait des moments où Nicole trouvait sa mère très intelligente, car Kathryne savait deviner ce que les autres pensaient. Nicole était persuadée que Kathryne n'écoutait pas beaucoup les rumeurs de son âme, mais elle était drôlement à l'affût de celles des autres. Si on vivait avec elle assez longtemps, on n'avait qu'à penser à quelque chose et sa mère se mettait à en parler. Ça vous mettait dans tous vos états. Kathryne était un petit bout de femme, mais elle disait à son grand et bel homme de mari, avec sa grande moustache noire, qu'il n'était qu'un va-de-la-gueule. Elle lui disait qu'il aille sauter la pépée qu'il venait de quitter. Quand Charley rentrait de son travail, tard en général, parce qu'il s'était arrêté pour s'en jeter quelques-uns dans un bar, ce n'était pas qu'il titubait ou qu'il avait l'élocution pâteuse, mais il avait un demi-sourire à la Clark Gable, et Nicole devinait qu'il se sentait bien. Kathryne entreprenait alors de le mettre en condition. Elle n'était pas près de lui pardonner.

Un jour, Kathryne le surprit descendant l'escalier d'un motel. Il avait une nana au premier étage. Kathryne avait le pistolet d'ordonnance de Charley et menaça de l'abattre, mais elle n'en fit rien. A son tour, le père de Nicole accusait toujours Kahtryne, sa pauvre mère, d'adultère ! Charley Baker était le premier homme qu'elle avait connu et elle n'en avait jamais eu d'autres. Ça n'arrêtait pas son père. Un soir il rentra tard, il n'y avait personne et il crut que Kathryne l'avait quitté pour toujours et était allée s'installer chez un homme avec les gosses. En fait, elle avait simplement emmené les enfants à un cinéma en plein air. Lorsque la famille rentra, Charley ne voulut pas y croire. Les gosses durent s'enfuir de la maison en courant pour se réfugier dans la voiture et quand leur mère les rejoignit pour s'en aller, Charley essaya de monter en marche au moment où ils démarraient et se cassa la jambe. Ça se passait quand Nicole avait sept ans et son père vingt-cinq.

Il y avait toujours des scènes à propos de l'argent. L'argument de sa mère, c'était qu'il était radin comme tout pour sa famille et qu'il claquait son argent à acheter des fusils de chasse ou à boire avec ses copains de l'armée. Nicole se rappelait l'époque où elle avait dix ans et où son père était au Viêt-nam. Sa mère s'inquiétait à l'idée qu'il se fasse tuer, et quelquefois, on l'entendait pleurer tard le soir.

2

Lorsque Gary annonça qu'il aimerait faire la connaissance de sa mère, Nicole ne lui parla pas de sa dernière conversation avec Kathryne. Sa mère avait dit que le nouveau petit ami de sa fille était un peu âgé. Et puis, il y avait le fait qu'il était allé en prison. Ça avait sûrement été une bonne influence !

« J'irai, dit Nicole, avec qui bon me semble. »

Pourtant, lorsque l'entrevue eut lieu, il ne se passa rien. Gary se montra poli et resta planté contre le buffet avec Jeremy dans ses bras. Il regardait tout le monde, écoutait tout et ne faisait aucun commentaire. On aurait dit qu'il avait été remonté pour garder cette position-là. « Ravi de vous avoir rencontrée », dit-il à Kathryne en partant, et Nicole se rendit compte qu'il laissait derrière lui une impression de malaise.

Elle attachait plus d'importance à ce que les gens pouvaient faire à Gary. Il était raide comme un garçon de quatorze ans avec les gens qu'il ne fallait pas. Elle comprenait. Elle savait ce que c'était que d'être en prison. Elle avait l'impression d'y avoir vécu aussi. La prison, c'était d'avoir envie de respirer quand quelqu'un vous pinçait le nez. Dès que l'on était libéré, l'air vous rendait fou. La prison, c'était se marier trop jeune et avoir des gosses.

Elle ne se rappelait pas toujours quelles histoires elle lui avait racontées. C'était aussi bien. Certaines d'entre elles n'étaient pas très jolies. Pourtant, en général, elle avait l'impression que ses pensées à elle entraient dans la tête de Gary à l'aide seulement de quelques mots. Avant même de s'en rendre compte, elle lui en disait de plus en plus. Il écoutait sans s'énerver. C'était ça l'important.

Lorsqu'elle avait huit ou neuf ans, elle se trouvait encore laide, comme un petit oiseau maladroit. Et puis, tout d'un coup, elle s'était épanouie. En sixième, elle avait les plus gros nichons de sa classe. Il y avait même eu une époque où elle avait les plus gros nichons de l'école. Elle n'avait pas à rechercher l'attention : ça venait tout seul. On l'appelait Caoutchouc Mou.

Avant l'âge de onze ans, elle refusait de se laisser enfiler. Pourtant, elle aimait bien se déshabiller et se laisser regarder. Et puis elle laissait les garçons la toucher. Elle aimait bien attirer l'attention des plus jolis garçons. C'était parce qu'elle avait toujours l'impression qu'on ne la recherchait pas. On ne l'invitait pas beaucoup. Les filles des bonnes familles mormones qui allaient à l'école le dimanche la méprisaient beaucoup.

Dans sa première année de lycée, elle se lia d'amitié avec les plus mauvais numéros. Certains étaient les pires faiseurs d'histoires et d'autres étaient simplement les plus moches. Elle volait beaucoup, surtout dans les vestiaires des autres. Même quand elle ne se faisait pas prendre, on la soupçonnait toujours et elle avait mauvaise cote. Pourtant, personne ne s'intéressait assez à elle pour vouloir qu'elle s'améliore. Elle avait le sentiment que si elle devenait une bonne fille, qu'elle allait à l'église et qu'elle avait de bonnes notes, personne ne s'en apercevrait.

Et puis on la mit à l'asile de fous à treize ans. Il y avait une dame un peu zinzin qu'on l'avait envoyée consulter et la dame l'avait persuadée d'y aller. On lui avait dit qu'elle n'y passerait que deux semaines, mais lorsqu'elle eut tout raconté sur oncle Lee, elle y resta sept mois.

Depuis l'époque où elle avait commencé à aller en classe, il y avait un ami de son père à l'armée qui habitait avec eux. Son père disait que c'était un copain. Les gosses l'appelaient oncle Lee bien qu'il ne fût pas leur oncle ni le moins du monde parent, mais son père le considérait comme bien plus proche de lui que ses propres frères. Il ressemblait même un peu à Charley Baker. Lorsqu'ils sortaient ensemble, on aurait dit Elvis Presley se promenant dans la rue avec Elvis Presley.

Oncle Lee était mort maintenant, mais il avait vécu avec eux plus ou moins régulièrement depuis l'époque où elle avait six ans, et Nicole en voulait toujours à sa mère et à son père d'avoir gardé oncle Lee, parce qu'on pouvait dire qu'il lui avait bousillé sa vie. Elle était même persuadée qu'elle était devenue une traînée à cause de lui.

Lorsque son père travaillait la nuit à la base, que sa mère rentrait tard du travail et que son frère dormait, Lee commençait. Quand la soirée était avancée et que sa mère et son père étaient sortis, Nicole savait ce qui l'attendait. Elle commençait à se sentir nerveuse en attendant que Lee sorte de son bain. Peu après, assis dans la salle de séjour tout seul avec elle, il ouvrait son peignoir et lui demandait de jouer. Il appelait ça frotte-pipi.

Avec les lumières éteintes, elle ne savait jamais s'il s'agissait seulement de toucher, ou ce qu'il lui demandait d'embrasser. Au bout d'un moment, ça ne lui parut même pas extraordinaire, et quand il demandait : « C'est bon ? » elle répondait « oui » poliment.

Nicole avait douze ans lorsqu'elle lui dit qu'il ne pouvait plus l'obliger à faire ça. Elle dormait à côté d'April quand Lee vint la réveiller. Nicole croyait qu'April ne dormait pas, alors elle lui dit non. Là-dessus, Lee dit qu'il l'avait surprise dans la salle de bain. Il donna des détails en disant qu'il l'avait vue se masturber un peu. Il dit : « Tu as l'esprit si libre, tu peux bien le faire avec moi. » Elle répondit : « Ça m'est égal ce que tu as vu, tu peux le raconter à tout le monde. » Peu de temps après, il partit pour le Viêt-nam où il fut tué. Nicole se demandait toujours si elle ne l'avait pas maudit, parce qu'elle avait plutôt de mauvaises pensées à propos de Lee.

Elle ne raconta jamais à personne de la famille ce qu'il avait fait. Elle avait peur qu'on ne la croie pas. Pourtant, aujourd'hui, ils avaient l'air au courant. Peut-être la charmante dame qui l'avait expédiée à l'asile était-elle allée le leur raconter.

Gary resta silencieux un long moment. « Ton vieux, dit-il, il faudrait le descendre.
— Tu es sûr que tu veux entendre tout ça ? demanda-t-elle.
— Bien sûr », fit-il en acquiesçant de la tête.

Alors elle se mit à lui parler de l'asile et de son premier mariage. Et elle ne cacha rien de l'orgie entre les deux. Sinon, ç'aurait été trop compliqué de lui expliquer qu'elle avait rencontré son second mari avant le premier.

3

En réalité, c'était à moitié un asile et à moitié une maison de correction. Une sorte de pension pour jeunes. Ça n'était pas si mal que ça, sauf que Nicole était tout le temps furieuse parce que c'était ridicule d'être ainsi enfermée. Pourquoi me gardent-ils ici, se demandait-elle, puisque je ne suis pas dingue ? Ça devenait silencieux la nuit, et elle se sentait tout esseulée quand quelqu'un se mettait à hurler.

La première fois qu'on la laissa rentrer chez elle pour une visite, elle dut descendre chez sa grand-mère et des types qui habitaient à côté lui demandèrent si elle voulait rigoler un peu. Elle se glissa en douce chez eux pendant quelques jours et eut des pépins pour avoir prolongé indûment sa permission. On la surveilla de si près, quand elle revint à l'hôpital, qu'il lui fallut six mois avant de pouvoir refaire le mur.

Une fois, il y avait de garde à la porte une vieille dame complètement abrutie et Nicole parvint à passer devant elle. Elle fila dans le champ, escalada deux clôtures, traversa quelques cours, trouva une route et alla en stop jusqu'à la maison de Rikki et de Sue où elle resta quelques jours. Puis elle se mit à sortir avec le type qui devint son premier mari, Jim Hampton. Il prétendait être amoureux et dès leur premier rendez-vous voulait l'épouser. Elle trouvait que c'était un grand benêt pas mûr du tout. Pourtant, chaque jour qu'elle passa en absence illégale, Nicole fut avec lui. Elle était toute fière de lui être supérieure.
Puis son père découvrit où elle était et vint la trouver. Il n'était pas en colère, ni rien. Il trouvait que ça n'était pas mal de s'être enfuie de l'asile. Il lui conseilla de se marier.

Nicole eut toujours l'impression que cette fois-là elle s'était fait remorquer. C'était une formule qu'ils utilisaient à l'asile quand on se laissait entraîner dans un mariage par des gens plus forts que soi : remorquer. Nicole comprenait très bien que ses parents avaient envie de se débarrasser d'elle.
D'un autre côté, même si elle n'aimait pas beaucoup la personnalité de Hampton, si elle n'était guère impressionnée par son intelligence, elle le trouvait rudement beau gosse. Et puis son père n'arrêtait pas de lui dire que si elle était mariée, elle n'aurait pas à retourner chez les dingues. Là-dessus, Hampton demanda la permission à Charley et son père se contenta de dire « Allons-y ». Sans jamais demander son avis à Nicole.

Il monta dans la voiture avec Jim Hampton comme si c'étaient de vieux copains — son père n'avait pas trente ans et Jim un peu plus de vingt — il la fourra sur la banquette arrière et la voiture démarra. Nicole savait fichtrement bien qu'elle ne gagnait aucune liberté en épousant Jim Hampton. Ils roulèrent, les deux hommes picolant à l'avant, et Nicole se dit que, puisqu'elle était coincée, autant jouer le jeu.

Assise sur la banquette arrière, Nicole se rappela une fois où elle avait douze ans et où son père l'avait emmenée dans un bar. Elle croyait qu'il voulait l'exhiber, mais elle s'aperçut bientôt qu'il avait là une petite amie qu'il voulait lui montrer et qu'il savait qu'elle ne dirait rien à sa mère. Seulement, devant la porte, elle s'arrêta. ENTRÉE INTERDITE AUX MINEURS DE MOINS DE VINGT ET UN ANS pouvait-on lire.

Son père lui désigna le deux et puis le un et il dit : « Ça dit personne au-dessous de douze ans. Tu es assez grande. » Elle n'était jamais tout à fait sûre quand elle lisait les chiffres à l'envers et elle crut ce jour-là que vingt et un c'était douze.

Maintenant qu'elle avait quatorze ans, elle avait du mal à s'empêcher d'en rire.

On pouvait dire que ça faisait un spectacle de voir Charley boire avec Hampton. En fait, son père ressemblait un peu à son futur mari. Elle se mit à penser qu'ils ressemblaient tous les deux à oncle Lee, le salaud.

Enfin, le trajet ne fut pas trop catastrophique. Ils passèrent prendre une amie de Nicole du nom de Cheryl Kumer, et elle les accompagna jusqu'à Elko, dans le Nevada, où Nicole et Jim Hampton se marièrent.

Jim n'était jamais brutal avec elle, mais plutôt gentil et la traitait comme une poupée précieuse. Il disait toujours à ceux de ses amis qui n'étaient pas mariés : « Eh, regardez ce que j'ai. Vous voyez ? » Il n'avait pas de travail, alors ils vivaient sur son chômage. Il ne voulait pas aller travailler, mais il savait comment utiliser une lime à ongles sur les distributeurs de Coca. Même si elle n'était pas enthousiasmée à l'idée de vivre sur des pièces de dix et de vingt-cinq *cents*, Nicole trouvait qu'ils s'amusaient bien.

Au bout de quelques mois, elle lui était toujours fidèle, ce qui n'était pas mal. Elle essayait de se débarrasser de ses blocages sexuels. Ça allait de trop à trop peu. En ce temps-là, elle n'arrivait jamais à jouir, mais elle savait que ce n'était pas du tout la faute de Hampton. En dehors donc du lit, elle avait un autre gros secret dans son passé dont elle n'avait jamais parlé à Hampton. Ça s'était passé la première fois qu'elle avait quitté l'asile avec une permission pour le week-end et où elle était restée à faire la fête pendant deux jours et deux nuits. C'était même des mois avant qu'elle ait rencontré Hampton.

Le type qui l'avait persuadée de filer de chez sa grand-mère, et de venir, avait à peu près vingt-huit ans, il y avait de l'alcool et de quoi fumer. Elle l'aimait vraiment bien, ce mec. Il la dorlotait, il était plein d'attentions. Quand ils faisaient l'amour, ça la laissait tout amollie. Et puis il dit à ses copains qu'il y avait un beau petit morceau dans la chambre, qu'ils devraient aller lui faire la conversation. Nicole était vraiment mordue pour ce type, même quand il commença à faire des allusions en disant que ce serait gentil pour lui si elle voulait bien coucher avec ses amis, comme ça.

Nicole éprouvait un tas de choses pendant que ça se passait. Elle se donnait du recul pour s'observer. C'était une façon de réfléchir. De réfléchir au problème.

Au fond, elle était fière. Même si, dans une certaine mesure, les types la baisaient jusqu'à plus soif, c'était quand même le genre de soirée où ses amies étaient trop dégonflées pour se rendre. C'était excitant. Alors, elle se laissa aller et finit par se taper à peu près tous les types de la maison. Elle passa là peut-être trois jours. Sans jamais sortir.

Au milieu de tout ça, elle rencontra Barrett pour la première fois. Il entra dans la chambre, un petit type maigrichon qu'elle n'avait jamais vu. Elle était là toute seule au lit, le second jour, avec l'impression d'avoir de la place, et il entra et lui parla depuis le couloir. Il dit : « Tu sais, tu n'as pas besoin de faire ça. Tu vaux mieux que ça. Oui, reprit-il, tu n'as pas besoin de tout bousiller. » Ce fut son premier souvenir de son second mari, Jim Barrett. Il ne resta là que quelques minutes, mais elle n'oublia jamais l'expression qu'il avait alors. Elle ne revit Barrett qu'un mois plus tard, lorsqu'elle se retrouva à l'asile et qu'on l'y expédia lui aussi. Il n'était pas fou le moins du monde. Toutefois, il avait déserté de l'armée, alors son père avait signé des papiers pour le faire enfermer. Mieux valait l'asile que la prison militaire. Le père de Barrett avait été dans la police montée, lui racontait-il, avant de devenir agent d'assurances, alors pour les autorités, il fallait que le fils ait l'air dingue.

Ce fut à l'asile qu'elle tomba vraiment amoureuse de Barrett. Ils étaient presque pareils tous les deux. Il avait l'air si astucieux, si sincèrement gentil, un vrai chou. Tout sourire et tout douceur, avec bottes de cow-boy, pantalon de marin, chemise cintrée, bien coiffé, bien soigné, et haut comme trois pommes. Et puis on le reprit dans l'armée et elle n'entendit plus parler de lui pendant une éternité. Alors elle se fit la malle et épousa l'autre, Jim Hampton.

Des mois plus tard, Barrett réapparut. Il l'attendait dans le parking du supermarché. Ils étaient si heureux de se revoir. Comment avait-elle pu se marier ? Est-ce qu'elle ne l'aimait pas ? Est-ce qu'ils n'avaient pas parlé de vivre dans une maison à eux où personne ne pourrait les embêter ? Si elle était heureuse avec le type qu'elle avait épousé, alors, lui, Barrett, s'inclinerait. Il l'aimait assez pour lui souhaiter d'être heureuse et d'avoir de la chance. Mais si ce n'était pas le cas... Il fit un très joli numéro. Au bout d'une demi-heure, dans son cœur elle dit adieu à Hampton et s'enfuit avec Barrett.

4

Ils partirent pour Denver. Ce fut un voyage froid. Ils allèrent passer une semaine chez un ami de Barrett, puis revinrent dans l'Utah et s'installèrent chez ses parents à lui. Nicole essayait tout le temps de dire Jim, mais c'était aussi le prénom de Hampton, alors elle était plus à l'aise en l'appelant Barrett.

Mais, lorsqu'ils revinrent dans l'Utah, Marie Barrett, sa mère, se montra tout à fait charmante et les accepta sans réserve. Sauf qu'elle ne voulait pas les laisser dormir chez elle. « Mariez-vous si vous voulez rester ici. » C'était là où elle tirait un trait. Nicole s'en fichait. Les moments les plus heureux qu'elle avait connus dans sa vie, c'était lorsqu'elle s'était enfuie et qu'elle avait dormi dans un verger, alors ça lui était égal de passer ses nuits sur la banquette arrière d'une Volkswagen. C'était Barrett qui se sentait exposé dans la rue. Il apprit par son père que, pendant qu'ils étaient à Denver, Jim Hampton les cherchait avec Charley Baker. Nicole trouva que c'était stupide, que Hampton et son père n'avaient qu'à se mêler de leurs oignons, mais, comme Barrett l'expliqua à Nicole, il n'était pas de taille à envisager une confrontation physique. Ils se trouvèrent donc une meilleure cachette.

Ils découvrirent un minable petit appartement dans la grand-rue de Lehi. L'escalier qui menait jusqu'à leur porte était vraiment moche, encombré par des pochards sortis en trébuchant du bar en bas. Au bout de la rue, c'était le désert et le vent s'engouffrait dedans en sifflant. Leur fenêtre donnait sur cette rue-là. Nicole pouvait s'installer là et regarder son père entrer dans le bar.

Et puis un beau jour, Charley se présenta à la porte. Tout le monde avait cherché, mais il avait fallu le père de Nicole pour découvrir qu'ils étaient non seulement dans l'État, non seulement dans la ville, mais, en fait, juste au-dessus de son bistrot favori. Son père entra, la gratifia de son petit sourire merdique et lui demanda comment elle allait. Barrett arriva et Charley dit : « Mon garçon, je m'en vais vous couper les couilles. Je m'en vais vous les arracher. » On aurait dit Clark Gable. Barrett dit quelque chose d'anodin dans le genre : « Si on en parlait d'abord ? » Puis il expliqua au père de Nicole qu'il n'était pas un mauvais bougre et qu'il aimait beaucoup Nicole. Nicole se contentait de regarder Charley droit dans les yeux. Barrett n'avait pas terminé que Charley s'effondra et rentra chez lui paisiblement. Elle n'en croyait pas ses yeux.

Deux jours plus tard, les flics arrivèrent et embarquèrent Barrett pour conduite inconvenante. C'est le mot qu'ils utilisèrent pour le pauvre Jim : conduite inconvenante. Elle se dit que sa mère avait dû être mise au courant par son père et qu'elle l'avait dénoncée. En tout cas, le type qui fournissait de la drogue à Barrett pour la revendre vint le faire sortir sous caution. Ce fut alors le tour de Nicole. Elle craqua. Barrett et elle étaient assis un soir dans la camionnette d'un ami, en train de bavarder.

Le lendemain se passa en pleine euphorie mais le lendemain soir ils prirent tous une nouvelle dose. Nicole piqua une crise. Ils étaient garés dans Center Street, à Provo, avec la radio qui marchait, et voilà qu'on passa le disque d'un de leurs chanteurs favoris. Tout d'un coup, ce fut du délire dans la camionnette. Boum ! Nicole se sentit descendre sur la route en courant. Jim la poursuivit, la rattrapa, la ramena, mais lui-même était aussi dans les vaps. Nicole hurlait et vociférait. Barrett l'emmena à l'hôpital, mais même là-bas, impossible de la calmer. Elle se mit à courir partout en disant aux infirmières qu'elles étaient moches. Elle voyait des lions et des tigres. Alors on l'emmena à l'Asile des Jeunes.

Kathryne refusa de la laisser sortir. Elle dit à Barrett que s'il voulait épouser Nicole, il devait d'abord payer les frais d'hôpital. Sinon, on l'enverrait en maison de correction. Barrett dut dire à ses parents : « Laissez-moi l'épouser. C'est tout ce que j'ai jamais voulu », et il les persuada de verser les cent quatre-vingts dollars dont il avait besoin.

La mère de Nicole lui offrit une robe noire pour se marier. Elle était courte et fendue sur les côtés. Ça donna un coup à Nicole. Elle ne trouvait pas convenable de se marier en robe noire à quinze ans. Elle ne dit rien à sa mère, mais Nicole était ennuyée que personne ne prenne même une photo de la cérémonie. Elle n'arrêtait pas de se dire qu'il devait bien y avoir un appareil photo quelque part, qu'ils auraient peut-être envie de prendre une photo de leur mariage. Personne ne prit un seul cliché. Deux semaines plus tard, la famille de Nicole s'en alla : Charley et Kathryne partirent avec les gosses pour son nouveau poste à Midway.

Quand elle vivait avec Barrett, côté sexe, c'était à

peu près la même chose qu'avec Hampton. En ce temps-là, c'était une novice. Ça ne lui faisait pas autant d'effet qu'elle voulait bien le dire. Par exemple, il lui fallut tout un mois de mariage avant de jouir. Bien sûr, à peine commençait-elle avec Barrett qu'elle repensait à cette première fois avec l'oncle Lee. En fait, chaque fois qu'avec Jim ils faisaient l'amour trop longtemps et qu'elle se sentait endolorie ou irritée, ou qu'elle avait les seins meurtris à force d'être malmenés, ça lui faisait la même impression que lorsqu'elle était enfant. Malgré ça, elle était folle de Barrett. Il était gentil et pour elle c'était une âme sœur. Ils jurèrent d'être pauvres mais heureux durant toute leur vie conjugale.

Au début, pourtant, ils n'arrivaient pas à être si heureux que ça. Barrett avait un gros souci qui pesait sur lui. Il finit par s'en aller décharger son cœur auprès de son père, très théâtral, comme dans un feuilleton de télé. Le père de Barrett, qui était un ancien flic, eut tendance à le croire. « Écoute, lui dit Jim, il y a des types qui m'ont fourni un peu de came et j'ai tout claqué. Maintenant, je ne peux pas les payer. Ils me tombent dessus. Il faut que je quitte la ville. » Grâce à cela, il persuada son père de lui trouver une camionnette d'occasion, il installa un matelas à l'arrière et partit. Ce ne fut que bien plus tard que Nicole comprit que Barrett avait raconté des craques à son père et qu'il n'était pas dans un tel pétrin.

Ils se retrouvèrent à San Diego dans un vieil hôtel en planches qui s'appelait *Le Commodore*. Elle trouva un petit chaton noir qui allait se faire écraser au milieu de la route, et elle descendit pour le ramasser. Seulement ça n'était pas un chaton, mais une chatte un petit peu enceinte qui deux semaines plus tard mit au monde une portée. Nicole trouva ça un joli coup.

C'était une drôle d'époque. Ils étaient à la fois heureux et misérables. Elle commençait à jouir avec Barrett et il commençait à envisager l'idée de la vendre. Ce n'était pas tant à cause d'elle mais parce qu'il était un vendeur-né et qu'il avait besoin de quelque chose à vendre. Il aimait faire des expériences. Elle aussi. Ça déclencha chez elle tout un tas de sentiments dingues dont elle ne pouvait même pas parler à Gary. C'était quand même un peu dur à avaler et d'ailleurs elle n'en vint jamais à se vendre. A la réflexion, elle se dit qu'il valait mieux ne pas plaisanter avec l'ego de Barrett. C'était quelqu'un de si jaloux.

Ensuite, ils donnèrent les chats et partirent pour l'Utah. Lorsqu'ils arrivèrent à Orem, ils laissèrent la voiture garée tout près d'une bretelle d'accès à l'autoroute. Barrett ne s'arrêta même pas chez ses parents, il se contenta de leur expédier une carte postale pour leur dire où il avait caché les clefs de la camionnette et en s'excusant de ne pas pouvoir continuer les versements. Ça lui faisait un drôle d'effet, ne cessait-il de répéter à Nicole, de savoir que ses parents allaient recevoir leur carte avec le cachet de la poste d'Orem alors qu'ils croyaient que leur fils était en Californie.

Ensuite, ils allèrent en stop jusqu'à Modesto, où un type bizarre avec un œil qui regardait tout de travers leur loua un minuscule bungalow pour cinquante dollars par mois. C'était plein de cafards. Ils éteignaient la lumière, puis rallumaient pour tuer les cafards. Ce fut là qu'elle découvrit qu'elle était enceinte. Ils eurent une scène à propos du bébé qu'elle attendait. Ça ne marcherait pas, prétendait-il. Plus tard, quand ils eurent regagné l'Utah, Nicole décida que c'était un tournant de sa vie. Parce qu'elle voulait qu'il trouve du travail et qu'il n'arrêtait pas de promettre qu'il allait le faire. Seulement, le dire et le faire, ça n'était pas pareil. Barrett donna la preuve de ses véritables talents et persuada une femme qui cherchait à vendre une maison de treize pièces de la leur louer pour quatre-vingts dollars par mois, parce que comme ça elle pouvait la faire visiter aux acheteurs éventuels quand elle voulait. Lorsqu'ils eurent emmenagé, Barrett ne travailla pas pour autant mais fit venir ses amis, commença à faire la fête et se remit à faire du trafic de drogue. La fête n'arrêta pas jusqu'au moment où Nicole fut enceinte de six mois.

Un jour, le chef de la police se présenta avec la propriétaire, qui rendit à Barrett là moitié d'un mois de loyer, et le flic l'expulsa sur-le-champ. Barrett voulait rester mais on lui fourra l'argent dans la main en lui disant de s'en aller. Nicole était dans tous ses états à l'idée de se retrouver, enceinte, chez sa grand-mère pendant que lui habitait chez ses parents. Seulement ils devaient plein d'argent, et Barrett ne faisait rien de la journée que se camer avec ses copains. La vie était devenue pénible.

Sur ces entrefaites, le père de Nicole arriva de Midway pour affaires. Comme ça, en plaisantant il dit : « Tu veux repartir avec moi ? Voir les îles ? » Elle répondit : « Tu parles ! »

5

Voilà comment elle quitta Barrett la première fois. Elle mit tout simplement les voiles, enceinte de sept mois, aussi brusquement qu'elle avait plaqué Hampton. Dans l'avion, elle pensait sans cesse aux premiers jours avec Jim, quand il y avait tant d'amour entre eux, qu'elle arrivait à éprouver les mêmes sentiments que Barrett. Bien sûr, elle n'eut ces pensées-là qu'après avoir pu trouver un billet.

Le début du voyage ne se passa pas si bien. Charley et elle passèrent des heures à essayer de trouver un vol sur un avion militaire à destination de Hawaii et à chaque fois on les refusait. Un des problèmes, c'était que Charley n'avait pas l'extrait de naissance de Nicole, si bien qu'elle ne pouvait pas figurer sur sa carte militaire comme étant sa fille. Enceinte, elle faisait plus que son âge. Charley, à côté d'elle, avait plus l'air d'un petit ami ou d'un mari que d'un père. Ça la fit penser comme une folle à oncle Lee. A la réflexion, son père la traitait avec la courtoisie particulière qu'on témoigne à une dame séduisante.

Peut-être que les pensées de Nicole chatouillaient les oreilles de Charley, car il commença à s'énerver à l'idée d'être coincé pour la nuit. « Si je n'arrive pas à coller ma fille sur ce foutu avion, jura-t-il, je m'en vais jouer les pirates de l'air. »

Il sortit du mess et presque tout de suite après, quatre M.P. se présentaient et disaient : « Voudriez-vous venir avec nous, monsieur Baker ? » Ils les emmenèrent tous les deux dehors et mirent Charley face au mur pour le secouer et le fouiller, puis l'emmenèrent à la brigade. Ils laissèrent Nicole assise au mess avec quatre-vingts matelots qui bandaient. Lorsqu'elle s'en alla chercher son père, elle vit le plus gros cafard qu'elle ait jamais vu. Il semblait aussi gros qu'une souris et trottinait dans le hall où attendait Nicole. Elle le suivit sur le perron et autour du bâtiment. Avec son gros ventre, elle n'avait rien de mieux à faire que de suivre ce gros vieux cafard.

Enfin, son père apparut, souriant de toutes ses dents. Il avait tout arrangé. A cause de cette erreur, on les traitait maintenant, Nicole et lui, comme un roi et une reine. On déroulait le tapis rouge. Elle partit pour Midway en grand style.

Lorsqu'elle entra dans la maison, Kathryne en avait les yeux qui lui sortaient presque de la tête. Nicole se rappelait combien elle était maigrichonne et comme, lorsqu'elle la serrait dans ses bras, il y avait toujours quelque chose de fragile chez Kathryne. Il semblait que tout était trop pour elle. Les adolescents, April et Mike, qui n'étaient que des gosses, commençaient à être déchaînés. Nicole était si navrée qu'elle ne voulut même pas, durant deux jours, fumer devant sa mère.

Lorsque Barrett apprit où elle était, ça fit fichtrement monter la note de téléphone de son père. Il était dans un tel état. Il était de nouveau si amoureux qu'il s'était mis à travailler. Il avait même ouvert un compte en banque, lui dit-il. Il allait venir la voir.

Nicole lui envoya ses tendresses par téléphone. Elle lui dit de ne pas venir. Ça attirerait des histoires à son père. Pour économiser sur le billet d'avion, Charley l'avait fait venir comme si elle était à sa charge, et tout le monde croyait qu'elle était mère célibataire.

Mais ça n'arrêta pas Barrett. A Salt Lake, à l'aéroport, il fit un chèque que son père dut approvisionner plus tard, prit l'avion, se rendit à l'hôpital, trouva la maternité et vint se poster devant la fenêtre de Nicole. A peine Kathryne sortie, il entra. Nicole était contente qu'il soit venu et ça changeait un peu les choses, mais pas tellement. Elle ne pouvait pas tout lui pardonner. Au bout de deux jours, elle le décida à repartir.

CHAPITRE VI

NICOLE SUR LA RIVIÈRE

1

MAINTENANT, Nicole voulait entendre l'histoire de la vie de Gary. Seulement lui n'avait pas envie d'en parler. Il préférait l'écouter, elle. Il fallut un moment à Nicole pour se rendre compte que, ayant passé son adolescence en prison et à peu près toutes les années depuis, ça l'intéressait plus de savoir ce qui se passait dans sa petite tête à elle. C'était tout simplement qu'il n'avait pas grandi, entouré de douceur comme elle.

En fait, s'il lui racontait une histoire, ça concernait généralement l'époque où il était gosse. Elle adorait la façon dont il parlait. C'était comme ses dessins. Très précis. Il expliquait les choses en quelques mots. Il est arrivé A puis B et puis C. La conclusion ne pouvait être que D.

A. Dans sa dernière année de lycée, sa classe vota pour savoir si, entre garçons et filles, ils devaient s'envoyer des cartes pour la Saint-Valentin. Il estimait qu'ils étaient trop vieux. Il fut le seul à voter contre. Quand il eut perdu, il acheta des cartes pour envoyer à tout le monde. Personne ne lui en envoya. Au bout de deux jours, il en eut assez d'aller regarder dans la boîte aux lettres.

B. Un soir, il passait devant un magasin où il y avait des armes dans la vitrine. Il trouva une brique et cassa la vitre. Il se coupa la main mais vola le fusil dont il avait envie. C'était une Winchester semi-automatique qui, en 1953, coûtait cent vingt-cinq dollars. Par la suite, il acheta une boîte de cartouches et s'entraîna à tirer. « J'avais deux copains, lui raconta Gary, Charley et Jim. Ils adoraient vraiment ce 22 long rifle. Et j'en avais marre de cacher ma carabine à mon vieux : quand je ne peux pas avoir quelque chose comme j'en ai envie, ça ne me dit plus rien. Alors j'ai dit : « Je jette le fusil dans la rivière ; si vous autres avez le cran de plonger pour le chercher, il est à vous. » Ils crurent que je racontais des bobards jusqu'au moment où ils entendirent le flac. Jim sauta à l'eau et se blessa le genou sur une grosse pierre. Il ne trouva jamais le fusil. La rivière était trop profonde. J'ai ri à m'en décrocher la mâchoire. »

C. Pour son treizième anniversaire, sa mère lui donna le choix entre donner une fête ou recevoir un billet de vingt dollars. Il choisit la fête et invita juste Charley et Jim. Ils prirent l'argent que leurs parents leur avaient donné pour Gary et le dépensèrent pour s'acheter des choses. Ensuite, ils lui racontèrent.

D. Il se battit avec Jim. Il se mit en colère et le tua à moitié. Le père de Jim, une brute qui avait l'habitude de la bagarre, prit Gary à part. Il lui dit : « Ne remets jamais les pieds ici. » Peu après, Gary eut des histoires pour autre chose et fut envoyé en maison de correction.

Quand ses récits devenaient un peu succincts, quand on avait l'impression d'écouter un vieux cow-boy découper en petits bouts un morceau de viande séchée pour les mâchonner, alors il prenait une gorgée de bière et parlait de sa Guitare Céleste. Il pouvait en jouer tout en dormant. « Ça n'est qu'une vieille guitare, disait-il à Nicole, mais c'est comme la roue d'un navire avec ses manettes, et dans mes rêves la musique sort quand je tourne la roue. Je suis capable de jouer n'importe quel air au monde. »

Gary lui parla alors de son Ange Gardien. Un jour, quand il avait trois ans, et que son frère en avait quatre, son père et sa mère s'arrêtèrent pour dîner dans un restaurant de Santa Barbara. Puis son père dit qu'il avait besoin de faire de la monnaie. Il allait revenir de suite. Il ne revint pas pendant trois mois. Sa mère resta seule, sans argent et avec ses deux petits garçons. Alors, elle se mit à faire du stop jusqu'à Provo.

Ils se trouvèrent bloqués dans la Dépression de Humboldt, dans le Nevada. Ils auraient pu mourir dans le désert. Ils n'avaient pas d'argent et ça faisait deux jours de suite qu'ils n'avaient rien mangé. Et puis un homme arriva à pied sur la route, avec un sac marron à la main et il dit : « Tiens, ma femme m'a préparé à déjeuner, mais c'est plus que je ne peux en avaler. En voudriez-vous un peu ? » Sa mère dit : « Ma foi, oui, nous vous serions très reconnaissants. » L'homme lui donna le sac et poursuivit son chemin. Ils s'arrêtèrent et s'assirent au bord de la route. Dans le sac il y avait trois sandwiches, trois oranges et trois gâteaux. Bessie se tourna pour le remercier mais l'homme avait disparu. C'était sur une longue ligne droite de la grande route du Nevada.

Gary disait que c'était son Ange Gardien. Il rappliquait quand on avait besoin de lui. Une nuit d'hiver, dans son enfance, il était dans un parking, avec de la neige partout et Gary avait les mains endolories par le froid. Ce fut alors qu'il trouva sur

149

la neige des mitaines fourrées toutes neuves. Elles lui allaient parfaitement. Oui, il avait un Ange Gardien. Seulement ça faisait longtemps qu'il était parti. Mais, le soir où Nicole entra chez Sterling Baker, il le retrouva. Il aimait raconter ça à Nicole quand elle avait les jambes appuyées sur le tableau de bord de la voiture, qu'elle avait retiré sa culotte et qu'ils descendaient State Street.

Ça ne les gênait pas si quelqu'un regardait. Par exemple, un gros camion vint s'arrêter à côté d'eux au feu rouge, et le type, de sa cabine, plongeait dans leur voiture. Gary et Nicole éclatèrent de rire tous les deux parce qu'ils s'en foutaient éperdument. Gary alluma un joint en annonçant que ça allait être le meilleur qu'ils aient jamais fumé. Comme ils tiraient une bouffée à tour de rôle, Gary dit : « C'est Dieu qui a créé tout ça, tu sais. »

Un soir, ils allèrent de bonne heure au cinéma en plein air et s'aperçurent qu'ils étaient les premiers. Histoire de s'amuser, Gary se mit à rouler par-dessus les talus qui séparaient chaque rangée. Mais un type de la direction se mit à les poursuivre avec une camionnette, en leur disant d'un ton grossier de cesser de rouler comme ça n'importe comment. Gary s'arrêta, descendit de voiture, s'approcha du type et lui dit d'aller se faire voir avec une telle violence que le type gémit : « Oh ! pas la peine de s'énerver comme ça. »

Mais Gary était énervé. L'obscurité tombée, il prit ses pinces et coupa les fils de deux haut-parleurs. Il ne manqua pas d'en piquer deux autres la fois suivante, lorsqu'ils retournèrent au cinéma en plein air. Ces haut-parleurs étaient de bons trucs à avoir. On pouvait en brancher un dans chaque pièce et comme ça on avait de la musique dans toute la maison. Toutefois, ils n'allèrent jamais jusqu'à les installer. Ils se contentèrent de les laisser dans le coffre de la voiture de Nicole.

Parfois, ils allaient vagabonder dans l'herbe entre l'asile et les montagnes. L'idée d'être sur la grande colline derrière l'asile de fous excitait Nicole. Après tout, c'était le même asile où on l'avait flanquée six ans plus tôt.

Ça ne plaisait toujours pas beaucoup à Sunny ni à Peabody, et ils s'effrayaient, la nuit, quand un drôle de coup de froid déferlait comme une bour-rasque et que les montagnes au-dessus paraissaient froides comme de la glace. Alors Gary et elle allèrent là-bas tout seuls.

Un jour qu'elle courait par là, il l'appela. Quelque chose dans sa voix lui fit dévaler la pente et, incapable de s'arrêter, elle lui rentra dedans, se cognant le genou si fort qu'elle se fit vraiment mal. Alors Gary la porta. Elle avait noué ses jambes autour de la taille de Gary et avait passé les bras autour de son cou. Les yeux fermés, elle avait l'étrange impression d'une présence maléfique près d'elle qui venait de Gary. Elle trouva cela presque agréable. Elle se dit : « Ma foi, s'il est le diable, peut-être que j'ai envie d'être plus près. »

Ce n'était pas une sensation terrifiante mais plu-tôt forte et bizarre, comme si Gary était un aimant et qu'il avait attiré à lui tout un tas d'âmes. Bien sûr, ces dingues derrière toutes ces fenêtres grill-agées suffisaient à faire monter n'importe quoi de la nuit du fond de l'asile.

Dans le noir elle demanda : « Est-ce que tu es le diable ? »

Là-dessus, Gary la déposa à terre sans rien dire. Il faisait vraiment froid. Il dit à Nicole qu'il avait un ami du nom de Ward White, qui un jour lui avait posé la même question.

Des années auparavant, alors que Gary était en maison de correction, il était entré sans crier gare dans une chambre où Ward White se faisait enculer par un autre gosse. Gary n'en avait jamais soufflé mot. Ward White et lui se trouvèrent séparés pendant des années, et puis se retrouvèrent en prison. Ils n'en parlaient toujours pas. Un jour, pourtant, Gary entra à l'atelier de la prison et Ward lui annonça qu'il venait de recevoir un lingot d'argent qu'il avait acheté par correspondance et demanda à Gary de lui en faire une bague. A partir d'un livre de motifs égyptiens intitulé *L'Anneau d'Osiris*, Gary copia quelque chose qui s'appelait l'Œil de Horus. Quand ce fut terminé, Gary déclara que c'était un anneau magique et qu'il le voulait pour lui. Il ne fit jamais allusion à leurs vieux souvenirs. Ce n'était pas la peine. Ward White lui donna tout simplement l'Œil de Horus. Nicole pensait toujours que cette bague venait du gosse qui s'était fait enculer.

Maintenant Gary voulait lui en faire cadeau. Il lui expliqua que les hindous croyaient qu'on avait un œil invisible au milieu du front. L'anneau pouvait vous aider à voir par cet œil-là. Lorsqu'ils rentrèrent à la maison, il la fit s'allonger par terre. Il lui dit qu'elle devrait attendre que le troisième œil apparaisse dans l'espace entre ses yeux fermés. Elle n'avait qu'à se concentrer jusqu'à ce qu'il s'ouvrît. Si ça marchait, elle pourrait voir par là.

Rien n'arriva cette nuit-là. Elle riait trop. Elle attendait tout le temps une pyramide et ne voyait rien.

Mais un autre soir, elle crut voir en effet quelque chose s'ouvrir. Peut-être était-ce la bonne qualité de la marijuana. Elle croyait voir sa vie lui revenir par cet œil-là, elle se rappelait des choses qu'elle avait oubliées, mais elles étaient si enfouies à l'intérieur qu'elle n'était pas trop sûre de vouloir lui en parler. Elle avait peur que ça n'évoque d'autres spectres.

Alors, elle continua à lui parler d'elle, mais ce n'était plus aussi sincère. De plus en plus, elle rabaissait ses anciens petits amis en faisant croire qu'ils n'avaient compté pour rien dans sa vie, et elle commença à se donner toujours le meilleur rôle. Après cette nuit passée à l'asile, une grande partie de son passé resta en elle. C'était comme si elle voyait un film où elle-même flottait au fil de la rivière et le plus souvent elle était seule à le voir et se contentait de lui décrire quelques paysages au passage.

2

Sunny n'avait même pas dix semaines que Nicole trouva un nouveau truc. Elle se mit à sortir à Midway avec des types qui n'avaient jamais connu de filles qui baisaient bien. C'était en partie parce que Barrett l'avait persuadée qu'elle ne valait rien au lit. Peut-être préférait-elle donc voir quelqu'un qui ne savait pas ce que ça voulait dire que d'être bien au lit. Bien sûr, Barrett avait ses propres handicaps : il n'était jamais sûr de bander avec une autre fille qu'avec elle. Alors, de façon sournoise, il pouvait se montrer d'une jalousie maniaque. Parfois, ils se promenaient en ville et puis un type souriait à Nicole, et Barrett était convaincu qu'elle avait couché avec ce mec. Seulement il gardait ça pour lui. Trois ou quatre jours plus tard, ça ressortait. Il la traitait comme une traînée. Il insistait sur le nombre de fois où elle s'était fait sauter avant de le rencontrer. Il lui faisait les remarques les plus cruelles, disant qu'elle était large comme une porte cochère. Elle avait toujours envie de répliquer que ce ne serait pas gênant s'il avait en guise de queue quelque chose de plus épais qu'un doigt. Elle se dit donc qu'elle avait besoin d'une période où elle se contenterait de faire ça avec des types qui lui en seraient totalement reconnaissants.

Mais bientôt Nicole décida de quitter Midway. Elle avait pris pas mal d'exercice, se sentait en pleine forme, était redevenue mince et le bébé était magnifique. C'était l'été et Barrett était là pour l'accueillir à l'aéroport. Il plaçait chaque jour à peu près deux livres d'herbe de la meilleure qualité ; il avait l'air prospère lui-même et voulut la reprendre avec lui. Mais elle avait un nouveau refrain. « Je ne suis pas ta bourgeoise, lui dit-elle. Tu n'es pas mon mari. Je peux faire ce que je veux. » Malgré tout, elle s'installa avec lui. Ce fut un été où ils étaient tout le temps dans les vapes. Elle avait vraiment envie de faire l'amour.

Ce fut alors que Barrett devint le type avec qui elle pouvait prendre son pied constamment. Elle se demanda si ça voulait dire qu'il était celui avec qui elle était censée se ranger. C'était peut-être un réflexe conditionné, mais Barrett pouvait l'exciter rien qu'en entrant dans une pièce. Le T.H.C. l'avait adoucie et elle avait envie de danser. (Mais elle commençait à avoir des migraines quand elle ne prenait rien et elle avait mal aux dents et aux reins. C'était fort, ce truc.) Quand même, c'était rudement bien pour s'envoyer en l'air.

Pourtant, c'était une vie solitaire. Barrett ne savait rien de ce qui se passait dans sa tête à elle. Ça lui plaisait simplement de jouer au caïd. Le Karma, ça ne voulait rien dire pour lui. Nicole lui offrit *A World Beyond* de Ruth Montgomery Ford. Plus tard, il dit l'avoir lu, mais n'alla pas plus loin. C'était un peu maigre comme commentaire de la part d'un type astucieux comme lui. Ça n'arrangea certainement pas Nicole, car avec le cannibanol, voilà qu'elle avait des tendances au suicide. Elle faisait un rêve où elle se voyait morte et où elle était allongée dans une tombe creusée dans le désert. Durant les dernières secondes, une nuit douce et noire s'abattait sur elle en disant : « Viens avec moi. »

Elle fut si secouée qu'elle dit à Barrett que la mort lui avait parlé et qu'elle l'accueillerait volontiers. « Eh ! doucement, fit-il, tu es bien trop précieuse. » Mais il n'avait rien d'autre à lui dire là-dessus.

Ils commencèrent aussi à avoir des problèmes personnels. Il avait un associé, Stoney, qu'elle aimait bien, et qui habitait avec eux. Une nuit, alors qu'elle se sentait excitée comme une chatte sur un toit brûlant, elle alla trouver Barrett et lui dit d'un petit air bien doux : « Si tu allais coucher sur le divan pour laisser une chance à Stoney. »

Barrett trouva ça dingue ; mais il avait accepté qu'elle n'était plus sa bourgeoise, alors il alla coucher sur le divan et Stoney vint s'installer avec elle. Barrett était si vexé qu'il prit sa voiture et s'en alla faire un tour, puis il revint une vingtaine de minutes plus tard et dit à son associé de foutre le camp. Ça parut régler le problème.

Deux soirs plus tard toutefois, Barrett avait dû commencer à se dire que c'était vraiment ce qu'elle voulait, voyez-vous, parce qu'il l'emmena à une soirée dans le Canyon et se donna un mal de chien pour se la partager avec deux copains. Puis il craqua. Ils eurent une grande scène et Nicole lui lança une machette qui passa à travers la moustiquaire de la porte. Puis elle lança un marteau à travers la fenêtre de la cuisine. Là-dessus, ils se séparèrent. Elle prit Sunny avec elle et s'en alla vivre avec Rikki et Sue chez son arrière-grand-mère.

C'était remplacer un malheur par un autre. Jamais elle ne s'était entendue si mal avec Sue, qui laissait tout le temps traîner des langes pleins de merde. La maison empestait.

Et puis Rikki et Sue trouvèrent Nicole dans le lit de son arrière-grand-mère avec Tom Fong, un Chinois. Il était gentil et se faisait pas mal de fric dans un restaurant chinois, en roulant un peu son patron. Il voulait l'épouser. Encore un autre homme dans sa vie qui voulait l'épouser. Elle avait emmené Tom dans cette chambre pour être un peu tranquille : il lui faisait des massages, sa spécialité, et Rikki et Sue étaient justement entrés au moment où elle avait enlevé son corsage. Après le départ de Tom Fong, il y avait eu une scène violente et elle n'avait pas mâché ses mots. Rikki lui avait promis de lui botter le cul si jamais elle reparlait aussi mal. Sur ces entrefaites un oncle et une tante étaient arrivés et avaient été si furieux d'apprendre qu'on l'avait trouvée dans ce lit qu'ils n'avaient rien voulu entendre. Ils l'avaient traitée de putain. Son oncle l'avait bel et bien giflée. Elle fourra dans une taie d'oreiller des couches, des aliments pour bébé, des biberons, trouva un sac à dos, prit Sunny et s'en alla.

Elle pleurait. Son arrière-grand-mère était brave, mais c'était une mormone pratiquante. Ça rappelait à Nicole son enfance où cette même arrière-grand-mère sortait de la baignoire, se séchait et passait aussitôt à même la peau son vêtement religieux. Un truc plein de bosses qui empêchait ses vêtements de bien tomber. Si on était marié au temple, il fallait porter ça directement sur la peau.

Son arrière-grand-mère l'emmenait toujours à l'école du dimanche. C'était plutôt assommant. On vous enseignait que les ténèbres étaient ce qui vous attendait si on péchait. Si on était une bonne petite fille, on s'assiérait aux pieds de Dieu.

Le seul ennui, c'était que toutes les gentilles petites filles ne l'aimaient pas et faisaient des remarques désagréables à propos de Nicole et des garçons. Elles ricanaient en passant. Tout cela lui revenait maintenant après cette scène dans la chambre. Elle essayait de ne pas sangloter en marchant sur la route.

Un type qui bégayait un peu et qui allait en Pennsylvanie la prit dans sa voiture. Peu lui importait où il allait. Nicole ne savait pas s'il lui plaisait ou non, mais ce qui était sûr, c'était qu'il avait besoin de quelqu'un et que ça lui était bien égal où elle allait. Elle partit donc avec lui et ils se retrouvèrent à vivre ensemble à Devon, en Pennsylvanie, où il gagnait pas mal sa vie dans son atelier de maroquinerie. Ils parlèrent même de se marier. Au lit, c'était un bon numéro. Il se donnait beaucoup de mal pour lui faire plaisir.

3

Ce type, qui s'appelait Kip Eberhardt, se révéla toutefois difficile à vivre. Il était plutôt parano et elle commit l'erreur de lui parler d'elle. Dès qu'il s'en allait au travail, il s'inquiétait à l'idée que Nicole était avec un type. Ça n'était jamais le cas, mais elle n'arrivait pas à le persuader. Ça la bousilla vraiment. Ce qui la tracassait, c'était qu'elle pensait bien en secret à se ramener un type gentil pour passer un après-midi. Kip était capable de faire l'amour comme une bête, mais parfois il lui donnait l'impression d'en être une.

Il poussait ses soupçons jusqu'au ridicule. Kip

l'accusa même de coucher avec un vieil obèse au visage tout noir de saleté. De temps en temps, Kip la rossait. Oh! Seigneur, elle l'adorait et c'était un tel trou du cul. Il lui fit plus de mal que tous les autres types réunis.

Estimant qu'elle lui avait donné un an de sa vie et qu'il avait failli la rendre folle, Nicole se mit à le mépriser parce qu'il la frappait. Ce n'était qu'un petit bonhomme, malingre, noueux et les épaules voûtées, alors ils avaient d'assez méchantes bagarres. Une ou deux fois elle fut même près de l'emporter.

Nicole avait dix-sept ans lorsqu'elle découvrit qu'elle était de nouveau enceinte. Dès l'instant où Kip apprit la nouvelle, il fut très heureux pour lui et pour tous les deux. Ils allaient avoir un bébé, ne cessait-il de répéter. Elle en était écœurée. Elle n'avait pas envie de passer le reste de sa vie avec ce type.

Elle n'avait jamais su comment éviter d'être enceinte. En fait, elle ne l'apprit que cette fois-là à l'Association du Planning Familial, près de Devon, où elle était allée se procurer un stérilet. Nicole ne prenait jamais de pilule, ne regardait jamais le calendrier. Elle avait lu qu'à certaines périodes du mois on risquait plus d'être enceinte qu'à d'autres, mais elle ne savait pas lesquelles. Elle avait lu des trucs là-dessus mais ça semblait concerner des jours différents. D'ailleurs elle était sûre qu'au fond, ça ne lui arriverait pas.

Cette fois, pourtant, il y avait une fille qui faisait ses études d'infirmière juste à côté et elle insistait auprès de Nicole pour lui faire prendre un rendez-vous au Planning Familial. Lorsqu'elle finit par se présenter, on lui dit que pour sûr elle avait un polichinelle dans le tiroir.

Ça n'arrangea pas les choses de le raconter à Kip. Il était assis là, avec sa belle barbe noire et ses cheveux bouclés, et il l'aimait assez pour eux deux. Il commençait à dire quelque chose et puis il était si ému que ça lui prenait des heures pour sortir deux mots. Elle devait rester là, souriante, ayant l'envie de dire : « Tu sais, je ne sais pas lire dans tes pensées. » Mais lorsqu'elle savait ce qu'il allait dire, il continuait à traîner. Ça lui donnait plus que tout envie de s'enfuir.

Plus sa paranoïa. De temps en temps, il disait que quelqu'un le suivait ou qu'il allait lui arriver de drôles de choses. Des ennuis en perspective. Il disait : « Tu vois, non ? » Elle ne voyait pas.

Elle lui dit adieu et prit le car pour l'Utah. Vingt-quatre heures plus tard, elle était au lit avec un type charmant qu'elle avait rencontré dans le car. Pas terrible, mais elle se détendit, rit et bavarda. Après tout, elle n'était pas si pressée pour ce qu'elle avait à retrouver.

Elle envisagea de se faire avorter. Mais elle n'arrivait pas à se décider à tuer un bébé. Elle ne pouvait plus supporter Barrett, mais elle adorait Sunny. Alors elle ne se voyait pas tuer un nouveau bébé qu'elle pourrait peut-être aimer aussi.

Le lendemain de la naissance de Jeremy, Barrett vint à l'hôpital. Elle n'arrivait pas à croire aux jeux qu'il jouait avec elle. Il dit, en voyant Jeremy, qu'il avait l'impression que c'était son fils.

Et puis, quand elle fut sortie, Barrett continua à venir. Jeremy était si prématuré qu'elle avait dû le laisser en couveuse et tous les deux jours elle allait en stop à l'hôpital.
Barrett l'accompagnait. Il parlait tout le temps

du bébé. Il lui disait comme il avait envie de la voir revenir avec le nouveau bébé. Barrett était très ému, mais pour elle, c'était le train-train quotidien. Elle dit : « Bon, je vais vivre avec toi quelque temps. » Elle devait reconnaître que Barrett avait vraiment l'air d'aimer venir à l'hôpital, passer la blouse blanche et le masque pour regarder le bébé. Il n'avait jamais fait ça avec Sunny.

Jusqu'à la naissance de Jeremy, Nicole travaillait à plein temps dans un motel, à changer les draps et à nettoyer les salles de bain. C'était à peu près tout ce qu'elle pouvait trouver, étant donné qu'elle avait arrêté ses études à treize ans. Bref, elle finit par appeler Kip. Elle avait besoin de quelqu'un d'autre que Barrett à rattacher au fait qu'elle avait un fils. Kip n'en croyait pas ses oreilles. Il pensait qu'elle avait encore des semaines à attendre. En tout cas, il ne bégayait pas du tout, et il fut si gentil au téléphone qu'elle décida de faire un nouvel essai.

Pendant les premiers jours, ce fut une vraie lune de miel avec Kip. Ça dura jusqu'à ce qu'il reprît son travail à l'atelier de maroquinerie. Cet après-midi-là, elle s'affairait à ramasser des affaires pour les fourrer sous le divan. Il aimait vraiment voir la maison bien rangée. Si tout n'était pas en ordre, il s'imaginait toujours qu'elle avait fait des bêtises avec un type : voilà comment il était avant. Alors elle essayait de mettre de l'ordre lorsqu'il apparut sur le pas de la porte.
Elle était plantée là, attendant de l'embrasser, mais il ne la regarda pas. Au lieu de ça, il se mit à loucher. Elle lui avait déjà vu cette expression-là.

Il se mit à rôder dans la maison. Il entra dans la salle de bain. Lorsqu'elle le suivit, Kip plongeait les mains dans le panier à linge sale et examinait les dessous de Nicole pour voir s'ils ne portaient pas de taches poisseuses. Il allait vraiment fort. Elle essayait toujours de savoir ce qui le rendait si méfiant. Il finit par lui dire qu'au moment où il était passé en voiture, il avait vu deux personnes passer derrière la fenêtre. Comme il y avait deux doubles fenêtres, il avait sans doute vu deux ombres, dit-elle, mais il ne voulut pas la croire. Il jura qu'il y avait deux personnes. C'en était assez pour la faire hurler.

4

Lorsqu'elle fut de retour en Utah, sa famille n'arrêtait pas de lui répéter combien elle avait de la chance d'avoir une fille et un garçon. Nicole ne voyait pas ce qu'il y avait de si merveilleux à avoir à s'occuper de deux gosses alors qu'elle n'avait jamais été sûre d'en vouloir un seul. Dans ses mauvais jours, son sentiment dominant c'était qu'elle avait manqué bien des choses.

Une fois de plus, Barrett n'avait pas manqué de l'accueillir à l'aéroport. Ils parlèrent du bon vieux temps et s'en allèrent chez lui écouter leurs disques préférés. Il lui expliqua qu'il avait préparé cette maison pour elle et qu'il ne l'embêterait pas, alors elle s'y installa.

En fait, il avait deux amis qui habitaient là, ils fumaient de l'herbe et remettaient toujours leur départ à plus tard. Au bout de quelques jours il finit même par se mettre en colère en disant que merde, c'était sa maison. Comme ça. Elle se retrouvait avec Barrett et il n'y avait rien à faire. Pas de voiture, pas d'argent, pas de maison. Deux gosses. Kathryne et Charley étaient rentrés de Midway et proposèrent de l'accueillir, mais elle n'avait pas envie de rentrer chez elle en chien battu. Et puis, ils avaient leurs problèmes. Charley avait dû donner sa démission de la marine parce que April commençait à flipper. Ils avaient l'air d'être tous destinés à passer par l'asile. En tout cas, sa vie était déjà assez difficile pour qu'elle puisse supporter d'entendre ses parents se disputer.

A peu près à ce moment-là, les affaires de Barrett se mirent à mal tourner. Il y avait un flic à Springville qui arrêtait Jim chaque fois qu'il le pouvait. N'importe quelle excuse pour fouiller sa voiture. Le flic prétendait que la plaque minéralogique de Barrett n'était pas bien vissée. Un soir, il se fit arrêter pour avoir un feu arrière qui ne marchait pas. Un peu plus tard dans la soirée, Barrett avait liquidé cent doses de came, il avait pris un petit coup de reniflette et commit l'erreur de s'imaginer qu'il ne risquait rien. Mais avant de quitter la maison, il prit un pantalon qui traînait par terre et l'enfila sans remarquer le tube de comprimés coincé au fond de la poche. Il ne s'en aperçut qu'après s'être fait stopper par les flics. Il était là, descendu de voiture, les mains posées sur le toit de la camionnette pour la fouille et pensait que tout allait bien. Il planait et il n'avait rien sur lui. Comme il le raconta plus tard à Nicole, il regardait autour de lui, tranquille, quand le flic lui retourna les poches. En baissant les yeux, Barrett vit ce tube de vingt-cinq comprimés que le type tenait dans la main. Vif comme un chat, lui raconta Barrett, il sauta dessus. Il aurait dû tout avaler, mais au lieu de cela, il lança la came aussi loin qu'il put. Oliver Nelson lui passa alors les menottes et se mit à inspecter les lieux en le traînant derrière lui. Il y avait de la neige par terre et ça n'était pas facile de retrouver les comprimés, mais il sentait que Nelson n'allait pas renoncer. Barrett finit par les apercevoir près d'un poteau télégraphique et, sitôt qu'Oliver l'approcha suffisamment près, il essaya d'enfoncer le tube dans la neige. Mais au moment où il allait allonger la jambe, le flic s'en aperçut et repéra les comprimés. On l'emmena au poste.

Rikki vint payer la caution de cent dix dollars et le ramena à la maison. Il était dans les deux heures du matin. Il le ramena chez Nicole et sur le moment elle ne se mit pas en colère. Elle était vraiment compréhensive. Mais Barrett était dans un sale pétrin. Deux jours après, ils emballèrent toutes leurs affaires et partirent pour Verno, dans l'Utah. Ce fut la fin du trafic pour quelque temps.

5

Maintenant Nicole laissait les choses aller. Elle ne se faisait plus tellement de souci. Barrett conduisait des camions d'essence à Verno, c'est-à-dire qu'il trouvait un boulot, qu'il le perdait, puis qu'il en retrouvait un autre. Il n'avait pas bon caractère et n'avait pas besoin de beaucoup de provocation pour dire à son patron d'aller se faire voir. Un jour, elle avait si désespérément besoin d'un peu de sécurité qu'elle descendait la rue avec ses deux gosses et quelques affaires quand Barrett la remonta pour rentrer chez lui. Ils eurent alors une grande scène. Il essaya sérieusement de lui flanquer une rossée. Mais ce fut elle qui s'empara de la chaise de bébé de Sunny et qui lui colla une correction : il avait des bleus partout. Donc, elle ne partit pas. C'était trop bon de le regarder.

De temps en temps, elle pensait à retourner à l'école et écrivit même dans deux ou trois établissements, mais Barrett disait oui, oui, et il lui répétait qu'elle n'avait pas besoin d'aller en classe. Il pouvait l'entretenir. Elle en conclut qu'il la considérait comme une petite connasse lui appartenant.

Peu après, Barrett lui dit qu'ils déménageaient encore une fois. Il emprunta un camion et dit qu'il allait transporter leur mobilier. Mais elle n'avait pas eu le temps de comprendre qu'il avait déjà tout vendu ; la stéréo, son séchoir à cheveux, les lampes et tout. Avec l'argent, il acheta du H pour le revendre et décampa. Mobilier ou pas, elle s'inscrivit à l'école, se fit verser cent trente dollars par mois de l'assistance sociale et s'installa dans un petit camp de camping loin de tout. Elle était tranquille là-bas. Elle adorait ça. Barrett parti, ce fut une sorte de période heureuse dans sa vie. Il n'y avait que le loyer, quatre-vingt-dix dollars par mois, qui la tracassait. Il ne lui restait pas assez pour la nourriture et elle recommença à s'énerver.

Survint alors un nommé Steve Hudson, beaucoup plus âgé qu'elle. Il n'avait peut-être que trente ans, mais il paraissait bien plus que cela. Il lui sembla plus raisonnable que tous ceux qu'elle avait rencontrés jusqu'alors. Il était réglo et il allait au temple. Elle ne passa que quelques mois avec lui avant qu'ils se marient. Deux semaines plus tard, elle le quitta. Ils n'arrivaient pas à s'entendre. C'était déprimant. Elle se sentait si mal qu'elle ne tarda pas à trouver un autre type qu'elle avait rencontré au temple, un grand gaillard qui parlait lentement, Joe Bob Sears. Il était soigné, travaillait dur, faisait l'amour avec vigueur et aimait vraiment les gosses de Nicole. A vrai dire, Joe Bob était plus gentil qu'elle avec Jeremy. Jusque-là, elle n'avait pas réussi à aimer Jeremy. Quand il se mettait à pleurer, elle le prenait dans ses bras. S'il ne s'arrêtait pas, elle le remettait dans son berceau. Elle ne lui faisait jamais de mal, mais malgré tout elle le reposait sèchement sur son matelas. En fait, Joe Bob traitait Jeremy mieux qu'elle. C'était peut-être parce qu'il avait eu lui-même un enfant qu'il avait à peine connu.

Le père de Joe Bob, dans le Mississippi, était en train de mourir d'un cancer et il voulait aller le voir. Alors Nicole laissa les gosses à Charley et Kathryne et partit. Elle avait des espoirs pour Joe Bob et pour elle. Il lui donnait un vrai sentiment de sécurité et en même temps était aussi un type excitant.

Un soir, dans le Mississippi, Nicole eut le choc de sa vie. Les parents de Joe Bob avaient la plus grande boucherie de la ville et ils gardaient quelques vaches pour leur usage personnel. Ce soir-là, Nicole était allée dans la grange et, par les interstices des planches mal jointes, de l'autre côté, elle vit un veau en train de sucer son nouvel amoureux.

De temps en temps, Joe Bob racontait de drôles d'histoires à propos de photos qu'il avait vues d'un poulet en train de se faire sauter par un chien, et il voulait savoir si elle avait jamais vu des choses comme ça, mais Nicole se contentait d'éluder. Cette fois elle se dit : « Tu seras toujours une perdante. Regarde les choses en face. »

Elle dut même faire semblant, pour elle-même, de n'avoir pas vu Joe Bob avec le veau. Il parlait tout le temps de reprendre la boucherie de son père. Ils seraient alors entourés d'animaux. D'animaux morts. Mais il se révéla que son père n'était pas malade au point où Joe Bob l'avait dit mais prêt à se retirer. Ils allaient retourner en Utah, prendre Sunny et Jeremy, puis revenir dans le Mississippi. Nicole se sentait plus coincée que jamais.

De retour en Utah, un quart d'heure après qu'ils

eurent franchi la porte de la maison de Joe Bob, on n'aurait pas pu imaginer plus d'ennuis. Quelques-uns des animaux de Joe Bob étaient sortis de leurs cages et couraient partout. Les travaux de la maison étaient en retard, on était encore en train de dresser les cloisons, les planchers étaient arrachés, on posait les lavabos. Pire. Sa petite remorque avait disparu de la cour. Joe Bob sut tout de suite qui l'avait volée parce qu'il l'avait piquée à un type qui ne voulait pas lui payer ce qu'il lui devait. Maintenant elle avait disparu. Joe Bob était sorti pour aller parler aux flics. Nicole était plantée sur le pas de la porte. Elle avait une migraine épouvantable. Sunny et Jeremy pleuraient.

Elle entendit le flic expliquer que la possession vaut les neuf dixièmes du titre. Puisque Joe Bob n'avait jamais pris légalement possession, il ne pouvait pas faire grand-chose.

Lorsqu'il revint et qu'il commença à le lui expliquer, elle dit : « Je sais, j'ai entendu. Je ne veux plus rien entendre. » Elle jura qu'elle était fatiguée et qu'elle n'avait pas envie de parler. Il devint grossier. Elle aussi. Elle dut dire quelque chose qui déclencha tout. Ça faisait un quart d'heure qu'ils étaient à la maison lorsqu'il la souleva de terre et la projeta à travers la pièce.

Puis il revint la ramasser et la lança encore une fois. Il y avait des matelas sur le sol, mais elle rebondit quand même sur les cloisons.

Il s'assit sur elle et lui serra le cou. Il dit qu'il en avait marre. Qu'il ne voulait pas de ça. Il lui déclara que maintenant elle était son esclave. Il ne pesait pas loin de cent kilos et il resta assis sur elle pendant des heures, la giflant de temps en temps quand l'envie lui en prenait. Il la boucla pendant quelques jours dans une pièce du fond.

Joe Bob faisait manger les enfants une ou deux fois par jour. De temps en temps, il leur permettait d'aller dans la pièce où elle était. Il ne fermait pas la porte à clef, mais elle ne pouvait quand même pas sortir. Il ne voulait pas. Elle pleurait beaucoup. Parfois elle hurlait. Parfois elle restait assise là pendant des heures. Quand il entrait, il lui flanquait une taloche pour avoir fait du bruit. Mais elle ne laissait aucune émotion paraître sur son visage, elle n'émettait pas un son. Elle agissait comme s'il n'était pas là.

Il la baisait aussi beaucoup — sur ce plan-là, il n'avait pas changé ses habitudes — et il l'appelait Poopsie, Baby Doll et Honey. Quelquefois elle hurlait et criait, d'autres fois, elle faisait comme si rien ne se passait. Au bout d'un certain temps elle se souvint qu'il avait un pistolet et se demanda comment s'en emparer. C'était un gros calibre et cette idée la soutenait. Lorsqu'elle aurait trouvé l'arme, elle le tuerait. Elle n'arrêtait pas de dire à Joe Bob qu'il pouvait l'assommer mais qu'elle ne resterait pas avec lui. Jamais.

Ça continua encore une semaine. Maintenant, il ne la châtiait plus qu'une fois par jour et la laissait sortir dans la cour. Il allait même à son travail. Au début, elle soupçonna un piège et ne bougea pas. Mais au bout de deux jours, elle fila jusqu'à la gare routière. C'était le premier anniversaire de Jeremy. Elle passa un coup de fil et une fois de plus Barrett vint à son secours. Elle l'appelait toujours quand il n'y avait personne d'autre qui puisse l'aider. Il le savait. Il adorait ça. Il était le seul qui voulait bien la tirer des pires situations. Le Prince Charmant.

Ils s'installèrent avec les gosses sous une petite tente, sur la pelouse d'un de ses amis. Puis ils trouvèrent un appartement à Provo et passèrent Noël ensemble. Sans cesse, elle tentait de faire comprendre à Barrett qu'elle ne voulait pas vivre avec lui et il essayait de la persuader de le faire. Barrett finit par partir pour Cody, dans le Wyoming, avec un de ses amis qui s'appelait aussi Barrett, juste après qu'elle eut trouvé la maison de Spanish Fork qui était une drôle de baraque qu'on aurait dit sortie d'un conte de fées.

TROISIÈME PARTIE

GARY ET NICOLE

CHAPITRE VII

GARY ET PETE

1

LE second week-end de juin, Gary et Nicole avaient projeté d'aller dans les canyons pour camper dans les bois. Nicole n'arriva pas à trouver de baby-sitter. Laurel devait accompagner ses parents pour aller voir la famille.

Le samedi matin, Gary s'en alla donc à la boutique de Vern pour peindre des lettres sur une enseigne et il vit Annette Gurney, la fille de Toni, qui entrait dans le magasin. Elle passait le week-end avec Vern et Ida pendant que Toni et Howard étaient partis pour Elko, dans le Nevada, avec Brenda et Johnny pour s'amuser avec les machines à sous et faire des parties de crap. Dès qu'il aperçut Annette, Gary lui demanda si elle pouvait faire la baby-sitter.

Ida était hostile à cette idée. Sa petite-fille paraissait peut-être seize ans, dit-elle, mais en fait elle en avait douze. C'était une trop grosse responsabilité pour Annette que de surveiller toute seule de jeunes enfants.

Gary ne renonça pas à cette possibilité. Plus tard, quand il eut fini son travail et alors qu'il portait des seaux de peinture du magasin de Vern jusqu'à sa voiture, il dit à Annette qu'il lui donnerait cinq dollars si elle voulait garder les enfants. Elle voulait bien, lui répondit-elle, mais elle ne pouvait pas. Elle sourit et tira une plaque de sa poche. Le premier dimanche où Gary était sorti de prison, il avait donné à Annette une leçon de dessin lorsqu'il était allé chez Toni et maintenant Annette avait peint la plaque et voulait la lui offrir. Il était si content qu'il prit la fillette par la taille et lui donna un baiser sur la joue. Puis ils allèrent se promener dans la rue la main dans la main. Gary essayait toujours d'inciter Annette à persuader Ida de la laisser faire la baby-sitter.

Peter Galovan, qui louait une petite maison derrière celle de Vern, entrait dans la boutique au moment où ils sortaient. Il remarqua Gary et Annette qui marchaient tout près l'un de l'autre et qui s'arrêtaient. Ça ne lui plut pas. Gary, tout en bavardant, tenait Annette appuyée contre un mur. Il avait l'air d'essayer de lui débiter tout un tas d'arguments le plus vite possible. Pete entra dans la boutique. « Ida, fit-il, je crois que Gary fait des propositions à votre petite-fille. »

Trois mois plus tôt, alors qu'Annette séjournait chez Ida, elle avait été heurtée par une voiture juste devant leur maison. La voiture roulait très doucement et· ça n'avait rien été de sérieux. Annette était avec ses grands-parents et avait été blessée. Ida ne voulait pas que Toni s'imagine qu'il arrivait quelque chose à Annette chaque fois qu'elle venait la voir. Elle se précipita donc à la fenêtre juste à temps pour voir Gary et Annette qui rentraient à petits pas, la main dans la main.

« Je ne sais pas si tu as bien fait de faire ça, dit Ida. Laisse Annette tranquille. »
Plus tard, Vern dit à Gary : « Je n'ai pas envie qu'il y ait des histoires. »

Le lendemain soir, Annette dit à Toni : « Maman, nous n'avons rien fait de mal. J'ai offert la plaque à Gary et il m'a donné un baiser sur la joue.

— Et alors, pourquoi es-tu allée te promener dans la rue avec lui ?

— Parce qu'il y avait un gros scarabée — le plus gros que j'aie jamais vu — qui passait. Je suis juste sortie pour le regarder.

— Et vous vous teniez la main.

— Je l'aime bien, maman.

— Est-ce qu'il t'a touchée ? Est-ce qu'il t'a donné plus qu'un baiser affectueux ?

— Non, maman. » Annette lança à Toni un regard comme s'il fallait être dingue pour poser cette question.

Lorsque Toni et son mari en discutèrent, Howard dit : « Gary n'irait pas essayer de faire quelque chose sur le trottoir juste devant la cordonnerie. Mon chou, je ne pense pas qu'il y ait rien de méchant là-dedans. Nous n'avons qu'à faire attention, être prudents. »

Le lundi, Vern raconta à Pete que Gary disait qu'il allait lui flanquer son poing dans la figure. Pete devrait faire attention. Vern ajouta : « Si Gary arrive et qu'il cherche la bagarre, je ne veux pas que ce soit dans le magasin. Vous irez vous battre dehors. » Mais Pete n'avait pas envie de se battre. Il avait entendu parler du voyage de Gary dans l'Idaho et du type qu'il avait envoyé à l'hôpital.

A l'époque où Gary s'attaquait à l'allée cimentée de Vern à coups de masse et de levier, Pete l'avait observé de sa fenêtre et avait été impressionné par le travail que Gary avait accompli en deux jours. Aussi, à la première occasion, Pete l'avait-il invité à une soirée dansante paroissiale.

Pete, comme Brenda l'expliqua par la suite à Gary, était plus religieux que personne. On aurait dit qu'il était sorti de sa coquille, un peu flageolant. Il avait une tendance à prendre les gens par le cou et à les faire prier avec lui. Comme c'était en même temps un type immense, un mètre quatre-vingt-huit, lourd, un peu empâté à la taille et qu'il avait une grosse tête avec cette façon bienveillante de vous regarder à travers ses lunettes, on ne pouvait pas facilement dire non. Mais lorsqu'il invita Gary à la soirée, il s'entendit aussitôt répondre d'aller se faire voir.

Pete ne tenait pas à se battre avec lui. Il avait trop de responsabilités. Pete faisait des petites choses pour Vern pour payer son loyer et il avait trois autres occupations. Il était employé par le service de l'Éducation nationale de Provo pour entretenir la piscine, il était conducteur de car à mi-temps et à ses moments perdus il nettoyait les tapis. Il s'efforçait aussi de retrouver les bonnes grâces de l'Église mormone. Ça ne lui laissait pas beaucoup de temps libre. En outre, il faisait de son mieux pour aider financièrement son ex-femme, Elizabeth, qui élevait sept enfants de son premier mariage.

Inutile de dire qu'il était fatigué et qu'il ne parlait même pas de la succession de ses diverses dépressions nerveuses qui avaient nécessité jadis son hospitalisation pour des traitements au lithium. La simple idée d'avoir des ennuis avec Gary crispait les muscles et le dos de Pete.

Le lundi en fin d'après-midi, Pete travaillait dans l'atelier quand Vern dit : « Le voilà. »

Gary avait exactement l'air que Pete avait imaginé : il était dans tous ses états. L'air vraiment mauvais.

Gary dit : « Je n'aime pas ce que vous avez raconté sur moi à Ida. Je demande des excuses. »

Pete répondit : « Je suis navré de vous avoir contrarié, mais mon ex-femme a des filles de cet âge et il me semble...

— Vous m'avez vu faire quelque chose ? l'interrompit Gary.

— Je ne vous ai rien vu *faire*, dit Pete, mais les *apparences* ne laissaient aucun doute dans mon esprit sur ce que vous pensiez. (Au cas où ça aurait paru trop fort, il ajouta :) Je m'excuse pour ce que j'ai dit à Ida. J'aurais peut-être dû la fermer. Pardonnez-moi de trop parler. Mais votre intérêt pour cette fille ne m'a quand même pas paru normal. » Pete ne pouvait quand même pas reculer jusqu'au bout alors qu'il voulait être sincère.

« Très bien, fit Gary. Je veux me battre. »

Vern intervint aussitôt. « Sortez dans la cour », dit-il. Il y avait un client dans le magasin.

Assurément, Pete n'avait pas voulu se lancer là-dedans. En marchant dans l'allée un pas ou deux devant Gary, il essaya de se gonfler en se rappelant ses exploits de jadis. Il avait été une étoile des cendrées jusqu'au jour où il s'était accidentellement tiré une balle dans le pied à l'âge de quinze ans, alors qu'il pratiquait le lancer du poids et avait quand même été champion des lycées de l'État. Il avait travaillé dans la construction et avait l'habitude des haltérophiles. Pete commençait à se construire une idée de force physique aussi impressionnante que sa propre silhouette quand, *vlan !* il fut frappé par-derrière sur la nuque. Il faillit s'effondrer. Juste au moment où il parvenait à se retourner, Gary se précipita et Pete lui fit une clef au cou.

Aussitôt, il tomba par terre. C'était mieux que de boxer. Au sol, il pouvait cogner la tête de Gary contre le ciment.

Bien sûr, cette prise forçait beaucoup sur les côtes de Pete. Ses lunettes se cassèrent dans sa poche de chemise. Le lendemain, Pete dut même aller chez le chiropracteur pour son cou et sa poitrine. Mais pour le moment, il tenait Gary. Pete aperçut Vern planté à côté d'eux et qui les observait.

Si Gary avait attendu d'être planté devant lui pour cogner, Vern était persuadé qu'il aurait pu donner une raclée à Pete. Mais là, c'était Pete qui avait la prise et qui utilisait ses cent huit kilos. C'était vraiment un coup de chance pour Pete. Il frappait la tête de Gary contre le sol en disant : « Ça suffit ? » C'est à peine si Gary pouvait respirer. « Oh ! ohhh ! ahh ! ahh ! » répondait Gary. Tout ce dont il était capable, c'était de marmonner. Vern attendit une minute parce qu'il voulait que Gary eût ce qu'il méritait, puis il dit : « Bon, il en a eu assez, lâche-le. » Pete desserra son étreinte.

Gary était tout blanc et avait la bouche qui saignait beaucoup. Il avait un regard méchant comme Vern en avait rarement vu.

Vern l'engueula. « Tu l'as cherché, dit-il. C'était moche. Frapper quelqu'un par-derrière.
— Tu trouves ?
— Tu appelles ça être un homme ? (Vern le prit par le bras.) Va te nettoyer dans la salle de bain. » Comme Gary restait planté là, Vern le poussa à l'intérieur. Il n'y allait pas de bon cœur, mais Vern le poussa. Puis Gary se retourna et dit : « C'est comme ça que je me bats. C'est le premier coup qui compte.
— Le premier coup, dit Vern. Mais pas par-

derrière. Tu n'es pas un homme. Va te laver et reviens travailler. »

Pete commençait à se remettre. Il était tout secoué. Mais Gary était à peine sorti de la salle de bain qu'il demandait encore des excuses. Il avait l'air prêt à se battre de nouveau. En fait, Gary avait l'air prêt à n'importe quoi. Alors Pete décrocha le téléphone et dit : « Si tu ne pars pas tout de suite, j'appelle la police. »

Il y eut un long silence. Après cela, Gary s'en alla.

Pete téléphona quand même. Il n'aimait pas l'impression que lui avait laissée Gary. Un flic vint au magasin pour dire à Pete qu'il devait passer au commissariat déposer une plainte.

Vern et Ida n'y étaient pas du tout opposés. Ils dirent à Pete que Gary était tous les jours plus désaxé. Pete obtint même le nom du délégué de Gary à la liberté surveillée, Mont Court, et lui passa aussi un coup de fil, mais Mont Court dit que Gary venait d'un autre État et qu'il n'était pas sûr de pouvoir le renvoyer en prison comme ça. Pete avait le sentiment que chacun se déchargeait sur le voisin. Gary ne serait pas arrêté, à moins de se donner vraiment du mal pour ça.

Ce soir-là, Pete alla voir son ex-femme, Elizabeth. « La prochaine fois, lui dit-il, Gary me tuera. » Elizabeth était blonde, menue et voluptueuse, elle avait un tempérament fougueux et savait s'y prendre avec Pete, car elle avait gardé ses heureuses dispositions à travers une succession de désastres personnels. Elle lui dit de ne pas y attacher d'importance.

Pete n'était pas de cet avis. « C'est une certitude, dit-il. Il me tuera. Moi ou quelqu'un d'autre. » Il lui expliqua qu'il était sensible à l'état d'agitation de

Gary en ce moment. Être sensible à ce point-là faisait partie des qualités que Dieu avait données à Pete. Mais il savait aussi que lorsqu'il réagissait trop fort aux événements, il faisait une dépression nerveuse. Il essayait de ne plus en avoir. Alors il dit à Elizabeth : « Je veux que Gary aille là où il ne fera de mal à personne. Sa vraie place c'est en prison, et je m'en vais porter plainte. »

3

Le lendemain, au travail, Gary avait la bouche enflée et des marques sur le visage.

« Qu'est-ce qui s'est passé ? demanda Spencer.

— Je prenais une bière, et puis un type m'a dit quelque chose qui ne m'a pas plu. Alors je lui ai envoyé mon poing dans la figure.

— On dirait que c'est lui qui a eu le dessus, dit Spencer.

— Oh ! non. Je voudrais que vous le voyiez.

— Gary, fit Spencer McGrath, le sermonnant, tu es en liberté surveillée. Si tu es dans un bar et que tu te bagarres, ils te reflanqueront en prison. Si tu ne tiens pas le coup à l'alcool, reste tranquille. »

Plus tard ce matin-là, Gary vint le trouver. « Spencer, j'ai réfléchi, dit-il calmement, et je crois que vous me disiez ça pour mon bien. Je m'en vais cesser de boire. »

Spencer acquiesça. Il essaya de se faire encore plus précis. Imaginons que lui, Spencer McGrath, soit allé dans un bar, qu'il ait bu quelques verres, qu'il se soit lancé dans une bagarre et que la police soit venue et l'ait jetée en prison. Il serait dans un beau pétrin, non ? Mais ce ne serait rien auprès de ce qui arriverait si Gilmore se faisait ramasser. Ce serait une infraction délibérée à sa mise en liberté sur parole.

« Spencer, demanda Gary, êtes-vous jamais allé en prison ?

— Ma foi, non », dit Spencer.

Gary attendait Nicole pour déjeuner, mais comme elle ne venait pas, il s'installa auprès de Craig Taylor, le contremaître. Ils étaient maintenant assez amis pour prendre leurs repas ensemble de temps en temps. Ça se passait bien parce que Gary aimait faire la conversation et que Craig ne disait jamais un mot de plus qu'il n'en avait besoin ; il se contentait de fléchir ses grands bras et ses épaules.

Ce jour-là Gary se mit à parler de prison. De temps en temps, il se lançait sur ce sujet. Ça devait être un de ces moments. Gary mentionna au passage qu'il connaissait Charles Manson.

Il bluffe, décida Craig en clignotant derrière ses lunettes. Ils buvaient de la bière et Gary s'enhardissait, observa Craig, lorsqu'il avait bu quelques bières. « En prison j'ai tué un type, dit Gary. C'était un grand Noir et je lui ai donné cinquante-sept coups de couteau. Puis je l'ai installé sur sa couchette, je lui ai croisé les jambes, je lui ai fourré sa casquette de base-ball sur la tête et je lui ai collé une cigarette au bec. »

Craig remarqua que Gary prenait des comprimés. Un truc blanc. Il appelait cela du fiorinal. Il en offrit un à Craig, qui refusa. Ces pilules n'avaient pas l'air de changer grand-chose à la personnalité de Gilmore. On pouvait dire qu'il était tendu.

Nicole arriva juste au moment où ils avaient fini de manger. Dès que Gary et elle se mirent à parler, Craig comprit qu'ils étaient dans tous leurs états. Ils se serraient les mains et se donnèrent un grand baiser pour se dire adieu. Le baiser, c'était, pour

Gary, la façon de montrer qu'il avait une belle pépée et de le faire savoir à tout le monde, si bien que Craig n'en fut pas impressionné. Mais cette façon de se serrer les mains, ça n'était pas pareil. Après ça, Gary eut un comportement bizarre tout l'après-midi.

Craig l'envoya avec un camion de deux tonnes et un gosse qui s'appelait lui aussi Gary, un garçon de dix-huit ans, Gary Weston. Ils étaient chargés d'isoler une maison : ils devaient insuffler dans les murs une couche de plastique, puis poser le matériau isolant. Un travail qui vous desséchait les trous de nez. Un moment Gary alla dans un magasin, prit un paquet de six boîtes de bière et se mit à boire sur le chantier.

Gary Weston ne dit rien. Comme il n'avait que dix-huit ans, il trouvait que ce n'était pas à lui de faire des remarques.

Il était en plein travail quand Gilmore dit : « Si on volait le camion.

— Qu'est-ce que tu veux dire ?

— Revenons ce soir et volons-le. Ensuite on le repeindra et on le vendra. »

Weston ne voulait pas le mettre en colère. « Écoute, Gary, fit-il, on fait un travail d'isolation pour le type qui est propriétaire du camion. On le connaît plutôt bien.

— Oui, on ne peut pas faire ça à un ami », dit Gary, en sirotant sa bière.

Lorsque Weston revint, il raconta l'histoire à quelques ouvriers. Ça les fit tous bien rigoler. De toute évidence, Gary avait un petit coup dans le nez. On ne vole pas un camion.

Avant de quitter l'atelier ce soir-là, Spencer demanda à Gary s'il avait reçu son permis. Gary dit que l'État d'Oregon ne l'avait pas encore envoyé.

Voilà maintenant qu'ils n'arrivaient plus à le retrouver. C'était une chose après l'autre.

Spencer dit que puisqu'ils n'étaient pas capables de retrouver l'ancien, Gary devrait s'inscrire pour les leçons de conduite.

Gary dit : « Cet examen, c'est pour les gosses. Je suis un homme et c'est indigne de moi. »

Spencer essaya de le persuader. « La loi, dit-il, est pour tout le monde. Ça n'est pas juste pour toi. (Il s'efforça d'expliquer.) Si j'étais dans un autre État et que je n'aie pas de permis de conduire, on me le ferait passer aussi. Tu crois que tu vaux mieux que moi ?

— Excusez-moi, finit par dire Gary, il faut que j'appelle Nicole. (En partant il dit :) C'est un bon conseil. Merci, Spencer, pour le bon conseil. » Et il fila.

Le message que Nicole lui avait apporté au déjeuner, c'était que Mont Court était allé jusqu'à leur maison de Spanish Fork pour lui annoncer que Pete portait plainte pour voies de fait et que Gary était dans une sale situation s'il ne la retirait pas.

Gary lui dit de ne pas s'inquiéter et ils se serrèrent longuement les mains.

Toutefois, dès l'instant où elle eut dit au revoir à Gary, Nicole commença bel et bien à s'inquiéter. C'était comme si un médecin était venu à la maison pour lui annoncer qu'on allait l'amputer des deux jambes. Quelle étrange entrevue. Mont Court était un grand mormon, bel homme, dans le style capitaine d'équipe de natation ou d'équipe de tennis, plutôt blond et un peu collet monté. Il était très intimidé par la sœur de Nicole, April, qui était assise dans la Mustang de sa sœur quand il était arrivé. April avait dû le trouver à son goût, ou peut-être qu'il faisait simplement trop chaud — on ne savait jamais pourquoi April faisait certaines choses — mais elle avait ôté son bain de soleil et elle était assise, le dos nu, appuyée à la vitre de la voiture lorsqu'il sortit. Mont Court prit soin de passer derrière la voiture pour ne pas être pris à lorgner les seins nus d'April par le pare-brise. Nicole aurait bien voulu en rire, mais elle était malade.

Elle connaissait l'esprit de Gary. Ne t'inquiète pas. Ne t'inquiète pas, parce que je suis sur le point de tuer Pete. Elle décida qu'elle ferait mieux d'aller parler à elle-même à Galovan.

Il vivait dans une misérable petite cabane derrière la maison de Vern. Elle essaya de lui expliquer que Gary avait ses problèmes et qu'il tentait de les résoudre. Elle dit que ça n'avancerait personne si Gary retournait en prison. Pendant tout ce temps-là, Pete, vêtu d'un vieux T-shirt taché de transpiration et d'un pantalon sale, n'arrêtait pas de lui dire un tas de stupidités. Il expliquait que Gary l'avait méchamment cogné.

Elle s'efforçait de rester calme et raisonnable. Elle voulait expliquer la mentalité de Gary sans s'énerver. Pete, fit-elle, ce type a été bouclé longtemps. Il faut un moment pour s'habituer à la liberté.

Pete Galovan ne cessait de l'interrompre. Il ne voulait rien entendre. Ça n'était qu'une grosse brute. « Ce type est dangereux, dit Pete, il a besoin d'être soigné. (Puis il ajouta :) J'ai travaillé dur et longtemps, et je ne devrais pas avoir à supporter ce genre de choses. Il m'a maltraité. Maintenant j'ai mal. »
Elle continuait à jouer sur sa compassion. Pete devait bien comprendre ce qu'elle disait, fit-elle. Il se rendait bien compte qu'elle aimait Gary et que

l'amour était la seule façon d'aider vraiment quel-qu'un.

« L'amour, reconnut Pete, est la seule façon d'introduire la puissance spirituelle de Dieu dans une situation.

— C'est vrai, fit Nicole.

— Mais c'est une situation difficile. Votre ami est rudement loin. A mon avis c'est un tueur. Il veut me tuer. »

A ce moment-là, elle trouvait Galovan si épouvantable qu'elle dit : « Si vous portez plainte, il sera libéré sous caution. Et alors il vous aura. (Elle ne détourna pas les yeux.) Pete, même s'ils l'enferment, il est encore plus important que ma vie. Il est beaucoup plus important pour moi que votre vie. Si lui ne vous descend pas, moi, je le ferai. »

Elle n'avait jamais prononcé de paroles auxquelles elle croyait davantage. Elle sentit le choc secouer Pete comme s'il saignait de partout à l'intérieur.

4

Dans sa dix-huitième année, Pete mit de l'argent de côté pendant neuf mois pour devenir missionnaire mormon. Il n'était à l'étranger que depuis quatre mois et demi, lorsqu'il eut sa première dépression nerveuse. Il avait dix-neuf ans. Toutefois, durant cette période, il ramena à l'Église neuf convertis.

Ça faisait deux par mois. Le taux moyen des jeunes missionnaires, comme lui opérant en France, était de deux convertis par an.

Il se passionna à tel point pour sa mission qu'il se mit à avoir d'étranges expériences religieuses. Il était convaincu de pouvoir convertir le président Kennedy qui se rendait en France en visite officielle. Lorsque l'Église mormone annonça à Pete qu'on le faisait rentrer, Pete crut que c'était parce qu'on voulait faire de lui une autorité en matière de conversion. Quelle déception lorsqu'on le fit rentrer à l'hôpital pour lui donner du lithium.

Il en sortit bientôt et attribua sa guérison à la prière, mais il n'avait pas le sentiment que Dieu l'avait traité avec équité en lui infligeant cette dépression. Aussi, à l'âge de vingt ans, eut-il sa première expérience sexuelle. Il savait fort bien qu'un missionnaire mormon n'était pas censé avoir des relations sexuelles avant ou pendant une mission, mais il était plein d'amertume contre Dieu. Juste après, sachant qu'il avait mal agi, il alla trouver son évêque pour tout lui raconter. Pete resta alors chaste pendant cinq ans. Il fit un tas de métiers et voyagea à travers toute l'Europe d'un chantier de construction à un autre, mais il restait chaste.

Plus tard, vers 1970, mécontent de son existence et de ses recherches, il séjourna avec un ami, Seattle, et travaillait comme gardien chez Boeing. Un soir il écouta par hasard une station consacrée aux émissions religieuses et que les gens appelaient par téléphone pour demander des prières. Pete ne connaissait pas grand-chose de l'émission, mais lorsqu'il téléphona, il mentionna l'Église mormone et ses croyances, et des mormons, qui se trouvaient écouter l'émission, informèrent le président de la Branche de Seattle qui s'empressa de lui dire de ne plus téléphoner à ces gens. L'Église ne voulait pas que Galovan se montrât en public. Il n'était pas affecté à ce genre de travail. Pete en fut mortifié. Il essayait seulement d'aider les gens. Il demanda donc par écrit à être excommunié. Il ne voulait pas laisser l'Église mormone imposer des limites à son désir d'aider.

Il travailla avec le Mouvement de Jésus, habita dans la Maison de Joshua, au nord de Seattle, passa à la télévision et tint de nouveau des propos contre l'Église mormone. Son père fut convoqué par le prophète Spencer Kimball en personne. « Qu'allez-vous faire de votre fils ? » demanda le prophète. Son père répondit : « Laissez-le tranquille. C'est l'œuvre de Dieu. Il reviendra plus fort que jamais. »

Pete se rendit à Hawaii et rencontra Pat Boone, il essaya de vivre dans une communauté avec vingt-cinq personnes et répondait à une ligne téléphonique réservée aux drogués. Il fut témoin de suicides et de guérisons. Il travailla avec des membres de toutes religions. Il décida que sa mission était d'aider la réforme de l'Église mormone.

Mais il craqua. On le mit à l'hôpital et on lui fit suivre une thérapie de groupe avec traitement au lithium. Il sentait l'esprit d'Elie tout au fond de lui-même et savait que le monde parviendrait à la paix. Il revint en Utah et trouva une place de concierge. Regagner l'Église lui donna de l'énergie dans toutes ses entreprises. Il finit par diriger une agence de concierges, plus une entreprise de nettoyage et en arriva au point où il parvînt à assurer l'entretien d'un certain nombre d'entreprises industrielles avec vingt personnes travaillant sous ses ordres. Mais, porté par la réussite, il forniqua avec un certain nombre de femmes et perdit ses concessions. Alors il rencontra Elizabeth.

Elle avait réussi à vivre seule, à gagner sa vie et à s'occuper de ses sept enfants. Pete lui dit : « Je suis un grand homme d'affaires, je peux m'occuper de tout ça pour vous. » Elle répétait sans cesse : « Je ne me sens pas bien. » Elle expliquait qu'on ne devrait pas être accablé comme ça. Elle finit par accepter de l'épouser.

Il régnait une certaine tension entre Pete et les enfants. Il avait son caractère, Elizabeth avait le sien, les gosses avaient le leur. L'entreprise de nettoyage opérait la nuit et Pete dormait dans la journée. Les gosses n'avaient pas le droit de faire du bruit. Un jour, Daryl, un fils d'Elizabeth, passa son poing à travers la fenêtre. Un des enfants dit : « Maman, ça suffit. Si tu restes avec lui, on se taille. » Elle dut répliquer que c'était Pete qui payait la nourriture.

Ils se marièrent en juillet 1975. En octobre, il projeta un des gosses à travers la pièce. On appela la police. Les enfants pleuraient, Pete pleurait : ils se séparèrent.

Depuis que l'Église lui avait fait perdre ses concessions, ses affaires à Ogden commençaient à décliner. Ses clients étaient des mormons estimés et il se mit à les perdre, un contrat suivant l'autre. Il faillit bien avoir une autre dépression nerveuse.

Il alla voir Elizabeth, qui s'était installée à Provo, et passa la nuit avec elle. Le lendemain, il s'installa à l'hôtel Roberts, juste au coin de chez Vern Damico. Ensuite, il vint vivre dans le sous-sol de Vern. Il fut engagé par le service de l'Éducation nationale de Provo, trouva une place de conducteur de car à mi-temps et d'autres emplois accessoires et gagna assez d'argent pour aider à l'entretien d'Elizabeth.

Le 14 mai 1976, toutefois — le lendemain du jour où Gary rencontrait Nicole — Pete et Elizabeth divorcèrent. Ils étaient toujours amis, mais elle ne cessait de répéter que ça n'était pas juste. Il devrait vraiment être amoureux de quelqu'un qui l'aimerait, disait-elle, et non pas vivre ce cirque de nuits et de week-ends de travail.

Maintenant, il était assis sur le lit de sa petite cabane, il se sentait sale et épuisé parce qu'il avait besoin de sommeil. Devant lui il y avait le visage de cette Nicole qui disait qu'elle était prête à le tuer s'il portait plainte. Pete se sentit si malheureux qu'il en aurait pleuré. Cette fille, qui selon lui avait bon cœur mais avait mené une rude existence, cette fille qui était humble et non pas frivole, le détestait beaucoup.

Et puis il avait peur. Il n'avait pas le temps de réfléchir au problème. Pourtant, au début, ça ne l'effrayait pas au point de lui faire mal. Ça l'aiguillonnait à l'intérieur. Nicole aimait assez Gary pour être prête à commettre un meurtre pour lui. Ça faisait mal à Pete qu'une femme ne l'ait jamais aimé autant.

Il réfléchissait à ça, remâchant toutes les tristesses de ces pensées, il était navré et touché par Nicole. « Allons, dit-il, détendez-vous, calmez-vous. Peut-être que ce type mérite une nouvelle chance. (Et il ajouta :) Je vais retirer ma plainte. »

Il se mit à genoux. « Avec votre permission, lui dit-il, j'aimerais dire une prière avec vous. »
Nicole dit d'accord.
« C'est pour vous et pour Gary. Vous allez tous les deux en avoir besoin. »

Il pria le Seigneur d'avoir pitié de Nicole et de Gary et de les bénir, il Lui demanda que Gary apprenne à se contrôler un peu. Pete ne se souvenait pas de tout ce qu'il dit dans la prière, ni même s'il tenait la main de Nicole en priant. On n'était pas censé se rappeler ce qu'on disait dans les prières. C'était sacré sur le moment et ce n'était pas fait pour être répété.

Lorsque Nicole ressortit, un grand calme régnait dans la pièce et Pete se sentit assez heureux pour aller rendre visite à Elizabeth. Toutefois, le temps d'arriver là-bas, il était à nouveau bouleversé. Il sentait l'horreur s'abattre sur la ville de Provo. Il s'assit sur le divan, raconta ce qui s'était passé avec Nicole et éclata en sanglots. « C'est un homme très dangereux, dit Pete, et il va me tuer. » Plus Pete s'énervait, moins Elizabeth manifestait d'inquiétude. Elle lui dit de se calmer.

Pete lui dit qu'il allait prendre une assurance sur la vie et l'inscrire comme bénéficiaire. Cela fit une impression épouvantable à Elizabeth. Pete dit : « Si je ne peux pas te donner de l'argent d'une façon, je m'arrangerai comme ça. » Puis il lui demanda de l'épouser. Une fois de plus elle dit non.

« Je retire ma plainte, répéta Pete. Je ne vais pas porter plainte. (Un silence.) Et pourtant je crois que je devrais la maintenir. »

Le lendemain, Pete alla prendre une assurance sur la vie, puis il se rendit au temple de Provo et inscrivit le nom de Gary sur la liste, pour que les gens prient pour lui.

CHAPITRE VIII

LA RÉPARATION

1

LE dimanche matin de bonne heure, alors qu'ils paressaient au lit, Gary demanda à Nicole de raser sa toison pubienne. Il en parlait depuis deux semaines. Cette fois, elle dit oui. Tout en grimpant dans la baignoire, elle pensait : « Ça représente vraiment quelque chose pour lui. »

Il l'aida. Il se servait d'une grande paire de ciseaux, il faisait très attention et souriait beaucoup. Nicole se sentait intimidée, mais elle aussi pensait que c'était la chose à faire. Ce n'était pas tant de couper les poils qui l'inquiétait que l'idée de ce à quoi ça ressemblerait peut-être après.

Il la porta de la baignoire jusqu'au lit et pour la seconde fois elle eut un orgasme avec Gary. Elle savait que c'était un peu parce qu'elle se retrouvait comme une gosse de six ans. Un bref instant elle évoqua le souvenir d'oncle Lee en se sentant transportée à travers la pièce.

Ce dimanche matin-là, cette petite toison rasée suffit à déchaîner Gary. Depuis l'histoire avec Pete, il adorait deux fois plus Nicole. Maintenant il était vraiment fou d'elle.

Ce même soir, Laurel vint avec ses cousins et une amie qui s'appelait Rosebeth. Quand Gary et Nicole revinrent de leur promenade, les obligations de Laurel comme baby-sitter étaient terminées et elle rentra chez elle. Mais Rosebeth resta. Elle soupirait rien qu'à regarder Gary. Nicole se mit à rire. Rosebeth était si jeune, si mignonne, et elle avait un tel béguin pour Gary. Le lendemain soir, elle revint toute seule et, sans y réfléchir, Nicole invita Rosebeth à donner un baiser à Gary. Puis ils se mirent tous à rire et Nicole donna aussi un baiser à Gary. Ils en arrivèrent à un tel point qu'ils se retrouvèrent tous déshabillés et vautrés dans le lit.

On ne pouvait pas appeler ça une orgie, à proprement parler. Rosebeth resta vierge. Toutefois elle était prête à n'importe quoi. C'était gentil. Nicole aimait bien cette idée de faire ce cadeau à Gary.

Pendant le week-end, ils recommencèrent. Une fois, Rosebeth vint dans la journée et Gary ferma les portes et les fenêtres. Comme les gosses du voisinage traînaient dans les parages, on les sentait qui s'énervaient un peu dehors. Dieu sait ce que les voisins entendaient. Ça ne se passait pas dans le silence. Nicole commença à s'affoler un peu. Si jamais le bruit se répandait que Gary faisait des bêtises avec des mineures, ça risquait de bousiller son dossier. Puis l'idée vint à Nicole qu'elle n'était pas dans une situation si brillante non plus. On pourrait lui retirer ses enfants.

Elle se mit à penser à Annette. Nicole était persuadée que Gary avait dû avoir des idées de derrière la tête lorsqu'il avait donné à Annette ce petit baiser sur la joue. C'est vrai qu'il adorait les jeunes filles. Mais Nicole était tout aussi certaine qu'il n'aurait jamais rien fait, sur le plan physique. Aussi, du point de vue de Nicole, Pete était complètement à côté de la plaque. D'ailleurs, Nicole ne se sentait pas prête à arrêter les choses avec Rose-beth.

En fait, elle adorait la façon dont la jeune fille percevait la nouveauté de la chose. Le sexe n'avait jamais été nouveau pour Nicole. Que ç'aurait été merveilleux si elle avait été initiée comme Rose-beth. C'était excitant de regarder Gary la faire s'épanouir. Bien sûr, Gary pouvait aussi se montrer très exigeant avec la petite et lui ordonner de le sucer à fond, des choses comme ça. Ça l'excitait, la manière dont Rosebeth témoignait son gros béguin.

Puis Nicole se trouva confrontée à un autre problème. Pendant la semaine, quand Gary était au travail et que Rosebeth venait, Nicole avait envie de continuer avec elle. Elle se demandait si elle n'était pas en train de s'enfoncer un peu plus de ce côté-là du sexe.

2

Deux jours plus tard, après le travail, Gary s'ar-rêta chez Val Conlin afin de faire un paiement pour la Mustang. Il avait déjà manqué le premier verse-ment et Val n'était pas content. Bien sûr, ce n'était pas un incident grave. La moitié des gens à qui Conlin vendait des voitures avaient tôt ou tard des retards dans leurs paiements. Ça faisait partie de l'histoire de la vie de Val, une histoire du style vous-parlez-d'une-réussite.

Au cours des quinze dernières années, Conlin, directeur général de Buick-Chevrolet à Orem, en était arrivé à devenir concessionnaire Lincoln-Mer-cury. Puis il avait eu une violente querelle avec la société Ford, une autre avec son associé et le litige n'était pas réglé que, du plus grand vendeur de voitures neuves du Comté de l'Utah, il était devenu le plus petit revendeur de voitures d'occasion. Vous parlez d'une réussite. Le garage V.J. Motors vendait de très vieilles voitures plus souvent que des voitures un peu plus récentes ; il les vendait pour une petite somme comptant, le reste, quand on pouvait. Ses acheteurs étaient des gens au chômage qui touchaient une petite pension, d'anciens détenus, de vieux chevaux de retour qui ne pouvaient avoir de crédit nulle part ailleurs.

Val était un grand type mince avec des lunettes et un air vif et aimable. Il était bâti comme un joueur de golf : les épaules souples, un soupçon de brioche. Ce jour-là il portait un pantalon à carreaux rouges et une chemise de sport jaune pâle. Gary était tout crasseux d'isolant dont la poussière lui recouvrait le visage et les vêtements. Il était d'un jaune un peu pâle, assorti à la chemise de Val.

Conlin entreprit alors de faire la leçon à Gary pour ne pas lui avoir effectué le versement prévu. Comme V.J. Motors occupait ce qui était auparavant un petit restaurant miteux, sa salle n'était pas assez grande pour exposer des voitures. Il n'y avait que deux bureaux, une douzaine de chaises et les gens qui attendaient. Tout ce que Val Conlin avait à dire, on l'entendait.

« Gary, déclara-t-il, je ne veux pas commencer à aller frapper aux portes. Je t'ai expliqué comment ça marche. Nous essayons de fixer des versements que les gens puissent respecter. On est tombé d'accord pour estimer que tu pourrais me verser cinquante dollars tous les quinze jours. Alors ne va pas me raconter que tu vas me donner cent dollars la semaine prochaine ou deux cents le mois prochain. Il faut que tu arrives à verser l'argent à l'heure.

— Cette voiture ne me plaît pas, dit Gary.

— Ah ! fit Val, ça n'est pas un vrai bolide.

— Au feu vert, elle reste sur place. Je suis gratté par toutes les autres bagnoles. C'est une mauvaise voiture.

— Mon vieux, dit Val, expliquons-nous franchement. Quand vous achetez une voiture ici, c'est moi qui vous rends service. Vous ne pouvez en acheter à personne d'autre qu'à moi.

— Ce que je voudrais, c'est une camionnette.

— Fais-moi les versements à l'heure. Quand tu auras payé celle-ci, on pourra l'échanger contre une camionnette. Mais, Gary, je veux mes cinquante dollars tous les quinze jours. Sinon, plus de voiture. »

Gary alla encaisser sa paie et lui donna cinquante dollars.

Cette nuit-là, ça ne marcha pas bien au lit pour Nicole et Gary. Ça dura trop longtemps et une fois de plus il se retrouva aux trois quarts en érection, puis à moitié et ça finit par ne plus aller du tout. Gary se leva, s'habilla, sortit de la maison en trombe et alla dormir dans la voiture. Nicole était folle de rage et ça n'arrangea pas les choses qu'il ait réveillé les gosses au passage.

Elle se dit que si elle voulait l'adoucir, il faudrait qu'elle se calme d'abord. Après tout, ce n'était pas la première fois qu'il quittait la maison en claquant la porte pour aller s'installer dans la voiture. En général, c'était quand le bruit des enfants lui tapait sur les nerfs. Elle savait, d'après ce qu'il lui avait raconté, que le niveau du bruit en prison était toujours élevé et il avait les oreilles extrêmement sensible. Dieu sait pourquoi, avec toutes ces années qu'il avait passées en taule, il n'arrivait pas à s'habituer au bruit.

Elle réussit à calmer les enfants, elle leur donna

du lait chaud, les borda et s'en alla jusqu'à la Mustang de Gary. Il était assis derrière le volant, muet comme une carpe. Elle ne parla pas pendant dix minutes. Puis elle posa une main sur lui.

De temps en temps, Gary parlait d'un rêve. Cette nuit-là, assis dans la voiture, il en reparla. Il croyait qu'autrefois, dans une autre vie, il avait été exécuté. Qu'on lui avait coupé la tête.

Dans le rêve, il était question de vieillesse. Quelque chose de laid, de vieux et de moisi. En l'entendant parler, elle en avait le frisson. Elle pensait à la façon dont il s'éveillait souvent, baigné de sueurs froides. Une fois il lui avait parlé d'un autre rêve où on le mettait dans une boîte, puis dans un trou du mur, qui avait une porte comme un four.

3

Le week-end suivant, Gary tomba sur Vern. Ils se dévisagèrent. Bonté divine, se dit Vern, il me regarde d'un sale œil. « Tu ne crois pas que je sois vraiment un homme, n'est-ce pas ? lui demanda Gary.

— Peut-être bien », dit Vern. Puis il fit demi-tour et s'éloigna. Après, il le regretta.

Le même jour, pendant que Toni rendait visite à Brenda, Gary passa. Toni ne savait pas quoi dire. Elle n'allait pas accuser Gary : le pauvre diable avait déjà été accusé d'assez de choses dans sa vie. D'un autre côté, elle ne trouvait pas bien de laisser passer tout ça sans rien dire. Annette était une belle jeune fille et Gary avait peut-être eu des intentions.

Elle passa dans la cuisine se faire une tasse de café et Gary, au même moment, sortit de la salle de bain. Ils furent obligés de se regarder en face.

« Toni, fit Gary, tu ne m'as pas parlé de cette histoire avec Annette. » Elle répondit : « Gary, s'il y a quelque chose à dire, je vais le dire. » Il lui prit la main et dit : « Mon chou, je ne te ferais jamais de mal à toi, ni à ta famille. » Il y eut un silence. Toni le croyait. C'est-à-dire qu'elle croyait pouvoir accepter ce qu'il disait. Malgré tout, elle avait l'impression aussi qu'elle n'allait plus laisser Annette seule avec lui. Il y avait toujours un risque. « Gary, répondit-elle enfin, je suis d'accord avec toi, mais, n'oublie pas, je suis d'abord une mère. » Il sourit et dit : « Si ça n'était pas le cas, tu me décevrais. » Il lui donna un baiser sur la joue et revint dans le salon.

Brenda essaya d'amuser Gary en lui racontant une histoire à propos de Val Conlin. Au bon vieux temps, quand Val avait la concession Lincoln-Mercury, il jouait toujours les personnages importants au Country Club de Riverside. Il était du genre à claquer des doigts pour appeler les serveuses. Un jour, Brenda servait à sa table et avait trouvé Val un peu brusque. Alors elle avait dit : « Ça vous plairait si je vous versais le potage sur la tête ?

— Ça vous plairait, avait répliqué Val, de vous faire flanquer à la porte pour cette remarque ?

— Je dirais à mon patron que vous mentez », avait-elle répondu.

Gary éclata de rire. Il la prit dans ses bras et la souleva en l'air sans effort. Étant donné qu'elle pesait soixante-dix kilos à l'époque, il était rudement fort. Comment avait-il pu se faire battre par Pete ?

Gary avait dû lire ses pensées. « Brenda, dit-il, ça n'est pas encore fini. En prison, on ne laisse pas les choses comme ça en suspens. »

Le samedi suivant, Gary et Nicole avaient encore l'intention d'aller faire un tour dans les canyons, mais les deux Mustang leur créaient des ennuis. Nicole se posait des questions sur leur chance. Toute la semaine dernière, la voiture de Gary avait eu chaque matin sa batterie à plat. Comme il fallait la pousser, il arrivait en retard à son travail. Ce samedi-là, il décida même d'aller voir Spencer McGrath qui trouverait peut-être ce qui n'allait pas.

Spencer vit tout de suite qu'il fallait probablement une batterie neuve. « La vieille n'a rien de mal, lui dit Gary.
— Comment le sais-tu ? » fit Spencer. Gary dit : « Ma foi, elle m'a l'air bien. » Spencer éclata de rire. « On ne peut pas le dire en regardant. »
Spencer alla jusqu'à l'atelier, prit un pèse-acide et vérifia. Le degré était terriblement bas. « La batterie, annonça-t-il, a un élément mort. » Gary dit : « Alors, qu'est-ce que je vais faire ? » Spencer dit : « Tu en achètes une neuve. Ça vaut de vingt à trente dollars. » Gary dit : « Fichtre, je ne les ai pas. » « Tu as été payé hier », reprit Spencer. « Je sais, dit Gary, mais j'ai fait le versement pour la voiture et il ne me reste pas grand-chose. » Spencer dit : « Comment vas-tu tenir jusqu'à vendredi ? » Gary répondit : « Je me débrouillerai. Seulement je n'ai pas assez pour acheter une batterie neuve. » Spencer lui prêta trente dollars.

Une demi-heure après, Gary était de retour. Au supermarché il avait trouvé un bijou pour vingt-neuf dollars quatre-vingt-quinze. Avec la taxe, ça faisait trente-deux. Spencer dit : « Tu as dû prendre deux dollars de ta poche ? » Gary dit : « Ma foi, oui. » Spencer reprit : « Gary, comment vas-tu te débrouiller cette semaine ? » Gary répondit qu'il ne savait pas. Spencer lui donna encore un billet de cinq pour l'essence et dit : « Termine de payer la voiture. Ensuite, on s'arrangera. »

Les trente-deux dollars pour remplacer la batterie marquèrent le début d'une vraie série de malchances. Le lundi soir, pensant qu'il allait lui faire une surprise, Gary passa prendre Nicole à l'auto-école, trouva la dame de ses pensées qui déambulait dans le hall avec quatre types dans son sillage. Dès qu'elle vit Gary, elle se précipita, lui fit un grand sourire et s'efforça de faire comprendre à tout le monde qu'elle était à lui. Mais elle se rendait compte de l'effet qu'elle faisait. Sur le chemin de la maison il dit : « Je ne veux pas t'attacher. » Elle savait qu'il pensait à oncle Lee, à Jim Barrett, à la partouze de trois jours, à deux ou trois autres mecs et à la vie qu'elle avait menée.

Il en parla à Sterling. « Elle est libre. Je ne veux pas empiéter sur sa liberté », dit-il. Il traversa jusqu'au cimetière sur lequel donnaient toutes les maisons de la rue de Sterling, et celui-ci l'accompagna. Il y avait une tombe qui n'avait pas de fleurs. La tombe d'un petit garçon. Gary alla prendre une fleur sur chacune des autres tombes et les déposa dans un petit vase rouillé près de la pierre du gamin. Puis ils se mirent à fumer un bon joint. Tout de suite Gary dut sortir du cimetière. Il expliqua à Sterling qu'il se voyait dans une tombe.

Un soir, à peu de temps de là, Rikki était chez Sterling et Gary se mit à l'asticoter pour l'affronter au bras de fer. Il s'était vanté auprès de Nicole d'avoir battu son frère. Ils s'installèrent.

Nicole ne savait pas si Gary était fatigué par la nuit précédente, mais cette fois ce fut Rikki qui l'emporta. C'est-à-dire, il allait gagner, mais Gary tricha de façon visible, allant même jusqu'à lever son coude de la table.

Gary voulut alors essayer avec l'autre bras. Rikki lui régla vite son compte. Gary prit un air mauvais. En rentrant de chez Sterling, il s'arrêta dans une petite épicerie qui était constamment ouverte de jour comme de nuit et il en ressortit après avoir piqué deux paquets de six boîtes de bière.

C'était risqué de voler dans un établissement aussi petit, mais il avait une technique. Il prenait deux paquets, pas un seul. Aucune hésitation dans sa démarche. En même temps, il réussissait à prendre un air très désagréable. On n'allait pas s'amuser à interrompre le cours d'aussi sombres pensées pour lui demander s'il avait payé la bière.

Au début, c'était drôle. Maintenant, ça commençait à taper sur les nerfs de Nicole. Chaque fois que quelque chose agaçait Gary, il jouait au brave. Nicole avait toujours été prête à piquer aux étalages si elle avait besoin de quelque chose ; maintenant qu'ils étaient ensemble, elle aurait peut-être été la première à le faire, mais ce fut Gary qui lui montra vraiment comment sortir d'un magasin avec quelque chose. Pendant un moment, ce fut drôle. Puis elle remarqua que si quelque chose n'allait pas, il chapardait pour leur remonter le moral.

Et puis après, il buvait sa bière. C'était toujours à la bière qu'il carburait. Elle en vint à s'apercevoir qu'il n'y avait pas eu plus de deux ou trois soirs où il n'avait pas bu. Elle essaya de tenir son rythme, mais elle n'aimait pas beaucoup ça. Il ne lui laissait même pas de bière. Il n'aimait pas la gâcher. Si elle ouvrait une boîte, il insistait pour la lui faire finir.

Nicole était un peu ennuyée de voir que non seulement Gary piquait des choses, mais qu'il le racontait à tout le monde. Il s'en vantait même auprès de son oncle. Ça n'allait déjà pas si bien, mais voilà que Gary s'était cru obligé de passer pour lui offrir un carton de bière. Quand Vern remarqua qu'il y en avait deux autres dans le coffre de la Mustang, il demanda à Gary comment il pouvait se le permettre.

« Je n'ai pas besoin d'argent », fit Gary.

« Tu te rends compte, dit Vern, que tu violes ta parole ?
— Ça n'est pas toi qui me dénoncerait, non ?
— Je pourrais, dit Vern. Si ça continue, je pourrais bien te dénoncer. »

Un jour, il rentra à la maison avec des skis nautiques et ça agaça Nicole. Ça ne valait vraiment pas le risque. Il volait quelque chose qu'il ne pourrait probablement pas vendre plus de vingt-cinq dollars, et pourtant le prix porté sur l'étiquette était de plus de cent dollars. Ça voulait dire que c'était du vol qualifié. Nicole avait horreur d'habitudes aussi stupides. Il risquait de tout compromettre pour vingt-cinq dollars. Elle constata que c'était la première fois qu'elle le prenait en grippe.

Comme s'il le sentait, il lui raconta alors la pire histoire qu'elle eût jamais entendue. C'était super dégueulasse. Voilà des années, alors qu'il était encore un gosse, il avait fait un cambriolage avec un type qui était un vrai sadique. Le directeur du supermarché était là, tout seul après la fermeture, et ne voulait pas leur donner la combinaison du coffre. Alors l'ami de Gary avait emmené le type en

haut, il avait chauffé un fer à friser et le lui avait
fourré dans le cul.

C'était plus fort qu'elle : elle éclata de rire.
L'histoire la frappa. Elle s'imaginait ce gros directeur de supermarché essayant de garder son argent
malgré le fer qui lui entrait dans le cul. Elle riait
aussi en pensant à tous ceux qu'elle détestait : ceux
qui avaient des tas de choses et qui ne voulaient
rien lâcher.

5

Pour la première fois, elle passa la journée à se
dire qu'elle ne devrait pas tant vivre avec Gary. Il y
avait une partie d'elle-même qui ne souhaitait pas
rester près d'un homme pendant une aussi longue
période, mais dès qu'elle se rendit compte de ce
qu'elle ressentait, Nicole comprit qu'elle ne pourrait pas le lui dire. Lui s'attendait à sentir vibrer
leurs âmes à l'unisson. De plus en plus, pourtant,
un sentiment désagréablement familier revenait.
C'est comme ça qu'elle était lorsqu'elle devait
s'adapter à quelqu'un. Elle n'arrivait à reculer ça
qu'un certain temps. Pourtant elle se sentait mieux
avec Gary qu'avec n'importe qui d'autre, mais ça
n'allait pas changer le fait que, lorsqu'elle était de
mauvaise humeur, c'était comme si elle avait deux
âmes et que l'une d'elles aimait Gary beaucoup
moins que l'autre. Bien sûr, il éprouvait peut-être la
même chose. Il ne pouvait pas aimer à ce point-là
lorsqu'ils avaient des discussions de plus de cinq
heures.

Ça arriva le soir où il avait rapporté à la maison
les skis nautiques. Le lendemain matin, elle se
demanda si ça avait quelque chose à voir avec
Barrett. Jim était passé l'autre jour pendant que

Gary était allé faire des courses. Il avait franchi la porte le plus naturellement du monde après avoir été absent pendant des mois. C'était peut-être juste un réflexe conditionné, mais ça lui avait quand même fait quelque chose.

Après le départ de Barrett, elle eut des remords de n'avoir pas dit toute la vérité à Gary. Elle n'avait aucun respect pour Barrett, c'était vrai. C'était une vraie lope. Mais elle n'avait pas expliqué à Gary qu'il était malin comme une anguille lorsqu'il s'agissait de s'introduire dans la place. Aussi, quand Gary rencontra Jim cette première fois, il n'avait pas trop roulé les mécaniques. Bien sûr, Barrett se conduisait juste comme s'il était le père de Sunny et satisfait d'être toléré. Quand même Nicole avait l'impression de garder un secret honteux. Parce que Barrett pouvait vous passer une cigarette et en faire tout un cinéma. Ça vous chatouillait la mémoire comme s'il vous chatouillait la paume de la main. Il laissait entendre qu'on avait un don.

Ces deux dernières nuits, elle avait rêvassé un peu aux bons côtés du passé avec Jim pour se mettre plus dans l'ambiance avec Gary. Barrett savait toujours choisir son moment, alors que Gary — elle devait bien l'admettre — commençait à perdre de sa finesse. Depuis Rosebeth, Gary voulait faire l'amour sept fois par semaine. Ça pouvait leur arriver de sauter un soir, mais ils se rattrapaient en le faisant deux fois le lendemain. C'était son idée à lui, pas à elle. Elle préférait un jour ou deux de différence, mais il insistait toujours.

Ce soir-là, de sept heures à minuit, Nicole et Gary se disputèrent d'abord à propos des skis nautiques, puis à propos de tout le reste. Elle finit par convaincre Gary qu'elle n'avait pas envie de faire l'amour avec lui. Il y avait eu trop de hauts et de bas. Si elle avait un don, ça n'était pas Gary qui rendait ça évident. Pas avec ses exigences de lui faire ceci et cela. Maintenant il voulait se faire sucer. Elle regarda Gary et dit : « J'ai horreur de faire des pipes. »

Le fiorinal lui avait rendu le regard un peu vitreux, mais les paroles de Nicole le touchèrent quand même. Il s'en alla. Il partit à minuit et ne revint qu'à deux heures du matin. Il avait à peine franchi le seuil qu'il lui redemandait de le sucer.

« Pourquoi ? » demanda-t-elle. Comme une conne. « Fais-le parce que je veux que tu le fasses », dit-il. Ce fut aussi pénible que leur première nuit ensemble. Ils ne finirent par s'endormir qu'à cinq heures. A cinq heures et demie, Gary était debout, comme un dingue, prêt à s'en aller travailler.

6

Entre minuit et deux heures, Gary était allé voir Spencer et Marie. Quand McGrath ouvrit la porte, Gary demanda si Marie et lui pouvaient faire un poker à trois.

Marie était déjà au lit, mais elle se leva et prépara du café. Les McGrath, toutefois, n'avaient pas envie de jouer au poker. Pas après minuit. Spencer avait bien du mal à s'empêcher de dire : « C'est un peu grossier de venir aussi tard. »

En fait, ils avaient l'habitude de voir Gary ivre. Ça lui était arrivé deux ou trois fois de passer à des heures bizarres. Une fois il avait vraiment besoin de se calmer. Il s'était mis à parler de ce qu'il allait faire à un nommé Pete Galovan.

Une autre fois, Gary était arrivé alors que Spencer et Marie pique-niquaient dans la cour, derrière.

Il était tellement ivre qu'il n'arrivait pas à soulever le loquet de la barrière.

Spencer dut aller lui ouvrir et lui donner quelque chose à manger. Il y avait pas mal d'invités mais Spencer consacra toute son attention à Gary et lui fit boire quelques tasses de café. Gary alors se mit à parler de choses insensées. Par exemple, de réincarnation.

« Est-ce que tu y crois vraiment ? demanda Spencer.

— Oh ! je pense bien, fit Gary.

— Un tas de gens croient que nous revenons dans une autre espèce, comme un cheval ou un insecte, dit Spencer. Ça ne doit pas être commode de mettre un peu d'ordre là-dedans avec toutes ces allées et venues. »

Gary ne penchait pas pour la théorie de Spencer. Lui pensait revenir comme humain. S'il gâchait cette vie-ci, il ferait mieux avec la suivante. « Pourquoi ne pas faire mieux avec celle-ci ? » songea Spencer. Mais il s'abstint de le dire.

Bien sûr, depuis que Gary avait découvert que Spencer s'y connaissait un peu en voiture, il commençait à passer le samedi avec sa Mustang. Un jour il perdit son pot d'échappement et Gary ne savait pas comment le remettre en place. Il n'en avait pas la moindre idée. Ça n'était pas qu'il était paresseux, mais, un mois plus tôt, il aurait pu essayer de réfléchir à la situation. Maintenant, il semblait n'avoir aucune initiative. On aurait dit qu'il était vexé quand quelque chose n'allait pas avec la voiture. Ce qu'il ne voulait pas reconnaître, c'était que ces pépins pourraient bien être dus à son incapacité à conduire intelligemment. Une raison de plus pour Spencer de le harceler pour qu'il commence à étudier le programme du permis de conduire. Autant parler à un mur. On pouvait dire que Gary savait vous obliger à tenir des discours.

Spencer aurait aussi peu dormi s'il avait joué au poker.

Il fallait le reconnaître, Gary l'attristait. Au début, il venait toujours demander à Craig Taylor ou à lui-même de jeter un coup d'œil à ce qu'il avait fait. Si Gary saisissait le truc pour faire quelque chose de nouveau, il était ravi lorsqu'on l'en félicitait. Il se pavanait, tout fier. Depuis qu'il vivait avec Nicole, Spencer ne savait pas si ça l'intéressait de faire du bon travail ou pas. On avait plutôt l'impression qu'il venait faire ses heures pour toucher sa paie. Ces shorts en jeans qu'elle portait ! Gary avait l'air de descendre au niveau de cette fille.

Incapable de dormir, Spencer se mit de nouveau en colère en pensant à la façon dont Gary, maintenant, carottait pendant la journée. Il fallait voir le temps qu'il prenait pour déjeuner. Et puis, tous les jeudis, il devait partir de bonne heure pour voir son délégué à la liberté surveillée. Plus les autres moments qu'il prenait sous d'autres prétextes. Pas une semaine ne s'écoulait sans qu'il demande un supplément d'argent et Spencer ne déduisait jamais de sa paie les heures perdues ni le fric qu'il lui donnait de sa poche. Un jour Gary parla bien de faire un tableau pour éponger sa dette, mais à peine Marie et Spencer avaient-ils commencé à y réfléchir que Gary n'en parla plus jamais.

Le lendemain matin, ils n'avaient même pas commencé le travail que Gary demandait si quelqu'un voulait acheter une paire de skis nautiques. Un type vint trouver Spencer pour demander si Gary, par hasard, ne les aurait pas volés. Spencer s'informa : « Ils sont tout neufs ? » Il n'arrivait pas à croire que Gary ait piqué des skis nautiques. Un type pouvait fourrer dans sa poche une paire de boutons de manchette ou une montre mais comment pouvait-on voler ces grandes planches dans un magasin ?

Spencer se considérait comme quelqu'un de vraiment simple, et pourtant il commençait à se demander si Gary ne fumait pas de la marijuana pendant le travail. Il avait l'air dans un triste état ce matin-là.

« Gary, dit Spencer, parlons de quelque chose de fondamental. Toutes les semaines, tu es fauché. Pourquoi ne prends-tu pas l'argent que tu dépenses à acheter de la bière pour le mettre de côté ? » Gary dit : « Je ne paie pas la bière. » « Eh bien alors qui donc te la donne ? » Gary répondit : « J'entre dans un magasin et je prends un paquet de six boîtes. »

Spencer dit : « Alors, personne ne te pince ? » « Non. » « Ça fait combien de temps que tu fais ça ? » « Des semaines. » Spencer reprit : « Tu voles un paquet de six boîtes de bière tous les jours et tu ne t'es jamais fait pincer ? » Gary répondit : « Jamais. » « Je ne comprends pas, fit Spencer. Comment se fait-il que les gens se fassent prendre et pas toi ? » Gary répondit : « Je suis plus malin qu'eux.

— Je crois que tu te paies ma tête », dit Spencer.

Gary se mit à lui raconter l'histoire du détenu noir auquel il avait donné cinquante-sept coups de couteau. Spencer, cette fois, crut que Gary cherchait à l'impressionner en lui montrant quel dur il était, histoire de voir si ça allait lui faire peur. « Allons, Gary, dit-il, cinquante-sept ; c'est comme les cinquante-sept variétés de potage Heinz. »

Lorsqu'ils eurent fini de rire, Gary annonça la nouvelle à Spencer. Il aimerait partir de bonne heure vendredi.

« Je ne sais pas si tu as remarqué, dit Spencer, mais les autres ne prennent pas d'heures de congé.

Ils travaillent toute la journée et ils font ce qu'ils ont à faire après leurs heures de travail. C'est comme ça que ça se fait normalement. »

Cependant, il lui permit de partir plus tôt. Une fois de plus, Spencer se sentait un peu mal à l'aise. Après tout, le gouvernement, avec ce programme de récupération des prisonniers, payait la moitié des trois dollars cinquante de l'heure de Gary. Ça pouvait justifier que Gary ne lui donne qu'une demi-heure par heure.

7

Un après-midi où Nicole était partie pour voir Kathryne, Barrett vint à la maison de Spanish Fork où il trouva Rosebeth. Lorsque Nicole revint, sa petite amie n'était plus vierge.

D'abord, Rosebeth se contenta de dire que Barrett était passé. « Oh ! demanda Nicole, combien de temps ? » « A peu près une heure et demie », dit Rosebeth. Nicole éclata de rire. Si Barrett n'était pas intimidé, il était au lit. Une heure et demie, ça suffisait à Barrett. Voyant que Nicole ne lui en voulait pas, Rosebeth se mit à pouffer. Elle savait maintenant, raconta-t-elle à Nicole, pourquoi Gary n'avait jamais pu le lui mettre. Trop gros. Nicole et Rosebeth eurent une bonne séance de fou rire en attendant que Gary rentre de son travail.

Mais Gary était passé chez Val Conlin. La bière qu'il rapporta était glacée. Après s'être fait engueuler pour ne pas payer à temps, Gary avait pris l'habitude d'apporter un paquet de six boîtes de bière en passant et Val appréciait.

Gary avait envie d'une camionnette. Celle qui était peinte en blanc.

« Mon vieux, dit Val, paie la Mustang et je te trouverai quelque chose de mieux.

— C'est cette camionnette-là que je veux.

— Pas possible sans *mucho mazuma*, dit Val. (La camionnette était à vendre pour mille sept cents dollars.) Écoute, mon vieux, à moins de revenir avec quelqu'un qui se porte caution, cette camionnette est trop bien pour toi. »

Gary se dit qu'il pourrait trouver quelqu'un. Peut-être son oncle Vern.

« Je connais Vern, fit Val, et je ne crois pas qu'il soit de taille pour ce genre de crédit. Mais, si tu veux, fais-lui remplir la demande. On peut toujours voir ce qu'on peut faire.

— O.K., dit Gary, O.K. (Il hésita.) Val, reprit-il, cette Mustang ne vaut rien. J'ai dû mettre une batterie neuve et un alternateur. Ça s'est monté à cinquante dollars.

— Qu'est-ce que tu veux que je fasse ?

— Eh bien, si j'achète la camionnette, je pense que vous pourriez tenir compte de ce que j'ai dû dépenser sur la Mustang.

— Gary, tu achètes la camionnette et on fait un abattement de ces cinquante dollars. Pas de problème. Trouve-moi seulement une caution.

— Val, je n'ai pas besoin de caution. Je peux faire les versements.

— Pas de caution, pas de camionnette. Que ce soit bien entendu.

— Cette foutue Mustang ne vaut rien.

— Gary, c'est moi qui te rends un service. Si tu ne veux pas de la Mustang, laisse cette bagnole ici.

— Je veux la camionnette.

— La seule façon d'avoir la camionnette, c'est d'apporter plein d'argent pour le premier versement. Ou alors reviens avec quelqu'un qui porte caution pour toi ; porte cette demande de crédit à Vern. »

Gary était assis de l'autre côté du bureau, et

regardait par la fenêtre la camionnette blanche tout au bout de la rangée. Elle était aussi blanche que la neige qu'on voyait encore au sommet des montagnes.

« Gary, remplis la demande et rapporte-la. »

Val savait ce qu'il faisait. Gary était fou furieux. Il ne dit pas un mot, il prit juste le formulaire, se leva, franchit la porte, roula la feuille en boule et la jeta par terre.

Harper, le vendeur de Val, lui dit : « Eh ben, il a l'air excité.

— Je m'en fous pas mal », fit Val. Autour de lui les gens s'énervaient. Il était habitué. C'était sa vie avec vous-parlez-d'une-réussite.

8

Ce soir-là ils étaient en train de faire l'amour quand Gary appela Nicole « mon vieux ». Elle prit ça mal. Elle crut qu'il lui en voulait à cause de Rosebeth. Mais, comme il essaya de le lui expliquer par la suite, ça lui arrivait souvent d'appeler de la même façon les hommes et les femmes, « mon vieux », « mon pote », des choses comme ça.

Le matin, c'était encore la Mustang. Sa voiture ne voulait pas démarrer. On aurait cru qu'il y avait quelque chose chez Gary qui, tous les matins, bousillait le circuit électrique.

CHAPITRE IX

DES ENNUIS AVEC LA POLICE

1

KATHRYNE commençait à être très impressionnée par Gary. Ça commença un jour vers l'heure du déjeuner lorsqu'il vint frapper à sa porte. Ça la fit sursauter. Il était si couvert de poussière qu'on aurait dit un homme qui venait de sortir de terre en grattant avec ses ongles.

Il était passé, lui expliqua-t-il, pour jeter un coup d'œil à la chambre qu'elle voulait faire isoler. Kathryne se souvint alors que la fois où Nicole l'avait amené pour lui faire faire sa connaissance, il avait été question d'isoler la chambre du fond. « Très bien, lui dit cette fois Kathryne, très bien. » Elle avait envie de se débarrasser de Gary.

Donc il jeta un coup d'œil et dit qu'il devrait en parler au garçon qui travaillait avec lui. A ce moment-là, ils lui donneraient une estimation. Kathryne dit que c'était vraiment gentil. Seulement, l'après-midi même il était de retour avec un gosse de dix-huit ans qui estima le travail à soixante dollars. Elle dit qu'elle y réfléchirait.

Trois jours plus tard, à l'heure du déjeuner, Gary était de nouveau sur le pas de sa porte. Il parlait vite. Il déclara : « Je me suis dit que j'allais passer prendre une bière avec vous. Vous avez de la bière ? » « Ma foi », dit Kathryne, elle n'en avait pas, juste du café. « Eh bien, lui dit-il, je vais entrer quand même. Vous avez quelque chose à manger ? » »

Elle dit qu'elle pouvait lui faire un sandwich. C'était très bien. Il allait filer chercher un paquet de boîtes de bière. Kathryne jeta un coup d'œil à sa sœur Cathy.

Dix minutes plus tard il était de retour avec sa bière. Pendant qu'elle préparait les sandwiches, il se mit à parler. Quelle conversation ! Si, la première fois qu'il était venu chez elle, il n'avait pas ouvert la bouche, cette fois, tout à trac, il raconta à Kathryne et à Cathy qu'il avait volé le paquet de bière. Il voulait savoir si par hasard elles avaient besoin de cigarettes. Non, dit-elle, elle en avait plein. Et la bière ? demanda-t-il. Elles en buvaient rarement, très rarement.

La veille, raconta-t-il, il était entré dans le magasin, avait piqué un paquet et avait disparu. Il était en train de le ranger dans son coffre quand un gosse, qui n'avait même pas l'âge de boire, avait demandé à Gary, en lui tendant cinq dollars, s'il voulait bien lui acheter un carton de bière. Gary se mit à rire. « Je suis entré, j'ai piqué la bière pour le gosse, je suis ressorti, je lui ai donné son carton et j'ai filé avec le fric. »

Les deux sœurs prirent soin de rire. « Vous n'avez pas eu peur ? » demandèrent-elles. « Non, dit Gary. Il suffit d'avoir l'air naturel. »

Il se mit à raconter des histoires. L'une après l'autre. Elles n'en croyaient pas leurs oreilles. Il leur dit comment il avait tatoué un homme du nom de Fungoo, et comment il avait pris une photographie truquée d'un pervers nommé Skeezix. Et puis il y avait un type qu'il avait frappé sur la tête avec un marteau et un Noir à qui il avait donné cinquante-sept coups de couteau. Il les regardait attentivement en disant : « Vous avez bien compris ? » Sa voix se faisait bourrue.

Elles affichaient un sourire. Gary, c'est quelqu'un, disaient les deux femmes. Elles se forçaient à rire. Kathryne ne savait pas si elle craignait plus pour Nicole que pour elle-même. Comme cela faisait une heure et demie qu'il était là, elle lui demanda s'il n'allait pas être en retard pour retourner à son travail.

Le travail, fit Gary, il s'en foutait bien. Si ça ne leur plaisait pas là-bas ils pouvaient aller se faire voir. Puis il leur parla d'un de ses amis qui avait pris un fer à friser chaud pour le fourrer dans le cul d'un directeur de supermarché.

Pendant tout le temps qu'il parlait, il les observait avec attention. Il voulait voir leurs réactions. Elles sentaient qu'elles feraient mieux d'en avoir.

« Vous n'aviez pas peur, Gary ? demandaient-elles. Vous ne pensiez pas que quelqu'un risquait de vous prendre ? »

Il se vantait beaucoup. Lorsqu'il partit, il les remercia de leur hospitalité.

2

Nicole entendit parler du déjeuner. Il y avait un côté chez lui, décida-t-elle, qui adorait raconter des histoires dingues aux grandes personnes. Ça avait dû se bloquer vers l'âge de huit ans.

Puis elle pensa à la nuit qu'elle avait passée dans

les collines derrière la ville, lorsqu'elle se demandait si elle n'attirait pas les esprits mauvais. Peut-être qu'il était obligé de jouer les vilains comme ça pour écarter les ennuis. Cette idée ne la réconfortait pas. Si c'était la vérité, il pouvait devenir de plus en plus mauvais.

Vers minuit, Nicole se sentit terriblement prisonnière avec Gary. Elle se prit à penser à Barrett. Ça la travaillait sans cesse. Il y avait eu aussi une lettre de Kip cette après-midi-là, mais elle n'arrêtait pas de penser à Barrett et à Rosebeth.

Elle n'avait même pas eu envie d'ouvrir la lettre de Kip, et quand elle s'y était décidée, elle avait lu qu'il voulait qu'elle revienne. La lettre lui laissa l'impression d'être envahie : on aurait dit que le passé revenait. Et voilà qu'en plus Hampton sortait avec sa sœur April. Décidément, se dit Nicole, tout le monde lui en voulait.

Pendant qu'elle remuait ces pensées, Gary était assis à ses pieds. Il fallut qu'il choisisse ce moment-là pour lever la tête vers elle avec une figure rayonnante d'amour. « Bébé, dit-il, je t'aime vraiment à fond et pour toujours. » Elle le regarda à son tour. « Hé oui, dit-elle, et c'est le cas de cet autre connard. »

Gary la frappa. C'était la première fois et il cogna dur. Ce ne fut pas tant la douleur qu'elle ressentit que le choc, puis la déception. Ça se terminait toujours de la même façon. Ils vous frappaient quand ils en avaient envie.

Il ne tarda pas à s'excuser. Il se répandait en excuses. Mais ça n'avançait à rien. On l'avait frappée tant de fois. Les gosses étaient au lit et elle regarda Gary en disant : « J'ai envie de mourir. » C'était ce qu'elle ressentait. Il essayait toujours de se faire pardonner. Elle finit par lui dire qu'elle avait déjà eu envie de mourir mais qu'elle n'avait jamais rien fait pour ça. Mais ce soir, ça ne la gênerait pas.

Gary prit un couteau et braqua la pointe sur le ventre de Nicole. Il lui demanda si elle avait toujours envie de mourir.

C'était terrifiant qu'elle n'eût pas plus peur. Au bout de quelques minutes, elle finit par dire : « Non, pas du tout », mais elle avait été tentée. Lorsqu'il rangea le couteau, elle se sentit même prise au piège. Elle sentit s'abattre sur elle une incroyable impression de malheur.

Ils eurent encore un nouveau marathon. Ils passèrent toute la nuit éveillés à discuter pour savoir s'ils allaient baiser. Au beau milieu de la discussion, vers minuit, il s'en alla. Il revint peu de temps après avec un tas de cartons. Il y avait un pistolet dans chaque carton.

Elle s'en remit quand même. Il fallait bien. Les armes traînaient dans la maison.

3

Le dernier dimanche après-midi de juin, Sterling Baker donna une petite fête pour son anniversaire, dans son appartement et dans la cour derrière ; quinze ou vingt personnes. Beaucoup avaient apporté des bouteilles. Nicole portait un short en jeans et un corsage bain de soleil. Elle savait qu'elle était superbe. On pouvait dire que Gary l'exhibait. Deux types se mirent à dire à Gary quel beau numéro il avait là. Gary répondait : « Je sais » et la prenait par les deux seins ou l'attirait sur ses genoux.

C'était donc l'anniversaire de Sterling et Nicole avait toujours ce petit béguin pour son cousin. Elle se mit donc à le taquiner et à lui dire qu'elle voulait l'embrasser pour son anniversaire. Sterling répondit qu'il la prenait au mot. Elle demanda à Gary s'il était d'accord. Il lui lança un regard noir, mais elle alla quand même s'asseoir sur les genoux de Sterling. Elle lui donna un long baiser très révélateur.

Lorsqu'elle ouvrit les yeux, Gary était assis, le visage impassible. Il dit : « Ça te suffit ? »

Il y avait un tonneau de bière dans la cour. Le type du dessus avait aussi invité ses amis et l'un d'eux était un nommé Jimmy, un Chicano[1]. Il piqua une paire de lunettes de soleil que Sterling avait posée sur le toit d'une vieille bagnole délabrée, dans le terrain vague, pendant qu'il mettait en perce le tonneau de bière. Nicole se dit que peut-être Jimmy ne savait pas. Il piqua les lunettes, comme ça. Le seul ennui, c'est que les lunettes étaient un cadeau de Gary à Sterling.

Gary réagit avec violence. « Je veux que tu me rendes ces lunettes, dit-il à Jimmy. Elles sont à moi. » Jimmy s'énerva et partit. Nicole se mit à hurler. « Tu fous en l'air la soirée, cria-t-elle à Gary. Que d'histoires à propos d'une malheureuse paire de lunettes. »

Jimmy revint avec deux copains. A peine était-il entré dans la cour que Gary s'était levé et se dirigeait vers lui. L'on n'avait même pas eu le temps de les arrêter qu'ils se lançaient des coups de poing.

Peut-être Gary était-il trop ivre, mais Jimmy, du premier coup, lui fendit l'arcade sourcilière. Gary

1. Chicano : nom donné aux ouvriers agricoles mexicains.

avait le visage ruisselant de sang. Il fut touché encore une fois et tomba à genoux, puis se releva et se mit à donner des coups de poing dans le vide.

A ce moment-là, tout le monde intervint pour arrêter le combat. Sterling emmena Jimmy hors de la maison et le fit partir. Juste au moment où Jimmy s'éloignait, Gary arriva, tenant un pommeau de changement de vitesse qu'il avait retiré de la carcasse de la bagnole garée dans la cour. Sterling se planta devant lui. « Gary, ça suffit. Tu ne vas pas le frapper », dit-il. Comme ça, en parlant d'un ton normal. Mais il avait le grand gaillard à côté de lui pour appuyer ses propos. Nicole fit sortir Gary et le ramena à la maison.

Elle était furieuse de voir que son homme s'était fait rosser. D'autant plus que c'était lui qui avait commencé. Elle trouvait qu'il s'était conduit comme un imbécile. Comme un tricheur aussi. C'était la même chose que le jour où il avait fait cette partie de bras de fer avec le frère de Nicole.

Il voulait retourner trouver Jimmy. En s'abstenant de lui dire combien elle était déçue de sa façon de se battre, elle réussit à l'emmener jusqu'à Spanish Fork. Elle n'avait jamais connu un type aussi furieux que Gary d'être sorti vaincu d'une bagarre. Ça le calma un peu. Après tout, il avait reçu une correction d'un gaillard très costaud, et il n'avait pas lâché.

Après lui avoir lavé le visage, Nicole s'aperçut que la coupure était profonde. Elle l'emmena donc chez sa voisine Elaine, qui suivait un cours de secouriste pour devenir ambulancière. Elaine déclara qu'il avait absolument besoin de points de suture. Nicole commença à s'inquiéter. Elle avait entendu dire que l'oxygène de l'air pouvait entrer par une blessure près de l'œil, aller jusqu'au cerveau et vous tuer. Elle l'emmena donc chez le médecin. Tout le reste de la nuit, elle ne cessa de lui mettre des sacs de glace sur le visage et de le dorloter. Elle aimait plutôt ça, compte tenu de ce qu'était la situation ces derniers temps. Le matin, lorsqu'il essaya de se moucher, ses joues se gonflèrent autour de ses glandes et de ses sinus.

4

« Gary, dit Spencer, ça ne rime pas à grand-chose de te faire amocher comme ça.

— Ils ne peuvent pas me blesser, dit Gary.

— Ah ! non ? Tu as l'arcade sourcilière fendue, l'œil au beurre noir, tu as une bosse sur le front et tu as reçu un gnon sur le nez. Ne me raconte pas d'histoire, Gary. Je n'arrive pas à croire que tu as toujours le dessus.

— C'était pourtant le cas, fit Gary, vous savez.

— Qu'est-ce qui va se passer un soir où un petit gars de moins d'un mètre soixante-dix — c'était à peu près la taille de Spencer — va t'allonger son poing en pleine gueule. Parce que c'est ce qui se passe. Un type n'a pas besoin d'avoir deux mètres de haut pour être mauvais.

— Je suis Gary Gilmore, fit Gilmore et ils ne peuvent pas me blesser. »

Le soir, en se promenant avec Nicole, Sunny et Peabody, il s'arrêta au garage V.J. pour parler à Val Conlin de la camionnette. Il parvint même à la sortir une heure. Gary était content comme tout, haut perché derrière le volant avec un vrai moteur devant eux. Pendant tout ce temps, Nicole le sentait qui pensait à ses pistolets. Ils brillaient dans ses yeux comme des dollars sur une caisse enregistreuse.

En revenant, il parla à Val du montant d'un premier versement. Nicole écoutait à peine. C'était assommant d'être dans la salle avec tous les dingues et les miteux qui attendaient pour avoir une bagnole quelconque. Il y avait une fille qui portait un turban et avait une grande couche de maquillage sous chaque œil. Son corsage débordait par-dessus sa ceinture. Elle dit à Nicole : « Vous avez de très beaux yeux. » « Merci », fit Nicole.

Gary ne cessait de se répéter comme un disque éraillé. « Je ne veux pas de cette Mustang, dit-il à Val.

— Alors, arrivons plus près de la camionnette, mon vieux. Nous en sommes encore loin. Viens avec quelqu'un pour te cautionner ou avec de l'argent. »

Gary sortit à grands pas. Nicole eut tout juste le temps de rassembler les gosses et de le suivre. Dehors Gary jurait comme Val ne l'avait jamais entendu jurer. Val apercevait la Mustang par la vitre de la salle, et elle ne voulait pas démarrer. Gary était assis là à marteler le volant de toutes ses forces.

« Seigneur, fit Harper, cette fois-ci il n'est vraiment pas content.

— Je m'en fous », dit Val en évoluant parmi les gens assis là. Hé oui, je suis au-dessus de tout ça, se dit Val et il sortit en demandant à Gary : « Qu'est-ce qui se passe ?

— C'est cette saloperie, cette bon Dieu de bagnole.

— Allons, du calme. On va prendre une batterie de secours et te faire démarrer. » Et ce fut bien sûr ce que fit Val ; la batterie avait juste besoin d'un petit coup et Gary démarra en faisant gicler le gravier comme s'il avait le feu au derrière.

Le lendemain soir, Gary trouvait un type qui voulait bien vendre les pistolets. Mais il fallait les lui porter. Ça voulait dire trimbaler les armes dans la voiture. Gary n'avait pas de permis et sa Mustang avait encore les plaques minéralogiques de l'année précédente. Les deux voitures avaient cet air délabré qui le feraient arrêter pour rien du tout par un motard. Ils eurent donc toute une discussion avant de finir par mettre les pistolets dans le coffre de la voiture de Nicole et de s'en aller. Ils emmenèrent les gosses qui pourraient peut-être empêcher un motard de les faire s'arrêter pour trop peu de chose.

D'un autre côté, la présence de Sunny et de Jeremy rendait Nicole consciente de la façon dont Gary avait de conduire ce soir. Ça la rendait nerveuse. Il finit par s'arrêter devant le café de la *Longue Corne*, un bouiboui mexicain entre Orem et Pleasant Grove, pour donner un coup de fil. Seulement, il n'arriva pas à mettre la main sur le type qui devait fourguer les pistolets. Gary était de plus en plus énervé. Ça s'annonçait comme une soirée totalement foutue. Une douce soirée du début de l'été.

Il ressortit du bistrot et chercha dans la voiture un autre numéro de téléphone. Il se mit à arracher les pages de son carnet. Le temps qu'il ait fini par trouver le numéro, son type était parti... Sunny et Jeremy commençaient à faire du raffut. Tout d'un coup Gary fit demi-tour devant le café et repartit vers Orem. Il roulait à cent trente. Nicole était pétrifiée pour les gosses. Elle lui dit de s'arrêter.

Il donna un coup de volant vers le bas-côté et s'arrêta dans un crissement de pneus. Il se retourna et se mit à fesser les gosses. Ça faisait un moment qu'ils ne faisaient même plus de bruit. Ils avaient trop peur de la vitesse.

Alors Nicole se mit à frapper Gary, elle le frappait avec ses poings aussi fort qu'elle pouvait, elle hurlait qu'il la laisse descendre de voiture. Il lui prit les mains pour la maintenir, et là-dessus les gosses se mirent à crier. Gary ne voulait pas la laisser descendre. Sur ces entrefaites, voilà qu'un type à l'air vraiment abruti passait par là. Elle devait pousser des cris comme si Gary était en train de la tuer, et ce connard se contenta de s'arrêter en disant : « Quelque chose qui ne va pas ? » Puis il poursuivit son chemin.

Nicole n'arrêtait pas de hurler. Gary finit par la coincer dans l'espace entre les deux sièges avant et lui plaqua une main sur la bouche. Elle essayait de ne pas s'évanouir. De son autre main, il la maintenait par la gorge. Elle ne pouvait pas respirer. Il lui dit qu'il la lâcherait si elle promettait de rester tranquille et de rentrer. Nicole marmonna : « D'accord. » C'était le mieux qu'elle pouvait obtenir. Dès l'instant qu'il la lâcha elle se remit à hurler. La main de Gary s'abattit de nouveau sur sa bouche ; elle mordit un bon coup dans la chair près du pouce. Elle sentit le sang.

Sans savoir comment, elle finit par sortir de la voiture. Elle fut incapable de se rappeler par la suite s'il l'avait lâchée ou si elle s'était dégagée. Peut-être qu'il l'avait lâchée. Elle traversa la chaussée en courant jusqu'au terre-plein central, tenant un gosse par chaque main et elle se mit à marcher. Elle allait rentrer en stop.

Gary commença à la suivre à pied. Tout d'abord il la laissa essayer de faire du stop, mais une voiture faillit s'arrêter pour elle, alors Gary essaya de la ramener jusqu'à la Mustang. Elle ne voulait pas bouger. Il essaya de lui arracher un des gosses. Elle ne voulait pas lâcher prise, elle se cramponnait de toutes ses forces. A eux deux ils auraient pu écarteler le gosse. Une camionnette finit par s'arrêter et deux types s'approchèrent avec une nana.

La fille se trouvait être une vieille amie que Nicole n'avait pas vue depuis un an. Pepper, la première amie qu'elle avait eue. Nicole n'arrivait pas à se rappeler son nom de famille tant elle était énervée.

Gary dit : « Foutez le camp d'ici, c'est une affaire de famille. » Pepper regarda Gary du plus haut qu'elle pouvait et dit : « On connaît Nicole, et vous n'êtes pas de la famille. » Ça n'alla pas plus loin. Gary la laissa et revint vers la voiture. Nicole fit monter les gosses dans la camionnette avec Pepper et tout le monde s'en alla. Dès l'instant où elle se rappela combien autrefois elle avait voulu que tout soit bien pour Gary, elle éclata en sanglots. Nicole ne pouvait pas se contenir ; elle pleura beaucoup.

5

Il remonta dans la Mustang de Nicole, descendit jusqu'au supermarché de Grand Central, piqua sur l'étagère un magnétophone et s'apprêtait à sortir quand, à la porte, un garde vit son œil au beurre noir et lui demanda un reçu.

« Va te faire foutre », fit Gary en lançant le carton dans les bras du garde. Puis il courut jusqu'au parking, sauta dans la voiture de Nicole, recula et emboutit une voiture derrière lui. Il sortit en trombe de sa place, heurta une autre voiture et fila.

Il traversa Provo comme un bolide et prit la nationale jusqu'à Springville. Là il s'arrêta au *Fouet.*

Dans le parking, il cacha le carton avec les pistolets sous un tonneau d'huile, entra dans le bar, alla aux toilettes, posa les clefs de la voiture de Nicole dans la chasse d'eau et ressortit pour prendre une bière. En attendant, il appela Gary Weston en lui demandant de passer le prendre.

Un bruit de sirène se rapprocha sur la route et cessa devant la porte du *Fouet*. Deux flics entrèrent en demandant à qui appartenait la Mustang bleue. Ils interrogèrent tout le monde. Ils relevèrent les noms de tous les consommateurs. Les lumières pivotantes de leur voiture clignotaient derrière la fenêtre du bar. Lorsqu'ils furent partis, Gary s'en alla avec Gary Weston. Mais la voiture de Nicole resta sur place. Les flics lui avaient mis un sabot.

Il devait être onze heures. Brenda s'éveilla pour entendre Gary qui frappait à la porte. Johnny dormait, comme tous les soirs, sur le divan. Il était là depuis huit heures. Lorsqu'elle avait rencontré pour la première fois Johnny, il était champion de tir à l'arc dans la catégorie B. Et il avait une petite barbe en pointe. Quand il n'était pas sur le champ de tir, il était beau comme Robin des Bois. Maintenant, si le cher John n'avait pas ses dix heures de sommeil, il était incapable de fonctionner. Brenda se rappela être tombée endormie d'ennui.

« J'ai eu une prise de bec avec un type, fit Gary.
— Comment ça ?
— J'ai piqué un magnétophone au supermarché et je suis sorti. Le garde m'a arrêté, alors je lui ai lancé le carton à la gueule.
— Alors qu'est-ce que tu as fait ?
— J'ai heurté une voiture. » Il lui raconta le reste.

Il avait l'air si fatigué, si triste et son visage meurtri était dans un tel état qu'elle ne pouvait pas se mettre trop en colère. John s'était levé et s'étirait. Son expression disait clairement que la raison pour laquelle il aimait dormir, c'était parce que ça l'empêchait d'entendre des nouvelles comme ça.

« Brenda, fit Gary, j'ai salement besoin de cinquante dollars. Je veux aller au Canada. »

Il avait tout combiné. « Tu expliqueras à la police que Nicole n'y était pour rien. Comme ça, ils lui rendront sa voiture.

— Tu es un homme, dit Brenda. Retourne chercher la voiture toi-même.

— Tu ne veux pas m'aider ?

— Je t'aiderai à écrire des aveux. Je veillerai à ce que ce soit remis à qui de droit.

— Brenda, il y a des haut-parleurs dans le fond de la voiture. Je les ai piqués dans un cinéma en plein air.

— Combien ?

— Cinq ou six.

— Juste pour faire quelque chose, fit Brenda. Comme un gosse. »

Gary acquiesça. On lisait dans ses yeux le chagrin de savoir que jamais il ne verrait le Canada.

« Il faut que tu te présentes à Mont Court demain matin, dit Brenda.

— Cousine, emmerde-moi jusqu'à ce que j'y aille, veux-tu ? » fit Gary.

6

Nicole passa la nuit chez son arrière-grand-mère où il ne penserait jamais à venir la chercher. Au matin, elle retourna chez sa mère et Gary téléphona peu après en disant qu'il arrivait. Nicole avait peur. Elle appela la police et, en fait, elle parlait au standardiste du commissariat quand Gary entra. Elle dit donc dans le téléphone : « Faites-le-moi décamper le plus vite possible. »

Elle ne savait pas si Gary était venu la chercher. Il était planté auprès de l'évier de la cuisine. Elle lui dit de s'en aller et de la laisser tranquille, et il restait là à la regarder. On aurait dit que tout en lui lui faisait mal, je vous assure, vraiment mal. Puis il dit : « Tu te bats aussi bien que tu baises. »

Elle se donnait du mal pour ne pas sourire ; en fait, ça lui faisait avoir un peu moins peur de lui. Il s'approcha et posa les mains sur les épaules de Nicole. Une fois de plus, elle lui dit de partir. A sa surprise, il tourna les talons et s'en alla. Il croisa pratiquement les flics au moment où ils arrivaient.

L'après-midi, elle regretta de l'avoir renvoyé. Elle avait vraiment peur qu'il ne revienne pas. Une voix dans sa tête ne cessait de résonner comme un écho dans un tunnel en disant : « Je l'aime, je l'aime. »

Il rappliqua après le travail avec une cartouche de cigarettes et une rose. Elle ne put s'empêcher de sourire. Elle sortit sur la véranda pour l'accueillir et il lui tendit une lettre.

Chère Nicole,
Je ne sais pas pourquoi j'ai fait ça. Tu es la plus belle chose que j'aie jamais vue et touchée...
Tu m'aimais tout simplement et tu touchais mon âme avec ta merveilleuse tendresse et tu me traitais si gentiment.
Je n'ai pas pu supporter ça. Il n'y a pas de foutaise ni de méchanceté chez toi et je ne savais pas comment

*m'y prendre avec une âme sincère comme la tienne
qui ne voulait pas me faire de mal...*

Je suis si foutrement triste...

*Je revois tout en détail comme dans un film et ça
ne rime à rien. Ça me fait hurler intérieurement.*

*Tu as dit que tu voulais que je sorte de ta vie. Oh !
je ne te le reproche pas. Je fais partie de ces gens qui
ne devraient sans doute pas exister.*

Mais j'existe.

Et je sais que j'existerai toujours.

Tout comme toi.

On est très vieux tous les deux.

*J'aimerais te revoir me sourire. J'espère que je
n'aurai pas à attendre de me retrouver là où il n'y a
plus que ténèbres pour le voir.*

GARY

Après qu'elle eut lu la lettre, ils s'assirent un
moment sur la véranda. Sans beaucoup parler. Puis
Nicole alla chercher les gosses dans la maison, prit
leurs langes et partit avec lui.

En chemin il lui raconta ce qui s'était passé au
supermarché. Le temps qu'ils arrivent à Spanish
Fork, il prit son courage à deux mains et appela
Mont Court qui répondit qu'il était trop tard
aujourd'hui pour faire quoi que ce soit. Le lendemain à la première heure, Court passerait le prendre et l'emmènerait à la police d'Orem. Gary et
Nicole dormirent dans les bras l'un de l'autre. Ça
allait être leur dernière nuit ensemble pour Dieu
sait combien de temps.

7

Le chef des inspecteurs de la police d'Orem était
un homme d'aspect avenant, de taille moyenne,
avec un visage large, un crâne chauve et une

couronne de cheveux d'un blond roux. Il portait des lunettes. Il s'appelait Gerald Nielsen et c'était un bon mormon qui avait grandi dans un ranch et qui était un Ancien de l'Église. Il était assis dans son bureau quand le standardiste dit : « Il y a ici un type qui veut se livrer. » Ces choses-là arrivaient de temps en temps, mais ça n'était pas commun. Le lieutenant vint à sa rencontre. Un type pouvait perdre courage le temps qu'il fallait pour aller de la réception au bureau de Nielsen.

Il était tôt et l'homme avait l'air de ne pas avoir trop bien dormi. « Je suis Gary Gilmore, dit-il. Je voudrais parler à quelqu'un. » Il portait des lunettes de soleil, il avait les yeux au beurre noir et le nez gonflé. Ils s'étaient à peine dit bonjour que Gilmore expliqua qu'il s'était bagarré. Étant donné le nombre de points de suture, on aurait pu croire que c'était un accident de voiture.

Lorsqu'ils regagnèrent son bureau, Gerald Nielsen lui versa une tasse de café du pot qu'on gardait pour les prisonniers — ça passait sur une note de frais différente — et puis ils restèrent assis là un petit moment, sans parler.

« J'ai volé un magnétophone au supermarché de Grand Central, commença Gilmore, et en m'en allant j'ai heurté une autre voiture. La voiture que je conduisais appartient à une de mes amies et ils ont fini par la mettre en fourrière. J'ai pensé à filer au Canada, mais mon amie m'a dit d'affronter les conséquences de mes actes. » Il débitait tout ça malgré son visage meurtri.

« C'est tout ? demanda Nielsen.

— Oui.

— Eh bien, je me demande pourquoi ça vous rend si nerveux.

— Je sors juste de prison. »

Pendant qu'ils attendaient qu'on apporte le rapport de police sur l'incident du supermarché, Gilmore raconta combien d'années il avait passé en prison. Comme il parlait, Nielsen avait l'impression de plus en plus forte que Gilmore ne se serait jamais présenté ce matin si son délégué à la liberté surveillée ne l'avait pas conduit en voiture jusqu'à la porte.

« Oh ! là ! là ! murmura Gilmore, ça ne va pas quand je bois. »

Le rapport arriva et les choses s'étaient passées comme Gilmore les avait décrites. Nielsen appela Mont Court qui confirma que c'était lui qui avait amené Gary. Comme Court avait eu le temps de rentrer d'Orem à son bureau à Provo, Nielsen comprit que Gilmore avait attendu assez longtemps avant de trouver le courage de s'annoncer.

Il regardait maintenant Nielsen à travers ses lunettes de soleil et dit : « Je ne veux pas y retourner, vous savez.

— Oh ! fit Nielsen, en général on ne remet pas les gens en prison pour ce genre de délit.

— Ah non ?

— Parfaitement. » Nielsen était un peu préoccupé de voir que ce garçon était suffisamment affolé, en fait terrifié pour croire qu'un délit comme ça allait mettre fin à sa liberté sur parole. Un homme avec l'expérience de Gilmore devrait quand même savoir ça. Le lieutenant examina une fois de plus le rapport et décida de ne pas l'inscrire sur le registre du commissariat. Il n'avait pas encore tous les éléments de la plainte et ça reviendrait à l'arrêter. Ça gâcherait l'effort que Gilmore avait fait pour venir avouer. Nielsen dit donc : « Je suis sûr qu'il y aura une plainte de portée. Mais pour l'instant, pourquoi n'allez-vous pas tranquillement à votre travail ? » Comme Gilmore avait l'air déconcerté, Nielsen ajouta : « Demandez-leur de vous laisser pas mal de temps demain à l'heure du déjeuner. Ça vous permettra de comparaître devant le juge. Je dirai au greffier de préparer les papiers. »

« Vous voulez dire que vous n'allez pas me boucler ?

— Je ne veux pas vous faire perdre votre place.

— Oh ! bon, vous savez. (Gilmore avait vraiment l'air surpris. Il resta là une minute.) Je pourrais donner un coup de fil ? demanda-t-il. Je n'ai pas de voiture pour rentrer.

— Allez-y. »

Il donna deux coups de fil mais sans parvenir à trouver personne. « Peut-être, dit-il, que je devrais aller à Provo sortir cette voiture de la fourrière. J'irai en stop jusque-là.

— Bah, fit Nielsen, j'y vais maintenant. Je vais vous emmener. »

Nielsen le conduisit au commissariat de police de Provo, l'escorta jusqu'au guichet approprié et s'en alla. Gilmore commença à remplir des papiers pour retirer la voiture de Nicole de la fourrière. Il y avait des complications. On avait découvert les haut-parleurs. Comme on ne les avait pas notés quand la voiture avait été mise en fourrière, mais seulement le lendemain, il n'y avait aucune raison légale d'ajouter les haut-parleurs volés à la plainte. N'importe qui au *Fouet*, par exemple, aurait pu les fourrer dans le coffre.

8

Trois heures après avoir dit adieu à Nicole pour partir dans la voiture de Mont Court, Gary arriva à la maison au volant de sa Mustang bleue à elle. Il avait les yeux brillants et parlait sans arrêt. Il lui dit qu'il fallait aller dare-dare au tribunal. C'était une véritable occasion : la plainte de la police, avait-il appris, ne serait pas prête avant demain.

S'il y allait maintenant, expliqua-t-il à Nicole, il n'y aurait pas de flics pour entrer dans les détails de ce qu'il avait fait. Il ne comparaissait que pour un menu larcin. Le juge ne saurait pas s'il s'agissait d'un dollar ou de quatre-vingt-dix-neuf dollars. En outre, il avait entendu dire aussi que le juge habituel était en vacances. Il n'y avait qu'un remplaçant temporaire, c'est-à-dire un avocat qui assurait l'intérim et pas un vrai juge. Il ne serait pas parfaitement au courant. C'était du sur mesure. Pour un petit délit, sans procureur et sans flic pour énoncer la plainte, ça pourrait être comme venir payer une contravention.

Même après les explications de Gary, elle fut surprise de voir le juge. Il ne paraissait pas plus de trente ans. C'était un homme de petite taille avec une grosse tête et il dit tout haut qu'il ne connaissait rien à l'affaire. Gary n'arrêtait pas de lui parler du ton suave d'un vendeur en train de conclure un marché. Il prenait soin de lancer un « monsieur le juge » de temps en temps.

Nicole n'était pas si sûre que ça marchait. Le juge avait l'expression d'un homme qui n'avait pas particulièrement bonne impression. Un mormon constipé. Quand Gary demanda quelles pouvaient être les peines s'il plaidait coupable, le juge répondit qu'il ne voulait faire aucune promesse. Comme délit mineur, ça pouvait monter jusqu'à quatre-vingt-dix jours de prison et deux cent quatre-vingt-dix-neuf dollars d'amende.

Nicole commença à se poser des questions. Quand Gary dit : « Votre Honneur, je crois que je m'en vais plaider coupable », le juge lui demanda s'il était drogué ou ivre. Se rendait-il compte qu'il renonçait à son droit d'avoir un procès et un avocat ? Tout ça semblait épouvantable, mais à en juger par le calme avec lequel le jeune juge débitait cela et la façon dont Gary acquiesçait, elle espérait que c'était juste de la routine.

Le juge dit alors qu'il voulait une enquête préalable du Service de la Liberté Surveillée. Gary dut expliquer qu'il avait déjà un délégué qui s'occupait de lui. Nicole trouvait que Gary apportait la corde pour se pendre. Le juge fronça les sourcils et dit qu'il lui donnait jusqu'à cinq heures pour verser une caution de cent dollars. Sinon il pouvait se présenter à la prison du Comté.

Gary dit qu'il n'avait aucun espoir de réunir une somme pareille avant cinq heures. Le juge ne voulait-il pas le relâcher si son délégué à la Liberté Surveillée se portait garant de lui ? Le juge dit : « Je crois fermement que les gens ne devraient pas être punis faute d'argent. Puisque vous vous êtes présenté de votre plein gré, je vais examiner votre requête. Que votre délégué à la Liberté Surveillée m'appelle. »

Gary sortit de la cabine téléphonique tout souriant. Court était enchanté qu'il se fût livré et il semblait donc qu'ils n'aient pas à se faire de souci pour un mois. Bien sûr, il y aurait une enquête préalable, et puis il devrait comparaître le 24 juillet pour entendre la sentence, mais peut-être que d'ici là les choses se tasseraient. Ils sortirent ensemble du tribunal.

Maintenant, après tout ce qui s'était passé, après la bagarre avec le Chicano et l'horrible nuit près de la route, après deux jours de séparation et de crainte d'être séparés pour bien plus que cela, ils étaient de nouveau ensemble. Pendant un jour et une nuit tout fut mieux qu'avant. On aurait dit qu'elle avait des bulles qui lui pétillaient dans le cœur. Mon Dieu, qu'elle l'aimait, cependant que les meurtrissures de son visage guérissaient.

CHAPITRE X

LA BELLE FAMILLE

1

APRIL vint passer deux jours avec eux et elle n'arrêta pas de parler. Elle en avait assez de leur mère, dit-elle à Nicole. « Tu sais, c'est la reine et j'en ai assez de sa façon de jouer avec nous. Elle essaie de me donner l'impression d'être une enfant gâtée et désobéissante alors que tout ce que j'essaie de faire, c'est d'échapper à ses menaces. Si j'ai le malheur de dire quelque chose, elle brandit la menace d'hôpitaux et de médecins. Alors que moi, poursuivit April, je reste là à observer le comportement de ma mère. Il faut qu'elle s'en aille. Les reines et les princesses, ça ne s'entend pas. »

Nicole dit oui. Elle ne passait jamais plus de deux ou trois jours avec April sans conclure que toute la famille était dingue. On aurait dit qu'elle faisait vraiment caisse de résonance pour leurs défauts.

April et Gary, toutefois, s'entendaient vraiment bien. April trouvait que Gary était fort, spirituel et très intelligent. Le premier soir, après quelques bières, il se mit à lui apprendre la peinture. April dit qu'il devait beaucoup aimer sa petite sœur et certainement les enfants.

Tout ce que peignait Gary était net comme un coup de rasoir. S'il peignait un oiseau, on en voyait chaque plume comme à la loupe, mais il n'enseignait pas à peindre comme ça. « Tu n'as qu'à mélanger la couleur jusqu'à ce que ça sorte comme tu le sens », disait-il. April regardait Gary comme s'il était son gourou.

Nicole ne savait jamais que penser du physique d'April. Elle était petite et trapue dès qu'elle ne surveillait pas son régime, c'est-à-dire presque tout le temps, mais elle aurait été belle si une fille n'avait pas besoin d'autres attraits que ses yeux. April avait les yeux d'un bleu violet mais aussi avec des reflets verts : ils étaient d'une couleur fabuleuse. Comme une de ces pierres transparentes qui changent de ton suivant votre humeur.

Les cheveux d'April, en revanche, pendaient comme des branches d'épinards et elle avait une bouche épouvantable. Nicole avait passé assez de temps à la ville pour reconnaître les lèvres de quelqu'un de dérangé. April pouvait regarder dans une direction et sa bouche se mettre à trembler de l'autre, comme une voiture qui déraperait. Parfois, elle avait les lèvres qui tremblaient comme une vieille tuyauterie ; ou bien sa lèvre supérieure se détendait et sa lèvre inférieure se serrait. Tout son visage se crispait comme si elle avait le tétanos. La plupart du temps elle avait l'air d'avoir mal aux dents.

Elle avait une voix qui portait sur les nerfs de Nicole. April avait une fichtrement grosse voix pour dix-sept ans. On ne savait jamais d'où ça venait. Elle était si sûre d'elle. Elle se croyait si impressionnante que sa voix pouvait quelquefois vous faire grincer des dents. Et puis elle se mettait à geindre comme une gosse.

April tenta de leur faire comprendre à tous les deux qu'à son avis Gary était quelqu'un de très remarquable. Il avait une attitude d'une grande humilité, comme un maître envers son esclave. En même temps, l'air très las et triste. Il en avait bavé comme un esclave. Mais il était à un niveau d'existence bien plus élevé que tous les gens qu'elle connaissait. Rien qu'en le regardant attentivement, disait April, ça se sentait.

Ils ne peignaiaient pas depuis bien longtemps quand April voulut leur parler de Hampton. Pour April, Hampton, c'était tout. « Mon passé le plus proche », murmurait-elle. Elle avait envie de le détester pour toutes ces nuits où il lui avait fait croire que tous les matins il rentrait chez ses parents. Il se levait à cinq heures et April croyait qu'il l'aimait parce qu'il ne s'éclipsait pas en silence dans l'obscurité mais qu'il la réveillait pour lui dire au revoir. Et puis elle découvrit qu'il retournait tout simplement chez sa régulière. Comme s'il ne devait pas découcher.

Elle avait un creux dans l'estomac qui lui donnait faim si elle ne parlait pas. « Je me suis levée ce matin, annonça-t-elle et je me suis fait une omelette de deux œufs avec du fromage, des bouts de toasts bien minces, du Tang et du lait de fraises avec des tranches de banane. Fantastique. Je n'ai jamais rien goûté de pareil. Je m'en suis rendue malade. Je me suis bourrée. Et puis j'ai fait tomber mes verres de contact dans l'évier. Je ne suis pas soigneuse. (Comme ils ne répondaient pas grand-chose, elle poursuivit :) Je tombe amoureuse trop facilement. C'est le genre d'amour qui ne dure pas. Je suis possédée... Je veux dire : j'étais obsédée d'être aussi boulotte. (Elle lança à Gary un regard sévère.) Je n'étais pas aussi grosse que je le suis maintenant.

— Tu n'es pas grosse, dit Nicole.

— Toi, sœurette, dit April, tu étais comme un

échalas ! » Elle souligna d'un hochement de tête catégorique à l'attention de Gary, puis ajouta : « Ma petite sœur, c'était l'essentiel de mon enfance. » Elle dit cela d'une voix forte, comme s'il n'était pas question d'en discuter. « Moi, Mike et ma sœur, on allait se promener avec Rikki au fond du ravin. On ramassait des escargots dans la mousse des arbres. »

Elle se souvenait de la mousse et combien c'était poisseux à cause de tout ce qui suintait des escargots : c'était l'impression qu'elle avait. On pouvait frotter cette bave entre ses doigts et avoir tout le temps l'impression de quelque chose de glissant. Comme si on était au centre de ce qui glissait. A faire l'amour. « Hampton me manque », dit-elle. Elle n'avait pas envie de parler de lui. Elle en arrivait au point où elle aurait voulu être sourde et aveugle. Parfois ses pensées s'exprimaient si fort qu'April pouvait les entendre vingt secondes avant qu'elles soient dans sa tête. Surtout quand c'était une pensée vraiment forte. « Je suis devenue un glaçon, dit-elle. J'ai dit adieu à l'idée de l'amour. »

Gary avait surtout des disques de Johnny Cash. Pleins de l'amour et de la tristesse des hommes qui trouvent la vie cruelle et douce et dure aussi. Elle, ça n'était pas son truc. Les hommes pouvaient aimer les hommes. Malgré cela, elle suivait Gary, elle aimait bien ses disques et Johnny Cash, Dieu sait où il était maintenant, pourrait sentir ses chansons vibrer en elle. Les gens pouvaient vous toucher sans jouer d'un instrument. Tout était dans la façon dont ils mettaient le disque.

« J'étais folle de Hampton, dit April. Il avait tant de vert dans ses yeux qu'on savait tout de suite qu'il allait raconter une histoire.

— Je l'ai toujours trouvé assommant, fit Nicole.

— Au lit il était extra », dit April. Elle soupira.

Elle pensait au jour de la semaine précédente où sa sœur était survenue et avait dit à Hampton : « Tu as besoin de te faire couper les cheveux. » « Tu veux le faire toi ? » avait-il demandé et Nicole avait dit : « Bien sûr. » Et voilà qu'elle lui avait coupé les cheveux. Comme si la tête de Hampton lui appartenait, à elle. Chaque fois que les ciseaux de Nicole coupaient une mèche de ses cheveux, April sentait l'amour que lui portait Hampton se terminer. Ça s'entendait au bruit que faisaient les cheveux quand on les coupait. Un bruit d'adieu. Maintenant elle sentait que Gary entendait le même son et détestait Hampton. « Oh ! j'aimais Hampton, dit April pour arranger les choses, parce qu'il ne me pompait pas l'air. »

Nicole ricana : « Tu l'aimais parce qu'il ne te pompait pas l'air ? » April ne voulait pas en démordre. « C'était parce qu'il me laissait respirer. »

Le lendemain, le 4 juillet, bicentenaire des États-Unis, ils allèrent à une fête foraine. April tomba sur deux garçons qu'elle connaissait. Cinq minutes après elle avait disparu. Gary et Nicole la cherchèrent des yeux, mais elle n'était plus là. Ça n'avait pas grande importance. April était comme ça.

Ils rentrèrent juste à temps pour décrocher le téléphone. C'était le père de Nicole. Charley Baker annonça à Nicole qu'il était chez le grand-père de celle-ci, que Steinie donnait une grande fête pour l'anniversaire de Verna. Est-ce qu'elle voulait venir ?

Ça rendit Nicole furieuse. Une grande réunion familiale comme ça et ils n'avaient pas été fichus de l'inviter avant que ça ne commence. Elle entendait tout le charivari au téléphone. « Ah ! dit-elle, j'aimerais bien venir, mais il ne faudra pas vous mettre en colère en voyant mon petit ami. »

234

Nicole allait découvrir que la fête du 4 juillet donnée par le grand-père de Nicole, Thomas Sterling Baker (surnommé Stein), pour sa femme Verna, avait été prévue en décembre, bien avant Noël, par ses six fils et ses deux filles, qui venaient tous d'endroits différents pour fêter l'anniversaire de leur mère le jour du bicentenaire. Glade, Christiansen et sa femme Bonny arrivaient de Lyman, dans le Wyoming, où Glade était contremaître à la mine. Danny et Joanne Baker, aussi de Lyman et des mines, étaient là, plus Shelley Baker. Wandell Baker était venu en voiture de Mount View dans le Wyoming. Charles Baker avec sa toute nouvelle jeune amie, Wendy, arrivait de Tooele, dans l'Utah, où Charles travaillait maintenant au dépôt de l'armée. Et Kenny, Vicki et Robbie Baker, de Los Angeles, étaient venus aussi. Boyd, le père de Sterling Baker, et sa femme, qui s'appelait aussi Verna, étaient rentrés d'Alaska où ils travaillaient depuis plusieurs années. Un grand nombre des enfants de tous ses fils et filles étaient présents. Quelques-uns des petits-enfants étaient adultes et mariés, et se trouvaient là avec maris, épouses et enfants.

Certains commencèrent à arriver dès dix heures du matin le 4 juillet et la fête se poursuivit jusqu'à onze heures ce soir-là. Il faisait un beau temps ensoleillé et presque tout le monde était assis dans le jardin devant, protégé de la route du canyon par de grandes haies. Les voitures passaient à toute allure et parfois mordaient sur le bas-côté, projetant, tac-tac, des graviers contre les haies. C'était un bruit qu'ils connaissaient depuis leur enfance.

C'était une grande cour qui entourait le devant et

le côté de la maison, et Stein avait déblayé tout ça en mettant la balancelle et les chaises de jardin en place et en disposant toute la nourriture sur de grandes tables devant le garage : le bœuf grillé, la salade de pommes de terre et les haricots au four, les frites et diverses salades, les jus de fruits gazeux pour les enfants et de la bière, mais on ne pouvait s'empêcher de jeter un coup d'œil dans la cour qui était derrière et de s'apercevoir que ça ne serait jamais mis en ordre. Il y avait un grand tas d'herbe et de feuilles, avec une vieille enseigne rouillée posée par-dessus pour empêcher les feuilles d'être éparpillées par le vent, et à côté il y avait la vieille remorque de Stein qu'on pouvait poser sur le plateau d'une camionnette, toute une longueur de vieux tuyaux d'arrosage à moitié emmêlés, plus la balancelle à la toile détrempée accrochée à de vieux palans dans l'arbre, le canot en bois posé la quille en l'air et qui avait besoin d'un coup de peinture, et un vieux baril rouge défoncé auprès de panonceaux rouillés. Dans un appentis il y avait des outils de jardinage et un tas de vieux pneus pourris éparpillés autour d'une vieille carcasse de bagnole. Plus on regardait dans la cour de Stein, plus on voyait les traces de toute une vie.

Dans la maison, Verna avait dû donner aux meubles toutes les couleurs que Dieu avait octroyées au monde. Une couleur pour chacun de ses gosses, c'était la plaisanterie familiale : jaune, vert, bleu, violet, rouge, orange, noir, marron et blanc dans cette salle de séjour. Il y avait une chaîne haute-fidélité pour la folk music, un récepteur de télé, des canapés avec toutes sortes de coussins, des photos d'animaux encadrées, un fauteuil de repos pour Stein et un tabouret noir en imitation cuir avec des pieds chromés pour qui voulait s'y asseoir. Il devait venir de la salle de bain, qui était blanche, rose et jaune avec des fleurs en caoutchouc collées au papier peint.

C'était une si grande famille que c'était à peine si on en pouvait compter tous les membres, mais ce n'était rien auprès des ancêtres. Du côté de sa mère, le grand-père mormon de Stein, qui venait de Kanab, dans l'Utah, avait été un polygame à l'ancienne mode doté de six épouses et de cinquante-quatre enfants. Mais on n'avait pas besoin de remonter à Kanab. Stein et Verna étaient mariés depuis 1929 et les souvenirs ne manquaient pas.

Stein était encore énervé de penser que, débutant comme ouvrier à la journée et gravissant tous les échelons pour devenir directeur du service municipal des Eaux de Provo, ce qui lui avait pris vingt-sept ans, il avait quand même dû donner sa démission parce que le maire avait décidé de placer au-dessus de lui quelqu'un qui avait un diplôme d'ingénieur. Il avait même eu le culot de demander à Stein de tout enseigner au nouveau à propos des eaux. C'était un souvenir à vous figer les bons sentiments que de repenser à ça quand on donnait une fête.

3

Charley Baker était chargé du barbecue, mais il aurait aussi bien pu organiser toute cette foutue fête parce que c'était lui qui avait le plus gros boulot. Il avait acheté le bœuf, tout un gros arrière-train, et il l'avait fait mariner trois jours dans une sauce qu'il avait préparée lui-même. Et puis, la veille au matin, il avait transporté le quartier de bœuf jusqu'à Spanish Fork, à un peu plus de cent cinquante kilomètres de Tooele, après l'avoir d'abord enveloppé dans de la gaze pour qu'il ne se dessèche pas, ensuite il avait enroulé tout autour du papier brun et avait mis le tout dans un sac.

Bien sûr, il n'avait cessé de l'arroser pendant tout le temps qu'il creusait cet énorme trou dans le jardin de Stein, une vraie petite tranchée, et puis il l'avait tapissée de pierres qu'il avait dû déterrer lui-même, et il avait allumé un feu qu'il avait surveillé pendant des heures pour que ces pierres soient brûlantes. Il fallait avoir des pierres plus brûlantes que l'enfer pour un barbecue réussi. L'idée, c'était de déposer le quartier de bœuf tout enveloppé et puis — il y avait là-dessus deux théories — ou bien entasser de la terre par-dessus ou bien, comme préférait Charley, utiliser un couvercle de façon à pouvoir venir arroser la toile de sac de temps en temps. Ça faisait une viande vraiment plus juteuse et tendre.

Charley avait prévu de veiller toute la nuit précédente pour surveiller le feu, aussi comptait-il faire un petit somme à la fin de l'après-midi du 3 juillet. Il alla demander une chambre à sa mère. Elle avait trois chambres à coucher de disponibles et lui avait eu à acheter ce quartier de bœuf, à le faire mariner, à s'en occuper, à le trimbaler, à creuser la tranchée, à soulever les pierres : tout ce qu'il voulait c'était aller se coucher et faire un petit somme pour être frais pour la nuit. Sa mère lui dit : « Tu ne peux aller t'allonger sur le lit de Kenny : tu vas transpirer dessus et ça va empester. » C'était vraiment gentil. Charley était horriblement vexé. Il y avait avec lui sa jeune fiancée, tendre comme un ange, et Charley se sentait déjà assez mal à l'aise comme ça parce que c'était la première fois qu'il verrait tous ses frères et sœurs sans Kathryne — au fond s'ils étaient restés mariés deux ans de plus, tout le monde serait venu pour leur vingt-cinquième anniversaire de mariage — et maintenant ils étaient divorcés. Il était ici avec Wendy, moitié plus jeune que lui. Et voilà que sur le conseil de sa mère il devait dormir sous une tente dressée sur la pelouse.

La colère commençait à monter. C'était trop de demander à un homme de surveiller un feu quand il était fatigué, qu'il avait envie de dormir et qu'il était harcelé d'un tas de souvenirs déplaisants : il n'y a rien de tel qu'un feu pour faire resurgir des souvenirs désagréables. Si bien qu'il s'endormit bel et bien là. Au petit matin, lorsqu'il s'éveilla, le feu s'était éteint et les pierres étaient froides. Alors il se mit au travail pour faire repartir ce feu, mais c'était une cause perdue. Durant toute la journée du lendemain, pendant la fête, tout le monde était énervé parce qu'il avait fallu se dépêcher de faire griller la viande sur une broche et qu'au point de vue saveur, ça ne se comparait pas. Il y avait plein de fumée et d'escarbilles qu'on n'arrivait pas à éliminer, la viande s'était carbonisée au lieu d'être devenue un beau morceau tendre, juteux, cuit en profondeur. Charley ne pouvait même pas se trouver d'excuses pour avoir laissé le feu s'éteindre. Il n'allait pas raconter combien certains de ses souvenirs étaient désagréables. La seule chose qu'un homme pouvait faire quand les souvenirs devenaient trop déplaisants, c'était de dormir.

Ça commença parce que son père dit dans la conversation que Nicole habitait un peu plus bas sur la route avec un type. Bien sûr, toute la nuit Charley n'arrêta pas de penser à Nicole. Ce qui l'amena à Kathryne et lui rappela des souvenirs épouvantables. Avant son retour du Viêt-nam, Kathryne lui écrivait des lettres pleines d'amour. Jamais ça n'avait été aussi bien entre eux. Il n'était pas rentré depuis une semaine qu'ils avaient eu une scène épouvantable et que Kathryne lui avait dit : « Je regrette qu'on ne t'ait pas rapatrié dans un cercueil. » Agréable comme accueil. C'était comme les scènes qu'ils avaient en Allemagne parce qu'il buvait de la bière, la meilleure bière du monde pour dix-huit cents la grande chope. Comment pouvait-on s'empêcher de se pinter tous les

soirs à la bière ? Ensuite il fallait rentrer et supporter les critiques. Il était censé être sergent. Chez lui,
elle l'avait cassé et il n'était plus qu'un imbécile. Ça
le rendait furieux de penser encore à ça. Ça ne lui
faisait aucun bien. Il sentait ce genre de choses lui
travailler les organes et le mettre en boule.

Et puis, bien sûr, il n'avait jamais digéré cette
histoire de Lee et de Nicole. Ça, c'était vrai. On le
lui avait dit clairement à l'asile quand il était allé
voir Nicole. La vérité, c'était que Nicole et lui
étaient toujours mal à l'aise ensemble.

Pendant qu'il regardait les flammes, lui revint un
chagrin plus profond. April qui s'était fait violer par
trois nègres, à Hawaii, et personne ne le lui avait
dit. Quand il était rentré de Hawaii à Midway,
Kathryne avait dit : « April a tout le temps des
ballonnements terribles et elle va tout le temps aux
toilettes. Il faudrait peut-être attendre un jour
avant de prendre l'avion. » Il avait répondu : « On
va prendre cet avion-là. En voilà des histoires pour
quelques pets. » Il avait pris sa décision en ignorant
tout, et il s'était retrouvé avec April qui souffrait
tellement qu'il crut qu'il allait être obligé de
demander au pilote de faire demi-tour et de la faire
transporter chez un médecin. Lorsqu'ils avaient
atterri à Midway, Kathryne avait continué à lui
cacher la nouvelle. Ce ne fut que lorsqu'il eut quitté
les Seabees[1] qu'elle avait avoué avoir eu peur de le
lui dire parce qu'il y avait tous ces marins noirs à la
base. Elle avait craint qu'il ne devienne fou de
colère. Ça l'avait vexé qu'elle le considère comme
assez fou pour s'en aller faire des cartons au hasard
sur des Noirs. Et pendant tout le temps qu'ils
avaient été à Midway, April s'était montrée difficile
et il ne comprenait pas pourquoi. Il n'avait aucune

1. Seabees : littéralement abeille de mer. Nom donné aux
navires de génie de la Marine.

idée de ce par quoi elle était passée. Il s'était mis à être extrêmement sévère avec elle.

April disait qu'elle voulait sortir. Il répondait : « As-tu fait ta chambre ? » « Oui. » « Bon, vas-y. » Mais quand il était allé voir, elle n'avait rien fait. Alors lorsqu'elle rentrait, il lui disait : « Je m'en vais te flanquer une rossée. » Elle répliquait : « Lève la main sur moi et je m'en vais trouver l'aumônier. » On n'avait pas besoin d'avoir un caractère particulièrement emporté pour donner à quelqu'un un coup de pied au derrière pour vous répliquer comme ça. Un jour, d'ailleurs, il l'avait cognée vraiment dur. Elle s'en alla trouver l'aumônier. Les deux, le catholique et le protestant, vinrent à la maison.

« Alors, il paraît que vous vous imaginez que je la bats tout le temps, dit-il, et si vous voulez essayer de me coller une histoire pour avoir maltraité mon enfant, allez-y. Mais je ne l'ai pas maltraitée. Je lui ai seulement donné un coup de pied parce qu'elle m'a menacé d'aller vous trouver. » Ce qui était triste, c'est qu'il avait cru qu'elle mentait alors que pendant tout ce temps elle n'avait plus sa tête à elle. Elle lui disait qu'elle avait fait sa chambre et croyait l'avoir faite, vous comprenez. Elle ne remarquait pas la différence.

Tout ça bouillonnait en lui alors qu'il était assis auprès de ce grand barbecue, à regarder les pierres chauffer. Mike, le plus adorable des gosses, avait commencé lui aussi à faire des bêtises à Midway. Lui et un petit copain étaient entrés dans la maison du patron de la base alors qu'il était en vacances et ils avaient flanqué d'un seul coup dans l'aquarium toutes les graines que l'autre avait laissées pour son poisson exotique. Ça l'avait tué. Un bon gosse pourtant, jamais d'histoire avant, mais à Midway il avait commencé à se déchaîner.

Il se rappela ensuite Nicole vivant avec Barrett au-dessus d'un bar à Lehi. Kathryne l'avait rendu à moitié fou en lui disant que ce nommé Barrett n'était qu'un sale petit trafiquant d'héroïne qui de temps en temps ligotait Nicole. Il imaginait Nicole attachée à un lit pendant que Barrett lui enfonçait des aiguilles dans le corps. C'est comme ça qu'il s'était fait flanquer à la porte à force de picoler au bar en bas, en pensant que sa fille était juste au-dessus de lui avec un camé capable d'avoir sur lui n'importe quelle arme. Il avait fini par monter l'escalier, en enjambant un ivrogne ou deux et par frapper à la porte. Et il était tombé sur ce petit gringalet charmant. Il l'avait tout de suite trouvé sympathique, mais il avait quand même dit : « Barrett, je m'en vais te couper les couilles. » Là-dessus, le petit s'était contenté de le regarder, c'était un malin, avec des possibilités, mignon, les traits fins. Il ressemblait à Nicole, et il avait dit : « Ah ! je sais, ça ne s'est pas bien passé. » Il n'avait pas fini de déblatérer sur son propre compte que Charley commençait à le plaindre. Il y avait quelque chose de positif chez ce garçon. C'était peut-être la façon dont Barrett le regardait en lui disant qu'il faudrait donner une fête pour sa castration en ajoutant : « Si vous devez vous sentir mieux après, me voilà. » Bref, Charley avait dû reconnaître, après avoir bien regardé Nicole : « Mon vieux, vous ne m'avez pas l'air d'un mauvais bougre. » « Elle n'a pas perdu de poids, vous savez. » En fait, Nicole était en pleine forme. Charley murmura quelque chose dans le genre : « Ta mère m'a dit que tu te droguais à l'héroïne. Pourtant, tu m'as l'air bien. » Il bavarda encore un petit moment, puis descendit l'escalier et partit. Il se sentait idiot. Doublement idiot parce qu'à la fin il s'était retourné pour dire à Nicole : « Mon petit, est-ce que tu me pardonneras jamais ce que j'ai fait ? » Il avait dit ça devant Barrett : il avait dû perdre la boule. Mais il ruminait ce que

Lee lui avait raconté, et au fond il prenait ça pour lui.

C'était à ce moment-là qu'il s'était endormi. Il s'éveilla à l'aube avec le feu éteint. Après, ç'avait été toute une histoire de le faire reprendre et il avait de la fumée plein les narines.

4

Dans la matinée, la tension n'avait cessé de monter. Charley finit par mettre le bœuf à la broche. Tout le monde fut déçu. On n'arrêtait pourtant pas de lui dire combien la viande était bonne. « Pas trop brûlée ? » « Non, pas trop brûlée. » « Pas trop de suie ? » « Oh ! pas du tout. »

Sur ces entrefaites, le père de Charley mentionna que Nicole habitait un peu plus loin sur la route. Pourquoi ne l'invitait-on pas ? Charley n'en avait pas envie à proprement parler, mais il téléphona quand même. Ça lui demanda un effort. Il ne s'était tout simplement jamais arrêté pour la voir.

Et puis il se demandait quel genre de hippie elle avait maintenant. Vous pouvez faire confiance à Nicole pour dénicher les indésirables. Ou bien faudrait-il dire les battus ? Un connard dans la débine ou bien de la graine de salopard.

Il s'imaginait déjà un petit con boutonneux à cheveux longs quand Nicole arriva avec son nouveau type. Charley trouva qu'il avait l'air un peu vieux, mais pas mal. En fait, Charley pensait même qu'ils auraient pu s'entendre s'ils s'étaient rencontrés dans l'armée, par exemple.

Tout de suite, voilà le nommé Gilmore qui dit qu'il voulait avoir une conversation personnelle. Alors ils passèrent dans la cour. Même pendant que Charley était planté là, le petit ami de sa fille était allongé sur l'herbe, les mains derrière la nuque. Il se mit à parler. La première chose qu'il dit était vraiment bizarre. Charley n'aimait pas ça. Gilmore dit : « Tu n'as jamais eu envie de tuer quelqu'un ? »

Charley essaya de prendre ça comme une plaisanterie. « Oh ! oui, fit-il, j'ai tout le temps envie de tuer mon patron, ce connard. » Mais Gilmore n'eut pas un sourire. Dans le silence, Charley s'entendit intervenir. « Je veux dire, tu ne parles pas sérieusement, hein ? » Le petit ami de sa sœur dit : « Non, je me demandais seulement. »

Ce ne fut que quand la conversation fut terminée que Charley commença à se demander si cette remarque à propos d'avoir envie de tuer quelqu'un ne le concernait pas, lui.

C'était une soirée où on n'arrivait pas à être à l'aise. Après l'arrivée de Nicole, voilà qu'un des frères de Charley se mit à désigner Wendy en disant : « Nicole, je te présente ta nouvelle belle-mère. » Wendy semblait à demi morte de gêne et Nicole finit par dire : « C'est vous ma belle-mère ? » Wendy dit : « Je crois que oui. » Nicole la regarda d'un drôle d'air.

Là-dessus, Nicole se mit à se bécoter avec Gilmore, sur la pelouse, devant tout le monde. Charley vit que Verna était agacée, elle s'approcha en faisant semblant de rire mais dit : « Bas les pattes, vous deux. » C'était comme ça qu'on écartait les chiens en train de forniquer. Gilmore se leva comme si on lui avait tiré dessus.

Un peu plus tard, Charley apprit qu'il avait failli se bagarrer avec Glade Christiansen qui était assis sous un lilas, en train de donner le biberon à son plus jeune fils, un bébé d'un an. Gilmore arriva avec un ballon de rugby en demandant s'il voudrait faire des passes. Glade répondit : « J'essaie de donner à boire au gosse. » Gary s'assit sur un tabouret et se mit à poser des questions sur ce que faisait Glade, mais la conversation tourna court. Alors il regarda Glade en disant : « Vous voulez en savoir plus sur moi ? » Glade avait vraiment envie qu'on le laisse tranquille. Il dit : « Pas vraiment. » Gilmore se mit alors à se comporter comme s'il cherchait la bagarre. Il dit à Glade : « Tu me donnes l'impression d'être un sacré gaillard. » Glade, qui ne cherchait pas d'histoire, répondit : « Comment vois-tu ça ? » Gilmore poursuivit : « Oh ! tu as l'air d'être un vrai gaillard. » Sans s'arrêter de l'examiner de la tête aux pieds. Glade ne voyait aucune raison de répondre et Gilmore se contenta de s'éloigner.

Ensuite, le type avait dû avoir des mots avec Nicole. Il s'en alla tout d'un coup. Charley ne pouvait guère lui en vouloir. Il comprenait cette réaction. Comme quand on allait à l'église une fois tous les cinq ans et que les gens qui ont leurs bancs vous regardaient de haut. Il y avait de quoi vous donner envie d'acheter toute une rangée de chaises.

Par la suite, Charley apprit que Gary était rentré dans la maison, avait renversé un tabouret, qu'il était tombé dans la salle de bain et que Stein avait fini par dire : « Ton ami a l'air complètement rond. » « Ça va sans doute aller. » En tout cas, Gary s'en alla. Nicole avait l'air de s'en foutre. Pour une fois, elle restait à discuter avec sa famille.

Charley commença à se dire qu'il ne participait pas aux conversations et ça l'amena à repenser à la façon dont il avait été renvoyé de l'armée trois ans avant d'avoir droit à sa pension. C'était terrible quand on y pensait, parce qu'il avait l'impression que c'était la faute d'April avec ses problèmes mentaux, qui, après Midway, n'avaient fait qu'empirer. Une fois, elle s'était ouvert les poignets, un autre soir, ç'avait été une overdose. Chaque fois que Charley laissait sa famille pour aller dans le Pacifique, il devait demander une permission pour revenir parce que April avait flippé encore une fois. A Okinawa, alors qu'il était avec le bataillon en train de faire des boulots durs et qu'on comptait sur lui, il avait dû rentrer deux fois à la maison. Permission d'urgence. Comme c'était un problème qui avait l'air d'être insoluble, on lui avait conseillé de donner sa démission. Charley avait dit : « Je ne veux pas démissionner. » On l'avait démobilisé. Il avait refusé de signer le formulaire. On avait fini par lui tendre un papier en lui disant : « Mon vieux, prenez cet avion. » Comme ça. Il n'avait plus que trois ans à tirer. On lui avait vraiment fait un sale coup.

Bref, ça n'était pas son jour. Il finit par demander à Nicole d'appeler Kathryne. Peut-être Angel pourrait venir et rester avec lui ce soir. Il se faisait toujours du mauvais sang pour Angel. Il était loin d'elle alors qu'elle avait six ans et qu'elle avait besoin de lui. Là-dessus, Verna commença à lui faire une scène. Elle dit qu'il y avait trop d'enfants dans les parages. Pour une femme qui avait élevé huit gosses et qui n'arrivait plus à faire le compte de ses petits-enfants, on pouvait dire qu'elle n'aimait pas la marmaille. Et puis son père s'en prit à lui. « Tu ne vas pas rester ici. Les gosses ne restent pas ici. » Ils se lancèrent dans une discussion. Son père avait peut-être soixante-huit ans, mais Charley aurait bien eu envie de lui botter le derrière s'il n'avait pas été si vieux. En fait, il le bouscula quand même. Puis il prit Wendy par le bras et s'en alla sans un mot.

C'était plutôt réussi pour la soirée du Bicentenaire[1].

5

Au début, Nicole ignorait sa famille et se sentait
d'une loyauté à toute épreuve envers Gary, lorsqu'elle se bécotait avec lui sur la pelouse. Mais elle
perdit ce sentiment lorsqu'il se leva si vite quand
Verna dit : « Bas les pattes. »

Ce qui était bizarre, c'est que Nicole, subitement,
se sentait connement fière de sa famille. Tous ces
costauds un peu zinzins et voilà que Gary s'enivrait
de vin rouge et cherchait la bagarre avec ses
cousins. Il avait vraiment l'air délabré et le bouc
qu'il commençait à se laisser pousser ressemblait
encore à trois poils de chèvre. Elle n'était pas si
triste de le voir partir.

Après tous les ennuis à Grand Central, elle ne
l'avait jamais aimé davantage, mais c'était pour une
nuit, et puis encore une nuit. Maintenant il s'était
remis à la bière et au fiorinal. Elle ne savait plus
très bien dans quelle mesure elle lui était encore
loyale. Elle commençait à avoir des idées à propos
d'un autre homme.

Monsieur Propre avait fait irruption dans sa vie.
Elle n'en avait pas parlé à Gary. C'était trop récent.
Il s'appelait Roger Eaton, un cadre super soigné,
super gentil qui bossait au centre commercial de
Utah Valley et il était entré dans sa vie d'une façon
incroyable : elle avait reçu une lettre d'un type qui
n'avait pas signé de son nom mais qui disait qu'il

1. 4 juillet 1976 : Bicentenaire de la Déclaration d'Indépen-
dance américaine.

lui paierait cinquante dollars si elle couchait avec lui mercredi soir. Pourrait-elle laisser la lumière allumée devant sa porte comme signal ?

Elle montra la lettre à Gary. Il la déchira. Il annonça qu'il allait tuer ce salaud. Elle n'y pensa plus. Ça faisait partie de ces choses bizarres qui arrivaient dans la vie.

Mais deux semaines plus tard, ce type vraiment beau gars, bien bâti, les yeux bleus et de beaux cheveux bruns, l'aborda à une station d'essence et se présenta. C'était lui qui avait écrit la lettre, annonça-t-il, et il voulait lui offrir un Coca. Elle bavarda un peu avec lui ce jour-là, le revit pour une tasse de café, et puis alla vraiment lui demander son aide après sa scène avec Gary sur la route, lorsqu'elle découvrit que la bagarre dans la voiture lui avait laissé des bleus sur tout le corps. Ça la mit dans un tel état qu'elle se rendit tout droit au bureau de Roger Eaton. Il se montra compatissant, alors elle alla le revoir juste la veille, après être allée dire bonjour à Gary à son travail et l'avoir trouvé en train de boire de la bière au lieu de déjeuner.

Elle n'avait jamais connu un homme qui mettait tous les jours un costume pour aller travailler, et ça l'excitait. La première pensée à lui traverser l'esprit ce soir, quand Gary avait été parti, c'était que Roger Eaton lui avait dit de lui téléphoner chez lui en cas d'urgence. Elle pourrait l'appeler ce soir. Mais ça risquait de gâcher le petit quelque chose qu'elle éprouvait. Ça faisait si longtemps qu'elle n'arrivait plus à penser à une qualité ou à une séduction particulière chez un type qui lui plaisait. Elle était plutôt habituée à supporter l'ensemble : la sueur, les habitudes, tout le bazar, quoi. Alors elle n'appela pas. Elle resta juste un moment à bavarder avec son père, puis elle rentra. Gary arriva plus tard. Il était allé boire chez Fred avec deux costauds et voilà que maintenant il parlait de s'acheter une moto. Il leur avait dit qu'il allait en piquer une. Là-dessus il regarda Nicole d'un air plutôt penaud, en reconnaissant que ses copains lui avaient pratiquement éclaté de rire au nez. S'il y avait une chose, expliqua-t-il, qu'un flic inspectait toujours, c'était une motocyclette ! Une moto volée se camouflait à peu près aussi longtemps qu'un cube de glace dans le cul. Malgré tout, c'étaient des vrais mecs, comme lui. Il envisageait, dit-il, de faire des affaires avec eux.

Il était comme un gosse de dix-neuf ans. Passionné de moto. Ravi de voir que les motards l'aimaient bien. Ça se radoucit suffisamment entre eux pour qu'ils se rabibochent. Avec le repas, la boisson, les parents qu'ils avaient rencontrés, la soirée, après tout, avait eu quelques avantages. Ils recommencèrent donc à s'entendre, mais Gary mit du temps à bander. Elle n'arrivait pas à comprendre comment elle avait pu être aussi sûre que ça s'arrangerait.

Gary mettait toujours ça sur le compte de la prison. Toutes ces années où il avait dû se branler devant des photos de nus au lieu de se faire la main sur une vraie femme ! Ce soir-là elle se mit suffisamment en colère pour lui dire que c'étaient des foutaises. Il buvait trop, il prenait trop de fiorinal. Gary invoqua l'efficacité du médicament. « Je n'ai pas envie de faire l'amour avec la migraine, dit-il. J'ai tout le temps des migraines, et le fiorinal me soulage. »
Elle était assise là, avec sa colère tendue comme un ressort. La queue molle et mouillée, il voulait quand même essayer. « Ne commence pas ce que tu ne peux pas finir, lui dit-elle. Sois réglo. » Ils commencèrent. Et désormais, ils n'allaient plus se coucher avant quatre heures et lui se levait à six.

Alors il prenait des amphètes et ça lui faisait de l'effet. Il bandait comme un cerf et il avait envie de baiser. Mais elle était si fatiguée qu'elle ne pensait qu'à dormir. Ils baisaient quand même. Et ça durait et ça durait. Elle n'arrivait pas à jouir.

Allongée, elle se dit nettement : « J'ai tiré le mauvais numéro. »

6

Dans la seconde semaine de juillet, par un matin brûlant, elle trouva Jim Hampton à la maison de sa mère. Après la façon dont il s'était conduit avec April, Nicole ne se sentait pas très bien disposée à son égard, mais il avait avec lui sa petite sœur et son petit frère et pour une fois elle était contente de passer la journée avec quelqu'un d'autre. Ils se contentèrent de faire un tour en bagnole et s'arrêtèrent même chez elle, à Spanish Fork, pour qu'elle puisse prendre quelque chose pour les gosses. Puis elle ramena Hampton chez sa mère et repartit avec sa propre voiture. Avec toutes ces allées et venues, elle avait dû faire plus de cent cinquante kilomètres ce jour-là.

Quand elle arriva, Gary était déjà rentré du travail et inspectait le moteur de sa voiture. Elle s'assit sur le perron. Il y avait entre eux un silence à couper au couteau.

Il finit par lui demander ce qu'elle avait fait. « Eh bien, dit Nicole, je suis restée assise sur mon cul chez ma mère. Je n'avais pas assez d'essence pour rentrer, alors j'ai dû rester là toute la sainte journée. Parfaitement, je suis restée sur mon cul. » « Eh bien, lui dit-il, il y a quelque chose de changé dans cette maison depuis que je suis parti ce matin. Tu es revenue ici dans la journée ?

— Oui, je suis revenue ici dans la journée, répondit-elle.

— Je croyais que tu étais restée assise sur ton cul toute la journée chez ta mère. »

Elle lui dit en souriant : « C'est exactement ce que j'ai dit. »

Gary abandonna la voiture, l'air aussi nonchalant que s'il rentrait dans la maison et, au passage, il la gifla à toute volée. C'était plutôt sournois. Elle avait la tête qui sonnait comme un réveil.

Nicole avait l'impression de le mériter. La grosse fierté sans raison, c'était quelque chose qu'il était incapable de supporter. Quand même, c'était la seconde fois qu'il la frappait. Elle sentait pas mal de vilaines pensées qui commençaient à se rassembler en elle.

Le lendemain, elle parvint à se soulager un peu. Comme elle n'avait toujours pas d'argent pour acheter des langes ou du savon et qu'il n'y avait pas toujours du linge propre, elle aimait laisser les gosses jouer tout nus en été. Certains des voisins devaient en être choqués.

Ce jour-là, alors que Jeremy était sur la pelouse d'un voisin et que les autres gosses étaient assis au bord du fossé qui séparait le trottoir de la rue, les pieds dans l'eau, une voiture de police s'arrêta et un flic cria quelque chose. Nicole n'en croyait pas ses yeux. Le flic roula au pas jusqu'à sa maison, vint jusqu'à sa porte et se mit à lui débiter des conneries incroyables dans le genre : « Vos gosses risquent leur vie à jouer dans le fossé là-bas. » « Votre petit garçon pourrait se noyer. » Nicole dit : « Mon bon monsieur, vous ne savez pas de quoi vous parlez. Mon petit garçon n'était pas du tout près de

l'eau. Il n'en a pas une goutte sur le corps. » C'était
vrai.

Le flic se mit à dire que les voisins avaient
téléphoné pour se plaindre qu'elle ne s'occupait
pas bien des enfants. « Foutez le camp de chez
moi, dit Nicole, remmenez votre gros cul sur la
route. »

Elle savait qu'elle pouvait dire n'importe quoi
dès l'instant où elle restait dans sa maison. Le flic
était dehors à la menacer de l'assistance sociale et
elle lui claqua la porte au nez. Il hurla : « Il vaut
mieux que je ne revoie pas ces gosses dehors. » Elle
ouvrit de nouveau la porte.

Nicole dit : « Ces gosses vont jouer dehors toute
la sainte journée et vous feriez mieux de ne pas les
toucher, sinon je vous descends. »

Le flic la regarda. Il avait une expression dans le
genre : « Et maintenant qu'est-ce que je fais ? » Au
milieu de sa colère, elle comprenait le point de vue
du policier : c'était une situation si dingue pour lui.
Menace par une femme. Puis elle ferma la porte, il
repartit dans sa voiture et Gary se leva. Par ces
jours de chaleur, on avait approché le lit de la
fenêtre de la salle de séjour.

Elle se rendit compte tout d'un coup de ce que
ces deux dernières minutes avaient dû lui faire
éprouver. Elle avait complètement oublié les pistolets. La vue de ce flic s'arrêtant chez eux allait
encore se traduire par plus de bière et plus de
fiorinal.

Le lendemain matin, il était chez Kathryne. Elle le trouva plutôt brusque. « Venez dehors », dit-il. Kathryne avait peur. « Vous ne pouvez pas me le dire ici ? » « Non, dit-il, dehors. »

Elle n'aimait pas la façon dont il se conduisait, mais c'était le jour. Elle sortit donc et Gary dit : « J'ai quelque chose dans ma voiture que je veux laisser ici un petit moment. » Il alla jusqu'à la Mustang pour prendre un sac de linge dans le coffre et le déposer à l'arrière de sa voiture à elle. Kathryne demanda : « Qu'est-ce que vous avez là, Gary ? » Et il répondit : « Des armes. »

« Des armes ! » fit-elle. « Oui, dit-il, des armes. » Elle lui demanda où il se les était procurées. « Où est-ce que vous croyez ? Je les ai volées. » Kathryne se contenta de dire : « Oh ! » Là, sur la plage arrière de sa voiture, il se mit à les lui exhiber. « J'aimerais, dit Gary, les laisser ici. » « Mon Dieu, Gary, dit Kathryne, je crois qu'il vaudrait mieux pas. Je ne peux pas les garder ici. »

« Je reviendrai en sortant du travail, dit Gary. Je veux juste les laisser un moment dans un endroit sûr. »

Elle n'en croyait pas ses yeux en voyant la façon dont il les avait disposées sur le coffre de la voiture. Si un des voisins regardait par la fenêtre, il n'en croirait pas ses yeux non plus.

Il prit chaque arme avec soin et la lui décrivit comme si c'était une rare beauté. Un des pistolets était un Magnum 357 ceci ou cela, un autre était un Browning automatique 7,65, puis un Dan Weston 9 mm, une chose ou une autre. Kathryne dit :

« Gary, je ne m'y connais pas beaucoup en pistolets.

— Il vous plaît, celui-ci ? demanda-t-il.

— Oh ! ils sont beaux, ils sont tous beaux, vous
savez. (Elle ajouta :) Qu'est-ce que vous allez en
faire, Gary ?

— Il y a deux types qui vont me les acheter »,
dit-il.

Tous les pistolets étaient maintenant déballés. Il
expliqua : « J'en ai donné un à Nicole pour se
protéger. Un joli petit Derringer. J'ai envie de vous
donner celui-ci.

— Je n'en ai pas besoin, Gary. Vraiment, je n'en
veux pas.

— J'y tiens, dit-il. Vous êtes la mère de Nicole.

— Bon sang, Gary, dit Kathryne, j'ai déjà un
pistolet.

— Eh bien, dit-il, je veux vous offrir ce Spécial.
Ça n'est pas sûr pour deux femmes de vivre ici
seules comme votre sœur et vous. » Elle essaya
d'expliquer qu'elle avait déjà le Magnum de son
mari. Mais Gary dit : « C'est un trop gros calibre.
Vous ne devriez même pas essayer de tirer
avec. »

Il rangea alors son arsenal dans le coffre de la
voiture de Kathryne. Celle-ci lui expliqua qu'elle ne
voulait absolument pas circuler avec tout ça. Alors
il dit : « Laissez-moi les mettre dans la maison. » Il
lui raconta qu'il reviendrait à cinq heures. Bon,
déclara-t-elle, à cette heure-là elle ne serait pas
là.

Ça ne faisait rien, il viendrait juste les reprendre.
Là-dessus, il porta le sac de linge sale dans la
maison et déposa les pistolets derrière le canapé,
sept ou huit au total. Puis il enveloppa le Spécial
dans un vieux chiffon et le cacha sous le lit dans la
chambre de Kathryne.

Ce soir-là, quand Cathy et elle rentrèrent, elles se précipitèrent pour regarder derrière le canapé. C'était vrai, les pistolets avaient disparu.

8

Dans la journée, alors que Gary était au travail, Barrett passa avec son camion et Nicole partit avec lui jusqu'au canyon. Sunny et Peabody descendirent pour aller jouer. Ils n'avaient même pas eu le temps d'allumer un clope qu'il avait baissé sa culotte. Elle aussi. Et ils y allaient de bon cœur. Elle s'entendit dire : « Gary est fou. On pourrait se faire tuer. » Puis elle dit à Jim : « S'il arrive quoi que ce soit, je tiens à ce que tu saches que je t'aime. » Et au moment où elle le disait, c'était vrai.

Gary rentra vêtu d'un vieux caban aux manches coupées. Son pantalon était plein de taches et il était à moitié saoul. Il lui demanda de venir avec lui chez Val Conlin pour examiner la camionnette. Elle lui dit de se nettoyer d'abord. Elle ne tenait vraiment pas à ce qu'on la voie avec lui. On aurait dit qu'il avait couché dans la cour.

Gary continuait à discuter avec Conlin comme s'il avait l'argent. C'était vraiment agaçant.

Ensuite, il voulut s'arrêter pour voir Craig Taylor. C'était complètement idiot. Julie, la femme de Craig, était à l'hôpital. Les gosses de Nicole et les petits Taylor étaient insupportables pendant que Gary s'était mis à jouer aux échecs avec Craig. Il poussa des cris de joie lorsqu'il l'eut battu.

Là-dessus, Gary se mit à déblatérer sur le compte de Val Conlin qui le faisait attendre pour la camionnette. « Je démolirai sa baraque et quelques-unes de ses bagnoles aussi, dit-il. Je leur casserai les vitres à coups de pied. »

Craig se contentait d'écouter comme un hibou. Il avait les plus larges épaules qu'elle avait jamais vues pour un type qui avait une tête de hibou. Il ne disait jamais rien. Il clignotait.

Gary déclara qu'il avait horreur de regarder la télé. Il avait surtout horreur des feuilletons policiers. Nicole se mit à bâiller.

Comme ils s'en allaient, Gary demanda à Craig : « Qu'est-ce que tu penses de moi ?
— Ma foi, tu as l'air d'essayer, fit Craig. Avec quelques coups de chance, tu t'en tireras. »

En remontant de chez Craig pour aller chez Kathryne, en plein milieu de la longue route jus-qu'à la maison de sa mère, la Mustang se mit à caler. Gary était si furieux qu'il cassa le pare-brise.

Il se renversa en arrière, détendit ses jambes, et projeta ses pieds contre le pare-brise. Il péta.

Les gosses avaient peur. Nicole ne dit pas un mot. Elle descendit pour l'aider à pousser la voi-ture et la faire démarrer. Ça ne marchait toujours pas. Là-dessus, quelqu'un passa qui leur donna un coup de main. Ils roulèrent en silence pendant deux cents mètres.

Depuis une semaine, elle essayait de lui dire qu'ils pourraient habiter séparément et se voir de temps en temps. Maintenant que le moment était venu, ce fut Gary qui parla : « Je t'emmène chez ta mère, dit-il, je ne veux plus jamais revoir ta gueule. »

Il la planta là avec les gosses sans plus de façon que s'il descendait à l'épicerie acheter des boîtes de bière. Elle croyait que ça lui ferait plaisir, mais ça n'était pas le cas. Elle n'avait pas l'impression que ça s'était terminé comme il fallait.

Douze heures plus tard, Gary rappliqua chez Kathryne. Juste avant le déjeuner. Il voulait qu'elle revienne. En le lui demandant, il était déjà ivre. Elle répondit qu'elle ne voulait pas. « Il faut que j'y réfléchisse un moment. »

Il ne voulait pas qu'elle réfléchisse. Il voulait qu'elle soit d'accord. Quand même, elle était stupéfaite. Il ne la força pas. Mais quand il fut parti, elle décida que ç'aurait été trop facile. Demain, il reviendrait à un moment ou à un autre. Elle téléphona donc à Barrett pour lui demander si elle pouvait crécher chez lui. Nicole expliqua claire-ment qu'elle n'avait pas envie de s'incruster. Elle avait juste besoin d'un lit pour deux ou trois jours.

Si elle voulait disparaître aux yeux de Gary, il faudrait trouver de meilleurs endroits que chez Barrett. Elle se mit à chercher un appartement. Le lendemain, Barrett en trouva un à Springville. Pra-tiquement personne ne connaissait l'adresse et elle lui fit jurer de la garder secrète.

Elle habitait maintenant à huit kilomètres de la maison de Spanish Fork. Si Gary prenait la route de derrière pour Provo au lieu de la nationale, il passerait à deux rues de chez elle.

Barrett voulait qu'ils essaient encore une fois. Encore un voyage de l'esprit. Quand elle était jeune, et qu'elle lisait des histoires d'animaux,

Kathryne lui avait parlé de la réincarnation. Elle lui avait raconté cela comme un conte de fées. C'était alors que Nicole avait choisi de revenir sous la forme d'un petit oiseau blanc. Maintenant elle se disait que si elle ne mettait pas un peu d'ordre dans la façon dont elle s'y prenait avec les hommes, elle allait revenir sur terre toute laide et aucun homme ne voudrait jamais la regarder.

CHAPITRE XI

LES EX-MARIS

1

BARRETT avait tendance à se trouver petit. En fait, son père et sa mère lui disaient toujours que quand il était né, il n'avait pas l'air plus gros qu'un chaton qu'on met dans une boîte à chaussures. Maintenant, il mesurait un mètre soixante-quinze et pesait dans les soixante-cinq kilos, mais il avait toujours l'habitude de se considérer comme de petite taille et indépendant. Comme un chaton. Durant cette période où il avait eu sa première aventure avec Nicole, il se rappela avoir passé une semaine tout seul dans une cellule jaune de l'asile. Peinte en jaune pâle comme une nursery, seulement c'était une cellule. Il se souvenait avoir pris ses chaussettes, les avoir roulées en boule pour les lancer contre le mur, les lancer et les rattraper. C'était la seule chose qu'il avait à faire. Il se débrouilla.

En revanche, il n'était pas bâti pour les punitions vraiment sévères. Pas avec son long nez pointu, ses fins cheveux châtain clair, doux comme ceux d'une fille. Ses cheveux percevaient les mauvaises vibrations émanant d'un étranger qu'il rencontrait sur la route. Barrett savait donc généralement à quoi s'attendre. C'était tout aussi bien, compte tenu du problème qu'il avait maintenant sur les bras d'aider Nicole à se cacher de ce dément qui vivait à ses crochets : Gary Gilmore. Voilà une histoire d'amour qui avait pris Barrett au dépourvu. Il était horrifié par le mauvais goût de Nicole. Il ne l'avait vue qu'une seule fois faire montre d'un pareil manque de jugement.

Avec Nicole, Barrett en avait vu de toutes les couleurs. Il en avait vu des types défiler, des étalons, des sportifs, des dingues, des bêtes, des gens qu'on aurait presque pu qualifier d'infirmes, mais ils avaient toujours quelque chose. S'ils n'étaient pas beaux, forts, bien pourvus, alors ils avaient quelque chose à quoi on pouvait s'accrocher, un bon côté. Barrett savait que Nicole était une fille belle et vraiment indépendante, et si on avait le malheur d'être éperdument amoureux d'elle comme l'était Barrett, alors il fallait vivre avec qui elle allait se dénicher ensuite. Il fallait être là quand elle était prête à plaquer le type.

Barrett n'était pas bâti pour les rencontres poids lourds. Il était lucide pour s'en rendre compte. Pourtant, les actes les plus courageux, les plus difficiles qu'il avait faits de sa vie, c'était à cause de Nicole. Par exemple : l'aider à quitter la maison de Jo Bob avait de quoi faire peur. Toutes ces heures avec une camionnette empruntée à attendre devant la porte : Jo Bob aurait très bien pu rentrer de son travail pour voir ce qu'elle faisait. Barrett, ce jour-là, était armé, mais Jo Bob était assez costaud pour que ça ne l'arrête pas.

Eh oui, toutes ces heures passées à déménager les meubles de Nicole (qui étaient ceux de Barrett lorsqu'ils vivaient ensemble), ç'avait été un des moments les plus tendus que Barrett avait jamais passés, mais il l'avait fait filer, emportant jusqu'au dernier abat-jour, Sunny et Jeremy sur la banquette avant avec eux, parfaitement. Une fois de plus il avait sauvé la mise à Nicole, et elle était même revenue vivre avec lui parce qu'il avait trouvé la maison de Spanish Fork.

En ce temps-là, il travaillait. Sur une bétonneuse. Il avait cherché un emploi pour ne plus avoir à vendre de la drogue. Il crut que la bétonneuse, ça pourrait lui aller, mais ça lui parut vite une situation difficile à garder. Les gens sérieux n'avaient qu'à le regarder, avec sa crinière de hippie, sa veste de daim avec des franges, ses cheveux longs, sa petite moustache et ils le classaient aussitôt tout en bas de l'échelle. C'était dur de conduire la camionnette d'un autre et d'être payé des clopinettes tout en faisant gagner des paquets de dollars à son patron. Ça déprimait toujours Barrett. Au moins, quand on vendait de la drogue, on était son propre patron.

Malgré tout, il avait essayé de gagner normalement sa vie et de prouver quelque chose à Nicole. Aller en voiture de Spanish Fork pour travailler dans une cimenterie d'American Fork, ça lui faisait pratiquement traverser le comté d'Utah d'un bout à l'autre, pas loin de cent kilomètres par jour. On ne pouvait pas imaginer une existence plus rangée. C'était ça qu'il voulait prouver. Mais Nicole et lui commencèrent à se disputer à propos d'histoires du passé. Les relations sexuelles qu'elle avait eues avec d'autres hommes l'ennuyaient. Il n'arrivait pas à les oublier.

Depuis le début, à Spanish Fork, leur vie sexuelle n'était pas ce qu'elle était autrefois. Il n'y avait plus cette impression d'amour. Il y avait des fois où il lui disait : « Tu n'as même pas envie de moi. » C'était comme une plaie ouverte. Être sans Nicole, c'était l'enfer. Elle ne se rendait pas compte de ce qu'il éprouvait : si elle pouvait seulement comprendre de temps en temps combien il souffrait. Elle ne savait pas comme ça pouvait être magnifique avec elle, si elle était d'humeur pour ça. Personne ne savait vous donner l'impression d'être désiré, comme Nicole. Elle pouvait devenir la séductrice, et c'était le paradis quand on obtenait ça d'elle. Mais quand elle arrêtait, Barrett retrouvait l'enfer.

Alors, même avec la maison de Spanish Fork — soixante-quinze dollars par mois — ce fut plus fort que lui, il se fit la valise. Il alla pour quelques semaines dans le Wyoming faire ce qu'il faisait toujours dans ces cas-là, c'est-à-dire essayer de profiter de sa liberté, de jouir autant que possible de la vie sans scène quotidienne. Mais il n'arrivait pas à profiter des bons côtés de sa liberté, à se sentir tout pimpant. Au lieu de cela, il trimbalait le souvenir de Nicole comme un fardeau. Alors, à la première occasion, il lui fit une visite surprise depuis le Wyoming et s'arrêta devant la maison de Spanish Fork vers onze heures par une froide nuit de février.

Comme il y avait la voiture d'un autre type garée devant la maison, Barrett entra par-derrière. Nicole et le type étaient ensemble dans la salle de bain, tout nus. Le gars était assis sur le panier à linge, un drôle de numéro dans le genre crasseux, Clyde Dozier. Barrett le connaissait de vue, un mec répugnant. Barrett n'était pas un violent, vous comprenez, il se contenta de passer dans la cuisine à côté et Clyde se rhabilla et vint le rejoindre, puis commença à s'excuser en disant que ça n'était pas la faute de Nicole. Barrett dit : « Épargne-moi des problèmes, Clyde. Fous le camp d'ici avant que je me mette en colère. » Barrett n'était peut-être pas très costaud, mais après tout il avait quelques relations. Clyde s'en alla et Nicole se mit à dire quelque chose dans le genre : « Je ne suis pas ta bourgeoise. Tu es allé dans le Wyoming en me laissant. Je peux faire ce qui me plaît, tu sais. »

Bref, elle s'était installée un lit dans la cuisine et Barrett lui sauta dessus. Il ne savait pas pourquoi il avait envie de baiser à ce moment-là, mais il se dit qu'elle se laissait faire parce qu'il risquait de devenir violent si elle résistait. Le lendemain matin, il n'était pas en colère. Au fond, c'était plus drôle qu'autre chose, voyez-vous, de se retrouver là, par terre, dans la cuisine, avec sa régulière en disant : « Bon sang, tu ne pourrais pas trouver quelqu'un d'un peu mieux que Clyde ? » Il avait vraiment envie de se raccommoder avec elle. Alors il renonça au Wyoming et se trouva une crèche à Lindon. Il passait deux ou trois fois par semaine puis un jour elle lui dit de ne pas revenir. Quand il rappliqua, il y avait là un autre minable, Freson (en voilà un nom !) Phelps. Barrett attendit un long moment avant de revenir à Spanish Fork.

Mais cette fois, les choses avaient changé. Il y avait un autre mobilier. Quelqu'un de nouveau avait emménagé. Il s'assit pour prendre une tasse de café avec elle. Il n'avait même pas eu le temps de commencer à parler que Gilmore arriva. La première fois qu'il entendit parler de ce type, ce fut lorsqu'elle les présenta.

Barrett eut l'impression que c'était encore un minable de plus. Il n'avait pas le genre qu'il fallait. Encore le mauvais goût de Nicole ! Il portait des shorts et il avait les jambes trop blanches. Gilmore avait l'air beaucoup plus âgé qu'elle. Barrett ne se sentait pas vexé ni rien, simplement dégoûté, vous comprenez, dans le genre : je n'arrive pas à y croire.

Il continua à bavarder avec Nicole. Gilmore ne disait pas un mot, il était juste assis à la table de la cuisine. Il semblait agacé. Au bout d'un petit moment il se leva et passa dans la pièce du devant. Là-dessus, Barrett fit un signe de tête à Nicole et ils sortirent. Sunny et Jeremy jouaient dehors et vinrent s'asseoir près d'eux, et Nicole expliqua que Gilmore était un ancien détenu. Puis elle retourna dans la maison. Barrett resta dehors à jouer avec les gosses qui se mirent bientôt à répéter inlassablement la même chose. C'était comme s'ils vous avaient mis un levier dans l'épaule et qu'ils essayaient de vous la démancher. Ils disaient : « Pop, poup, pop, poup » et éclataient de rire.

Il regagna sa camionnette et repartit. Il sentait ses maigres fesses rebondir sur la banquette.

Puis il y eut la seconde rencontre avec Gilmore. Il était passé dire bonjour à Nicole et Gary était allé à l'épicerie. Pendant que Barrett bavardait avec Nicole auprès du pommier, Gilmore revint. Il ne dit pas : « Fous le camp d'ici », mais on peut dire qu'il se comporta comme si son retour devait donner le signal du départ. Alors Barrett se leva et Nicole rentra dans la maison. Il ne restait plus à Barrett qu'à se diriger seul vers la rue. Mais Gilmore passa par la porte d'entrée afin de le rencontrer sur le trottoir.

Il dit : « Je tiens à te dire une chose. J'accepte le fait que tu sois le père de Sunny, mais Nicole est à moi. » Barrett répondit : « Écoute, mon vieux, tu peux l'avoir. Je n'ai pas envie d'elle. » A ces mots Gilmore fit une sale tête, une vraiment sale tête. Il dit : « Pas la peine de l'insulter. »

A ce moment, Barrett eut vraiment peur. Il avait l'habitude de voir Nicole avec d'autres hommes. Il l'avait observée avec bien d'autres hommes. Qu'y avait-il d'autre à dire ? Qu'on pouvait en effet se la payer. Il ne pouvait assurément pas les empêcher de la sauter. D'ailleurs, ça n'avancerait à rien que Gilmore connaisse ses véritables sentiments. Ça le mettrait en alerte. Barrett dit : « Je ne cherchais pas à l'insulter. Nicole n'a pas envie de moi, et moi je n'ai pas envie d'elle. Je voulais simplement que tu le saches. » Il remonta dans sa camionnette et là, sur la route, il reprit espoir. C'était d'avoir entendu Gilmore dire : « Nicole est à moi. » Quand ils en arrivaient à parler comme ça, ils la perdaient. Elle n'aimait pas qu'on la possède longtemps.

Après ça, en se baladant, surtout quand il était dans les vapes, ça lui arrivait de passer devant chez elle. Si la voiture de Gary était arrêtée devant, il continuait. Si les choses se présentaient bien, il venait faire une petite visite à Nicole, pour tâter le terrain.

2

Une fois, Rosebeth vint ouvrir et dit que Gary était au travail et que Nicole était sortie avec les gosses. C'était la première fois que Barrett voyait Rosebeth, mais il entra comme s'il était chez lui. Après tout, tout ce qu'il possédait était là. Gary et Nicole, annonça Rosebeth, seraient sûrement absents pour la journée. Il faisait bon et chaud dans la pièce.

Jim était assis dans le fauteuil et la fille était allongée sur le lit de la salle de séjour qui servait de divan. Il la trouva plaisamment rebondie, avec de vraies formes de bébé, mais trop jeune et trop vierge pour qu'on fasse des bêtises avec elle. Mais quand elle se leva pour retirer la couverture du lit, il décida de s'installer auprès d'elle et ils commencèrent à s'embrasser. Il ne fallut pas une minute à

Rosebeth pour dire : « Maintenant, déshabillons-nous. » « D'accord, dit-il, je suis pour. » Ils ôtèrent leurs vêtements, s'allongèrent sur le lit et elle dit : « Laisse-moi te sucer. » Barrett dit : « Ça n'est pas moi qui vais t'en empêcher. »

Attention, c'était elle qui prenait les initiatives. Barrett s'allongea sur le dos, elle se retourna comme une anguille et lui colla sa boîte à musique en pleine figure. Il n'avait pas le choix. Elle ne savait pas vraiment s'y prendre. En fait, elle lui faisait mal avec ses dents. Ça ne l'empêchait pas de s'échauffer. Mais elle n'avait pas le clitoris sensible, vous comprenez, il n'arrivait pas à la faire vibrer. Mais elle était quand même assez excitée. Il la retourna et elle le regarda d'un air d'attente. Seulement il ne pouvait pas la tringler. Elle était vierge, découvrit-il, et il lui faisait mal.

« Gary veut que je fasse des choses seulement avec lui, tu sais, disait-elle. Il n'aimerait pas ça, tu sais. » Elle lui raconta comment tous les trois ils faisaient des trucs. Barrett se contentait de lui donner des petits coups de langue sur le sexe.

Ça parut l'ouvrir. Il se retourna et l'enfila. Ça rentrait sans problème, c'était vraiment bon, doux et chaud, sans bouger du tout, c'était tout ce qu'il demandait. Il n'alla pas plus loin.

Il se rhabilla et elle se leva et en fit autant. Il n'était pas resté en elle plus de dix secondes. Elle n'avait vraiment rien fait, mais elle avait vraiment de jolis seins. Il obtint d'elle son numéro de téléphone. Un coup fantastique. Gratis. Et au nez et à la barbe de Gilmore.

La fois suivante où il s'arrêta, Nicole dit qu'elle avait envie de faire un tour. Il l'emmena jusqu'au canyon et Sunny et Jeremy descendirent pour aller jouer. Barrett se fit séduire là, dans la camionnette. C'est tout ce qui se passa ce jour-là.

Il crut que c'était parce que de nouveau elle l'aimait, parce qu'elle éprouvait pour lui quelque chose de spécial. Elle lui dit après qu'elle l'aimait toujours et tout autant. Puis ils redescendirent du canyon et il la raccompagna chez elle.

On peut dire que ça donna un coup de fouet à l'amour qu'il avait pour elle. Cela fit qu'elle lui manqua encore plus. Pour lui, le sexe était comme une chose sacrée, une façon d'exprimer un sentiment.

Le lendemain, elle lui téléphona. « Je suis très embêtée, dit-elle, très déprimée. » Gary était devenu très dominateur.

Quand Barrett arriva, elle était triste, elle broyait vraiment du noir et lui il était là, plein d'amour. Il se mit tout nu avec elle, lui donna toute l'attention dont elle avait besoin et lui dit qu'il allait la tirer de ce pétrin.

Dès l'instant où elle se retrouva dans la minable petite chambre qu'il occupait dans un motel miteux, il ne leur fallut qu'une seule nuit pour comprendre qu'ils avaient besoin de plus d'espace. Il alla trouver un ami qui était propriétaire de deux immeubles à Springville et lui dit : « Dis donc, si tu me laissais travailler à ta piscine pour le loyer. » Le type accepta et les installa dans un appartement 3 West à Springville. Le même jour, pendant que Gilmore était à son travail, ils prirent les meubles à Spanish Fork et les rapportèrent à l'appartement.

C'était assommant de déménager. Nicole le laissa prendre un 6,35 Derringer que Gary lui avait donné. C'était encore plus dur que le déménagement de chez Joe Bob. Barrett remarqua un bout de papier épinglé au mur et disant : « Où es-tu, ma fille ? »

Il avait le pistolet chargé dans sa poche revolver. Mais il n'arrêtait pas de penser aux autres pistolets de Gilmore. Si le mec rappliquait, il allait peut-être y avoir une fusillade. Même après qu'ils se furent installés dans l'appartement, ça ne se calma pas. Nicole n'arrêtait pas de dire : « Tu ne connais pas Gary, il est dangereux. » Barrett trimbalait toujours son pistolet.

Cette fois-là, Nicole lui faisait l'amour comme une professionnelle. Il ne lui donnait pas d'argent, mais on aurait dit qu'elle estimait qu'il lui avait rendu service et qu'il méritait bien ça. Ce ne fut assurément pas une de leurs bonnes périodes. Elle n'avait pas d'orgasmes très régulièrement. Malgré tout ce qu'il savait d'elle, ça lui prit quand même quelques jours avant de s'apercevoir que Nicole voyait quelqu'un d'autre.

.

3

Le mardi soir où Gary rompit avec Nicole, il revint chez Craig et passa une soirée tranquille. « Elle est sortie de ma vie », annonça-t-il. Le lendemain matin, à peine réveillé, il parlait de se remettre avec elle. Il alla prendre un 6,35 Browning automatique dans sa voiture et demanda à Craig de le lui garder. Craig accepta. Il voulait le calmer, l'empêcher de plonger.

En allant au travail, Gary demanda si Craig connaissait quelqu'un qui voudrait acheter l'automatique. Quand Craig lui répondit non, Gary dit : « Tu peux le garder. » Craig ne savait pas si Gary le lui donnait ou lui en confiait simplement la garde afin de l'avoir sous la main.

Spencer voulut savoir comment le pare-brise s'était cassé et, quand Gary lui répondit qu'il avait donné des coups de pied dedans, Spencer demanda : « Pourquoi ? » Gary dit qu'il était furieux contre Nicole. « Alors pourquoi ne lui as-tu pas donné des coups de pied à elle ? fit Spencer. Tu sais qu'il te faut un pare-brise pour l'examen des Mines. Ce coup de pied t'a coûté cinquante dollars. » Gary répondit qu'il s'en foutait.

Ça rendit Spencer furieux. Après tout, Gary lui devait de l'argent. Alors Spencer lui demanda de nouveau s'il avait passé son permis. Quand Gary répondit que non, Spencer se dit qu'il avait dû lui mentir tout le temps et qu'ils allaient devoir modifier un peu leur programme. Mais Gary semblait avoir la tête ailleurs. Il demanda à Spencer ce qu'il pensait de son idée d'acheter une camionnette. Spencer se dit que ce type était vraiment un terrible égoïste.

Dans la journée, Gary obtint de Val Conlin les clefs de la camionnette blanche et la conduisit jusqu'à l'atelier pour avoir l'approbation de Spencer. C'était une Ford 68 ou 69. McGrath trouva qu'elle était beaucoup trop chère. Gary dit que ça lui était égal, qu'il en avait envie. Spencer répondit : « Moi, ça ne m'est pas égal. Tu me demandes de verser mille sept cents dollars pour un véhicule qui n'en vaut que mille. Ça ne va pas. Tu n'as pas de permis de conduire. Si tu bousilles cette bagnole ou si quelqu'un la vole, ou si tu te lances dans une bagarre, qu'on t'arrête et qu'on te flanque en taule, ou même seulement si tu n'arrives pas à respecter les versements, alors il faudra que je paie. Tu devrais penser un peu sérieusement à ce que tu me demandes de faire. » Ça ne troubla pas du tout

Gary. Il ne doutait absolument pas, expliqua-t-il, qu'il allait payer cette camionnette. A son avis, Spencer ne devrait pas s'inquiéter, il ne perdrait pas un centime.

Ce soir-là, Gary fit la tournée des bars pour chercher Nicole et puis rentra chez lui. Comme il n'arrivait pas à dormir, il prit sa voiture et fit tout le trajet jusqu'à la nouvelle adresse de Sterling Baker. Sterling avait quitté Provo pour aller s'installer dans un bourg du nom de Lark, près de Salt Lake City. Il était tard quand Gary arriva. Ça lui faisait un drôle d'effet, expliqua-t-il, de rester à Spanish Fork sans Nicole. Il lui avait parlé chez Kathryne le jour même, leur raconta-t-il, et elle voulait qu'ils restent séparés. Il n'arrivait pas à chasser l'idée qu'il l'avait perdue. Gary avait l'air si triste que, malgré l'heure, aussi bien Sterling que Ruth Ann ne pouvaient s'empêcher d'être navrés.

Gary se mit à parler de réincarnation. Après sa mort, annonça-t-il, il allait repartir de zéro. Il aurait le genre de vie qu'il avait toujours souhaité. Il en parlait comme si c'était si certain, si réel que Sterling commença à s'embrouiller et à croire que Gary parlait d'un endroit réel, comme s'il allait s'installer avec armes et bagages à Winnipeg, au Canada.

Le matin, Gary téléphona à l'atelier pour dire qu'il était malade et passa la matinée à rouler avec Ruth Ann en cherchant Nicole.

Ils fouillèrent un tas de rues de Springville. Gary, on ne sait pourquoi, avait l'impression qu'elle était là. Ils passèrent chez Sue Baker, mais elle ne savait pas, dit-elle, où Nicole pouvait être. Ça sentait les langes chez Sue et elle avait l'air triste. Elle ne savait pas où était Rikki, elle ne savait pas où était Nicole, elle ne savait rien. Ruth Ann commença à plaindre vraiment Gary. Elle n'avait jamais vu un homme souffrir tant pour une femme. Il avait bien dû passer cinq fois à la blanchisserie automatique pour voir si elle s'y trouvait.

Vers le milieu de l'après-midi, Ruth Ann retourna à Lark et Gary se présenta au travail. Il venait à peine de prendre un outil qu'il y eut un coup de fil de Nicole.

« Tu n'es pas ivre ? demanda-t-elle.
— Je suis parfaitement sobre », répondit-il.
Elle téléphonait pour lui annoncer qu'elle venait de déménager ses meubles de la maison de Spanish Fork, mais qu'il pouvait y rester quelques jours tant que le loyer était payé. Elle ne pensait pas qu'après cela on lui louerait la maison.

Est-ce qu'ils pourraient se voir ? demanda-t-il. Elle répondit qu'elle ne le pensait pas. L'un d'eux risquerait de tuer l'autre.

4

A sa surprise, Kathryne se sentit l'envie de pleurer. Gary arriva si pitoyable. Il s'assit et posa sur la table une cartouche de cigarettes et une boîte de Pampers en disant : « Elle aura probablement besoin de ça. » Il y eut un silence puis il dit : « Voudriez-vous faire quelque chose pour moi ? » Kathryne répondit : « Ma foi, oui, si je peux. » « Voulez-vous lui donner cette photo de moi ? C'est la meilleure que j'aie pu trouver. Elle n'est pas très bonne, mais c'est la seule qui soit acceptable. » Kathryne regarda. Gary était debout dans la neige, vêtu d'un caban bleu. Elle pensa que la photo avait dû être prise en prison. Il avait l'air jeune et pas

commode. Il avait écrit au verso : « Je t'aime. »
Lorsqu'elle l'eut reposée Gary dit : « Il faut que je
parte. »

Quand Nicole passa plus tard ce soir-là, elle se
contenta de jeter un coup d'œil à la photo, fit une
sorte de *houmpf* et la lança sur le rayonnage du
buffet. Plus tard, Kathryne la remit derrière le
vaisselier où elle serait à l'abri des enfants, de la
confiture et du beurre de cacahuète.

Vers le soir, Gary alla s'asseoir avec Brenda et
Johnny. Leur patio n'avait guère l'allure d'un jardin ; c'était plutôt un appentis avec un toit de
plastique ondulé vert pâle qui laissait passer la
lumière, deux chaises de fer et deux vieux fauteuils
de toile crasseux. Brenda ne se donnait jamais
beaucoup de mal pour arranger sa cour, mais
c'était quand même agréable de prendre un verre
là, dans l'obscurité.

Non seulement Gary avait ses problèmes affec-
tifs, mais Johnny allait bientôt en baver : il devait
se faire hospitaliser pour être opéré d'une hernie.
Ça ne prendrait peut-être pas longtemps, mais ça
n'allait pas être drôle. Brenda aurait aimé qu'on
dise en plaisantant que le chirurgien devrait faire
attention à ne pas couper trop bas dans ce coin-là,
mais malheureusement Gary n'était pas d'humeur.
Les chaussettes jaune et blanc qu'il portait étaient
de meilleur goût que d'habitude, aussi Brenda
observa-t-elle : « J'aime bien ces chaussettes, cousin. » Il la dévisagea et dit : « Elles sont à Nicole. »
On aurait dit qu'il allait éclater en sanglots.

C'était terrible. Brenda s'imaginait cette maison
vide de Spanish Fork. « Je peux encore y sentir son
parfum », dit Gary. De toute évidence, il était arrivé
à ce stade de souffrance insupportable où la même
idée devient une obsession.

« Il faut que je la trouve », dit-il.

« Mon chou, ce genre de chose prend du temps, dit Brenda. Peut-être que Nicole a besoin de deux ou trois jours. » « Je ne peux pas attendre, dit-il. Tu veux m'aider à la trouver ? » « Ça ne marche pas comme ça, dit Brenda. Si une femme ne veut pas te parler, elle te tuera d'abord. »

En général, malgré tout ce que Gary pouvait éprouver, il aimait donner l'image même de la décontraction. Mais aujourd'hui, assis au bord de sa chaise, on aurait dit qu'il était rongé de nervosité. Elle ne voulait pas penser à l'état dans lequel il devait avoir l'estomac. En lambeaux. Elle trouva que son bouc était épouvantable.

« C'est la première fois que j'éprouve une pareille douleur, dit-il. D'habitude, j'arrivais à supporter tout ce qui se présentait, même si c'était moche, mais ici, c'est trop dur. Chacun se livre à ses occupations. Où Nicole peut-elle être ? »

Avec le soir, l'atmosphère s'alourdit encore. Brenda croyait voir Gary écouter Nicole s'amuser avec d'autres hommes. Il n'arrêtait pas de boire. Au bout de deux heures il s'écroula, ivre mort. Le matin, pourtant, il alla au travail.

« Pourquoi tellement chercher une femme qui ne veut pas revenir avec toi ? demanda Spencer. Laisse-la tranquille. Elle sait où tu es.

— Je m'en vais repeindre ma voiture », dit Gary.

Il entreprit de rentrer la Mustang dans l'atelier, mais il ne souleva pas assez haut la porte coulissante. Alors il la heurta en entrant. Il la faussa. Spencer ne poussa même pas un grognement. Gary aurait pu faire repeindre la voiture pour cinquante dollars, et maintenant ça allait en coûter trois cents ou plus pour remettre la porte en état. Dans l'immédiat, Spencer se contenta d'attacher une corde à la partie enfoncée et il redressa la tôle comme il put. La porte de l'atelier avait une triste allure.

Pendant le déjeuner, Gary se rendit en voiture à Spanish Fork et arpenta les pièces vides. Ensuite, il revint à Springville pour inspecter la laverie automatique. Il s'arrêta chez Sue Baker. Elle n'avait pas eu de nouvelles de Nicole.

« Nicole, fit Kathryne, n'aime pas boire. Elle ne le supportera pas, même si elle a de l'affection pour vous. Elle pourrait vraiment vous aimer, dit Kathryne, et je crois que c'est peut-être le cas, mais il faut que vous fassiez un choix. Qu'est-ce qui compte le plus : la boisson ou Nicole ?
— Je renoncerai à boire si elle me revient, dit-il. Oui, j'y renoncerai. »
Ils étaient assis et Kathryne se sentait proche de lui. « Oui, je renoncerai à la boisson », répéta-t-il.

Il se mit à raconter à Kathryne combien Nicole était brillante, quel cran elle avait. Il n'avait jamais rencontré une fille avec un cran pareil. Il raconta à Kathryne la fois où Nicole était allée trouver Pete Galovan pour le prévenir que Gary comptait plus pour elle que la vie. « Elle l'aurait fait, fit Gary.
— Oui, fit Kathryne, c'est bien possible. »
Ils étaient assis et Gary regardait Kathryne d'un air qui lui allait droit au cœur. Il dit : « Vous savez, me voilà à trente-cinq ans, et je n'ai connu que trois femmes dans ma vie. Est-ce que ce n'est pas ridicule ? »
Kathryne éclata de rire. Elle dit : « Vous êtes en avance de deux sur moi, Gary. J'ai près de quarante ans et je n'ai connu qu'un seul homme. »

Ils avaient l'air de bien s'entendre. Elle le plaignait tant. Il dit : « Je ne me sens pas dans le coup. Il y a des fois où je ne comprends même pas de quoi les gens parlent. (Il but deux bières et reprit :) Quand Nicole reviendra, dites-lui que je l'aime. Vous ferez ça pour moi ?

— Je le ferai, Gary, fit Kathryne.

— Je vous le promets, je m'arrête de boire, dit Gary. Je ne touche plus à l'alcool. Je suis vraiment mauvais quand je bois. »

Quelques heures plus tard il téléphona pour savoir si Nicole était passée. « Non, répondit Kathryne, je ne l'ai pas vue. » Et c'était vrai.

Ce soir-là, Gary alla chez Spencer McGrath avec les pistolets. « Je veux vous les laisser comme caution pour que vous puissiez vous porter garant de mes traites pour la camionnette.

— Premièrement, fit Spencer, je n'ai pas besoin des pistolets. Deuxièmement, je n'ai pas l'intention de me porter garant. Reprends-les.

— Je vais les laisser, dit Gary. Je tiens à ce que vous sachiez que je suis vraiment sérieux. »

Spencer décida de demander comment il se les était procurés. Gary répondit qu'un de ses amis à Portland lui devait de l'argent, alors il lui avait remis les pistolets. Il cita le nom du type. Sitôt Gary parti, Spencer recopia les numéros de série des pistolets et donna quelques coups de fil pour voir si des magasins d'articles de chasse avaient été cambriolés. Il ne put en trouver aucun. Il faut dire qu'il ne téléphona pas plus loin au sud que Spanish Fork.

Une fois de plus Gary resta avec Sterling et Ruth Ann, et passa toute la journée du samedi à faire la navette en voiture entre Lark et Spanish Fork. Il passa voir Kathryne, mais les Anciens de l'Église étaient là, alors il cria par l'entrebâillement de la porte : « Où est-elle ? » « Je n'ai aucune idée de l'endroit où elle est », dit sèchement Kathryne, en se doutant que Gary ne la croyait pas. Ça se sentait à la façon dont il partit furieux.

A minuit, Gary se rendit une fois de plus à

Spanish Fork pour voir si Nicole n'était pas là par hasard, dans la maison vide de meubles. Il traversa les pièces vides, prit encore quelques-unes de ses affaires et les fourra dans le coffre de la Mustang. Sa maison, maintenant, c'était la Mustang. Puis il se rendit au *Dollar d'Argent* où il prit deux ou trois verres.

Derrière le bar, coincés derrière le cadre de la glace, il y avait quelques dessins. L'un disait : LE BONHEUR C'EST UNE CHAPE CONFORTABLE. On voyait une grosse femme avec les seins qui pendaient par-dessus son corsage. Elle avait un gros nombril tout fripé et elle était assise tout en haut d'une montagne de boîtes de bière vides.

Un autre dessin montrait un homme, dont le visage exprimait le désespoir le plus absolu, assis à un bureau. La légende disait :

JE SUIS HEUREUX ICI
C'EST À CHIER.
SAUCISSES DE FRANCFORT CUITES A LA BIÈRE :
50 CENTS
LE BONHEUR C'EST UNE BIÈRE FRAÎCHE
LA MAISON N'ACCEPTE PAS LES CHÈQUES
ON NE FAIT PAS CRÉDIT

Lorsqu'il eut terminé son verre, il sortit, se remit au volant et s'arrêta chez Vern. Tout le monde dormait, alors il descendit au sous-sol et se trouva un lit.

Le dimanche matin, il alla à l'hôpital pour voir John qui se remettait de son opération. Le père de John, qui était un évêque mormon, se trouvait là, et il était un peu collet monté. Gary rappliqua, exhibant un maillot de corps blanc crasseux, un vieux pantalon, des chaussures de tennis et, par-dessus le marché, une cravate invraisemblable qui lui descendait jusqu'aux genoux, avec des bandes très larges alternativement rouge foncé, blanc et or. Juché sur sa tête, il avait un petit chapeau. Il s'assit et essaya de faire la conversation avec l'évêque. Ça n'alla pas loin.

5

L'appartement de Springville n'était pas aussi agréable que la maison de Spanish Fork. Ça n'était qu'un deux-pièces en parpaings dans un groupe de deux immeubles bon marché et dans une vieille petite rue. Il y avait des gosses partout, des étrons dans l'escalier et sur le parking. Le jour où Nicole emménagea, trois matelas pourrissaient contre le mur de l'immeuble et un tricycle renversé gisait dans une flaque de boue. Les portes des appartements étaient en contre-plaqué et sa baignoire avait été peinte en rouge sang par le précédent locataire. Heureusement, elle avait une assez belle vue de son balcon. A deux blocs de là, la ville s'arrêtait et le terrain continuait en pente jusqu'aux montagnes. Elle était libre de Gary. Libre d'avoir très peur. Elle avait le souffle un peu rauque.

Sans son aspirateur, Nicole ne pouvait pas garder le nouvel appartement propre, alors le dimanche elle dut retourner à Spanish Fork pour le prendre. Lorsqu'elle arriva à la maison, la voiture de Gary n'était pas là.
Elle avait malgré tout l'impression que Gary était à l'intérieur et que la Mustang était planquée dans le coin. En fait, lorsqu'elle monta les marches, la porte était ouverte et elle entendait l'eau qui coulait dans la baignoire. Les vêtements de Gary étaient sur le plancher de la salle de séjour, tout à côté de son aspirateur, lui aussi planté au milieu de

la pièce comme s'il l'avait mis là pour elle. Elle le prit donc et le porta jusqu'au coffre de sa voiture. Puis elle revint chercher les accessoires.

Elle aurait pu se dépêcher, mais elle ne voulait quand même pas s'en aller comme une voleuse pendant qu'il était encore dans le bain. Peut-être qu'elle aurait eu plus peur si elle n'avait pas eu le pistolet, mais elle attendit. Elle voulait voir son regard. C'était presque bon d'attendre. Comme si la fin d'une grande tension était peut-être proche.

Il n'avait pas l'air vengeur lorsqu'il sortit de la baignoire, mais simplement crevé. Tout de suite il lui dit qu'il l'aimait et lui demanda si elle l'aimait. Elle répondit que non. Il se mit à la serrer dans ses bras. Elle essaya de le repousser. Nicole n'avait pas vraiment peur mais elle sentait monter en elle une sorte de nausée qui allait la faire tomber dans les pommes si, bientôt, elle ne respirait pas un peu d'air frais. Elle dit : « Il faut que je m'asseye. »

Ils s'installèrent sur les marches du perron. Elle lui expliqua qu'elle ne pouvait plus vivre avec lui. Ils restèrent assis là. Il fallait qu'elle s'en aille. Au bout de quelques minutes, elle prit les gosses et monta dans la voiture. Mais maintenant il ne voulait pas la laisser partir. Pour la retenir, il passa les mains par la vitre ouverte. Elle ouvrit son sac, prit le pistolet et le braqua sur lui.

C'était un Magnum 6.35 et il lui avait dit que ça pouvait faire dans le corps un trou aussi gros qu'un 12 mm. Gary resta planté là, juste à la regarder. Sans bouger. Elle savait que s'il tendait la main pour prendre le pistolet, elle appuierait sur la détente.

Il dit alors : « Vas-y, tire. » Elle répliqua : « Éloigne-toi de ma voiture. » Il n'en avait pas l'intention,

278

lui dit-il. Elle finit par remettre le pistolet dans son sac. « Tu as laissé les accessoires de l'aspirateur, dit-il. Reviens les prendre. » C'était la seule chose qu'il n'avait pas piquée : l'aspirateur. Voilà longtemps, il avait manqué le premier versement sur sa Mustang pour le lui acheter. Maintenant, si elle laissait les accessoires, sûr que quelqu'un les volerait. Dommage. Elle mit le moteur en marche, embraya et s'éloigna.

6

Roger Eaton ne se fit pas prier pour raconter à Nicole combien il était populaire et qu'il avait pratiquement été une vedette de cinéma durant sa dernière année de lycée. Il avait connu une période charmante quand il faisait la cour à sa femme, qui était une jeune fille douce et intelligente d'une bonne famille mormone. Ce qui ne le dérangeait pas. Il ne pratiquait rien, mais ça ne le gênait pas qu'on ait un peu de religion dans la famille. Avec les salaires qu'ils avaient, sa femme et lui, ils pourraient acheter une Dodge pour elle et pour lui un joli petit coupé Malibu. Ç'aurait été parfait, assura-t-il à Nicole, mais voilà qu'après six mois de mariage, sa femme avait eu une colite.

Comme il était une vedette de basket-ball au lycée, Roger avait voulu jouer au collège, mais ça ne lui plaisait pas d'attendre toutes ces années pour gagner de l'argent, il en voulait tout de suite. Alors il avait trouvé ce poste administratif au centre commercial de Utah Valley, et c'était là qu'il avait fait la connaissance de sa femme, qui travaillait dans l'administration du supermarché. Ça faisait maintenant deux ans qu'il était là et il suivait des cours de gestion. Il gagnait onze mille huit cents dollars par an, expliqua-t-il à Nicole. Il trouvait la vie agréable, à part la maladie de sa femme. On pouvait dire que ça l'avait mise sur la touche.

Roger avait un copain qui habitait un peu plus bas dans la rue de Nicole à Spanish Fork, et il s'entendait très bien avec les parents de ce type et allait tout le temps les voir. Il avait donc beaucoup entendu parler de Nicole avant de la voir. Dans un endroit comme ça, Nicole se faisait remarquer. Les parents du copain de Roger étaient aussi mormons qu'on pouvait l'être, mais ils étaient aussi les plus grands fouille-merde que Roger avait jamais connus. Un jour, ils lui avaient raconté une histoire à propos de Nicole ; c'était pendant l'hiver dernier, un type avait arrêté sa voiture devant la porte, il était descendu, avec un grand sac à provisions, il lui avait tendu le sac et puis là, en pleine rue, s'était mis à lui peloter les seins. Roger ne croyait pas vraiment à cette histoire parce que, primo, c'était pendant l'hiver et que, secundo, pour ce qui était de la sexualité, ces gens-là n'y connaissaient rien. Mais il était quand même fasciné par les histoires qu'il entendait sur la fille et, lorsqu'il la vit pour la première fois, il se sentit vraiment attiré. Elle était là, séduisante, divorcée, vivant avec un homme. Roger se prit à faire le trajet jusqu'à Spanish Fork juste pour le cas où il la verrait encore une fois. Il trouvait que c'était stupide de s'embringuer avec des gens comme ça, mais il avait envie de mieux la connaître. Au début, le type avec qui elle vivait ne le gênait même pas.

Roger lui envoya une lettre. Il disait que si elle avait besoin d'un coup de main pour quoi que ce soit, elle n'aurait qu'à allumer la lampe de sa porte d'entrée mercredi soir. Il la contacterait. Dans la lettre il ne donna pas son identité, mais le mercredi soir il s'en alla voir les fouille-merde. Il n'y avait pas de lumière. Il essaya de ne plus y penser.

Quelques semaines après avoir écrit la lettre, il était en train de prendre de l'essence à Provo quand il vit la Mustang de Nicole s'arrêter. Roger avait peur. Si sa femme l'apprenait, ce serait une catastrophe. Il ne comprenait tout bonnement pas ce qui l'attirait. Il n'avait jamais rien fait de pareil dans sa vie, mais pourtant il lui demanda : « Vous n'êtes pas Nicole Barrett ? » Lorsqu'elle répondit oui, il dit : « C'est moi qui vous ai écrit une lettre. (Elle eut un petit rire.) Laissez-moi vous offrir un Coca. » Mais elle se contenta de passer devant lui pour aller au bureau payer son essence.

Il attendit qu'elle ressorte et renouvela sa proposition. Elle finit par être d'accord et lui expliqua qu'elle le suivrait dans sa voiture. Ils se retrouvèrent donc au *Point Chaud* et il raconta où il travaillait, des trucs comme ça. Il apprit que le type qui habitait avec elle était un ancien détenu. Sur quoi Roger dit :   « Bon, n'y pensons plus. » Il avait franchement peur d'avoir affaire à un ancien détenu.

Elle dit : « Ma foi, vous savez, je pourrais avoir besoin de votre aide. » Rien d'autre à faire alors que de lui dire comment trouver son bureau.

Et voilà que dès le lendemain elle rappliqua, et sans les gosses. Ils bavardèrent beaucoup. Avant qu'elle parte, il lui donna dix dollars qu'elle n'avait même pas demandés, mais qu'elle accepta sans embarras. Elle se contenta de les empocher.

Après cela, elle venait le voir tous les deux ou trois jours et ils discutaient. Chacun s'intéressait pas mal à l'autre. Ils avaient des vies si différentes. Lui pouvait vraiment compatir à ses ennuis. Cet ancien détenu, il avait bien l'air de quelqu'un qu'il fallait craindre. Un matin elle vint le voir car elle s'était fait un peu rosser. Elle avait deux bleus sur ses cuisses succulentes.

Au bout d'une quinzaine de jours, elle prit l'habitude de le rencontrer presque chaque jour. Parfois elle venait au centre commercial, mais en général ils se retrouvaient dans un parc à Springville après le travail. Ils bavardaient peut-être une heure. Deux ou trois fois ils partirent dans la Malibu et firent l'amour. C'était intéressant, peut-être même assez beau, mais Roger ne put jamais dire ce que ça avait de spécial parce que franchement ils n'avaient pas le temps de faire ça bien. Tout juste une demi-heure ou moins, et il était dans tous ses états à l'idée que quelqu'un le repère et fasse s'effondrer son mariage. Alors ils prenaient toujours des petites routes. C'était dangereux, c'était le moins qu'on puisse dire. Et puis, bien sûr, elle avait ses gosses avec elle et, à part que ça chassait toute idée de sexe, ça ne mettait pas toujours Roger de la meilleure humeur. Il y avait des fois où ils n'étaient pas trop propres. Roger se rappela la première fois où il lui avait donné rendez-vous au *Point Chaud*. Le petit garçon n'avait pas de culotte. Il était allé au parc de stationnement et s'était mis à chier en plein milieu de l'asphalte. Bien sûr, il n'avait que deux ans, mais, bon sang, Roger ne savait plus où se mettre. Nicole s'en fichait. Elle dit juste à Jeremy : « Remonte dans la voiture, à ta place. » Elle le fit monter sans pantalon. Il se mit d'abord à hurler et à pleurer et s'endormit au bout de cinq minutes.

Un jour elle vint lui annoncer la nouvelle. Elle n'habitait plus à Spanish Fork. Elle avait fui ce Gary et habitait dans un petit appartement que son ex-mari lui avait trouvé à Springville. Pendant tout le temps qu'elle parlait, il se dit qu'elle avait vraiment besoin de toilettes neuves. Il lui demanda donc de passer après six heures, il l'emmènerait s'acheter des affaires. Les emplettes terminées, elle resta avec lui et ils eurent vraiment une nuit pour eux. Elle vivait avec cet ex-mari, lui dit-elle, mais elle ne le craignait pas. Ils pourraient recommencer bientôt. Pendant le week-end, il n'en était pas question, et même le lundi, précisa Roger, parce que la famille de sa femme venait, mais ils convinrent que Nicole l'appellerait mardi matin, 20 juillet. Durant toute la nuit de samedi Roger ne pensa qu'à une chose : que le lundi soit passé.

7

« Personne, suggéra Brenda, n'a dit que ce serait facile ici.

— Je ne peux pas le supporter, dit Gary.

— Je sais, dit-elle. Pour le moment, on a toujours l'impression que tu ne peux pas.

— Non, reprit-il, tu ne sais pas. John et toi, vous avez toujours été heureux.

— John et moi, dit Brenda, avons été bien près de divorcer. Gary, j'ai connu la séparation et le divorce. Ça peut être fichtrement effrayant. »

Gary avait l'air de ruminer ses douleurs. « Tu sais, fit-il, je commence à découvrir tout ça.

— Personne n'est jamais vraiment libre, Gary, dit-elle. Dès l'instant où tu vis avec une autre créature humaine, tu n'es plus libre. »

Gary était assis là, à ruminer ses pensées. Lorsqu'il parla, ce fut pour dire : « Je crois que je vais tuer Nicole.

— Mon Dieu, Gary, es-tu un amant si égoïste ?

— Je ne peux pas le supporter, fit Gary, je te l'ai dit.

— Il y a des choses dans la vie dont on ne peut pas s'arranger. D'accord. C'est peut-être le cas pour toi. Mais, bon sang, ça passera ! Si tu la tues, ça ne passera pas. Elle sera morte pour toujours. Tu es vraiment idiot, tu sais, Gary ? » Il n'aimait pas qu'on le traite d'idiot.

« Lorsqu'elle a braqué le pistolet sur moi aujourd'hui, dit-il, j'ai pensé à le lui arracher des mains. Mais je ne voulais pas qu'elle se mette à crier. (Il secoua la tête.) Elle avait tellement envie de me fuir. »

Brenda n'était pas malheureuse de le voir partir. Avec Johnny à l'hôpital, ça faisait trop d'émotions à digérer par une brûlante nuit d'été.

Craig dit à Gary que s'il ne pouvait pas trouver un endroit où loger, il n'avait qu'à revenir. Après être allé voir Brenda, Gary, en fait, vint passer le dimanche soir et coucha sur le divan de Craig. Il lui raconta qu'il était près d'avoir un ulcère à force de malheurs et de bière. A partir du lendemain, il allait arrêter de boire.

QUATRIÈME PARTIE

LE POSTE D'ESSENCE
ET LE MOTEL

CHAPITRE XII

LE POSTE D'ESSENCE

1

ON lui avait dit une fois qu'elle ressemblait à un Botticelli. Elle était grande et mince, elle avait des cheveux châtain clair, une peau d'ivoire et un long nez bien dessiné avec une petite bosse sur l'arête. Pourtant, c'était à peine si elle connaissait l'œuvre de Botticelli. On n'enseignait pas grand-chose à propos de la Renaissance au collège de l'Etat d'Utah à Logan, où elle faisait un diplôme d'histoire de l'art.

Ce fut au collège d'Etat que Colleen rencontra son futur mari, Max Jensen. Ils devaient rire ensuite du temps que ça leur prit. Les rares fois où Max vit Colleen Halling sur le campus, elle bavardait avec son cousin. Max conclut que le type était son petit ami et ne l'invita donc jamais à sortir.

L'année suivante, toutefois, Max se trouva partager une chambre avec le type et en vint à lui demander s'il s'intéressait toujours à la fille avec qui il l'avait vu. Le nouveau compagnon de chambre de Max éclata de rire et lui expliqua qu'il n'y avait rien eu entre eux : ils étaient juste cousins. Colleen, maintenant, n'était plus au collège, mais comme elle travaillait à l'administration, elle était encore pratiquement sur le campus.

Colleen ne remarqua Max que lorsqu'il prit la parole au temple au début de la nouvelle année scolaire. Il portait un complet ce jour-là et avait l'air très distingué. Il paraissait un peu plus âgé que les autres étudiants, mais il avait déjà fini sa mission de deux ans. Ça se voyait. Il parla de l'importance de renforcer la personnalité d'autrui au lieu de la démolir. En parlant il parvint à montrer qu'il avait un très bon sens de l'humour.

C'était un grand gaillard d'un mètre quatre-vingt-trois et qui pesait dans les quatre-vingts kilos. Avec ses traits réguliers et ses cheveux soigneusement coiffés et séparés par une raie sur le côté, il était vraiment beau, là-haut, en chaire. En fait, il fit sensation parmi les filles. Le pavillon auquel Colleen appartenait à l'université était après tout un pavillon pour étudiants célibataires, c'est-à-dire que les filles et les garçons non mariés étaient là pour se rencontrer.

Avant que Max se levât pour parler, le type dit : « De nombreux couples se connaissent ici même au temple et plus tard ils se marient mais, l'année dernière, il y a un garçon qui n'a rencontré personne et c'est Max Jensen. Il a vraiment envie de se marier, vous savez », dit l'ami du haut de la chaire.

A ce moment, comme Max ne s'était pas encore levé pour prendre la parole, toutes les copines de Colleen et elle-même regardèrent autour d'elles en demandant : « Lequel est Max ? » Et en riant. Ce fut alors que Max dut se lever. Toutefois, il répliqua fort habilement à son ami en racontant comment un type, qui était joueur de rugby, une nuit au cours d'un rêve, s'était mis à débiter des combinaisons d'attaque, puis avait foncé sur la ligne adverse... seulement c'était le mur. Max rattacha cette anecdote au sujet de son sermon en déclarant que ce n'était pas suffisant de consacrer son existence à vivre selon les écritures, mais qu'il fallait aussi savoir où on en était dans la vie ; sinon on risquait de ne pas rattacher comme il convenait l'enseignement à la situation dans laquelle on se trouvait.

2

Quelques semaines plus tard, Colleen invita son cousin et les cinq garçons qui partageaient sa chambre à un petit dîner avec elle et ses cinq camarades de dortoir. Tout était disposé sur la table et les convives venaient prendre leur boule de hérisson, c'est-à-dire des hamburgers au riz cuits en sauce. Comme ils étaient tous des mormons de stricte observance, on ne servit ni thé glacé ni café, rien que du lait et de l'eau. Un repas agréable sur de vraies assiettes, pas en carton, au cours duquel on discuta de cours, de basket-ball et d'activités paroissiales. Colleen se souvint que Max était assis à quelques mètres d'elle sur un gros coussin et qu'il riait avec le groupe. Il avait une voix particulière, un peu rauque. Elle apprit par la suite qu'il avait ce soir-là le rhume des foins, ce qui donnait à sa voix les intonations graves et vibrantes que provoque un rhume. Une des camarades de Colleen déclara plus tard que la voix de Max était très sexy.

Le lendemain il téléphona. Une de ses camarades dit à Colleen qu'on la demandait au téléphone. C'était leur code : s'il y avait une fille à l'appareil elles criaient : « Téléphone. » Mais si c'était un garçon, alors on précisait : « Téléphone pour toi. » Colleen était habituée à la seconde formule, aussi ne se doutait-elle absolument pas que c'était Max. La veille au soir elle n'avait certes pas eu l'impression qu'il faisait des efforts particuliers pour communiquer avec elle ; et pourtant voilà maintenant qu'il lui demandait si elle aimerait aller au cinéma ce soir. Elle répondit oui.

Plus tard, ce fut plutôt drôle quand chacun avoua avoir déjà vu *On s'fait la valise, docteur ?*, mais n'avait pas voulu gâcher l'occasion qu'avait l'autre de le voir. Ils allèrent ensuite à *La Cabane à Pizzas* et discutèrent de leurs idées sur la vie, de leurs activités personnelles et de celles de leurs familles dans le cadre de l'Eglise du Dernier Saint. Max dit qu'il était l'aîné de quatre enfants et que son père, un fermier de Montpelier, dans l'Idaho, était également président de district. Ça impressionna Colleen. Il ne devait pas y avoir beaucoup de présidents de district dans tout l'Idaho.

Il lui parla aussi de sa mission au Brésil. Ce qui lui valut le respect, ce fut qu'il avait gagné tout seul l'argent pour faire ça. Les missionnaires, bien sûr, devaient payer leur voyage et assurer les frais de subsistance de la mission, aussi la plupart d'entre eux devaient-ils recevoir une aide financière de leurs familles. Ce n'était pas facile pour un adolescent, à dix-neuf ans, de gagner assez d'argent pour subsister deux ans dans une mission en pays étranger. Et pourtant, Max l'avait fait.

Il aimait le Brésil, son taux de conversion avait été élevé. En moyenne, on pouvait espérer convertir une personne par mois au cours des deux ans qu'on restait dans ce pays, mais il avait fait considérablement mieux. Il s'en souvenait comme une période de gageure et où il avait dû aussi apprendre à vivre avec des gens différents.

Bien sûr, elle avait beaucoup entendu parler du travail missionnaire mais il lui expliqua certaines choses dont il n'était pas souvent question. Il lui raconta, par exemple, comment un missionnaire pouvait avoir des problèmes avec son compagnon. Ça pouvait être dur de vivre avec un type qui était un parfait étranger. Votre compagnon et vous deviez être tout le temps ensemble dans une ville étrangère. On était encore plus proches que quand on était mariés. On faisait son travail et on vivait en couple. Même les gens qui savaient vraiment s'entendre devaient s'irriter un peu l'un l'autre avec leurs habitudes quotidiennes. Rien que le bruit qu'on faisait en se lavant les dents. Évidemment, l'Eglise opérait des rotations de missionnaires avant que trop d'irritation ne s'accumulât.

L'acquis le plus précieux, lui expliqua-t-il, c'était la façon dont on développait ses capacités d'accepter des rebuffades. Parfois, on avait vraiment des conversations fructueuses avec un converti éventuel et la personne pouvait même vous déclarer qu'elle était sur la bonne voie. Et puis un jour on arrivait, et voilà que le prêtre catholique local était là. Il ne se montrait pas trop amical. On essuyait souvent ce genre d'échec. Il fallait apprendre que l'on ne faisait pas soi-même la conversion, mais que cela tenait à l'aptitude de l'autre à rencontrer l'Esprit.

La vie familiale de Colleen n'était pas trop différente de la sienne. Sa famille à elle avait de nombreuses activités centrées autour de l'Eglise et on s'attendait à vous voir en faire autant et à le faire bien. Au lycée, lui confia-t-elle, elle avait été rédactrice en chef de l'Annuaire, présidente du Club du Service et artiste de l'école. Elle avait aussi fait des portraits à Lagoon Resort, où ils passaient leurs vacances, ce qui lui avait permis de mettre de côté de l'argent pour le collège. Dès l'instant où elle était entrée au lycée, elle avait toujours voulu mieux dessiner que n'importe qui.

Pendant tout ce temps, elle ne cessait d'éprouver combien il avait une forte personnalité. Max était très strict et refusait de se plier sur le plan spirituel ou mental. Elle le sentit même à la façon dont il se crut obligé de lui avouer qu'il sortait avec une autre fille. Il atténua toutefois la chose en expliquant que ça n'allait pas bien avec l'autre fille qui, à son avis, n'avait certainement pas des opinions assez fortes sur l'Eglise. Puis il mentionna qu'il avait une sœur, qui elle aussi s'appelait Colleen, et qu'il aimait vraiment bien ce nom.

Ensuite, il la raccompagna chez elle dans sa voiture, une Nova rouge vif qu'il ne cessait d'astiquer. Les camarades de Colleen disaient qu'à eux deux ils faisaient vraiment un beau couple.

3

Pour leur second rendez-vous, ils allèrent écouter un orateur à la réunion du dimanche soir au temple. La troisième fois, ils virent une représentation de *South Pacific* au collège. Ensuite, il l'emmena danser. En général il n'aimait pas beaucoup ça, mais c'était un bal où on ne jouait que des fox-trot et des valses, sans aucune danse exhibitionniste. Elle le taquinait parce qu'il n'aimait pas danser. Ne lui avait-on donc pas dit à l'école du dimanche comment leurs ancêtres avaient traversé les plaines en dansant quand ils n'avaient pas d'autres distractions ?

Ils commencèrent alors à sortir assez régulièrement. Colleen, toutefois, ne pensa jamais que c'était à proprement parler le coup de foudre. C'était plutôt que Max était impressionné par elle et elle par lui.

L'anniversaire de Colleen était le 3 décembre, et il retint une table à Sherwood Hills, à une trentaine de kilomètres de Logan. Ce soir-là, il lui offrit aussi une rose rouge. Colleen était très sensible à ses attentions. Elle portait une robe de velours et lui était en costume ; ils passèrent environ deux heures à Sherwood Hills à bavarder pendant qu'ils dégustaient leurs steaks.

Le 1er février 1975, ils se fiancèrent. Justement, ce matin-là, il avait reçu une lettre de la faculté de droit de BYU qui lui signifiait son admission. Le soir, ils allèrent à un match de basket-ball pendant lequel il ne cessa de se tourner vers elle en disant : « Quand nous serons à l'Y l'an prochain » — ce par quoi il voulait dire BYU. Mais il ne lui avait pas demandé de l'épouser. Colleen se contentait donc de dire : « Quand *tu* seras à l'Y... »

Ça commença à le tracasser. Plus tard ce soir-là, ils roulaient vers Montpelier, dans l'Idaho, pour écouter son père prendre la parole au temple le lendemain et, en route, Max s'arrêta sur les bords du lac de l'Ours, sur une petite route qui menait à un appontement. Avec un petit rire, il lui dit de descendre de voiture. Elle répondit qu'elle allait mourir de froid. « Allons, viens voir le beau panorama », dit-il. Elle frissonnait dans son parka bleu bordé de fourrure, mais elle descendit et alors qu'ils étaient plantés sur le ponton à regarder la lune et l'eau, il lui demanda tout à trac de l'épouser.

Un peu plus d'un mois auparavant, à Noël, tout en lavant la vaisselle, sa mère lui avait demandé : « Si Max te demande en mariage, diras-tu oui ? » Colleen s'était retournée, l'avait regardée et avait dit : « Je serais idiote de ne pas le faire. »

Lorsqu'ils eurent regagné la voiture, il lui dit qu'ils ne devraient en parler à personne avant qu'elle eût reçu la bague. Mais il ne leur fallut qu'un quart d'heure pour arriver chez lui et à ce moment-là, ils étaient si excités qu'ils annoncèrent la nouvelle à ses parents dès qu'ils eurent franchi la porte.

Durant leurs fiançailles, il ne trouva que de petits détails qui ne lui plaisaient pas, Max était un perfectionniste et de temps en temps il arrivait à Colleen de prononcer une phrase qui n'était pas grammaticalement correcte. Max ne se souciait pas de la vexer. Pour lui, c'était naturel de dire carrément : « Tu as fait une faute », et de s'attendre à ce qu'elle se corrige.

Cependant, il était très fier de sa peinture et de ses dessins. Parfois, en société, il la taquinait en disant que s'il voulait la faire parler, il n'avait qu'à dire : « Art. » Elle démarrait comme une dingue.

Mais ils s'entendaient vraiment bien. Avant leur mariage, la mère de Colleen lui demanda un jour : « Qu'est-ce qui t'ennuie chez lui ? » Colleen répondit : « Rien. » Elle voulait dire, bien sûr, rien qui ne pût bientôt s'arranger.

Le mariage fut célébré au temple de Logan le 9 mai 1975, à six heures du matin, devant trente personnes : membres de leurs familles, et amis proches. Pour la cérémonie, Colleen et Max étaient tous deux vêtus de blanc. Ils allaient être mariés dans le temps et l'éternité, mariés non seulement dans cette vie, mais comme chacun d'eux l'avait expliqué à plus d'une classe de l'école du dimanche, mariés dans la mort aussi, car l'âme du mari et celle de la femme se retrouveraient dans l'éternité pour être à jamais réunies. En fait, le mariage, dans les autres églises chrétiennes, était pratiquement l'équivalent du divorce, puisque ces mariages ne duraient que jusqu'à la séparation par la mort. C'était ce que Max et Colleen avaient enseigné à leurs élèves. Aujourd'hui ils se mariaient. Pour toujours.

Le soir, il y eut une réception à leur temple. Les familles avaient envoyé huit cents invitations et on servit des rafraîchissements. Des centaines de parents et d'amis vinrent les féliciter.

4

Pour leur lune de miel, ils allèrent à Disneyland. Ils avaient calculé ce qu'ils possédaient et conclu qu'en faisant attention, ils auraient juste assez. Ils avaient raison. Ce fut une belle semaine.

Peu après, Colleen se trouva enceinte, et Max avait quelque peine à comprendre pourquoi elle ne se sentait pas toujours très bien. Ils travaillaient tous les deux, mais elle avait si peu envie de manger qu'au déjeuner elle ne préparait qu'un petit sandwich pour chacun d'eux. Il lui disait : « Tu me fais mourir de faim. » Elle éclatait alors de rire en disant qu'elle avait pas mal à apprendre sur les habitudes alimentaires d'un garçon.

Il n'élevait jamais la voix et elle non plus. Si parfois l'envie la prenait de parler sèchement, elle se maîtrisait. Ils avaient décidé dès le début qu'ils ne se quitteraient jamais sans échanger un baiser et qu'ils n'iraient pas non plus se coucher avec des problèmes personnels non résolus. S'ils étaient en colère l'un contre l'autre, ils resteraient pour en discuter. Ils n'allaient pas dormir, ne fût-ce qu'une nuit, en étant en colère l'un contre l'autre.

Bien sûr, ils s'amusaient aussi. Ils se livraient des batailles à coups de crème à raser. Ils se lançaient des verres d'eau.

Lorsqu'elle avait des nausées matinales, il ne cessait de demander : « Je peux t'aider ? Je peux t'aider ? » Mais Colleen s'efforçait de garder ses petites misères pour elle. Elle voyait qu'il en avait assez de l'entendre dire : « Je deviens grosse. »

En août, peu avant la rentrée à la faculté de droit, ils quittèrent Logan pour s'installer à Provo. C'était une bonne période. Colleen avait dépassé le stade des nausées matinales et n'avait aucun mal à travailler. Max était plongé dans ses études. Ils trouvèrent, à une douzaine de blocs du collège et pour cent dollars par mois, un charmant appartement en sous-sol, avec une petite pièce de séjour et une minuscule chambre. Ils s'entendaient vraiment bien.

La semaine avant d'avoir son bébé, Colleen tapa à la machine un devoir de trente pages pour Max, et il lui fit parvenir en retour une douzaine de roses rouges. Elle en fut ravie. Ils eurent une petite fille qui naquit le jour de la Saint-Valentin, un peu plus de neuf mois après la date de leur mariage. Le bébé avait plein de cheveux noirs, pesait sept livres, et Max était vraiment fier d'elle et prit des photos alors qu'elle avait à peine un jour. Ils la baptisèrent Monica. Quand elle fut plus grande, il adorait jouer avec elle.

Bien sûr, il n'avait pas beaucoup le temps. Terminant sa première année à la faculté de droit, Max travaillait vraiment dur. Colleen lui préparait son petit déjeuner et il partait ; il revenait dîner à cinq heures, repartait à six heures pour aller travailler à la bibliothèque et rentrait à dix heures. On pouvait dire qu'il n'y avait qu'elle qui s'occupait du bébé.

Comme ils étaient à l'étroit dans leur apparte-ment, ils achetèrent une maison roulante qui leur plaisait vraiment. Elle mesurait près de quatre mètres de large sur seize mètres de long et avait deux chambres. Les parents de Colleen leur prêtè-rent l'argent pour le premier versement.

La remorque était meublée de quelques vieille-ries que les parents de Colleen leur avaient don-nées, et ils avaient une petite pelouse. Sur le côté, Max cultiva aussi un petit jardin. Tous les jours, il arrosait ses tomates. Il y avait peut-être une cen-taine de remorques dans le camp, et toutes sortes de voisins. La plupart étaient de leur âge, avaient des enfants et étaient plutôt bien. Il y avait même plusieurs couples avec qui ils allaient au temple.

5

On avait promis à Max une situation dans une entreprise de travaux publics, pour l'été, mais comme le chantier n'était pas encore prêt une fois les cours terminés, ils allèrent passer quelques semaines dans la ferme du père de Max et là, il creusa des fossés, nourrit le bétail, marqua les bêtes, sema et aida à l'irrigation. C'était bon de le voir physiquement détendu au lieu d'être épuisé par ses études.

Lorsqu'ils revinrent à Provo, l'homme qui avait promis le travail à Max lui dit qu'on l'avait donné au fils d'un des hommes qui travaillaient déjà sur le chantier. Ça aurait rapporté six dollars cinquante de l'heure.

Max avait un tempérament coléreux et savait se maîtriser, mais cette histoire l'agaça vraiment. C'était la première fois que Colleen le voyait réellement déprimé. Elle eut fort à faire pour le faire changer d'humeur. Il finit par dire : « Bon, je vais me mettre à penser à un autre travail. » Il alla à l'agence d'emplois de l'université, mais c'était tard pour trouver quelque chose durant l'été et il ne trouva qu'une place de pompiste à deux dollars soixante-quinze de l'heure.

C'était une station self-service située dans une petite rue d'Orem. Son travail se bornait à rendre la monnaie, à nettoyer les pare-brise et à surveiller les toilettes de trois heures de l'après-midi jusqu'à onze heures du soir. La paie, bien sûr, était beaucoup moins élevée que ce sur quoi ils comptaient, et pourtant, pendant tout le mois de juin et les premières semaines de juillet, il travailla sans se plaindre et rentrait à la maison épuisé de chaleur et de fatigue. Cependant, il commençait à se faire des amis de certains des clients et le gérant l'aimait bien. Ils appartenaient au même district.

Deux semaines après le 4 juillet, on demanda à Max et à Colleen de donner un sermon au temple. Max parla du fait qu'il y avait trop peu de gens en ce monde qui étaient vraiment sincères. Il fit un vibrant sermon sur l'importance de la sincérité. Cela faisait toute la différence entre pouvoir construire sur des fondations solides ou en être incapable. Le sermon de Colleen, ce dimanche-là, eut pour thème la joie : la joie qu'elle avait éprouvée quand elle avait rencontré Max, quand ils s'étaient mariés et quand ils avaient eu leur bébé. Sur le chemin du retour, il la serra dans ses bras. Elle sentit toutes sortes de beaux sentiments déferler en elle et dit à Max : « Nous commençons vraiment à vivre et à nous aimer plus que jamais. » Ils allèrent se coucher dans une parfaite harmonie.

Le lundi matin, Max tint absolument à terminer des étagères pour Monica et il passa la matinée à manier le marteau, la scie et le vilebrequin. Colleen avait plein de choses à faire : la lessive, le repassage, préparer le déjeuner. D'habitude, ils avaient largement le temps de manger avant que Max parte pour travailler à trois heures de l'après-midi, mais ce jour-là ils étaient un peu bousculés parce que Max avait voulu d'abord terminer ses étagères. Il n'arrêtait pas d'appeler Colleen pour qu'elle vienne dans la chambre admirer ses progrès et Monica regardait aussi. Max, en jeans, tapait avec son marteau et clouait tout en écoutant la radio. Il se sentait bien et détendu. Il finit par dire : « Je suis prêt à les poser, viens m'aider. » Elle arriva et ils les installèrent rapidement, puis il recula un peu, poussa un soupir et dit : « Eh bien, voilà une bonne chose de faite. »

Ils déjeunèrent. Comme il était un peu en retard, Max avait hâte de terminer. Il n'arrivait jamais en retard nulle part et d'habitude il était toujours prêt un peu avant elle. Aussi eut-il à peine englouti son déjeuner qu'il passa dans le vestibule, attrapa au passage les affaires dont il avait besoin et allait sortir par la porte alors que Colleen était encore à table. Ce fut seulement alors qu'il se rendit compte qu'il ne lui avait pas donné de baiser d'adieu. Il se retourna avec un petit sourire et dit : « Allons, viens à ma rencontre. »

Elle contourna la table et il lui donna un baiser, en la serrant vraiment fort. Il la regarda dans les yeux, tout allait parfaitement bien, et Colleen dit : « A ce soir. » Il répondit : « D'accord », sortit, monta dans sa voiture et démarra.

C'était un conducteur très scrupuleux, il ne dépassait jamais la vitesse imposée et évitait toute infraction. Quatre-vingt-dix kilomètres à l'heure tout le temps. Colleen l'imaginait roulant ainsi sur la route. Il continuerait comme cela sur la nationale jusqu'au moment où il prendrait un lent virage en pente, et disparaîtrait. Elle serait alors libre de penser à l'une ou l'autre des petites choses qu'elle devait faire ce jour-là.

CHAPITRE XIII

LA CAMIONNETTE BLANCHE

1

A PEU près au moment où Max Jensen commençait son travail au poste d'essence Sinclair, Gary
Gilmore se trouvait dans la salle d'exposition du
garage V.J. Motors dans State Street, à environ
quinze cents mètres de là, en train de se mettre
d'accord avec Val Conlin à propos de la camionnette. Après tout, il n'y aurait personne pour se
porter garant. Gary allait lui laisser sa Mustang sur
laquelle il avait déjà payé près de quatre cents
dollars (si on mettait à son crédit la batterie et si
on ne parlait pas du pare-brise) et dans deux jours
il verserait encore quatre cents dollars en espèces.
Puis il ferait un autre versement de six cents
dollars le 4 août. Val le laisserait faire le changement de propriétaire dès maintenant et il pourrait
signer les papiers le soir même.

Rusty Christiansen les entendait discuter, et elle
ne pouvait s'empêcher de sourire. Elle était venue
travailler à mi-temps pour remettre de l'ordre dans
les comptes de Val, se procurer les plaques de
police et l'aider en général. Maintenant, elle commençait à connaître les ficelles.

Rusty estimait que la camionnette était vendue un prix scandaleux : mille sept cents dollars, et avec les intérêts, on arriverait à deux mille trois cents. Val n'avait sans doute pas payé mille dollars pour cette carcasse. Maintenant il aurait la Mustang à revendre, plus mille dollars en espèce d'ici à la première semaine d'août. Sinon, il reprendrait possession de la camionnette. Il ne prenait pas un grand risque. Gary aurait sûrement pu trouver quelque chose de mieux pour son argent que son Ange Blanc avec cinq cent cinquante mille kilomètres au compteur. Il était seulement tombé amoureux d'une bonne peinture.

Rusty écoutait donc Colin expliquer une fois de plus à Gilmore que lui, Val, avait un autre jeu de clefs de la camionnette qui lui assurerait que Gary s'en irait à pied si l'argent n'était pas versé. C'était toujours la même chanson. Val ferait un bon moniteur pour une équipe de retardés mentaux. « Trouve l'argent, Gary », dit Val tandis que la camionnette s'éloignait.

Sterling fut invité à venir faire un tour et Gary parlait avec fierté de son acquisition. Son nouveau moteur était bien plus puissant que celui de la Mustang. Assurément, l'accélération était meilleure. Gary, toutefois, n'en abusait pas. Il conduisait sa camionnette comme une Cadillac. En douceur. Et puis ils se lancèrent sur la nationale.

La nuit n'était pas loin quand Kathryne le vit. Une partie de sa famille était venue la voir ce jour-là. Dans le jardin, les cerises étaient mûres et sa mère et deux de ses frères et sœurs étaient encore là avec les gosses à en cueillir pendant que l'amie de Kathryne, Pat, était avec elle dans la cuisine. Sur ces entrefaites, Gary se présenta à la porte de derrière et dit : « Est-ce que je pourrais vous parler dehors ? » Kathryne l'invita à entrer, mais il insista en disant : « Il faut que je vous parle dehors. C'est important. »

Elle vint jeter un coup d'œil à sa camionnette, en faisant des oh ! et des ah ! Kathryne lui trouvait l'air bizarre. Pas ivre à proprement parler, mais il insista pour lui dire qu'il était parfaitement à jeun. D'ailleurs, son haleine ne sentait pas l'alcool. Malgré cela, il avait vraiment l'air bizarre. A sa question, elle dit qu'elle n'avait pas vu Nicole. Il répondit : « En ce qui me concerne, elle peut aller au diable. » Puis il regarda Kathryne comme s'il venait de se bloquer intérieurement et dit : « Qu'elle aille se faire baiser ailleurs. »

Kathryne fut vraiment choquée. Elle avait du mal à croire que Gary utilisait de tels mots pour parler de Nicole. Il la regarda alors de cet air qu'il avait de dénicher la moindre petite pensée qu'on pourrait vouloir garder pour soi et dit : « Kathryne, je voudrais reprendre mon pistolet. » « Gary, réussit-elle à répondre, ça m'ennuie de vous le rendre. Avec l'attitude que vous avez. » Il dit : « J'ai des ennuis. Il me le faut. Je les ai tous récupérés maintenant sauf trois. Voyez-vous, il y a un flic qui sait que c'est moi qui ai fait le cambriolage. »
Elle avait l'impression que Gary mentait. « Ce flic a dit que si je rapporte les armes au magasin, il ne m'arrivera rien. »
Kathryne dit : « Gary, pourquoi ne revenez-vous pas demain le prendre quand vous serez à jeun. »
Il dit : « Je ne bois pas, et je ne vais pas me mettre dans le pétrin. D'ailleurs, si j'ai besoin d'une arme — il entrouvrit sa veste — ce petit bijou suffira. » C'était un pistolet qu'elle reconnut. Un vrai Luger allemand coincé dans la ceinture de son pantalon. « En plus, fit-il, j'en ai tout un sac. » Sur quoi il ouvrit la porte de la camionnette et un sac de toile bascula. A en juger par le bruit métallique,

il devait y avoir une demi-douzaine d'autres pistolets là-dedans.

Kathryne se dit : « Après tout, qu'est-ce que ça peut faire ? » Elle prit le Special dessous son matelas et le lui donna. Elle resta avec Gary pour tenter de le calmer. Il était si en colère.

Là-dessus, April sortit en courant de la maison. Elle était au bord de la crise de nerfs. « Où est Pat ? demanda-t-elle, où est Pat ? » « Elle est partie, April », fit Kathryne. « Oh ! cria April, Pat avait promis de m'emmener jusqu'au supermarché pour que je me rachète une corde de guitare. »

Gary dit alors : « je t'y déposerai. » Kathryne dit aussitôt à April : « Tu n'as pas besoin d'y aller », mais la jeune femme sauta dans la camionnette et Kathryne eut à peine le temps de répéter : « Gary, elle n'a pas besoin d'y aller », qu'il répondit : « Aucune importance. Je la ramènerai. » Ils disparurent.

Ce fut à ce moment que Kathryne se rendit compte qu'elle ne connaissait pas le nom de famille de Gary. Elle le connaissait en tant que Gary, rien que Gary.

Toute la famille était assise dans la cuisine au milieu des cartons de cerises cueillies dans l'après-midi. Kathryne n'allait pas appeler les flics. Si la police arrêtait Gary, il pourrait bien ouvrir le feu. Au lieu de cela, elle attendit le retour de Pat et partit avec elle à la recherche de la camionnette blanche. Elles roulèrent jusqu'à une ou deux heures du matin, sillonnant les routes. Aucun moyen de le trouver, semblait-il.

April s'installa tout près de lui, alluma la radio et dit : « C'est dur s'il faut attendre trop longtemps. Les pièces deviennent étroites et très souvent il y a un chien. (Elle se mit à frissonner en pensant au chien.) Tous les jours, dit-elle, sont pareils. Tout cela ne fait qu'un seul jour, ajouta-t-elle en hochant la tête. Il faut les tirer jusqu'au bout.

— C'est vrai », dit Gary.

Juste avant l'arrivée de Gary, elle était allongée dans l'herbe à regarder les autres cueillir des cerises. Elle jouait de la guitare avec une corde cassée. L'idée lui vint soudaint que grand-mère allait mourir si elle ne changeait pas la corde. April, tout en jouant, laissait son âme vagabonder, elle pensait à Jimi Hendrix et à Otis Redding qui étaient morts et ça la faisait penser à la maladie. Les cafards, les araignées et les mouches portent la maladie et les fièvres, émettent un bourdonnement jusqu'à ce qu'elles montent, puis elles font un bruit de corde qui casse. La mort allait certainement frapper Mémé si April ne changeait pas la corde. C'était à cela qu'elle pensait dans l'herbe. En levant les yeux, elle vit un chien devant elle. Ce chien se mit à pleurer. On aurait dit un homme qui pleurait de tout son cœur. Le souvenir de ce que cette plainte avait de tragique amena April, assise dans la camionnette de Gary, à hocher la tête à se la démancher. Elle n'aimait pas ce genre de senti-ment. Lorsqu'elle hochait ainsi la tête c'était comme si elle s'était trouvée sur un cheval au galop. Elle avait la tête secouée à chaque mouve-ment du cheval. Elle en arrivait au point où son moteur personnel se remettait en mache comme si Satan contrôlait son corps et attirait tous les gens dont la personnalité, d'ordinaire, arrivait en flottant de Mars et de Vénus. Le Noir la dévisageait de son œil sombre et glacé, et le Blanc avait commencé à se conduire comme s'il était la pire extase de toute la galaxie. La guitare avait besoin d'une corde neuve pour attirer des esprits plus harmonieux. « Moi, confia April à Gary, je suis celle qui se balance sur la corde. » Elle hocha la tête en prenant soin de ne pas le faire trop fort pour que le galop du cheval ne lui brise pas le cou.

« Tu sais, annonça-t-elle, la machine à laver de ma grand-mère est tout à côté de l'égout. C'est pour ça que ces gens flottent comme ça. J'ai horreur de la saleté. (Elle sentait sa bouche se crisper des narines aux commissures des lèvres.) Oh, Gary, j'ai la bouche en papier buvard, j'ai besoin de midol. Tu peux me trouver une brosse à dents ? » Elle s'apercevait bien qu'il la pelotait. Il dit qu'il lui trouverait ce dont elle avait besoin.

C'était capital de faire comprendre aux gens qu'on n'entrait pas tout simplement dans un magasin pour y piquer des choses sur les comptoirs, mais qu'on regardait avec attention l'objet qu'on voulait acheter et qu'on demandait des renseignements. Il y avait toutes sortes de réponses : l'objet pouvait dire : « Va-t'en » ou bien « Je t'en prie, vole-moi. » Il pouvait même demander à être acheté. Les objets s'intéressaient autant à eux-mêmes que n'importe qui. Gary entra flac-floc-flac, lui prit son midol, sa brosse à dents et l'emmena en vitesse. Il ne but pas de bière. Fichtre, qu'il était sérieux.

Maintenant ils avaient repris Pleasant Grove. « Je ne veux pas rentrer à la maison. Je veux sortir toute la nuit, dit April.

— Ça me botte », répondit-il.

Julie dut rester à l'hôpital une nuit de plus, aussi Craig Taylor était-t-il encore seul. Il était juste en train de coucher les gosses quand Gary frappa à la porte et présenta cette fille comme la sœur de Nicole, April. Ils avaient l'air bizarre. Pas ivres, mais la fille était dans un sale état. Parano. Incapable de rester assise. Elle tournait autour de Craig comme s'il était un tonneau ou Dieu sait quoi.

Gary sortit de la salle de bain en demandant s'il avait toujours le pistolet. Craig dit oui. Gary demanda à le reprendre. Plus quelques balles. « Oh ! mais oui, fit Craig. Après tout, il est à toi, je vais te le donner. (Il ajouta :) Pourquoi en as-tu besoin ? » Gary ne répondit pas. Il finit par dire : « J'aimerais bien. » Craig n'avait pas très bonne impression en lui passant les balles. Gary semblait absolument sans émotion. « Gary, je ne peux pas te refuser, dit Craig, c'est ton pistolet », mais il y lança un dernier regard. C'était un automatique Browning à détente dorée avec un canon en métal noir et une belle crosse en bois.

« Je ne veux pas rentrer à la maison », déclara April lorsqu'ils se retrouvèrent dans la camionnette. « Penses-tu, fit Gary, je vais te faire veiller toute la nuit. » Il alla chez Val Conlin pour signer les papiers. En chemin, April s'aperçut qu'en fin de compte ils n'étaient pas allés au supermarché. Elle n'avait toujours pas sa corde de guitare. Ça devenait trop compliqué de redemander. Elle avait l'impression de se débattre au milieu de toiles d'araignée.

Lorsqu'ils entrèrent au garage V.J. Motors, April dit tout haut : « Dis donc, c'est un spectacle gratis. » Gary et ce type, Val, examinaient des clefs de voiture comme de vieux magiciens inspectant des herbes desséchées, bizarre ! Elle se promena et la pièce lui parut déformée. Il y avait du tordu dans l'air. Alors elle alla s'asseoir dans un coin. Comme ça, elle arrivait à maintenir un certain contrôle. Ils s'approchèrent mais elle ne savait pas de quoi ils parlaient. Ils lui dirent simplement : « Tu es le témoin. Regarde ça. » Et lui firent signer un papier.

Rusty Christiansen s'ennuyait. Le temps de se débarrasser de Gary, et il serait neuf heures trente. Elle ne serait pas chez elle avant dix heures moins le quart. Il fallait encore calculer les intérêts et le montant des versements. Ils n'arrêteraient pas de faire des allées et venues jusqu'au parking pour changer les plaques de la voiture et de la camionnette. De temps en temps, cette petite, April, dans son coin, disait quelque chose d'une voix forte.

Sur ce plan-là, Val ne manquait pas de voix non plus. « Je m'en vais prendre un risque, annonça-t-il, parce que tu as été correct avec moi. Mais, bon sang, Gary, il vaut mieux payer. » « D'accord », fit Gary. « Bon, reprit Val, je m'en vais prendre un risque. »

Gary s'en alla prendre des vêtements dans la Mustang pour les mettre dans la camionnette et, pendant qu'il était sorti, Val regarda la petite pépée dans le coin et lui dit : « Dis donc, qu'est-ce que tu as pris ? » Elle le regarda comme s'il débarquait du siècle suivant, puis elle couina : « Quuuoi-quuuoi-quuuoi... » Val se dit : « Whooouu, elle plane. » La fille le regarda droit dans les yeux et dit : « Il y a des fois où je ne suis même pas une fille. » Elle éclata en sanglots.

Lorsque Gary revint, Val lui dit : « Si tu ne me paies pas ces premiers quatre cents dollars dans deux jours, je reprends la camionnette si vite que tu ne sauras même pas que tu avais eu des roues, mon vieux. Tu n'auras pas la camionnette et tu n'auras plus la Mustang. Gary, si tu n'as pas cet argent, tu vas à pied, compris ? » « Compris, fit Gary. Pas de problème. D'accord. » Il signa les derniers papiers et Val lui remit la camionnette.

Lorsqu'ils furent montés dans la cabine, Gary dit à April : « Allons-y. » Ils se mirent à rouler en cherchant Nicole. « Utilise ton radar », fit Gary. Elle ne voulait pas lui parler d'interférences ; il croirait qu'elle cherchait une excuse. Des interférences pouvaient empêcher les forces les plus puissantes de l'esprit de se concentrer. Ils continuèrent donc de rouler. April ne cessait d'espérer qu'elle allait pouvoir dire la phrase qu'il fallait. Ça pouvait redonner plein de force. C'était ce qu'il fallait. Un mot pour que tout le monde soit en harmonie.

« Quand j'étais jeune, dit April, mon grand-père m'a posée sur le dos d'un cochon, dans la porcherie, et j'ai cru mourir de peur. Il y avait un tas de cochons sauvages qui nous poursuivaient. Je me suis cachée dans la baignoire. Il n'y avait pas grand-chose à faire ce soir-là mais j'ai appris à me planquer. On se planque en se rentrant la moitié à l'intérieur. (Elle ricana.) Tu comprends, Gary, j'ai toujours eu envie d'être un cochon. » Elle sentait la force du cochon. Gary arrêta la camionnette et la gara. « Je m'en vais aller donner un coup de fil, dit-il ; pour voir si ta mère a eu des nouvelles de Nicole. »

Lorsqu'il fut descendu, elle écouta un groupe chanter *Let Your Love Flow*. Deux types, pas une mauvaise formation. Ça allait très bien si elle ne pensait pas à Hampton. *Let your love flow, and let your love grow*. Elle essayait de se rappeler avoir fouillé dans les armoires à pharmacie des gens, autrefois, quand elle était baby-sitter. *Let your love flow and yet your love grow*. Ça lui donnait l'impression que l'amour coulait entre ses doigts lorsqu'elle fouillait dans les armoires en prenant les comprimés qu'il fallait pour s'envoyer dans les vapes. Oh ! se retrouver en transes avec des beautés noires. Elle adorait la façon dont elle s'entendait avec elles. Les beautés noires pouvaient être aussi douces que l'harmonie du printemps. « Au fond, se dit April, je peux toujours parler à la radio si je suis désespérée à ce point-là. Les animateurs se rendent bien compte que les gens leur parlent. »

4

Gary tourna le coin là où était garée la camionnette et entra dans une station-service Sinclair. Elle était déserte à cette heure-là. Il n'y avait là qu'un homme, le pompiste. Un jeune homme à l'air aimable et sérieux, avec une mâchoire solide et de larges épaules. Il avait une raie bien dessinée. Et les maxillaires un peu plus écartés que les oreilles. Sur sa salopette, à la hauteur de la poitrine, était épinglée une plaque avec son nom : Max Jensen. Il demanda : « Je peux vous aider ? »

Gilmore tira de sa poche l'automatique Browning 6.35 et dit à Jensen de vider ses poches. A peine Gilmore avait-il empoché l'argent qu'il prit la sacoche de sa main libre et dit : « Va aux toilettes. » Juste après qu'ils eurent passé la porte des toilettes, Gilmore ordonna : « Par terre. » Le sol était propre. Jensen avait dû le nettoyer depuis moins d'un quart d'heure. Il essayait de sourire tout en s'allongeant sur le carrelage. Gilmore dit : « Mets tes bras sous ton corps. » Jensen se mit en position, avec les mains sous le ventre. Il essayait toujours de sourire.

310

C'étaient des toilettes avec du carrelage vert jusqu'à la hauteur de la poitrine et des murs peints en marron. Le sol, un mètre quatre-vingts sur deux mètres quarante, était pavé de carreaux gris mat. Au mur, il y avait un distributeur de serviettes en papier. Le siège des toilettes était fendu. La pièce était éclairée par une ampoule en applique.

Gilmore appuya l'automatique contre la tête de Jensen. « Celle-ci est pour moi », dit-il, et il fit feu.

« Celle-ci est pour Nicole », dit-il et il tira encore. Le corps réagit à chaque fois.

Il se redressa. Il y avait plein de sang, qui se répandait sur le carrelage à une vitesse surprenante. Il s'en mit un peu sur le bas de son pantalon.

Il sortit des toilettes avec les billets dans sa poche et la monnaie dans sa main, passa devant le grand distributeur de Coca-Cola et le téléphone accroché au mur et sortit de cette station d'essence vraiment bien propre.

5

Colleen avait beaucoup travaillé ce jour-là. Elle avait fait le repassage et le ménage, elle avait travaillé dans le jardin, cueilli des haricots. Elle comptait attendre Max mais il n'était pas onze heures qu'elle se coucha.

Prête à sombrer dans le sommeil, elle eut l'impression que quelqu'un frappait à la porte, mais lorsqu'elle ouvrit il n'y avait personne. Elle pensa que c'était un chat. Il était encore trop tôt pour que Max rentre. Elle alla donc se recoucher et s'endormit tout de suite.

Assise dans la camionnette, dans cette petite rue tranquille, April pensait que c'était sans doute calme dehors. Elle ne pouvait pas le dire tant la radio faisait du bruit. Sauf que les arbres avaient l'air calme. Ça faisait une longue nuit à passer là, assise.

Au bout d'un moment, Gary revint. Elle avait fumé un clope et elle attendait. « Allons, dit-il, on s'en va. »

Comme ils s'arrêtaient au cinéma en plein air, April vit le mot « coucou » dans le titre si bien qu'elle crut qu'ils allaient voir *The Sterile Cuckoo** avec Liza Minnelli. April avait toujours trouvé que son apparence extérieure devait être tout à fait comme était Liza Minnelli à l'intérieur, alors elle avait hâte de voir le film. Mais à l'instant où ils s'arrêtèrent sous la lumière de la caisse à l'entrée, elle s'aperçut que Gary avait du sang sur son bas de pantalon.

Ils se garèrent. Il s'agitait sur son siège et dit qu'il allait pisser. Puis elle le vit fouiller au fond de la camionnette. Il avait l'air de chercher un autre pantalon. Il disparut dans les toilettes. April se disait : « Le F.B.I. regarde dans les maisons pour voir si les gens commettent des crimes. Par la télé, vous comprenez. »

Elle essaya de suivre le film pendant que Gary était parti, mais ça la faisait penser à la nuit où elle s'était fait violer. C'était après s'être promenée dans la rue à Hawaii avec ces garçons noirs. Le premier des trois annonça qu'il y avait une petite fête quelque part. Avec de la cocaïne, et ils allaient tous planer. Elle avait déjà pris du L.S.D. et elle fut donc fascinée par la grande classe de leur crèche, et pourtant les divans rouges aggravaient son pro-

* Titre français : « Pookie » (N.D.E.).

312

blème d'odeur. Elle transpirait quand elle reniflait de la neige et ça sentait très mauvais. Le Noir nommé Warren lui dit qu'elle puait, et elle devint toute rouge à l'intérieur au milieu de ces canapés rouges et de tous ces Noirs. Elle se mit à danser. Ils lui demandèrent si elle voulait prendre une douche. Elle répondit oui. Et elle se retrouva dans la baignoire, et puis, toute mouillée, se baladant à poil dans l'appartement. Elle était toute nue et elle dansait. « Je crois que je suis nymphomane », annonça-t-elle. « Un Info quoi ? » demandèrent-ils. Elle répéta lentement et ils firent : « Un fo quoi ? » Elle répondit d'un ton hautain : « Vous vous payez ma tête. »

Elle dansa avec eux et tout en dansant ils l'allongèrent sur le parquet et lui firent rudement mal. Elle saignait partout. Comme une putain. Warren était pété à la cocaïne, et il était salement méchant. Même quand il se détendait, il était toujours mauvais. Elle avait des hallucinations si affreuses qu'un des types qui s'appelait Bob plissa le visage en se rapprochant le menton du front pendant que son nez zigzaguait d'un côté à l'autre. Une fois, deux fois, trois fois, elle fit l'amour. Puis ils allumèrent une lampe et elle vit Bobby assis par terre et lui disant : « Pourquoi ne t'installes-tu pas sur le divan ? Plane. Ne te mets pas si bas, tu comprends ? » Puis il était sur elle et elle hurlait en chantant. Elle avait le vertige, elle était un tourne-disque avec le moteur en marche et Satan pouvait danser dans le tourbillon que faisait le plateau.

Tout d'un coup, elle sut que le film qu'elle regardait n'était pas *The Sterile Cuckoo*. C'était *Vol au-dessus d'un Nid de Coucou*.

Tous les dingues avec qui elle avait vécu à l'hôpital étaient sur l'écran. Jack Nicholson la tracassait beaucoup. Comme elle, il avait une tache sous le nez. Ça lui rappela le sang sur le pantalon de Gary : à cause de la démarche raide de Jack Nicholson.

Là-dessus, Gary revint. Elle dit : « Foutons le camp. J'ai horreur de ce film. Ce salopard me rend zinzin. »

Gary parut déçu. « C'est un film, lui dit-il, que j'ai envie de revoir.

— Pauvre crétin malade, dit-elle, tu n'as aucun goût ? »

A onze heures du soir, un homme s'arrêta à la station-service Sinclair au 800 North, 175 East à Orem et se servit cinquante litres d'essence et un litre d'huile. Faute de trouver le pompiste, il laissa sa carte de visite avec l'énumération de ce qu'il avait acheté. Un peu plus tard, Robbie Hamilton, qui habitait Tooele, dans l'Utah, s'arrêta. Après avoir fait le plein d'essence, il alla jusqu'à la porte ouverte de la salle de graissage et cria : « Il n'y a personne ? » Pas de réponse. Alors, il revint à la voiture. Sa femme lui dit de frapper à la porte des toilettes. Comme on ne répondit pas, il entrebâilla la porte et aperçut plein de sang. Il n'entra pas. Il se contenta d'appeler la police d'Orem. Il leur fallut un quart d'heure pour trouver la station. Comme il était de Tooele, dans l'Utah, M. Hamilton ne savait pas dans quelle rue il était et dut décrire les lieux en termes assez vagues au standardiste.

6

John était rentré de l'hôpital et dormait de nouveau sur le canapé. Brenda était prête à aller se coucher. On frappa à la porte. C'était Gary avec cette étrange petite.

« Tiens, cousin, fit-elle, où étais-tu ?

— Oh ! répondit-il en souriant, on est allé voir *Vol au-dessus d'un Nid de Coucou.* » « Tu n'es pas allé revoir ça ? » « Oh ! fit Gary, elle ne l'avait pas encore vu. »

Brenda examina la fille. « A mon avis, dit-elle, elle ne doit pas savoir ce qu'elle a vu. »

Gary dit : « C'est la sœur de Nicole, Janvier. » La fille se mit en colère. Pour la première fois elle se ranima.

« C'est April. » Gary gloussa. Brenda dit : « Ma foi, April, mai, juin ou juillet, quel que soit votre nom, contente de vous connaître. » Puis elle dit à Gary : « Qu'est-ce qu'elle a ? » Cette fille avait un air épouvantable.

« Oh ! fit Gary, April a des retours de bâton de L.S.D. Ça fait longtemps qu'elle en a pris, mais ça continue à la travailler.

— Gary, dit Brenda, elle est malade. Elle est horriblement pâle. » Là-dessus, la fille dit qu'elle avait envie d'aller aux toilettes. La suivant, Brenda demanda : « Ça va, mon petit ? » La fille répondit : « J'ai l'impression que je vais dégueuler. »

Brenda revint vers Gary et dit : « Qu'est-ce qui se passe ? »

Il ne répondit rien. Brenda eut l'impression qu'il était nerveux mais prudent. Très nerveux et très prudent. Il était assis au bord de son siège, comme pour se concentrer sur chaque son qui venait troubler le silence.

April revint et dit : « Eh ben, on peut dire que tu me fiches la trouille quand tu es comme ça. Je ne peux pas le supporter.

— Qu'est-ce qui vous a fait peur, mon petit ? » demanda Brenda. « Gary me fout vraiment la frousse », dit April.

Gary se leva. « April, dis à Brenda que je n'ai pas essayé de te violer ni de te bousculer.

— Oh ! mec, tu sais bien que ce n'est pas ce que je voulais dire, fit April. T'as été gentil avec moi ce soir. Mais tu me fous vraiment les jetons.

— Pourquoi ? demanda Brenda.

— Je ne peux pas vous le dire », répondit April. Il y avait quelque chose de si casse-bonbon dans son ton que Brenda commençait à en être agacée. « Gary, qu'est-ce que tu as fait ? » demanda-t-elle. A sa surprise, il tressaillit.

« Eh, dit-il, si on laissait tomber ? D'accord ? »

Gary dit : « Je peux te parler dans l'autre pièce ? » Lorsqu'il l'eut amenée dans la cuisine, il reprit : « Écoute, je sais que John sort tout juste de l'hôpital et que vous n'allez pas être remboursés tout de suite par la Sécurité sociale ; alors, écoute, Brenda, est-ce que cinquante ça t'arrangerait ?

— Non, Gary, dit-elle, on a des provisions. On va s'en tirer.

— Je voudrais vraiment vous aider, fit Gary.

— Mon chou, fit Brenda, tu es généreux. » Elle savait où il voulait en venir, mais malgré elle, elle était émue. Ridiculement émue. Elle avait envie de pleurer en pensant que même en bluffant comme ça, il pouvait penser un peu à elle. Elle dit donc : « Garde ton argent. Je veux que tu apprennes à le dépenser. » En disant cela, elle fut soudain prise de soupçons et demanda : « Gary, comment se fait-il que tu aies plein d'argent ?

— Un de mes amis, répondit Gary, m'a prêté quatre cents dollars pour la camionnette.

— Tu veux dire que tu as volé l'argent ?

— Ça n'est pas très gentil, dit-il.

— Si je me trompe, dit Brenda, alors en effet ça n'est pas très gentil. »

Il lui prit le visage à deux mains, l'embrassa sur le front et dit : « Je ne peux pas t'expliquer ce qui se passe. Ce n'est pas la peine que tu t'en mêles.

— Bien, Gary, dit-elle. Si c'est sérieux à ce point-là, alors peut-être que tu ne devrais pas nous embringuer.

— Bon, dit-il, tu as raison. » Il n'était pas en colère. Il entraîna April et retourna à la camionnette. Il dut prendre April par les coudes et la pousser littéralement dehors.

Brenda se surprit à les suivre. Au fond de la camionnette il y avait un demi-bidon de lait et un tas de vêtements enveloppés dans un chiffon. Elle dit : « Gary, tu as renversé ton lait. Laisse-moi arranger ça. » Il dit : « N'y touche pas. Laisse ça tranquille ! » « Très bien, fit Brenda, renverse ton lait. Qu'est-ce que ça peut me foutre ? » Lorsqu'il fut parti, elle continua à se demander ce qu'il y avait dans ce tas de vêtements qu'il n'avait pas voulu qu'elle voie.

Gary demanda à April si elle aimerait aller dans un motel, mais elle répondit qu'elle n'avait pas envie de rentrer chez elle. Ils se mirent donc à rouler au hasard et ne tardèrent pas à se perdre.

Juste au moment où il se rendait compte qu'il avait fait tout le trajet d'Orem à Provo par des petites routes, la camionnette tomba en panne d'essence.

Elle s'arrêta dans la partie déserte de Center Street entre la bretelle de l'autoroute et le commencement de la ville. Il descendit, se précipita dans un petit ravin en bordure de la route et dissimula le pistolet, le chargeur et la sacoche de monnaie dans un buisson. Puis il se dirigea vers le magasin le plus proche.

Wade Anderson et Chad Richardson étaient à l'épicerie ouverte de sept à onze sur West Center Street quand un type les aborda. Il dit que s'ils voulaient bien l'emmener jusqu'à un poste d'essence, il leur donnerait cinq dollars.

Il avait un air normal, sauf qu'il semblait fatigué et certainement pressé. Il leur donna les cinq dollars dès qu'ils furent montés dans le camion de livraison et s'installa près de la vitre en regardant dehors. Il disait tout le temps que sa petite amie attendait toute seule dans sa camionnette et qu'il ne voulait pas qu'on vienne l'embêter, surtout les flics, parce qu'elle raconterait n'importe quoi.

Ils dirent : « Bon, d'accord ; vous savez, on va faire aussi vite qu'on pourra. » L'ennui ce fut que, lorsqu'ils arrivèrent à un poste d'essence ouvert, il n'y avait pas de bidon. Wade dit alors qu'ils pourraient passer chez lui en prendre un. Le type dit : « Bon, mais il faut faire vite. »

Ça leur prit quelques minutes pour gagner le quartier est de la ville, prendre le bidon dans le garage de son père et retourner à la station. A peine étaient-ils revenus jusqu'à la camionnette du gars que Wade se mit à baratiner. Comme il allait être bientôt en avant-dernière année de lycée et qu'il essayait de faire des progrès pour parler aux filles, il engageait la conversation à chaque occasion qui se présentait, et il était bien décidé à le faire avec la petite dans la camionnette. Bien sûr, il surveillait du coin de l'œil le grand type qui déambulait dans le petit ravin en contrebas. Il avait emprunté une torche électrique à Chad et promenait son faisceau en cherchant quelque chose.

Wade dit à la fille : « Comment ça va ? » Elle le regarda très gravement et dit de sa grosse voix : « Vous êtes le fils de Gary Gilmore ? » Il répondit : « Oh ! non, madame, je... c'est la première fois que je le vois ce soir. » A peu près à ce moment-là le type trouva ce qu'il cherchait. Wade le vit retirer un pistolet du buisson, avec un chargeur et une sacoche de monnaie, puis il revint vers eux. Il enfonça même le chargeur dans la crosse du pistolet. Il le fourra sous la banquette avec la sacoche. Chad se tenait un peu en retrait tandis que Wade versait l'essence, et ils se contentèrent d'échanger un coup d'œil. Whooouu.

Lorsqu'ils eurent fini de vider le bidon, le type dit : « Merci beaucoup » et s'apprêta à partir. Il allait mettre son moteur en marche. Il ne voulut pas démarrer. Il avait vidé la batterie. Alors ils le poussèrent avec leur camion. Voilà tout.

Quand ils eurent repris la route, Gary dit à April : « Assez glandé. J'ai envie d'un endroit chouette pour dormir, quelque chose comme le *Holiday Inn.* » Il s'engagea sur l'autoroute et fit les trois kilomètres jusqu'à la sortie suivante.
« Je n'ai pas l'intention de baiser, déclara April, je me sens trop parano.
— Il faut que j'aille travailler demain matin, lui annonça Gary. On va prendre deux lits. »

8

Frank Taylor, le caissier de nuit au *Holiday Inn,* était à la réception lorsqu'un homme de grande taille portant un demi-bidon arriva avec une fille plutôt petite qui brandissait une boîte de bière Olympia comme si elle était la statue de la Liberté.

Frank Taylor se dit : « Celle-là, qu'est-ce qu'elle tient ! » Comme il était non seulement caissier de nuit mais qu'il assurait aussi la permanence à la réception, il se dit aussitôt qu'il n'allait pas pouvoir finir tout de suite ses comptes. La fille n'avait pas l'air d'être prête à se calmer vite. Malgré tout, l'homme semblait à jeun lorsqu'il vint remplir sa fiche.

La fille bombardait Frank Taylor de questions. Est-ce que ça lui plaisait de travailler dans un motel ? Y avait-il des punaises ? Puis elle demanda où étaient les toilettes pour dames. Dès l'instant où Frank Taylor lui répondit que c'était dans le hall à gauche, elle partit vers la droite. Taylor était encore à lui crier qu'elle se trompait lorsqu'elle disparut. Le grand type se contentait de sourire. Deux minutes plus tard, elle traversa le hall dans l'autre sens. Le grand type demanda où ils pouvaient dîner et écouta avec attention la réponse : le *Rodeway Inn*, à deux portes plus loin, était ouvert jour et nuit sans interruption. Puis il signa son nom en grosses majuscules, GARY GILMORE, donna comme adresse Spanish Fork et fouilla dans sa poche d'où il tira tout un tas de petites coupures pour payer la chambre.

Taylor pensait que Gilmore et la petite avaient une aventure mais ça n'était vraiment pas ses oignons. On pouvait s'attirer un tas d'ennuis juridiques si on était trop curieux. Essayez donc une fois de dire à un couple vraiment marié qu'ils ne l'étaient pas ? C'était une pratique établie que d'accepter n'importe qui, qui se tenait convenablement et qui payait d'avance. Taylor les regarda s'éloigner tous les deux, la main dans la main, avec la clef.

Un moment plus tard, ils appelaient le standard. Gilmore téléphonait du 212 pour dire qu'il était allé dans le hall et qu'il avait mis de l'argent dans le distributeur pour acheter de la pâte dentifrice, des lames de rasoir et de l'Alka Seltzer, mais que l'appareil ne marchait pas.

Il ne marchait jamais, se dit Frank Taylor. Il prit les articles demandés dans la réserve et s'engagea dans les longs couloirs à la moquette verte et devant une réserve de glace et un distributeur automatique de bonbons. Il passa encore devant un distributeur de boissons glacées et arriva au 212. Lorsque Gilmore ouvrit la porte, il avait un pantalon rouge et pas de chemise. Il mit la main dans sa poche et en tira une poignée de monnaie, qu'il garda dans sa paume comme pour l'examiner, puis il paya ce qu'il fallait. Taylor n'aperçut pas la fille mais il l'entendit qui gloussait à peine la porte refermée.

CHAPITRE XIV

LA CHAMBRE DU MOTEL

1

TOUT au bout de la chambre, d'un côté du mur du fond, se trouvait l'unique fenêtre et elle donnait sur la piscine. Comme la fenêtre était scellée, il y avait un climatiseur installé dessous. De chaque côté pendaient des rideaux en tissu synthétique bleu-vert, qu'on ouvrait grâce à des cordons blancs passés dans des poulies en plastique couleur lait. Deux chaises en faux cuir noir, à dossier arrondi, et une table octogonale en noyer synthétique étaient disposées devant la fenêtre. A côté de la table se trouvait un récepteur de télé sur un support pivotant. Ses pieds en boules de chrome étaient montés dans un carénage de caoutchouc qui s'enfonçait dans une moquette en tissu synthétique d'un bleu poilu.

Le long d'un mur était fixé un long meuble faisant à la fois commode et bureau en noyer synthétique. Dans le tiroir du bureau, du papier à lettres dans une enveloppe en papier ciré portant le sigle de *Holiday Inn* : « Votre hôtel d'une côte à l'autre. » Un exemplaire du règlement de la piscine et de ce qu'on pouvait se faire servir dans la chambre était posé à côté d'une longue bande étroite de papier sur laquelle on pouvait lire : VOUS AUSSI ÉCONOMISEZ L'ÉNERGIE.

Le long du mur opposé, les têtes de lit étaient en noyer synthétique et les courtepointes en tissu synthétique bleu-vert. De tout cela émanait la même odeur que de la chambre. Une odeur de vieux climatiseur et de vieux cigare.

Entre les lits se trouvait une table de chevet avec une lampe et un cendrier octogonal en verre portant le logo vert de *Holiday Inn*. Une lumière rouge indiquant un message clignotait sur le téléphone. Comme elle avait été branchée par erreur, elle ne s'arrêtait pas. Pas plus que le climatiseur. Au bout d'un moment, son ronronnement vous vibrait dans les entrailles.

2

Sur le chambranle de la porte de la salle de bain se trouvait un commutateur qui, dans le noir, brillait comme un téton fluorescent. Quant on l'allumait, l'éclairage du plafonnier révélait des murs blancs et un sol aux mosaïques couleur ciment. Un miroir était fixé au-dessus du lavabo par cinq crampons de plastique vissés dans le mur. Le sixième était tombé. Le trou avait l'air d'une punaise immobile. Le lavabo était encastré dans un dessus en noyer synthétique. Sur la tablette, deux verres enveloppés dans de la cellophane arboraient le logo de *Holiday Inn*, et deux petites savonnettes, dans des emballages *Holiday Inn*, étaient disposées auprès d'un petit bout de carton jaune en forme de petite tente sur lequel on pouvait lire : « Bienvenue à Holiday Inn ». Il y avait aussi un avis annonçant que le débit de boissons était ouvert de dix heures du matin à dix heures du soir. Ces bouts de papier étaient humides. Les surfaces arrondies du lavabo jouaient le rôle de centrifugeuse quand on ouvrait le robinet et projetait l'eau sur le sol.

Une bande de papier blanc était enroulée autour du siège des toilettes pour certifier que personne ne s'était assis là depuis qu'on avait mis la bande en place. Le papier hygiénique du distributeur fixé au mur à la gauche des toilettes était doux et très absorbant et collait à l'anus.

3

« April, dit Gary, tu vas arracher cette bande du siège ou il faut que je le fasse ? » Elle le foudroya du regard et lança le papier dans la corbeille. « On vous fait travailler, déclara-t-elle, à cause des riches. Toutes les organisations sont riches, tu sais.

— Ma vieille, on peut dire que tu as du bagou », fit Gary. Il s'approcha et lui donna un baiser. Elle dit : « Nicole. Nicole n'aimerait pas ça. » Il s'éloigna d'elle et prit un joint de marijuana. « J'en veux », dit April. Il se mit à rire et le brandit hors de son atteinte. « Un baiser d'abord, dit-il.

— Je ne peux pas t'embrasser à cause de Nicole, dit-elle. Nicole a des vampires. »

Gary alluma le joint et inhala profondément. « Une bouffée ? » demanda-t-il. Mais lorsqu'elle approcha, il leva de nouveau la cigarette hors de son atteinte.

Tout en circulant dans la pièce, elle se mit à ôter ses vêtements. Elle avait l'impression qu'ils la congestionnaient. D'abord sa blouse de paysanne, puis ses jeans. Elle se sentait mieux de se promener en culotte et en soutien-gorge. « Ça ne t'est jamais arrivé, Gary, de te lever à quatre heures du matin pour faire des petits gâteaux ? » Il était allongé sur le lit et prenait son temps pour fumer sa marijuana. Il se contenta d'agiter une main. Puis il se redressa et rota. Une grimace de douleur se peignit sur son visage, il attrapa le bidon de lait et but une lampée. « Dis donc, mon petit, fit-il, si on se détendait. Je vais te masser et toi tu vas me masser aussi. »

« Le F.B.I., annonça-t-elle, regarde devant les maisons pour voir si les gens commettent des crimes. Ils font ça par la télé, tu sais. » Elle était allongée sur le lit et la pièce tournait autour d'elle. C'était comme une chambre de motel où elle avait accompagné un homme riche. Elle s'était sentie si vivante cette nuit-là, parce que le plastique était si mort.

« Gary, dit-elle, laisse-moi tirer une bouffée. Je suis dans un drôle d'état. » Il lui passa le joint et elle aspira. Elle avait dû partir dans les vapes parce que voilà que Gary lui embrassait le visage et qu'il la réveillait. « Laisse-moi tranquille », cria-t-elle. Lorsqu'il lui donna un autre baiser, elle dit : « Gary, Nicole et toi vous étiez faits l'un pour l'autre.
— Nicole peut aller se faire baiser ailleurs. »

Elle se mit à arpenter la pièce, en se rappelant la nuit à Hawaii où elle déambulait tandis que Bobby et Warren la massaient et dansaient avec elle. Puis Gary se mit à lui faire une sorte de massage, en marchant derrière elle, juste derrière elle, collant ses jambes à celles d'April, comme deux prisonniers à l'heure de la promenade, et ils firent ainsi le tour de la chambre, les pouces de Gary lui massant les épaules et la nuque. Au bout d'un moment, elle commença à se sentir très proche de lui et murmura : « Ça n'est pas très bien de notre part de faire ça. Nicole ne trouverait pas ça bien. » Elle décida de se brancher l'esprit pour écouter Paul

McCartney. « *Open the door and let them in* », faisait la musique dans sa tête, et ça devenait une vraie foire. Gary lui donnait des claques sur les fesses ou enfonçait les doigts dans sa culotte, puis il lui grognait à l'oreille comme un lion. Elle pensait à des hommes riches et d'un coup de coude se libérait de sa main. « Va te faire foutre, dit-elle. Laisse-moi me coucher.

— On dort debout », répondit-il.

Ils étaient un roi et une reine et elle commençait à être contente à l'idée qu'ils dorment chacun dans un lit séparé, mais elle savait qu'elle allait sombrer dans un sommeil qui lui donnerait un sentiment très oppressant, comme des images, qu'elle avait vues dans la Bible, de démons sortant des ténèbres de l'espace pour tourmenter les gens sur cette planète et vraiment les déchirer et les démembrer. Elle s'en représentait des milliers dans le ciel, plongeant comme des aigles sur des souris.

Pendant tout ce temps, il rampait sur elle en lui massant le dos. Lorsqu'elle ferma les yeux, elle vit un homme qui agitait les bras. Il avait environ huit membres de chaque côté et les agitait : c'était une force maligne, apportant à la terre la maladie et tout le reste, comme Satan, le plus fort.

Elle savait maintenant que quelque chose n'allait pas dans la façon dont il lui massait le dos. Gary avait changé de personnalité. Gary, qui était toujours si viril avec elle, plus viril encore que son père, était devenu féminin et rampait sur elle par-derrière en lui massant le dos. Si elle se retournait pour regarder son visage, ce serait une femme qu'elle verrait. Il la tâtait pour sentir ses propres seins, son propre ventre. April croyait sentir une femme derrière elle. Mon vieux, on peut dire que ça la refroidissait.

326

« Dormons », dit-elle. Il ne lutta pas. Il entra dans son lit et elle dans le sien, il éteignit les lumières et elle resta allongée dans la pénombre à regarder le plafond. Dans le plâtre écaillé, il y avait des éclats de verre incrustés pour faire comme mille étoiles. Elle ne pouvait pas supporter l'odeur de la chambre et ralluma. Sur le mur juste derrière elle, il y avait un paysage qui couvrait tout le papier peint de palmiers, des ruines d'un arc en pierre, d'une colline, d'une vieille maison italienne. Des gens efflanqués, drapés dans des capes, arpentaient ce paysage. Gary dit : « Eteins la lumière. J'ai besoin de dormir. »

Elle resta allongée encore un moment et il se glissa jusqu'à son lit et essaya de la sauter. Elle ne savait pas s'il était sérieux ou pas. Ils se bagarrèrent dans l'obscurité et il lui déchira ses sous-vêtements mais elle en maintenait les morceaux en disant : « Non. » Elle dit : « Gary, je n'en ai pas envie. » Puis : « Gary, tu perds la tête. » Et puis encore : « Nicole. Nicole, Nicole ne trouverait pas ça très bien. » Il finit par y renoncer et elle resta allongée. La chambre commençait à lui revenir. Elle la voyait très distinctement comme à travers une loupe. « Ça n'est qu'une nuit de plus dans une cellule de prison, se dit-elle. Et j'irai en prison toute ma vie. »

Dans le couloir, en partant, ils virent un petit tampon de caoutchouc fixé au mur. C'était pour empêcher le bouton de la porte du 212 d'entamer le plâtre. Elle ne savait pas pourquoi, mais cela lui rappela le fil du récepteur de télé qui était tout enroulé et proprement attaché avec un cordon de plastique blanc. Dans sa tête, c'était comme un serpent qui étranglait un autre serpent.

4

Du fond de son sommeil, la première chose que Colleen perçut, ce fut que quelqu'un frappait doucement à sa porte. Elle sursauta. Elle ne sut quelle heure il était que lorsqu'elle se fut levée et, passant dans la cuisine, elle eut constaté qu'il était deux heures du matin. Et Max n'était toujours pas là. Alors elle alluma la lumière de la véranda et regarda par le petit judas fixé dans la porte. Ce qu'elle vit lui fit très peur.

Dehors il y avait cinq hommes, et le premier d'entre eux était le président Kanin, de son district.

Il lui passa un bras autour des épaules : « Colleen, dit-il, Max ne rentrera pas ce soir. »
Elle eut le sentiment que Max ne reviendrait sans doute jamais.
« Il est mort ? » demanda-t-elle.
Tous les cinq firent oui de la tête.
Elle pleura une minute. Pour elle, c'était irréel.

Un des deux hommes qu'elle ne connaissait pas dit au président Kanin : « On peut vous la laisser ? » Lorsqu'il eut répondu affirmativement, ces deux inconnus partirent. Elle se rendit compte alors que c'étaient des policiers en civil.

Le président Kanin l'aida à appeler ses parents. Personne ne répondit. Elle se souvint alors qu'ils étaient partis ce matin-là pour aller camper, aussi appela-t-elle les parents de Max. La dame qui répondit annonça que M. et Mme Jensen étaient eux aussi partis camper, mais qu'elle allait les contacter. Le président Kanin demanda alors s'il y avait quelqu'un d'autre qu'on pouvait appeler et Colleen pensa à ses cousins qui habitaient à Clearfield, dans la même rue que ses parents. Ils étaient là et dirent qu'ils arrivaient le plus vite possible. Cela leur prendrait une heure et demie.

Le président Kanin lui demanda alors s'il y avait quelqu'un qui pourrait rester avec elle en attendant l'arrivée de ses cousins. Elle répondit qu'il y avait une fille dans la congrégation qui habitait deux caravanes plus loin. Ils allèrent la chercher et elle vint immédiatement. Les trois hommes s'en allèrent.

La fille resta près de deux heures. Elles s'allongèrent toutes les deux sur le lit et bavardèrent un moment. Monica s'endormit et Colleen était engourdie de douleur. Elle n'avait aucune envie de voir où on avait emmené le corps de Max. Elle ne se sentait aucun besoin de demander : « Laissez-moi le voir. » Elle était là à bavarder avec sa voisine et tout ça lui semblait irréel. Elles discutaient un moment, puis ça revenait. Il était cinq heures moins le quart quand ses cousins frappèrent à la porte.

5

April avait enlevé sa boucle d'oreille et, dans le noir, l'utilisait pour se piquer. Elle faisait souvent ce rêve qu'un jour elle allait se faire une piqûre et terminer tout ça. Elle voulait savoir l'impression que ça faisait. Alors elle essayait tout le temps avec la pointe de sa boucle d'oreille contre son cou.

Le matin, alors qu'il faisait encore presque nuit, Gary revint dans le lit d'April et essaya encore une fois de la sauter. Sans grande conviction. Puis il but encore du lait. Assurément c'était plus d'amour que de sexe qu'il avait besoin, mais April savait qu'elle ne pouvait pas laisser tomber Nicole parce que Nicole l'aimait encore.

Vers six heures et demie, quand Monica s'éveilla avec l'aube, Colleen se dit qu'elle était en vie, que son bébé vivait aussi et qu'elle devait le nourrir. Ce serait terrible de bouleverser les habitudes du bébé. Alors elle alla saluer Monica d'un « bonjour », la prit dans ses bras, la dorlota, lui donna un bain et la prépara pour la journée.

Lorsque la lumière commença à filtrer par la fenêtre, April et Gary s'habillèrent et il la raccompagna chez elle. En la déposant il dit : « April, malgré tout ce qui s'est passé la nuit dernière, je veux que tu te souviennes que tu seras toujours mon amie et que je t'aimerai toujours bien. »

Elle entra dans la maison : il n'y avait personne. Kathryne était partie pour conduire Mike au travail et April se mit à balayer. Au beau milieu de son ménage elle dit tout haut. « Je ne me marierai jamais, jamais. »

Kathryne avait veillé toute la nuit à attendre Gary et April. Vers cinq heures elle avait dû s'endormir, et puis le réveil avait sonné peu de temps après. Chaque matin elle devait accompagner son fils Mike en haut du canyon, où il travaillait pour les Eaux et Forêts, un trajet de trente kilomètres par des routes pleines de virages. Après un jour et une nuit passés à fumer, l'angoisse mêlée à l'absorption de trop de fumée l'oppressait à chaque respiration. Elle redescendit le canyon jusqu'à sa maison, franchit la porte et trouva April, installée comme un zombie, sur la chaise de la cuisine.

« Où diable étais-tu ? » April ne répondit pas. Elle resta assise à la dévisager. « Tu as passé toute la nuit avec ce miteux ? » demanda Kathryne. Même si sa peur se dissipait, elle n'éprouvait encore aucun soulagement. Elle se sentait au bord de la nausée. Mon Dieu, April était en transe. « Bon sang, cria Kathryne, tu es restée avec Gary toute la nuit ? »

April se mit tout à coup à crier : « Fiche-moi la paix ! Tu ne peux pas me fiche la paix ? Je ne sais rien. (Elle se précipita dans la chambre.) Occupe-toi de tes affaires », cria-t-elle de l'autre côté de la porte.

« Je ne peux rien y faire », se dit Kathryne. Elle était simplement contente que la petite soit rentrée. C'était une épreuve de plus que Kathryne avait à supporter.

CHAPITRE XV

DEBBIE ET BEN

1

UN jour, Debbie se sentit un peu patraque et Ben insista pour l'emmener chez le docteur. Après tout, elle était enceinte. Mais il y avait onze gosses au Jardin d'Enfants de l'Abeille industrieuse et Debbie n'avait pas le temps. Ben finit par élever un peu le ton. Sur quoi elle lui dit qu'il lui cassait les pieds. Ce fut la scène la plus violente qu'ils avaient jamais eue.

Ils étaient fiers que ce fût leur scène la plus violente. Ils considéraient le mariage comme ayant pour but constant de se rendre heureux l'un l'autre. C'était le contraire de la chanson, *I never Promised You a Rose Garden*. Ils se l'étaient promis : pour eux, ça ne serait pas comme les autres mariages.

Debbie mesurait un mètre cinquante et ne pesait pas plus de quarante-cinq kilos. Ben, lui, atteignait un mètre quatre-vingt douze et pesait quatre-vingt-dix kilos lorsqu'ils s'étaient mariés. Deux ans plus tard, il en pesait cent et Debbie le trouvait grand, gros et superbe. Quand il ne faisait pas de régime, il s'empiffrait. Il faisait des haltères pour essayer de se maintenir en forme.

Pour un jeune couple mormon, ils vivaient bien. Ils avaient des steaks toujours en réserve au congélateur et adoraient acheter des pizzas. ILs apprirent même à faire eux-mêmes de meilleures pizzas. Ben en couvrait chaque centimètre carré de viande et de fromage. Ils s'habillaient bien et réussissaient à faire leur versement mensuel de cent dollars sur leur Ford Pinto. Ben aurait très bien pu être le grand gaillard qui sort de la petite Pinto dans la publicité de la télé.

Toutefois, ils travaillaient dur. Ben essayait sans cesse de reprendre ses cours de gestion à B.Y.U. mais il assurait deux ou trois emplois journaliers. De plus, Debbie dirigeait le jardin d'enfants afin d'équilibrer ce qu'ils dépensaient pour vivre heureux ensemble. Ils n'avaient donc guère besoin d'amis. Ils avaient leur bébé, Benjamin, qui passait avant tout, et il y avait eux. C'était tout. C'était suffisant.

Debbie ne connaissait rien en dehors de la maison, mais elle en savait long sur les culottes en plastique, les langes en tissu cellulose et sur à peu près tout ce qui concernait les enfants du centre de puériculture. Elle était formidable avec les gosses et préférait laver le carrelage de sa cuisine plutôt que lire.

Comme elle n'avait pas de permis de conduire, elle ne pouvait pas aller à l'épicerie, à la laverie ou nulle part sans Ben.
Elle ne connaissait rien non plus à leur compte en banque ni à leurs dettes. Elle vivait dans un monde peuplé d'enfants de deux à quatre ans, s'occupait admirablement de Ben, de Benjamin et de leur maison. Ils dînaient dehors cinq soirs par semaine. Sauf quand Ben était au régime, c'était leur grande distraction. Ils partageaient alors une de ces pizzas de luxe à huit dollars.

Ben devait toujours assurer deux ou trois emplois. Avant la naissance de Benjamin, il y avait eu une période où Ben se levait à quatre heures du matin et déposait Debbie au jardin d'enfants à cinq heures. Elle préparait tout pour les enfants qui commençaient à arriver à sept heures, et à ce moment-là, Ben serait déjà arrivé à Salt Lake, où il gérait un snack-bar. Ce travail-là commençait à six heures et il ne rentrait pas à la maison avant huit heures du soir. Ensuite il trouva un autre emploi où il n'avait pas besoin de la déposer au jardin d'enfants avant dix heures du matin, mais il devait aller à Salt Lake pour un travail qui commençait à midi dans un restaurant dépendant d'une chaîne qui s'appelait *Le Cercle arctique.* (Le nom changea plus tard pour devenir *Les Rois du Hamburger.*) Il rentrait chez lui à deux heures du matin. En hiver, c'était dur quand les routes étaient verglacées. Ben commençait à en avoir assez de faire de jour comme de nuit ce trajet de soixante-quinze kilomètres dans chaque sens.

Bien sûr, il avait d'autres sources de revenus. Il travaillait au B.Y.U. dans l'équipe d'entretien, plus tous les travaux de nettoyage qu'il pouvait trouver. En retour, Debbie gardait Benjamin avec elle à l'Abeille industrieuse, et elle avait même un berceau dans son bureau. Le dimanche, et à ses rares moments de loisir, Ben travaillait comme précepteur pour l'évêque Christiansen. Si une veuve avait besoin de faire faire des travaux d'électricité ou de plomberie, s'il fallait déblayer son allée ou nettoyer ses carreaux, eh bien, Ben le faisait. Il devait s'occuper ainsi de cinq ou six familles par mois.

Quand le poste de directeur du *City Center Motel* se trouva libre, Ben sauta sur l'occasion. Ça rapportait un minimum de cent cinquante dollars par semaine plus un appartement, mais il pourrait

334

développer l'affaire. Ce n'était pas un grand motel neuf, il ne se trouvait pas sur une grande route, mais plein, il pouvait rapporter au moins six cents dollars par semaine. En outre, ils pourraient, lui et Debbie, être ainsi toujours ensemble.

Leur clientèle se composait essentiellement de touristes ou de parents venus voir leurs enfants au B.Y.U. La plupart des gens qui descendaient au motel étaient calmes. Si de temps en temps un couple avait l'air de ne pas être marié, Debbie n'approuvait pas exactement et s'efforçait de leur donner une belle chambre pas très propre et bien bruyante.

Le coup de feu, c'était à neuf heures du matin, pour mettre les domestiques au travail. Ils employaient quatre femmes de chambre qui avaient chacune un certain nombre de chambres à faire en un temps donné. Si ça prenait six heures mais que ça n'en valait que deux, elles n'étaient payées que pour deux heures. Au début, Ben et Debbie firent ensemble ce genre de travail pour apprécier combien de temps cela valait. Alors qu'un tas d'autres motels payaient les employées à l'heure, Ben les payait à la chambre. Bien sûr, s'il y avait plus à faire, Ben en tenait compte. Il était toujours juste.

Au bout de quelque temps, Debbie se mit à aimer le travail au motel plus qu'elle ne s'y était attendue. Ils avaient beaucoup de temps ensemble. Après la bousculade matinale, il ne se passait pas grand-chose jusqu'au soir où la majorité des clients arrivaient. Ben se mit à parler de retourner à l'université.

Le travail, cependant, était un peu astreignant : ils ne pouvaient pas, par exemple, quitter le motel ensemble à moins d'avoir pris leurs dispositions. Ça les empêchait d'aller dîner au restaurant. Ça les bousculait aussi à l'heure du déjeuner. Parfois ils étaient obligés de déjeuner un peu tôt.

Ils n'éprouvaient jamais aucun besoin de voir d'autres gens et le temps passait fort bien. Ben avait tous les contacts humains qu'il lui fallait en parcourant la ville pour faire de la publicité à son établissement. Il voulait bien faire connaître le nom de *City Center Motel*, alors il fit des arrangements avec quelques-uns des motels plus importants. Il était entendu, par exemple, que l'employé de la réception recevrait un dollar pour chaque client qu'il enverrait chez Ben parce que son motel était complet. Le *City Center* était toujours le premier petit motel à afficher complet.

Ils n'avaient pas peur non plus d'être cambriolés. De temps en temps, rarement, ils discutaient de ce qu'ils feraient s'ils se trouvaient en face d'un pistolet, et Ben haussait les épaules. Il disait qu'un petit peu d'argent ne valait pas le coup de risquer sa vie. Il ferait ce que le voleur demanderait.

2

Craig Taylor entendit parler du meurtre de la station-service à la radio le lendeman matin, alors qu'il se rendait en voiture à son travail. Sa première pensée fut que c'était Gary qui avait fait le coup. Puis il crut entendre le journaliste dire que Jensen avait été tué avec un 7.65. Ça lui donna quelque espoir. L'automatique Browning était un 6.35.
Au travail, Gary semblait normal. Non pas qu'il fût détendu, mais il était énervé depuis le jour où il avait rompu avec Nicole. Ce matin-là, il était normalement énervé.

Plus tard ce même matin, Spencer McGrath reçut un coup de téléphone d'une dame disant qu'elle avait un appartement à Provo pour Gilmore. S'il avait l'intention de le prendre, il ferait bien de passer vers midi et de laisser un dépôt. Spencer avait l'impression que si ce type avait une chance, c'était de quitter Spanish Fork et d'apprendre à vivre tout seul. Il dit donc à Gary de prendre son après-midi. C'était triste à dire, songea Spencer, mais il était plus tranquille quand Gary n'était pas là.

Craig n'eut pas l'occasion de parler de quoi que ce fût avant la fin de la matinée, juste avant la pause du déjeuner. Mais comme ils ralentissaient vers midi moins le quart, Gary dit : « Tu veux lancer des pièces ? » Là-dessus il tira de sa poche une poignée de monnaie. Il en avait plein la paume, tout un tas de monnaie. Une fois Gary parti, Craig ne put s'empêcher de se demander si c'était l'argent du meurtre de la station-service.

Gary s'arrêta chez Val Conlin pour remercier Rusty Christiansen. C'était elle qui avait fait semblant d'être propriétaire d'un appartement destiné à Gary. Val en profita pour lui rappeler qu'il devait lui trouver l'argent pour la camionnette.

Gary passa chez Vern et Ida pour demander s'il pouvait prendre une douche. Mais Ida et Vern allaient justement sortir et Ida voulait pouvoir fermer à clef. Les choses se compliquaient. Gary avait un drôle d'air, un peu fou, aussi Vern proposa-t-il de fermer la maison à clef et de laisser Gary prendre sa douche dans le sous-sol qui avait une entrée indépendante. Gary accepta mais parut un peu vexé qu'on lui fermât la porte au nez.

Peu après le déjeuner, Val Conlin reçut un coup de téléphone. Gary avait perdu les clefs de la camionnette. Il était au centre commercial de l'université et il avait besoin que quelqu'un vienne prendre ses affaires puisqu'il ne pouvait pas fermer la cabine à clef.

Val envoya Rusty Christiansen. Lorsqu'elle s'arrêta sur le parking, Gary était assis, souriant. « On a pris la voiture du patron ? » demanda-t-il.

Rusty n'aimait pas les sous-entendus de Gilmore. C'était sa propre Thunderbird bleue qu'elle conduisait, et elle n'était pas si neuve que ça. Gilmore essaya quand même de rattraper ce mauvais début. Il se montra presque trop galant en lui ouvrant les portières.

Il avait une grande paire de skis nautiques couleur arc-en-ciel qui dépassait de la vitre de sa camionnette, et qui portait encore une étiquette du supermarché de Grand Central. Il expliqua alors qu'il voulait mettre sous clef les skis dans le coffre de la voiture de Rusty.

Ensuite, ils se mirent à la recherche des clefs. Il revint sur ses pas dans les divers magasins et finit par les retrouver dans la boutique de diététique.

En retraversant le centre commercial, Rusty s'arrêta devant le comptoir du Monde des Enfants. Sa petite fille faisait collection des poupées de Mme Alexandre et elle venait d'en voir une nouvelle d'Espagne. Rusty dit : « Vous avez une minute ? » Et il répondit : « Oh ! vous savez, bien sûr. »

Deux vieilles vendeuses étaient tout à l'autre bout. Rusty attendit et attendit — au moins cinq minutes. Personne ne s'occupait d'eux et Gilmore s'énervait.

Elle sentait combien c'était pénible pour lui d'attendre. Il finit par dire : « Laquelle voulez-vous ? » Elle le lui dit. Il lança : « Ne vous en faites pas », ouvrit la vitrine, prit la poupée, saisit Rusty par le bras et sans lui laisser le temps de protester, l'entraîna hors du magasin. La poupée avait une robe de satin rouge vif et Gary disait : « Vous savez, elle est vraiment mignonne. »

Rusty ne savait pas s'il faisait de l'esbroufe, mais dans l'instant plus rien ne pouvait la choquer. Tout ce qu'elle voulait, c'était sortir du centre commercial.

Comme ils faisaient le tour pour regagner le parking, Gary dit : « Vous savez, vous êtes une petite dame qui a la tête sur les épaules. Vous réagissez rudement bien. Vous ne vous écroulez pas. » Comme elle acquiesçait, il dit : « Je cherchais justement quelqu'un avec qui travailler.

— Oh ! c'est gentil », dit Rusty. Elle était pressée de regagner la voiture. Elle avait déjà compris qu'il était déséquilibré, aussi ne voulait-elle pas l'insulter. « Je suis heureuse que vous trouviez que je tiens le coup, dit-elle.

— Vous n'êtes pas mal, reprit-il, mais vous êtes trop vieille pour moi. (Il la toisa d'un œil critique.) Quel âge avez-vous ? demanda-t-il.

— Vingt-sept, fit Rusty.

— Vous n'avez pas de petite sœur, non ? » demanda Gilmore.

Rusty se dit : « Seigneur, si j'en avais une, elle serait enfermée à clef dans le sous-sol ! »

« C'est vraiment dommage, reprit Gary mais vous êtes juste un petit peu trop vieille. J'aime les filles plus jeunes.

— Ah, fit Rusty, tant pis pour moi. »

Gilmore s'arrêta pour prendre deux cartons de six bouteilles de bière, si bien qu'elle arriva à V.J. Motors avant lui. « Dites donc, fit-elle en arrivant, ne me refaites pas ce coup-là, Conlin. La prochaine fois, c'est vous qui irez. » Et elle lui raconta l'histoire des skis nautiques.

Gary arriva avec le butin. « Je ne veux pas de ces skis », dit Val Conlin.

— Ils valent cent cinquante dollars, lui dit Gary.

— Voyons, Gary, je n'ai pas de bateau. Que ferais-je de skis nautiques ? (Comme Gilmore les posait dans un coin, Val poursuivit :) Quand est-ce que tu vas enlever toutes les saloperies de la Mustang pour que je puisse la vendre ?

— Regardez ces skis nautiques, fit Gary.

— Volés ? demanda Val.

— Qu'est-ce que ça change ? fit Gary.

— Je ne suis pas un receleur, dit Val. Je ne veux pas de marchandises volées. Et je n'ai pas besoin de nouveaux problèmes avec toi.

— Vous savez, fit Gary, c'est une occasion.

— Ça ne vaut pas un clou sans bateau, fit Val. Où est le bateau ? Et n'oublie pas que tu me dois quatre cents dollars à partir de demain.

— Je les aurai.

— Gary, fit Val, tu ferais mieux de comprendre ceci et de bien le comprendre. Si je n'ai pas ce fric demain, tu marches à pied. Tu ne te rappelleras même pas que tu avais des roues.

— Val, vous avez été chouette avec moi, ne vous inquiétez pas. Je les aurai.

— Bon, fit Val. Très bien. »

Dans le silence, Val prit un journal et se mit à lire. Au bout d'un moment il le reposa et explosa : « Bonté divine, ça n'est pas croyable, ce meurtre, fit-il. Quel genre d'idiot ferait ça ? Il faut que ce type soit dingue pour abattre comme ça un type dans une station d'essence, pour rien. (Ça lui avait vraiment donné un coup. Il frappa le bureau avec le journal.) Tu sais, je peux comprendre le type qui abat quelqu'un s'il ne parvient pas à trouver le fric. Mais un type qui prendrait d'abord le pognon et puis qui pousserait le pompiste dans une pièce du fond, le ferait s'allonger par terre et lui tirerait deux balles dans la tête, il faut que ce soit un vrai dingue ! Il faudrait le boucler, ce salaud. » Conlin en criait et Gilmore le regarda droit dans les yeux puis dit : « Ma foi, peut-être qu'il méritait d'être tué. »

L'expression de son visage était si impénétrable que Rusty en conclut que Gary savait quelque chose à propos du meurtre. Avait-il vendu un pistolet volé ?

Val criait : « Oh! Gary, voyons, bon sang, loger une balle dans la tête d'un gosse... Il faut être dingue, mon vieux. Fou à lier ! » Gary se contenta de répondre : « Bah... » Il se leva et demanda si Val voulait une autre bière. Val dit : « Non, on en a ici. Prends-la pour toi, Gary. » C'était peut-être d'avoir bu toute cette bière si tôt dans la journée, mais l'après-midi ne s'annonçait vraiment pas bien.

3

Le mardi après-midi, Gary avait sa séance hebdomadaire avec Mont Court. Leurs rencontres, depuis que Gary avait volé le magnétophone au Grand Central, duraient plus longtemps maintenant, mais en ce mardi de juillet, accablant de chaleur, l'entretien ne se poursuivit qu'un peu plus d'une heure. Gary avait fini par se confier, et le délégué à la liberté surveillée voyait là une occasion de l'atteindre. Dans quelques jours, Court devait donner son avis sur l'enquête préalable, et il avait à peu près décidé de proposer une semaine de prison. Cela ferait réfléchir Gary.

Court, toutefois, n'envisageait pas gaiement cette perspective. Gilmore utilisait la moindre occasion pour manipuler son entourage, mais on avait quand même du mal à ne pas le plaindre, surtout par un jour pareil.

Gilmore parlait du fait qu'il buvait et de l'envie qu'il avait de se guérir de cette habitude. A son avis, c'était la seule façon de se raccommoder avec Nicole. Il fallait se raccommoder.

Ils bavardèrent et Court apprit que Nicole était partie parce qu'elle avait peur. Cela troublait Gilmore. Il ne voulait pas qu'elle croie qu'il était quelqu'un de violent. Court écoutait poliment, mais il trouvait que Gary manquait de jugement : on ne pouvait pas dissiper la peur de quelqu'un en se contentant de désirer que cette personne n'ait pas peur. Court estimait pourtant que Gilmore était réaliste en comprenant à quel point il avait besoin de Nicole et que ses chances de la reprendre pourraient être plus grandes s'il cessait de boire.
Bien sûr, on ne pouvait pas dire qu'il avait l'air d'un alcoolique repentant. Son petit bouc était en train de devenir une barbe et ses vêtements n'étaient pas soignés.

Jamais ils n'avaient été aussi près d'avoir une vraie conversation. Gilmore était là, l'air esseulé, expliquant d'une voix triste et neutre qu'il croyait avoir des problèmes comme amant. Ça fit progresser d'un pas leurs relations.

Gary passa les quelques heures suivantes à chercher Nicole dans Orem et dans Provo puis à Springville et Spanish Fork. Pendant qu'il roulait sur une route, Nicole et Roger Eaton en empruntaient une autre.

4

Nicole était dans tous ses états. Roger Eaton ne tarda pas à être à peu près de même. Ce mardi après-midi qu'il avait attendu avec impatience n'allait pas bien se passer.

D'abord elle raconta à Roger qu'elle avait vu Gary le dimanche à Spanish Fork. Elle lui montra le petit Derringer. En voyant la façon dont Nicole le tira de son sac, Roger était tout à fait sûr qu'elle saurait s'en servir. Il dit : « Range ça. » Il n'avait jamais connu personne qui menait la vie de Nicole.

Tout en roulant, Roger lui parla du meurtre de la veille au soir au poste d'essence. C'était la première fois qu'elle en entendait parler. Si elle avait su, lui dit-elle, elle n'aurait pas quitté la maison. « J'ai peur », fit Nicole.

Au bout d'un moment, elle murmura : « Je crois que c'est Gary qui a commis ce meurtre. » « Tu plaisantes ? » demanda-t-il. « Non, je crois que si », répéta-t-elle. « Tu n'en es pas sûre ? » demanda Roger. Elle ne voulut pas répondre.

Il l'emmena au supermarché d'Utah Valley et lui acheta une paire de jeans qui coûtait vingt-cinq dollars et une chemise à trente-cinq dollars. Puis il la ramena aussi vite que possible à son appartement de Springville et la déposa à environ un bloc de chez elle. Avant de descendre de voiture, elle prévint Roger que Gary avait vu la lettre que celui-ci avait envoyée.

Roger se mit à penser que Gary pourrait bien retrouver Nicole et la rosser jusqu'à ce qu'elle lui donne son nom. Gary viendrait ensuite au supermarché pour le chercher. Cette pensée traversant son esprit il se dit : « Je suis cuit. »
Comme ils se disaient adieu, Roger ne put se retenir. Il dit : « Nicole, j'ai peur que Gary ne me trouve.
— Il te tuera s'il te trouve, répondit-elle.

— Qu'est-ce que tu lui as donc fait ?

— Rien. Il a juste envie de moi. »

Roger dit : « Il doit avoir fichtrement plus envie de toi que moi, parce que je ne tiens pas à me faire tuer à cause de toi.

— Je comprends ça, dit-elle.

— Je veux que cette histoire cesse, reprit-il, si ça veut dire risquer ma vie ou la tienne. Oublions tout ça. »

Lorsqu'il lui dit adieu, la nuit commençait à tomber.

Ce soir-là en lisant le journal, Johnny dit à Brenda : « Tiens il y a eu un meurtre dans la région. (Il attendit qu'elle eût lu l'article puis dit :) C'est du Gary Gilmore tout craché.

— Je sais qu'il fait des conneries, Johnny, mais ça n'est pas un tueur.

— J'ai peur que si », fit Johnny.

5

Au motel, pendant toute la journée, Debbie Buschnell avait été nerveuse. Tout l'après-midi elle ne cessa de téléphoner à son amie Chris Caffee. C'était tout à fait inhabituel. Chris et elle se téléphonaient en général à peu près toutes les deux semaines, et Chris passait de temps en temps au motel. Chris avait travaillé pour elle au jardin d'enfants, et elles s'entendaient bien, mais sans être à proprement parler des amies intimes. Debbie, toutefois, était si énervée ce mardi après-midi qu'elle téléphonait sans arrêt. Chris finit par lui dire : « Debbie, j'ai mille choses à faire. Je n'ai rien de plus à te dire. » C'était plus fort qu'elle : Debbie rappela deux heures plus tard. « Qu'est-ce que tu fais ? » demanda-t-elle. Chris répondit : « Rien, Pourquoi m'appelles-tu ? »

Depuis dimanche, Debbie était en proie à un sentiment étrange. Ça se poursuivit toute la journée de lundi et c'était pire mardi après-midi. Même chose pour Ben. Ils étaient allés voir son meilleur ami, Porter Dudson, au fond du Wyoming, le dimanche — un des rares dimanches où ils avaient quitté le motel — et Ben, de toute la journée, fut incapable de rester tranquille. Il bouscula ce pauvre Porter et sa femme, Pam, pendant le repas. Maintenant, il s'était calmé. Il avait passé une partie de l'après-midi du mardi à faire des haltères, et puis il avait fait la sieste. Maintenant, c'était Debbie qui ne savait que faire.

Lorsque Ben se leva, elle lui prépara un steak, une salade et ils s'installèrent pour dîner. Benjamin était déjà baigné et endormi, et la nuit finit par tomber. Des clients commençaient à arriver et prenaient des chambres. Ben alluma la télé dans le bureau et se mit à regarder les Jeux olympiques. Au bout d'un moment, Debbie le laissa seul pour s'occuper de clients qui arrivaient et revint pour faire un peu de ménage. Mais cette peur stupide continuait à lui nouer l'estomac.

Gary s'arrêta à un poste d'essence au coin d'University Street et de Third South, à deux pâtés de maisons de chez Vern. Gary connaissait un nommé Martin Ontiveros qui travaillait là, et d'ailleurs il avait passé quelque temps cette semaine-là à repeindre la voiture de Martin. Il s'arrêta pour demander à Ontiveros s'il pouvait lui emprunter quatre cents dollars, mais il s'entendit répondre par le beau-père de Martin, Norman Fulmer, qui était gérant de la station, qu'ils venaient d'acheter vingt-cinq mille litres d'essence ce jour-là et qu'il ne leur restait plus un sou. Il n'y avait plus dans la station que des reçus de cartes de crédit.

Très peu d'argent liquide. Gary repartit pour Orem.

Vers neuf heures, il se dirigeait vers Spanish Fork pour chercher Nicole, mais en chemin il s'arrêta à une épicerie et n'arriva pas à redémarrer. Il fallut pousser la camionnette. Il s'arrêta donc une nouvelle fois au garage de Norman Fulmer pour se plaindre. Non seulement il avait des ennuis de démarrage, leur expliqua-t-il, mais par-dessus le marché le moteur chauffait. « Eh bien, dit Norman, laisse-la à l'atelier. On va changer le thermostat. » Gilmore demanda combien de temps ça prendrait et quand Fulmer répondit vingt minutes, Gilmore dit qu'il allait faire un petit tour. Sitôt Gilmore parti, Martin monta dans la camionnette, mit le contact et pressa le démarreur. Le moteur se mit à tourner sans difficulté.

Debbie Buschnell était en train de laver les coussins du canapé ; elle s'interrompit pour aller à la réception et demander à Ben d'aller à l'épicerie acheter du lait écrémé. Elle espérait aussi qu'il rapporterait de la glace et des bonbons, et elle se mit à rire toute seule en se disant qu'elle devait être de nouveau enceinte. C'est vrai qu'elle avait des envies révélatrices. Mais Ben ne voulait pas sortir. Il regardait les Jeux olympiques.

Laver les coussins du canapé se révéla être tout un travail. Elle n'arrivait pas à le faire de façon satisfaisante avec un chiffon humide. Elle décida donc d'enlever les housses, grâce aux fermetures à glissière, pour les laver, les sécher et les remettre. En attendant, elle comptait passer l'aspirateur dans les coins du canapé, mais lorsqu'elle voulut le mettre en marche, elle n'arriva pas à se décider à presser le bouton. Trois fois de suite elle resta à regarder l'étiquette — Kirby — sur l'aspirateur.

Puis elle entendit Ben à la réception qui parlait à quelqu'un. Elle se dit qu'il y avait peut-être là un enfant car elle entendit le bruit d'un ballon qui éclate. Elle alla donc lui parler sans raison. Simplement parce qu'elle avait envie de parler à un gosse.

Comme elle franchissait la porte qui séparait leur appartement du bureau, un homme de haute taille, avec un petit bouc, qui était sur le point de partir, se retourna et revint vers elle. Une phrase idiote lui traversa l'esprit : « Je te tiens par la barbichette. » Elle fit aussitôt demi-tour et regagna l'appartement.

Elle alla en fait se réfugier dans le coin le plus éloigné de la chambre du bébé. Elle revoyait sans cesse cet homme qui la regardait droit dans les yeux par-dessus le comptoir. Elle avait le cœur glacé. Cet homme en avait après elle.

Puis elle se reprit, traversa la salle de séjour et la cuisine et inspecta le bureau par l'étroit espace entre le poste de télévision et l'ouverture dans le mur qui séparait la cuisine du bureau. Par là, on pouvait jeter un coup d'œil au bureau. Elle y arriva juste à temps pour voir l'étrange personnage sortir par la porte. Alors elle entra.

Ben était sur le sol. Il gisait, le visage contre terre, et ses jambes étaient agitées de soubresauts. Lorsqu'elle se pencha pour le regarder, elle vit que sa tête saignait. Elle avait suivi autrefois des cours de secourisme et on lui avait appris à poser la main sur une blessure en exerçant une pression. Mais ça saignait terriblement. Un flot de sang jaillissait sans cesse des cheveux de Ben. Elle posa la main dessus.

Elle resta assise avec le téléphone dans sa main

libre pour appeler la standardiste. Ça sonna cinq fois, dix fois, quinze fois puis un homme vint dans le bureau et dit qu'il avait vu le type avec le pistolet. Le téléphone sonnait pour la dix-huitième, la vingtième, la vingt-deuxième et la vingt-cinquième fois. Toujours pas de réponse. Elle dit à l'homme : « J'ai besoin d'une ambulance. » L'inconnu ne parlait pas très bien anglais, mais il prit l'appareil. La standardiste ne répondait toujours pas. Puis l'homme sortit pour appeler la police.

Elle téléphona alors à Chris Caffee. Elle n'eut aucun mal à se rappeler son numéro après l'avoir appelée quatre fois dans l'après-midi. Et puis Debbie resta assise auprès de Ben, pressant sa main sur sa tête et le temps passa, beaucoup de temps. Elle n'aurait su dire au bout de combien de temps les secours arrivèrent.

CHAPITRE XVI

ARMÉ ET DANGEREUX

1

PETER ARROYO rentrait au *City Center Motel*, après être allé dîner vers neuf heures et demie ce soir-là au restaurant de la *Pique d'Or* avec sa femme, son fils et ses deux nièces. Il était près de dix heures et demie et ils regagnaient leurs chambres.

En passant devant le bureau de la réception, Arroyo aperçut un étrange spectacle. Il avait remarqué, lorsqu'il avait rempli sa fiche, un grand employé avec une petite femme. Il ne voyait plus maintenant ni l'un ni l'autre. Au lieu de cela, un homme de haute taille, avec un petit bouc, sortait de derrière le comptoir juste au moment où Arroyo arrivait par la route. L'homme avait un tiroir-caisse à la main. Arroyo remarqua qu'il avait aussi dans l'autre main un pistolet avec un canon long.

Les gosses ne remarquèrent rien. Une des nièces d'Arroyo voulut même entrer dans le bureau pour acheter des timbres. Arroyo dit : « Continue tout droit. » Du coin de l'œil, il vit l'homme faire demi-tour et revenir vers le comptoir. Arroyo ne regarda pas davantage mais continua à se diriger vers sa voiture. Il pensait que ce qu'il avait vu, c'était quelqu'un qui se baladait avec un pistolet et peut-être y avait-il à cela une explication plausible.

Lorsqu'il arriva à la hauteur de sa Matador, qui était garée à une quinzaine de mètres du bureau, il envoya les filles en haut. Puis il se mit à décharger les bagages arrimés sur la galerie. Deux hommes descendirent du premier étage et il se demanda s'ils se rendaient au bureau, mais ils cherchaient simplement de la glace et remontèrent tout de suite.

Cependant, l'homme au pistolet avait franchi la porte, tourné à gauche et s'était éloigné à pied dans la rue. Arroyo se dirigea tout droit vers le bureau.

Il aperçut le gérant du motel par terre et sa femme auprès de lui avec un téléphone à la main. Il y avait du sang partout. L'homme étendu à terre ne disait rien, il émettait juste des petits bruits. Sa jambe s'agitait un peu. Arroyo essaya d'aider la femme à le retourner, mais le sol était glissant. L'homme était très lourd et reposait dans une trop grande flaque de sang.

2

En quittant le motel Gary fourra l'argent dans sa poche et se débarrassa de la petite caisse dans un buisson. A un bloc du poste d'essence, il s'arrêta pour jeter le pistolet. Il le prit par le canon et le fourra dans un autre buisson. Une branche avait dû accrocher la détente car le coup partit. La balle vint se loger dans la chair de sa main, entre le pouce et la paume.

Norman Fulmer prit un seau d'eau et le lança sur les murs des toilettes. Il prit une grosse éponge pour laver le carrelage et frotter le sol. Puis il alla voir comment se faisait le travail sur la camionnette de Gilmore. Et voilà qu'il vit Gary qui passait très vite devant lui pour aller aux toilettes que Fulmer venait tout juste de nettoyer. Gilmore laissait derrière lui une traînée de sang. « Tiens, se dit Norman, il a dû se blesser. » Et il se contenta d'éponger ces grosses gouttes de sang.

Le récepteur CB était accroché au mur et Fulmer entendit la standardiste de la police parler d'une attaque à main armée avec vol au *City Center Motel*. Norman se mit à écouter avec attention. De toute façon il avait l'habitude d'écouter le récepteur CB. C'était plus intéressant que la musique. La standardiste expliquait maintenant qu'un homme avait été abattu et qu'un autre avait été aperçu, s'éloignant à pied.

Fulmer retourna à l'atelier et vit du premier coup d'œil que Martin Ontiveros avait lui aussi entendu la radio. Il n'avait même pas retiré le vieux thermostat, il resserra un boulon, Fulmer resserra l'autre et dès que ce fut terminé, ils rabattirent le capot ; à ce moment précis Gary ressortait des toilettes et disait : « C'est fait ? » Et Fulmer dit : « Oui. Tout est fait. »

Gilmore entra par la portière droite et se laissa glisser sur toute la largeur de la banquette. Il avait mal, Fulmer le devinait. Il dut se pencher à fond sur la gauche du volant pour pouvoir mettre la clef de sa main droite. Lorsqu'il eut enfin mis le moteur en marche, Fulmer dit : « Allons, salut », et Gary répondit : « Salut » ; il fit une marche arrière, mais emboutit le poteau de ciment qui était là pour empêcher les gens de heurter le distributeur de boissons. « Oh ! mon Dieu », se dit Fulmer. Gilmore ne déplaçait pas la camionnette et Fulmer songeait que Gilmore avait encore un pistolet. Pourtant, il ressortit, vint taper sur la portière et dit : « Dis donc, tu m'as l'air un peu pété. » Gilmore dit :

« Oui, je vais aller me pieuter. » « Bon, fit Norman, à demain. »

Comme la voiture s'éloignait, Fulmer nota le numéro. Il remarqua que Gilmore tournait à gauche dans Third Street et qu'il allait donc passer sans doute devant le *City Center Motel*. Fulmer mit une pièce de dix *cents* dans le téléphone, appela la police et décrivit quel genre de camionnette Gilmore conduisait. La standardiste demanda : « Comment savez-vous que c'est l'homme que nous recherchons ? » Il lui parla de la traînée de sang que Gilmore laissait derrière lui. Elle demanda alors comment Gilmore était coiffé. Fulmer dit : « Une raie au milieu. Et un petit bouc. » La fille dit : « C'est lui. » Quelqu'un d'autre avait déjà dû donner son signalement. Fulmer entendit alors la standardiste expliquer à la police que le suspect avait quitté University Avenue et se dirigeait vers l'Ouest. A cet instant, une des voitures de patrouille arriva au carrefour dans un crissement de pneus, fonçant vers l'Est. Fulmer rappela la standardiste et dit : « Hé ! la petite dame, un de vos copains vient juste de passer dans la mauvaise direction », et il eut le plaisir de l'entendre crier : « Faites demi-tour et repartez dans la direction opposée. »

3

Ce soir-là, Vern et Ida étaient assis dans leur salle de séjour, tout à côté du motel, et ils n'entendirent rien du tout. A la télévision il y avait *Perry Mason*, et puis *L'Homme de fer*. Après quoi, les sirènes se mirent à retentir juste devant chez eux. Bien entendu, ils sortirent dans la rue pour voir ce qui se passait. Vern était en pantoufles et Ida avait une robe orange. En fait elle était pieds nus. La police n'avait pas traîné.

Ida n'avait jamais vu une scène pareille. Des voitures de police arrivaient à tout moment avec leurs lumières bleues qui tournaient et cette horrible sirène qui hurlait. Des haut-parleurs émettaient toutes sortes de bruits. Les uns donnaient des ordres aux flics, les autres se contentaient de répéter inlassablement les mêmes observations aux passants : « VOUDRIEZ-VOUS, S'IL VOUS PLAIT, DÉGAGER LE TROTTOIR ? VOUDRIEZ-VOUS, S'IL VOUS PLAIT, DÉGAGER LE TROTTOIR ? » Ida apercevait des flamboiements de lumière, des flaques de lumière, et puis voilà qu'une ambulance arriva et que des infirmiers en sortirent en courant. Le faisceau d'un grand projecteur balayait la rue comme à la recherche du coupable. On n'avait aucun mal à se sentir examiné chaque fois que le pinceau lumineux vous balayait le visage. Les sirènes étaient déchaînées. Toutes les trente secondes une nouvelle voiture de police s'arrêtait en crissant devant le motel. Des gens accouraient même de Center Street, à trois blocs de là. Il y avait plus de bruit que si la ville de Provo était en train de brûler.

Le S.W.A.T. arriva. Special Weapons and Tactical Team[1]. Deux équipes de cinq, l'une après l'autre. Évoluant dans leur tenue de combat bleu sombre, avec des bottes noires lacées, on aurait dit des parachutistes. Sauf que le mot POLICE s'étalait en grandes lettres jaunes sur leur chemise. On pouvait dire qu'ils amenaient du gros matériel : des fusils, des Magnum 357, des fusils semi-automatiques, des grenades lacrymogènes. Après une journée brûlante, la nuit était fraîche mais ils transpiraient abondamment. Les gilets pare-balles qu'ils portaient sous leurs treillis leur donnaient chaud.

Dans la cour du motel, un client n'arrêtait pas de

1. Équipe tactique des armes spéciales.

crier : « J'ai vu quelqu'un entrer là en courant. » Il désignait une chambre du bas, le 115.

Ça n'était pas facile de forcer la porte d'un tueur armé. Les policiers suaient à grosses gouttes en cognant sur la porte à coups de hache. Puis ils aspergèrent l'intérieur de la chambre de gaz paralysant. Ils passèrent leurs masques et se précipitèrent à travers les éclats de contre-plaqué. Personne dans la pièce. L'odeur du gaz, si proche de celle du vomi, se propagea dans la cour du motel. Pendant tout le reste de la soirée, cette odeur persista.

Dehors, les gens se précipitaient vers la fenêtre du bureau. Des gosses fonçaient dans la foule, jetaient un coup d'œil et filaient. A un moment, un attroupement se rassembla devant la grande baie vitrée du bureau et resta là, regardant les infirmiers qui s'escrimaient sur le torse de Benny Buschnell. Il était maintenant allongé sur une civière, devant le comptoir. Ida eut une vision cauchemardesque de cette scène sanglante. Le bureau ressemblait à un abattoir.

En courant, des infirmiers faisaient la navette entre le bureau et l'ambulance. Ils ne voulurent pas laisser entrer Chris et David Caffee. Chris n'était pas encore tout à fait réveillée. Quand le téléphone avait sonné, David et elle dormaient et elle s'était éveillée en entendant la voix de Debbie hurler : « Ben a été abattu. » Chris avait dit, du fond de son sommeil : « Tu sais, ça n'est vraiment pas une plaisanterie à faire à une heure pareille. Ça n'est pas drôle. » A demi endormie maintenant après l'avoir été complètement, elle ne comprenait rien à rien. Ils avaient fouillé la maison pour trouver des vêtements, puis s'étaient précipités au motel. Des heures plus tard, elle devait remarquer qu'ils s'étaient habillés si vite que la fermeture à glissière de la braguette de David n'était pas remontée.

Chris se fraya un chemin jusqu'à la porte d'entrée du motel, et cria : « Debbie, je suis là. » Elle vit que Debbie, dont la tête dépassait à peine le comptoir, avait entendu sa voix, car elle quitta le bureau pour regagner son appartement, puis sortit par sa porte particulière. Debbie avait le petit Benjamin enveloppé dans une couverture et portait un grand sac en plastique plein de langes. Debbie lui fourra le bébé dans les bras. Elle le lui jeta littéralement, comme si ce n'était qu'une poupée. Debbie ne criait pas, mais avait un air bizarre.

Debbie dit : « Ben a reçu une balle dans la tête et je crois qu'il va mourir. » Chris dit : « Oh ! non, Debbie. Rappelle-toi quand maman est tombée sur des marches, à Washington, et qu'elle s'est ouvert le crâne. Sa tête saignait beaucoup, mais elle va très bien maintenant. Ben va se rétablir. » Elle ne savait quoi dire. Comment cela arrivait-il que quelqu'un reçoive une balle dans la tête ? Elle ne comprenait vraiment pas ce que ça voulait dire.

Debbie rentra dans la maison et David regarda Chris puis dit : « S'il a reçu une balle dans la tête, il est certainement foutu. »

Ce fut à peu près à ce moment que Chris commença à remarquer que le bébé avait une étrange attitude. En général, Benjamin la reconnaissait. Chris avait travaillé si souvent avec Debbie au jardin d'enfants que le petit Benjamin avait vu Chris presque tous les jours durant ses premiers mois.

D'habitude, avec elle, il se montrait plein de vie et d'entrain. Mais ce jour-là Benjamin était inerte, comme mort. Il avait les yeux complètement immobiles. Il était dans ses bras comme une poupée de chiffon et ne bougeait pas.

Vern connaissait vaguement Buschnell. Ils bavardaient quelquefois pendant que Vern arrosait sa pelouse et que Buschnell s'occupait de ses fleurs. Un soir, un tas de bois de construction fut abandonné dans l'allée des Damico et il dut le signaler à Buschnell. Ce dernier s'excusa et dit qu'il allait appeler les menuisiers. Le lendemain matin le bois avait disparu. Ça donna à Vern l'impression qu'il avait affaire à un homme consciencieux.

Martin Ontiveros s'approcha de Vern et dit : « C'est Gary qui a fait le coup. » « Gary qui ? » fit Vern. Le jeune homme répondit : « Gilmore. » « Comment sais-tu que c'est Gary ? demanda Vern. Tu l'as vu ?

— Non, dit Martin Ontiveros.

— Alors comment sais-tu que ça n'est pas moi qui ai fait le coup ? répliqua Vern. Tu n'étais pas là quand ça c'est passé. »

Vern dit : « Va prévenir la police. Si tu crois que c'est lui, va le dire. » Martin Ontiveros déclara alors que Gary était passé à la station-service et qu'il y avait du sang plein son pantalon. « Ma foi, songea Vern, il faut vérifier. » Il attrapa un flic qui avait épousé une nièce d'Ida, Phil Johnson, et lui demanda de voir. Il y eut un échange de conversations sur les radios de police, puis Phil revint en ligne et dit : « Ça doit être lui, Vern.

— Tu crois que c'est lui qui a fait ça ? demanda Ida.

— Hé oui, il l'a probablement fait, ce connard », fit Vern.

Glen Overton, propriétaire du *City Center Motel*, venait d'entendre les informations à la télé quand Debbie téléphona. Il habitait Indian Hills, à l'autre bout de Provo, et il se précipita au volant de sa BMW verte en brûlant tous les feux rouges en chemin.

Lorsqu'il arriva, c'était le chaos dans la rue. Il n'y avait que des policiers et des badauds qui encombraient le trottoir et la chaussée. Il y avait une rumeur étrange dans l'air, comme si tout le monde attendait un hurlement. Glen se demandait s'il s'agissait d'une catastrophe ou d'une fête foraine.

Avant même d'essayer d'entrer dans le bureau, il vit Debbie plantée toute seule devant son appartement. Elle semblait en état de choc. Il la prit par les épaules et la serra contre lui. Elle ne cessait de demander : « Est-ce que Ben va mourir ? » Comme on ne voulait pas la laisser revenir dans le bureau, Glen finit par lui demander d'attendre dehors une minute.

Glen déclina son identité et entra, puis il regarda les infirmiers s'affairer autour de Ben. Les policiers traçaient des marques à la craie sur la moquette et photographiaient une cartouche vide traînant à terre. Lorsqu'il vit un infirmier en train d'administrer un massage cardiaque à Ben, le bas de la paume imprimant un rythme énergique à la poitrine, il comprit que Ben était mort ou n'en était pas loin. Le massage cardiaque constituait la dernière ressource.

Un inspecteur demanda alors à Glen de faire le compte des reçus et d'estimer la perte. Glen répondit aussitôt qu'on ne gardait jamais beaucoup plus de cent dollars dans la caisse. Toute somme supérieure serait cachée dans l'appartement.

Sur ces entrefaites, les infirmiers furent prêts à emmener Ben. Glen Overton trouva Debbie et, dès que l'ambulance eut démarré, il la prit dans sa BMW et suivit.

Pendant le trajet, tout en conduisant, Glen essayait d'assimiler l'ironie du sort qui voulait que Ben ait pris cette place parce qu'il pensait ainsi sauver sa vie.

Le jour où Glen avait rencontré Ben pour la première fois, celui-ci lui avait dit qu'il travaillait à Salt Lake mais qu'il avait horreur de faire le trajet. Il disait avoir l'impression qu'un jour ou l'autre il allait se tuer en voiture. Glen fut sensible à la conviction de Buschnell. Il y avait eu un certain nombre de bons candidats du niveau de Ben, mais l'ardeur avec laquelle il disait vouloir ne plus prendre la route lui valut la place. Glen ne le regrettait pas. A vrai dire, il n'avait jamais eu de gérant plus désireux d'en faire davantage. Ben n'avait cessé de lui expliquer qu'il voulait avoir une vie ordonnée et être prêt à toute éventualité. Ben était un peu obsédé par l'idée de n'avoir pas encore terminé ses études et d'avoir une femme qui attendait peut-être un second enfant.

Ida téléphona à Brenda. « Mon chou, quelqu'un a abattu ce cher M. Buschnell, notre voisin. » Ida se mit à pleurer. Entre deux sanglots, elle ajouta : « Quelqu'un a vu Gary s'enfuir. On l'a identifié. »

« Oh ! maman. » Toute la soirée, Brenda avait éprouvé un sentiment de désastre.

« Il va venir te voir, fit Ida. Il le fait toujours. »

Brenda connaissait la standardiste de la police d'Orem, alors elle lui téléphona et dit : « Ça n'est qu'une idée, mais je crois que je vais avoir la visite de mon cousin. Tâche d'attraper Toby Bath avant qu'il ne soit plus de service. »

Toby était son voisin. C'était un peu comme avoir sa police personnelle.

Ensuite ils fermèrent les portes à clef et Johnny prit son 22 long rifle. Ils avaient à peine terminé que le téléphone sonna. C'était Gary. « Brenda, dit-il, est-ce que Johnny est là ? Je peux lui parler ? » Brenda se dit : « Tiens, c'est différent. En général c'est à moi qu'il veut parler. »

« Johnny, dit-il, j'ai besoin d'aide.

— Qu'est-ce qui se passe ?

— On m'a tiré dessus, fit Gary. Je suis salement blessé, mon vieux. Je suis chez Craig Taylor et j'ai besoin de ton aide. »

A l'hôpital, Glen Overton s'efforçait de faire penser Debbie à autre chose, alors il la fit téléphoner à son oncle de Pasadena. Cela parut lui donner l'envie d'informer d'autres gens, car lorsque Chris et David Caffee arrivèrent avec Benjamin, Debbie demanda tout de suite à Chris de contacter l'évêque de Ben, le doyen Christiansen. Ça ne fut pas facile.

Il y avait toute une kyrielle de Christiansen dans l'annuaire du téléphone de Provo-Orem, et tous avec une orthographe différente.

On finit par installer Debbie dans un petit bureau. Elle resta assise là à se dire qu'elle devait croire à quelque chose. Alors elle s'efforça de croire que Ben allait s'en tirer. Puis elle se rendit compte que le docteur était entré dans la pièce avec l'évêque Christiansen et qu'ils étaient tous les deux assis devant elle. Pourquoi le docteur n'était-il pas avec Ben ? Et puis un autre médecin entra. Ils étaient tous assis. Elle ne comprit que lentement : ils attendaient de rassembler leur courage.

L'évêque Christiansen la regarda en murmurant doucement. Elle n'entendait pas ce qu'il disait. Elle ne cessait de regarder ses cheveux argentés. Le médecin expliqua que si Ben avait vécu, il serait devenu un légume. Cette pensée-là pénétra dans son esprit et lui éclaircit les idées. Debbie dit : « Si Ben avait vécu, il aurait été tendre et j'aurais pu le nourrir et m'occuper de lui. » Elle n'avait jamais été plus certaine de ce qu'elle savait. « Au moins, dit-elle, je l'aurais eu avec moi. »

5

Elle avait rencontré Ben à l'institut mormon du collège de Pasadena alors qu'elle avait vingt et un ans. Elle n'avait jamais rêvé de sortir avec lui. Il était grand et très beau garçon avec une haute crinière de beaux cheveux bruns, et elle n'était qu'un ex-garçon manqué format de poche, avec un gros nez épaté et un menton un peu fuyant. Cependant, elle s'arrangea pour être assise derrière lui. Elle voulait l'avoir à portée de regard.

Il fallut un moment à Ben pour l'inviter à sortir, mais pour le réveillon de Noël 1972, il le fit, et ils allèrent au temple. Debbie ne gardait aucun souvenir du sermon de l'évêque ; elle était assise auprès de Ben. Ils se revirent deux jours après et leur bonheur consistait à se regarder. Ça faisait à peine une semaine qu'ils sortaient ensemble qu'ils décidèrent de se marier.

Glen Overton se trouvait avec Debbie lorsqu'on l'emmena voir Ben. Pour Glen, ce fut la partie la plus pénible de la soirée. Il était en train de regarder quelqu'un à qui il avait parlé trois heures plus tôt. Et maintenant, ce quelqu'un était allongé, le visage bleu, la bouche ouverte. Glen avait vu une fois un garçon tué dans une avalanche. Là, c'était pire.

Un drap recouvrait Ben jusqu'au cou, mais Debbie s'avança, le prit dans ses bras et le serra contre elle. Elle l'avait vraiment pris dans ses bras. Il fallut la tirer. Elle résistait. On la laissa encore trente secondes avant de lui demander de sortir. Et puis il fallut l'emmener de force.

Un médecin prit Chris Caffee à part. « Est-ce que ce serait possible que Debbie rentre avec vous ? Elle n'a personne à Provo. » Chris répondit : « Oh ! bien sûr, à condition que la police surveille ma maison chaque minute de la nuit. » On n'avait toujours pas trouvé le meurtrier.

En sortant de l'hôpital, une infirmière les suivit jusqu'à la voiture et leur remit un sac contenant les vêtements ensanglantés de Ben, l'argent qu'il avait sur lui et sa montre. L'infirmière demanda : « Vous voulez son alliance ? » Debbie les regarda et dit : « Est-ce que je la veux ? » David dit : « Oh ! pourquoi ne pas la prendre ? » Chris dit : « Si tu décides que tu n'en veux pas, tu peux la lui faire remettre au doigt. » Ils étaient là à attendre le retour de l'infirmière. Elle revint et dit : « On ne peut pas lui retirer son alliance. Il est trop gras. Vous voulez qu'on la coupe ? » Elle était épouvantable. Ils dirent : « Laissez-lui son alliance. » Debbie commençait à pousser de petits gémissements. Elle n'allait pas éclater en sanglots, ni avoir une crise de nerfs, mais elle s'effondra.

6

Julie Taylor était rentrée de l'hôpital ce jour-là et dormait avec Craig dans leur grand lit quand on frappa. Craig alla à la fenêtre pour regarder. Gary était sur le perron. Le plus naturellement du monde il dit : « On m'a tiré dessus. » Il exhiba à l'attention de Craig une main ensanglantée en disant qu'il souffrait beaucoup.

Gary ne demanda pas s'il pouvait entrer et Craig n'avait pas tellement envie de le laisser entrer. Sans trop savoir pourquoi, il n'avait pas envie de le lui proposer. Julie venant de sortir de l'hôpital, il ne voulait pas du sang dans toute la maison et qu'elle soit obligée ensuite de nettoyer.

Gary, toutefois, ne semblait pas s'en offusquer. Il dit simplement qu'il avait besoin d'aide. Il lui fallait des vêtements de rechange. Il voulait aussi que Craig le conduise à l'aéroport.

« Si tu veux, lui dit Craig, je vais t'emmener à l'hôpital.

— Non, fit Gary à travers la porte, je ne veux pas. » Il ne faisait pas du tout le matamore. Il remuait à peine les lèvres, puis il dit : « Alors, téléphone à Brenda. »

Lorsque Craig entendit la voix de celle-ci, il passa le téléphone à Gary par la fenêtre qui donnait sur le perron. Julie était vraiment fatiguée. Du coin de l'œil, Craig s'aperçut qu'elle s'était déjà rendormie.

Tandis que Johnny parlait à Gary, Toby Bath et son collègue, Jay Barker, arrivaient chez Brenda et lui firent signe de sortir. Au moment où elle arrivait à la hauteur de la voiture de police, elle entendit sur leur radio un message d'alerte à tous les postes. Une voix disait : « Gilmore est considéré comme armé et extrêmement dangereux. Soyez prêts à tirer à vue. »

Elle se mit à crier. « Entrez, réussit-elle à dire, Gary est au téléphone. »

362

Johnny avait besoin d'un crayon pour noter l'adresse que Gary lui donnait, aussi tendit-il le téléphone à Brenda. Elle reprit ses esprits et dit : « Comment vas-tu, Gary ? »

Il lui raconta une histoire à propos d'un homme en train de cambrioler un magasin, si bien qu'il s'était fait tirer dessus en essayant de l'en empêcher. Son récit ne tenait pas debout et il était un piètre menteur. Vraiment.

« Veux-tu venir me rejoindre ? » demanda Gary.

« Oui, dit-elle, je vais venir. J'ai de la codéine et des pansements. Où es-tu ? » Il donna l'adresse. Elle la répéta bien fort pour que Johnny la note. Toby Bath et Jay Barker étaient là, en uniforme, et la notèrent aussi.

Ça n'arrangeait pas tellement les choses que Gary fût chez Craig Taylor. Craig avait une femme et deux enfants. Brenda s'imaginait la fusillade. Mais dès qu'elle eut raccroché, les flics proposèrent que Johnny prenne sa camionnette. Eux se cacheraient à l'arrière.

Si Gary découvrait qu'il avait amené les flics avec lui, tout le monde allait déguster. Johnny se surprit à allumer une cigarette alors qu'il venait d'en poser une à peine allumée dans le cendrier, et dit : « Je n'ai pas envie d'y aller. » Johnny n'avait jamais eu aussi peur de sa vie. A la réflexion, les policiers convinrent que c'était trop risqué.

Brenda dit : « Je vais y aller. Je ne pense pas que Gary me fasse du mal. Laissez-moi lui soigner la main.

— N'y va pas », dit Johnny.

Les flics dirent non. Pas question.

Brenda ne savait pas si elle était soulagée ou consternée.

Johnny se rendit au commissariat de police d'Orem avec Toby Bath et Jay Barker pour voir ce qui pouvait être décidé. En attendant, le chef de la police d'Orem appela Brenda et dit : « Faites patienter Gilmore le plus possible. Nous avons besoin de temps. » Ils convinrent que Brenda communiquerait avec la police par son émetteur CB et qu'elle pourrait ainsi garder sa ligne téléphonique libre pour Gary.

Craig rappela peu après. Il dit : « Dis donc, Gary commence à s'énerver. Depuis combien de temps est-ce que Johnny est parti ?

— Explique à Gary, dit Brenda, que comme d'habitude Johnny est en panne d'essence. » Cela le calmerait peut-être quelques minutes. Johnny était célèbre dans la famille pour toujours retarder tout le monde pendant qu'il allait chercher de l'essence. Dans la rue, devant la maison de Brenda, des voitures de police hurlaient à tous les coins.

Craig appela de nouveau. Brenda lui dit qu'elle n'avait pas eu de nouvelles de Johnny, mais qu'il avait dû se perdre. Les gens qui habitaient Orem, précisa-t-elle, vivaient dans une ville aux rues tracées au cordeau et c'était facile. Ils étaient trop gâtés. Ils ne savaient pas se débrouiller dans les rues bizarrement tortueuses de Pleasant Grove où la Quatrième Rue Nord ne se gênait pas pour s'enfiler autour de la Troisième Rue Sud.

Elle appela la police pour annoncer que Gary s'impatientait. Brenda avait l'impression de trahir. La confiance de Gary était l'arme qu'elle utilisait pour le coincer. C'était vrai qu'elle voulait le coincer, se dit-elle, mais elle ne voulait pas, non elle ne voulait pas avoir à le trahir pour le faire.

Craig était sorti pour tenir compagnie à Gary. Ils étaient assis dans l'ombre, sur le perron du bungalow. Comme ça s'était passé pendant qu'il dormait, Craig n'était pas au courant des meurtres de la nuit. Il s'inquiétait encore à propos de la veille au soir, mais il ne se sentait pas prêt à poser carrément la question à Gary. Il dit quand même : « Gary, si je savais que tu étais pour quelque chose dans le meurtre de ce Jensen, je te livrerais tout de suite.

— Je jure devant Dieu, fit Gary, que je n'ai pas tué ce type. » En le regardant droit dans les yeux. C'était son truc de vous regarder bien en face.

Gary lui redemanda de téléphoner. Craig entra dans la maison, décrocha le combiné et parla encore une fois à Brenda. Elle était nerveuse. Craig sentait plus ou moins qu'elle avait appelé la police. Elle n'en dit rien à Craig, elle se contenta de lui demander si sa famille et lui allaient bien et si Gary se conduisait convenablement et Craig dit : « Nous allons très bien. Lui aussi. »

Il revint sur le perron.

Gary dit qu'il avait des amis dans l'État de Washington, et qu'il pensait pouvoir se planquer. Il parla de Patty Hearst. Il dit qu'il pouvait entrer en contact avec son vieux réseau. Craig ne savait pas si Gary la connaissait vraiment ou s'il se vantait. Craig lui proposa encore une fois de le conduire à l'hôpital. Gary répondit qu'il était un ancien détenu et que l'hôpital ne comprendrait pas.

Ils restèrent assis une demi-heure. Gary parla d'April. Il dit que c'était une mignonne à la coule. Il dit qu'elle était *vraiment bien.* Plus il restait là, plus Gary devenait calme. Il était presque abattu. Puis il déclara que quand il se serait installé, il enverrait une toile à Craig. Il dit aussi : « je t'enverrai ma nouvelle adresse. Tu pourras m'expédier mes vêtements et mes affaires. » Il avait apporté ses toiles, ses poèmes, son enveloppe pleine de photos et ses autres affaires de Spanish Fork. Il dit : « Envoie-moi tout ça quand je serai installé. »

En lui-même, Craig se répétait : « Allons, Johnny espèce de salaud, amène-toi. »

7

Lorsque les Caffee entrèrent chez eux, ils s'aperçurent que Debbie était couverte de sang. Chris dut l'emmener dans l'autre chambre pour se changer. Debbie voulut alors donner des coups de téléphone. Elle appela sa mère, la sœur de Ben, ses frères et sœurs à elle et l'ami de Ben, Porter Dudson, dans le Wyoming. Elle était cramponnée au téléphone. Elle éclatait en sanglots et disait : « On a tiré sur Ben et il est mort. » On aurait cru un disque.

Chris déplia le canapé-lit de la salle de séjour et David et elle s'allongèrent là pendant que Debbie était assise dans le fauteuil à bascule et berçait Benjamin.

Maintenant c'était Gary à l'appareil. « Où est John ? demanda-t-il.
— Il devrait être là maintenant, fit Brenda.
— Bon sang, fit Gary, il n'est pas là.
— Allons, mon chou, calme-toi, dit-elle.
— Cousine, Johnny vient vraiment ?
— Il arrive, Gary », dit Brenda.

Elle eut une soudaine inspiration. « Gary, l'adresse, c'est 67 ou 69 ?
— Non, c'est 76, dit Gary.
— Oh ! mon Dieu, dit Brenda, je lui ai donné un mauvais numéro.
— Tu le notes bien cette fois-ci ? dit-il sèchement.
— Écoute, Gary, fit-elle d'un ton humble. Johnny a la radio dans sa camionnette et j'ai un émetteur

ici. Je vais l'expédier à la bonne adresse. Un peu de patience. (Elle prit une profonde inspiration.) Si tu te sens faible, dit-elle, ou mal fichu à cause de ta blessure, pourquoi ne sors-tu pas sur le perron où il fait frais pour respirer à fond ? Allume la lumière pour que Johnny puisse te trouver.

— Tu crois vraiment que je suis idiot ? fit Gary.

— Excuse-moi, fit Brenda, reste à l'intérieur.

— Bon », dit-il. Il devait encore lui faire confiance.

A peine eut-elle raccroché qu'elle se remit à hurler. Ça lui paraissait si mal d'agir ainsi. Mais elle appela quand même la police et leur dit : « Il devient très impatient. »

A Gary, qui ne tarda pas à rappeler, elle dit : « Écoute, je sais que tu souffres. Détends-toi. Ne bouge pas. »

Brenda était maintenant en liaison avec les chefs de la police de Provo, d'Orem et de Pleasant Grove et elle devinait, à ce que disaient les standardistes, qu'on était en train d'évacuer discrètement les maisons qui entouraient celles de Taylor. Les policiers prenaient position. Un des chefs de la police voulut savoir dans quelle pièce Gary se trouvait et elle leur dit qu'elle pensait qu'il était dans la salle de séjour. Est-ce que la lumière était allumée ? demanda-t-il. Elle dit qu'elle ne le croyait pas.

Sur ces entrefaites, Gary rappela encore une fois. « Si John n'est pas ici dans cinq minutes, je me taille.

— Mon Dieu, Gary, fit-elle, tu es en fuite ou quoi ?

— Je pars dans cinq minutes, répéta Gary.

— Fais attention, Gary, dit-elle. Je t'aime.

— Mais oui », dit-il. Et il raccrocha.

A la police elle dit : « Il va sortir. Je sais qu'il a une arme mais, au nom du Ciel, essayez de ne pas le tuer. (Brenda ajouta :) Vraiment. Ne tirez pas. Il ne sait pas que vous êtes là. Voyez si vous pouvez le cerner. » Elle ne savait pas si on l'écoutait.

Après le dernier appel, Craig se contenta de parler à Gary à travers la moustiquaire de la fenêtre jusqu'au moment où Gary finit par dire : « Passe la tête dehors que je voie ton visage. »
Gary serra la main de Craig et dit : « Bon, ils ne viendront jamais, je m'en vais. » Ils se serrèrent la main, une poignée de main solide, Gary regardant toujours Craig dans le fond des yeux. Puis il alla jusqu'à sa camionnette. Craig éteignit la lumière du perron et le regarda s'éloigner sur la route.

Pendant un moment, Brenda suivit l'action détail par détail. Sur le canal spécial de la CB une voix dit : « Gilmore s'en va. Je vois la camionnette. Il démarre maintenant. Il a ses phares allumés. » Puis elle entendit qu'il se dirigeait vers le premier barrage. Elle ne sut pas ce qui se passa ensuite. Il semblait avoir contourné ce premier barrage. Il était parti. Il était quelque part à Pleasant Grove.

Elle entendit quelqu'un de la police dire : « Il faut que je vous coupe maintenant. » Et c'est ce qu'ils firent. Pendant une heure et demie. Elle ne sut ce qui s'était passé qu'après ce temps.

Craig appela Spencer McGrath et lui dit que Gary avait des ennuis, qu'il allait peut-être essayer d'aller chez lui. Craig pensait qu'il avait la police à ses trousses. Spencer dit : « Whoouu, quelle histoire », et décrocha son fusil de chasse qu'il posa juste auprès de la porte.

Des lumières apparurent derrière la fenêtre et les flics crièrent à Craig Taylor : « Sortez les mains en l'air. » Ils fouillèrent la maison. Julie apparut en robe de chambre, mais les flics n'étaient guère courtois. Ils trouvèrent les vêtements de Gary, dirent à Craig d'aller à Provo pour faire une déposition. Ça lui prit toute la nuit.

8

Une équipe SWAT de Provo, cinq policiers d'Orem et trois de Pleasant Grove, deux shérifs du comté et quelques hommes de la Police routière s'étaient regroupés au lycée de Pleasant Grove, où l'on avait établi un poste de commandement impromptu. Comme il y avait de grands risques de voir éclater une fusillade, on avait commencé à évacuer le secteur autour de la maison de Craig Taylor. Cela voulait dire aller à pas de loup de porte en porte, réveiller les gens, leur faire quitter le quartier : ça prenait du temps. En attendant, on dressait des barrages sur les routes.

Lorsque la nouvelle arriva que quelqu'un s'éloignait de chez Craig Taylor dans une camionnette blanche, tout le monde s'attendait à voir le véhicule foncer.

Ce qui les déconcerta, c'était que la camionnette blanche roulait à une vitesse modérée, qu'elle ralentissait et qu'elle passait en douceur. Ce n'était pas un barrage routier très important. Juste une barrière en travers d'une moitié de la route à deux voies, avec une voiture de police garée sur le côté. Une fois le type de la camionnette blanche passé, on signala qu'il avait un bouc. Alors on comprit : c'était lui. Deux voitures de la police le prirent en chasse.

Deux ou trois flics restèrent sur place. Ils pensaient que ce type pouvait être un leurre qui avait franchi le barrage dans l'espoir que tout le monde allait lui filer le train. Gilmore, ensuite, pourrait passer à pied sans problème.

L'inconvénient d'un barrage, c'est que ça peut déclencher une fusillade. Le lieutenant Peacock, qui dirigeait l'opération depuis le poste de commandement du lycée de Pleasant Grove, avait donc dit à ses hommes que s'il y avait le moindre doute, il fallait laisser passer un véhicule blanc. Puis il reçut confirmation : le conducteur de la camionnette blanche correspondait bien au signalement de Gilmore. Peu après, Peacock vit à son tour la camionnette, à quelques centaines de mètres du lycée, qui roulait vers l'Est en direction des montagnes, en empruntant une rue qui s'appelait Battle Creek Drive. Sans rouler bien vite d'ailleurs. Peut-être dix ou quinze kilomètres au-dessus de la vitesse limite, qui n'était là que de quarante à l'heure. Peacock demanda par radio à une voiture de suivre la camionnette, mais lorsqu'il apprit que tous les véhicules étaient occupés dans le secteur, il monta dans sa voiture de patrouille banalisée, une Chevelle 76 à quatre portes, et se mit à suivre Gilmore. Quelques blocs plus loin, il était assez près pour voir la camionnette. Comme il avait signalé sa position par radio, une autre voiture conduite par Ron Allen vint le rejoindre.

La camionnette blanche tourna à droite et s'en alla vers l'Ouest, par une petite route de campagne déserte, à la lisière de Pleasant Grove. Il n'y avait que quelques maisons de chaque côté, mais le fuyard revenait vers des quartiers plus peuplés. Entre-temps, une autre voiture de patrouille s'était jointe au cortège et Peacock décida qu'il avait assez d'assistance pour arrêter la camionnette. Si la route sur laquelle ils se trouvaient n'était pas vraiment

370

large, elle l'était quand même suffisamment pour laisser passer trois voitures de front. Il demanda alors par radio aux deux autres de se rapprocher sur son côté gauche et, sitôt la manœuvre faite, tous les trois allumèrent leurs projecteurs et leurs feux rouges tournants.

Par le haut-parleur, Peacock cria : « LE CONDUCTEUR DE LA CAMIONNETTE BLANCHE, STOPPEZ VOTRE VÉHICULE, STOPPEZ VOTRE VÉHICULE. » Il vit la camionnette hésiter, ralentir, puis s'arrêter.

Peacock ouvrit sa portière. Il avait sur la banquette avant un fusil Remington de calibre 45 mais, d'instinct, il sortit avec son pistolet de service.

La camionnette blanche s'était arrêtée au milieu de la route. Peacock restait à l'abri de sa portière ouverte. Il entendit Ron Allen ordonner à Gilmore de lever les mains en l'air. Il devait lever les mains sans bouger de sa place derrière le volant. Les lever de façon qu'on puisse les voir par la lunette arrière. L'homme hésita. Allen dut répéter l'ordre une troisième fois avant qu'il finisse par obéir. Allen lui dit ensuite de passer les mains par la vitre du côté gauche. Le conducteur hésita encore, puis il finit par obéir. On lui dit alors d'ouvrir la portière en utilisant la poignée extérieure. Une fois cette portière ouverte, il n'avait qu'à descendre de la camionnette.

Peacock avait maintenant fait le tour en passant derrière sa Chevelle et il était en position derrière les phares, sur le côté droit de la route, là où il faisait sombre. Il avait son arme prête. Il savait que le suspect ne pouvait pas le voir. L'homme serait aveuglé par les lumières de la voiture. A leur tour, les autres policiers prirent place derrière les portières ouvertes de leurs voitures de patrouille.

Sur un nouvel ordre, l'homme s'éloigna de deux pas de son véhicule. Il hésitait. On lui dit de s'allonger sur la chaussée. Il hésita encore. A ce moment, sa camionnette se mit à rouler toute seule. Il hésitait toujours. Il ne savait pas s'il devait courir après la camionnette et serrer le frein ou bien s'allonger sur le sol. Peacock hurla : « LAISSEZ LA CAMIONNETTE PARTIR. ALLONGEZ-VOUS IMMÉDIATE-MENT. LAISSEZ LA CAMIONNETTE PARTIR. » L'homme finit par faire ce qu'on lui disait et la camionnette blanche se mit à avancer en prenant de la vitesse sur la route qui descendait en pente jusqu'en ville.

Lentement, avec douceur, presque comme si elle faisait attention, elle roula sur le bas-côté, enfonça une barrière, traversa un pâturage et vint s'immobiliser dans le champ.

Les trois policiers, arme au poing, avançaient sur l'asphalte. Peacock et un autre policier tenaient leur armes de service. Le troisième avait un fusil.

Lorsqu'ils arrivèrent à la hauteur de Gilmore, Peacock rengaina son pistolet et fouilla l'homme allongé sur la chaussée. En même temps, l'inspecteur Allen se mit à lui réciter le texte de ses droits constitutionnels.

Vous avez le droit de garder le silence et de refuser de répondre aux questions. Vous comprenez ? demanda Allen. L'homme acquiesça de la tête, mais sans parler.
Tout ce que vous direz pourra être utilisé contre vous devant un tribunal. Vous comprenez ? Nouveau hochement de tête.
Vous avez le droit de consulter un avocat avant de parler à la police et d'avoir un avocat présent durant tout interrogatoire, maintenant ou à l'avenir. Vous comprenez ? Hochement de tête.
Si vous ne pouvez pas vous permettre un avocat, on vous en trouvera un d'office. Vous comprenez ? L'homme acquiesça.

Si vous n'avez pas d'avocat disponible, vous avez le droit de garder le silence jusqu'à ce que vous ayez eu l'occasion d'en consulter un. Vous comprenez ? L'homme acquiesça.

Maintenant que je vous ai informé de vos droits, êtes-vous disposé à répondre aux questions sans la présence d'un avocat ? demanda Allen une dernière fois.

Pendant ce temps, le lieutenant Peacock lui passait les menottes. « Attention à cette main-là. Elle a été blessée », fit l'homme.

Peacock referma les menottes, retourna l'homme et se mit à fouiller ses poches. Le type avait plus de deux cents dollars en monnaie et en petites coupures dans diverses poches de chemise et de pantalon. Il avait assurément un regard bizarre, interrogatif. « Qu'est-ce que je vais faire maintenant ? disaient ses yeux. Qu'est-ce que je dois faire ? »

Peacock avait l'impression que le prisonnier ne faisait pas un geste sans mesurer ses chances de s'enfuir. Bien qu'il lui eût passé les menottes, Peacock restait sur ses gardes. Il agissait comme si l'homme était encore à capturer. Il y avait une telle résistance dans la façon dont cet homme hésitait chaque fois qu'on lui donnait un ordre. On aurait dit un chat sauvage enfermé dans un sac. Momentanément tranquille.

Un certain nombre de gens avaient commencé à sortir des maisons voisines et faisaient cercle en dévisageant le prisonnier. Le lieutenant Nielsen arriva alors dans une autre voiture de police et à ce moment précis le prisonnier se mit à parler. « Eh, fit-il en désignant Gerald Nielsen, je ne parlerai à personne d'autre qu'à lui. »

On l'installa sur la banquette arrière de la voiture de Peacock, Nielsen monta et dit : « Qu'est-ce qui se passe, Gary ? » Gilmore répondit : « J'ai mal, vous savez ? Vous pouvez me donner un de ces comprimés ? » Il désigna le sac en plastique où on avait mis tout ce qu'on avait pris dans ses poches. Nielsen dit : « Bah, on va t'emmener, te soigner. » Ils démarrèrent.

9

Bien avant cette arrestation, Kathryne avait passé une horrible soirée. April était repartie et toute la journée il avait fait une chaleur accablante. Cathy et Kathryne avaient laissé les portes et les fenêtres ouvertes et attendaient le retour d'April. Elles regardaient la télévision. La tension était si grande qu'elles n'arrivaient même pas à dormir. Nicole était arrivée avec les gosses et s'était couchée avec eux à même le sol de leur chambre parce que c'était plus frais. Mais Cathy et Kathryne étaient trop énervées et elles restèrent à bavarder, malgré leur peur.

Puis tout d'un coup, le faisceau d'un projecteur balaya les fenêtres. Elles ne savaient pas ce qui se passait. Un puissant haut-parleur retentit, vraiment puissant. « VOUS, DANS LA CAMIONNETTE BLANCHE », entendit-on. Quatre mots, « ce fou de Gary », vinrent aussitôt à l'esprit de Kathryne. « Oh ! mon Dieu, c'est ce fou de Gary. » Puis elles entendirent le haut-parleur qui annonçait : « A DEUX, LEVEZ LES MAINS EN L'AIR, LEVEZ LES MAINS EN L'AIR. » Une voix plus calme dit : « Soyez prêts à ouvrir le feu s'il n'obéit pas. »

A ces mots, Cathy et Kathryne se plaquèrent contre le sol. Elles avaient fait cela aussi instinctivement que l'auraient fait des soldats. La chambre était inondée de lumière. le clignotant de la voiture de police tournait toujours. Lorsqu'elles osèrent relever la tête, elles aperçurent trois policiers qui avançaient sur la route, l'arme au poing. Puis quelqu'un cria : « Ils l'ont eu. »

Nicole s'éveilla d'un rêve insensé et se mit à hurler. Kathryne la serrait contre elle en criant : « Nicole, ne sors pas. Tu ne peux pas sortir ». C'était exactement ce qu'il fallait lui dire pour l'inciter à sortir. Elle se précipita dans la foule plantée sur la route et regardant Gary allongé à terre. Avec toutes ces lumières braquées sur lui, il n'avait pas l'air de comprendre ce qui se passait.

La police ne voulut pas laisser Nicole approcher. Elle se tenait à quelque distance et regardait Gary. Un des flics se mit à interroger Kathryne, qui venait de sortir, et lui demanda : « Vous le connaissez ? » Lorsque Kathryne dit oui, le flic reprit : « Eh bien, quand on l'a eu, il était juste en bas de votre allée. Vous avez eu de la chance. » Un autre flic ajouta : « Nous pensons que c'est lui qui a aussi tué le type hier soir. » Ce fut alors que la panique s'empara de Kathryne. On n'avait toujours pas retrouvé April.

Nicole ne savait pas si elle voulait s'approcher de lui ou non. Elle était plantée là, à regarder les policiers le tenant en joue.

Mais lorsqu'elle eut regagné la maison, elle tremblait, criait et pleurait. Elle prit la photo de Gary et la jeta dans la poubelle. « Cet enfant de salaud, cria-t-elle, j'aurais dû le tuer quand j'en ai eu l'occasion ! »

Plus tard ce soir-là, elle passa par toutes sortes d'humeurs. Elle était allongée et des phrases lui traversaient l'esprit comme un disque cassé. Elle répétait et répétait des choses qu'ils avaient dites.

Toby Bath appela Brenda. « On le tient », lui annonça-t-il. « Il est indemne ? » demanda Brenda. « Oui, fit Toby, il n'a rien. » « Personne d'autre n'a été blessé ? » interrogea Brenda. « Non, personne. Du beau travail, sans bavure. » « Dieu merci », fit Brenda. Jamais elle n'avait été dans un tel état. Elle n'arrivait même pas à pleurer. « Oh ! dit-elle, Gary va me détester. De toute façon, il n'est pas très content de moi. Mais maintenant il va me détester » Ça la tracassait plus que n'importe quoi.

10

Chris Caffee n'arrivait pas à dormir et Debbie répétait tout le temps : « Je ne peux pas croire que Ben est mort. Je ne peux pas y croire. »

Ils se sentaient tous plutôt paranos. A un moment Chris se leva pour prendre une douche, mais se mit à trembler en s'apercevant qu'il y avait une fenêtre dans la salle de bain et que le tueur pouvait passer par là. Pendant que l'eau coulerait, elle n'entendrait rien. Ça lui rappelait le film *Psychose*.

Puis elle revint dans la salle de séjour et faillit pousser un hurlement. Un grand type muni d'une torche électrique entrait dans la cour. Mais ce n'était qu'un policier. Il avait remarqué que la portière de leur voiture était ouverte et un chat était venu s'installer sur la banquette arrière. Ils invitèrent l'homme à entrer et ce fut ainsi qu'ils apprirent qu'un suspect avait été arrêté. On ne savait pas si c'était vraiment le tueur, mais du moins la police avait-elle un suspect.

Debbie n'arrêtait pas de dire des choses auxquelles on ne pouvait pas plus répondre qu'on ne pouvait faire la conversation à son poste de télé. « Quand j'étais gosse, annonça-t-elle, je jouais au rugby avec les garçons. J'aimais bien me balancer sur une corde. » Elle disait cela, assise dans le fauteuil à bascule, en tenant Benjamin. « Oui, c'est chouette », dit Chris depuis le lit du studio.

« Ben avait pris des tas de cours de comptabilité et de gestion, mais ce qui l'intéressait le plus, c'était de côtoyer des gens, dit Debbie, et de les conseiller.

— C'est vrai », fit Chris.

Debbie dit encore : « Nous n'avions jamais le temps de jouer au tennis ni de faire du ski nautique ; il n'y avait jamais de récréation. On travaillait sans arrêt. »

Se balançant dans le fauteuil, en tenant Benjamin, elle regardait droit devant elle. Elle avait des yeux vert sombre, mais en ce moment ils paraissaient noirs. « C'était Ben, reprit-elle, qui avait voulu un accouchement naturel pour le bébé. J'ai accepté parce qu'on avait toujours la même opinion sur tout. »

« Oui, poursuivit Debbie, Benjamin pesait sept livres à sa naissance. L'accouchement n'a présenté aucun problème. Ben était avec moi à l'hôpital. Il avait une blouse blanche de docteur. Tout le temps je sentais sa présence. C'était bien. (Elle marqua un temps.) Je me demande si je suis encore enceinte. Hier, j'ai dit à Ben que je pensais l'être. Je crois que ça lui a fait plaisir. »

Debbie passa toute la nuit dans le fauteuil à bascule avec Benjamin dans ses bras. Elle essayait tout le temps de comprendre cette situation nouvelle, mais il y avait trop de coupures. Voir l'étranger dans le bureau du motel, ç'avait été une coupure dans sa compréhension des événements. Et puis l'instant où elle avait vu la tête de Ben en sang. Ça, c'était une terriblement grande coupure. Ben mort. Elle ne retourna jamais au motel.

Le lendemain après-midi, la mère de Debbie arriva, et les gens de sa congrégation puis l'évêque. Ça n'arrêtait pas. Debbie resta trois jours avec Chris et David avant de retourner à Pasadena. C'était la première fois de sa vie qu'elle voyageait en avion.

CHAPITRE XVII

CAPTURÉ

1

APRÈS l'arrestation, sur le chemin de l'hôpital, Gary dit à Gerald Nielsen : « Quand nous serons seuls, je veux vous parler. » Nielsen répondit qu'il était d'accord.

Il se dit qu'il allait peut-être recueillir des aveux. La plupart du temps, ils étaient silencieux, mais Gilmore répéta : « Je tiens à vous en parler, vous savez. »

A l'hôpital, Gerald Nielsen ne le quitta pas pendant qu'on le soignait. La police de Provo avait déjà téléphoné pour dire qu'ele voulait faire un prélèvement sur sa main afin de rechercher des traces de métal, mais Gilmore refusa. Il dit : « Je veux d'abord parler à un avocat. » Gerald : « On t'en trouvera un, mais il ne peut pas t'aider sur ce point. C'est tout à fait légal.»

Gilmore dit : « Est-ce que j'ai le droit de refuser ? » « Oui, dit Gerald, tu peux. Mais nous avons toujours le droit de le faire de force. » « Eh bien, reprit Gilmore, vous allez être obligé de le faire de force. »

Il poussa quelques jurons, se mit à hurler et à vociférer en disant qu'il n'acceptait pas et à deux ou trois reprises, Nielsen pensa que ça allait peut-être se terminer par une bagarre, mais il finit par consentir. Les examens révélèrent qu'il avait tenu dans sa main un objet métallique. Gilmore répondit : « En effet, j'ai dû limer quelque chose aujourd'hui au travail. » Il devait bien être quatre heures du matin lorsqu'ils arrivèrent à la prison de Provo City.

Pendant que les docteurs plâtraient la main de Gilmore, Nielsen décida de tenter un coup et dit : « Scellez un anneau dedans, voulez-vous, pour qu'on puisse accrocher les menottes. » Gary dit : « Bon sang, vous avez un sens de l'humour bien déficient. » Nielsen eut l'impression que ça leur donnait un point de départ.

2

Noall Wootton, le procureur du comté d'Utah, était un petit homme aux cheveux clairs, au front haut et avait un grand nez qui paraissait avoir été aplati. En général, il était semblable à une véritable centrale d'énergie. Quand il était chauffé, il devenait comme un remorqueur qui s'attaquait en teuf-teuffant à n'importe quel gros boulot qu'on lui assignait.

De l'avis de Noall Wootton, le meilleur avocat qu'il ait jamais rencontré, c'était son père. C'est peut-être pour cette raison qu'il ne pouvait jamais entrer dans une salle de tribunal sans avoir l'estomac noué. Il gagnait des procès mais continuait à avoir mauvaise impression parce qu'il pensait ne pas s'être montré à la hauteur. Pour cette raison, il

prit le plus grand soin d'utiliser toutes les ressour-
ces juridiques le soir où on amena Gilmore au
commissariat de police de Provo City.

Mardi soir, ou plutôt mercredi à une heure du
matin, lorsqu'on avait téléphoné chez Wootton
pour annoncer que la police détenait un homme en
garde à vue pour le meurtre du motel de Provo,
Noall envoya un adjoint à l'hôpital et se rendit
lui-même sur les lieux du meurtre au *City Center
Motel* où il passa une heure et demie à diriger la
perquisition pour retrouver l'arme du crime. Ayant
parlé à Martin Ontiveros et appris que Gilmore
était arrivé ensanglanté, il refit le trajet en partant
du poste d'essence, suivant la traînée de sang
jusqu'à sa source près d'un buisson. En fouillant
dans les branchages, il trouva un Browning automatique de calibre 6.35.

Wootton était assis au bureau, dans la salle des
inspecteurs au commissariat de Provo, en bottines
et en jeans, l'air pas très officiel, lorsqu'on amena
Gilmore. Le prisonnier était dans un triste état. Il
avait le bras gauche bandé et plâtré et les cheveux
ébouriffés. Son bouc à la Van Dyck était en brous-
saille. Il avait le regard mauvais et un air furieux.

Gilmore était particulièrement en colère d'avoir
des chaînes aux pieds. Wootton était enchanté qu'il
y ait un certain nombre de flics dans les parages.
Malgré les chaînes et le reste, il n'aurait pas aimé
être seul dans cette pièce avec Gilmore.

Dès que Wootton apprit que le seul homme à qui
Gilmore voulait parler était Gerald Nielsen, il prit
le lieutenant à part et lui dit quelle stratégie
utiliser : calmer Gilmore ; le mettre dans des dispositions amicales ; bien veiller à lui préciser tous
ses droits. S'assurer aussi qu'il n'était pas sous
l'influence de l'alcool, qu'il savait où il était, ce qu'il
faisait. Et surtout, ne pas faire pression sur lui.

Wootton prenait soin de ne pas entamer un dialogue avec Gilmore. Une telle conversation pourrait facilement devenir une preuve, et alors il pourrait avoir à déposer à la barre des témoins. Comme il allait être le procureur de ce procès, il n'avait pas envie de se retrouver au tribunal coiffé d'un second chapeau. Il écouta donc par un haut-parleur la conversation que Nielsen avait dans une autre pièce.

3

21 juillet 1976 — 5 heures du matin

GILMORE : Pourquoi me retient-on ?

NIELSEN : Je ne sais pas, sauf que je crois qu'il s'agit de vol à main armée. Je suis presque sûr que c'est ça.

GILMORE : Quel vol ?

NIELSEN : Celui qui a eu lieu ici, à Provo, cette nuit au motel, et celui de la nuit dernière au poste d'essence d'Orem.

GILMORE : Vous savez, je peux vous donner mon emploi du temps pour la nuit dernière et aussi pour ce soir...

NIELSEN : Ce n'est pas si sûr, Gary.

GILMORE : Si, je peux... Je suis allé chez Penny faire faire une réparation sur ma camionnette. Vous trouverez les factures dans la boîte à gants, et j'ai bu un peu. La camionnette calait tout le temps, alors je l'ai amenée ici... et je leur ai dit : « Ecoutez, je vais vous laisser ma camionnette et je la reprendrai demain matin en allant au travail. Je vais rester ici et louer une chambre. » Je suis entré et voilà qu'un type était en train de braquer le gars. J'ai empoigné son pistolet et il a essayé de me tirer une balle dans la tête, mais je l'ai repoussé et la balle m'a touché à la main. A ce moment-là, on était pratiquement dehors, alors je suis retourné prendre ma camionnette et je suis allé à Pleasant Grove...

NIELSEN : C'est ta version ?

GILMORE : C'est la vérité.

NIELSEN : Je n'y crois pas, Gary, je ne crois vraiment pas à cette histoire, et je sais que tu sais que je n'y crois pas...

GILMORE : Je vous raconte juste ce qui s'est passé...

NIELSEN : Tu sais bien que cette histoire ne me convainc pas, d'accord ? Je n'arrive pas à comprendre pourquoi ces gens ont été descendus. Pourquoi les as-tu descendus, Gary ? Voilà ce que je me demande.

GILMORE : Je n'ai descendu personne.

NIELSEN : Je crois que si, Gary. Et c'est la seule chose que je n'arrive pas à comprendre.

GILMORE : Écoutez, hier soir j'ai passé toute la nuit avec une fille.

NIELSEN : Quelle fille ?

GILMORE : April Baker.

NIELSEN : April Baker ? D'où est-elle, comment est-ce que je peux la contacter ?

GILMORE : Elle habite Pleasant Grove. Elle ne m'a pas quitté une minute. Sa mère vous dira que je suis passé la prendre assez tôt avec ma camionnette. Vous comprenez, je sortais avec sa sœur aînée, vous savez, celle qui habitait Spanish Fork, et puis on a rompu. Alors je suis passé pour leur montrer ma camionnette et April a dit : « Emmène-moi acheter quelque chose pour mon frère. » J'ai demandé : « Tu veux faire un tour et aller boire une bière ? » Et elle m'a dit oui. Elle ne s'entend pas avec sa mère. Elle a dit : « Okay », alors on s'est baladé, on a bu une bière, on a fumé un joint et puis j'ai dit : « Allons dans un motel, il faut que je travaille demain matin. » Elle m'a dit : « Prends ici, vers American Fork. » Bref, je n'ai pas pu trouver de motel, alors j'ai fini par revenir à Provo.

NIELSEN : Quelle adresse ?

GILMORE : Au *Holiday Inn*.

NIELSEN : Au *Holiday* ? Tu as signé de ton nom ?

GILMORE : Oui, on est resté là jusque vers sept heures. Je l'ai raccompagnée chez elle.

NIELSEN : Sept heures ce matin ?

GILMORE : Oui, et puis je suis allé au travail.

NIELSEN : A quelle heure es-tu passé la prendre ?

GILMORE : Sept heures. A cinq heures. A cinq heures, j'en sais rien. Je n'ai pas de montre. Je n'aime pas les montres.

NIELSEN : Elle était avec toi quand tu t'es arrêté à la station-service là-bas ?

GILMORE : Je ne me suis arrêté à aucune station-service.

NIELSEN : Gary, je crois vraiment que si.

GILMORE : Mais non.

NIELSEN : Tu as vu ce 6.35 en entrant ?

GILMORE : J'ai vu un pistolet posé sur le bureau.

NIELSEN : Tu l'as déjà vu ?

GILMORE : Non.

NIELSEN : Oh ! s'il est enregistré à ton nom, tu es fichu.

GILMORE : Il ne l'est pas.

NIELSEN : Bon. Je ne sais pas, Gary. Je n'arrive pas...

GILMORE : Écoutez, c'est ce qui s'est passé. Je sais que vous n'y croyez pas.

NIELSEN : Je n'y crois vraiment pas, Gary. Vraiment, vraiment pas. Je crois que c'est toi qui as fait le coup, et je n'arrive pas à comprendre pourquoi tu as abattu ces gens. C'est ça que je n'arrive pas à comprendre.

GILMORE : Écoutez...

NIELSEN : Gary, c'est vraiment l'impression que j'ai.

GILMORE : Vous croyez que j'abattrais quelqu'un avec cette fille à côté de moi ?

NIELSEN : Je ne sais pas. Si tu l'as laissée dans la

384

voiture au coin de la rue ou si elle ne savait pas, c'est différent.

GILMORE : Vous pouvez lui parler...

NIELSEN : Où peut-on la trouver ?

GILMORE : Elle vit avec sa mère...

NIELSEN : Tu peux me dire comment y aller ?...

GILMORE : Je peux vous donner un numéro de téléphone. Elle ne sera peut-être pas contente de savoir que j'ai passé toute la nuit avec sa fille...

NIELSEN : April Baker.

GILMORE : Elle a été tout le temps avec moi.

NIELSEN : Quel âge a-t-elle ?

GILMORE : Dix-huit ans.

NIELSEN : Alors, ça n'est pas du détournement de mineure. Je ne sais pas, ça paraît mal se présenter, Gary... Peux-tu me décrire le voleur ?

GILMORE : Il avait les cheveux longs, des jeans, un blouson plus clair, vous savez, un blouson en jeans.

NIELSEN : Je vais vérifier ça. Je vais vérifier, mais je n'y crois pas. Je crois que pour l'instant, surtout avec tes antécédents, je crois qu'on a contre toi une solide accusation de vol. Je n'arrive toujours pas à comprendre pourquoi ces gens ont été tués. Non, je n'arrive pas à le comprendre.

GILMORE : Vous n'arrivez pas à comprendre quoi ?

NIELSEN : Pourquoi ces gens ont été tués. Je ne comprends pas. Gary, pourquoi ont-ils été tués ?

GILMORE : Qui ça ?

NIELSEN : Le type du motel et le type là-bas...

GILMORE : Je n'ai tué personne.

NIELSEN : Je ne sais pas, je crois que si.

GILMORE : Comme je vous ai dit, je sais où j'ai passé chaque minute.

NIELSEN : Et si je m'en vais vérifier auprès de ces gens et qu'ils me disent : « Il vous raconte des craques » ?

GILMORE : Ils ne diront pas ça.

NIELSEN : Tu es sûr ? Tout le monde dira la même chose ?

GILMORE : Il peut y avoir des petites différences de temps par-ci par-là.

NIELSEN : Qu'est-ce que dira April si je lui demande ce qu'elle faisait vers dix heures et demie hier soir ?

GILMORE : J'en sais rien ; elle est un peu dingue. Quand elle était jeune, des types l'ont emmenée et lui ont fait prendre de l'acide sans qu'elle le sache et ils l'ont violée. Je ne sais pas ce qu'elle vous racontera. April a passé avec moi chaque minute de la nuit dernière... Je me sentais esseulé parce que Nicole m'avait plaqué, alors je suis allé chercher sa jeune sœur. April avait envie de faire un tour. On s'est mis à se bécoter, à rire et tout. Et je l'ai gardée toute la nuit. Voilà.

NIELSEN : Je vais vérifier, je vais l'interroger.

GILMORE : Je ne veux rien vous dire de plus sans un avocat. C'est tout, je peux manger ?

NIELSEN : C'est presque l'heure du petit déjeuner. Tu as faim ? Je vais leur dire.

GILMORE : Ma main me fait encore mal...

NIELSEN : Sans avocat et entre nous, tu ne répondrais pas à la question que je t'ai posée il y a un moment ?

GILMORE : C'était quoi ?

NIELSEN : Pourquoi ces gens ont été tués après ton départ.·

GILMORE : Je ne sais pas pourquoi on les a tués. Ce n'est pas moi qui les ai tués.

NIELSEN : J'espère que c'est vrai parce que c'est justement ce qui me préoccupe, cette chose-là. Je n'arrive pas à comprendre. Je peux comprendre le reste. Je peux comprendre l'attaque à main armée.

GILMORE : Je n'ai attaqué personne, et je n'ai tué personne.

NIELSEN : Tu es d'accord si je reviens cet après-midi

pour te parler après avoir vérifié quelques points ?

GILMORE : Je n'ai tué personne et je n'ai volé personne.

NIELSEN : J'espère que non, Gary, mais j'ai du mal à le croire. Pour l'instant, j'ai vraiment du mal à le croire...

GILMORE : J'ai faim et j'ai mal.

Lorsque Wootton rentra chez lui le mercredi matin, il avait à peu près décidé d'accuser Gilmore de meurtre sans préméditation dans l'affaire du motel. Si la seule empreinte sur le pistolet était trop brouillée pour supporter une vérification, ils avaient le test à la paraffine et un témoin, Peter Arroyo. Il avait vu Gilmore au motel avec le pistolet et la caisse. Ça semblait prometteur à Wootton.

4

Vers trois heures et demie ce matin-là, Val Conlin reçut un coup de téléphone. Une voix dit : « Ici, la police. Nous avons mis en fourrière une de vos voitures. »

Val était si ensommeillé qu'il répondit : « Eh bien, parfait, d'accord. » « Nous tenons à vous informer que nous avons la voiture. Il y a eu un homicide. » « C'est très bien », dit Val et il raccrocha. Sa femme demanda : « Qu'est-ce que c'était ? » Il répondit : « Ils ont mis une bagnole en fourrière. Il y a eu un homicide. Je ne sais pas pourquoi. Qu'est-ce que tu veux que je te dise ? » Il se rendormit. Le matin, il avait oublié.

Lorsqu'il arriva au bureau le lendemain matin, Marie McGrath était là, attendant pour lui annoncer la nouvelle.

« Vous plaisantez, fit Val. Il a tué ce type l'autre nuit ?

— Comment ça : l'autre nuit ? fit Marie. La nuit dernière.

— La nuit dernière ? » fit Val. Il avait vraiment un métro de retard.

« Oui, fit Marie, on l'a piqué chez le type qu'il a tué la nuit dernière. » Ce fut alors que Val entendit parler du meurtre du motel. Le coup de téléphone de trois heures et demie du matin lui revint en mémoire.

Un peu plus tard, la police inspectait la Mustang. On commençait à en retirer des vêtements et à chercher les traces de sang. On demanda à Val : « Il n'a jamais fait un trafic de pistolets avec vous ? » « Pas avec moi, dit Val, je n'aime pas les armes. J'ai horreur des armes. » « Eh bien, dit le flic, il a volé un tas d'armes. On les recherche. » « Oh ! fit Val, pas chez moi. »

Les policiers restèrent là une heure. Après leur départ, Rusty alla vider dans la cour des choses qui traînaient. Elle revint en disant : « Regardez ce que j'ai trouvé. »

Le vent avait tout balayé. Elle avait découvert un sac coincé sous une vieille glacière à boissons non alcoolisées. En l'ouvrant, elle découvrit plusieurs pistolets enveloppés dans du papier journal.

Lorsque Val les vit, il cria : « Attention, attendez. SURTOUT NE TOUCHEZ PAS À ÇA ! Prenez le téléphone. Appelez un inspecteur ! »

Lorsque les policiers arrivèrent, ils demandèrent de nouveau si Gilmore lui avait proposé des armes. Val dit : « Non. S'il l'avait fait, je l'aurais envoyer chier. Je n'aime pas les armes. »

A neuf heures du matin, Gary était au téléphone. « Où es-tu ? » demanda Brenda. Il eut une sorte de ricanement. « Ne t'inquiète pas, fit-il, je suis à la prison. Je ne peux pas te toucher. »

Elle dit : « Oh ! mon Dieu, heureusement. » Elle était horrifiée de s'entendre. Jamais elle n'avait été aussi tendue par le manque de sommeil. « Dis-moi, fit Brenda, ça va ?

— Pourquoi n'es-tu pas venue ? demanda Gary.

— J'avais peur, répondit Brenda.

— Et John ? demanda Gary.

— On n'a pas voulu le laisser venir, Gary.

— Tu m'as trahi, fit-il.

— Je n'avais pas envie de te voir réduit en bouillie sur la nationale 89. Je ne voulais pas voir des policiers que je connais être envoyés pour t'arrêter et que leurs femmes se retrouvent veuves. Ce sont mes voisins. (Elle ajouta :) Tu es en vie, n'est-ce pas ?

— Ç'aurait été fichtrement plus simple s'ils m'avaient descendu là-bas. »

« Je ne voulais vraiment pas que tu te fasses canarder comme un vulgaire criminel, dit-elle. Pour moi, tu es quelqu'un de très particulier. Tu es tordu, mais tu n'es pas comme les autres.

— Tu aurais pu, dit-il, me conduire jusqu'à la frontière de l'Etat.

— C'est du rêve, Gary, pas la réalité.

— Je l'aurais fait pour toi, dit-il.

— Je le crois, répondit-elle. (Elle ajouta :) Gary, je t'aime beaucoup, mais je n'aurais pas pu faire ça pour toi.

— Tu m'as trahi.

— Je ne voyais pas d'autre façon de te faire cueillir, dit Brenda. Je t'aime. »

Il y eut un long silence, puis il dit : « Tu sais, j'ai besoin de vêtements. »

« Pourquoi ont-ils pris les tiens ? demanda-t-elle.
— Comme pièces à conviction.
— Je vais t'en apporter.
— Il me les faut pour dix heures.
— J'y serai, fit-elle.
— Bien, cousine », dit-il. Et il raccrocha.

Elle se rendit au Centre administratif de Provo où se trouvait la nouvelle prison moderne en pierre de taille foncée. Ça ressemblait beaucoup au Centre administratif d'Orem en même pierre de taille foncée qui lui aussi avait une prison. Elle prit quelques-uns des vêtements de travail de John. Puisqu'elle ne pourrait pas les récupérer, pas de raison de donner ses plus belles affaires.

Lorsqu'elle arriva, on l'avait mis dans une cellule du bas. On lui expliqua que comme il n'avait pas encore été inculpé, elle ne pouvait pas le voir.

« Bon sang, fit Brenda, il ne peut pas aller au tribunal tout nu. »

« On lui donnera », lui dit-on.

Brenda était encore dans le hall lorsqu'une équipe de télé arriva. L'entrée de la prison se trouva encombrée de câbles, de mini-caméras et de gens qu'elle n'avait jamais vus de sa vie. Elle n'était pas maquillée, elle avait rassemblé ses cheveux en une stupide queue de cheval, elle était en short et devait paraître aussi grosse qu'elle le ressentait. Elle n'avait pas du tout l'intention de se faire filmer.

Cependant, on faisait monter Gary. Aussi passa-t-elle devant une caméra de télé tenue par un opérateur corpulent et regarda-t-elle tandis qu'il traversait le hall. Elle se rendit compte qu'il la cherchait. Elle se dit : « Je crois que je ne peux pas supporter de l'affronter. » Elle se dit aussi qu'elle ne devrait sans doute pas en avoir honte, mais c'était pourtant le cas.

6

Mike Esplin, l'avocat de la défense désigné par la Cour, avait un peu l'air de sortir d'un ranch. Il appartenait d'ailleurs à une famille d'éleveurs. Il était de taille moyenne, bien bâti et arborait une petite moustache en brosse. Il avait les yeux d'un gris-bleu délavé comme s'il avait trop longtemps supporté une lumière trop vive. Mais il était très soigné dans sa toilette, vraiment soigné : chemise grise, cravate rouge, costume à carreaux gris avec un filet rouge.

La première fois qu'il entendit parler de Gary Gilmore, ce fut quand le greffier du tribunal de Provo lui téléphona ce matin-là pour lui dire que le juge avait demandé à Esplin de passer, s'il le pouvait, pour l'inculpation.

Ça ne posait pas de problème. A peu près tous les avocats de Provo avaient leurs bureaux à un bloc ou deux du tribunal. Mais les choses allaient si vite que Mike Esplin n'eut même pas l'occasion de discuter de quoi que ce soit avec son nouveau client. En fait, il ne le retrouva que dans la salle du tribunal.

Bien sûr, ça n'avait rien d'extraordinaire. Un avocat désigné d'office n'avait même pas besoin d'être là pour l'inculpation. On l'avait fait venir aussi tôt uniquement parce que c'était une affaire d'homicide. Esplin se trouva debout avec Gilmore, devant la Cour, une minute après s'être présenté.

Une fois lu l'acte d'accusation, ils passèrent dans une antichambre, et cela leur donna une brève occasion de parler ensemble. Mais tout était déroutant : avec quatre ou cinq policiers dans la pièce et plusieurs membres de la presse, ils n'étaient guère isolés. Gilmore semblait mal à l'aise. Il dit aussitôt à Mike : « Je suis nouveau dans la région et je ne connais pas d'avocat. » Puis il expliqua qu'il n'avait pas d'argent.

Comme Esplin voulait l'interroger dans un environnement un peu plus agréable, on les installa dans la salle de garde à vue de la prison, une petite cellule avec deux couchettes. Gilmore semblait affolé à l'idée qu'on pourrait les écouter grâce à un micro caché, aussi parlait-il en chuchotant et Gilmore raconta qu'il s'était rendu au *City Center Motel* et qu'il était tombé par hasard sur le cambriolage. Quand Esplin demanda à Gilmore pourquoi il ne s'était pas présenté à la police après s'être fait tirer dessus, Gilmore expliqua qu'étant un ancien détenu, il avait eu peur qu'on ne le croie pas. L'avocat trouva que cette histoire avait l'air d'un ramassis de foutaises.

Dans les affaires d'homicide, la défense avait droit à deux avocats. Aussi, après cette première rencontre, Esplin retourna-t-il à son cabinet pour téléphoner à quelques confrères. Quand deux autres avocats lui eurent dit que Craig Snyder, qu'ils connaissaient vaguement, était un bon défenseur, il téléphona à Snyder pour lui demander s'il voulait s'occuper aussi de l'affaire. Alors que lui, Esplin, ferait ça dans le cadre de son salaire régulier de dix-sept mille cinq cents dollars par an, un avocat désigné d'office, comme Snyder, expliqua Mike, toucherait des honoraires de dix-sept dollars cinquante de l'heure pour le travail juridique et de vingt-deux dollars de l'heure pour le temps passé à la cour. Snyder dit qu'il acceptait.

Esplin retourna alors à la prison vers midi pour faire part à Gilmore du nom de son nouvel avocat. Il précisa aussi qu'on allait accuser Gary du meurtre de Jensen. Gilmore le regarda droit dans les yeux et dit : « Pas question, mon vieux. »

7

Dès que la police fut repartie, Nicole n'arrêta pas de répéter que Gary était dingue et que cela faisait longtemps qu'elle aurait dû le quitter. « Il est fou, ce salaud, il est fou », se disait-elle encore au petit matin. Toutefois, quand la police d'Orem téléphona peu avant midi pour dire que Kathryne et Nicole devaient se présenter, elle accueillit cette convocation avec beaucoup de sang-froid. Même une sorte d'indifférence.

Elle dit au lieutenant Nielsen qu'elle avait eu des scènes avec Gilmore et qu'elle était partie parce qu'elle avait peur de lui. Une fois, dit-elle, elle avait dû descendre de voiture et partir en courant parce qu'il commençait à l'étrangler. Puis elle dit à Nielsen que Gary avait volé des pistolets au supermarché de Swan à Spanish Fork. Elle ajouta : « Je ne peux pas vous en dire beaucoup plus. » « Vous savez, dit Nielsen, je ne vais pas vous accuser. » Elle lui raconta alors que Gary lui avait donné un Derringer pour sa protection, mais au bout d'un moment elle avait eu l'impression d'avoir plutôt besoin qu'on la protège de lui.

L'interrogatoire terminé, Nicole dit : « Je vous en prie, ne lui dites pas que je vous ai raconté ces choses-là parce que... » Elle s'interrompit et donna l'impression de réfléchir intensément. On aurait dit qu'elle cherchait quelque chose enfoui en elle, et puis elle murmura : « Parce que je l'aime toujours. » Un peu plus tard, le lieutenant Nielsen la conduisit jusqu'à son appartement de Springville et Nicole lui remit son pistolet et une boîte de cartouches. Nielsen était stupéfait de voir dans quel état de dépression tout ça la mettait. Il avait l'habitude d'enregistrer des dépositions de gens vraiment abattus, mais Nicole les dépassait de loin.

De retour au commissariat, le lieutenant se mit à examiner quelles preuves il avait rassemblées. On avait retrouvé deux douilles sous le corps de Jensen et une qui baignait dans le sang qui avait coulé de la tête de Buschnell. C'était utile, car les rayures laissées par un automatique étaient faciles à identifier. Il semblait que Provo allait donner l'identification de l'arme pour Buschnell et Orem pour Jensen. Si on parvenait à établir que le pistolet appartenait à Gilmore, le dossier serait solide.

Nielsen alla voir Gary vers cinq heures du soir. On l'avait déjà transféré du Centre administratif de Provo à la prison du comté. C'était un vieux bâtiment. Sale. Bruyant. Une vraie taule. Nielsen effectua là un véritable interrogatoire.

Il prit avec lui un porte-documents sur lequel on pouvait, grâce à un interrupteur dissimulé dans la poignée, déclencher un magnétophone invisible. Il n'osa pas, toutefois, l'emporter jusque dans la cellule. Gilmore aurait le droit de demander ce qu'il y avait dans ce porte-documents. Nielsen devrait alors l'ouvrir. Cela détruirait toute confiance que Gilmore pouvait avoir en lui. Il le laissa donc branché dans le hall, juste de l'autre côté des barreaux. L'appareil enregistrerait ce qu'il pourrait.

La prison du comté devait être un des plus vieux bâtiments de l'Utah. En juillet, il faisait assez chaud à l'intérieur pour qu'on puisse offrir un ticket gratuit pour l'enfer. Avec les fenêtres ouvertes, on respirait les gaz d'échappement de l'autoroute. La prison était bâtie à la lisière du désert, dans un champ de scories, à mi-chemin entre la bretelle de sortie de l'autoroute et celle qui y donnait accès. Le bruit de la circulation était donc important. Comme une ligne de chemin de fer passait par là aussi, pendant l'interrogatoire, des wagons de marchandises passèrent en grondant. Quand Nielsen, de retour à son bureau, essaya d'écouter le magnétophone, la rumeur de la circulation par une brûlante soirée d'été fut la déposition la plus distincte qu'il parvint à entendre.

L'inspecteur comptait beaucoup sur cet interrogatoire. Dès l'instant de sa capture à Pleasant Grove, lorsque Gary l'avait demandé, il avait eu l'impression que Gilmore allait parler. Nielsen était alors persuadé qu'il y aurait une chance d'obtenir ses aveux. Il s'installa donc aussitôt, et tout naturellement, dans le rôle du vieil ami et du bon flic.

Dans la police, il fallait de temps en temps jouer un rôle. Nielsen aimait ça. Ce qu'il y avait, c'était que pour ce rôle-là il était censé montrer de la compassion. D'après son expérience passée, il savait que ça ne serait pas tout à fait un rôle. Tôt ou tard, il éprouverait vraiment de la compassion. C'était normal. C'était un des aspects les plus intéressants du travail de policier.

Il avait déjà fait quelques expériences. Voilà quelques années, quand il n'était que simple sergent, Nielsen avait fait de la collaboration clandestine au service des narcotiques. Il y avait alors un accord avec la police de Salt Lake City. Comme Orem était encore une petite ville, ses policiers étaient bien connus des habitants. Pour faire un travail efficace, il fallait faire venir des policiers de Salt Lake City. En retour, Orem s'acquittait de sa dette en expé-

diant là-bas quelques-uns de ses flics. Voilà comment Nielsen s'était trouvé expédié à Salt Lake
City.

Toutefois, son aspect physique posait un problème. Il avait été chef scout pendant sept ou huit
ans, et ça se voyait. Une certaine corpulence, une
calvitie précoce, des lunettes et des cheveux blond-
roux lui donnaient plutôt l'air d'un homme d'affaires que d'un type susceptible de faire du trafic de
drogue. En guise de couverture, il avait donc pré-
tendu être boucher au supermarché, travail qu'il
connaissait un peu, puisqu'il avait fait quelque
temps ce métier pour payer ses études à l'université. Il avait même encore une carte syndicale.

A Salt Lake City, il fut assez vite connu comme
étant le boucher qui cherchait toujours de la came
pour le week-end. Ça marchait. Un tas de bouchers
avaient la réputation de ne pas être tout à fait
normaux. Nielsen avait même pris l'habitude de
porter des vêtements de travail. Sa blouse blanche
était toujours maculée de sang, de même que son
pantalon blanc, aux endroits qui n'étaient pas pro-
tégés par le tablier.

8

Par cette chaude soirée de juillet, Nielsen commença par déclarer que, malheureusement, l'histoire de Gilmore était pleine de trous. On vérifiait,
mais ça ne tenait pas. Il voulait donc savoir si
Gilmore était d'accord pour bavarder. Gilmore
répondit : « On m'a inculpé d'un crime capital et je
suis innocent. Vous êtes en train de bousiller ma
vie. »

« Gary, dit Nielsen, je sais que les choses sont sérieuses, mais je ne bousille la vie de personne. Tu n'as pas besoin de me parler si tu n'en as pas envie, tu le sais. » Gary s'éloigna, puis revint au bout d'un moment et dit : « Je veux bien parler. »

Nielsen passa environ une heure et demie avec Gilmore. Là, dans une cellule de haute surveillance, enfermés tous les deux ensemble, ils bavardèrent. Au début, Nielsen fut prudent. « Tu as vu ton avocat ? » demanda-t-il, et Gilmore dit oui. Puis Nielsen demanda comment il se sentait. « Comment va ce bras ? » Gilmore répondit : « Vous savez, ça me fait vraiment mal. On ne me donne qu'un comprimé et le docteur a dit qu'on devait m'en donner deux.

— Eh bien, fit Nielsen, je vais leur expliquer que j'ai entendu le docteur dire deux. »

Nielsen s'efforçait de sembler le plus désinvolte possible. Il demanda si Gary aimait pêcher, et Gilmore répondit qu'avec le temps qu'il avait passé en prison, il ne lui était pas resté beaucoup de loisirs pour la pêche à la ligne. Nielsen se mit à parler un peu de la pêche au lancer et Gilmore manifesta quelque intérêt à l'idée qu'il fallait être assez rusé pour deviner selon les circonstances quel genre de mouche il fallait utiliser. L'inspecteur lui parla de l'emmener camper avec sa famille dans les canyons. Gilmore, à son tour, évoqua quelques-unes de ses expériences en prison. Il lui parla de la grosse fille qui était morte et de la fois où on lui avait donné trop de prolixine, ce qui l'avait fait gonfler et l'avait empêché de bouger. Il raconta comment la prison exigeait qu'on soit un homme dans tous les détails. Puis il posa quelques questions sur le passé de Nielsen. Il parut intéressé en apprenant que Nielsen avait une femme et cinq enfants.

Sa femme était-elle une bonne mormone ? interrogea Gilmore. Oh ! oui. Il l'avait rencontrée à B.Y.U. où elle était allée pour fuir l'Idaho. Quels diplômes avait-elle eus ? demanda Gilmore, comme s'il était vraiment fasciné. Nielsen haussa les épaules. « Un diplôme d'économie domestique », dit-il. (Puis il sourit à Gilmore.) « Ce qui l'intéressait, tu sais, c'était peut-être un peu de trouver un mari. » Ils éclatèrent de rire tous les deux. Oui, reprit Nielsen, ils avaient fait connaissance en première année et s'étaient mariés l'été suivant. Tiens, fit Gilmore, c'était intéressant. Comment Nielsen était-il devenu flic ? Il n'avait pas l'air d'un flic. Eh bien, en fait, expliqua Gerald, il comptait être professeur de sciences et de mathématiques lorsqu'il avait quitté le ranch familial de Saint John's, dans l'Arizona, pour aller à la Brigham Young University, mais il était un mormon pratiquant et en travaillant pour sa paroisse, il avait rencontré un inspecteur de police qu'il aimait bien. Il s'était intéressé à son travail et était entré dans la police.

Maintenant, observa Gilmore, il était lieutenant. Oui, en un peu plus de dix ans, il était passé de simple policier à sergent, et voilà qu'il était maintenant lieutenant. Il ne lui dit pas qu'il avait suivi des cours à l'académie du F.B.I. à Quantico, en Virginie.

Tiens, c'était intéressant, fit Gilmore. Sa mère était mormone aussi. Puis il marqua un temps et secoua la tête. « Ça va tuer ma mère quand elle apprendra ça. (De nouveau il secoua la tête.) Vous savez, elle est infirme, et je ne l'ai pas vue depuis longtemps.

— Gary, dit Nielsen, pourquoi as-tu tué ces types ? »

Gilmore le regarda droit dans les yeux. Nielsen avait l'habitude de voir de la haine dans le regard d'un suspect, ou du remords, ou le genre d'indifférence à vous faire froid dans le dos, mais Gilmore avait une façon de regarder au fond des yeux qui mettait Nielsen mal à l'aise. On aurait dit que cet homme vous contemplait jusqu'au fond de l'âme. C'était dur de soutenir ce regard.

« Bah ! fit Gilmore. Je n'ai pas de raisons. » Il était calme en disant cela, et triste. Il avait l'air d'être au bord des larmes. Nielsen sentait le chagrin de son prisonnier. En cet instant, il le sentait plein de chagrin.

« Gary, fit Nielsen, je peux comprendre un tas de choses. Je peux comprendre qu'on tue un type qui s'en prend à vous, ou qu'on tue un type qui vous cherche des ennuis. Je peux comprendre cela, tu sais. » Il marqua un temps. Il s'efforçait de maîtriser sa voix. Il était tout près et il ne voulait pas perdre le fil. « Mais ce que je n'arrive pas à comprendre c'est pourquoi tuer ces types pour ainsi dire sans raison. »

Nielsen savait qu'il prenait de gros risques. Si jamais on en arrivait là, il en prenait assez à son aise avec les droits constitutionnels du prévenu pour que celui-ci puisse faire appel. Il commettait aussi une erreur en parlant tout le temps de « ces types » ou bien en disant : « Pourquoi avez-vous tué ces types ? » Pour que quelque chose puisse avoir une valeur au tribunal, il aurait dû dire : « M. Buschnell à Provo » et « Pourquoi as-tu tué Max Jensen à Orem ? » On ne pouvait pas envoyer un individu devant les juges pour avoir tué deux hommes deux soirs différents dans des villes différentes si on réunissait les deux affaires ensemble. En matière juridique, les meurtres devaient être séparés.

Nielsen, toutefois, était sûr que cela ne l'avancerait à rien de l'interroger de façon plus rationnelle.

Ça couperait le fil. Il demanda donc : « Etait-ce parce qu'ils allaient porter témoignage contre toi ? » Gilmore dit : « Non, je ne sais vraiment pas pourquoi.

— Gary, reprit Nielsen, il faut que je pense comme un bon policier qui fait un bon travail. Tu sais, si j'arrive à empêcher ces choses-là d'arriver, ça veut dire que je réussis dans mon travail. Et j'aimerais comprendre : pourquoi avoir attaqué ces endroits ? Pourquoi as-tu attaqué le motel de Provo ou la station-service ? Pourquoi ces endroits-là justement ? » « Oh ! fit Gilmore, le motel était tout près de chez mon oncle Vern. Je suis tombé dessus par hasard.

— Mais la station-service ? demanda Nielsen. Pourquoi cette station-service isolée ?

— Je ne sais pas, fit Gilmore. Elle était là. (Il chercha un moment comme s'il avait envie d'aider Nielsen.) Bon, prenez l'endroit où j'ai caché ce truc, dit-il, après le motel. » Nielsen se rendit compte qu'il parlait du tiroir-caisse qu'il avait piqué dans le bureau de Benny Buschnell. « Eh bien, je l'ai fourré dans ce buisson-là, dit-il, parce que quand j'étais gosse je tondais la pelouse à cet endroit-là pour une vieille dame. »

Nielsen essayait de se rappeler quelques arrêts qui pourraient s'appliquer à une situation comme celle-ci. Des aveux obtenus au cours d'une conversation menée sans la permission expresse de l'avocat de l'inculpé ne seraient pas légaux. D'un autre côté, le suspect lui-même pouvait entrer dans la voie des aveux. Nielsen était prêt à affirmer que c'était précisément ce qu'avait fait Gilmore aujourd'hui. Après tout, il avait demandé à Gary, lors de leur première rencontre à cinq heures ce matin, s'il pouvait revenir lui parler une fois les vérifications faites. Gilmore n'avait pas dit non. Avec la Cour suprême qu'on avait actuellement,

Nielsen avait l'idée que des aveux comme ceux-ci pourraient tenir.

Pourtant, Nielsen n'oubliait pas l'arrêt de la Cour suprême dans l'affaire Williams. Une fillette de dix ans avait été violée et assassinée, dans l'Iowa, par un malade mental du nom de Williams qu'on avait arrêté à Des Moines et ramené à l'endroit où on devait l'inculper. L'avocat de Williams à Des Moines dit aux inspecteurs qui le transféraient : « Ne le questionnez pas en dehors de ma présence. » Puis il dit à son client : « Ne faites aucune déclaration aux policiers. » Malgré cela, pendant le trajet du retour, un des inspecteurs accompagnant le suspect se mit à asticoter Williams sur son côté chrétien. L'homme était profondément religieux et l'inspecteur dit : « Nous voilà juste à quelques jours de Noël, et la famille de cette petite fille ne sait pas où est le corps. Ce serait quand même bien si on pouvait retrouver le corps et donner à cette enfant des funérailles chrétiennes. La famille pourrait avoir au moins cet apaisement-là. » Il continua comme ça en douceur si bien que le gars finit par leur dire où se trouvait le cadavre et il fut condamné. La Cour suprême, cependant, venait de casser le verdict. Les juges déclarèrent que dès l'instant qu'un suspect a un avocat, la police ne peut pas l'interroger sans la permission de ce dernier.

Et pourtant, voilà qu'il parlait à Gilmore à l'insu de ses avocats. Juridiquement, il y avait là matière à discussion. Sur la route, en présence de Nielsen, on avait déjà lu à Gilmore ses droits constitutionnels. Et puis les avocats avaient été désignés pour l'affaire de Provo, pas pour celle d'Orem. Donc Nielsen pourrait être encore dans la légalité. D'ailleurs, l'essentiel n'était pas d'obtenir des aveux mais une condamnation.

A propos d'aveux, ce qui serait bien, même si on ne pouvait pas l'utiliser, c'était que ça donnerait des renseignements qu'on pourrait ensuite utiliser pour trouver de nouvelles preuves contre le prévenu et constituer ainsi un dossier solide. Si on n'utilisait pas les aveux au tribunal, il n'y aurait pas de problèmes en ce qui concernait les droits constitutionnels du prévenu.

D'ailleurs, ce serait bon pour le moral. Dès l'instant où les policiers sauraient que leur homme était coupable, ils se sentiraient plus enclins à continuer à s'acharner sur l'enquête. Cela éviterait aussi tout conflit avec des inspecteurs qui voudraient suivre d'autres pistes. Les aveux boucleraient le dossier, en feraient une réussite psychologique.

Ils refirent tout le circuit. Nielsen parla de l'Eglise de Jésus-Christ et des Saints du Dernier Jour, et parla de la contribution que les gosses apportaient chaque semaine aux œuvres paroissiales. Gilmore s'intéressait aux détails et mentionna de nouveau que non seulement sa mère était mormone, mais aussi toute sa famille du côté maternel. Il parla également de son père qui était catholique et buvait comme un trou. Mais ils n'abordaient pas le vrai sujet, comme s'ils avaient l'un et l'autre mérité un répit.

Et puis ils y revenaient. Nielsen posait une question, parfois deux ou trois. A peine Gilmore commençait-il à prendre un air qui signifiait « plus de questions » que Nielsen se mettait à parler d'autre chose.

La sacoche à monnaie de Jensen avait disparu de la station-service et la police avait passé le plus clair de la journée de la veille à fouiller les ordures à l'*Holiday Inn* sans résultat. Nonchalamment, Nielsen aborda ce sujet. Gilmore le contempla un long moment, comme pour dire : « Je ne sais pas si je dois vous répondre ou non. Je ne sais pas si je peux vous faire confiance. » Il finit par marmonner : « Je ne me rappelle pas vraiment. Je l'ai lancé par la portière de la camionnette, mais je n'arrive pas à me rappeler si c'était au cinéma en plein air ou sur la route. (Il s'interrompit comme s'il cherchait dans sa mémoire le souvenir d'un film et dit :) Franchement, je ne me souviens pas. Ç'aurait pu être au cinéma en plein air.

— Est-ce qu'April saurait ? interrogea Nielsen.

— Ne vous occupez pas d'April, fit Gilmore. Elle n'a rien vu du tout. (Il secoua la tête.) C'est comme si elle n'avait pas été là. » Lorsque Nielsen commença à se demander si April avait assisté au meurtre, Gary répéta : « Laissez tomber, elle n'a rien vu. Dans sa tête, cette petite n'était pas là. »

Il eut une crispation des lèvres qui était presque un sourire. « Vous savez, dit-il, si j'avais eu les idées aussi nettes les deux derniers soirs qu'aujourd'hui, vous ne m'auriez jamais pris. Quand j'étais gosse, je faisais des cambriolages... » Il avait soudain sur son visage l'expression d'un maquereau se vantant du nombre de femmes qui avaient travaillé pour lui au long des années. « Je crois, dit-il, que j'ai dû faire cinquante, peut-être soixante-dix, ou même cent cambriolages réussis. Je savais comment préparer un coup et bien le faire. »

Nielsen lui demanda alors s'il aurait continué à tuer s'il n'avait pas été pris. Gilmore acquiesça de la tête. Il pensait qu'il l'aurait probablement fait. Il resta assis là une minute, l'air abasourdi. Pas abasourdi, mais quand même surpris, et dit : « Bon Dieu, je ne sais même plus ce que je fais. Je n'ai jamais fait d'aveux à un flic. » Nielsen pensait que c'était sans doute vrai. Gilmore avait un dossier de dur solidement établi. Egoïstement, Nielsen se sentit ragaillardi. Il avait obtenu les aveux d'un criminel endurci.

« Combien de pistolets as-tu volés ? » demanda Nielsen. « Neuf », lui dit Gilmore. « D'où venaient-ils ? » « De Spanish Fork. » « Alors nous les avons tous retrouvés, sauf trois. » Il en manquait encore trois. Où pouvaient-ils bien être ? « Ils ont disparu », fit Gilmore. Nielsen ne prit pas la peine de poursuivre. La façon dont Gilmore disait cela donnait à penser qu'ils avaient été vendus et qu'il ne dirait jamais à qui. « C'est moi qui suis responsable, dit Gilmore. Ne blâmez pas d'autres gens. »

Puis il demanda : « Est-ce que Nicole vous a parlé de son pistolet ? » « Non, répondit Nielsen, c'est moi qui le lui ai demandé. » Gary dit : « Je ne veux pas qu'elle ait d'histoires à cause de ces pistolets. » Nielsen le rassura.

Nielsen essaya d'obtenir quelques explications supplémentaires à propos des homicides eux-mêmes. Gilmore voulait bien donner des détails jusqu'au moment où il était entré dans la station-service, et puis il voulait bien parler de tout, après son départ. Mais il n'avait pas envie de décrire le crime lui-même.

Nielsen essayait de déterminer ce qui s'était passé. Gilmore avait demandé à Jensen de s'allonger par terre. Il avait dû lui dire de placer ses bras sous son corps. On ne retrouverait jamais personne allongé à plat ventre dans une position aussi inconfortable si on ne la lui avait pas imposée. Gilmore avait ensuite tiré en plein dans la tête de Jensen.

D'abord avec le pistolet à cinq centimètres, et puis à bout portant. C'était la manière la plus sûre de tuer un homme sans le faire souffrir. D'un autre côté, ordonner de garder les bras sous le corps était la façon la plus absolue d'être certain que la victime n'allait pas vous empoigner la jambe au moment où on appuyait le canon contre son crâne. Mais il n'arrivait pas à faire parler Gilmore sur ce point.

« Pourquoi as-tu fait ça ? redemanda Nielsen, doucement.

— Je ne sais pas, dit Gary.

— Tu es sûr ?

— Je ne veux pas en parler, dit Gilmore. (Il secoua la tête sans violence, regarda Nielsen et dit :) Je n'arrive pas à suivre la vie. »

Puis il demanda : « Qu'est-ce que vous croyez qu'ils vont me faire ?

— Je ne sais pas, dit Nielsen. C'est très grave. »

« J'aimerais pouvoir parler à Nicole, reprit Gilmore. Je l'ai cherchée et j'aimerais vraiment lui parler.

— Je ferai tout mon possible pour l'amener ici », fit Nielsen. Ils se serrèrent la main.

10

Vers cinq heures cet après-midi-là, alors que Nielsen parlait avec Gary, April rentra à la maison. Elle avait entendu parler des meurtres à la radio et déclara que ça n'était pas vrai. Ce n'était pas Gary qui avait fait ça. Elle annonça aussi quelle n'irait pas au commissariat.

Charley Baker venait d'arriver de Tooele quand Kathryne téléphona pour dire qu'April avait disparu. Dès qu'April les vit ensemble, elle prit une attitude hostile et se mit à crier que s'ils essayaient de l'emmener de force au commissariat, elle appellerait à l'aide pour les en empêcher. Et puis, tout d'un coup, elle parut céder. Elle déclara qu'elle irait.

Mais Kathryne ne voulait pas emmener April toute seule. Elle se demandait si la petite n'allait pas ouvrir la portière et sauter en marche. Elle supplia donc Charley de l'accompagner, mais il hésitait. « Si elle change d'avis, même à mi-chemin, alors qu'ils aillent au diable. On fait demi-tour et on la ramène. » Il n'avait aucune envie de l'emmener.

21 juillet 1976

NIELSEN : A quelle heure a-t-il pris de l'essence ?

APRIL : Quand nous étions à la station-service de Pleasant Grove.

NIELSEN : C'était après la tombée de la nuit ?

APRIL : Il faisait nuit, le soleil était couché.

NIELSEN : Après cela, vous vous êtes promenés un moment en voiture ?

APRIL : Il a dit qu'il me raccompagnait et qu'il n'allait pas supporter de m'entendre déconner en lui disant où aller. Il m'a dit qu'il voulait un endroit qui ait de la classe comme le *Holiday Inn*, alors on est allés là-bas et je voulais dormir parce que j'étais vraiment crevée. Je ne savais pas pourquoi, j'avais l'impression de fuir quelqu'un : c'est depuis que quelqu'un a cassé les carreaux de notre salle de bain à la maison. Depuis, je n'arrive pas à vraiment dormir.

NIELSEN : Et alors vous êtes restés là-bas cette nuit-là jusqu'à quelle heure le lendemain matin ?

APRIL : Jusque vers huit heures et demie ou neuf heures.

NIELSEN : Je ne veux rien sous-entendre ni m'immiscer dans votre vie privée. Mais avez-vous couché avec lui cette nuit-là ?

APRIL : J'ai failli, et puis j'ai changé d'avis.

NIELSEN : Est-ce que ça l'a mis en colère contre vous ?

APRIL : Il était furieux contre moi parce que la moitié du temps je me conduisais comme une gosse, mais j'ai perdu mon amour pour lui, et je n'ai jamais vraiment couché avec lui.

NIELSEN : Vous avez raconté ça à votre mère ?

APRIL : Elle ne m'a rien demandé parce qu'elle sait que j'ai ma vie privée et que si je voulais me tailler, je pourrais...

NIELSEN : April, Gary est dans de très sales draps. Je le sais, je lui en ai parlé et il n'y a aucun doute là-dessus. Il m'a déjà dit que vous étiez avec lui à ce moment-là et je sais donc que vous êtes au courant. Ça ne m'intéresse pas que vous me le disiez pour que je puisse vous accuser. Je n'ai pas l'intention de vous accuser de complicité, mais j'ai bien celle d'obtenir de vous la vérité.

APRIL : J'ai une double personnalité. Aujourd'hui, je me contrôle assez bien. La plupart du temps, j'aime me laisser aller et laisser mon double m'abandonner...

NIELSEN : Où êtes-vous allée hier soir quand vous avez quitté la maison ?

APRIL : Je suis allée me balader en voiture avec des copains.

NIELSEN : Ils le connaissaient ?

APRIL : Non.

NIELSEN : Ça vous ennuie de me dire qui ils étaient ?

APRIL : L'un, c'est Grant, et l'autre, c'est Joe.

NIELSEN : Où avez-vous passé la nuit dernière ?

APRIL : Je n'ai pas dormi de toute la nuit, je suis allée jusque dans le Wyoming, et puis je me suis enfoncée dans les montagnes, j'ai pris une route et je suis rentrée.

NIELSEN : A quelle heure êtes-vous rentrée ?

APRIL : Quatre heures et demie ou cinq heures.

NIELSEN : Ça ne vous a pas inquiétée que votre mère se fasse du souci pour vous ?

APRIL : Je ne crois pas qu'elle se fasse du souci pour moi. Je n'ai pas peur des armes à feu et je n'ai pas peur des types qui ont des couteaux. Ils ne m'effraient pas. J'ai appris l'autodéfense.

NIELSEN : Je voudrais vous poser encore une question à propos de la station-service. April, je crois que ce serait mieux si vous me disiez ce que vous savez.

APRIL : Je ne me rappelle pas la station-service d'Orem.

NIELSEN : Vous vous souvenez l'avoir vu sortir un pistolet à la station-service ?

APRIL : On est allés dans une station-service juste avant de s'arrêter à l'*Holiday Inn* et je suis sûre qu'il n'avait pas de pistolet. Ils en avaient peut-être sur eux, mais c'est tout.

NIELSEN : Qui ça « ils » ?

APRIL : Un des connards qui étaient là.

NIELSEN : Vous les connaissez ?

APRIL : Je les reconnais tous, mais je ne connais pas certains de leurs noms. L'un d'eux travaille avec lui dans cette boîte de matériaux isolants.

NIELSEN : Isolants ?

APRIL : Là où il travaille, à l'Isolation Idéale. Je suis à peu près sûre que c'était l'ami qu'on est allés voir.

NIELSEN : Au café ?

APRIL : Peut-être que non.

NIELSEN : Vous êtes prête à rentrer chez vous ?

APRIL : Oui. Je me demande pourquoi je suis ici.

NIELSEN : Je serais heureux de vous aider si je peux.

Lorsque April sortit de cet interrogatoire, elle dit : « Maman, on m'a dit que Gary avait tué deux hommes. Tu crois ça ?

— Ma foi, April, dit Kathryne, je crois bien que c'est vrai.

— Gary ne pourrait pas tuer quelqu'un, maman.

— Tu sais, April, fit Kathryne, je crois que Gary a dit qu'il l'avait fait. »

CHAPITRE XVIII

UN ACTE DE CONTRITION

1

LE lendemain matin, Gilmore fut transféré de Provo à Orem, et Nielsen le vit dans son bureau. Il lui dit qu'il n'était pas responsable de la foule rassemblée. Il y avait en effet dans le hall des projecteurs de télé et un tas de reporters et d'employés municipaux, mais ce qui embarrassait sincèrement Nielsen, c'était que la moitié des effectifs de la police, y compris ceux qui n'étaient pas de service, étaient venus aussi. Des gens étaient même debout sur des chaises pour mieux voir.

Nielsen fit apporter une tasse de café par sa secrétaire. Puis il dit : « Le lieutenant Skinner va signer une plainte l'accusant du meurtre de Max Jensen. » Après un bref silence, Gary dit : « Vous savez, je suis vraiment navré pour ces deux types. J'ai lu leurs notices nécrologiques dans le journal hier soir. C'était un homme jeune, il avait un gosse et c'était un missionnaire. Je me sens vraiment navré.

— Je le suis aussi, Gary. Je n'arrive pas à comprendre qu'on supprime une vie pour le peu d'argent que ça t'a rapporté.

— Je ne sais même pas combien ça m'a rapporté, répliqua Gary. Quelle est cette somme ?

410

— Cent vingt-cinq dollars, fit Nielsen, et à Provo, à peu près la même chose. » Gary se mit à pleurer. Il ne sanglotait pas bruyamment, mais il avait les larmes aux yeux. Il dit : « J'espère qu'on va m'exécuter pour ça. Je devrais mourir pour ce que j'ai fait.

— Gary, tu es prêt à ça ? demanda Nielsen. Ça ne te fait pas peur ?

— Vous n'aimeriez pas mourir ?

— Bon sang, fit Nielsen, non.

— Moi non plus, fit Gilmore, mais on devrait m'exécuter pour ça.

— Je ne sais pas, dit Nielsen ; peut-être te trouvera-t-on quelque raison d'indulgence... »

2

Un peu plus tard, Gary téléphona à Brenda.

« Comment les flics savaient-ils que j'étais chez Craig Taylor ? lui demanda-t-il.

— Autant que tu le saches, Gary, je ne veux pas que tu l'apprennes de quelqu'un d'autre. C'est moi qui ai prévenu la police.

— Je vois.

— Tu vas probablement m'en vouloir beaucoup, fit Brenda. Mais il fallait que ça cesse, Gary. Tu commets un meurtre lundi et un autre mardi. Je n'allais pas attendre mercredi pour me remuer.

— Bah ! cousine, fit Gary, ne t'inquiète pas pour ça. »

Brenda dit : « Tu vas trinquer dur cette fois-ci, Gary. Ce coup-ci, ça va te mener loin.

— Dis donc, fit-il, comment sais-tu que je ne suis pas innocent ?

— Ça ne va pas, la tête, Gary ?

— Je ne sais pas, dit Gary, j'ai dû avoir un coup de folie.

— Et ta mère ? demanda Brenda. Que veux-tu que je lui dise ? »

Il resta silencieux un moment. Puis il répondit : « Dis-lui que c'est vrai.

— Bon, dit Brenda. Rien d'autre ?

— Dis-lui juste que je l'aime. »

Craig Snyder, l'autre avocat de Gary, était plus petit qu'Esplin. Il avait environ cinquante-sept ans, des épaules larges, des cheveux blonds et des yeux pâles. Il avait des lunettes à monture transparente. Ce jour-là, il portait un costume beige clair avec une cravate où se mélangeaient plusieurs nuances de jaune, de vert et d'orange et une chemise jaune.

Ce matin-là, à Orem, Snyder et Esplin n'apprirent que Gary était interrogé par Gerald Nielsen que lorsqu'on l'amena pour l'inculper. Après cela, ils restèrent avec lui, et il confirma qu'il avait commis les deux meurtres et qu'il l'avait avoué à Nielsen.

On peut dire qu'ils étaient consternés. Gilmore avait été informé de ses droits constitutionnels lors de son arrestation, mais à la prison on ne les lui avait pas répétés. Tout aveu fait par Gilmore n'avait donc aucune valeur, décidèrent les avocats. C'était exaspérant. On les avait fait attendre quarante-cinq minutes pendant qu'un inspecteur de police le cuisinait.

En revanche, Gary semblait plus intéressé par le fait que Nielsen avait promis qu'il pourrait voir Nicole en prison. Il voulait que ses avocats s'assurent que Nielsen tiendrait parole.

Nicole était à Springville avec Barrett lorsque la police arriva. Sans téléphoner ni prévenir. Juste un flic pour lui demander de se préparer. Un peu plus tard, le lieutenant Nielsen arrivait dans une voiture. Il allait l'emmener voir Gary.

Elle ne comprenait pas ce qu'elle éprouvait et ne savait pas, d'ailleurs, si ça l'intéressait de savoir ce qu'elle éprouvait. Ç'avait été assommant d'écouter Barrett. Les deux derniers jours, il s'était mis à jouer les sages. Le jugement de Nicole, ne cessait-il de répéter, était faussé. C'est comme ça qu'elle s'était amourachée d'un meurtrier entre deux âges.

Pendant le trajet, le lieutenant Nielsen se montra aimable et poli, et lui expliqua la situation. Ils allaient laisser Nicole parler à Gary, mais elle devrait lui demander s'il avait commis les meurtres. Nicole aurait dû se mettre en colère à cette proposition, et puis elle se dit que Nielsen avait sans doute besoin d'un motif pour justifier le fait de l'amener. Elle était sûre qu'il n'était pas bête au point de s'imaginer que Gary allait répondre à sa question pendant qu'un tas de flics tendraient l'oreille.

C'est ainsi que ça se passa. Nicole entra dans cette sinistre prison de plain-pied, suivit deux couloirs, passa devant des détenus qui avaient l'air de vieux pochards, puis devant deux connards qui sifflèrent sur son passage, en tortillant leurs moustaches et en exhibant leurs biceps, bref, en se conduisant comme de pauvres cloches. Deux flics et l'inspecteur Nielsen étaient juste derrière elle, et elle arriva à une grande cellule où se trouvaient une table au milieu, quatre couchettes, et de gros barreaux aux fenêtres, juste devant elle. Elle vit alors Gary s'approcher d'elle du fond de la cellule. Il avait la main gauche dans le plâtre. Ça ne faisait que trois jours depuis le soir où elle avait assisté à son arrestation, mais elle sentait la différence. Il dit : « Salut, bébé », et tout d'abord elle ne voulut même pas le regarder.

La tête basse, elle murmura : « C'est toi qui as fait ça ? »

Elle parlait vraiment dans un murmure, espérant que s'il allait dire oui les flics n'entendraient pas la question. Il répondit : « Nicole, ne me demande pas ça. »

Alors elle leva la tête. Elle parvenait difficilement à se souvenir qu'il avait les yeux aussi clairs. Il se passa une minute pendant laquelle ils ne dirent rien de plus. Puis il passa un bras à travers les barreaux. Elle avait envie de le toucher, mais elle ne le fit pas. Elle continuait quand même à en ressentir l'envie.

C'était presque une expérience surnaturelle. Nicole ne savait pas exactement ce qu'elle éprouvait. En tout cas, elle ne le plaignait pas. Elle ne se plaignait pas non plus. C'était plutôt qu'elle ne pouvait pas respirer. Elle avait du mal à le croire, mais elle était sur le point de s'évanouir. Ce fut alors qu'elle comprit que peu importait ce qu'elle avait dit de lui ces deux dernières semaines. Elle était amoureuse de lui depuis l'instant où elle l'avait rencontré et elle l'aimerait toujours.

Ça n'était pas tant une émotion qu'une sensation physique. On aurait dit qu'un aimant l'attirait vers les barreaux. Elle voulut poser une main sur le bras qu'il tendait, mais l'un des policiers s'approcha et dit : « Pas de contact physique. »

Elle recula. Gary avait l'air bien. Il avait l'air étonnamment bien. Ses yeux étaient plus bleus que jamais. Toute cette brume du fiorinal avait disparu. Il la regardait comme s'il revenait de très loin, comme si quelque chose d'affreux était complètement passé et avait disparu. Durant ces deux dernières horribles semaines, on aurait dit que chaque jour il semblait vieillir d'un an, alors que maintenant il avait l'air en pleine forme. « Je t'aime », fit-il lorsqu'ils se dirent adieu. « Je t'aime », répondit-elle.

A l'heure où Nicole faisait sa visite à la prison, April piqua une crise de folie. Elle se mit à hurler que quelqu'un essayait de lui faire sauter la cervelle. Kathryne était impuissante. D'abord elle dut appeler la police, et puis elle décida de la faire interner. C'était horrible. April flippait complètement. Kathryne dut même éloigner les enfants de la maison pendant le temps qu'il lui fallut pour prendre cette décision.

4

Le shérif Ken Cahoon était un homme de grande taille à l'air débonnaire et aux cheveux blancs. Il portait des lunettes à monture métallique. Il avait un grand nez, une petite bouche, un petit menton et un peu de ventre. Il se plaisait à penser qu'il dirigeait une prison raisonnablement bien installée. La salle principale avait des couchettes pour trente détenus, mais il ne dépassait jamais vingt s'il pouvait l'éviter. Ça empêchait les bagarres. Les prisonniers qui travaillaient à la cuisine avaient droit à une cellule individuelle et il y avait aussi le quartier de haute surveillance où l'on pouvait loger six détenus. C'était là où Gary se trouvait maintenant. Il y avait aussi une autre cellule pour six au bout du même couloir où logeaient les prisonniers qui travaillaient à l'extérieur. Au total, la prison de Cahoon pouvait contenir quarante personnes sans influer sur la patience de qui que ce soit.

Peu après le départ de Nicole, Cahoon décida de retourner voir Gilmore.

« J'ai des ampoules aux pieds, lui expliqua Gilmore.

— Ça vient de quoi ? demanda Cahoon.

— Oh ! fit Gilmore, j'ai fait du jogging sur place.

— Eh bien, espèce d'idiot, cessez de faire du jogging sur place.

— Non, dit Gilmore, donnez-moi des pansements adhésifs. Je les mettrai et je pourrai continuer à courir encore. »

Le lendemain, il formula la même demande. Il dit qu'il avait besoin de pansements parce qu'il avait des plaies aux pieds. « Eh bien, voyons si vous avez de l'infection, dit Cahoon.

— Vous n'avez qu'à me donner des pansements, fit Gilmore. Ça n'est pas si grave.

— Pas du tout, fit Cahoon ; si vous avez des ampoules, je veux les voir.

— Oh ! la barbe, dit Gilmore, n'en parlons plus. »

Cahoon pensa qu'il bluffait. Impossible de dire quel usage il pourrait faire des pansements adhésifs, à moins que ça ne soit pour dissimuler des choses sous son sommier ou quelque chose comme ça.

Le lendemain matin, Gilmore dit à un gardien : « Je veux sortir d'ici aujourd'hui. J'ai déposé une demande d'*habeas corpus*. Laissez-moi voir le directeur de la prison. »

Cahoon se dit que Gilmore devait s'imaginer qu'ils étaient des ploucs dans ce petit patelin. Gary dit à Cahoon sur un ton de confidence :

416

« Ecoutez, ça fait cinq jours que je suis ici. On ne me garde que pour une infraction au code de la route. Alors j'aimerais sortir d'ici. Vous comprenez, ajouta-t-il, j'ai besoin de soins médicaux. Comme vous le savez peut-être, je suis arrivé avec ce plâtre et ce genre de choses nécessite des soins. J'aimerais qu'on me conduise à l'hôpital. Ma main doit être soignée et, si je ne peux pas sortir d'ici, il pourrait y avoir des complications. »

Cahoon trouva que Gilmore y allait un peu fort, compte tenu de la situation, et il ne prit pas à la légère l'idée que Gilmore pourrait se faire la malle. Voilà quelque temps, ils avaient en prison un nommé Dennis Howell, et un autre prisonnier arriva qui s'appelait aussi Dennis Howell. Le même jour, l'ordre arriva de relâcher le premier Dennis. Le geôlier de garde, qui était nouveau, parcourut donc la liste, et revint dire au nouvel arrivant : « Howell, votre femme est dehors, vous pouvez partir. » Le mauvais Dennis franchit la porte, passa au petit trot devant la femme et fila comme le vent.

On pouvait dire que Gilmore avait de la suite dans les idées. Un peu plus tard, il demanda à joindre son avocat. Il dit qu'il allait faire un procès à la prison qui ne voulait pas s'occuper de sa main. Il la dorlotait vraiment, cette main.
Lorsque tout eut échoué, Gary dit : « Je sais que le comté de l'Utah n'a pas l'âme élevée et qu'on me garde rancune, mais, shérif, vous pouvez me laisser rentrer chez moi maintenant. Je ne suis plus en colère. »
Cahoon se dit qu'il avait vraiment le sens de l'humour.

Ça lui fut donc plus facile de charger Gilmore de décorer les murs. Cahoon voulait éliminer tout dessin obscène, mais ça n'était pas le style de Gary.

Il faisait de charmants dessins. Et puis c'était aussi quelque chose qu'on pouvait effacer. Un jour il faisait un dessin, le lendemain il l'effaçait pour en faire un autre, aussi Cahoon n'en fit jamais un problème.

Ils s'entendirent vraiment très bien jusqu'au jour où Gilmore apprit qu'on ne voulait plus laisser Nicole venir le voir. Cela fit que Gary n'avait plus personne de l'extérieur à qui parler.

5

La seconde fois où Brenda était venue à la prison, c'était un dimanche, une semaine et demie après son arrestation ; Nicole s'était présentée aussi. Lorsque Gary apprit qu'elle était dehors, l'expression de son visage, Brenda dut en convenir, devint resplendissante. « Oh, mon Dieu, dit-il, elle a promis de revenir et elle l'a fait. »

Toutefois, expliqua-t-il, ça ne voulait pas dire qu'elle pouvait lui rendre visite. Elle ne figurait pas encore sur sa liste. Brenda dit : « Laisse-moi voir ce que je peux faire. » Elle s'approcha d'un grand gardien, un Indien à l'air pas commode, qui était à la porte, et dit : « Alex, pourriez-vous faire entrer Nicole Barrett pour les cinq dernières minutes de mon temps ? » « Oh, vous savez, fit-il, nous ne devons pas enfreindre le règlement. » « Foutaises, dit Brenda, quelle différence est-ce que ça fait que ce soit moi ou Nicole ? Il ne va pas s'en aller ! Allons, Alex Hunt, vous voulez me faire croire, dit-elle, que vous n'êtes pas capable de surveiller ce pauvre homme avec une main amochée ? Qu'est-ce qu'il peut faire avec une main ? Vous déchirer en morceaux ? » « Oh, répondit Alex, je crois que nous pouvons nous charger de Gilmore. »

Pendant que Nicole était près de Gary, Brenda s'approcha de la belle-sœur de Nicole qui était venue aussi. Il faisait chaud ce jour-là et Sue Baker avait dans ses bras son nouveau-né et transpirait abondamment.

« Comment Nicole s'en tire-t-elle ? » demanda Brenda.

Le soleil cognait sur la cendrée derrière la prison.

« Elle ne va pas fort », dit Sue.

Brenda dit : « Gary ne va pas s'en tirer cette fois. Si Nicole est vraiment mordue, ça va la démolir.

— Elle ne veut pas rompre, dit Sue, nous avons déjà essayé.

— Eh bien, fit Brenda, elle va en baver. »

Quand Nicole sortit, elle pleurait. Brenda lui passa un bras autour des épaules et dit : « Nicole, nous l'aimons toutes les deux. »

Brenda dit alors : « Nicole, pourquoi ne songez-vous pas un peu à abandonner le navire ? Gary ne sortira jamais. Vous allez passer le reste de votre vie à lui rendre visite ? C'est tout l'avenir que vous aurez. » Brenda, à son tour, éclata en sanglots. « Rangez ces beaux souvenirs au fond de votre cœur, dit-elle. Rangez-les bien. »

Nicole murmura : « Je tiendrai le coup. »

Elle éprouvait envers Brenda une animosité qu'elle ne comprenait même pas. Nicole se prit à penser : « On dirait que je lui dois un million de dollars pour m'avoir donné cinq minutes de son temps de visite. »

Il y eut une audition préliminaire le 3 août à
Provo, et Noall Wootton était bien décidé à foncer
aussi dur et aussi vite qu'il pouvait. Il avait un tas
de témoins, aussi son problème était-il de garder le
dossier intact. Lorsque la défense demanda un
report, Wootton fit objection. Il était raisonnablement sûr d'obtenir une condamnation ou, pour être
plus précis, il était certain que s'il n'obtenait pas
une condamnation, ce serait sa faute. Toutefois, il
n'était pas du tout sûr d'obtenir la peine de mort. Il
éprouvait donc la tension habituelle avant le début
d'un procès.

A l'audition préliminaire, Gilmore ne vint pas à la
barre des témoins, mais Wootton lui parla quand
même face à face pendant la suspension. Ils s'entendaient bien. Ils plaisantaient même. Wotton
était impressionné par son intelligence. Gilmore
expliqua à Wootton que le système pénitentiaire ne
réussissait pas dans la mission qu'il était censé
faire, c'est-à-dire récupérer. A son avis, c'était un
échec total.

Bien sûr, ils évitèrent de parler des crimes eux-
mêmes, mais Noall perçut quand même que Gilmore faisait de son mieux pour l'adoucir. Gary,
assurément, ne cessait de le flatter en lui disant
quel procureur juste et efficace il était, quel sens
fondamental de l'équité il avait. Jamais, disait-il, il
n'avait vu un autre procureur avec un pareil sens
de la justice.

Ce n'étaient pas tous les inculpés qui savaient
développer ce thème-là. Wootton s'attendait à voir
Gilmore essayer de faire un marché. Il avait dû
apprendre qu'on réclamait la peine de mort et
penser que s'il se montrait assez gentil, Wootton
pourrait se sentir encouragé à renoncer à une

position aussi extrême, aussi éloignée en tout cas du point de vue de la défense.

Et, bien sûr, Gilmore finit par demander ce que Wootton pensait. Noall le regarda droit dans les yeux et dit : « Ils pourraient revenir avec une condamnation à mort. » Gilmore dit : « Je sais, mais qu'est-ce qu'ils vont vraiment faire ? » Wootton répéta : « Ils pourraient vous exécuter. » Il eut l'impression que ça laissait Gilmore déconcerté.

Snyder aborda aussi Noall et proposa de plaider coupable pour le premier crime en acceptant une peine de prison à vie. Wootton repoussa cette proposition. « Pas question », dit-il.

Il avait pris la décision de réclamer la mort après avoir regardé le dossier de Gilmore. On y voyait de la violence en prison, un passé d'évasions et de vains efforts pour la récupération. Wootton ne pouvait arriver qu'aux conclusions suivantes : 1 : que Gilmore chercherait à s'évader ; 2 : qu'il serait un risque pour les autres détenus et pour les gardiens ; et 3 : que la récupération était sans espoir. Cela venant s'ajouter à une série de crimes commis de sang-froid.

7

Le 3 août, Nicole vint à Provo pour assister à l'audition préliminaire, mais on ne la laissa voir Gary qu'un moment. Ça lui donna le vertige de le voir avec les fers aux pieds. On ne lui laissa que le temps d'une étreinte et d'un long baiser avant de l'écarter. Elle resta dans le hall du tribunal avec le monde qui gravitait autour d'elle. Dehors, dans la lumière de l'été, les taons étaient mauvais comme la folie en personne.

Pendant le trajet de retour jusqu'à Springville, elle rêva et eut un accident. Juste des dégâts matériels. Après ça, pendant tout le voyage, sa Mustang fit un bruit comme si elle allait se briser. Elle n'arrivait pas à passer la troisième.

Ça devint un voyage dingue. Elle avait tout le temps envie de franchir le terre-plein central pour aller se jeter sur les voitures en sens inverse. Le lendemain, lorsque le courrier arriva, il y avait une très longue lettre de Gary qu'il avait commencé à écrire dès qu'on l'avait ramené en prison après l'audience. Elle se rendit compte qu'il lui avait écrit ces mots alors même qu'elle roulait avec l'envie d'entrer en collision avec les voitures roulant en sens inverse.

Elle lut et relut la lettre de Gary. Elle avait bien dû la lire cinq fois, et les mots entraient et tourbillonnaient dans sa tête comme un vent déchaîné.

3 août

Rien dans mon expérience ne m'a préparé au genre d'amour sincère et sans réserve que tu m'as donné. J'ai tellement l'habitude des saloperies et de l'hostilité, de la duperie et de la mesquinerie, du mal et de la haine. Ça, c'est mon environnement naturel. C'est ce qui m'a formé. Je regarde le monde avec des yeux qui se méfient, qui doutent, qui craignent, qui haïssent, qui trichent, qui raillent, qui sont égoïstes et vains. Les choses inacceptables, je les considère comme naturelles et j'en suis même venu à les accepter comme telles. Je regarde cette horrible et abominable cellule et je sais que je suis à ma place dans un endroit aussi humide et sale car où devrais-je être ailleurs ? Le sol est inondé par cette saloperie de chasse d'eau qui ne marche pas. La douche est crasseuse et le mince matelas qu'on m'a donné est presque noir tant il est vieux. Je n'ai pas d'oreiller. Il y a des cafards morts dans les coins. La nuit il y a des moustiques et l'éclairage est très faible. Je suis seul ici avec mes pensées et je sens la vieillesse. Tu te rappelles que je t'ai parlé de la vieillesse ? Et tu me disais comme c'était moche, la vieillesse. J'entends crisser les roues du tombereau. C'est si moche et si près de moi. Quand j'étais enfant... je faisais un cauchemar où on me décapitait. Mais c'était bien plus qu'un rêve. Plutôt comme un souvenir. Ça me tirait du lit. Et c'était une sorte de tournant dans ma vie... Récemment, ça a commencé à rimer à quelque chose. J'ai une dette, qui date d'il y a longtemps. Nicole, ça doit te déprimer. Je n'ai jamais parlé de ça à personne, sauf à ma mère la nuit où j'ai eu ce cauchemar et où elle est venue me réconforter, mais après nous n'en avons jamais reparlé. Et j'ai commencé à te raconter ça une nuit et je t'en ai dit pas mal avant de me rendre compte que tu n'avais pas envie de l'entendre. Il y a eu des années où je n'y ai guère pensé et puis quelque chose (la photo d'une guillotine, un billot de bourreau, une grosse hache ou même une corde) me ramène tout ça en mémoire et pendant des jours il me semble que je suis sur le point de découvrir quelque chose de très personnel, quelque chose qui me concerne. Quelque chose qui, je ne sais comment, n'a pas été terminé et qui me rend différent. Quelque chose que je dois, me semble-t-il. Je voudrais bien savoir quoi.

Un jour tu m'as demandé si j'étais le diable, tu te rappelles ? Je ne le suis pas. Le diable serait bien plus malin que moi, il opérerait sur une bien plus grande échelle et bien sûr, il n'éprouverait aucun remords. Je ne suis donc pas Belzébuth. Et je sais que le diable ne peut pas éprouver d'amour. Mais je suis sans doute plus loin de Dieu que je ne le suis du diable. Ce qui n'est pas une bonne chose. Il semble que je connaisse le mal plus intimement que je ne connais le bien, et ça n'est pas une bonne chose non plus. Je veux me venger, je veux régler des comptes, dans leur ensem-

423

ble, que mes dettes soient payées (quel qu'en soit le prix!) pour n'avoir pas de tache, pas de raison d'éprouver des remords ni de la crainte. J'espère que ça ne fait pas mélo, mais j'aimerais me retrouver sous les yeux de Dieu. Savoir que je suis juste, droit et pur. Quand on est comme ça, on le sait. Et quand on ne l'est pas, on le sait aussi. Tout cela est en nous, en chacun de nous — mais je crois que j'ai fui ça et que quand j'ai essayé de m'en approcher, je m'y suis mal pris. Je me suis découragé, ça m'a ennuyé, j'ai été paresseux et finalement inacceptable. Mais qu'est-ce que je dois faire maintenant? Je ne sais pas. Me pendre?

Ça fait des années que je pense à ça, il se peut que je le fasse. Espérer que l'État m'exécute? C'est plus acceptable et plus facile que le suicide. Mais on n'a exécuté personne ici depuis 1963 (c'est à peu près la dernière année pour des exécutions légales où que ce soit). Qu'est-ce que je vais faire, pourrir en prison? Devenir vieux et amer et finir par ruminer ça dans mon esprit jusqu'à penser que c'est moi qui me suis fait baiser, que je ne suis qu'une innocente victime des foutaises de la société? Qu'est-ce que je vais faire? Passer toute une vie en prison en recherchant le Dieu que j'ai envie de connaître depuis si longtemps? Me remettre à la peinture? Écrire de la poésie? Jouer au hand-ball? Me ronger pour le merveilleux amour que tu m'as donné et que j'ai rejeté lundi soir parce que j'étais trop gâté et que je ne pouvais pas avoir tout de suite une camionnette blanche dont j'avais envie? Qu'est-ce que je vais faire? On a toujours le choix, n'est-ce pas?

Je ne te demande pas de répondre à ces questions pour moi, mon ange, surtout ne le pense pas. Il faut que je fasse mon propre choix. Mais tout ce que tu voudras m'apporter comme suggestions, comme commentaires ou comme conseils sera toujours le bienvenu.

Mon Dieu, Nicole, que je t'aime.

CINQUIÈME PARTIE

LES OMBRES DU RÊVE

CHAPITRE XIX

PARENT DU MAGICIEN

1

PEU après que Gary fut sorti de prison, et alors qu'il habitait à Provo avec Vern et Ida, il envoya à Bessie une boîte de onze livres de chocolat pour la fête des Mères. Puis une lettre suivit : « Je ne savais pas que je pouvais être aussi heureux. Et j'ai la plus belle fille de l'Utah. Maman, je gagne plus d'argent que je ne pourrais en avoir en le piquant. »

Bessie répondit : « C'est toujours ce que j'ai voulu pour toi. Je suis contente que tu aies rencontré cette fille. J'espère un jour faire la connaissance de ta belle Nicole. »

Puis elle n'entendit plus parler de lui et téléphona à Ida qui lui expliqua que Gary s'était attiré quelques ennuis en sortant d'un magasin avec diverses choses qu'il avait volées. Bessie demanda à Ida de dire à Gary de l'appeler et commença à s'inquiéter. Gary ne donnait jamais de nouvelles quand il avait des ennuis.

Le jour où elle entendit parler des meurtres, elle était dans la véranda de sa caravane, assise au soleil. Son téléphone sonna. C'était une femme. A peine eut-elle entendu le ton de la voix que Bessie dit : « C'est toi, Brenda. Il est arrivé quelque chose à Gary. » Elle croyait qu'il avait attaqué une banque.

Brenda lui dit que la police retenait Gary pour homicide. « Je ne le crois pas, Brenda. Gary ne tuerait personne. » « Oh ! si, répondit Brenda, il a tué deux personnes et s'est tiré une balle dans le pouce. » C'est ainsi que Bessie fut mise au courant.

Elle dit : « Oh ! il doit y avoir une erreur. Gary n'a pas pu faire ça. On peut dire ce qu'on veut, ce n'est pas un tueur. » Elle raccrocha. Le téléphone sonna de nouveau. Cette fois c'était Ida qui lui confirmait que Vern et elle avaient vu le cadavre de M. Buschnell et insistait sur d'horribles détails macabres. Bessie avait l'impression qu'elle n'en finirait jamais de décrire cet affreux spectacle. Puis Vern prit l'appareil et dit : « Ils appliquent la peine de mort ici, ils vont exécuter Gary. » Bessie ne pouvait pas en supporter davantage. Elle avait toujours eu la phobie des exécutions. Elle ne pouvait même pas y penser. Lorsqu'elle était petite fille, elle se cachait si elle entendait dire qu'une exécution allait avoir lieu.

Après le message de Vern, elle garda la nouvelle pour elle. Elle ne le dit qu'à Frank Jr quand il vint en ville, mais pas à Nikal, son plus jeune fils. Il téléphona pourtant un matin et lui dit : « On dirait que tu as pleuré. » Bessie répondit : « J'ai un rhume. » « Je vais venir passer la journée avec toi », reprit Nikal. Tu as vu dans les journaux, pour Gary ? » « Oui, j'ai vu cela. »

Elle ne cessait de penser au jour, lors de l'automne 1972, où elle avait laissé Gary sortir de la maison de correction pour suivre des cours aux

Beaux-Arts. Il allait vivre en semi-liberté dans une maison de redressement d'Eugene, et on lui octroierait des permissions. Dès les premiers jours, Gary passa voir sa mère l'après-midi et resta la soirée. Un matin, il alla à l'épicerie acheter des œufs pour le petit déjeuner et lui demanda s'il pouvait rapporter un paquet de six canettes de bière. Elle dit oui. Il resta donc toute la matinée assis avec elle, à bavarder tout en buvant sa bière. Ils se sentaient très proches. Elle lui prépara son petit déjeuner et dit : « C'est la première fois depuis longtemps que nous avons passé la nuit sous le même toit. » « C'est bien vrai », répondit Gary. En fait, ça faisait près de dix ans. Il but sa bière et déclara qu'il devait partir. Il devait se rendre à son cours, à Eugene.

Après son départ, elle se rappela cette dernière fois, il y avait dix ans, en 1962, où ils s'étaient retrouvés seuls tous les deux. Gary et elle étaient des fans de Johnny Cash. Il avait descendu tous ses disques du premier étage et ils les avaient écoutés tous deux, toute la journée. Maintenant elle éteignait la radio chaque fois qu'on diffusait une chanson de Johnny Cash.

Quelques jours plus tard, en ce même automne 1972, Gary arriva avec une voiture et annonça à sa mère qu'il aimerait l'emmener dîner. Elle lui dit qu'elle n'était pas habillée, qu'il était un peu tard, alors il resta à bavarder un bon moment. Deux soirs plus tard, elle remarqua que la police faisait le guet devant sa caravane et refusa de lui dire quoi que ce soit. Ce fut alors qu'elle comprit que les choses n'allaient pas bien du tout.

Le lendemain matin, une voisine lui passa un coup de fil et demanda : « C'est votre fils qui a été arrêté pour vol à main armée ? » « Non, ce n'est pas possible, répondit Bessie, dans quel journal avez-

vous vu ça ? » La femme le lui dit et Bess reprit :
« Je vais regarder. » Lorsqu'elle eut trouvé l'article
elle pleura à s'en rendre malade. Une rivière de
plus dans le fleuve de larmes que Gary lui avait fait
déjà verser.

Aujourd'hui, en cet été 1976, c'était un cauchemar. Elle n'arrêtait pas de se dire que si elle avait
pu aller à Provo, Gary n'aurait jamais tué ces
hommes. Durant la première soirée d'avril, lorsqu'il
avait appelé de chez Ida, il avait dit : « Je vais
me procurer une voiture, maman, monter à Portland et te ramener. » Bessie avait éclaté de rire :
« Oh ! Gary, je suis maintenant tellement décré-
pite que la fanfare est là quand je sors dans la
rue. »

Quelques mois auparavant, alors que Gary était
encore à Marion, elle était assise un soir avec son
fils Frank Jr, quand elle s'était mise à cracher du
sang. On vint la chercher en ambulance pour l'emmener en chirurgie. On lui retira la moitié de
l'estomac. L'aspirine qu'elle prenait pour atténuer
son arthrite avait rongé son ulcère. « Je me soula-
geais d'un côté, raconta-t-elle à une amie, et je
m'esquintais de l'autre. » Maintenant, elle ne mettait plus le nez dehors sauf pour aller jusqu'à la
caravane de sa propriétaire et y prendre son courrier. Et elle laissait Gary dire combien ce serait
agréable d'avoir une maison à Provo. Elle en rêva,
jusqu'au jour où il lui annonça dans une lettre qu'il
allait vivre avec Nicole.

Tout cela, se dit-elle, ça permettait de rêver et
rien de plus. Elle n'arrivait même plus à garder en
ordre la caravane qui avait l'air aussi vieille et
délabrée qu'elle-même.

Juste une semaine avant les meurtres, elle avait
écrit une lettre à Gary. Il avait dû la recevoir un
jour ou deux avant que ces jeunes mormons ne

soient tués. Elle avait parlé de la maison de Crystal Springs Boulevard où elle avait été si contente d'habiter alors qu'il avait neuf ans. C'était l'année où il n'avait pas cessé de déclarer qu'il voulait être pasteur. Dans la lettre, elle lui racontait qu'on avait démoli la maison pour construire un immeuble. Encore un souvenir qu'on ne retrouverait plus.

Pourtant, c'était dans la maison de Crystal Springs Boulevard que Gary avait eu ce cauchemar auquel avait succédé sa hantise d'être décapité. C'était un gosse téméraire, mais il était obsédé par cette crainte. Il partageait avec Frank Jr une chambre que les précédents occupants avaient dû badigeonner de peinture lumineuse parce que, la nuit, les murs brillaient d'un éclat vert pâle. Parfois Gary hurlait : « Maman, je revois encore cette chose ! » Elle essayait de lui expliquer que c'était de la peinture et qu'il n'avait pas à avoir peur, mais en fin de compte il avait fallu repeindre les murs. Ses cauchemars et sa hantise d'être exécuté n'en avaient pas cessé pour autant. Ils lui faisaient très peur. « Toute sa vie, se disait-elle, il a eu peur. »

Oui, Gary était un homme triste et esseulé, un des plus tristes et des plus esseulés. « Oh ! mon Dieu, songeait Bessie, il a été en prison si longtemps, il ne savait pas comment travailler pour gagner sa vie ou pour payer une facture. Tout le temps où il aurait dû apprendre, il était bouclé. »

Il faisait chaud dans la caravane, en plein mois de juillet, et elle avait l'impression de se trouver dans un bain de vapeur. À Portland, on pouvait rester assis sans bouger et perdre du poids. « Dans ma caravane, quand il fait vraiment chaud, disait-elle tout haut, je peux perdre cinq livres en une heure. » Pourtant, elle ne pesait que cinquante kilos ! « On se croirait en Afrique », disait-elle, s'adressant aux murs. Elle avait l'impression qu'un jour elle serait anéantie. La chaleur était trop violente, trop terrible, on se serait cru dans la jungle. « J'ai toujours su que c'était trop vert, dès que je suis arrivée ici », déclara-t-elle un jour.

A l'intérieur de la caravane, on avait comme une impression d'aspiration. Si quelqu'un faisait un geste qu'il ne fallait pas, tout allait se désintégrer.

2

Un jour, alors que Gary avait vingt-deux ans, l'année suivant la mort de son père, au cours de ce bref semestre de liberté et de disponibilité où il avait quitté la maison de correction de l'État d'Oregon et n'était pas encore entré au pénitencier du même État pour y purger une peine de douze ans et demi à laquelle il avait été condamné pour vol à main armée, au cours donc de ce même semestre pendant lequel ils avaient passé tous les deux une journée à écouter Johnny Cash, Bess revint un jour à la maison d'Oakhill Road que Frank lui avait achetée lorsqu'ils menaient une vie prospère et rangée. Elle y trouva Gary en train de fouiller dans son bureau. « Je voudrais te montrer quelque chose », déclara-t-il. Il avait trouvé son acte de naissance. Le nom de sa mère y figurait, et sa date de naissance à lui, mais son père et lui étaient mentionnés, noir sur blanc, comme Walt Coffman et Fay Robert Coffman.

C'était bien là une ironie du sort car ce nom, c'était Frank qui l'avait donné à Gary. Fay en souvenir de la mère de Frank, et Robert à cause du fils que Frank avait eu d'un précédent mariage. Coffman venait du fait de n'être pas né sur le territoire de Frank Gilmore, mais plutôt au pays de Walt Coffman, qui en l'occurrence était le Texas ; McCay dans le Texas. En franchissant certaines frontières, Frank avait l'habitude de changer de nom. Bessie n'avait su si c'était pour faire oublier une vieille piste ou pour en prendre une nouvelle.

Bien sûr, Bessie ne supporta pas longtemps le nom de Fay Robert. Les gens de l'hôtel lui conseillèrent de le rebaptiser Doyle. Bess aimait bien ce prénom, mais Gary, c'était mieux. Elle adorait Gary Cooper. Frank et elle eurent des discussions à ce sujet. Gary était un nom qui rappelait Grady, et Grady était un ex-beau-frère de Frank qui, une fois, l'avait roulé.

Cette fois, Gary et Bessie n'élevèrent même pas la voix, mais lorsqu'il commença à se montrer désagréable, Bessie dit : « Comment oses-tu fouiller dans mon bureau sans ma permission ? »

Gary répondit : « Je n'aurai jamais appris cette nouvelle sans permission, n'est-ce pas ? » fit Gary. Et il ajouta : « Pas étonnant que le vieux ne m'ait jamais aimé. » « Ne t'avise jamais, jamais d'insinuer que tu es un enfant illégitime », répliqua Bessie.

Ce ne fut que des années plus tard que Bessie sut que Gary connaissait l'existence de son acte de naissance depuis déjà un an et demi avant de l'avoir trouvé fouillant dans son bureau. Son conseiller à la maison de correction de l'État d'Oregon (pour les garçons trop âgés pour la maison de redressement et trop jeunes pour la prison) avait demandé pourquoi, sur son acte de naissance du Texas, le nom de son père se trouvait être Coffman et non pas Gilmore. Ça l'avait bouleversé. Deux semaines plus tard, on lui fit un électro-encéphalogramme car il souffrait de sévères migraines. Il n'arrêtait pas de recevoir des blâmes pour refus de travailler et provocation des bagarres. Il se plaignit à son psychiatre de faire des rêves étranges. Il avait le plus grand mal à maîtriser son caractère. Il était persuadé que les gens disaient des horreurs sur lui derrière son dos. Puis son père mourut. Il était alors en haute surveillance et on ne voulut pas lui donner de permission pour l'enterrement.

Tout cela s'était passé avant le jour où Gary, assis au bureau de Bessie, lui avait tendu son acte de naissance.

Elle n'aimait pas penser à quel point ce ridicule malentendu l'avait rongé. Gary s'était attiré assez d'ennuis depuis longtemps pour ne pas en reporter la responsabilité sur un acte de naissance. D'autant plus qu'il savait que son père avait voyagé sous un certain nombre d'identités. Malgré cela elle ne pouvait pas avoir la certitude que ce bout de papier n'avait pas été pour rien dans le cambriolage à main armée qu'il avait commis ensuite ni avec cette terrible condamnation à quinze ans de prison dont il avait écopé à l'âge de ving-deux ans. Peu après, Bess eut de tels ennuis de vésicule biliaire qu'il fallut la lui enlever. Avec les complications qu'elle eut pendant sa convalescence, quelques mois passèrent avant qu'elle pût aller rendre visite à Gary à la prison. C'était la plus longue période qu'elle eût jamais passée sans le voir. Maintenant elle était endurcie aux chocs, sinon elle aurait poussé un hurlement lorsqu'il était arrivé au parloir. Il était planté là, à vingt-deux ans, sans dents, sauf deux à la mâchoire inférieure. On aurait dit des crocs. « Ils sont en train de préparer les dentiers », annonça-t-il.

A la visite suivante, il dit à sa mère qu'il aimait bien son nouvel appareil. « Je peux prendre une pomme et vraiment la manger sans avoir mal aux dents », déclara-t-il. Ses migraines semblaient aussi s'atténuer.

« Allons, se dit-elle alors, je suis la fille des tout premiers habitants qui se sont installés à Provo. Je suis la petite-fille et l'arrière-petite-fille de pionniers des deux côtés de ma famille. S'ils ont pu supporter ça, je le peux aussi. » Elle dut quand même se le répéter après les coups de fil de Brenda, d'Ida et de Vern.

3

Bessie revoyait le vieil atelier du forgeron auprès du ruisseau où elle avait grandi. Elle le sentait aussi. Elle humait l'odeur des chevaux lorsque la peur leur faisait évacuer leur crottin, elle retrouvait les relents de corne quand on taillait les sabots des chevaux : c'était pire que des pieds de vieillards, et puis après il y avait cette horrible puanteur des sabots brûlés quand on posait les fers. Dès lors, elle avait toujours su ce que l'enfer avait à offrir. C'était si désagréable qu'elle en aimait presque l'odeur vive du fer chauffé au rouge lorsqu'elle se mélangeait à celle du charbon qui brûlait. Elle s'imaginait que ce devait être comme ça que sentait une tombe si on y enterrait un homme robuste.

Quand on sortait de la forge, il y avait de l'herbe, quelques arbres fruitiers, puis c'était la plongée au paradis, dans une brise fraîche. Bien sûr, il y avait aussi les déserts qui ne sentaient rien du tout, vous desséchaient le nez et vous laissaient parcheminée. A l'arrière-plan se profilaient les montagnes tellement hautes qu'en les regardant on avait la même impression que celle que l'on éprouvait lorsque, collé au pied d'un mur et leur faisant face, on levait les yeux en l'air.

Elle vivait dans une grande famille de sept filles

et deux garçons, et chacun de ses parents appartenait aussi à une famille nombreuse. Sa mère était
l'aînée de treize enfants ; son père de neuf. Le nom
de famille de sa mère était Kerby, comme la
marque d'aspirateurs, mais avec un « e » au lieu
d'un « i ». A une certaine époque, les Kerby avaient
possédé l'île de Galles, racontaient-ils, mais son
arrière-grand-père avait rallié l'Église mormone en
1850 et avait été désavoué par sa famille. Aussi
était-il venu en Amérique sans un centime et avait-
il fait route jusqu'en Utah avec la Compagnie des
Charrettes Goddard, poussant à travers les plaines
une charrette pleine de toutes ses affaires, perdu
dans une armée de Mormons qui poussaient leurs
petits chariots à travers les canyons des Rocheuses.
Cette année-là il n'y avait pas eu assez d'argent à
l'Église pour employer des charrettes de prairie, et
Brigham Young leur avait dit : « Venez quand
même, venez avec des charrettes à bras jusqu'à La
Nouvelle-Sion du Royaume du Désert. » C'étaient
des gens courageux et sains, disait toujours Bessie,
et qui savaient ce qu'ils faisaient.

Son arrière-grand-mère était Mary Ellen Murphy,
la seule Irlandaise de la famille Kerby. Les autres
étaient anglais avec un soupçon de sang français.
Bessie était anglaise à quatre-vingt-dix-neuf pour
cent et ne comprenait pas pourquoi Gary disait
toujours qu'il était irlandais. Il était à peu près
aussi irlandais que texan, si l'on admettait qu'il
était, bien sûr, né au Texas mais qu'il n'y avait vécu
que six semaines.

Bessie avait soixante-dix-huit cousins. Ils ne pouvaient pas se déplacer. Ils étaient les rois et les
rustres de Provo, tous taillés sur le même modèle.
Plus tard elle expliquait aux gens : « Savez-vous
comment on nous a élevés ? Vous ne le croiriez pas.
Si le chef de notre Église disait : « Marchez du côté
« droit de la rue », alors pas question de marcher

sur le côté gauche, même si la pluie tombait à flots... Nous en étions ridicules. »

Cette enfance-là n'était plus qu'un souvenir mais elle essayait de la revivre. C'était mieux que les flots de désespoir qui déferlaient en elle à l'idée qu'un fils de sa chair avait tué les fils d'autres mères. Ça lui brûlait dans le cœur comme la douleur qui flambait dans ses genoux, provoquée par son arthrite. La douleur était une bavarde assommante qui ne s'arrêtait jamais et trouvait toujours de nouveaux sujets.

Bessie avait de vieux souvenirs de Provo durant la première guerre mondiale. Elle avait cinq ans, et il n'y avait pas de téléphone, pas d'électricité dans leur maison, et un télégramme était une rareté. Les routes n'étaient que des chemins de terre soigneusement entretenus. Les journaux dataient d'une semaine quand on les recevait. Leur maison comprenait deux chambres avec un appentis derrière, et ils allaient par-delà la colline jusqu'au ruisseau pour y chercher de l'eau. Ils en ramenaient deux seaux à la fois, en été sur une petite charrette, en hiver sur un traîneau. Un certain novembre, elle s'en souvenait, le ciel était chargé de neige, et on entendit de terribles sifflements venant de la ville, à trois kilomètres de là. Sa mère ne cessait de dire d'une petite voix craintive : « Oh ! les Allemands arrivent, les Allemands arrivent. » Au lieu de cela, ce fut son père qui arriva à cheval en dévalant la colline, et c'est ainsi qu'ils apprirent la nouvelle que la guerre était finie.

Elle trouvait que Bessie était un prénom horrible. C'était un nom que des gens donnaient à des vaches ou à des chevaux. Elle demandait à tout le monde de l'appeler Betty et le leur répétait tout en cueillant des tomates, des concombres, des haricots et en prenant son tour pour actionner la pompe de la machine à laver. Le soir, autour de la table, leur mère leur faisait la lecture à la lueur d'une lampe à pétrole. « Betty », disait Bessie quand on l'appelait. Elle ressentait la même impression cinquante ans plus tard. Quand on l'appelait Betty, comme l'avait toujours fait Frank, c'était l'époque où ils avaient de l'argent. C'est pourquoi ce fut de nouveau Bessie après sa mort, et elle se sentait pauvre comme une souris d'église.

Elle était assise sur sa chaise, dans cette caravane surchauffée, à respirer l'air brûlant comme à la forge, et dans son cœur comme dans ses poumons revenait la vieille odeur d'un cheval effrayé. En pensant à la voix d'Ida au téléphone, décrivant le sang qu'elle avait vu sur le visage et la tête de M. Buschnell, Bessie éprouva comme un vertige devant cette dégringolade dans le temps depuis que Ida était née avec sa jumelle Ada.

Les jumelles avaient dix ans de moins que Bessie, et Ida était sa préférée. Bessie l'appelait Bootie. Petite Bootie, comme une petite botte. Maintenant Ida était mariée à un homme dont les poings étaient aussi gros que les sabots d'un cheval. Il avait travaillé toute sa vie à faire des chaussures et des bottes. Bessie, qui avait toujours bien aimé Vern, estimait qu'il l'avait poignardée en traître en lui annonçant au téléphone : « Ils vont exécuter Gary. » Elle essaya de penser plutôt à cette chambre supplémentaire que son père avait dû ajouter à la maison quand les jumelles étaient nées, et au tub en fer-blanc du samedi soir.

Elle se sentait mieux, les souvenirs agréables lui faisaient l'effet d'un baume sur une blessure. C'est ainsi qu'elle pensa au professeur de danse qui venait tous les vendredis à Salt Lake pour donner des cours. Au lycée, Bessie ne jouait jamais à aucun jeu, elle ne courait pas, elle n'avait même pas le courage de rester assise et de dire : « Dispensez-moi de gymnastique », car elle n'avait pas d'excuses. Tout le monde parlait déjà d'elle : c'était une fille de ferme qui ne pouvait pas travailler au soleil, qui portait de grands chapeaux pour se protéger et des gants longs.

La venue du professeur de danse changea tout. Bessie commença à avoir des vingt en danse, et il la fit danser au premier rang, disant qu'elle était une ballerine née. « Dommage que je n'aie pas pu mettre la main sur elle quand elle avait quatre ans », disait-il.

Bessie écoutait aussi la radio à cette époque et essayait de chanter, mais personne dans sa famille ne savait même fredonner. Tous murmuraient toujours le même air. Plus tard, ce fut pire quand Frank, elle et les garçons essayèrent. A chaque réveillon de Noël, Frank entonnait « Giddyap Napoléon, on dirait qu'il va pleuvoir. » A chaque réveillon de Noël, ils subissaient ça. Gary disait tout haut : « Il y a de quoi vous dégoûter de Noël. » Mais quand venait son tour, Gary avait une voix encore pire. Rien que des grognements et un soprano de jeune fille. On aurait dit un chanteur de chansons de cow-boys qui aurait avalé des cailloux.

Subitement, elle s'évada de ses souvenirs et se dit que Gary allait passer le reste de sa vie en prison. S'il n'était pas exécuté.

4

Elle ne savait peut-être pas chanter, mais au temple elle était la Reine du Bal Vert Doré. Il y avait quinze filles parmi lesquelles choisir, venant de dix ou douze familles de Grandview Ward, au nord de Provo, au sud d'Orem, mais c'était Bessie qu'on choisissait. Des étudiants venaient de l'université de Brigham Young pour leur apprendre à danser. On aurait dit un film.

Bessie n'aima jamais le cinéma. Elle y allait avec ses parents, mais l'image tremblotait devant ses yeux comme un papillon dans une penderie, et il fallait regarder tout en haut du mur, tout au bout d'une longue salle sinistre, pendant qu'un orgue, dans l'obscurité, jouait à s'époumoner. Il fallait être une adepte de la lecture rapide, ou bien on manquait ce que disaient les acteurs. De plus, le fait d'être bousculée, ça lui donnait des frissons.

L'obscurité des salles de cinéma lui rappelait le lointain Noël où sa sœur Alta avait été tuée quand son cheval s'était emballé et que son traîneau avait heurté un arbre. On avait enterré Alta alors que le sol était couvert d'une épaisse couche de neige, et on avait dû la laisser là, au cimetière, sous la neige. Après cet accident, la famille n'avait jamais vraiment connu d'autres joyeux Noëls. La mélancolie ne cessait de se mêler à la fête, des souvenirs semblant jaillir du sol enneigé.

Bessie le considérait comme le plus mauvais Noël, jusqu'au moment où elle repensa à celui de 1955, lorsque Gary était à MacLaren, et où on avait essayé d'obtenir de la direction du pensionnat qu'on le laissât venir deux jours à la maison. D'abord ils avaient dit oui, mais il avait commis une infraction entre-temps et ils avaient refusé. Comme Bessie et Frank ne pouvaient pas aller à MacLaren le jour de Noël à cause des autres gosses, Gary s'était retrouvé tout seul.

La seule chose à dire pour les heures qu'elle vivait maintenant, sous ce soleil brûlant et dans l'abri sans air de la caravane, c'était que pourtant la chaleur ne lui donnait jamais l'impression d'être aussi seule que l'humidité pendant l'hiver. L'hiver, c'était la période où elle avait si froid que pour tenir le coup elle avait besoin de ressasser toute la vie. Mais aujourd'hui, à soixante-trois ans, Betty se sentait aussi vieille que si elle en avait quatre-vingts tant ses sentiments s'étaient glacés, en plein juillet, à la nouvelle que Gary avait tué deux hommes. Elle ne cessait de voir le visage de M. Buschnell qu'elle ne connaissait pourtant pas, mais cela importait peu car il avait la tête couverte de sang.

« Oh ! Gary, murmurait l'enfant qui ne cessait de vivre en elle, malgré tout ce qu'elle avait subi et subissait encore, avec ses articulations déformées par l'arthrite, oh ! Gary, comment as-tu pu ? »

Oui, ce souvenir de la vie qu'on a menée, ça pourrait bien être le meilleur et le seul ami qu'on ait. C'était certainement le seul onguent capable de calmer ses os malmenés qui l'irritaient dans la chair jusqu'à la faire souhaiter de n'être plus qu'un squelette libéré de toute chair.

Aussi pensait-elle souvent aux douces soirées du passé et aux brises sur la colline par les tièdes crépuscules d'été. Elle pensait à quel point jadis elle aimait Provo, et comme elle pouvait rester des heures assise à contempler le même magnifique pic, qu'on appelait le mont Y parce que les premiers colons avaient installé des pierres blanches plates sur son flanc pour dessiner un grand « Y » blanc en l'honneur du vieux Brigham Young. Un jour, lorsqu'elle était enfant, elle regardait le mont « Y », et son père s'était approché. Bessie avait dit : « Papa, je vais réclamer cette montagne pour moi », et il avait répondu : « Ma foi, mon chou, je crois que tu as à peu près autant de droits que n'importe qui. » Il s'en était allé et elle s'était dit : « Il m'a donné son consentement. Cette montagne m'appartient. » Assise dans sa caravane, elle dit, en s'adressant à cette bonne amie qu'était sa mémoire : « Cette montagne m'appartient encore. »

5

Bessie étudia beaucoup de robes dans une revue de mode avant de tailler la sienne. Puis s'en alla danser à la salle de bal Uthama à Provo lorsqu'on fit venir des orchestres. Elle avait une amie, Ruby Hills, et le frère de Ruby les emmena dans une Ford modèle A. Il conduisait prudemment. Les routes avaient des ornières aussi profondes que des crevasses dans une roche.

Elle avait des amies dont les noms, une fois mariées, étaient devenus Afton, Davies, Askins et Eva Davall Bricky. Bess sortait avec un garçon qui se ralliait à Brigham Young et qui promettait bien d'être la belle prise à cueillir, mais elle ne pouvait le supporter. Bessie s'intéressait à tout sauf à lui.

Beaucoup la trouvaient agitée. Elle se déplaçait souvent. Avec des amies, elle partit en stop jusqu'à Salt Lake City et même plus loin. Puis elle alla en Californie, toujours en stop. Elle partait et travaillait quelque temps, puis elle revenait. Ses parents ne lui posaient pas beaucoup de questions ; il y avait tant de filles. On était élevé à savoir ce qui était bien et ce qui ne l'était pas. Puisqu'on était mormon, on vous avait enseigné précisément comment il fallait se conduire, mais le Christ donnait le libre choix de façonner sa propre destinée. Bessie savait ce qu'elle voulait faire, et de plus en plus souvent elle quittait la maison.

Voilà quelles étaient les idées devenues siennes, et elle n'en parlait jamais à personne. Cela l'irritait d'être maintenant le sujet des cancans de Grandview Ward, quand on la voyait revenir de longs voyages avec de belles toilettes et des bijoux. Elle n'éprouvait aucun plaisir à l'idée que la plupart de ces ravissantes toilettes avaient été taillées et cousues par Bessie Brown elle-même, et si elle avait quelques bijoux, c'était à cause de ses beaux doigts qui lui permettaient de poser pour des bagues. C'est ce qu'elle racontait.

En réalité, elle était amoureuse et vivait à Salt Lake parce que c'était là qu'habitait l'homme qu'elle aimait. Elle faisait le ménage pour une vieille dame qui possédait une grande maison et Bessie vivait toute seule dans une petite chambre d'hôtel. Une fois sa liaison terminée, elle ne sortit plus. Ce fut une année où elle vécut seule et elle était encore trop jeune pour en souffrir. Ça lui plaisait plutôt.

Elle avait une amie du nom d'Ava Rodgers, qui buvait trop, qui faisait la vie et qui était avec un homme qu'elle appelait Daddy. Daddy s'occupait de publicité pour *Utah Magazine*. Il vendait cent dollars la page de publicité et touchait plus de vingt-cinq pour cent de commission. Ava était très amoureuse de lui, disait-elle. Il avait assurément quelque chose qui attirait les femmes.

« Aujourd'hui Daddy m'a acheté une machine à écrire neuve », fit Ava à Bessie et elle l'invita dans leur chambre. Bessie ne buvait pas — « Je ne suis pas de celles qui lèvent le coude », disait-elle toujours — mais Ava s'envoya deux bières en attendant Daddy. Puis elle essaya de ramasser la machine, seulement elle glissa, rebondit sur le sol et bien sûr se brisa. Une machine à écrire toute neuve. Ça se passait juste au moment où Daddy entrait. Il n'était pas grand, mais il avait l'air costaud et portait des guêtres. On pouvait dire qu'il avait l'air sûr de lui et qu'il avait mauvais caractère.

Pauvre Ava. La machine à écrire n'était pas à elle, Bessie ne tarda pas à l'apprendre. Encore un mensonge, encore un sanglot. Daddy agit comme s'il avait un vieux compte à régler avec Ava et que le dernier incident venait s'ajouter à la liste. « Fais tes bagages et taille-toi », lança-t-il.

Un jour, Bessie rencontra Daddy dans la rue et apprit qu'il s'appelait Frank Gilmore. « Je me marie demain, annonça-t-il.
— Félicitations », dit-elle.

La fois suivante où elle le rencontra de nouveau, elle demanda : « Comment va le mariage ?
— C'est fini », répondit-il.

Elle l'aimait bien. Il avait l'air de connaître le monde alors qu'elle n'était qu'une petite fille de ferme. Il savait toujours où il allait. Ils pouvaient faire un jour des courses dans un magasin à prix uniques et le lendemain dans une boutique chère. Il aurait même pu arriver de les voir faire la queue à la soupe populaire, puisqu'on était en 1937, mais elle se sentait bien avec lui. Elle se sentait bien, même lorsqu'il lui gueulait après.

C'était un homme qui avait les pieds sur terre et qui n'était pas commode. Il lui raconta qu'il avait été dompteur de lions, ce qui expliquait les cicatrices de son visage. Il avait aussi été acrobate et funambule, dit-il, mais il boitait. Un jour, au music-hall, lui raconta-t-il, il était si ivre en faisant son numéro qu'il était tombé d'une grande hauteur dans la fosse d'orchestre. Il s'était cassé la cheville. Alors qu'il frisait la cinquantaine et qu'il avait des cheveux gris, il avait encore l'air de penser que toutes les femmes qu'il rencontrait trimbalaient leur matelas dans leur dos. Bessie aimait la manière dont il séduisait les femmes, et ce fut le premier homme qu'elle eut jamais envie de poursuivre.

Elle ne se rendit même pas compte lorsqu'il la demanda en mariage. Un jour qu'ils sortaient d'un cinéma, il dit : « Si on se mariait. » S'agenouiller, ça l'aurait tué. Il serait plutôt mort sur place. Alors il le lui demanda en venant de voir *Capitaine courageux*.

Il était sobre aussi, mais à sa manière. Le genre d'homme qui pouvait rester longtemps sans boire jusqu'au moment où il décidait de prendre un verre. Alors il continuait jusqu'à être ivre mort. Quelques années plus tard, au cours de leurs voyages, il devait se faire flanquer dehors de plusieurs hôtels à cause de cela.

Pour leur mariage, ils décidèrent d'aller à Sacramento. Il se révéla que Frank avait une mère qui y vivait et qui, toute sa vie, avait été dans le spectacle.

Lorsque Betty demanda ce que faisait son père, Frank répondit qu'il était aussi dans le spectacle.

Avant de quitter Salt Lake, ils s'arrêtèrent à Provo pour voir la famille de Bessie. Comme ils avaient sept filles, ses parents n'allaient pas s'effondrer et sangloter en apprenant la nouvelle. En route pour Sacramento...

6

Frank n'avait pas dit que sa mère était belle. Bessie fut surprise. Fay avait un sourire éblouissant. Elle était menue, avait les cheveux blancs, les yeux d'un bleu incroyable. Sa peau était sans défaut. Ses dents parfaites. Elle n'avait pas de rides. Même à son âge avancé, qui devait atteindre soixante-dix ans, elle se comportait en véritable reine.

Son nom de scène était Baby Fay. Maintenant, elle était devenue médium et quittait rarement son lit. Elle vivait dans l'immense chambre d'une grande maison de Sacramento, et donnait des ordres à tout le monde. Elle commandait les gens comme si elle agitait une baguette magique. Toutefois, elle n'essaya jamais avec Bessie.

Fay savait se débrouiller. Elle laissa entendre qu'elle était apparentée, en France, à une très grande famille de sang royal, les Bourbons. « Quand vous aurez des enfants, déclara Fay, le sang royal coulera dans leurs veines. »

Le nom de jeune fille de Fay, c'était autre chose. Bessie ne le connut jamais. Dès le début du siècle, elle faisait du music-hall et lorsqu'elle n'utilisait pas le nom de Baby Fay, elle était Fay La Foe. Voilà. Mlle La Foe ne vous racontait pas ce qu'elle n'avait pas envie de dire.

Une fois par semaine, Fay donnait une séance. Parfois une quarantaine de personnes se rassemblaient sur des chaises autour de son lit et payaient cinq dollars chacune. Bessie n'y allait pas. Elle ne voulait pas approcher trop près de ces choses-là. D'ailleurs, il arrivait qu'on parlât à Fay et voilà qu'il y avait un coup frappé au mur ou un bruit sourd au plafond. La nuit, Bessie sentait des présences qui rôdaient sur son lit. Lorsqu'ils furent mariés par Fay (qui avait une licence de pasteur et qu'on qualifiait de spiritualiste) Bessie se demanda toujours quels esprits rôdaient autour du lit de Fay.

Frank et elle commencèrent à voyager. A l'époque où elle fit sa connaissance, Frank habitait Salt Lake depuis plus d'un an, mais ça n'était pas courant. Il aimait aller d'un État à l'autre, vendant de la publicité pour des magazines spécialisés. C'était la plupart du temps des magazines qui n'avaient pas encore paru et qui souvent ne voyaient jamais le jour.

Il avait différents noms. Ceville, Sullivan, Caufman, Coffman, Gilmore et La Foe. Il lui dit un jour que son père s'appelait Weiss et qu'il était juif de ce côté-là, bien qu'il se considérât catholique depuis que sa mère l'avait mis dans des écoles catholiques et l'avait élevé dans cette religion. Néanmoins il avait une ex-épouse juive en Alabama et des femmes dans d'autres endroits. Elles s'appelaient Belly, Nan, Dabs, Millie, Barbara et Jacqueline, et il y en avait une qui avait été une célèbre chanteuse d'opéra. Pour autant que Bessie puisse en être sûre il n'était plus marié à aucune d'elles.

Mais une chose était certaine, il avait été lui aussi dans le spectacle. Les gens de théâtre le reconnaissaient partout. Ils avaient des dîners gratuits chaque fois qu'ils voyageaient. Un jour ils traversèrent même Salt Lake City. Sans s'arrêter. Une brève minute pour traverser les larges, très larges rues. Au long des années ils avaient dû visiter à peu près tous les États sauf le Maine et New York. Ils avaient séjourné dans des hôtels avec des noms comme Carillo Hotel et Layor Hotel. Layor, c'était Royal écrit à l'envers. Il avait plusieurs actes de naissance, mais elle ne demanda jamais pourquoi ils vivaient ainsi. Il aurait répondu : « Si j'estimais que ça te regardait, voilà des années que je te l'aurais expliqué. » Malgré tout elle était probablement aussi exotique pour lui qu'il l'était pour elle. Elle avait une éducation si enracinée qu'ils ne se comprirent jamais. Peu importe. Elle ne fit jamais d'effort. Elle pensait qu'on devait aimer les gens comme ils étaient. D'ailleurs, si on pouvait les changer, on les quitterait probablement.

Frank pilotait une grosse voiture. Il enveloppait toujours son corps courtaud et trapu dans des vêtements larges, flottants et confortables. S'il ne mettait pas de bretelles, son pantalon ne manquait pas de tomber. Elle trouvait qu'il ressemblait à Glenn Ford. Des années plus tard, compte tenu du fait qu'il avait eu le visage mâchonné par les lions, elle se dit qu'il ressemblait plutôt à Charles Bronson. Il n'avait assurément peur de personne, sauf du diable.

Il parlait aussi le langage des juifs. Il avait le don de se lier d'amitié avec les juifs. Il savait se montrer plus juif qu'eux et ils adoraient ça. Un jour, Bessie était dans un magasin et acheta quelque chose de cher. Lorsque Frank apprit ce que cela coûtait, il dit : « Tu veux dire qu'il t'a fait payer le plein tarif ? » « Oui, bien sûr. » Il accompagna Bessie chez le propriétaire du magasin et le juif s'excusa parce qu'il ne savait pas que Bessie était la femme de Frank.

7

Cette visite au cours de laquelle Fay les maria, c'était la première que Frank faisait à sa mère depuis vingt ans. Maintenant, Bessie et lui retournaient de temps en temps à Sacramento. A l'occasion de ces voyages, Bessie ne pouvait s'empêcher de remarquer combien souvent Frank et Fay parlaient de Houdini. C'était leur sujet préféré. On pouvait dire qu'ils le détestaient et qu'ils s'excitaient à le traiter de tous les noms. Il était mort depuis plus de dix ans, mais ils le qualifiaient quand même de charlatan et de va-de-la-gueule. Ça ne dérangeait pas Bessie. De toute façon, ça ne lui avait jamais plu de lire des articles sur Houdini. En fait, lorsque Houdini avait fait devant elle son tour favori, s'évader d'un cercueil plombé plongé dans l'eau, alors qu'il portait des menottes aux poignets et des chaînes aux pieds, cela avait donné à Bessie un sentiment de malaise et même de peur.

Toutefois, Fay et Frank parlaient de lui comme s'ils l'avaient intimement connu. En écoutant leur conversation, Bessie en arriva à la conclusion que c'était Houdini qui avait donné à Fay l'argent pour envoyer Frank dans une école privée. Elle se souvint alors que Houdini avait été tué par un jeune homme qui l'avait frappé au ventre avec une batte de base-ball, et Frank lui avait raconté que son père juif, qui s'appelait Weiss, avait été tué par un coup dans le ventre. Elle apprit alors que le véritable nom de Houdini était Weiss et qu'il était juif aussi.

Fay ne prit pas la peine de dissimuler. Frank, bien sûr, était un enfant naturel. Fay, avant sa mort, montra à Bessie un tiroir de son bureau où étaient enfermés à clef un tas de papiers, en lui disant qu'ils prouveraient la parenté de Frank. Bien sûr, elle ne les sortit pas pour les lui montrer. Elle se contenta de dire à Bessie de ne pas manquer d'être là à son lit de mort. « Je veux que personne d'autre ne les ait », dit Fay d'un ton mystérieux.

Ils étaient à San Diego, lorsque Fay mourut à Sacramento. On prévint quelqu'un dans l'Est. Ce fut aussi dans l'Est qu'on expédia les papiers. Frank et Bessie avaient à peine appris la mort de Fay que l'enterrement était terminé.

Les garçons grandirent donc en étant informés de ces faits. Gaylen, le troisième fils, n'aimait pas spécialement Houdini, mais il était assurément fasciné, car il célébrait toujours l'anniversaire de sa

mort le 31 octobre. Il allumait des cierges et orga-
nisait une petite cérémonie. Cela tombait toujours
le lendemain de l'anniversaire de Frank Jr, le
30 octobre. Frank Jr devint un prestidigitateur
amateur et, à quinze ans, appartenait à la Société
des prestidigitateurs de Portland. Gary n'y attacha
jamais beaucoup d'attention.

Assise dans la caravane, dans la chaleur de juillet,
Bessie croyait entendre Brenda le taquiner. « Alors,
cousin, te voilà en prison. Houdini aurait dû t'apprendre à t'évader ! »

CHAPITRE XX

JOURS DE SILENCE

1

CLIFF BONNORS, qui travaillait aux Aciéries de Genève, passa un soir au Dollar d'Argent après son travail. Un peu plus tard, Nicole et Sue Baker en franchirent le seuil, et ce fut la soirée de Cliff. Il se mit à bavarder avec Nicole.

A peu près au moment où Cliff se disait que ça ne marchait pas mal, il demanda si Nicole voulait venir jusque chez lui pendant qu'il faisait un peu de toilette. Il se sentait particulièrement sale car elle, au contraire, était très nette. Non pas qu'elle eût sur le dos des vêtements extraordinaires, mais ceux qu'elle portait étaient frais et impeccables. Il sentit encore plus le cambouis dont il était couvert lorsqu'elle refusa. Il ne la persuada qu'en acceptant de la conduire jusqu'à la prison. Elle avait une lettre à y déposer pour Gary.

Ça agaça un peu Cliff. Il avait entendu parler de Gilmore à la télé, mais il ne savait pas que ce mec avait quelque chose à voir avec cette fille. Mais Cliff se dit : « Et puis après, il ne peut rien faire, il est bouclé. » Ils prirent donc la camionnette jusque chez Cliff où il se doucha, et puis ils allèrent jusqu'à la prison et s'arrêtèrent dans le parking de cendrée auprès de l'embranchement de chemin de fer. Elle frappa et donna au gardien une lettre à remettre à Gary. Puis ils roulèrent un moment dans les collines avant de se garer.

Cliff se dit qu'elle savait vraiment comment en tirer le meilleur parti pour une première fois. Ça n'était pas un petit coup à la sauvette, ça n'était pas mal. Ils passèrent là un moment, puis il la raccompagna jusqu'au Dollar d'Argent et prit son adresse.

Après cela, Cliff alla chez elle à Springville de temps à autre et ne repartait qu'au matin. Son divorce n'avait pas tout à fait mis un terme à son mariage. Certaines racines étaient coupées, mais pas toutes. Même s'il fréquentait quelques filles, il y avait toujours des pointes de remords dans ses sentiments. C'était d'autant plus agréable, ce qu'il y avait entre Nicole et lui, puisqu'ils ne se demandaient pas trop l'un à l'autre. Il pouvait voir qui bon lui semblait et Nicole avait ses amis : en fait, une ou deux fois lorsqu'il frappa à sa porte, elle dut lui répondre qu'elle n'était pas seule.

Il disait toujours : « Je ne veux pas mettre le nez dans tes affaires. » Il ne lui posait jamais vraiment de questions. Parfois il passait, mais ils ne faisaient pas l'amour et il restait avec elle juste pour discuter de ce qui la tracassait. Nicole disait qu'elle aimait avoir quelqu'un près d'elle. Tout le monde savait qu'elle avait horreur d'être seule.

C'était une charmante amitié. Si elle était à court de cigarettes, il lui en apportait un paquet. Si elle avait ses règles, il allait jusqu'à la pharmacie et revenait avec des tampons périodiques. Il n'était pas vraiment riche, mais il essayait de l'aider. D'ailleurs, il ne se montra jamais trop curieux à propos du type à la motocyclette : les fois où Cliff venait et où elle n'était pas seule, la même moto était toujours garée dans le parking.

2

La même histoire que Cliff. Nicole avait rencontré Tom alors qu'elle était sortie avec Sue. Un soir, elle était si déprimée qu'elle s'était bel et bien endormie dans la voiture et que Sue l'avait emmenée dans un bistrot de routiers où elle l'avait littéralement traînée. Tom dînait dans la niche voisine de la leur. Tom Dynamite, qui travaillait dans une pompe à essence. Il était encore un peu sous l'effet de l'acide qu'il avait pris et ils se mirent à bavarder. Ils n'avaient pas grand-chose à se dire, mais il la raccompagna chez elle à moto et ils devinrent très bons amis. Ils ne bavardaient jamais beaucoup mais ils étaient proches. Très proches.

Parfois, lorsque Cliff passait, il la trouvait assise dans le noir. Elle méditait, disait-elle. Il y avait des lettres sur la table. On pouvait supposer qu'elle les avait lues avant d'éteindre la lampe. Gary lui écrivait deux lettres par jour, expliquait-elle, c'étaient de longues lettres. Elles paraissaient avoir entre cinq et dix pages. Sur de longues feuilles jaunes.
Est-ce qu'elle les lisait toutes ? demanda Cliff.
Oh ! presque toutes. Il écrivait tant. Elle ne lisait peut-être pas chaque mot religieusement. Il y en avait certaines qu'elle se contentait de parcourir.
Puis elle secoua la tête. Non, reprit-elle, elle les lisait vraiment toutes.

4 août

Veux-tu m'envoyer une photo de toi. Ça me manque vraiment. En couleurs, parce que tu as de si belles couleurs. J'espère te revoir. Il y a des fois où j'ai la gorge serrée quand je te regarde. Les dernières fois où je t'ai vue, c'est ce qui m'est arrivé. Je perds mon sens du temps et de l'espace. C'est un peu comme si je passais dans un autre niveau de conscience, presque comme si tout s'effaçait et que je n'étais sensible qu'à un Amour (avec un A majuscule) impossible à décrire avec des mots. Je regarde tes yeux et je vois au moins mille ans. Je ne vois aucun mal en toi, ni menaces. Je vois de la beauté, de la force et un amour sans saloperie. C'est juste toi et tu es réelle et tu n'as pas peur, n'est-ce pas ? Je ne t'ai jamais vue montrer aucune peur. C'est extraordinaire. La peur, c'est moche. Je n'en ai jamais vu chez toi. On croirait que tu as passé ton épreuve dans la vie et que tu le sais. Que tu es allée jusqu'au bord. Et que tu as regardé par-dessus. Tu es quelqu'un de précieux, Nicole. Ces choses que j'écris ici sont des choses dont je sais qu'elles sont vraies et qui font partie de la raison pour laquelle je t'aime si fort. J'aime cette veine que tu as sur le front. Et j'aime la veine que tu as sur le sein droit. Tu ne savais pas que j'aimais celle-là, hein ?

Samedi 7 août

Lorsque j'ai cru que je t'avais perdue — Nicole, ce lundi soir, le lendemain et les jours qui ont suivi —, j'avais l'impression d'être un homme écorché vif. Je n'ai jamais ressenti une douleur pareille. Et c'était tout le temps plus fort. Je ne pouvais pas la calmer et je ne pouvais pas m'en débarrasser. Ça jetait une ombre sur toutes les heures de la journée. Je croyais autrefois que j'en avais vraiment bavé, que j'étais immunisé contre la douleur. Une fois je suis resté enchaîné à un lit pendant deux semaines, les bras et les jambes en croix, sur le dos. Quand ils sont venus me demander en rigolant comment ça allait, je leur ai craché dessus et je me suis fait tabasser. Et ils m'ont fait une piqûre de cette saloperie, de la prolixine et ça a fait de moi un zombie pendant quatre mois. J'étais

pratiquement paralysé. Je ne pouvais pas me redres-
ser sans aide et, quand on me mettait debout sur mes
pieds, je me demandais pourquoi j'avais eu envie de
rester debout et je me rasseyais. Au moment où ça me
travaillait le plus, j'ai passé trois semaines sans dor-
mir. J'étais assis là, au coin du lit, et j'avais des
hallucinations qui m'entraînaient au bord de la folie.
Je me demandais si je serais jamais le même, si je
serais jamais capable encore de dessiner et de pein-
dre. J'avais perdu plus de vingt kilos. Je n'arrivais pas
à porter la nourriture à ma bouche. Me lever pour
aller pisser, c'était un effort tel que je le redoutais, ça
me prenait quinze à vingt minutes — et je n'arrivais
pas à boutonner ma braguette. Au bout d'un moment,
c'était à peine si je pouvais voir ; mes yeux s'étaient
emplis d'une sorte de suppuration blanche qui séchait
en couche épaisse sur les cils ; je ne pouvais pas lever
la main pour l'essuyer et je n'arrivais pas à voir à
travers. Tous les trois jours à peu près, on me tirait de
ma cellule pour me faire prendre une douche et me
raser. J'avais horreur de ça, c'était un si grand effort !
On me donnait un rasoir électrique, on me plantait
devant une glace et je restais là. Pas moyen de porter
ce rasoir à mon visage. Quelquefois, on me parlait
durement, on me disait par exemple : « Alors, on est
un dur, hein ? Pas foutu de boutonner sa braguette... »
des conneries comme ça. Et je devais les regarder et
encaisser. Quelquefois je répliquais : « Va te faire
enculer, salaud... » Ça les agaçait que je réponde ça,
mais ça n'était pas une consolation pour moi... Jamais
je ne les ai suppliés, et jamais je n'ai pleuré même
quand j'étais seul, et j'étais complètement seul. Je
savais que ça finirait par passer, et c'est ce qui arriva.
Je réussis à m'en débarrasser.

Ça, c'était une sale expérience. J'en ai eu d'autres,
des expériences désagréables qui ont duré. Je m'en
suis toujours débarrassé et après je me sentais plus
fort.

Mais je n'ai jamais ressenti le genre de douleur que
j'ai éprouvé quand j'ai cru que je t'avais perdue. Ça, je

n'arrivais pas à m'en débarrasser : je voulais seulement que tu reviennes, c'était tout ce que je savais.
J'ai passé quelques nuits chez toi, et je me sentais si
seul, Nicole, j'étais déprimé. Je déambulais dans les
chambres en me demandant où tu étais. Quand tu
m'as appelé ce jeudi-là au travail pour m'annoncer
que tu déménageais, j'ai senti mon cœur se briser.
Vraiment. C'était une douleur terrible : ça n'était pas
seulement dans la tête. C'était quelque chose que je
sentais. Et c'était dur. Le vendredi, je t'ai cherchée,
mais je ne savais pas où chercher. Ta mère ne voulait
rien me dire.

Je me sentais si seul et déprimé. Comme si j'étais
vidé. Et ça ne s'arrangeait pas. J'avais perdu la seule
chose ayant une vraie valeur que j'avais eue ou
connue. Ma vie n'avait plus de sens, c'était devenu un
golfe, désert et vide à part les ombres et les fantômes
toujours présents qui me suivent depuis si longtemps.

Je ne veux plus jamais connaître cette douleur-là.
Je suis si totalement amoureux de toi, Nicole. Tu me
manques tant, bébé. Quand je lis tes deux lettres et
que je m'imagine ton joli visage, les ténèbres reculent
et je sais qu'on m'aime. Et c'est merveilleux. Ça ne me
fait plus mal. Nous n'avons été ensemble que deux
mois, mais ce sont les deux mois les plus pleins que
j'ai connus dans cette vie. Je ne changerais ça pour
rien au monde. Rien que deux mois, mais je crois que
je t'ai connue, que nous nous sommes connus depuis
beaucoup plus longtemps — mille, deux mille ans ? —
je ne sais pas ce que nous étions l'un pour l'autre
avant, je le saurai, comme toi aussi quand un jour
tout finira par devenir clair — mais je suis persuadé
que nous avons toujours été amants. J'ai su cela
quand je t'ai vue cette première nuit, le jeudi 13 mai,
chez les Sterling. Il y a des choses qu'on sait comme
ça. Et c'est devenu si profond si vite : c'était comme si
je te reconnaissais, comme si je te retrouvais, une
réunion. Moi et toi, Nicole ; depuis si longtemps. Je
t'ai toujours aimée, mon ange. Ne nous faisons plus
jamais de mal.

Cliff Bonnors était formidable parce qu'il accommodait toujours son humeur à celle de Nicole. Ils pouvaient voyager à travers les mêmes tristes pensées sans se dire un mot. Tom, elle l'aimait bien, pour des raisons opposées. Tom était toujours heureux ou éperdu de chagrin, et ses sentiments étaient si forts qu'ils la faisaient changer d'humeur. Il n'était pas de la dynamite, mais un ours plein de cambouis. Il sentait toujours comme s'il était plein de hamburgers et de frites. Cliff et lui étaient magnifiques. Elle pouvait les trouver sympa sans jamais avoir à se soucier de les aimer le moins du monde. A vrai dire, elle aimait ça comme une tablette de chocolat. Elle ne pensait jamais à Gary quand elle faisait l'amour avec eux, enfin presque jamais.

Ça n'était certainement pas comme l'amour avec Gary. Dès l'instant où il lui arrivait quelque chose de bien, quand c'était le cas, ça allait jusqu'au cœur de Nicole et ça commençait à s'amasser, comme si elle était une connasse de mère oiseau en train de faire son nid. Quand elle allait rendre visite à Gary, elle ne pensait donc jamais à Tom, à Cliff, à Barrett, ni à aucun autre. Elle avait une vie sur Terre, une autre sur Mars.

Ça n'aurait pas été une mauvaise façon de vivre s'il n'y avait eu ces horribles dépressions. Parfois, ça devenait réel ce qu'elle avait fait à Gary, et ce qu'il avait fait. Chaque fois qu'elle se laissait aller à penser à la peine de mort, tout se mettait à devenir irréel.

La mort était installée dans ses pensées. Sauf que c'était plutôt comme si elle était assise dans la mort et que la mort, c'était un grand fauteuil. Elle pouvait se renverser contre le dossier. Le fauteuil commençait à basculer, mais lentement, jusqu'au moment où elle éprouvait ce genre de nausée qu'on ressent dans les montagnes russes de fêtes foraines où on ne sait plus si on est excité ou prêt à vomir. Même quand ses pensées s'arrêtaient, elle avait encore l'impression que tout tournait.

Bien sûr que le soleil et l'air ça me manque. Je perds déjà mon hâle. D'ici peu je serai plus pâle qu'un fantôme. En fait, d'ici peu je serai peut-être un fantôme.

4

Au bout de deux semaines, ils se mirent à faire faire à Gary la navette entre la prison et l'hôpital pour maladies mentales. Ça faisait un trajet de trois kilomètres. On l'emmenait du côté ouest de la ville par Center Street, en passant devant des quincailleries, des magasins de confection et des salons de thé jusqu'au quartier est, qui se situait plus près de la montagne et où la route s'achevait dans ces collines où Nicole avait couru une nuit, dans l'herbe. Il se trouvait maintenant dans le vieil asile où elle-même était allée : l'hôpital de l'État d'Utah. Dans un pavillon différent, bien sûr.

Il y avait cependant une chose qui était mieux. Ils pouvaient avoir des contacts à l'occasion des visites. Non pas comme à la prison, quand on amenait Gary dans une petite pièce et où elle se tenait à l'autre bout, s'efforçant de le voir à travers un épais grillage assez costaud pour empêcher des visons et des ratons laveurs de s'échapper. C'était à peine si les bouts de leurs doigts pouvaient se toucher à travers les sales petits trous. Pendant tout le temps qu'ils parlaient, toutes les rumeurs de la prison continuaient derrière elle. Elle était plantée là, dans cette vieille antichambre dégueulasse, avec des gardiens, des prisonniers de corvée, des livreurs, tout ça hurlant dans tous les sens, et elle se donnait du mal pour entendre la voix de Gary, car en plus il y avait toujours un poste de radio ou de télé qui marchait à plein tube. En général il y avait un prisonnier ou un autre qui gueulait dans la cellule centrale. Il fallait se donner beaucoup de mal pour entendre quelque chose.

A l'hôpital, c'était différent. Ils s'imaginaient être seuls dans une petite pièce. Elle s'asseyait sur ses genoux, il la serrait, ils s'embrassaient cinq minutes, sans être obsédés par l'idée de faire l'amour, comme si c'était seulement leurs âmes qui se rejoignaient. Ni l'un ni l'autre n'étaient moites. Ils s'embrassaient d'un cœur à l'autre : ce n'était pas du sexe, mais de l'amour. Ils planaient.

Mais ils revenaient vite sur terre. En réalité, ils étaient dans une pièce nue, aux murs de ciment peints en jaune, avec quatre détenus qui les regardaient. Ils essayaient, eux, de ne pas les regarder. C'était le troupeau, expliquait Gary. Il disait cela d'une voix claironnante, de son ton le plus insolent, assez fort pour être entendu des détenus. Il disait qu'on l'avait mis au milieu d'un troupeau de moutons acharnés à faire la police entre eux. « Une mentalité de troupeau, disait-il. Ils ne peuvent même pas s'adresser la parole à moins d'être deux. Et encore. Un peut moucharder ce que l'autre vient de dire. »

Les quatre types du troupeau réagissaient chacun d'une façon différente. L'un avait un sourire de connard, un autre regardait comme s'il toisait Gary, le troisième était déprimé et le quatrième, plein d'entrain, semblait vouloir expliquer à Nicole comment marchait le programme des patients dans cet hôpital.

Elle comprit petit à petit. C'était un système dingue. Différent de ce que c'était quand elle se trouvait là. On appelait ça le programme. Un tas de mecs avaient à purger des peines de prison et se trouvaient mélangés avec de vrais psychos et des zombies. Ces garçons, tout droit sortis de prison et de maison de correction, étaient rassemblés avec les vrais zinzins et, à eux tous, ils avaient rédigé une constitution, ils avaient des élections et un gouvernement dirigé par les patients.

Gary expliquait ça, dans cette pièce jaune, avec ces quatre connards qui surveillaient la main de Gary, chaque fois qu'elle touchait un sein de Nicole. Ils parlaient du système hospitalier où les médecins laissaient les patients contrôler tout, et pourquoi ils pouvaient même élire leur propre président. Un merdier pas croyable. C'était ça que les patients contrôlaient. Un merdier.

Gary lui avait toujours raconté des histoires de prison, mais maintenant il abordait le cœur du problème. Il parlait de la manière dont une prison était censée fonctionner. C'était une guerre. C'était censé être une guerre. Les détenus pouvaient s'attaquer à d'autres détenus, ils pouvaient même en tuer, mais ils se retrouvaient du même côté quand il s'agissait d'être contre les gardiens. C'était une guerre où il n'y avait rien de pire qu'un mouchard.

Les gardiens et le directeur faisaient tout leur possible pour mettre en place un réseau de renseignement. Ils dépendaient donc des mouchards. Un mouchard, expliquait Gary, était capable de venir vous sucer et de se précipiter ensuite chez le directeur pour raconter ce que vous aviez dit. Les détenus faisaient donc tout leur possible pour éliminer ces prisonniers-là. Dans un bon pénitencier où les détenus avaient pris la situation en main, il n'y avait pas trop de mouchards. La prison, après tout, était une ville où habitaient les détenus et où ils exerçaient un contrôle réel. Les gardiens ne faisaient que passer par périodes de huit heures. C'était comme ça que ça devait marcher.

Ici, ils tenaient tout en main. Il n'y avait pas de gardiens. Rien que quelques assistants. Les détenus étaient *censés* avoir le pouvoir. Mais les détenus qui s'étaient fait élire étaient devenus les nouveaux gardiens. Ils travaillaient pour les médecins. « Ils sont en plein lavage de cerveau », disait Gary en désignant la petite troupe. Elle avait envie de rire en l'entendant dire ça devant eux. « Mouchards égoïstes, disait-il. Pas une étincelle de vie en eux. Personne ne regarde personne. Tout ce qu'ils font, ce sont des réunions pour fixer des ordres du jour. »

Il disait cela pendant qu'elle était assise sur ses genoux, pendant qu'il la pelotait et que les quatre connards regardaient, bouillant de fureur et d'humiliation à ses propos. Nicole et lui se serraient l'un contre l'autre en chuchotant et en parlant d'autre chose. Il voulait savoir comment allaient Sunny et Peabody. Il disait combien il était navré de cette habitude qu'il avait de crier après et de s'énerver devant eux. En fait, c'étaient des enfants remarquables. Ils discutaient de tout cela devant le petit groupe des détenus.

Puis il se remettait en colère. La façon dont fonctionnait cet hôpital, disait-il, c'était pire qu'un gouvernement d'étudiants. Aux réunions, tout le monde abordait toutes les questions. Il y avait des commissions pour tout. Une commission pour balayer le hall. Une commission pour ramasser les brins de paille des balais de la foutue commission chargée de balayer le hall. Et chacune mouchardait en allant raconter que l'autre faisait mal son travail. Un petit délinquant miteux pouvait entrer dans une vraie prison, annonça Gary, et s'il avait des couilles, c'était un homme quand il en sortait. Dans cet hôpital, c'était le contraire : des hommes entraient et c'étaient de petites lopes qui en sortaient. « Cette baraque vous suce. Je n'ai jamais rien vu de pareil. » Les détenus écoutaient.

Au bout de quelques visites, Gary renonça à les asticoter. On aurait dit que cette heure était trop précieuse pour ça. Nicole et lui restaient assis en se tenant la main sans rien dire. Ils pensaient aux endroits où ils étaient allés ensemble et comme ils étaient heureux en échangeant leurs souffles. Le chagrin les visitait tour à tour. Ça n'était pas un flot de larmes, pas du tout comme la façon dont elle pleurait sur l'épaule nue de Tom Dynamite en pensant à ce qu'elle avait fait à Gary. Ou comme elle pleurait avec Cliff quand il lui racontait que la fille qu'il avait épousée ne voulait même pas le laisser voir son fils. Non, quand elle était avec Gary, le chagrin débordait de son cœur pour atteindre celui de Gary et revenait de même en elle avec le propre chagrin de Gary.

Et puis la tendresse les reprenait et il se mettait à la peloter jusqu'au moment où elle sentait qu'elle se serait bien débarrassée de quelques vêtements. Ç'aurait été du nouveau pour la petite troupe ! Et puis, le temps de la visite était fini, et alors qu'elle avait maintenant vraiment envie de faire l'amour, elle devait sortir et faire une longue marche jusqu'à un quartier de la ville où elle pourrait trouver quelqu'un qui pourrait la prendre en stop.

Parfois, le médecin qui semblait être le patron du pavillon, un certain docteur Woods, lui demandait de venir dans son cabinet. Il lui parlait du sentiment qu'elle avait de se sentir coupable des actes de Gary et Nicole se demandait si les détenus avaient rapporté ce qu'elle disait à Gary. En tout cas, Woods essayait de lui expliquer qu'elle ne devait pas garder cette pensée en tête. Gary était un individu complexe et pas le genre à se dire : « Je suis attaché à Nicole, alors je vais tuer quelqu'un. »

Nicole écoutait. Le docteur Woods avait le pouvoir de déclarer que Gary était fou et alors il ne serait peut-être pas condamné à mort. De plus, si Gary pouvait être envoyé dans un asile, il parviendrait peut-être à s'évader. Alors elle n'allait pas insulter le médecin. Pourtant, il était drôlement bizarre pour un psychiatre. Il était grand, très bien bâti, on aurait dit Robert Redford dans *La Descente infernale*, sauf qu'il était peut-être encore plus bel homme et sans doute plus grand. C'était un des plus beaux types que Nicole ait jamais vus. Mais elle le trouvait malgré tout un peu mollasse : il ne prenait jamais nettement parti. Ça lui faisait quand même un drôle d'effet de parler au beau docteur Woods, alors qu'elle était tout excitée de s'être fait tripoter par Gary devant les détenus.

Elle quittait le cabinet de John Woods et se faisait prendre en stop. Alors le monde qui leur avait semblé un moment extérieur, à Gary et à elle, se remettait lentement en place et elle avait un peu moins l'impression d'être un vaisseau ballotté. Elle commençait à penser au dîner des gosses, et à s'agacer en pensant que sa voiture était en panne et que Barrett ne l'avait pas encore réparée. Ses problèmes se réveillaient et aussi, lorsqu'elle arrivait à la maison, c'était vraiment bizarre de trouver une lettre de Gary décrivant l'asile même où elle venait d'aller le voir. Elle avait l'impression de s'être éveillée d'un rêve pour répondre à un coup frappé à la porte. Seulement le coup venait de la personne qu'on venait tout juste d'embrasser dans le rêve.

5

10 août

Un des détenus me surveille parce que j'ai un crayon — on me l'a cassé en deux et puis on a arraché la gomme qui était au bout ; j'ai demandé pourquoi on m'avait fait cette connerie et on m'a répondu que c'était pour que je ne poignarde personne. Pas croyable !...

Nicole, qu'est-ce que c'est que ce voyage à la con que je fais ?

Trois dingues ont une discussion devant ma porte parce que l'un d'eux a vidé mon urinal il y a une heure et qu'il a oublié de l'enregistrer. Le premier dingue accuse le second de grave négligence et de manquement au devoir pour n'avoir pas enregistré comme il fallait sur la feuille accrochée à ma porte l'heure de la journée à laquelle il a vidé mon urinal. Le troisième dingue sautille sur place en essayant de se faire entendre. Le second commence à être très excité et s'efforce de faire appel à moi pour remédier à cette catastrophe nationale. Je ne sais vraiment pas quoi dire, mais je serais navré de voir ce pauvre type perdre de regarder la télé ou je ne sais quoi — c'est le même type qui était assis si patiemment devant ma porte l'autre jour pendant que j'écrivais une lettre — alors je leur ai dit : « Écoutez, ça va bien, tout baigne dans l'huile, il est à la coule ce type. Il n'a même pas renversé une goutte et il m'a rapporté mon urinal propre comme un sou neuf ! » Là, ils ne savent plus quoi dire, mais ça semble avoir réglé le problème. Ils trouvent un stylo pour faire la notation sur l'affaire.

Oh ! Nicole, je me sens si seul. Ça me manque, la vie qu'on avait. Ça me manque de ne plus être dans le même lit que toi, à tenir ton joli visage entre mes mains en regardant tes yeux charmants et inquiétants. Ça me manque de ne plus rentrer pour te retrouver le soir : comme les jours passaient lentement quand j'étais au travail.

Mon Dieu, Nicole ! Tu es pour moi la personne la plus importante au monde.

Je me souviens d'une fois où on était en train de baiser et où c'était un vrai va-et-vient l'un contre l'autre. Dur. Sauvage. Comme j'aimerais faire ça en ce moment.

14 août

Le distributeur d'eau potable est juste en face de ma cellule et c'est vraiment marrant la façon dont certains de ces types boivent de l'eau. Il y a un mec qui suce l'eau pendant deux ou trois minutes de suite ! Hier, il a failli déclencher une bagarre à cause de ça : un autre gars s'est impatienté, l'a poussé en disant : « Tu n'as pas besoin de boire si longtemps. » Il y en a un autre qui fait un de ces bruits en buvant, je n'ai jamais rien entendu de pareil, on dirait une pompe à merde. Un bruit étonnant.

Que c'est moche comme vie.

Il y a un homme qui forme un orchestre à lui tout seul et qui monte et descend le couloir en émettant de drôles de petits pets avec ses lèvres.

17 août

Bon sang, je suis assis ici et je me sens vraiment idiot ! Il est à peu près sept heures et demie du matin. J'ai manqué une belle occasion hier, pas vrai ? Tu te rends compte que je ne m'en suis aperçu que maintenant ? J'ai manqué une belle occasion de toucher ton doux petit con. Tu as dit quelque chose comme : « Tu n'auras plus cette chance-là », mais je ne t'ai pas bien entendue, comme ça m'arrive parfois. Et puis ce matin, ça m'est revenu : les connards de détenus avaient un moment tourné la tête et j'étais assis là, comme une souche. Mon Dieu, bébé, j'avais l'esprit ailleurs... Je me donne vraiment des coups de pied au cul maintenant. Que c'est bête.

18 août

Il y a un type qui se lave le visage dans le distributeur d'eau potable : j'espère que personne ne le voit ; je suis sûr que ça doit être un délit. Deux nanas viennent d'arriver du côté des femmes en réclamant un plongeur. Le mec leur a dit : « J'en ai un, mais fripé pour l'instant. » J'ai trouvé que c'était bien répondu.

19 août

Ce sont certains des jours les plus silencieux que j'aie jamais passés.

20 août

Quelle bande de lopes. Je parie que je pourrais prendre n'importe lequel de ces détenus qui servent de gardiens, que je pourrais l'enculer et ensuite me faire nettoyer la bite avec sa langue.

J'ai été interrogé aujourd'hui par deux psychiatres. Ils voulaient des détails croustillants...

CHAPITRE XXI

L'ÉPÉE D'ARGENT

1

APRÈS l'accident du début d'août, la voiture de Nicole était restée dans un triste état. Parfois, il n'y avait qu'une vitesse qui marchait et puis quelque chose se remettait en place, et on pouvait passer les trois vitesses. Mais pas question de se servir de la marche arrière. D'autres fois, aucune des vitesses ne passait, et pourtant l'embrayage marchait parfaitement.

Elle avait cessé de coucher avec Barrett à peu près à l'époque de cet accident. Barrett ne dit rien mais il alla s'installer dans le Wyoming et presque toutes les semaines il revenait occuper la chambre qu'il avait gardée à Springville. De temps en temps, il passait pour demander si elle avait besoin de quelque chose. S'il avait de l'argent, on peut dire qu'il ne le montrait pas, mais un jour il proposa quand même de faire réparer la voiture. Comme elle ne voulait plus coucher avec lui, c'était quand même gentil de sa part. Alors cette nuit-là elle lui accorda quand même quelque chose.

Le lendemain, lorsqu'elle revint de sa visite à Gary, la voiture avait disparu. Barrett l'avait emmenée en remorque. La maison où il avait sa chambre n'était pas si loin de l'endroit où elle habitait à Springville, alors elle se rendit là-bas et elle le trouva qui travaillait sur la voiture, dans la cour, derrière, avec des copains à lui. Elle s'amusa à l'aider à la mettre sur cales. Et puis les travaux furent interrompus. Il y avait quelque chose, peut-être les deux moitiés du carter de la boîte de vitesses — ou Dieu sait comment il appelait ça ! —, qui s'étaient soudées parce qu'elle avait roulé sans huile. Enfin lorsque Barrett eut démonté la boîte de vitesses, il découvrit qu'il fallait aussi un nouveau disque d'embrayage. Il n'avait pas d'argent pour l'acheter. C'était un problème qu'elle pouvait résoudre, mais elle n'aimait pas à penser comment.

Nicole alla voir Albert Johnson, qui était gérant d'un magasin d'alimentation du quartier. Il avait environ le double de son âge, c'était un père de famille à l'air débonnaire. Ça faisait deux ans, elle allait faire des courses dans son magasin où elle achetait deux ou trois articles qu'elle payait pendant qu'elle piquait de l'autre main.

Un jour, on l'arrêta à la sortie. Elle se fit prendre avec une livre de margarine et des pots de purée dans son sac. Lorsqu'on l'amena au bureau, elle expliqua qu'elle volait parce que ses gosses avaient faim, mais Johnson la laissa croire qu'il allait quand même appeler la police. Elle s'assit et passa là un mauvais quart d'heure, elle avait vraiment la frousse et se mit à pleurer. Elle s'était fait ramasser pour une histoire du même genre un an plus tôt dans un autre magasin. Cette fois elle était persuadée qu'on allait la mettre en taule.

Toutefois, au bout d'un quart d'heure à écouter son histoire, Johnson lui dit qu'elle était une gentille fille qui avait eu plein de malchance, et qu'elle n'avait jamais eu vraiment l'occasion de réussir dans la vie. Il allait la laisser partir. Ils se mirent à discuter plus amicalement et il lui expliqua que si son magasin avait l'air d'un paradis pour voleurs à l'étalage parce qu'il était long et étroit, avec de petites travées transversales, les pertes étant devenues tellement importantes, il avait fait installer, dans le grenier, une passerelle munie de miroirs dépolis qui permettait de voir ce qui se passait en bas. Aussi qu'elle dise à ses amies de se méfier.

Il parla beaucoup. Il avait remarqué, dit-il, qu'elle utilisait des bons d'achats et il lui confia qu'il n'aimait pas beaucoup ça. Il trouvait que les gens qui utilisaient leurs bons d'achats étaient extravagants et qu'ils ne savaient pas profiter des occasions. Le type qui devait gagner son dollar allait acheter son steak en promotion, mais des gosses comme elle choisissaient des morceaux chers et mangeaient trop d'articles peu avantageux comme les frites en sachet et les jus de fruits. Ensuite ils rouspétaient et râlaient après le gouvernement si leur chèque d'allocations familiales n'arrivait pas à l'heure. Il l'aimait bien quand même, ajouta-t-il et il se donna beaucoup de mal pour lui expliquer qu'il avait une fille de son âge et qu'il pouvait comprendre son problème. Si jamais elle avait besoin de quelque chose, qu'elle vienne le trouver.

La fois suivante où elle vint dans le magasin, il lui dit qu'il aimerait bien faire un échange avec elle, vous comprenez ? Il dit cela gentiment en lui racontant qu'il la trouvait jolie, et qu'il l'aimait vraiment bien. Elle répondit sur le même ton de plaisanterie. « Rien à échanger cette semaine », dit-elle. Et puis, au bout de quelque temps, elle quitta Provo pour Spanish Fork et alla rarement faire ses courses là-bas.

Et voilà qu'environ un an plus tard, elle se mit à revoir Albert Johnson, parce qu'il était le seul gérant de magasin qui lui donnait du liquide en échange de ses bons d'achats.

Pour qu'il accepte, elle avait dû lui parler de Gary et des nouveaux ennuis qu'elle avait. Il s'était montré assez compatissant pour lui refiler quatre-vingts dollars en contrepartie de la même somme en bons d'achats. Mais aujourd'hui, elle était dans la dèche et elle lui dit qu'elle avait besoin de cinquante dollars. Il les lui donna sans condition. Elle s'entendit dire qu'elle n'aimait pas laisser des dettes impayées.

Par la suite, Johnson dit qu'il regrettait amèrement de lui avoir fait faire ça. Il la supplia de ne pas devenir une professionnelle. Elle n'en avait pas l'étoffe. Lui était un bon père de famille et il se sentait vraiment responsable.

Elle lui répondit de ne pas s'inquiéter. C'était juste parce qu'elle n'avait pas de voiture et qu'elle en avait désespérément besoin. C'était vraiment une histoire qu'elle-même avait du mal à croire : ces détails qu'elle donnait sur la boîte de vitesses pétée et sur son envie de voir Gary.

Albert Johnson n'avait pas été mauvais avec elle, mais c'était une expérience déplaisante. Avec tout ce qu'elle avait raconté à Gary sur sa vie, jamais elle ne pourrait lui parler du gérant du magasin.

En tout cas, elle avait l'argent, cinquante dollars. Et elle le donna à Barrett. Il prit sa voiture et s'en alla chercher le disque d'embrayage. Elle rentra chez elle. Là-dessus, elle apprit que Barrett s'était taillé dans le Wyoming. Il allait bien se passer une semaine avant son retour. Elle vint alors inspecter sa voiture et s'aperçut qu'il n'avait absolument rien fait. La Mustang était là, moteur ouvert, avec des pièces détachées par terre qui commençaient à rouiller et le châssis sur cales comme une épave. Elle se rendit compte à quel point Barrett avait dû être en colère. Alors elle se contenta de laisser un mot pour dire qu'elle était passée. Mais à trois heures du matin il rappliqua chez elle, camé jusqu'aux yeux.

2

C'était un de ces jours où Nicole possédait Barrett aux sentiments. Il se rappelait sans cesse la première fois où il l'avait amenée faire la connaissance de son père et de sa mère. Lorsque sa mère avait dit qu'ils devraient coucher dehors dans la Volkswagen, jusqu'à ce qu'ils soient mariés, Nicole avait répondu : « Ça m'est égal où on dort. On va être heureux. » Il n'arrivait pas à oublier ça. Chaque fois qu'il pensait être sûr de s'être libéré de Nicole, de ne plus l'aimer du tout, lui revenait cette remarque et de nouveau il n'était plus qu'un homme blessé.

Il s'était camé si souvent la semaine précédente, dans le Wyoming, que c'était à peine s'il se rappelait ce qu'il avait pris et avec qui : il n'arrivait même pas à se souvenir qui lui avait dit en premier que Nicole revoyait Gary. Et puis tout le monde s'était mis à le lui dire. Ils étaient tous au courant sauf lui. Il s'était longuement apitoyé sur son sort. Il n'arrivait pas à s'empêcher de penser à toutes les fois où il était venu au secours de Nicole, où il en avait bavé, risqué sa vie parfois, et où elle l'avait récompensé par un voyage jusqu'à sa chambre. Pas de l'amour, rien que la chambre. C'était une triste situation quand on en arrivait au point où baiser l'être à qui on tenait le plus pouvait vous démolir comme ça.

S'apitoyant toujours sur son sort, il se dit que c'était quand même bien. Ça permettait au moins aux bons souvenirs de revenir. Comme la fois où Hampton l'avait trouvé la première fois qu'il avait quitté Nicole. Il lui avait cassé la gueule, et pourtant après toutes ces années, c'était malgré tout un bon souvenir.

Il s'était installé chez un ami pour vendre sa came, un peu de reniflette, un peu de neige. Il s'était envoyé deux ou trois doses et il planait. De Lehi à Pleasant Grove, il suivait une route en Technicolor pour aller chercher Nicole au lycée. En ce temps-là, elle habitait chez ses parents.

Et voilà que juste au moment où Nicole franchissait la porte du lycée, Hampton rappliqua au volant d'une DeSoto 58 et qu'il sauta sur le trottoir. Barrett descendit de voiture aussi, se disant : je connais Nicole, si je reste assis là, les portières fermées, elle va dire que je me dégonfle. Barrett descendit donc de voiture, en espérant que Hampton n'allait pas cogner mais seulement gueuler. Mais Hampton vint à sa rencontre, ayant l'air d'avoir trois têtes de plus que lui et comme Barrett souriait en disant : « Comment ça va ? » Hampton l'avait envoyé au tapis.

Ayant fumé deux joints, Barrett était un peu débranché. Tout devint noir. Il ne voyait plus rien. Ça l'avait dégrisé. Il essaya de se lever, et puis il finit par y parvenir, et là-dessus Nicole arriva et traita Hampton de fils de pute. Tout le monde se rendait compte que Barrett était incapable de se défendre tout seul. Quand on eut éloigné Hampton, Nicole et Barrett remontèrent dans la voiture et roulèrent jusqu'à la rivière. Ils s'assirent au bord de l'eau et il raconta à Nicole comment le pare-brise devenait jaune et se mettait à fondre. Toutes sortes de conneries, vous voyez. Entre le coup qu'il avait encaissé et l'herbe qu'il avait fumée, il aurait aussi bien pu être en train de planer dans un vol à l'acide. Quand c'était fini il se sentait bien. Plein de visions colorées. Nicole était assise auprès de lui. Il avait encaissé quelques gnons, et après ? Il avait l'impression d'être au paradis rien qu'à penser qu'elle l'aimait et qu'elle prenait sa défense.

Et puis il y avait eu le jour où Sunny, Jeremy, Nicole et lui montaient en voiture quand Joe Bob Sears, une vraie brute — Barrett entendait encore l'air siffler à ses oreilles — rappliqua, zoom !..., arrivant de l'autre côté de la rue, sa voiture leur bloquant le chemin. Joe Bob Sears au volant d'une Maverick noire. Joe Bob ouvrit la portière de leur voiture, fit sortir Nicole sans douceur, empoigna Sunny de la même façon, puis Jeremy, les embarqua tous et les jeta dans sa Maverick, pendant que Nicole n'arrêtait pas de le traiter de tous les noms. Barrett descendit pour voir ce qu'il pouvait faire, mais Joe Bob sortit un couteau et le braqua sur Barrett en disant : « Je vais te découper en rondelles. » Là-dessus, Jim sauta dans sa voiture, recula et fonça à toute vitesse pour écraser Joe Bob, mais Sears se rejeta en arrière, remonta dans sa voiture et démarra avec Nicole et les deux gosses. Juste à ce moment-là un flic arriva et Barrett l'arrêta en disant : « Ce type vient d'enlever ma femme, enfin, ma petite amie. » Le flic le prit en chasse, le coinça et le fit s'arrêter.

Nicole et les gosses étaient debout dans l'herbe, Joe Bob disait : « C'est ma femme, elle vient avec moi, vous comprenez. » Mais le flic répondait : « Elle n'a pas à aller avec vous si elle n'en a pas envie. » Nicole criait : « Je ne vais pas avec toi, salaud. » Le flic finit par dire : « Écoutez, jeune personne, vous feriez mieux de changer de vocabulaire, sinon je vous boucle aussi. » En fin de compte, Sunny, Jeremy et Nicole remontèrent dans la voiture de Barrett, et il démarra. Ils ne revirent plus jamais Joe Bob et s'en retournèrent vivre sous la tente.

3

Tout ça lui trotta dans la tête la nuit où il alla voir Nicole à trois heures du matin. Elle était assise, écrivant une lettre à Gary. Elle ne voulait pas être dérangée, mais Barrett entra et annonça tout de go qu'il avait envie de baiser. Elle n'était pas d'humeur, répondit-elle.

Comme elle faisait semblant de s'éloigner, il la fit se rasseoir. Il ne la jeta pas sur sa chaise, mais il la fit s'asseoir assez énergiquement pour qu'elle comprenne qu'elle n'allait pas filer comme ça. « Oh ! dit-il, tu es en train d'écrire une lettre à ton assassin d'amoureux. » Enfin, commença-t-il, si elle savait tout ce qui se passait en lui en ce moment, elle serait terrifiée. « Rien ne me fait plus peur », répondit Nicole.

Barrett prit la photo de Gary, qu'elle avait collée au mur, et se mit à la déchirer. Mais c'était une photo Polaroïd, difficile à déchirer, et elle trouva ça comique. Il était tellement camé qu'il avait du mal. Puis elle se mit en colère et dit : « Donne-moi ça. » Mais Barrett tenait la photo à bout de bras, il prit son briquet et entreprit de la faire brûler. Elle empoigna un cendrier et le frappa sur la tête.

Il se mit à lui administrer une volée. Il aurait aussi bien pu être Joe Bob Sears, sauf qu'il ne la cognait pas si fort, qu'il lui donnait seulement des claques. Il la prit à bras-le-corps et la poussa par terre. Elle savait qu'elle était dans une mauvaise situation, mais pourtant elle n'avait pas peur. Ce qui était intéressant. Elle s'était toujours dit que, le cas échéant, elle pourrait se débrouiller avec Barrett, mais ce soir-là, il était fichtrement fort dans sa colère. Elle n'essaya même pas de riposter.

A ce moment, Sue Baker arriva sur le pas de la porte. Elle avait confié son bébé à Nicole et avait pris une nuit de congé, mais comme elle passait par là et qu'elle avait vu la lumière allumée chez Nicole, elle était venue voir. Jim lui dit de se tailler avec son petit ami. Sue ne dit pas un mot, elle partit, mais Nicole savait qu'elle allait appeler la police.

Ils rappliquèrent assez vite. Quand les uniformes apparurent sur le seuil, Barrett se planqua dans le couloir. On se serait cru au cinéma. Il n'arrêtait pas de faire signe à Nicole de ne pas leur dire qu'il était là. Des gestes menaçants, dans le genre pas un mot si tu tiens à ta peau. Mais Nicole se contenta d'ouvrir la porte en disant : « Voulez-vous le faire sortir d'ici ? »

Les flics entrèrent, demandèrent ce qui se passait et Barrett dit : « Rien. » Nicole intervint. « Rien, mon cul ! Ça fait une heure que ce fils de pute me tape dessus. Excusez mon langage, monsieur l'agent, mais il a été épouvantable. » On lui passa les menottes, on lui lut ses droits constitutionnels et on l'embarqua. Elle commença à comprendre à ce moment-là qu'ils le recherchaient pour autre chose et qu'ils avaient un mandat. Barrett passa la nuit en prison.

Ce fut seulement lorsque la police fut partie qu'elle comprit à quel point Barrett l'avait mise en colère. Lorsqu'on lui eut passé les menottes, un des flics retourna à la voiture pour répondre à la radio et l'autre, à ce moment-là, lui tournait le dos. Elle aperçut un couteau dans l'évier de la cuisine. Il y eut un instant où l'envie la prit de couper la gorge de Barrett. De faire ça juste pendant qu'il avait les menottes. Sans prévenir. On aurait pu donner à Nicole la cellule à côté de celle de Gary.

4

Lorsqu'il sortit de taule, Barrett vendit la voiture de Nicole. C'était logique. Il avait besoin d'argent pour ses problèmes juridiques, et Nicole l'avait mis sur le sable. Alors il vendit la boîte de vitesses à un voisin et traîna le reste en remorque jusque chez un casseur de Mapleton où il signa une décharge. C'était réglé. Elle n'aurait plus jamais sa Mustang.

Lorsque Nicole apprit cela, elle décida de casser le pare-brise de la camionnette de Barrett.

C'était une fraîche nuit d'août. Nicole passa une veste à manches larges et se planta devant la chambre de motel de Barrett, un marteau à la main. Même avec deux tranquillisants pour la calmer, elle se sentait bouillonnante de fureur chaque fois qu'elle pensait à ce petit salaud de Barrett qui avait vendu sa voiture, alors elle attendit que les comprimés fassent de l'effet, mais rien. D'ailleurs, elle avait un problème. Dès l'instant où elle se mettrait au travail sur le pare-brise, il allait entendre le bruit, la camionnette était garée devant sa porte. Elle ferait peut-être mieux de mettre de la saleté dans son réservoir d'essence.

Elle se dit toutefois qu'elle allait essayer autre chose et s'avança. A travers la porte fermée à clef, elle dit : « Je veux te parler, Barrett. » Il refusa d'ouvrir. Il était en train de faire cuire un steak, dont elle sentait l'odeur. Elle dit : « Sors, je veux te parler. » Il eut un petit rire. « Non, fit-il, parle-moi à travers la porte. » « Je préférerais que tu sortes », dit Nicole. Il rit encore. « Je ne te crois pas, Nicole, je ne te fais pas confiance. Tu as un drôle d'air. » Là-dessus un ami à lui arriva et Barrett se sentit un peu plus en sûreté car il ouvrit la porte et dit : « Allons, entre. » Nicole décida alors d'avoir une explication juste sur le problème du fric. « Tu me dois de l'argent pour ma voiture », dit-elle. Ils commencèrent à discuter et Barrett déclara qu'il n'arrivait pas à comprendre pourquoi il avait fait cela. Il n'en avait pas le droit.

Mais elle n'allait pas avaler ça. Nicole ne cria pas, mais elle le menaça d'un ton doux et calme. Elle dit : « Barrett, cette fois-ci, tu m'as vraiment possédée. J'en ai marre de tes combines. Tu me dois cent vingt-cinq dollars.

— Pas question, dit Barrett, que je trouve autant de fric. (Toutefois, après un temps, il reprit :) Je peux t'en donner soixante demain, et quarante dans quelques jours. »

Elle le crut. En réalité, il vint le lendemain avec quarante dollars en lui disant que c'était tout ce qu'il avait. Nicole se montra vraiment grossière et insista : « Je veux le reste. » Il finit par en trouver encore soixante. Ça s'arrêta là. Il n'alla pas plus loin, c'était comme le reste. Elle n'avait pas de bagnole et en fin de compte elle dut dépenser les cent dollars pour d'autres choses. Des provisions. Le loyer.

5

Gary reçut une lettre d'une femme du Nevada lui disant qu'elle avait vingt-sept ans, qu'elle était divorcée, qu'elle mesurait un mètre soixante-trois, qu'elle était un peu ronde. « *Surtout n'hésitez pas à* me demander tout ce qui vous passe par la tête, car j'ai l'esprit large et rien ne me choquera. Je suis une Américaine pleine de tempérament, ça me plaît, et bien sûr, j'aime l'amour, l'attention, beaucoup d'affection et on peut dire que j'aime faire à peu près tout ce qui a un rapport avec le sexe opposé ! » Gary adressa la lettre à Nicole qui lui répondit aussitôt pour lui dire que c'était comme si elle avait reçu une gifle en pleine figure.

Elle ne parvenait pas à comprendre pourquoi elle était si furieuse contre cette femme. Bien sûr elle disait à quel point elle aimait Gary, mais il fallait vraiment qu'elle soit folle de lui. Jamais elle n'avait éprouvé une jalousie pareille pour un autre homme. C'était si terrible qu'elle décida qu'il fallait qu'elle le voie tout de suite.

Seulement, ce n'était pas commode. Pour aller en stop jusqu'à la ville, ça prenait toute la journée. D'abord, elle n'arriva pas à trouver une baby-sitter pour les gosses. Et puis, quand elle finit par trouver une voiture la menant jusqu'à l'hôpital, on lui apprit que Gary avait été envoyé à la prison ce matin même. Et là-bas, ce n'était pas le jour de visite. Mais Nicole avait une telle envie d'entendre sa voix qu'elle fit tout le trajet à pied, traversant la ville depuis l'asile, et qu'elle se planta derrière la clôture métallique en hurlant : « Gary Gilmore, tu m'entends ? » Elle criait aussi fort qu'elle le pouvait. Et voilà qu'elle entendit une voix qui répondait : « Oui, bébé.

— OUAIS ! » cria-t-elle.

Elle hurla alors à pleins poumons : « Gary Gilmore, je t'aime ! »

Un flic déboucha de derrière le bâtiment et lui dit qu'il fallait partir. Elle pouvait se faire arrêter pour agir ainsi. Ça la surprit. Elle ne savait pas qu'on pouvait vous empêcher de vous exprimer. Elle hurla à Gary qu'il fallait qu'elle s'en aille et elle partit. Mais elle se sentait beaucoup mieux.

20 août

Figure-toi, bébé, qu'il m'est arrivé la chose la plus magnifique qui soit. Je viens d'entendre la voix magique d'un elfe qui criait : « Gary Gilmore, tu m'entends ? Je t'aime ! » Eh bien, je t'aime aussi ! Oh ! là ! là ! que je t'aime ! Nicole... tu me stupéfies. Tu es absolument merveilleuse. Je n'ai tout simplement pas de mots pour dire comme tu me fais du bien. Tu me fais pleurer des larmes de bonheur.

6

Samedi 21 août

Je suis allé dormir un moment cet après-midi et je me suis éveillé en sentant cette chose d'un froid de glace que je déteste tant. C'est plus qu'un sentiment... c'est une sorte de certitude. Comme la conscience totale d'être dans une boîte, qu'il fait grand jour dehors et que le monde entier continue à tourner sans moi.

24 août

Qu'est-ce que je vais trouver quand je mourrai ? La Vieillesse ? Des fantômes vengeurs ? Un golfe noir ? Mon esprit va-t-il être projeté à travers l'univers plus vite que la pensée ? Vais-je être jugé et condamné, comme tant d'Églises voudraient nous le faire croire ? Vais-je être interpellé et agrippé par des esprits perdus ? Est-ce qu'il n'y aura rien ?... Est-ce que ce ne sera qu'une fin ?... Je ne sais même pas me représenter le concept du néant... Je ne crois pas que « rien »

479

existe. Il y a toujours quelque chose... L'énergie. Mais la mort est-elle un non-voyage ? Est-ce instantané ? Est-ce que ça prend des minutes, des heures ou des semaines ? Qu'est-ce qui meurt d'abord — le corps, bien sûr — mais ensuite, est-ce que la personnalité se dissout lentement ? Y a-t-il des niveaux différents de morts — les uns plus sombres et plus accablants que d'autres, les autres plus clairs et plus légers, certains plus et certains moins matériels ?

Nicole, je suis persuadé que nous avons toujours un choix. Et je choisis : quand je mourrai, ou quand je changerai de forme, ou que je passerai par ce qui décrit le mieux cette chose qu'on appelle la mort, je choisis de t'attendre, de t'accueillir, de te retrouver — cette partie de mon cœur et de mon âme que je cherche depuis si longtemps — le seul véritable amour que j'aie jamais connu. Alors nous saurons. Nous saurons tout ce que nous savons maintenant mais dont nous n'arrivons pas à nous souvenir consciemment...

Tu as dit que la lettre de cette femme était comme une gifle en pleine figure... Bébé, bébé, ça n'était pas du tout mon intention quand je te l'ai envoyée ! J'ai juste pensé que j'allais te la faire lire. Tu crois que je n'ai pas réfléchi, hein ? Je ne vais pas lui écrire. Tu es la seule femme dans ma vie, mon ange. Je n'accepterais pas mille femmes contre toi.

25 août

Peut-être que quand tu toucheras ton prochain chèque tu pourrais m'apporter un ou deux trucs, d'accord ? Ce que j'aimerais avoir, ce sont deux stylos feutre « Flair », un marron et un bleu, avec des pointes fines — un bon pinceau à aquarelle : un Grumbacher numéro 5 — et un bon bloc de papier. Si tu ne peux pas te le permettre, ça ne fait rien, mon chou, parce que je sais qu'on ne te donne pas *grand-chose avec ces foutues allocations familiales, et je ne veux pas que tu sois de nouveau fauchée comme tu l'étais ce mois-ci.*

Il y a une époque où je m'étais lancé à fond dans la recherche de la Vérité. Je cherchais une vérité qui était très rigide, très sévère, une ligne droite qui excluait tout sauf elle-même. Une simple Vérité, sans complications ni fioritures. Je n'étais jamais tout à fait satisfait : mais j'ai trouvé quand même pas mal de vérités. Le courage est une Vérité. Dominer la peur est une Vérité. Ce serait trop simple de dire que Dieu est Vérité. Dieu est cela et beaucoup, beaucoup plus. J'ai trouvé ces Vérités, et d'autres encore...

J'ai trouvé un tas de Vérités. Mais j'étais encore affamé — et c'est vrai que la faim enseigne bien des choses. Alors j'ai continué à chercher. Et un jour j'ai eu la chance. J'ai vu une Vérité simple et tranquille ; une vérité personnelle profonde et solide, de beauté et d'amour.

Nicole découvrit soudain ce que voulait dire une expression comme « horrible perte ». C'était jeter ce que l'on avait de plus précieux dans la vie. C'était savoir qu'il allait falloir vivre auprès de quelque chose de plus grand que votre propre vie. En l'occurrence, c'était savoir que Gary allait mourir.

Elle commença à se dire qu'il n'y avait pas une minute où elle cessait de l'aimer, pas une minute. Pas une minute de sa journée où il ne fût pas présent à son esprit. Ça, ça lui plaisait. Ça lui plaisait ce qu'elle ressentait en elle. Mais c'était bizarre. Elle prenait une grande inspiration et s'apercevait qu'elle était en train de tomber de plus en plus amoureuse d'un type qui allait bientôt mourir.

Un soir, Tom Dynamite passa, mais elle n'arriva pas à se décider à coucher avec lui. Ça la surprit. Le sexe n'avait rien à voir avec Gary. C'était seulement que cette nuit elle avait pensé si fort à lui qu'elle ne voulait pas se priver du plaisir de continuer. Elle réussit à persuader Tom de coucher sur le sol auprès du divan où elle s'allongeait toujours, et Nicole posa même sa main sur l'épaule de Tom, dans un geste de gratitude, pendant qu'ils dormaient. Il partit au matin sans la réveiller.

En ouvrant les yeux, elle se rappela qu'alors même qu'elle s'endormait, elle avait décidé de se tuer dès le matin. Elle s'éveilla avec la même pensée. Elle resta assise dans son lit, immobile, aussi silencieuse qu'un oiseau.

Si elle mourait la première, Gary ne tarderait pas à être avec elle. Il le lui avait dit. Elle ne savait pas où elle serait alors ni ce qui pourrait arriver d'autre, mais elle serait avec lui de l'autre côté. Son amour à lui serait si fort qu'elle serait attirée comme par un aimant. Ce serait comme l'aimant qui l'avait attirée vers lui le jour où elle l'avait vu pour la première fois en prison.

Elle n'avait pas de lame de rasoir en état, et elle envisagea d'aller chez la voisine en emprunter une, mais elle se dit que ça paraîtrait trop suspect. Alors elle ouvrit une rasorette, sorte de petit rasoir en plastique pour dame, elle le cassa avec un couteau à découper et en fit sortir la lame. Elle l'enveloppa alors dans une feuille de cahier et la fourra dans son soutien-gorge. Elle se dit que si elle ne bougeait pas trop, elle ne risquait pas de se couper. Ça lui fit une drôle d'impression de laisser les gosses chez une amie, mais elle s'en alla faire du stop pour se rendre jusqu'à la prison. Deux types s'arrêtèrent pour la prendre.

L'un était un ancien détenu. Il était vraiment mal embouché, mais plutôt gentil. Il parlait comme un vrai charretier et n'arrêtait pas de demander si elle n'avait pas peur que son copain et lui l'emmènent dans les montagnes pour la violer et lui couper la gorge. Ça faisait rigoler Nicole. Elle pensait qu'elle avait cette lame dans son soutien-gorge, toute prête à faire le travail.

Quoi qu'il en soit, ils la déposèrent à côté de la prison, sans autre histoire. Bien sûr, lorsqu'elle leur dit qu'elle allait voir son ami et que l'ancien détenu entendit le nom, il fallut qu'il fasse une remarque idiote. « Ah ! fit-il, il va avoir un petit empoisonnement au plomb. » Ça fit exploser Nicole. Elle n'éprouvait pas de remords à l'idée de rire de Gary. Elle savait qu'il en aurait ri aussi.

Elle passa derrière la prison, hurla deux ou trois fois et quelqu'un finit par lui répondre que Gary était dans une autre cellule. Elle l'entendit alors, mais faiblement, qui essayait de répondre. Les flics arrivèrent en menaçant de l'arrêter. Bien sûr, elle s'en foutait éperdument.

Cette fois, on l'emmena dans le bâtiment du devant et on la garda une demi-heure. Elle était comme chez elle, secouant ses cendres par terre, riant de leurs menaces, s'en foutant complètement. Ils pouvaient la laisser partir ou la boucler. Sans femme policier ils ne pouvaient la fouiller et elle avait toujours sa lame de rasoir.

Au bout d'un moment, ils la laissèrent partir. En sortant elle remarqua un petit tunnel cimenté qui passait sous l'autoroute. Il n'avait pas plus d'un mètre de large et c'était assez sombre, si bien qu'on ne voyait pas loin. Elle y entra à quatre pattes et se retrouva dans le noir. Elle avait relevé ses manches sur ses bras, mais elle les retroussa encore plus haut et puis se coupa aussi fort qu'elle pouvait à la veine et à l'artère. C'était une sensation agréable. Vraiment tiède. Ça saignait et ça éclaboussait le ciment. Elle sentait le sang ruisseler le long de son bras et c'était chaud et c'était bon. Elle aimait l'impression que ça faisait, ça calmait. Il y en avait tant. On aurait dit que l'océan se déversait dans le tunnel. Elle distinguait l'ouverture par laquelle elle était entrée, et toute la lumière que Nicole pouvait voir c'était celle qui filtrait par cet orifice.

Elle resta là mais cette impression d'agréable chaleur ne dura pas. Elle commença à se sentir malade. Puis elle fut prise de nausées. Elle se mit à trembler de tout son corps. Elle n'avait pas froid, mais elle tremblait. Il y avait du sang partout sur le ciment. Toutes ses pensées agréables, longues et lentes disparaissaient. Elle n'avait plus l'impression de glisser dans quelque chose de chaud, mais que tout devenait froid. Elle n'aimait pas ça. Elle s'obligea à s'asseoir. Puis à s'allonger et essayer de dormir. Elle tenta même de se persuader de ne pas bouger. De rester simplement là jusqu'à ce que ce soit terminé.

Elle finit par se dire : il faut que j'aille voir un docteur. En tout cas, il faut que j'essaie. Le mieux que j'aie à faire, c'est d'essayer. Ensuite, je peux m'occuper de mourir.

Elle se leva mais elle n'arrivait même pas à marcher droit et elle avait tout le temps l'impression qu'elle allait tomber dans les pommes. Elle faisait quelques pas et alors des taches dansaient devant ses yeux et elle s'accroupissait. Mais c'était tout près de la prison, alors elle y retourna. Il y avait un flic en train de laver un camion, il n'était même pas en uniforme. Elle lui raconta qu'elle avait escaladé une clôture et qu'elle avait glissé. Elle lui montra comme elle saignait. Il la conduisit jusqu'à l'hôpital de Utah Valley.

Le docteur ne crut pas un mot de cette histoire de clôture escaladée. Il dit : « On dirait que vous vous êtes fait ça avec quelque chose de plutôt aiguisé. » Il lui demanda si elle avait beaucoup saigné, si c'était un demi-litre ou un litre. Elle dit qu'elle ne savait pas ce que représentait un litre ou un demi-litre. Pas quand c'était du sang qu'on perdait. On lui prit sa tension et elle commença à se sentir mieux. Elle rentra chez elle en stop. Le temps de rentrer, elle avait de nouveau mal au cœur, et était incapable de rester debout sans avoir le vertige. Elle dormit beaucoup. Le lendemain matin elle découvrit à la prison qu'ils étaient furieux et qu'on lui avait supprimé son droit de visite.

29 août

Ça m'a foutu en rogne de ne pas avoir pu te voir aujourd'hui. Ces petits merdeux ! On donne un peu d'autorité à des enfants de putains et ils s'imaginent tout de suite qu'ils peuvent retirer des privilèges aux gens... Cette bande de petits salauds; ces bas de la gueule, gargouillant de ce qu'ils ont sucé.

8

Le soir, en rentrant de l'hôpital, Nicole coucha avec Cliff Bonnors. Elle avait des points de suture au bras et ça lui faisait un mal de chien. Pendant tout le temps où elle fit l'amour elle n'arrêta pas de se dire que si elle ne faisait pas attention, ça allait recommencer à saigner. Le lendemain soir, elle se retrouva au plumard avec Tom Dynamite. Même saloperie. Son bras lui faisait sacrément mal et elle se dit qu'elle allait devoir arrêter de faire l'amour.

Parfois elle était convaincue que Gary l'entendait penser. Ce n'était pas qu'elle estimait que c'était bien ou mal de faire ça pendant que Gary était en prison, mais simplement que l'idée la frappait tout d'un coup que ça pourrait sembler bizarre d'être amoureuse d'un type et de continuer à baiser avec d'autres. Elle n'avait jamais éprouvé ce sentiment auparavant. C'était important d'être fidèle. Voilà une chose à quoi il fallait réfléchir.

Elle finit par décider de tâter le terrain en faisant quelques allusions dans une lettre. Elle choisit d'utiliser Kip comme modèle. Kip, justement, était tombé sur elle voilà à peu près un mois. Il avait tant changé, raconta-t-elle à Gary dans la lettre, que ça n'était pas croyable. Kip était devenu mormon. Il se mettait tout nu et il voulait bien jouer avec elle, mais pas question d'aller au lit. On aurait même dit que c'était lui qui était devenu l'allumeur, pas elle. C'était quand même quelque chose !...

Un matin, par exemple, Kip se rendit à un temple des Saints du Dernier Jour, juste au bas de la rue, et revint tout habillé, en pantalon du dimanche et enflammé de religion. Il comptait aller au service du soir, mais elle se mit à l'asticoter. Elle fit si bien que Kip en mouilla son pantalon. Un vrai gâchis. Il avait son pantalon si froissé et si humide qu'il ne pouvait plus aller au temple.

Eh bien, elle raconta un peu de ça à Gary dans sa lettre. Elle voulait voir quelle sorte de réaction il aurait. Après tout, ça s'était passé voilà des semaines et ça n'avait pas d'importance. Mais Gary ne releva pas.

Le shérif Cahoon ne fut pas surpris lorsque Gary lui demanda s'il pouvait venir le voir pour bavarder. Cahoon le fit même entrer dans la grande pièce et ils s'installèrent auprès du bureau. Ils eurent une bonne et amicale conversation. Gary dit qu'il était d'accord avec le shérif Cahoon sur la façon dont il faudrait diriger l'établissement et il voulait parvenir à un arrangement sur ce qu'on attendait de lui et de Nicole. Eh bien, répondit Cahoon, il voulait que l'amie de Gary vienne et se conduise en dame, sans créer de problèmes. Qu'elle vienne décemment vêtue. Lorsqu'il vit l'étincelle dans l'œil de Gary, il observa que, bien sûr, sa tenue n'était pas si extravagante. C'était son attitude qui causait des problèmes. Gary convint qu'ils pourraient parvenir à un accord. Cahoon dit qu'ils se comprenaient et qu'il l'autorisait à téléphoner à Brenda pour la prévenir que Nicole pouvait revenir.

Lors de la visite suivante, elle raconta à Gary ce qu'elle avait tenté dans le souterrain avec la lame de rasoir. Qu'elle avait voulu mourir mais qu'elle n'avait pas pu aller jusqu'au bout. Qu'elle avait eu peur. Il lui dit que c'était très dur de saigner à mort. La plupart des gens qui essayaient, ça les rendait malades. C'était une des façons vraiment pénibles de mourir.

Elle avait un pansement, mais il finit par lui demander de montrer les points de suture. Il dit alors : « C'est foutrement profond comme coupure. » Le ton parut à Nicole sonner comme un éloge, comme s'il avait dit : « Bébé, c'est pour moi que tu as fait ça. »

Il ne parla jamais de Kip.

Après avoir accepté ces visites, Cahoon recommença à s'inquiéter. Gilmore et son amie avaient la correspondance la plus insensée. Dans une lettre, elle parlait en fait de la façon dont elle s'était coupé le bras et comment elle avait senti couler le sang tiède. Le garde qui apporta la lettre au shérif Cahoon dit : « En voilà un message à envoyer à un type accusé d'homicide ! »

On peut dire que Cahoon la lut avec soin. Nicole n'arrêtait pas de parler de l'épée d'argent de la vie après la mort. Comment ils auraient une bien meilleure vie avec l'épée d'argent. Elle parlait de retourner à l'endroit où elle avait saigné et où la pluie avait lavé presque tout le sang. Comme elle lui apportait toujours des livres, Cahoon en examina un où il n'était question que de l'Au-Delà et comment connaître la jubilation éternelle.

Ça rendit les gardiens si nerveux qu'à la visite suivante, lorsque Nicole, en train de parler à Gary, se retourna pour prendre une cigarette dans son sac, le policier de faction était si agité qu'il lui saisit bel et bien le poignet. C'était à cause de cette épée d'argent dont elle n'arrêtait pas de parler.

Cahoon était en train de se demander s'il ne devait pas de nouveau lui interdire les visites, mais voilà que tout d'un coup elle cessa de venir à la prison. Elle cessa aussi d'écrire.

10

Nicole avait pris la décision de faire le plongeon. A la fin d'une longue lettre à Gary toute débordante d'amour, elle ajouta vers la fin deux ou trois phrases pour dire combien c'était idiot qu'elle ait passé autant de temps — et elle l'écrivit noir sur blanc — « à se faire baiser ». Il fallait qu'elle sache ce qu'il pensait.

5 septembre

Je viens de lire ta lettre. Une longue et belle lettre et pleine d'amour. A la page cinq tu as dit : « C'est si horrible. Je passe tant de temps soit à m'enivrer soit à baiser. » J'ai eu l'impression d'avoir reçu un coup : une sorte d'engourdissement m'a envahi et pendant quelques minutes je n'ai pas pu continuer à lire la lettre. Nicole, ne me redis jamais des choses comme ça à moins que tu ne tiennes à me faire du mal. Je ne veux pas que quelqu'un te saute et j'essaie de ne pas y penser : je m'en tirais à peu près bien jusqu'au moment où tu as écrit pour me le dire.

Elle avait l'impression que quelqu'un lui avait tapé sur le côté de la tête. Elle entendait la voix de Gary retentir dans son cerveau. Elle exprimait une terrible colère, comme s'il était capable de se mordre la langue jusqu'au sang. Il voulait que plus jamais elle ne couche avec un type. Elle ne voulait pas penser à tout ça. *« Tout le monde saute Nicole »*, disait la voix de Gary dans la tête de Nicole. *« Ne te laisse pas sauter par ces sales suceurs. Ça me donne envie de commettre un nouveau meurtre. J'ai envie de tuer. Ça n'a pas nécessairement d'importance de savoir qui se fait tuer... Tu ne connais donc pas cet aspect de mon caractère ? »* Tout au fond, il y avait une partie d'elle-même qui l'aimait plus que jamais. C'était ça qui comptait pour lui.

Après tout, ça n'avait jamais été important pour elle. C'était plus facile de laisser les choses courir que de dire à un type de vous laisser tranquille. C'était une sorte de soulagement maintenant que d'avoir une raison de dire non. Bien sûr, ça n'était pas si facile de repousser Cliff ou Tom Dynamite. Elle expliquait : « Je ne suis plus ici avec toi, je suis avec quelqu'un d'autre. » Ils comprenaient, Cliff surtout. Ça ne les empêchait pas d'essayer encore de la baiser. Elle avait quand même besoin de compagnie.

Une ou deux fois, ce fut vraiment dur de leur dire de rentrer chez eux. D'ailleurs, il y avait d'autres gens qui passaient. Des mecs d'autrefois. Ça n'était pas qu'elle ne pouvait pas dire non, c'était que eux s'attendaient à ce que ce soit comme auparavant. Elle n'avait pas envie de se planter devant eux en hurlant : « Foutez le camp de ma vie. » Après tout, ils ne lui avaient fait aucun mal.

Il fallait qu'elle mette de l'ordre dans tout ça. Alors elle cessa d'aller le voir à la prison, elle cessa d'écrire. Elle voulait attendre de pouvoir lui dire qu'elle l'aimait assez pour être capable de faire ce qu'il demandait.

CHAPITRE XXII

TROTH

1

GARY fut si silencieux les quelques jours suivants que cela en devint inquiétant. Cahoon décida qu'il était d'humeur trop morbide et qu'il avait besoin de compagnie, aussi installa-t-il avec lui un prisonnier du nom de Gibbs. Ils avaient tous deux passé tellement de temps en prison qu'ils s'entendraient peut-être.

Cahoon remarqua qu'à peine refermés les verrous ils entamèrent une conversation en jargon de prisonnier. Un vrai baragouinage. Ils utilisaient un mot comme fègre pour dire maigre. Histoire de montrer à l'autre combien d'années on avait tirées en menant comme ça une conversation. Cahoon n'essaya pas de tout comprendre. S'ils parlaient de la dame de Bristol, ça voulait dire pistolet, et là il devrait s'inquiéter, mais Gilmore parlait de un et de deux et c'étaient les chaussures. « Oui, disait Gilmore à Gibbs, j'ai une belle paire pour aller avec ma frise et mes pantes.
— Il faut que tu penses aussi, dit Gibbs, à ton nœud et à ton canot.
— Va te taper une chèvre, fit Gilmore, laisse-moi rappliquer avec ma petite pompe à huile.

— C'est vrai, les pépées, faut toujours les lubrifier. »

Cahoon s'en alla. Les deux hommes essayaient tout juste de passer le temps. Il trouvait qu'ils faisaient un couple charmant. Tous les deux avaient des barbiches à la Fu Manchu. Seulement Gilmore était plus grand que Gibbs. On aurait dit un chat et une souris. Non, plutôt un chat et un rat.

2

Il n'y avait que trois choses au monde dont Gibbs pouvait honnêtement dire qu'elles lui inspiraient quelques sentiments : les enfants, les petits chats et l'argent. Il se débrouillait tout seul depuis qu'il avait quatorze ans. A dix-sept ans, il remplit et toucha pour dix-sept mille dollars de chèques en un mois et s'acheta une voiture neuve. Il avait toujours une voiture neuve.

A l'âge de quatorze ans, disait Gilmore, il avait fait des casses dans cinquante maisons. Peut-être plus.

La première fois que Gibbs était allé en prison, il avait à son actif une escroquerie de deux millions et demi de dollars. Il avait mis la main, expliqua-t-il, sur vingt et un comptes. La fois suivante où il retourna en taule, ce fut lorsqu'il fit sauter la voiture d'un flic à Salt Lake. La voiture de l'inspecteur Haywood.

On lui avait collé quinze ans quand il en avait vingt-deux, dit Gilmore. Il avait tiré cela au pénitencier de l'Oregon et à Marion. Gibbs hocha la tête. Marion, c'était du sérieux. Il s'y était farci onze années de suite, lui précisa Gilmore. Dont sans doute au total quatre ans de haute surveillance. Gilmore avait un vrai pedigree.

Il faisait dans les radeaux pneumatiques, lui dit Gibbs. En deux semaines, il en avait volé quarante dans un grand magasin d'Utah Valley, à cent trente-neuf dollars pièce. Même chose avec des scies à moteur. Il se faisait dans les deux ou trois cents dollars par jour. Il n'arrivait pas à gérer son fric, voilà tout.

C'était mon problème aussi, reconnut Gilmore. Lui aussi avait piqué un peu dans ce grand maga-sin-là.

« Oui, fit Gibbs, la seule différence entre toi et moi c'est que quand je faisais le coup, j'avais deux gars en soutien en cas de brouillage. Si on me tombait dessus, mes gars disaient : « Qu'est-ce que vous lui voulez, à ce garçon ? »

Gibbs s'aperçut que Gilmore ne connaissait aucun des durs de Salt Lake. Il ne connaissait pas les frères Barbaro, Len Rails, Ron Clout, Mardu, Nigus Latagapolos. « Ça, c'est des durs », disait Gibbs.

Gilmore parlait de la Fraternité Aryenne et des contacts qu'il avait là-bas. Gibbs connaissait les noms de quelques durs du pénitencier d'Oregon, d'Atlanta, de Leabenworth et de Marion. Pas des personnages de légende, mais quand même des costauds. Gilmore se comportait comme un type bien considéré. Évidemment, l'homicide, ça vous donne du standing. Quand on vous demande : « Qu'est-ce que ça vous rapporte de tuer ? » La réponse est : « De la satisfaction. » Ça vous éclaircit les idées.

Son réseau, raconta Gibbs à Gilmore, avait fait dans les hors-bords, les canots à moteur, les remorques et les caravanes. Surtout ne pas s'énerver quand on vous voit trimbalant la camelote. Ça les faisait bien rigoler. « Un jour, dit Gibbs, j'en avais pour un demi-million de dollars, peinard sur l'autoroute. »

3

« Si tu sors avant moi, dit Gilmore, tu peux me rapporter des lames de scie à métaux ?

— N'importe qui ferait ça, dit Gibbs. Compte sur moi. » Et Gibbs se disait d'ailleurs qu'il pourrait bien le faire. Il aimait bien Gilmore. Il avait de la classe, ce mec.

« Tu sais, fit Gilmore, si tu pouvais me trouver un moyen de me faire sortir d'ici, je ferais n'importe quel coup. Je garderais juste assez d'argent pour que ma bourgeoise et moi on quitte le pays et je te donnerais le reste.

— Si je voulais sortir de cette taule, dit Gibbs, j'aurais des gens qui viendraient me prendre.

— C'est que dans le coin je ne connais personne, dit Gilmore.

— Si quelqu'un le faisait, ce serait moi », répéta Gibbs.

La cellule dans laquelle ils se trouvaient était divisée en deux, une petite partie salle à manger avec une table et des bancs, et au fond, loin des barreaux, des toilettes, un lavabo, une douche et six couchettes. De l'autre côté des barreaux, un couloir qui menait au pavillon voisin. On l'utilisait en général comme cellule pour femmes. Quand il n'y avait pas de femmes, c'était la cage aux ivrognes.

Pour leur première nuit, ils eurent un ivrogne juste à côté qui n'arrêtait pas de crier.

Gilmore répondit comme s'il était le gardien. « Qu'est-ce que tu veux ? » lança-t-il. Le pochard dit qu'il avait besoin de donner un coup de fil. Pour qu'on amène sa caution. Gilmore lui dit qu'aucun juge ne lui accorderait ça. Enfin, le petit garçon qu'il avait frappé dans le camp des caravanes était mort. Quel petit garçon ? dit l'ivrogne. C'est ça dont tu es accusé : conduite en état d'ivresse, accident d'auto mortel et délit de fuite. Gibbs était ravi. L'ivrogne croyait Gilmore. Il passa le reste de la nuit à pleurer tout seul au lieu de crier pour appeler le geôlier.

Gilmore commença à faire sa gymnastique. C'était quelque chose, expliqua-t-il à Gibbs, qu'il faisait tous les soirs. Il en avait besoin afin de se fatiguer assez pour dormir un peu.

Il fit cent couché-assis, souffla un peu, puis se mit à faire des ciseaux en sautant et en claquant ses mains au-dessus de sa tête. Gibbs, fumant allongé sur sa couchette, perdit le compte. Gilmore avait dû en faire deux ou trois cents. Puis il marqua une nouvelle pause et essaya des pompes mais ne put parvenir qu'à vingt-cinq. Il avait la main gauche encore faible, expliqua-t-il.

Puis il se planta dix minutes sur la tête. « Ça rime à quoi ? » demanda Gibbs. « Oh ! fit Gilmore, ça fait circuler le sang dans la tête, c'est bon pour les cheveux. » Gilmore voulait, précisa-t-il, s'efforcer de garder un air aussi jeune que possible. Gibbs acquiesça. Tous les taulards qu'il connaissait, y compris lui-même, faisaient des complexes à propos de leur âge. Après tout, les années de jeunesse étaient toutes foutues. « Mon opinion, dit Gibbs, c'est que tu as l'air jeune pour un type de trente-cinq ans. Moi, j'ai cinq ans de moins que toi et j'en parais cinq de plus.

— C'est les clopes », dit Gilmore, en reniflant la fumée.

Il avait choisi une couchette supérieure aussi loin que possible de Gibbs qui dormait dans la couchette inférieure en face.

« Tu ne fumes pas ? dit Gibbs.

— Je ne veux pas prendre une habitude pour laquelle il faut payer, dit Gary. Pas si on passe son temps bouclé. En haute surveillance, ils avaient donné mon nom à une cellule. »

Le pochard de la cellule voisine geignait pitoyablement. Gilmore reprit : « Eh oui, la chambre Gary M. Gilmore » et ils se mirent à rire tous les deux. Écouter l'ivrogne pleurnicher, c'était aussi agréable que d'être allongé sur son lit par une nuit d'été à écouter le froissement des feuilles dans les arbres. Oui, lui raconta Gilmore, il avait tiré tellement de temps en haute surveillance qu'il n'avait presque jamais gagné d'argent en travaillant à la prison. Et on ne pouvait pas dire qu'il y avait du fric arrivant de l'extérieur. Tous les luxes qu'on pouvait se payer en taule, il avait appris à s'en passer. « D'ailleurs, dit-il, fumer c'est mauvais pour la santé. Bien sûr, à propos de santé... » Il regarda Gibbs.

À propos de santé, il s'attendait à la peine de mort.

« Un bon avocat pourrait te faire avoir le meurtre sans préméditation. Dans l'Utah, c'est la liberté surveillée au bout de six ans. Six ans et tu te retrouves dans la rue.

— Je ne peux pas me permettre un bon avocat, dit Gilmore. C'est l'État qui paie mes avocats. (Il regarda Gibbs du haut de sa couchette et dit :) Mes avocats travaillent pour les mêmes gens qui vont me condamner. »

« On n'arrête pas de m'emmener pour être interrogé par des psychiatres, dit Gilmore. Merde alors, ils posent les questions les plus stupides. Pourquoi, demandent-ils, est-ce que j'ai garé ma voiture sur le côté du poste à essence ? " Si je m'étais garé devant, leur ai-je dit, vous me demanderiez pourquoi je ne me suis pas garé sur le côté. " (Il ricana.) Je pourrais jouer la comédie, leur faire dire : " C'est vrai, il est fou ", mais je ne veux pas. »

Gibbs comprenait. C'était contraire à l'idée que se faisait de lui-même un homme véritable.

« Je leur explique que les meurtres n'avaient pas de réalité. Que j'ai tout vu à travers un brouillard d'eau. (Ils entendaient l'ivrogne qui se remettait à geindre.) C'est comme si j'étais au cinéma, je leur dis, et que je ne pouvais pas arrêter le film.

— C'est comme ça que ça s'est passé ? demanda Gibbs.

— Merde, non, dit Gilmore. Je suis tombé sur Benny Buschnell et j'ai dit à ce gros fils de salaud : "Ton argent, mon garçon, *et* ta vie." »

Ça les fit exploser tous les deux. Ce que c'était drôle. En pleine nuit, dans cette saloperie de prison de trous du cul où on étouffait, avec le pochard qui gémissait dans sa merde en comptant ses péchés, ils n'arrivaient pas à s'arrêter de rire. « Un peu de calme, là-bas, dit Gilmore à l'ivrogne. Garde tes sanglots pour le juge. » Le type ruisselait de larmes. On aurait dit un chiot la première nuit dans une maison nouvelle. « Tiens, reprit Gilmore, le matin après avoir tué Jensen, je suis passé à la station-service pour leur demander s'ils n'avaient pas une place pour moi. » De nouveau ils explosèrent.

Gilmore, ce soir-là, se serait cassé le bras si ça avait pu faire une bonne plaisanterie. Il se serait coupé la tête et vous l'aurait tendue sur un plateau si sa bouche avait pu cracher des clous. « Quelle est ta dernière meilleure faveur quand on te pend ? » demanda-t-il. Et il répondit : « Prenez une corde élastique. » Il faisait semblant de rebondir au bout, il faisait la grimace en disant : « Je crois que je resterai pendu un moment. »

Gibbs croyait qu'il allait pisser dans son froc. « Quelle est, demanda-t-il à Gilmore, ta dernière faveur quand on te met dans la chambre à gaz ? » Il attendit. Gibbs pouffait tout seul. « Tiens, tu leur demandes du gaz hilarant.

— Il y a de quoi t'étouffer », fit Gibbs.

D'ailleurs, il s'étranglait presque à force de graillonner. Fumer, ça lui donnait sa douzaine d'huîtres à chaque repas. Il était le type au crachoir. Gilmore demanda : « Qu'est-ce que tu dis au peloton d'exécution ?

— Je leur demande un gilet pare-balles », dit Gibbs. Ils riaient à tour de rôle comme un animal qui tourne en rond et qui s'affaiblit. « Oui, fit Gibbs, celle-là je la connaissais. »

Gilmore avait une qualité que Gibbs savait apprécier. Il était conciliant. Gibbs estimait que pour sa part il arrivait toujours à se rapprocher des gens, il se contentait de faire comme eux. Gilmore, c'était pareil. Ce soir-là, ils rigolaient vraiment comme deux connards.

Là-dessus, Gilmore devint sérieux. « Dis donc, fit-il à Gibbs, ils comptent m'infliger la peine de mort, mais j'ai une réponse pour eux. Je vais jouer la carte cachée de l'État d'Utah. Je vais les obliger à le faire. Ensuite, on verra s'ils ont autant de cran que moi. »

Gibbs n'arrivait pas à déceler si ce type bluffait.

Il ne pouvait imaginer qu'on fasse quelque chose comme ça.

« Oui, reprit Gilmore, je vais leur dire de le faire sans me mettre de cagoule. De le faire de nuit si c'est dehors, ou bien dans une pièce sombre avec des balles traçantes. Comme ça je pourrai voir ces mignonnes arriver ! »

L'ivrogne hurlait : « Je ne voulais pas tuer le petit garçon, oh ! monsieur le juge, plus jamais je ne conduirai.

— Ta gueule », cria Gilmore.

Ouais, dit-il à Gibbs, la seule crainte légitime qu'un homme dans sa position pouvait avoir en face du peloton d'exécution, c'était qu'un des tireurs soit un ami ou un parent d'une des victimes. « Alors, dit Gilmore, il risquerait de viser la tête. Ça ne me plaît pas. J'ai dix de vision à chaque œil, et je veux faire don de mes yeux. »

Ce type était comme une roulette, décida Gibbs. Ça dépendait du numéro qu'il sortait. « J'ai fait un tas de boulettes dans ma vie, déclara Gilmore du haut de sa couchette, et bien des erreurs de jugement ces deux derniers mois, mais je vais te dire une chose, Gibbs : maintenant, je suis dans mon élément. Je ne me suis jamais trompé sur le compte de quelqu'un qui a fait de la taule.

— J'espère que tu as bonne impression de moi.

— Je suis persuadé que tu es un bon taulard », fit Gilmore.

Sur cet éloge — il n'y en avait pas de plus grand — ils s'endormirent. Il était trois heures du matin. Ils avaient déconné jusqu'à trois heures du matin.

Je ne suis pas un faible. Je n'ai jamais été une loque, je n'ai jamais été un salopard, je me suis toujours bagarré : je ne suis peut-être pas le plus costaud mais j'ai toujours tenu le coup et on m'a toujours compté parmi les hommes. J'ai fait certaines choses qui feraient trembler un tas de salauds et j'ai enduré des merdes que personne n'aurait supportées. Mais ce que je veux que tu comprennes, ma petite fille, c'est que c'est toi qui tiens mon cœur et qu'avec mon cœur je crois que tu as le pouvoir de m'écraser ou de me détruire. Je t'en prie, ne fais pas ça. Je suis sans défense devant ce que j'éprouve pour toi.

Je ne peux pas te partager avec un autre ni avec d'autres, Nicole. Je préférerais être mort et brûler dans je ne sais quel enfer que de savoir un autre homme avec toi.

Je ne peux pas te partager... Je te veux tout entière...

Il faut que je vive sans baiser, tu le peux aussi. Navré d'être grossier, mais c'est vrai. Nous nous aimons, nous nous appartenons, ne nous faisons jamais de mal, Nicole, ne nous faisons jamais de mal.

Cette douleur me paralyse. Je n'arrête pas de penser à toi avec quelqu'un. C'est plus fort que moi. Il faut que je chasse de mon esprit ces images horribles. Je veux que personne ne t'embrasse, ne te tienne dans ses bras ni ne te baise. Tu es à moi. Je t'aime.

Tu as dit à la dernière page de ta lettre que je n'aurais plus jamais aucune raison de souffrir comme ça : ça fait trente-cinq ans que je suis sur cette foutue terre et j'ai été bouclé plus de la moitié de ma vie. Avec tout ce qui m'est arrivé, je devrais être un rude salaud. Mais je ne peux pas supporter d'être loin de toi... tu me manques à chaque minute.

Et je ne peux pas encaisser l'idée qu'un homme serre contre lui ton corps nu et regarde tes yeux rouler en arrière en s'endormant dans tes bras.

Je ne peux pas te partager... je ne veux pas. Il faut que tu sois tout à moi. Ça m'est égal que tu dises que tu as ce cœur dingue qui ne te laisse refuser aucune demande de rendre un autre heureux. J'ai un cœur dingue aussi. Et mon cœur dingue adresse une prière à ton cœur dingue : ne repousse pas ma requête de n'être qu'à moi de cœur, d'esprit, d'âme et de corps. Laisse-moi être le seul et unique homme à t'avoir.

Bon Dieu j'ai envie de toi bébé bébé bébé.
Ne baise qu'avec moi.
Ne baise avec personne d'autre. Ne fais pas ça, ne fais pas ça, ça me tue, ne me tue pas.
Est-ce que j'en demande trop ?
Écris-moi et dis-moi...
DIS-MOI   DIS-MOI
NOM DE DIEU
                             DIS-MOI
Bonté de merde, Nicole.
Dis-moi.
Mercredi et dimanche, ça fait trop loin... Pourquoi ne m'écris-tu pas davantage ?
Nicole ne sois avec personne d'autre non non non
                      Non
Je déconne vraiment dans cette lettre
Je suis parvenu à une conclusion et la voici. Il faut que je t'aie tout entière ! Il n'y a personne avec qui je puisse te partager. Je t'aime
JE T'AIME   JE T'AIME   JE T'AIME
                  JE T'AIME

Non, je ne suis pas ivre, ni camé ni rien ; ce n'est que moi qui écris cette lettre qui manque de beauté — rien que moi Gary Gilmore, voleur et meurtrier. Gary le dingue. Qui rêvera un jour qu'il était un type nommé Gary dans l'Amérique du XXe siècle et qu'il y avait quelque chose qui n'allait pas du tout... Mais qu'est-ce que c'était, qu'est-ce que c'est, pourquoi est-ce qu'on est dans une super merde, au max comme on disait au XXe siècle à Spanish Fork. Et il se souviendra qu'il y avait quelque chose de très beau aussi dans ce vieil empire mormon des montagnes et il commencera à rêver d'une sorte de renard féerique aux yeux verts et aux cheveux roux, qui roulait des yeux et qui n'arrivait pas à lui prendre la queue tout entière dans sa bouche et qui riait et pleurait avec lui et se foutait pas mal qu'il ait des dents à jamais bousillées et qui lui avait montré de nouveau comment on sautait les filles au lieu de se servir de sa main et des photos de Playboy.

Le lendemain soir, on mit une fille dans la même cellule où la veille se trouvait l'ivrogne. Elle aussi pleurait et Gary lui cria : « Allons, sœurette, ça ne peut pas être si terrible que ça. » Elle se calma aussitôt.

Gary apprit qu'elle s'appelait Connie, et lorsqu'elle demanda s'il avait une cigarette, Gibbs fit glisser un paquet à travers un couloir jusqu'à sa cellule et Connie les remercia.

Ils essayaient de continuer à bavarder, mais il fallait crier fort, alors Gary écrivit un mot qu'il lui fit passer. Il lui dit qu'il était plutôt beau garçon, qu'il aimait les jeunes filles, la musique de cow-boy et les tyroliennes. Il aimait surtout les tyroliennes. Elle répondit qu'elle avait vu sa photo dans le journal et qu'en effet il était beau gosse. Elle le remerciait de sa gentillesse et lui demandait s'il voulait bien chanter une tyrolienne.

« Allons, Tex, fit Gibbs, remonte-moi la manivelle. » Gary ne savait pas plus chanter de tyroliennes que Gibbs ne savait tricoter. Alors Gary lui cria que bon, il mentait, qu'il serait incapable de faire iou-lili iou-lili pour sauver sa peau. Ils se mirent à rire tous les trois. Ils passèrent une bonne nuit à s'envoyer des mots. Le matin, elle sortit. Gary retomba dans sa dépression.

6

11 septembre

Je n'ai pas pu dormir pour la troisième nuit de suite. Il m'arrive quelque chose. Je me suis assoupi brièvement la nuit dernière et je me suis réveillé au milieu d'un rêve à propos d'une tête coupée. J'entends de nouveau grincer les roues du tombereau et le glissement rapide de la lame : dans mon rêve c'était une Mont Court femelle qui m'interrogeait, une déléguée à la liberté surveillée ou je ne sais quoi ; les rêves, ça a sa propre logique, et bientôt un médecin, ou bien le vrai Mont Court, ou quelqu'un est revenu.

Je t'ai dit que ces temps-ci je ne dormais pas : les fantômes sont descendus s'abattre sur moi avec une force que je ne croyais pas qu'ils possédaient. Je leur tape dessus mais ils reviennent furtivement grimper dans mon oreille et ces démons me racontent d'abominables plaisanteries. Ils disent qu'ils veulent saper ma volonté, boire ma force, épuiser mon espoir, me laisser privé d'espoir perdu vide seul les saloperies de démons avec leurs sales corps velus qui me chuchotent des choses horribles dans la nuit en ricanant et en riant avec une joie horrible de me voir m'agiter sans arriver à dormir ils sont vraiment dégueulasses ils projettent de fondre sur moi avec des hurlements de folie furieuse quand je m'en irai avec leurs affreux pieds jaunes tout allongés avec des griffes et des dents dégoulinantes de salive fétide et d'une épaisse glaire jaune-vert. De sales bêtes inhumaines des chacals des hyènes des bâtards pestiférés malheureux perdus d'horribles créatures démoniaques inacceptables des chauves-souris qui rampent avec leurs yeux rouges des monstres sans âme.

Ils ne veulent pas laisser le pauvre vieux avoir une nuit de sommeil. Les foutus enfants de salaud.

J'ai besoin de notre épée d'argent contre eux. Les visqueux enfants de salaud.

Les fantômes démoniaques
se moquent taquinent harcèlent
mordent et griffent grattent et crient
tissent une toile de vieillesse la vieillesse tire sur les harnais
comme des bœufs attelés à un tombereau de bois
grinçant un tombereau de bois gris
qui traverse les rues pavées de mon
esprit d'antan.

Ils m'ont attaqué déjà nous avons eu plusieurs escarmouches ils m'ont sauté dessus comme des monstres quand j'étais à la prolixine pendant quatre mois j'ai supporté un constant assaut de fureur démoniaque — ooooooOOOOOOOOOOOOH !

Ça m'a laissé vidé et maigri de vingt kilos mais plus fort qu'ils ne sauront jamais.

Ils aiment ça quand j'ai mal.

Et ces temps-ci je brûle

J'ai horreur de le dire mais la semaine dernière ils ont bien failli m'avoir jamais ils n'ont été aussi près et jamais ils ne le seront.

Gibbs avait l'habitude de s'éveiller au milieu de la nuit pour fumer une cigarette. Et là, dans les heures sans fin du petit matin, il en alluma une et se rallongea sur sa couchette pour réfléchir tranquillement à sa situation personnelle. Tout d'un coup Gary dit : « Tu l'as quand même fait, hein, Gibbs ? » Il répondit prudemment : « Fait quoi ? » Gary dit : « Tu l'as quand même allumée cette saleté, n'est-ce pas ? »

Le matin, Gary dit : « Tu parles dans ton sommeil, Gibbs. Tu dis quelques mots et puis tu te mets à grincer des dents. On dirait qu'il y a une partie de dés en bas. » Gibbs s'affola un peu. Il n'était pas trop content de dire des choses dans son sommeil. Si c'était la chose qu'il ne fallait pas, Gilmore pourrait décider de lui séparer le cœur des poumons.

Durant toute cette journée, la dépression de Gary empira et la nuit suivante, vers trois heures, quand Gibbs de nouveau s'éveilla, Gary demanda : « Ça va ? » Gibbs répondit : « Je crois. Je ne suis pas sûr. » Il fit un effort pour essayer de rire et pourtant il haletait et toussait à cause de sa cigarette. « Ça va aller, mon vieux ? demanda Gilmore. T'as peut-être besoin d'un poumon d'acier ? »

Gibbs était silencieux. Il essayait juste de maîtriser sa respiration d'asthmatique. Dans le silence, Gilmore dit : « Demain matin, on dira au gardien qu'on ne peut pas s'entendre. Comme ça il te mettra ailleurs. »

« Ah ! tu crois ? fit Gibbs.
— Oui, fit Gilmore, je crois que je vais finir au bout d'une corde. Si c'est ça, tu serais mieux loti ailleurs. Ils pourraient bien essayer de te coller une accusation de meurtre sur les bras. (Il hocha la tête.) Ils vont être un peu déçus s'ils n'ont pas la satisfaction de me juger pour mes deux jolis coups. »
Gibbs acquiesça. « Si c'est ce que tu veux, dit-il, j'irai jusqu'à cracher sur le gardien, lui jeter quelque chose et me faire mettre au trou. » « Oui, fit Gary, je te remercie. Il se pourrait bien que je doive te demander de partir demain.
— Bon, fit Gibbs, je vais le faire. »

Mais le matin, Gilmore lui dit d'attendre. Il voulait voir si ce jour-là il aurait des nouvelles de Nicole. Et voilà que dans l'après-midi une lettre arriva. Il la lut et lui dit : « Bon. J'ai décidé d'attendre. » Gibbs jubilait tout son soûl.

Gary passa l'après-midi à relire les vieilles lettres de Nicole, prenant celle-ci et puis celle-là, et il finit par dire : « En voilà une à lire si tu veux. » Gibbs remarqua qu'elle avait de petites taches de sang sur les pages. Il se sentait gêné et ne fit que la parcourir, mais il ne put s'empêcher de remarquer un passage où Nicole disait : « Combien c'était chaud et agréable, quand ma vie s'écoulait de mon corps. »

Gibbs prit soin de ne rien dire, de ne montrer aucune émotion, mais à part lui il pensait : « Ou bien c'est la nana la plus sincère dont j'aie jamais entendu parler, ou bien une des pépées les plus zinzins, les plus tordues du monde. » Gilmore dit : « Qu'est-ce que tu en penses ? » Gibbs répondit : « Je ne peux pas vraiment te dire parce que je ne me suis jamais trouvé dans ta situation, mais évidemment elle t'est dévouée. »

Maintenant que Gilmore était sorti de sa dépression, Gibbs décida de l'empêcher d'y retomber et se mit à raconter combien ce serait facile de s'évader. Il suffisait de se procurer une lame de scie à métaux. La prison était vieille et les barreaux n'avaient pas un cœur d'acier inoxydable à l'intérieur. En fait, on pouvait voir la trace où quelqu'un en avait déjà scié deux et comment ils avaient été ressoudés.

Gary décida d'écrire à Nicole de prévenir Sterling Baker. Il pouvait faire ça à l'atelier de cordonnerie. Gibbs disait qu'il fallait séparer l'extérieur de la semelle de la première, y insérer deux lames, puis soigneusement recoudre la chaussure à la main en utilisant les mêmes trous. N'importe quel cordonnier était capable de faire ça.

Gary approuva l'idée à cent pour cent. Il commença une lettre à Nicole en lui expliquant comment s'y prendre. Comme il ne voulait pas qu'un gardien regarde ce qu'il avait écrit, il la donna à Mike Esplin pour qu'il la poste lorsque l'avocat passa pour discuter de son affaire.

12 septembre

Très chère et très belle.

J'ai quelque chose que je veux que tu fasses. Si tu veux bien faire ça et que tu le fasses bien, je crois que je pourrai bientôt t'emmener — au Canada peut-être — dans le nord-ouest du Pacifique — quelque part. Loin. Tous ensemble, moi et toi et tes gosses. Voici ce qu'il me faut : une lame de scie à métaux en acier au carbone de qualité extra. On vend ça dans les quincailleries. Il me faut une paire de chaussures taille 43. Sterling peut glisser la lame de la scie à l'intérieur de la semelle. Ce serait chouette si peut-être Ida, si elle est au-dessus de tout soupçon, m'apportait des chaussures avec des vêtements un jour de visite ou bien l'avocat Craig ou Mike — c'est vraiment une prison de ploucs, ils ne passent pas les chaussures aux rayons X, ils n'ont pas de détecteur de métaux — je pourrais sortir d'ici le soir même.

Fais ça pour moi, mon ange. Je viendrai te chercher et nous partirons. Et je ne veux pas trouver un homme avec toi quand j'arriverai là-bas. Trouve-moi cette lame. Je viendrai la nuit t'emmener et pour ce que ça vaut, pour aussi longtemps que ça peut durer avant qu'on me prenne — ou qu'on me tue — on vivra rira on s'aimera on chantera on sera ensemble on jouira ensemble.

Comme on est censé le faire.

507

13 septembre

Je restais si abruti par cette bière et le fiorinal que j'ai bien peur de ne t'avoir jamais vraiment bien baisée — ça me donne des remords — je voudrais pouvoir te baiser maintenant que mon corps est tout naturel, sain et pur et pas plein d'alcool et de fiorinal. Je t'allongerais sur le dos et je te mettrais de la vaseline dans la chatte et je te baiserais jusqu'à ce qu'on jouisse tous les deux — et puis je t'emmènerais dans la baignoire et je batifolerais dans l'eau avec toi un moment et on se frotterait le dos et les fesses et les bras et les jambes et les couilles et la queue et ton petit con rose et je te raconterais une histoire pendant qu'on tremperait tous les deux et que tu fumerais une cigarette.

Bébé on s'appartient tous les deux — et tout ce qui compte mon bel ange aux taches de rousseur. Mon bel ange aimé à l'épée d'argent. Bébé serre-moi ce soir contre ton corps nu enroule-le tout autour de moi et baise-moi dans ton esprit et dans tes pensées et dans tes rêves viens jusqu'à moi quand tu quitteras ton beau corps dans le sommeil et pénètre dans mon cœur et dans mon âme et dans mon esprit et dans mon corps prends-moi dans la douceur tiède humide et chaude de ton amour dans ta belle bouche dans ton cœur dans ton âme dans ton essence même pose mes mains sur ta chatte et déchaîne-toi abandonne-la-moi pour que dans le sommeil et dans tout ce qui est nous puissions être quelque chose tous les deux qui dépasse l'imagination.

Une fois de plus, elle décida qu'elle ne l'avait jamais aimé davantage. Ces lettres enflammées l'excitaient tant que ça n'arrangeait pas sa décision d'être sincère. « Tu es si plein de foutaises, lui dit-elle à la visite suivante, je parie que tu ne peux même pas bander et voilà que tu écris des choses comme ça. » Il se contenta de sourire. Elle l'aimait.

Nicole parla des lames de scie à métaux. Elle avait essayé une petite quincaillerie et demandé des lames d'acier au carbone. Le vieux type, derrière le comptoir, comprit qu'elle ne connaissait pas la taille et que ç'avait l'air de lui être égal parce qu'elle avait acheté les deux qu'il avait en réserve et qui n'étaient pas pareilles. Il l'avait regardée d'un drôle d'air en disant : « Qui est-ce que vous essayez de faire évader de prison ? » Elle avait eu du mal à garder l'air sérieux.

Elle avait porté les deux lames à Sterling. Il n'était pas trop enthousiaste, avoua-t-elle à Gary. D'abord il avait dit oui, puis avait décidé de réfléchir. Deux jours s'étaient passés. Il réfléchissait toujours.

7

Gilmore avait l'ouïe la plus développée que Gibbs eût jamais rencontrée. S'il existait un homme avec des oreilles électroniques, c'était Gary Gilmore. Alors que le bruit de pas avait lieu à au moins trente mètres de leur cellule du côté du bureau, trente mètres de tournants par trois couloirs et passages différents, Gilmore, malgré cela, pouvait entendre les gardiens enfermer quelqu'un et vous dire le nom et le chef d'accusation. On pouvait dire que ça l'empêchait de dormir. Gibbs avait remarqué que Gilmore ne dormait que deux ou trois heures sur vingt-quatre. Il ne semblait pas avoir besoin de plus.

Cahoon prenait son petit déjeuner à six heures et demie et Gibbs sommeillait encore, mais Gary était debout et mangeait. Ensuite, il écrivait une lettre à Nicole ou lisait un de ses livres. Il faisait cela le matin quand tout était paisible dans la prison.

De temps en temps, Gilmore disait combien c'était extraordinaire de trouver un homme qui avait fait autant de taule que Gibbs et qui n'aimait pas lire. Gibbs estimait qu'il avait lu trois livres dans sa vie : *Le Parrain*, *La Jungle du Tapis vert*, *Vendetta*. Gary lui passa *La Réincarnation de Peter Proud*. Il dit que ça donnerait à Gibbs des indications sur l'au-delà. Gibbs le lut pour faire plaisir à Gilmore, mais ça ne le fit pas croire à la réincarnation pour autant.

Ils se lancèrent dans une discussion sur Charlie Manson. Manson avait des pouvoirs psychiques, expliqua Gilmore. « Je sais que c'est lui qui a fait que Squeaky Fromme a tiré sur le président Ford.

— Tu crois vraiment ces choses-là ? demanda Gibbs.

— Parfaitement, fit Gilmore, on peut contrôler les gens avec son esprit. »

Gibbs éprouva le besoin de s'excuser. « Je ne crois à rien que je ne puisse pas voir.

— Eh bien, dit Gary, c'est Manson qui l'a poussée à ça.

— Comment ? demanda Gibbs. On n'a même pas laissé Manson recevoir une visite de la fille.

— Non, fit Gilmore, Manson utilisait ses pouvoirs psychiques. »

Gibbs ne voyait pas.

Plus tard ce soir-là, Gilmore faisait chauffer de l'eau pour le café. Ils roulaient du papier hygiénique en boule et allumaient le milieu. Ça produisait une flamme régulière et suffisante pour faire bouillir l'eau. La bouilloire était faite à partir d'un gobelet autour duquel ils avaient enroulé la feuille d'aluminium de leurs pommes de terre cuites au four. En guise de manche, ils avaient attaché les extrémités d'un bout de ficelle à deux trous dans le bord et tenaient la tasse au-dessus de la flamme.

Gibbs était allongé sur sa couchette à regarder Gary effectuer l'opération lorsqu'il pensa : « Je suis sûr que je rigolerais si la corde cassait. » Juste à ce moment-là, la ficelle prit feu, la tasse tomba, l'eau se répandit. Gibbs éclata de rire. Il rit si fort qu'il roulait dans sa couchette comme un doryphore tout en envoyant une succession de pets. Gilmore le regarda d'un air écœuré, puis balança la tasse, la ficelle et tout le tremblement dans les toilettes.

« Tu es vraiment le péteur le plus dégueulasse que j'aie jamais vu, dit Gilmore à Gibbs.

— Oui, fit Gibbs, je peux péter à volonté. » Il éclata de rire à cette remarque et en lâcha un autre. Il riait toujours comme un dément après un pet.

« Enfin, dit Gilmore, ils ne puent pas. C'est toujours ça.

— J'ai toujours été délicat.

— Pourquoi est-ce que tu ne les gardes pas une semaine, dit Gilmore, pour en faire un album ? »

Quand Gibbs eut repris son souffle, il dit : « Dis donc, Gary, je me rendais bien compte de ton infortune. C'est seulement que je pensais que ça allait arriver. Juste avant. »

Le visage de Gary s'éclaira. « Ça, déclara-t-il, ce sont des pouvoirs psychiques. » Gibbs avait envie de dire : il faudra plus d'une ficelle cassée pour me faire croire ça, mais il ferma sa gueule.

Gibbs avait une petite sœur habitant Provo qui était mariée à un type du nom de Gilmore. Quand Gibbs apprit l'arrestation de Gilmore, celle de Gary, il se demanda tout d'abord si ça n'était pas son beau-frère, qu'il n'avait jamais rencontré.

En entendant ça, Gary dit : « As-tu jamais pensé à tout ce que nous avons en commun ? On était peut-être faits pour se rencontrer. » Gibbs pensa :

« Et nous revoilà partis avec la réincarnation. »

Gary dressa une liste : ils avaient tous deux passé beaucoup de temps en prison. Gibbs dans l'Utah et le Wyoming, lui-même dans l'Oregon et l'Illinois. Avant la prison, ils étaient allés chacun en maison de correction. Tous deux étaient considérés comme des taulards endurcis. Tous deux avaient tiré pas mal de temps en haute surveillance. Tous deux avaient reçu une balle dans la main gauche en commettant un crime. Aucun d'eux n'aimait son père. Les deux pères étaient de gros buveurs et étaient morts maintenant. Gilmore et Gibbs aimaient tous deux leur mère, qui étaient des mormones pratiquantes et qui vivaient dans de petits camps de caravanes. Ni Gilmore ni Gibbs n'avaient rien eu à faire avec le reste de leur famille. Par-dessus le marché les deux premières lettres de leurs noms de famille étaient « GI » bien qu'aucun d'eux n'eût jamais été dans l'armée. Leur première expérience de la drogue datait du début des années 60 et ils avaient tous les deux utilisé la même drogue, la ritaline, une forme de reniflette pas courante.

« Ça te suffit ? demanda Gilmore.

— Touché », fit Gibbs.

Gary fit remarquer aussi qu'avant leur arrestation, ils vivaient tous les deux avec des divorcées de vingt ans. Chacun avait fait connaissance de la fille par l'intermédiaire de sa cousine. Chacune des filles avait deux enfants. Le premier était une fillette de cinq ans, brune et dont le prénom commençait par un S. Chaque fille avait un fils de trois ans d'un autre mariage. Les deux petits garçons étaient blonds et leurs prénoms commençaient par un J. Aussi bien Nicole que la petite amie de Gibbs avaient des mères dont le prénom était Kathryne. Et tous les deux étaient venus s'installer avec la fille juste après l'avoir rencontrée.

Après avoir étudié ces coïncidences, Gibbs s'arrêta pour réfléchir. Il commença même à se poser des questions. Peut-être que ce que disait Gary rimait à quelque chose ?

Bien sûr, Gary n'avait pas insisté sur les différences. La petite amie de Gibbs n'était pas belle et Nicole était superbe. Lorsque Gibbs vit la façon dont elle se parait pour Gary, il décida qu'elle devait être belle aussi à l'intérieur. Tenez, quand elle n'avait pas d'argent pour acheter des timbres, elle venait en stop jusqu'à la prison pour apporter une lettre à Gary. S'ils avaient besoin de café, de jus de fruits, de papier, de stylo, de n'importe quoi, Gibbs n'avait qu'à dire au geôlier de prendre de l'argent sur son compte et Nicole allait tout de suite acheter les trucs et les leur rapportait.

Un jour qu'il était en train de faire la liste des commissions, Gibbs demanda s'ils n'avaient rien oublié et Gary dit : « Est-ce que tu aimes le chocolat instantané ? » « Ma foi oui, répondit Gibbs, d'accord. » En fait, il préférait les boissons fraîches comme les jus de fruits mais il dit : « Demande à Nicole de nous rapporter un carton de ces sachets de chocolat. » Il voyait combien Gary était embarrassé d'avoir envie ou besoin de quelque chose. Il n'arrivait pas à le digérer.

« Gibbs, dit alors Gary, tu es un des meilleurs salopards que j'aie jamais rencontrés en vingt ans de taule. Écoute-moi bien, je ne sais pas comment, mais un jour tu seras récompensé d'avoir été si bon avec les autres. »

Gibbs sentait bien que Gilmore cherchait un moyen de lui rendre tout ça. Il commença même à parler d'arranger les dents de Gibbs qui grinçaient dans son sommeil. « Oh ! dit Gibbs, mal à l'aise, j'aime bien jouer avec. » Il avait un râtelier à la mâchoire supérieure, mais il l'avait cassé en deux. Peu de temps avant de se retrouver au gnouf, il roulait dans son Eldorado, saoul comme un Polonais, quand il avait été pris de nausées et d'envie de vomir. Trop paresseux pour s'arrêter. Merde après tout, il roulait à cent trente sur l'autoroute. Il se contenta d'ouvrir la vitre, de dégueuler et il avait dû faire encore cent mètres avant de se rendre compte que ses dents étaient parties avec le vomi. Il s'arrêta pile sur le bas-côté et revint sur ses pas en courant dans le noir jusqu'au moment où il trouva un flot de vomissure. Les fausses dents étaient en deux morceaux au beau milieu.

Maintenant il jouait avec. Ça faisait un son cliquetant comme des castagnettes. Certaines fois, Gibbs pointait tout l'appareil sur des gens rien que pour voir leur expression quand ses dents de devant se séparaient devant eux.

Toutefois, il ne plaisantait pas comme ça avec Gary. Gilmore était trop gêné par ses propres dents. Il lui fallut même deux jours pour en arriver à raconter comment il avait travaillé au labo du dentiste du pénitencier d'Oregon. Si Nicole pouvait lui acheter une trousse dans une pharmacie, Gilmore pouvait lui réparer son dentier. Gibbs débloqua le fric aussitôt.

Après sa visite, elle renvoya une boîte de soudedents, qui contenait un flacon de liquide, un tube de base en poudre, un compte-gouttes, un récipient en plastique, un bâtonnet pour remuer le tout, du papier de verre et des instructions. Gilmore jeta le mode d'emploi et se mit au travail. Au bout d'un quart d'heure les dents étaient rassemblées et lui allaient comme des dents neuves. Gibbs était inquiet. Avec son râtelier arrangé, peut-être que Gilmore pourrait entendre ce qu'il racontait dans son sommeil. Gibbs espérait seulement que ça ne le gênerait pas.

Plus tard ce soir-là, Gilmore s'assit dans son lit et se mit à faire de petits ajustements sur ses propres appareils dentaires. Gary cherchait vraiment à arranger ses dents tranquillement. Dans le silence de la nuit, Gibbs fit semblant de dormir et il regarda Gary, concentré sur son travail, paraissant son âge et même plus, ses lèvres découvrant ses gencives.

Les quatre prisonniers de corvée étaient de menus délinquants qui purgeaient une petite peine de prison. Ils avaient donc une mortelle frayeur de Gilmore lorsqu'ils revenaient à l'heure des repas. Ils se tenaient aussi loin que possible de la fente de la porte lorsqu'ils glissaient les plateaux. Un homme ne pouvait guère tendre la main pour vous empoigner par ce petit trou, mais les prisonniers étaient très prudents. Ils avaient entendu les geôliers raconter comment Gilmore faisait s'allonger ses victimes par terre et puis, *splash !* Chaque fois qu'un type, dans les autres cellules, commençait à jouer les durs, les geôliers lui disaient de rester tranquille ou bien qu'ils l'enverraient cohabiter avec Gilmore. Cet homme-là, faisaient-ils remarquer, n'avait pas grand-chose à perdre en tuant un homme de plus.

Un jour, ils retirèrent Gibbs de la cellule pour laisser Gary seul avec un psychiatre et le gardien emmena Gibbs prendre un café à la cuisine. Les prisonniers de corvée multipliaient les attentions. Ils préparèrent à Gibbs un sandwich, le grand jeu. L'un d'eux finit par lui demander pourquoi il n'était pas dans sa cellule. « Oh ! répondit Gibbs, en faisant un clin d'œil au gardien, on nous retire à tour de rôle pour une fouille. Dès que je vais rentrer, c'est Gary qui va venir ici. » Gibbs n'avait jamais vu quatre types laver les plateaux aussi vite. Ils comptaient sûrement avoir fini avant l'arrivée du grand Gilmore.

Là-dessus, le gardien dut se rendre dans le bureau pour répondre au téléphone. A peine était-il sorti que Gibbs prit toutes les boîtes de punch qu'il aperçut sur la table, les fourra à l'intérieur de son pantalon et dit aux prisonniers de corvée : « Si l'un de vous autres, salopards, dit un mot là-dessus, je vous jure que vous le regretterez. »

Sitôt que le geôlier l'eut ramené, Gibbs se mit à décharger son butin. Gary dit que le psychiatre allait dire dans son rapport qu'il était sain d'esprit et en état de supporter un procès. « Qu'est-ce que tu veux ? fit Gilmore. Il est payé par les mêmes gens qui paient mes avocats. L'État d'Utah. Je ne peux pas être gagnant. (Puis il ajouta :) Qu'est-ce qu'on attend ? Préparons ce punch avant que le maton vienne voir. » Ils se mirent donc au travail et en préparèrent tout un bidon.

SIXIÈME PARTIE

LE PROCÈS
DE GARY M. GILMORE

CHAPITRE XXIII

SAIN D'ESPRIT

1

ESPLIN et Snyder s'étaient vu offrir là l'occasion de se distinguer dans un grand procès, en fait l'affaire la plus importante qu'aucun d'eux eût encore assumée. Ils estimaient assurément qu'ils travaillaient dur. Le petit groupe de juristes qui se rencontraient sans cérémonie chaque matin et chaque après-midi à la cafétéria du palais de justice de Provo, dans le vestibule en sous-sol au pied de l'escalier de marbre, constituaient un groupe qui s'intéressait au procès qui allait s'ouvrir. Cela faisait quelque temps qu'il n'y avait pas eu d'affaire d'homicide à Provo, et un jeune avocat pouvait la rehausser ou compromettre sa situation parmi ses collègues.

Ils étaient donc impatients de mettre leurs talents à l'ouvrage, mais conscients de leur responsabilité. La vie d'un homme dépendrait de leur présentation. C'était donc décevant de découvrir qu'ils avaient un client qui refusait de coopérer.

Il avait envie de vivre — du moins supposaient-ils qu'il avait envie de vivre — il parlait de s'en tirer avec un meurtre sans préméditation, et même d'être reconnu non coupable. Pourtant il refusait de procurer de nouveaux éléments pour améliorer une défense difficile à assurer.

L'accusation avait des preuves indirectes solides. Si on estimait que des preuves parfaites allaient de A à Z sans qu'il manque une lettre, alors ici peut-être n'y avait-il pas plus d'une lettre ou deux qui fussent un peu brouillées et une seule qui manquât. Les empreintes sur le pistolet n'étaient pas assez nettes pour être attribuées à Gary. Tout le reste contribuait à renforcer le dossier — et surtout la douille découverte auprès du corps de Benny Buschnell. Elle n'avait pu venir que du Browning retrouvé dans les buissons. Une traînée de sang menait de ces buissons à la station-service où Martin Ontiveros et Norman Fulmer avaient vu la main ensanglantée de Gary.

Il y avait aussi des preuves directes. Lors de l'audience préliminaire du 3 août, Peter Arroyo témoigna avoir vu Gary avec un pistolet dans une main et une cassette dans l'autre. Arroyo présentait très bien. C'était un père de famille qui parlait d'une voix nette et précise. Si l'on tournait un film où l'on voulait avoir un témoin pour l'accusation susceptible de nuire à la défense, on engagerait Peter Arroyo pour le rôle. En fait, après l'audition préliminaire, Snyder et Esplin tombèrent sur Noall Wootton à la cafétéria, et ils plaisantèrent sur les talents du témoin comme des entraîneurs rivaux pourraient parler d'une vedette qui jouait pour l'un d'eux.

Les aveux passés par Gary à Gerald Nielsen n'arrangeaient pas non plus les choses. Snyder et Esplin n'étaient pas inquiets à l'idée que Wootton allait essayer d'utiliser de tels aveux au cours du procès. S'il le faisait, ils estimaient pouvoir démontrer que Gerald Nielsen avait enfreint les droits de l'accusé. D'ailleurs, Esplin prononça à l'audience préliminaire un plaidoyer assez fort. « Votre Honneur, dit-il, la police ne peut pas exposer un dossier devant un suspect, dire : voilà les preuves que nous avons et attendre qu'il fasse une déclaration pour dire ensuite : nous ne lui avons vraiment rien demandé. Enfin, rien que l'inflexion de la voix peut vous amener à croire qu'on lui pose une question. »

Le juge n'était pas loin d'être d'accord. Il dit : « Si je siégeais en tant que juge d'un procès, j'exclurais cet argument... mais dans le cadre d'une audience préliminaire, je suis disposé à l'admettre. » Désormais Wootton n'utiliserait sans doute pas les aveux devant un tribunal. Cela risquait d'entacher suffisamment les débats pour qu'on arrive à un verdict annulé en appel.

Malgré tout, ces aveux avaient fait des dégâts. Un avocat n'ayant pas une réputation de probité parviendrait peut-être à ignorer le fait que la moitié de la petite communauté de juristes de Provo savait maintenant, après l'audience préliminaire, que Gilmore avait passé des aveux et l'autre moitié ne tarderait pas à l'apprendre à la cafétéria. Cela ne manquerait pas de paralyser tout système de défense vraiment imaginatif. Ce ne serait pas facile, devant l'existence de tels aveux, de faire croire à la possibilité que la mort de Buschnell était un accident survenu dans le cours d'un cambriolage.

La preuve la plus accablante contre Gary, c'étaient les traces de poudre qui prouvaient qu'il avait appuyé le pistolet contre la tête de Buschnell. Sans cela, on pouvait avancer que le meurtre avait eu lieu parce que Benny Buschnell avait eu la malchance d'entrer dans le bureau juste au moment où Gary s'en allait avec la caisse. Ce serait un meurtre sans préméditation, un homicide commis dans le feu de l'action au cours d'un cambriolage. C'était quand même moins terrible que d'ordonner à un homme de s'allonger par terre et puis de presser la détente. Ça, c'était de la préméditation. Glacée.

Néanmoins, on ne pouvait encore édifier un système de défense à partir de ces faits. Les pistolets automatiques avaient les détentes les plus sensibles de toutes les armes à feu. Puisque Gilmore, quelques minutes plus tard, devait se blesser accidentellement avec justement une détente aussi sensible, on pourrait encore affirmer qu'il avait été surpris par Buschnell et qu'il avait tiré son pistolet. Tout en essayant de décider ce qu'il allait faire ensuite, il avait dit à Buschnell de s'allonger par terre. Lorsque Buschnell avait commencé à dire quelque chose, Gilmore l'avait menacé en appuyant le canon du pistolet contre sa tête. Le pistolet alors, à son horreur, était parti. Par accident. Ç'aurait pu être un système de défense. Cela aurait pu créer un doute raisonnable. Cela, en tout cas, atténuerait le détail le plus accablant, sur le plan affectif, dans le dossier de l'accusation. Cet argument, pourtant, ne pouvait plus être employé maintenant que comme une des diverses possibilités lors du dépôt des conclusions devant les jurés. On ne pouvait pas bâtir son dossier là-dessus, quand plus d'un avocat de Provo, étant donné l'existence des aveux, considérerait une telle tactique comme sans consistance.

2

Dans l'Utah, un procès pour meurtre se déroulait en deux parties. Si l'accusé était reconnu coupable de meurtre avec préméditation, il fallait tenir, juste après, une audience en réduction de peine. On pouvait alors citer des témoins qui étaient là pour déposer sur la moralité de l'accusé, en bien ou en mal. Après ces témoignages, le jury se retirait une seconde fois et décidait entre la prison à vie et la mort. Si Gary était reconnu coupable, sa vie dépendrait de cette audience. Il en était là et pourtant refusait de se montrer coopératif. Il ne voulut pas accepter de faire citer Nicole comme témoin. Ils essayèrent d'en discuter. Là, dans la petite salle des visiteurs à la prison du comté, il ne voulut pas écouter Snyder et Esplin lui expliquer qu'ils devaient pouvoir être en mesure d'amener le jury à le considérer comme un être humain. Qui mieux que son amie pouvait montrer que c'était un homme qui avait ses bons côtés ? Mais Gilmore ne voulait pas la mêler à cette affaire. « Ma vie avec Nicole, semblait-il dire, est sacrée et scellée. »

Il était plein de réticence. Il ne proposait aucun témoin. Lorsqu'il donnait quelques détails sur la façon dont il vivait à Provo, c'étaient des détails secs. Il ne proposa les noms d'aucun ami. Il disait : « Il y avait ce gosse avec qui je travaillais, et on a bu une bière. » Il était assis de son côté, dans la salle de visite, lointain, parlant d'une voix douce, sans hostilité, mais désespérément distant.

D'un autre côté, il manifestait quand même une certaine curiosité à propos des antécédents de ses avocats. On aurait dit qu'il préférait poser les questions. Dans l'espoir de le dégeler, Snyder et Esplin étaient donc prêts à parler d'eux. Le père de Craig Snyder, par exemple, avait dirigé une maison de santé à Salt Lake et Craig était allé à l'université de l'Utah. Pendant qu'il était là-bas, raconta-t-il à Gary avec un sourire modeste, il avait été nommé chef des supporters de l'équipe universitaire. Sa femme avait été présidente d'une association d'étudiants. Il était toujours grand amateur de rugby et de basket-ball. Il jouait au golf, au tennis, au gin rummy et au bridge. Après l'école de droit, il était allé s'installer au Texas pour travailler au service fiscal d'Exxon, mais il était revenu dans l'Utah parce que cela lui plaisait plus de plaider.

« Des gosses ? demanda Gilmore.

— Travis a six ans et Brady en a deux. » Craig avait un air bonhomme et sérieux, amical et sur ses gardes.

« Ah ! », fit Gilmore.

Esplin, quand il était enfant, voulait être une vedette du sport, mais il avait le rhume des foins. Il avait grandi dans un ranch et était parti pour l'Angleterre en mission. Lorsqu'il était revenu, à vingt et un ans, il s'était marié. Bien avant, à treize ans, il avait lu tous les livres de Perry Mason qu'il avait pu trouver. C'est Erle Stanley Gardner qui avait fait de Mike Esplin un avocat, mais sa clientèle privée semblait se constituer essentiellement d'affaires de faillite et de divorce. Aussi, depuis l'année dernière, travaillait-il à plein temps à l'Assistance judiciaire de Provo.

Gilmore acquiesçait. Gilmore enregistrait. Il ne donnait pas grand-chose en échange. Il ne pensait pas qu'ils puissent utiliser grand-chose de ses années de prison. Il n'y avait que son dossier de prisonnier, et ça n'était pas écrit pour lui mais pour l'administration. Sa mère ferait peut-être un bon témoin, reconnut-il, mais elle était arthritique et ne pouvait pas voyager.

Snyder et Esplin prirent contact avec Bessie Gilmore. Gary avait raison : elle ne pouvait pas voyager. Il y avait bien la cousine, Brenda Nicol, seulement Gary était furieux contre elle. A l'audience préliminaire du 3 août, il lui avait fait signe à travers la salle. Il croyait qu'elle était là pour le voir. Il apprit bientôt que c'était Noall Wootton qui l'avait convoquée. A la barre, Brenda parla du coup de téléphone que Gary avait donné depuis le commissariat d'Orem. « Je lui ai demandé ce qu'il voulait que je dise à sa mère », avait dit Brenda à la barre. Il m'a dit : « Je pense que tu peux lui dire que c'est vrai. » Mike Esplin essaya d'amener Brenda à convenir que Gary voulait dire par là que c'était vrai qu'il avait été accusé de meurtre. Brenda répéta sa déposition, sans prendre parti. Gary trouva cela dur à pardonner.

Les avocats essayèrent quand même. Ils parlèrent à Brenda au téléphone. Snyder la trouva un peu insolente et plus qu'un peu effrayée de Gilmore. Il lui avait dit, raconta-t-elle, que puisqu'elle l'avait dénoncé, il lui ferait payer ça. Ces derniers temps, il y avait une camionnette orange qui suivait sa voiture. Elle pensait que c'était peut-être un ami de Gary.

Elle dit aussi qu'elle s'était donné bien du mal pour faire sortir Gary de prison et qu'elle avait l'impression qu'il l'avait poignardée dans le dos. Elle l'aimait beaucoup, insista-t-elle, mais elle estimait qu'il devrait payer ce qu'il avait fait.

Plus tard, les avocats téléphonèrent encore. Le lundi soir où Gary était venu chez elle avec April, semblait-il être sous l'influence de drogues ou d'alcool ? C'étaient là des circonstances atténuantes. Brenda répéta ce que April avait dit : « J'ai vraiment peur de toi quand tu es comme ça, Gary. » Elle aimait bien Gary, répéta Brenda, mais il méritait ce qui allait lui arriver. Au mieux, décidèrent Snyder et Esplin, Brenda serait un témoin dangereux.

Ils appelèrent Spencer McGrath et il déclara qu'il aimait bien Gary mais qu'il était très déçu de la tournure qu'avaient pris les événements. Les mères de deux jeunes gens qui travaillaient pour lui étaient indignées qu'il eût engagé un criminel. Il avait maintenant des ennuis par-dessus la tête. Des gens l'arrêtaient dans la rue pour lui dire : « Quel effet ça fait, Spencer, d'avoir un assassin parmi ses employés ? » Ça ne lui facilitait pas la vie.

Ils ne parlèrent jamais à Vern Damico. Gary n'arrêtait pas de dire que ses relations avec sa famille n'avaient pas été si bonnes que ça. D'ailleurs, les avocats reçurent un rapport d'une conversation avec Vern qui avait eu lieu à l'hôpital de l'Etat de l'Utah :

M. Damico m'a donné les renseignements suivants concernant Gary Gilmore :
Il n'aime pas être battu, et quand ça lui arrive, il ne l'oublie pas et ne pardonne pas. Il a aussi un grand esprit de vengeance et la famille de M. Damico a très peur puisque ce sont eux qui l'ont livré à la police. Il a écrit une lettre à sa cousine en lui disant qu'il espérait qu'elle avait des cauchemars de l'avoir dénoncé. La famille est aussi un peu inquiète à l'idée qu'il s'échappe de prison ou de l'hôpital, puisqu'il l'a déjà fait dans le passé.

3

Ils en étaient réduits à chercher un psychiatre qui déclarerait Gilmore fou. A défaut de cela, Snyder et Esplin cherchaient à trouver un paragraphe qu'ils pourraient utiliser dans un des rapports psychiatriques, ou même une phrase.

EXPERTISE PSYCHOLOGIQUE

Date de l'expertise : 10, 11, 13 et 14 août 1976
Procédures d'expertise :

Entretiens avec le patient

Inventaire multiphasique de la personnalité
du Minnesota
Inventaire psychologique bibolaire
Phrases à terminer
Tests de l'Institut Shipley
Bender-Gestalt
Graham Kendall
Rorschach

M. Gilmore a dit à un moment : « Toute la semaine, j'ai eu ce sentiment d'irréalité, comme si je voyais les choses à travers de l'eau ou comme si je me regardais faire des choses. Surtout cette nuit, tout me donnait cette impression d'irréalité, comme si je regardais de loin ce que je faisais... J'avais cette impression de brume. Je suis entré dire au type de me donner l'argent, et je lui ai dit de s'allonger sur le sol et puis je l'ai abattu... Je sais que tout ça est réel, et je sais que je l'ai fait; mais d'une façon ou d'une autre, je ne me sens pas trop responsable. On dirait que j'avais à le faire. Je peux me souvenir que, quand j'étais enfant, je posais mon doigt au bout d'une carabine à air comprimé, et je pressais la détente pour voir s'il y avait vraiment du plomb dedans, ou bien je me trempais le doigt dans l'eau et je le mettais dans une prise de courant pour voir si j'allais vraiment recevoir un choc. Il me semblait qu'il fallait que je le fasse, que j'étais obligé de faire ces choses. »

Fonctionnement intellectuel :

Gary fonctionne dans la gamme d'intelligence d'au-dessus de la moyenne à supérieure. Son Q.I. de vocabulaire était de 140, son Q.I. d'abstraction était de 120 et son Q.I. total était de 129. Il a dit qu'il avait beaucoup lu dans sa vie et c'est vrai qu'il n'a manqué que deux mots dans le test sur le vocabulaire...

Intégration de la personnalité :

Dans le test de personnalité du papier-crayon, Gary révèle être un individu très hostile, un pervers social, en général mécontent de sa vie et insensible aux sentiments d'autrui. Il a une forte hostilité envers la société établie...

Résumé et conclusions :

En résumé, Gary est un célibataire de sexe masculin de race blanche... d'une intelligence supérieure. Il n'y a aucune preuve de lésion cérébrale organique. Gary est essentiellement un individu souffrant d'un désordre psychopathique de la personnalité, et antisocial. Je crois toutefois qu'il peut y avoir une certaine substance dans les propos qu'il tient sur les symptômes de dépersonnalisation qu'il a éprouvés durant la semaine où il a été séparé de Nicole et lorsqu'il a abattu ces deux personnes. Il est cependant clair qu'il savait ce qu'il faisait... Je ne vois d'autre solution que de le remettre au tribunal pour que la justice suive son cours.

> Robert J. Howell,
> Docteur en Psychologie.
>
> 18 août 1976

Consultation en neurologie

Il a indiqué que de temps en temps il a des hachures en travers de ses champs visuels, surtout à droite, phénomène suivi par l'incapacité de voir pendant une dizaine de minutes et prélude à de sévères migraines parfois accompagnées de vertiges. Les migraines durent environ une heure, puis disparaissent. La migraine suit toujours une expérience visuelle, mais il a aussi d'autres migraines qui sont parfois vraiment dures, qui surviennent sans cela et qui peuvent se produire à tout moment. Elles se produisent de façon très variable, et il a parfois employé le fiorinal presque chaque jour parce que ce médicament les fait généralement cesser, alors que l'aspirine, le tylenol et d'autres spécialités n'ont pas semblé le soulager. Dans certaines bagarres, il a été frappé à la tête mais n'a jamais été mis K.O. Il y a quelques mois, il a souffert d'une lacération dans la région du sourcil gauche, qui s'est bien cicatrisée. Lorsqu'il était jeune, son frère avait tendance à le frapper sur la nuque et il pense qu'il a peut-être une vertèbre déplacée et il a périodiquement des douleurs dans le cou.

Il raconte que depuis sa jeunesse il a eu tendance à avoir un comportement impulsif. Une idée lui traversait l'esprit et il n'était pas capable de s'empêcher de la mettre à exécution. Il cite par exemple le jour où il s'était avancé jusqu'au milieu d'une passerelle de chemin de fer et où il attendait que le train soit arrivé au bout de la passerelle avant de se mettre à courir dans la direction opposée pour avoir quitté le pont avant que le train l'ait rattrapé. Alors qu'il était au pénitencier, au cinquième étage, il éprouvait l'envie de se mettre debout sur une balustrade pour toucher le plafond au-dessus, avec le risque de tomber sur le sol quinze mètres plus bas...

Son comportement insolite devant un sentiment impulsif et ses prétendus épisodes amnésiques nécessiteront de nouveaux examens du point de vue psychiatrique, mais il semble à ce stade très peu probable que ce soient les symptômes d'une manifestation épileptique.

Dr Madison H. Thomas

31 août 1976

Dossier de consultation :

DR HOWELL : Combien d'électrochocs vous a-t-on
administrés ?

RÉPONSE : Oh ! on m'a dit qu'on m'en avait donné
une série de six... Le médecin qu'ils avaient au
pénitencier, et le psychiatre, c'était sa panacée. Si
on devenait violent, si on ne marchait pas au pas
ou n'importe quoi, ou s'il estimait qu'on avait
besoin d'être un peu plus passif, eh bien, il vous
branchait sur le Barrage de Bonneville.

DR WOODS : Il y a donc eu beaucoup de types qu'on
a branchés sur le Barrage de Bonneville ?

RÉPONSE : Oh oui, quand il travaillait là-bas. Une
chiée de types.

DR LEBÈGUE : Pourquoi vous a-t-on donné de la
prolixine ? Qu'est-ce qui s'est passé là-bas ?

RÉPONSE : Eh bien, il y a eu une nouvelle émeute.
C'est arrivé au trou et ça leur a pris onze jours
pour la réprimer. J'ai été enchaîné deux semaines, et pendant cette période, ils sont venus me
faire des piqûres de prolixine. On me donnait
deux centimètres cubes deux fois par semaine, et
j'avais perdu vingt, peut-être un peu plus de vingt
kilos lorsqu'ils ont fini par me sortir de ce
cauchemar.

DR HOWELL : A votre avis, à peu près combien de
piqûres vous a-t-on faites ?

RÉPONSE : On me faisait deux piqûres par semaine
pendant quatre mois.

DR KIGER : Onze fois sur douze vous avez eu de
bons rapports psychiatriques, pendant tout le
temps que vous avez passé dans le système
pénitentiaire, sauf une fois. Un rapport... disait
que vous souffriez d'une psychose paranoïde.
Vous vous rappelez quand c'était ?

RÉPONSE : Mon Dieu, c'est si facile en prison d'être
accusé d'être paranoïaque. Je veux dire, peut-être
que j'ai eu une discussion avec quelqu'un et ils
étaient en position de dire que j'étais paranoïa-

que. Donc de ne pas tenir compte de quoi il s'agissait. Je ne sais pas.

DR HOWELL : Durant cette période, vous ne vous considérez pas comme ayant souffert de maladie mentale.

RÉPONSE : Un grand nombre des gardiens sont atteints de maladie mentale.

DENNIS CULLIMORE, attaché au service médical : Y avait-il quelque chose dans votre état mental, l'un ou l'autre des soirs des meurtres, qui vous semblait différent de l'habitude ?

RÉPONSE : Oh ! je n'avais pas... tous les fils avaient été coupés, comme si je n'avais pas le contrôle de moi-même. Je veux dire que j'accomplissais les gestes l'un après l'autre. Je ne prévoyais rien. Ces choses-là s'enchaînaient, voilà tout...

DENNIS CULLIMORE : A quel moment avez-vous su que vous alliez l'abattre ?

RÉPONSE : Quand je l'ai abattu. Je ne le savais pas avant... Il m'a juste semblé que c'était le moment dans une série de faits qui se déroulaient.

DR KIGER : Avez-vous connu d'autres épisodes à forte charge affective où vous ne vous souveniez pas de tout ce qui se passait à ce moment ?

RÉPONSE : Je ne suis pas vraiment excitable, vous savez, je ne suis pas émotionnel. Il y a des choses que je laisse peser sur moi, mais ça n'est pas le genre de choses qui s'amassent et qui s'accumulent. Ce ne sont pas des trucs qu'on fait sur un coup de tête.

DR LEBÈGUE : Cette impression que vous avez décrite à plusieurs d'entre nous d'après laquelle les choses étaient irréelles, comme si vous les voyiez à travers de l'eau, cela vous est-il arrivé avant cet été ?

RÉPONSE : Non, pas vraiment... seulement des moments où la vie semble ralentir et où on peut observer le mouvement de façon plus intense. Par exemple, si on est dans une situation tendue, une bagarre, ou quelque chose comme ça ; ce qu'on éprouve à ce moment-là, ça ressemble un peu à ça.

DR KIGER : Est-ce que ça ressemble à ce que vous éprouvez quand vous fumez de l'herbe ?

RÉPONSE : Quand vous fumez de l'herbe, vous planez et tout va bien, mas quand vous êtes dans une situation tendue, je ne sais pas. Non, je ne peux pas dire que j'ai vraiment éprouvé ce sentiment-là auparavant.

DR LEBÈGUE : Donc, c'était quelque chose de nouveau pour vous.

RÉPONSE : Oui, c'est ce que je dirais.

DENNIS CULLIMORE : Personne n'a d'autres questions ? O.K.

DR WOODS : Merci d'être venu, Gary.

RÉPONSE : Je vous en prie.

Projet de traitement complet

Un rapport sera fait à la Cour déclarant que le patient est tout à la fois compétent et responsable.

DR BRECK LEBEGUE
Psychiatre

Conclusions :

C'est un sujet blanc du sexe masculin, âgé de trente-cinq ans, qui est ici pour un examen psychiatrique. Il n'y a aucun signe de désordre de la pensée, de psychose, d'amnésie, de lésion organique du cerveau, d'épilepsie, ni d'aucune autre pathologie du comportement qui l'empêcherait de discuter avec son avocat et d'être jugé pour les chefs d'accusation relevés contre lui. Il est conscient des circonstances et de ce qu'il a fait. Il décrit bien certains symptômes de dépersonnalisation au cours de ses actes, mais ce n'est pas rare chez ceux qui tuent pour subir un processus temporaire de déshumanisation. J'estime qu'il était responsable de ses actes au moment de l'incident.

Diagnostic :

Désordre de la personnalité du type antisocial.

Dr Breck Lebegue
Psychiatre

4

Gilmore ne donnait aucun signe de psychose. Plus Snyder et Esplin examinaient ces rapports et ces comptes rendus, moins ils rencontraient de folie, et plus il apparaissait mordant, ironique, les pieds sur terre. Il n'y avait guère de mur dans la loi qu'on ne pouvait escalader à condition de pouvoir s'accrocher à un petit quelque chose, une petite prise légale qui vous permettait de vous élever jusqu'à une autre prise. Il y avait des fissures dans plus d'un bloc de la loi, mais dans l'affaire Gilmore, ces murs psychiatriques n'offraient rien.

Ils allèrent poser le problème au Dr Woods, qui avait beaucoup vu Gary à l'hôpital, et John Woods l'examina avec eux. Les avocats venaient si souvent dans son cabinet qu'il commença à s'en inquiéter. Woods était jeune pour être directeur du Programme de Médecine légale. Il aimait son travail et trouvait stimulant sur le plan intellectuel les conceptions thérapeutiques de son supérieur, le Dr Kiger qui, selon lui, était un sacré innovateur. Woods ne voulait donc pas créer d'ennuis à l'hôpital et s'inquiétait un peu de savoir si toutes ces visites étaient bien correctes. D'un autre côté, cela ne l'ennuyait pas d'aider les avocats de la défense

et il aimait étudier le problème. Il finit par se dire :
ma foi, si le procureur veut discuter de ces choses,
je l'aiderai aussi. Je suis ici pour donner tous les
renseignements que je peux.

Woods estimait que si la défense de Gary devait
s'appuyer sur son état mental, alors Snyder et
Esplin devaient présenter un argument qui relierait
le psychotique au psychopathe. Ce n'était pas facile.
La loi admettait la folie. On pouvait toujours sauver
la tête d'un psychotique. La psychopathie, toutefois,
était plutôt une folie des réflexes moraux, si l'on
pouvait commencer à utiliser un tel terme (ce qui
n'était pas le cas) devant un tribunal. Woods leur
signala un interrogatoire où Gary, parlant du
moment où il s'était tiré une balle dans la main,
disait : « J'ai regardé mon pouce et j'ai pensé : quel
connard ! » Ce n'était guère une réaction psychotique. Moralement égocentrique, oui. D'une indifférence criminelle aux blessures mortelles infligées
aux autres, oui, mais il n'y avait aucune incapacité
psychologique de comprendre sa situation pratique. Si on était pratique, alors on était responsable.

Bien sûr, Gary entrait dans une catégorie psychiatrique. Il y avait un terme médical pour la
démence morale, la criminalité, la bestialité incon-
trôlée, appelez ça comme vous voulez. Les psychiatres appelaient cela « personnalité psychopathique » ou bien, ce qui était la même chose, « personnalité sociopathique ». Ça voulait dire qu'on était
antisocial. En terme de responsabilité devant la loi,
c'était comme si on était sain d'esprit. La loi faisait
une grande différence entre la personnalité psychotique et psychopathique.

Dans la psychose, dit Woods, il y avait peu de
rapport entre l'événement et la réaction personnelle. Si Gary, après s'être tiré une balle dans le pouce,

avait dit : « On empoisonne les sandwiches à Chicago », on pouvait supposer qu'il était psychotique. Au lieu de cela, Gary avait dit : « Espèce de connard », comme n'importe qui.

Une psychose relevant de l'aliénation mentale dépendait en général du désordre de la pensée. Gilmore ne présentait pas ce symptôme. Bien sûr, ce n'était pas toujours une question simple. Si un homme venait vous trouver en disant : « Ma mère vient de mourir », et qu'il se mettait à rire, on penserait qu'il y avait psychose. Mais si l'homme était un criminel endurci, son orgueil pourrait être de n'éprouver aucun sentiment dont il ne rie pas. Son attitude serait donc sociopathique et non psychotique. Cet exemple-là, bien sûr, n'était guère utile aux avocats. Ils avaient besoin de quelque chose qui pourrait paraître psychopathique mais qui se révélerait psychotique.

Woods avait étudié cette question auparavant. Un psychopathe pouvait assurément devenir un psychotique. Le psychopathe moyen vivait, après tout, dans un monde dangereux. Une certaine dose de paranoïa était même nécessaire. Il fallait être sensible aux perturbations de l'environnement. Dans des conditions de tension, toutefois, ce qui avait été une paranoïa utilisable pouvait se trouver magnifié. Si on dormait et que le réveil sonnait et qu'on se trouve dans un état de tension telle qu'on croyait que c'était une sirène d'incendie, qu'on voyait des flammes imaginaires et qu'on sautait du haut d'une fenêtre dans l'éternité, ma foi, peu importait alors si votre étiquette normale avait été psychopathique, dément, mélancolique ou obsédé impulsif, on pouvait être sûr d'être qualifié de psychotique dès l'instant où on passait par la fenêtre. Le psychopathe avait des fantasmes. Le psychotique, lui, des hallucinations.

Peut-être pouvait-il attaquer le problème par là. La démarcation entre les fantasmes et les hallucinations ne devait pas être précise. L'ennui, toutefois, demeurait que, dans les observations faites sur Gary au cours de ces dernières semaines, il n'y avait eu aucun comportement excessivement paranoïaque. Les avocats devaient bien comprendre, les prévint Woods, que la loi voulait bien séparer psychopathie et psychose. Si le psychopathe était jamais accepté comme légalement fou, alors le crime, le jugement et le châtiment seraient remplacés par acte antisocial, thérapie et convalescence.

CHAPITRE XXIV

GILMORE ET GIBBS

1

GARY avait déposé devant lui une photographie de Nicole et il avait fait un dessin avec un stylo à bille. Il prit une vieille recharge et la cassa en deux. Utilisant un cure-dent, il parvint à extraire un peu de l'encre coagulée. Avec un pinceau à aquarelle et quelques gouttes d'eau, il ombra le dessin. Gibbs aimait bien le regarder faire.

20 septembre

Je regrette de ne pas avoir pris plus de photos de toi nue. Sans blague, Nicole, je trouve que tu ne devrais jamais porter de vêtements. Il y a quelque chose dans la nudité et toi qui vont ensemble. Je ne veux rien dire de grossier, bébé, tu le sais — bien que tu sois extrêmement sexy. Tu es juste si naturelle : innocente, gaie, heureuse, jolie, comme un lutin dans la forêt. Tu es à ta place.

J'ai été surpris de récupérer ce cliché : je parie que ces flics d'Orem ont regardé cette photo sous toutes les coutures, hein ? Les salauds... Ça me fait chier de penser qu'un de ces cochons — ou n'importe qui — a vu une photo aussi personnelle de mon amour.

J'aimerais vraiment que tu voies une photo de cette sculpture « Extase de sainte Thérèse ». Je crois que le sculpteur s'appelle Bernini. Je n'ai jamais vu de grandes œuvres d'art pour de vrai, mais je crois que je connais presque tout l'art européen par les livres que j'ai étudiés. J'ai vu un jour une image du Christ par un artiste russe qui m'a vraiment hanté longtemps. Ce Christ ne ressemblait pas du tout à la version populaire et rayonnante du christianisme occidental du berger bienveillant dont nous avons l'habitude. Il avait l'air d'un homme avec un visage maigre et décharné, un peu hanté, avec de grands yeux sombres très enfoncés. On sentait qu'il était plutôt grand, anguleux, dégingandé, un homme seul et je crois que c'était ce qu'il y avait de plus frappant dans le tableau. Pas de halo, pas de rayons descendant du ciel. Rien que cet homme extraordinaire — cet être humain ordinaire qui se faisait extraordinaire et essayait de nous dire à nous tous que n'importe lequel d'entre nous pouvait en faire autant. La solitude et un soupçon de doute semblaient imprégner le tableau. J'aimerais avoir connu l'homme de ce tableau-là.

A la taule de Salt Lake, juste avant que Gibbs ait été transféré à Provo, un gardien lui parla d'un étudiant qui avait été à l'école de droit avec Jensen. Ce mec avait même essayé de pénétrer dans la prison pour tuer Gary. Il comptait raconter au gardien qu'il était avocat, mais il voulait passer en douce un couteau.

Gilmore dit qu'il pouvait compatir. Que valait donc un mort s'il n'avait pas d'amis pour le venger ? Puis il regarda Gibbs et dit : « Tu sais, c'est la première fois que j'ai jamais rien éprouvé pour l'un de ces deux types que j'ai tués. »

Je suis le seul de la famille qui sente l'attraction de l'île Emeraude. C'est une terre magique. J'ai quelque chose que je veux te donner et j'espère que tu ne trouveras pas ça idiot. C'est quelque chose que je fais et c'est un peu magique. C'est une force, une attraction que j'ai maîtrisée et ça marche. C'est une sorte de petit refrain :

DE BONNES CHOSES M'ARRIVENT
MAINTENANT.

Récemment j'ai changé ça en :

DE BONNES CHOSES NOUS ARRIVENT
MAINTENANT.

C'est juste une prière personnelle que je murmure doucement, en silence dans ma tête, tout haut si je suis seul. J'espère que ça ne te paraît pas idiot. Je connais le pouvoir des choses comme ça ; le rythme, la répétition d'un doux refrain harmonieux créent de la magie dans l'air, attire, entraîne, donne aux croyants le pouvoir d'attirer et le pouvoir de recevoir.

2

Dans leur cellule, baptisée par Gilmore « Les Oubliettes puantes », ils avaient une toilette en porcelaine fêlée, maintenant jaune de nicotine. On actionnait la chasse d'eau en pressant un bouton sur le mur. Mais, pour avoir assez de force, il fallait se cramponner au côté de la douche et appuyer deux bonnes minutes sur le bouton. Ça n'était que comme ça qu'on arrivait à avoir une pression suffisante.

Et puis, une fois que l'eau arrivait, il fallait

maintenir le plongeur jusqu'au fond du réservoir en attendant que le niveau de l'eau arrive jusqu'au bord. C'était la seule façon d'avoir assez de liquide pour provoquer une évacuation. Et tout le temps, il y avait une fuite autour du joint en bas. Ils l'appelaient La Mine de Soufre à Ciel Ouvert.

Un après-midi, ayant besoin de carburant pour faire chauffer l'eau du café, ils arrachèrent la pancarte indiquant les instructions sur l'utilisation de la chasse d'eau, et Gary la remplaça par un mode d'emploi à lui, écrit au marqueur sur le mur.

Avis Important !!!
Pour Actionner cette Pompe à Merde
Garder le Cul sur le Siège
Presser Fortement le Bouton de la Langue
Bonne Chance Fils de Pute

Là-dessus il tomba amoureux du marqueur. « Quand je serai parti, ils vont vraiment croire que c'était un dingue qui était ici », dit-il. Et sur tous les murs, il écrivit « MUR », « PLAFOND » au plafond, « TABLE » sur la table, « BANC » sur le banc, « DOUCHE » dans la douche. Puis il numérota chaque couchette « COUCHETTE 1 », « COUCHETTE 2 ». Enfin il inscrivit sur le visage de Gibbs et sur le sien : « FRONT », « NEZ », « JOUE », « MENTON ».

Lorsque le gardien arriva pour servir le repas du soir, il demanda : « Perqué vus avez fait ça ? » C'était un Mexicain du nom de Luis. Avec un accent à couper au couteau : « Perqué vus avez fait ça ? — Ho ! dit Gilmore, on m'a dit de me préparer pour le tribunal. »

Ils attendaient avec impatience de jouer un tour au Mexicain. Un jour Gary demanda à rencontrer son avocat, et comme Luis n'était jamais prêt à se magner le train pour un prisonnier, il dit : « Gilmorrre, z'est importante ?

— Eh oui, fit Gary, c'est une question de vie ou de mort. » Il se mit à hurler. Le vieux Luis s'en alla au galop.

Le prisonnier qui coupait les cheveux avait peur d'être dans la cellule avec Gary. Gary demanda donc à Gibbs de les lui couper. Gibbs lui dit : « Jamais de la vie », mais Gary déclara qu'il était un maître barbier et qu'il lui donnerait les instructions au fur et à mesure.

Luis leur apporta une grande paire de ciseaux. Ils installèrent contre le mur une feuille d'aluminium polie pour faire office de miroir et Gary se passait la main dans les cheveux en s'arrêtant avec la quantité qu'il voulait faire couper au-dessus de ses doigts refermés. Ça prit environ une heure. Gibbs était très prudent. Mais, lorsque ce fut terminé, Gary demanda à Luis s'ils pouvaient utiliser la tondeuse électrique. « Non, fit le gardien, pas de prise. » Il n'allait pas se donner le mal de brancher une allonge. Gary lança les ciseaux de toutes ses forces contre le plateau en plastique que Luis avait posé sur le guichet. Il vint frapper la porte d'acier et se brisa en morceaux. Luis dit : « Gilmorrre, espèce dé salo. » Gary s'approcha des barreaux. « Qu'est-ce que t'as dit ? » demanda-t-il. Le Mexicain partit vers le bureau.

Environ une heure plus tard, il revint avec un shérif adjoint et un sac en plastique. Luis le tendit par le guichet et dit à Gary : « Tou mets les morceaux cassés dans lé sac. » Gary le fit. Il s'était un peu calmé. « J'ai dû faire sauter les visites de Nicole, dit-il, c'est tout ce qui a vraiment un sens pour moi. » Gibbs dit : « Attends six heures, quand le Gros Jake arrivera. » « Ils peuvent me mettre au trou, reprit Gary, dès l'instant qu'on ne m'empêche pas de voir Nicole. » Quand le Gros Jake arriva, il riait. « Tu as foutu une telle trouille à Luis avec les ciseaux, annonça-t-il, qu'il est arrivé au bureau en chiant pratiquement dans son froc. »

Le Gros Jake et Gary s'entendaient bien. Alex Hunt et lui étaient les seuls geôliers que Gary respectait. Parce qu'ils n'avaient pas peur. Peu après l'arrivée de Gary, deux grands mecs de la cellule centrale essayèrent de sauter sur Jake pour s'évader. Jake les rossa à mort. Un grand gaillard de Suédois, beau gosse, du Montana. Jake était sûr de lui. Le capitaine Cahoon avait donné l'ordre que quand Nicole venait voir Gary, on devait appeler une voiture de patrouille. Comme ça il y aurait deux policiers en plus dans les parages de la prison. Tous les gardiens le faisaient sauf Jake et Alex. Ni l'un ni l'autre n'avaient besoin d'aide.

Gary expliqua alors, d'un ton vibrant de sincérité, ce qui s'était passé. Il dit au Gros Jake qu'il avait eu tort de se mettre en colère. Il alla jusqu'à dire qu'il voulait bien accepter d'être puni, mais qu'il espérait qu'on n'allait pas le priver de visites. Le Gros Jake dit que ça dépendait du capitaine Cahoon, mais qu'il lui parlerait personnellement. Peut-être que ça suffirait de remplacer les ciseaux brisés en deux morceaux. Gibbs intervint. « Si c'est ce qu'il faut pour arranger les choses, dit-il, prends de l'argent sur mon compte. »

« Gibbs, demanda Gilmore, tu n'as jamais entendu parler de Ralph Waldo Emerson ?
— Non.
— C'était un écrivain et il a dit une phrase qui pourrait nous servir de devise, à toi et à moi. Emerson a dit : "La vie n'est pas si courte pour qu'on n'ait pas toujours le temps d'être courtois.". »

On mit un grand costaud avec eux. C'était un ancien parachutiste de près de un mètre quatre-vingt-dix, pas loin de cent kilos, qui s'appelait Bart Powers. Ce matin-là, il avait flanqué une torgnole à un prisonnier de la cellule principale.

Lorsque Powers entra dans leur cellule, ses premiers mots furent : « Lequel de vous deux est Gilmore ? » Il avait lancé ça d'une voix si forte et si brutale que Gibbs crut que Powers était venu pour le provoquer. Il se leva aussitôt de sa couchette et s'approcha des toilettes pour se placer derrière lui.

Gary leva les yeux de la lettre qu'il était en train d'écrire et dit avec le plus grand calme : « C'est moi, Gilmore. Pourquoi veux-tu le savoir ? »

Ç'aurait pu être de l'hypnose. Gary avait dû lui transmettre une dose de ses pouvoirs psychiques. Gibbs vit Bart Powers perdre son assurance. D'un ton humble, il dit : « Mes gars m'ont demandé de te dire salut. » Gibbs eut du mal à s'empêcher de ricaner. Powers dit : « Salut » comme un gosse à l'école.

Le nouvel arrivant n'était pas gênant. Il ne parlait pas beaucoup, il lisait et ne cherchait pas d'histoires. Gibbs, cependant, sentait que Gary commençait à s'agiter. Il avait discuté avec le Gros Jake pour que Nicole vienne passer une nuit. Jake avait vu une selle qu'il avait envie d'acheter. Elle devait coûter cent dollars, mais Gibbs pensait qu'il pourrait réunir la somme. La négociation n'en était qu'à ses débuts, mais ils y pensaient. Maintenant, la présence de Powers allait tout compromettre.

Luis arriva et dit à travers les barreaux : « Pouerrrs, perqué tou frappes oune jeune ? C'est oune enfant, Pouerrrs. » Puis il partit. Gilmore et Gibbs explosèrent. Ils se mirent à regarder Powers et éclatèrent de rire. « Ça n'était qu'oune enfant, Pouerrrs, disaient-ils, oune enfant. » Puis ils riaient encore. Bart Powers semblait avoir horreur de ça. Seulement, remarqua Gibbs, il n'allait pas relever.

Powers n'avait pas de cigarettes, alors Gibbs lui en lança un paquet. « Tu ne me dois rien, fit Gibbs. Tu ne pourrais pas me le rendre, alors je te le donne.

— Tu es tombé sur un homme généreux, dit Gilmore en inspectant Powers. (Puis il ajouta :) C'est une belle chemise que tu as.

— Merci, dit Powers.

— J'aimerais l'acheter, poursuivit Gary.

— C'est la seule chemise que j'aie.

— Tu comprends, dit Gary, je m'en vais bientôt passer en jugement et, mon vieux, je veux comparaître devant le tribunal dans une tenue convenable, tu vois.

— Je ne pourrais pas te vendre cette chemise, voyons, c'est un cadeau de ma petite amie.

— Je te donnerai mucho cigarettes en échange », dit Gary. (Il y eut un hochement de tête de Gibbs.) Ce serait la cartouche de Gibbs.

— Cette chemise, dit Powers, c'est tout ce que j'ai.

— Rends-moi le paquet que je viens de te lancer », dit Gibbs. Powers obéit. Sans traîner.

« Ça n'était qu'oune enfant », dit Gilmore.

Ils éclatèrent de rire au nez de Powers.

Ce soir-là, Gary dit : « Rien de personnel là-dedans, mais cette cellule est trop petite pour trois. Je crois qu'il est préférable pour toi, Powers, de dire au gardien que tu ne peux pas t'entendre avec nous. » Gary avait l'air menaçant comme une crise cardiaque. « Dis-lui que s'il ne te déménage pas ce soir, je te tuerai. »

Powers se mit à appeler le Gros Jake à grands cris. « Rien de personnel », murmura Gary.

« Oh ! tu veux déménager ? fit le Gros Jake. On est prêt à aller en haute surveillance ? Qu'est-ce qui se passe, Powers ? Ces deux-là, tu ne peux pas les rosser, hein ? Tu ne peux pas dire : retournez sur votre couchette car j'en ai marre de voir votre gueule ? Ils ne plaisantent pas, hein ? (Il fit un signe de tête à Gilmore et à Gibbs.) Très bien, Powers, je vais te mettre au trou. Gary, lui, est accusé de deux meurtres. Ça lui suffit.

— Tire-moi de là, fit Powers. Tu n'as qu'à me mettre au trou. »

Une fois Powers transféré, le Gros Jake dit : « J'aimerais bien l'amener ici un soir et que vous le travailliez un peu. Nous, on ne peut pas le faire, mais ça lui ferait sûrement du bien. »

Gibbs savait que Gary ne voulait pas dire non. Ça nuirait à ses futures négociations pour faire venir Nicole dans sa cellule. Quand même, Gary dit : « Je ne peux pas, Jake, Powers est un prisonnier comme moi. Pas question que je travaille pour vous.

— Bon, fit le Gros Jake, c'est réglo. »

Le lendemain matin, on emmena Gary à l'asile pour un examen psychiatrique et il revint en retard pour le déjeuner. Le Gros Jake lui donna du rab de la cuisine : un double sandwich avec deux cornichons et un fruit frais. Gary dit : « Dis donc, merci bien.

— T'en fais pas, Gary, fit le Gros Jake, ça n'est pas à moi de te rendre un vrai service. »

Cet après-midi là, ils étaient d'humeur folâtre. Le genre rien à perdre. Il restait des petits paquets de beurre du déjeuner de Gibbs, et ils décidèrent de les lancer à travers les barreaux. Histoire de voir qui pourrait faire la plus grosse tache sur le mur du couloir.

Luis vint pour voir ce qui les faisait tant rire. « Gilmorrre et Gibbs, dit-il, prrrivés de dîner cet soir ! » Il fit venir deux détenus pour nettoyer. Gilmore et Gibbs riaient si fort qu'ils en avaient des crampes d'estomac. « Luis, dit Gary, est un morpion un peu retardé. » On ne leur servit pas de dîner ce soir-là. Vers huit heures et demie, Luis revint avec un pot de café, comme s'il était un peu embêté pour eux.

Gary demanda : « Luis, tu es marié ? (Le gardien acquiesça de la tête.)

— Tu as des photos de ta femme, nue ? »

Luis fut choqué. « Non, répondit-il.

— Alors, fit Gary, tu veux en acheter ? »

Il mit quelques secondes à comprendre. Luis cria : « Gilmorrre et Gibbs, j'en ai marrre de vos connerrries ! » Il claqua la porte du couloir.

Bon sang, se dit Gibbs, ce Mexico, c'est le seul jouet qu'on ait.

CHAPITRE XXV

DÉMENCE

1

ACCEPTERAIT-IL au moins de témoigner pour Gary à l'audience de révision de peine[1] ? demandèrent Snyder et Esplin.

Oui, répondit Woods, pas de problèmes pour ça. Mais, les prévint-il, avec la meilleure volonté du monde, que pouvait-il apporter, en toute conscience professionnelle, que le District Attorney ne serait pas capable de démolir ?

Ils ne lui demandèrent pas s'il aimait bien Gary. S'ils l'avaient fait, il n'aurait peut-être pas répondu, mais la réponse qu'il aurait pu donner était : oui, je crois que j'aime bien Gary. Il se peut même que je l'aime un peu plus que je ne voudrais.

Woods avait le sentiment de comprendre quelques-unes des obsessions de Gilmore. Sauter au milieu du pont et faire la course avec le train ou bien se mettre debout sur la rampe au dernier étage de la prison, c'étaient des envies que Woods

1. Procédure particulière aux Etats-Unis, qui impose, après verdict dans une affaire criminelle, un examen devant une seconde juridiction qui entérinera ou modifiera la sentence. C'est la Chambre de révision de peine.

connaissait bien. Il pensait parfois qu'il s'était tourné vers la psychiatrie pour pouvoir compenser ses propres fantasmes.

Tiens, si Gilmore avait été un homme libre, Woods aurait pu l'emmener faire du rocher. Enfin, il aurait pu s'il en faisait encore. Woods ressentait de nouveau la plongée de sa dernière grande chute sur une paroi de glace. Ça avait mis un terme à ses tentatives d'escalade. Le type qui l'accompagnait avait failli être tué dans une crevasse. Woods connaissait donc la dépression qui s'abattait sur vous quand on cessait de faire des paris insensés. Il connaissait aussi la logique qui vous poussait d'abord à les faire. Aucune récompense psychique ne pourrait être aussi forte que de relever un défi qu'on s'était fait à soi-même.

Si l'on avait vraiment peur, qu'on y aille quand même et qu'on arrive de l'autre côté intact, alors c'était difficile de ne pas croire un instant qu'on était dans le camp des dieux. On avait l'impression de ne pas pouvoir se tromper. Le temps ralentissait. Ce n'était plus vous qui le faisiez. Pour le bien ou pour le mal, c'était *ça* qui le faisait. On était entré dans la logique de cet autre concept où la vie et la mort avaient autant de rapport que le Yin et le Yang.

C'était une identification que Woods éprouvait. Gilmore, lui aussi, s'était senti l'envie de prendre un risque avec sa vie. Gilmore était resté en contact avec quelque chose qu'il ne fallait absolument pas perdre de vue. Woods savait tout cela, et ça le déprimait. En songeant aux entrevues qu'il avait eues avec Gilmore à l'hôpital, il était gêné de la réserve qu'il avait maintenue entre eux ; il avait même un peu honte de ne jamais avoir entretenu une vraie conversation avec cet homme.

Au bout d'un moment, il parvint quand même à amener Gilmore à parler un peu des meurtres, mais ça n'avança à rien. Gilmore semblait sincèrement déconcerté par son propre comportement. Il reparlait de son impression d'être sous l'eau. « Un tas de choses bizarres, disait-il. Vous savez, c'était inévitable. »

Ce côté vague paraissait tout à fait sincère à Woods. Un détenu essayant de vous convaincre qu'il était fou ferait plus de cinéma. Au lieu de ça, Gilmore donnait l'impression d'un homme calme, pensif, traqué et qui vivait simultanément en bien des endroits.

D'un autre côté, Gilmore avait été complètement isolé. C'était tout à fait contre les idées thérapeutiques de Woods car cela supprimait toute interaction avec les autres patients. Ils avaient une nouvelle forme de thérapie à offrir dans cet hôpital et il était tout à fait d'avis d'en faire profiter Gilmore. Les autorités de la prison, toutefois, avaient seulement accepté de transférer Gilmore de la prison pour ces visites de deux ou trois jours, à condition qu'on le garde bouclé tout le temps. Voilà donc où on en était. Un homme qui avait passé ses douze dernières années presque toujours enfermé chaque nuit dans une cellule de la taille d'un cabinet, continuait à l'être encore.

En outre, ils étaient tous inquiets, lui compris, à l'idée de faire une erreur avec lui, aussi le voyaient-ils toujours par deux. Plus tard, il apprit que Gilmore avait dit : « Une chose que je reproche à Woods, c'est qu'il ne me parle jamais seul. » C'est vrai, songea Woods, j'ai vraiment gardé mes distances.

Bien sûr, il savait pourquoi. Devenir psychiatre avait mis Woods dans un drôle d'endroit, philosophiquement parlant. Il n'aimait pas remuer ses doutes. Les contradictions qu'il avait en lui, une fois mises en mouvement, ne s'arrêtaient pas comme ça. Woods, après tout, n'avait pas le genre d'éducation avec laquelle on se trouvait parachuté dans l'Establishment psychiatrique.

2

Le père de Woods avait été un sacré joueur de rugby au collège, et il avait essayé d'élever son fils à lui ressembler. Woods avait grandi dans un ranch mais son père avait veillé à ce qu'il jouât au rugby, et c'était un fils qui avait passé son enfance à faire des passes. A peine avait-il eu les mains assez grandes pour tenir un ballon qu'il s'y était mis. Lorsqu'il eut fini ses études secondaires, il eut une bourse à l'université du Wyoming.

A l'université, le vrai talent semblait venir de l'Est. Woods avait l'idée que tout comme les meilleures pommes de terre poussaient dans l'Idaho, de même tous les joueurs de rugby venaient de Pennsylvanie et de l'Ohio. Woods avait toujours cru qu'il était assez bon, assez grand et assez dingue jusqu'au jour où ces joueurs de rugby de l'Est étaient arrivés des villes du textile. Six de ces Polaks, de ces bohémiens et de ces Italiens partageaient la même fille pendant toute leur première année. Ce n'était pas qu'ils ne pouvaient pas en avoir d'autres, c'était qu'ils aimaient bien faire ça en famille. C'était mieux comme ça. Un soir, un de ces monstres, qui jouait comme pilier, en avait eu tellement marre de se faire repousser par une nouvelle conquête qu'il s'était mis à uriner sur elle.

Un autre soir où il avait beaucoup neigé, un groupe d'entre eux partit dans deux voitures pour une balade dans les montagnes. Une bouteille de gnôle dans chaque bagnole. Au retour, en pleine tempête de neige, la voiture de tête déboucha d'un virage, dérapa et vint s'écraser sur une Chevrolet bloquée sur le bas-côté. Il n'y avait que deux joueurs de rugby dans la première voiture, et ils sautèrent au milieu de la route. Woods, dans la seconde voiture qui suivait à vive allure, déboucha du même virage et se jeta dans le fossé pour éviter de les heurter. Les deux gars de la première voiture et les trois de la seconde se donnèrent la main pour remettre sur la route la voiture de Woods. Ça leur parut si bien que les types de la première voiture arrachèrent leur plaque minéralogique et poussèrent la bagnole du haut de la montagne dans le ravin. Elle vint heurter les rochers avec un fracas de tonnerre puis émit toute une série de bruits doux et sourds comme le vent lorsqu'il labourait les épaisseurs de neige. Ils observèrent le spectacle avec le respect que méritent les grands événements.

Evidemment, la voiture qu'ils avaient emboutie était dans un triste état. Ils décidèrent donc de la remettre sur la route. Woods essaya de les en dissuader. En plein milieu de la discussion, il n'arrivait pas à avaler le fait que lui, avec sa bonne réputation à sauvegarder, jouait les pacificateurs.

Il échoua. Ils se mirent à faire rouler cette épave. Une voiture de police qui remontait la côte évita de peu une collision de plein fouet. Un riche ancien élève régla la facture. On ne perdait pas cinq jeunes étudiants de talent pour si peu.

Woods ne fut jamais une vedette du rugby. Au fur et à mesure des rencontres il en vint à avoir peur. Il pouvait se faire estropier. L'entraîneur qu'il aimait bien s'en alla, et le nouveau trouva que Woods passait trop de temps au labo. Il lui dit de faire plutôt de la gymnastique. Woods ne l'écouta pas. Il ne fut jamais une vedette.

Néanmoins, il n'eut jamais d'illusions sur l'ampleur du problème. Il y avait deux sortes d'êtres humains sur terre et peut-être était-il destiné à connaître les deux. Les civilisés avaient leurs petites habitudes autodestructrices, leur paranoïa contrôlée, mais ils étaient capables de vivre dans un monde civilisé. On pouvait les rafistoler sur le divan. C'étaient les non-civilisés qui causaient du malaise dans les milieux psychiatriques.

Woods se doutait depuis longtemps que le secret le mieux gardé des cercles psychiatriques, c'est que personne ne comprenait les psychopathes et que rares étaient ceux qui avaient une idée de ce qu'étaient les psychotiques. « Ecoutez, était-il parfois tenté de dire à un collègue, le psychotique croit qu'il est en contact avec des esprits venus d'autres mondes. Il est persuadé qu'il est la proie des esprits des morts. Il est terrifié. Selon lui, il vit dans un champ de forces mauvaises.

« Le psychopathe, aurait voulu leur dire Woods, habite le même endroit. Seulement il se sent plus fort. Le psychopathe se voit comme une force puissante dans ce champ de forces. Il croit même parfois qu'il peut partir en guerre contre eux et gagner. Alors s'il perd vraiment, il est près de s'effondrer et peut être aussi hanté qu'un psychotique. » Un moment, Woods se demanda si c'était la façon de lancer un pont entre le psychopathe et le dément.

Mais il en revenait toujours à la même difficulté. Ce discours n'était d'aucun usage juridique pour Snyder et Esplin. On ne pouvait pas comparaître devant un tribunal en invoquant des esprits d'autres mondes.

Il restait bien une possibilité légale. Dans le dossier venant du pénitencier de l'Etat d'Oregon, se trouvait cette note psychiatrique du docteur Wesley Weissart, de novembre 1974 :

J'AI L'IMPRESSION QUE POUR L'INSTANT GILMORE EST DANS UN ÉTAT DE PARANOÏA, SI BIEN QU'IL EST INCAPABLE DE DÉCIDER CE QUI LUI CONVIENT LE MIEUX. IL EST TOTALEMENT INCAPABLE DE CONTRÔLER SES IMPULSIONS HOSTILES ET AGRESSIVES... JE ME SENS PLEINEMENT JUSTIFIÉ D'ADMINISTRER A GILMORE DES MÉDICAMENTS CONTRE SA VOLONTÉ CAR IL POSE UN SÉRIEUX PROBLÈME AUX PATIENTS ET A L'ÉTABLISSEMENT TOUT ENTIER.

C'était là le rapport *embêtant* auquel le docteur Kiger avait fait allusion lorsque ses collaborateurs avaient interrogé Gilmore. « Pourquoi ne faites-vous pas venir ce docteur pour témoigner ? » demanda Woods à Snyder et à Esplin.

Gary ne voulait pas de lui, voilà pourquoi. Gary avait dit : c'est un véritable salaud, dégueulasse et pourri. Il ne voulait pas être soumis à l'expertise de cet homme-là.

Woods dit que même s'il devait aller dans l'Oregon et ramener ce type ligoté, ils devaient le faire venir pour le procès.
C'était très difficile, répondirent-ils, de forcer quelqu'un à répondre à une convocation s'il vivait en dehors de l'Etat. Woods dit : « Mon vieux, ça me semble essentiel. »

Snyder et Esplin téléphonèrent à Weissart, mais il leur répondit qu'il n'avait pas envie d'être impliqué là-dedans. Ils eurent l'impression que, s'il devait venir à la barre, il dirait que Gilmore était peut-être un paranoïaque complet mais qu'il n'était pas, au sens légal du terme, psychotique. Encore une impasse.

Woods avait perçu la différence existant entre les ténors rompus aux procès et les jeunes avocats. Une sacrée différence.. Il leur dit, aussi diplomatiquement qu'il put : pourquoi ne trouvez-vous pas quelqu'un d'autre qui puisse, dans ce cas précis, donner des arguments valables ? Il n'arrivait pas à se faire comprendre. Ils insistaient pour essayer de trouver un expert qui certifierait que Gary était victime d'une maladie mentale.

En fait, Woods détestait la prolixine. Il considérait ce médicament comme une incarcération à l'intérieur de l'incarcération. Un matin, il s'éveilla même, épuisé par un rêve concernant Gilmore et dans lequel il menait un contre-interrogatoire :

QUESTION : Quelle était sa dose ?
RÉPONSE : Cinquante milligrammes par semaine, c'est à peu près la dose moyenne.
QUESTION : Mais ça l'a fait gonfler, n'est-ce pas ?
RÉPONSE : Oh ! toutes ces drogues antipsychotiques ont des effets secondaires. Plus le médicament est puissant, plus il est capable de provoquer des effets secondaires. La prolixine en donne bien plus que la thorazine.
QUESTION : Quel est donc l'avantage d'utiliser la prolixine ?
RÉPONSE : On n'a qu'à lui administrer le médicament une fois par semaine, plutôt que d'essayer de le lui donner chaque jour.
QUESTION : C'est donc vraiment le problème de le lui administrer.
RÉPONSE : C'est exact.
QUESTION : Si vous avez à seller un cheval ombra-

geux, vous voulez pouvoir le faire une fois par semaine et pas deux fois par jour.

RÉPONSE : C'est exact. La prolixine est actuellement le seul médicament sur le marché qu'on peut administrer à intervalles non réguliers. Tous les autres doivent être administrés à heure fixe, deux ou trois fois par jour, ou une fois par jour.

QUESTION : De quels effets secondaires souffrait Gilmore ?

RÉPONSE : Il avait une réaction vraiment sérieuse. Je me rappelle qu'il avait les pieds enflés et du mal à mettre ses chaussures, il avait du mal à marcher, il avait aussi les mains enflées. Il supportait vraiment une réaction importante.

QUESTION : Combien de temps cela a-t-il duré ?

RÉPONSE : Attendez, laissez-moi vous expliquer, la prolixine est un médicament à action longue. Vous faites une piqûre aujourd'hui, mais le produit ne sera sans doute pas complètement éliminé avant six à huit semaines. C'est pourquoi, si une réaction se produit, il faut au moins deux ou trois mois pour s'en remettre.

QUESTION : Alors, qu'est-ce que vous avez utilisé comme médicament quand la prolixine n'a pas marché ?

RÉPONSE : Je ne crois pas avoir utilisé aucun médicament après cela.

QUESTION : Alors, c'était juste un problème...

RÉPONSE : Un problème de discussion, on a juste discuté.

QUESTION : Comment Gilmore lui-même a-t-il réagi à la prolixine ? Je veux dire, lorsqu'il a souffert des effets secondaires, comment a-t-il réagi dans ses rapports avec vous ?

RÉPONSE : Eh bien, naturellement, il n'était pas content de moi du tout.

QUESTION : Il était paranoïde à votre égard, n'est-ce pas ?

RÉPONSE : Oh ! oui, absolument.

QUESTION : Il pensait que vous cherchiez à l'avoir.

RÉPONSE : Ma foi, oui.

QUESTION : Aviez-vous des remords concernant l'usage de la prolixine ?

RÉPONSE : Ma foi, je n'aime constater chez personne ce genre de réaction et ça ne m'a pas plu de voir que c'était le cas pour Gary. Toutefois, étant donné la façon dont les choses ont évolué, j'ai eu l'impression qu'après cela nous nous entendions assez bien.

QUESTION : Vous ne vous inquiétez pas à propos de la prolixine, dans la mesure où vous ne savez pas exactement ce que ça fait ? En schématisant, on peut dire que vous vous trouvez devant une machine à deux leviers. Vous enfoncez un levier à une extrémité et l'autre sort au bout de la machine. Ce qui se passe dans la machine, vous n'en savez rien. Est-ce une description correcte des effets du médicament ? Que vous ne pouvez pas préciser le processus intérieur qui se déclenche ?

RÉPONSE : Eh bien, là... ma foi, vous avez peut-être raison. En vérité, nous ne connaissons pas les effets directs de ces médicaments antipsychotiques sur les cellules du cerveau...

Woods n'était pas du tout certain que la prolixine n'avait pas causé de réelles lésions au psychisme de Gary. Des champs entiers de l'âme pouvaient se trouver défoliés sans qu'il en reste jamais une trace. Mais comment en convaincre un jury ? Le médicament avait été accepté par toute une génération de psychiatres. Une fois de plus, Woods regrettait de ne pas avoir un véritable avocat virtuose capable de manipuler un jury comme un ballon de basket en le faisant rebondir devant le tribunal.

CHAPITRE XXVI

ÉPERDUMENT AMOUREUX

1

NICOLE demanda à Gary s'il n'y avait pas une chance de trouver un très bon avocat. Gary dit que les grands ténors comme Percy Foreman ou F. Lee Bailey prenaient parfois une affaire pour la publicité, mais que, dans son cas, il n'y avait pas d'éléments particuliers. Un grand nom voudrait du fric.

Bien sûr, dit-il, un très bon avocat parviendrait peut-être à le faire acquitter. Ou à lui faire avoir une peine de courte durée. Mais sans argent, il ne fallait pas y penser.

Elle n'avait aucune idée de ce que pouvait coûter un grand avocat, mais ce fut alors que l'idée lui vint de vendre ses yeux. Elle n'en parla jamais à Gary et en fait, elle se sentait un peu idiote. Elle ne savait pas vraiment comment cette idée lui était venue. Peut-être était-ce à cause de ces publicités où on vous disait combien votre vision était précieuse. Elle se dit que si elle pouvait en tirer cinq mille dollars, ça paierait peut-être un bon avocat.

Gibbs se montra quelque peu excité par cette idée. Il y avait un type à Salt Lake qui se trouvait être le plus grand avocat criminel de l'Utah, Phil Hansen. Autrefois, Phil avait été Attorney général et tout le tremblement. Il y avait plus de dossiers qui passaient par son cabinet que chez n'importe lequel de ses confrères. Il pouvait faire des miracles. Un jour, il avait tiré d'affaire un type qui avait abattu un shérif devant un autre shérif. Parfois, dit Gibbs, Hansen prenait une affaire gratis, pour la gloire. Gary s'illumina.

Cependant Gibbs ajouta qu'il ne voulait pas cacher des choses à Gary sachant combien celui-ci était jaloux. Il se devait de lui dire aussi que Phil Hansen avait la réputation d'avoir un penchant pour les jolies femmes.

Gary s'assit aussitôt à sa table pour écrire à Nicole ce que Gibbs lui avait dit, puis ajouta que c'était à elle de juger si elle voulait trouver quelqu'un qui l'emmènerait en stop voir Hansen. Mais « si ce type a le moindre geste équivoque, tu te lèves et tu t'en vas ».

Le soir même, un gardien lui passa un message de Nicole : « *Il n'a pas demandé mon corps, et j'ai rendez-vous avec lui samedi à deux heures à la prison et il te parlera.* »

Elle avait rencontré Hansen dans un immense bureau et c'était vrai qu'il l'avait traitée comme il le faisait avec toutes les femmes séduisantes, mais il n'avait pas insisté. C'était un homme d'un certain âge, qui n'arrêtait pas de fumer le cigare et qui riait beaucoup. Au bout d'un moment, il lui raconta une histoire. Il dit que le dernier homme exécuté dans l'Utah était un nommé Rogers, qu'on lui avait demandé de le défendre et qu'il avait répondu à Rogers de trouver de l'argent. On avait dit à Phil qu'il n'y aurait pas de problème : Rogers avait une sœur à Chicago qui était bien nantie.

Eh bien, sans parler de la sœur, Rogers ne

rappela jamais. Hansen laissa passer. Puis l'homme fut condamné à mort.

L'avocat ne comprit jamais si c'était une coïncidence, mais le matin où Rogers fut exécuté Hansen s'éveilla en sursaut, baigné d'une sueur froide. Il ne savait même pas que l'exécution avait lieu ce jour-là.

Apprenant à la radio la nouvelle de l'exécution, il jura que jamais il ne repousserait quelqu'un pour manque d'argent s'il y avait une vie en jeu.

Tenez, lui dit Hansen, même sans argent, il défendrait Gilmore. Puis il prit ses dispositions pour le rencontrer le samedi après-midi à la prison.

Avant le départ de Nicole, il la prit dans ses bras et la serra gentiment contre lui en disant : « Ne vous inquiétez pas. Ne soyez pas triste. Ils ne vont pas l'exécuter. » Il dit encore à Nicole qu'il n'avait encore jamais vu une affaire, aussi mal partie soit-elle, qui restait inexplicable devant un jury.

Par exemple, dit-il, même une personne qui ne jurait que par la peine capitale changerait d'avis si c'était sa mère qu'on jugeait. « Ma mère n'est pas comme ça, dirait-elle. Il y a quelque chose qui ne va pas. » Les gens n'étaient prêts à appliquer la peine capitale, disait encore Hansen, que s'ils condamnaient un étranger. La méthode, c'était d'amener le jury à avoir l'impression de comprendre le criminel.

Le samedi arriva. Hansen avait dit deux heures, mais elle était là à une heure et demie.

Elle attendit jusqu'à trois heures, mais M. Hansen ne vint jamais. Seigneur, qu'elle avait l'air idiote à attendre comme ça. Elle l'appela plus tard dans l'après-midi, mais c'était samedi et personne ne répondit à son cabinet. Lorsqu'elle alla voir

Gary, Nicole se mit à pleurer. C'était plus fort qu'elle. Elle avait vraiment compté trouver un bon avocat.

Elle fut encore plus déprimée lorsqu'elle reçut la lettre suivante de Gary :

26 septembre

Tout ce que veulent faire Snyder et Esplin, c'est avoir un bon dossier pour l'appel. Ils sont payés par l'Etat pour agir dans ce sens. Je ne dis pas qu'ils sont payés pour me liquider, je ne suis pas paranoïaque à ce point-là. Mais ce sont des avocats désignés par la Cour, ils n'ont pas les moyens de faire un travail convenable. Je n'aurai rien de plus qu'une défense symbolique.

2

27 septembre

Je ne peux pas dormir dans la journée. Parfois j'essaye mais je me réveille toujours baigné d'une sueur froide et j'entends les voitures sur la route, je vois la lumière aveuglante entre les barreaux et je sais combien je suis loin de tout ça.
Je sais que mourir c'est juste changer de forme. Je ne m'attends pas à échapper à aucune de mes dettes, je les affronterai et je les paierai. Mais je veux cesser de traîner des dettes aussi lourdes !
Je t'ai baisée toute la nuit en esprit, Nicole. J'ai envoyé mon amour sur tout le chemin jusqu'à Springville, ce qui n'est pas rien ! Je pourrais faire en courant cette distance sans m'arrêter ! Je t'ai aimée si dur et si mouillé et si longtemps la nuit dernière mon ange et je te serrais contre moi et c'était bon. Je t'embrassais le front, le nez, les yeux, les joues et je te

mouillais les lèvres et le cou. Je baisais tes oreilles avec ma langue et je t'entendais crier oh oh oh ooooh, bébé je t'ai embrassée sur tout le corps, j'ai mis tes nichons dans ma bouche, tout ce que je pouvais faire entrer et je me suis enfoui le visage entre eux en suçant tes gros tétons j'ai baisé ton nombril et poussé ma langue dans ta bouche dans ton con dans ton cul dans ton joli petit cul. Dieu que j'aime ton joli cul. Whoooou ! Tu as un cul qu'on ne lâche pas ! Un vrai cul de première classe. Un cul de fée.

Tu es une fée et je suis éperdument amoureux de toi.

Ta sincérité me stupéfie. J'ai pensé longtemps et beaucoup à toi, ma petite fée, à ton expérience — aux hommes qui t'ont connue, qui t'ont aimée, qui ont été aimés en retour, qui ont usé et abusé de toi, qui t'ont fait mal, qui t'ont fait l'amour — j'ai pensé à oncle Lee. Je comprends aussi bien que je peux, Nicole.

Je ne veux pas que tu vives comme un ermite sans ami. Je ne veux pas te donner d'ordres ni t'imposer des restrictions.

Mais je n'aime pas l'idée de tous ces types qui viennent te voir. Parce que quelqu'un te prend en stop faut-il qu'il devienne un ami, qu'il vienne te voir et revoir tous les deux ou trois jours ?... Merde alors.

Hier, j'ai eu une impression qui ne m'a pas plu. Vague, mais obsédante... tu sentais la bière...

Je sais que les types qui viennent te voir doivent vouloir plus que ta compagnie. Je ne doute pas de toi, mais je sais que la chair est faible.

Tu as toujours été si sincère et si ouverte avec moi, tu es simplement Nicole et tu te présentes juste comme tu es, sans histoires.

Quelque chose m'a irrité hier et m'a fait éprouver une sensation que je ne veux pas connaître. Ton visage, tes larmes, ça m'a rappelé une autre fois il n'y a pas si longtemps...

Bébé je crois que je suis juste un fils de pute follement jaloux et un salaud d'égoïste.

Je n'aime pas tes amis qui viennent et reviennent pour ta compagnie. Bonté divine, je n'ai jamais connu d'homme pareil. Bébé je suis un homme... je sais ce que veulent les types.

Je ne veux pas que tu aies tous ces amis hommes.

Nicole vivait avec de bonnes intentions, mais elle continua à coucher avec Cliff et avec Tom deux ou trois fois durant ce long mois de septembre, et c'était horrible après d'aller voir Gary et d'éviter le sujet. Elle finit par décider que la seule façon dont elle pourrait découvrir si elle aimait assez Gary pour pouvoir se débarrasser de ses sales habitudes, c'était de le lui dire une fois de plus. Alors quand elle lut « tu sentais la bière » Nicole rassembla son courage, acheta du beau papier chez Walgreen et lui écrivit une longue et tendre lettre avec tout ce qu'elle pouvait mettre dedans de doux et de généreux. Puis à la fin, comme si elle voulait ne pas gâcher le beau papier, elle prit une serviette sur le comptoir et écrivit encore quelques mots. Elle essayait de dire : quand je me mets dans des situations comme ça, ça ne compte pas. Il ne se passe rien. Elle finit par écrire : « *Pourquoi ne pas dire simplement ce que je veux dire ? Gary, personne d'autre que toi ne m'a jamais vraiment baisée.* »

28 septembre

Bébé, le gardien vient de m'apporter ta lettre. Tu m'écris et tu me parles toujours de te faire baiser, de te faire baiser, de te faire baiser. Tout le monde saute Nicole. Tout le monde. Tout le monde la prend en stop ou la voit trois ou quatre fois par semaine juste pour planer ensemble, pour sentir la beauté, juste des amis, de la compagnie, même pas la peine de la connaître, il suffit de s'asseoir et de l'écouter raconter

562

combien elle aime Gary et puis la sauter. Sacré nom de Dieu de merde.

C'est sur une belle nappe en papier que tu m'as écrit : « Mais enfin tu dois comprendre ce que je veux dire par amis. Ces amis sont ceux qui viennent me voir et me revoir encore pour la compagnie, qui ne m'ont pas une fois réclamé la moindre attention physique. » Tu m'écris de foutus mensonges... Tu es assise pour m'écrire un mensonge pareil et tu as signé avec amour... Tu éprouves une si grande compassion pour tout le monde que tu es prête à te faire sauter. Pourquoi ô Seigneur, Seigneur bonté de saloperie de nom de Dieu de merde.

Bon sang, bébé, aide-moi à comprendre. Je ne vois pas la vie comme ça. Je n'ai jamais été amoureux avant. J'ai été enfermé toute ma foutue vie, je crois que sur le plan affectif je suis infirme ou quelque chose comme ça parce que je suis quelqu'un qui ne peut pas partager sa femme. D'autres gens en seraient peut-être capables, se foutraient peut-être éperdument que quelqu'un baise ce qui est à eux mais moi, je suis Gary. Quelqu'un t'a sautée. Quelqu'un t'a embrassée. Quelqu'un t'a embrassée, a vu tes yeux rouler en arrière ; au fond, c'est ton corps et c'est ta vie. Baise tous les gens de l'Utah si tu en as envie, qu'est-ce que ça fout ? Qu'est-ce que ça me fout ? Mais ça me fout, ça me fout beaucoup.

Nicole — mon amour n'est-il pas assez grand pour emplir même une petite vie — mon amour pour toi est-ce que ça n'est pas assez ? Faut-il que tu donnes ton corps, toi-même ? Ton amour à d'autres hommes ? Je ne suffis pas ? Je ne peux pas baiser. Je suis bouclé. Pourquoi ne peux-tu pas t'en passer toi aussi ?

Ne baise pas ces « charmants » fils de pute qui veulent te sauter. Ils me donnent envie de commettre encore un meurtre. Et j'ai horreur d'éprouver ce sentiment. Chasse ces salauds de ta vie. Débarrasse-toi de ces fils de pute. Si j'ai envie de tuer, ça n'a pas forcément d'importance qui se fait tuer. Tu ne sais donc pas ça de moi ? Le meurtre, c'est une chose en soi, une rage et la rage ne connaît pas la raison : alors pourquoi ça a-t-il de l'importance sur qui on passe une rage ? C'est la première fois que j'ai consciemment reconnu cette folle vérité. Peut-être que je commence à grandir... Grandis avec moi. Aime-moi. Enseigne-moi. Apprends de moi. Doucement, deviens plus forte avec moi. Ô ma belle Nicole.

Bon Dieu quelle lettre. Je pense que les fantômes vont m'attaquer ce soir. Je ne peux pas supporter la pensée d'un enfant de salaud qui te saute. Tu sais ce qui me fait si mal ? Pas seulement l'idée que tu te fais sauter ou que tu suces à t'en emplir la gorge la bite de je ne sais lequel des enfants de pute mais qu'ils t'embrassent aussi. Et que tu doives leur rendre leurs baisers, passer tes bras autour d'eux et baiser, sacré nom de Dieu de merde ; j'ai envie de pouvoir supprimer le monde entier. De plonger dans le néant toute la création. Ma Nicole ? Ma Nicole ? Qui est Nicole ? Te prendre la vie ? C'est ce que tu as écrit. Tu as dit que tu t'étais fait sauter deux fois par un type. Je crois que c'est ce que tu as dis je n'ai pas l'intention de le relire. Pourquoi ne pas tout simplement te faire sauter par tout le monde tout le temps, qu'est-ce que ça me fout ? Tu connais Lonny, le gardien rouquin d'ici qui t'a emmenée en voiture un jour. Il t'a sautée ? Est-ce qu'il me regarde en pensant : « Je me tape la pépée de Gilmore ? » Oh bon Dieu. Je ne peux pas supporter ça. Je ne peux pas. Merde pour cette ordure. Merde pour toi. Bonté de merde, est-ce que tu ne peux pas te faire passer cette saloperie d'habitude ? Nicole, Nicole, Nicole. Ah ! ce sont de vilains fantômes, n'est-ce pas ? Seigneur. Laids. Laids. Ooooh BON DIEU ! Et merde. Je crois que j'ai maîtrisé ça et que ça s'en va de nouveau. Nicole je n'essaie pas de faire quoi que ce soit. Je ne devrais sans doute pas te laisser lire ça.

Bon sang. Tes lettres, toutes les deux, que j'ai eues aujourd'hui sentent si bon, elles sentent comme toi.

Bébé c'est une vilaine lettre. Elle va de la raison à la rage.

Mon chou, quand tu liras cette lettre sache que je t'aime. Que je ne comprends pas cette chose aussi bien que je croyais, que j'ai terriblement mal, relis-la et barre les passages qui te font du mal, je ne veux pas te faire du mal mon amour, mon ange, mon ange, mon ange, mon bel ange. Je n'arrive pas à décider si je vais te donner cette lettre ou est-ce que je suis là à écrire des mots qu'on ne lira pas ? Oooh bébé. Tu vas lire ça. Tu savais que tu la lirais avant de la recevoir. Tu peux la lire et la relire. Tu ne recevras jamais de moi une autre lettre comme ça. Je sais l'émotion qu'il y a ici et si tu veux éprouver ça il faudra que tu relises cette lettre. Parce que je ne te reparlerai plus jamais de ma douleur.

RIEN AU MONDE. PAS MÊME LA CÉCITÉ, LA PERTE DE MES YEUX, LA PERTE DE MES BRAS OU DE MES JAMBES, LA PARALYSIE TOTALE, LES PIQÛRES DE PROLIXINE, RIEN NE POUR-RAIT ME FAIRE PLUS DE MAL QUE DE SAVOIR QUE TU DONNES TON CORPS ET TON AMOUR A QUELQU'UN D'AUTRE.

Il y avait dans la lettre de Gary plus de souf-france qu'elle ne pensait que quelqu'un pouvait en supporter. Elle se sentait modeste au milieu de son propre chagrin, comme si quelqu'un de tranquille, au ciel, pleurait aussi avec elle. Alors elle lui écrivit que plus jamais elle ne ferait rien de ces choses qui lui déchiraient le cœur. Elle lui dit qu'elle préfére-rait être morte que de lui causer encore une telle souffrance. Qu'elle souhaitait qu'on lui retire la vie si ses yeux, jamais, lui mentaient encore. Elle laissa la lettre à la prison.

A un moment, vers l'aube ce matin, j'ai senti l'amour revenir — il coulait tiède et tendre... Il n'était jamais parti, bien sûr, mais il attendait seulement que je redevienne capable de l'accepter. Je t'ai fait mal encore mais de façon différente et je crois que ça va te faire mal longtemps.

Oh ! Nicole.

Je t'ai écrit une lettre inutilement laide. Tu es une bonne fille.

Tu t'en tires avec très peu d'argent, tu aimes et tu élèves tes enfants du mieux que tu peux. Je ne suis pas aveugle à tout cela. Tu es une belle fille. Je t'aime totalement.

En ce moment j'ai encore mal. C'est quelque chose que je ne voulais plus jamais éprouver. Mais c'est revenu encore une fois, ma chérie, c'est associé à une rage qui aveugle ma raison. Je t'en prie essaie de comprendre ce que je ressens. Une voix en moi me dit d'être doux — d'aller lentement, de comprendre, d'aimer et de connaître mon ange, ma fée. Connaître ses nombreuses souffrances, les choses qui lui sont arrivées dans sa jeune vie. Mais plus que cela — de comprendre son amour pour toi. La confiance qu'elle a en toi, qui se manifeste par le fait qu'elle ne te ment pas, qu'elle peut dénuder son âme et te faire confiance — savoir GARY que toi aussi tu as des habitudes dont il n'est pas si facile de se débarrasser. Que toi GARY tu n'es pas parfait — que toi GARY tu serais un idiot si tu ne comprenais pas maintenant que cette femme t'aime. Mais au lieu de cela j'ai écrit cette horrible lettre que je t'ai donnée hier — Oh ! mon ange. Je t'en prie, aie plus de foi et de force que je n'en ai eu dans mes moments de rage aveugle.

Je suis resté allongé sur le lit toute la journée dans un brouillard, un marasme, une stupeur totale. Je suis désolé je suis désolé je suis si foutrement désolé. Tout mon corps me semble lourd comme du plomb. C'est à peine si je réponds à Gibbs quand il me parle. Je crois qu'il se rend compte que quelque chose ne va pas. Il n'allume pas la radio parce qu'il sait que je ne supporte pas de l'entendre.

Le dernier jour de septembre, juste avant l'aube, quatre flics amenèrent un mec trapu, avec une barbe bien taillée, dans la cellule de haute surveillance. Il sentait la gnôle. Quand il vit Gilmore et Gibbs qui le regardaient, il dit d'une voix forte : « Les gars, vous connaissez Cameron Cooper ? » Ils ne répondirent ni l'un ni l'autre. Alors le type dit : « Eh bien, je m'appelle Gerald Starkey, et je viens de tuer ce fils de pute. »

Gibbs dit : « S'il y avait le moindre doute, tu viens de l'éliminer. Mon vieux, il y a quatre policiers qui viennent d'écouter ta déclaration. » Même Gary se mit à rire. Mais Starkey était trop ivre pour s'en soucier. Il déposa son matelas et ses couvertures sur la couchette d'en bas et s'allongea avec la tête à cinquante centimètres de la cuvette des cabinets. Très vite il s'endormit.

Au bout d'un moment le petit déjeuner arriva. Ils partagèrent sa part. Il n'allait pas reprendre conscience avant quelques heures.

Vers neuf heures et demie ce matin-là, le Gros Jake dit à Starkey de se lever pour aller au palais de justice. Après cela le Gros Jake expliqua que Cameron Cooper appartenait à une vraie famille de fondateurs de l'Utah, qu'il connaissait tout le monde. Pour l'instant, quatre ou cinq de ses amis étaient dans la cellule centrale, alors Starkey devrait rester avec Gilmore et Gibbs.

Lorsque le type revint du tribunal, il était dégrisé et demanda s'il pouvait prendre un des livres de poche qu'il y avait sur la table. Tout l'après-midi il resta allongé sur sa couchette à lire. Il avait l'habitude d'éternuer en plein sur les pages. Gary marmonnait : « Il n'a pas assez de bon sens pour tourner sa grosse gueule ? »

Plus tard, il leur raconta qu'il était cuisinier au Steak House de Beevee à Lehi, et qu'il était un copain de Cameron Cooper, mais qu'ils avaient eu une discussion. Cameron avait pris sa ceinture, il en avait enroulé une extrémité autour de sa main et s'était mis à menacer Starkey avec la boucle. Starkey esquiva, se releva, et lui enfonça un poignard en plein à travers dans le cœur. « Eh bien, dit Gary à Starkey, voilà qui ne manque pas de piquant ! » Ça les fit rire.

Il apparut là-dessus que Brenda et John étaient entrés dans le café juste au moment où la bagarre commençait. Sitôt que Starkey eut poignardé le mec, Cameron s'effondra sur Brenda en barbouillant de sang tous ses vêtements. « C'est pas croyable, dit Gary à Gibbs, elle va être aussi le témoin-vedette à son procès. Cette garce n'a plus une minute à elle avec tout ce qu'elle a à faire au tribunal. » Il prit une lettre de Brenda et la lut tout haut : « Gary, tu ne sauras jamais assez combien je suis navrée. Quand j'étais à l'audience préliminaire, à témoigner contre toi, j'avais vraiment mal. » Il secoua la tête : « Est-ce que vous pouvez croire que c'est une parente ? Je comprends mieux maintenant, reprit-il, pourquoi elle s'est mariée et à divorcé tant de fois. N'importe qui, avec un QI de 60, qui est le niveau d'un demeuré, pourrait dire que quelqu'un vous poignardait dans le dos. Tiens-toi bien, Gibbs, elle finira par payer un jour. »

Je me suis tellement branlé ces dernières semaines en pensant à toi et aux choses qu'on faisait — ma foi, j'ai l'impression que je me branlais trop, deux, trois, quatre, quelquefois cinq fois par jour. Maintenant on me donne un peu de fiorinal et de somnifère, du dalmine, le soir et des calmants, et je ne me branle plus autant.

Ah ! bébé, ça m'a toujours tracassé parce que je n'ai jamais eu l'impression de vraiment te donner le grand frisson à te mettre en nage à perdre tout contrôle en plongeant sur la terre. Soupir ! J'étais si intoxiqué entre l'alcool et le fiorinal, que je savais tout le temps que ça me bousillait sur le plan sexuel et que je me privais de quelque chose de tellement plus doux de tellement mieux. J'ai dû en parler assez souvent pour que tu te rendes compte que ça me tracasse. Et puis, bébé Nicole, j'étais un peu timide avec les filles et avec toi. C'est vrai, ça faisait si fichtrement longtemps que je n'avais pas été avec une nana. Je ne veux pas dire que j'ai jamais déconné avec les lopes en taule, pas du tout, sauf la fois dont je t'ai parlé où j'ai embrassé deux ou trois jolis garçons et où j'en ai même enculé un. Mais ça n'était rien ça ne me disait rien. Ce qui m'a toujours plu, c'étaient les nanas, mais ça faisait si longtemps que je n'en avais pas vu que j'étais pétrifié de timidité même d'être nu avec toi. Tu étais toujours si belle, si douce si patiente et si compréhensive. Je crois que dans la première ou la deuxième semaine tu m'avais détendu et que je me sentais de nouveau tout à fait naturel. J'avais été bouclé pendant douze ans et demi je ne donne pas d'excuses ni rien mais tout ce temps ça faisait une différence dont je n'avais même pas conscience.

Quand j'avais quinze ans, le cul c'était rare. Je veux dire qu'on avait du mal à en trouver. Les filles n'avaient pas la liberté sexuelle qu'elles ont aujourd'hui. Elles parlaient même de façon différente. Je n'ai jamais entendu une fille dire « baiser ». Ça ne se faisait pas. Tu as vu ce feuilleton Happy Days à la télé... Eh bien, les choses n'étaient pas tout à fait aussi connes, mais pas loin, vraiment.

Je peux te dire, quand j'étais gosse si on arrivait à sauter quelques pépées, c'était quelque chose. Je trouvais des filles à sauter de temps en temps, mais il fallait se donner du mal, la morale était différente. Les filles étaient censées rester vierges jusqu'à leur mariage. C'était comme un jeu, tu sais. On flirtait, on se taquinait. Quand une fille finissait par décider de vous laisser la baiser elle faisait toujours un numéro comme si on profitait d'elle et puis, neuf fois sur dix, elle disait : « Oh ! est-ce que tu me respecteras encore ? » Des conneries de ce genre. Dans ces cas-là, on était toujours si excité et si prêt à s'y mettre qu'on voulait bien lui promettre n'importe quoi, même le respect. Ça semblait toujours si idiot, mais c'était la règle du jeu. Et une pépée m'a demandé ça une fois, une petite blonde vraiment mignonne, tout le monde avait envie de se l'envoyer et un soir voilà que je l'avais toute seule avec moi chez elle. On avait tous les deux dans les quinze ans, on flirtait dur, on s'excitait tous les deux, j'étais dans la place et je le savais. Et là-dessus voilà qu'elle me sort cette réplique de mélo : « Gary, si je te laisse faire, est-ce que tu me respecteras encore ? » Eh bien, j'ai raté mon coup, j'ai éclaté de rire en lui disant : « Te respecter ? Pourquoi ? J'ai juste envie de baiser et toi aussi, pourquoi veux-tu que je te respecte ? Tu es arrivée première au Cinq Cents Miles d'Indianapolis ou quoi ? » Bref, comme je le disais, j'ai tout loupé.

Oh ! allons ! Il y a encore deux ou trois semaines. Si Gibbs arrive à se faire libérer sous caution — mais c'est le moment maintenant. C'est le meilleur moment. Ce crétin de Mexicain, Luis, il est de nuit en ce moment et ne revient jamais pour voir ce que je fais. Il ne vérifie pas les barreaux pour voir s'il y a des

traces de scie. Il se planque au bureau à regarder des
feuilletons policiers à la télé. Et puis c'est le moment
idéal pour moi pour avoir des chaussures : juste
avant d'aller au tribunal, ce serait si naturel pour
Snyder et pour Esplin de m'apporter une paire de
godasses.

Sterling finit par dire qu'il ne voulait pas mettre
la lame de scie dans la semelle des chaussures. On
avait perdu un temps précieux. Nicole décida d'essayer elle-même. Elle acheta une paire de brode-
quins chez le brocanteur et découpa une petite
fente dans la semelle. Au prix de bien des efforts,
elle parvint à pousser la lame à l'intérieur, mais elle
était trop longue. Alors elle prit le risque de la
casser en deux. Elle parvint à en faire entrer une
moitié. Mais lorsqu'elle essaya de recoudre la fente,
ça n'était pas beau à voir. Jamais on ne laisserait
passer ces chaussures.

CHAPITRE XXVII

ACCUSATION

1

LE procès dépendait de la juridiction du Tribunal d'Instance du Comté d'Utah. Il se déroulerait dans la salle d'audience du juge Bullock, salle 310 Centre administratif de l'Utah, le plus grand édifice de Provo, un vieux temple de la loi, guerrier et massif, qui rappelait à Noall Wootton un autre bâtiment officiel surmonté d'un fronton grec supporté par des colonnes de pierre.

Etant né et ayant grandi à Provo, Wootton aimait assez se rendre au palais de justice, et ç'allait être la plus grande affaire de meurtre qu'il eût jamais plaidée.

Comme beaucoup d'autres avocats de la région, Wootton était allé à B.Y.U. et ensuite à l'université de l'Utah pour faire son droit. Il l'avait fait sans grand enthousiasme, du moins au début. Seulement son père avait une clientèle florissante et Noall s'était dit qu'après tout il pourrait suivre les cours et s'essayer ensuite aux affaires. Lorsqu'il eut terminé on lui offrit un poste au F.P.U. et une situation à United Airlines ; mais il les refusa toutes les deux parce que son père lui proposa de le prendre avec lui. Ça marcha bien. Le père Wootton lui apprit beaucoup de choses.

Toutefois, Noall ne tarda pas à se dire qu'être toute la journée dans un bureau ne correspondait pas à l'idée qu'il s'était faite de la profession d'avocat. Il aimait l'ambiance du tribunal. Il éprouvait même un certain mépris pour ses camarades de classe qui s'en allaient travailler à Salt Lake, à Denver ou à L.A. Ils se retrouvaient dans de petits bureaux à préparer des dossiers pour de grands avocats. Alors que Noall était là où il avait envie d'être. En plein tribunal face à ces grands avocats.

Il commença par être défenseur, mais Noall arriva à la conclusion que la plupart de ses clients étaient des lopailles. Son devoir, tel qu'il l'entendait, était de s'assurer que son client était acquitté s'il était innocent et pas condamné trop lourdement s'il était coupable. Les lopailles voulaient s'en tirer à n'importe quel prix, coupables ou non. Noall ne pouvait pas admettre ça. Il commença à se dire que l'accusation, c'était la bonne voie.

Il y eut une affaire qui lui fit bien comprendre cela. C'était un homme qui se défendait et qui avait à peu près les mêmes antécédents que Gilmore. Ce type, Harlow Custis, avait passé dix-huit années en prison et venait d'être inculpé pour une simple histoire de fausses cartes de crédit. On allait le renvoyer en prison pour cela. Wootton trouvait que c'était injuste pour Custis. Il se battit pendant neuf mois pour le faire sortir de prison. Et finit par réussir.

Le jour où Custis fut mis en liberté surveillée, il se rendit à la maison de Noall pour réclamer des pneus qu'il lui avait laissés en paiement. Quand Wootton lui dit qu'il ne les lui rendrait que s'il était payé en espèces, il se fit traiter de tous les noms.

Trois semaines plus tard, Custis s'enivra et bousilla sa voiture. En tuant un homme. Pas de permis.

Wootton décida alors qu'il avait commis une erreur et qu'il n'aurait pas dû se donner autant de mal pour défendre cet homme. Ce fut à ce moment qu'il décida de passer du côté de l'accusation.

En préparant le procès Gilmore, Wootton pensait souvent à son autre grande affaire, lorsqu'il avait dû requérir contre Francis Clyde Martin, qui avait été forcé de se marier parce que sa petite amie était enceinte. Martin emmena sa nouvelle épouse dans les bois et lui donna vingt coups de poignard, lui trancha la gorge, arracha le bébé du ventre de sa mère, le poignarda et rentra chez lui.

Dans cette affaire, Wootton avait décidé de ne pas réclamer la peine de mort. Martin était un étudiant de dix-huit ans, à l'air charmant, et sans passé criminel. C'était juste un gosse, pris dans un piège terrible, qui avait perdu la tête. Wootton avait réclamé la prison à vie et le garçon y était maintenant et finirait sans doute par être libéré.

A vrai dire, Wootton ne se considérait pas comme un avocat sans concession de la peine de mort. Il n'estimait pas que cela avait un effet dissuasif sur les autres criminels. La seule raison pour laquelle il voulait obtenir la peine capitale pour Gilmore, c'était le danger : Gilmore vivant était un danger pour la société.

2

Le lundi 4 octobre, la veille du jour où le procès devait s'ouvrir, Craig Snyder et Mike Esplin eurent une longue conférence avec Gary. Au bout d'un moment, celui-ci demanda : « A votre avis, quelles sont mes chances ? » Et Craig Snyder répondit : « Je ne crois pas qu'elles soient bonnes... Je ne crois pas du tout qu'elles soient bonnes. »

Gary observa : « Oh ! vous savez, ça n'est pas une grosse surprise. »

Ils avaient, lui dirent-ils, fait beaucoup d'efforts du côté des psychiatres. Aucun d'eux ne voulait déclarer Gary dément. Sur ce point, Gary était d'accord avec eux. « Comme je l'ai dit, remarquait-il, je peux arriver à convaincre le jury que je n'ai pas toute ma tête. Mais je n'ai pas envie de faire ça. Ça ne me dit rien de voir insultée mon intelligence. »

Et puis il y avait l'histoire de Hansen. Snyder et Esplin convenaient qu'ils seraient ravis de voir Phil Hansen venir. Aucun avocat, disaient-ils, n'était égoïste au point de déclarer qu'il n'avait pas envie ni besoin de la meilleure assistance professionnelle qu'on pouvait trouver. Mais Hansen n'avait pas donné signe de vie.

Ils ne lui dirent pas qu'ils ne se sentaient pas disposés à décrocher leur téléphone pour appeler Hansen. Après tout, ils n'avaient que la version de Nicole. Cela pouvait se révéler embarrassant si elle avait mal compris ce que Hansen avait promis.

Ils demandèrent une fois de plus à Gary de faire citer Nicole comme témoin. « Je ne veux pas qu'elle soit mêlée à ça », répondit Gary. Ils comprenaient son objection. Elle devrait dire qu'elle l'avait provoqué de façon insupportable. Préciser quelques détails sordides. Il n'aurait rien à voir avec ça. En fait, il était furieux que Wootton citât Nicole comme témoin. Il dit à Snyder et à Esplin qu'il ne voulait pas qu'on interdise aux témoins de l'accusation l'accès du tribunal car cela voulait dire que

Nicole, ayant été citée par Wootton, se verrait également interdire l'entrée. Les avocats de Gary lui dirent que cela donnerait un avantage à Wootton. Ses témoins pourraient entendre ce que disaient les autres avant eux. Tout, dans l'exposé de Wootton, sonnerait beaucoup mieux. Pas d'importance, leur dit Gary.

Snyder et Esplin s'efforcèrent de le faire changer d'avis. Quand les témoins, dirent-ils, ne pouvaient pas s'entendre les uns les autres déposer, ils étaient plus nerveux à la barre. On ne savait pas dans quoi ils allaient se lancer. C'était une grande concession à faire pour la défense rien que pour pouvoir avoir Nicole dans la salle. Gary secoua la tête. Il fallait que Nicole soit là.

3

Le premier jour fut consacré à constituer un jury. Le second jour, ce fut à Esplin qu'incomba la désagréable tâche, au tout début du procès, de demander au juge de faire sortir le jury puisqu'il y avait un point de droit à discuter. Il expliqua alors au juge Bullock que le prévenu, malgré leurs conseils, ne voulait pas qu'on exclût de la salle aucun témoin de l'accusation. C'était un piètre début. Plus d'un juge perdait toute considération pour un avocat qui n'était pas capable de montrer à un client où se trouvait son intérêt.

MAÎTRE ESPLIN : Votre Honneur, M. Gilmore a exposé la raison de sa décision qui s'appuie sur le fait que Nicole Barrett, l'amie du prévenu, est citée comme témoin par l'accusation, et il ne veut pas qu'elle soit exclue de la salle. Je crois que c'est la seule base de sa décision.
LA COUR : Est-ce vrai, monsieur Gilmore ?

GILMORE : Ma foi, oui. J'ai vu qu'elle n'était pas sur la liste précédente, vous savez, hier ou avant-hier, et il me semble que la raison en était qu'elle devrait être exclue du tribunal. Et je ne veux pas qu'elle soit obligée de rester assise toute la journée dans ce hall inconfortable.

LA COUR : C'est vrai qu'elle aura peut-être à attendre dans le hall, mais nous avons là des sièges et un certain confort.

GILMORE : En tout cas, Votre Honneur, c'est ma décision qu'elle ne soit pas exclue.

LA COUR : C'est tout ?

MAÎTRE ESPLIN : Tout ce que nous avons, Votre Honneur.

LA COUR : Le seul point de droit ? Très bien, vous pouvez faire rentrer le jury.

Gary, comme pour rattraper ce qu'il venait de lâcher, passait son temps à foudroyer Wootton du regard.

L'ironie de tout cela, songea Esplin, c'était que Nicole, pour autant qu'il pût s'en apercevoir, n'était même pas au tribunal. Toute la matinée Gary ne cessa de la chercher du regard. Elle ne se montra pas. Elle n'arriva en fait qu'à l'heure du déjeuner, et Gary, alors, fut ravi de la voir.

4

Wootton commença par expliquer au jury ce qu'allaient être les dépositions de ses témoins. « Chacun d'eux, dit-il, vous donnera un petit fragment de l'histoire d'ensemble. Ils vous raconteront comment le prévenu, Gary Gilmore... est sorti dans la rue avec la cassette du motel dans une main et un pistolet dans l'autre... a abandonné la cassette au bout du pâté de maisons... et abandonné son arme. Ils vous raconteront comment peu de temps après il a été aperçu à une station-service au coin de Third South et d'University Avenue où il a repris sa camionnette, saignant alors assez abondamment d'une blessure à la main gauche. Les témoins vous raconteront aussi comment ils ont suivi la traînée de sang depuis la station-service jusqu'au trottoir où il s'est arrêté devant un buisson de verdure planté au bord du trottoir. Ils vous raconteront comment ils ont trouvé un pistolet automatique de calibre 6.35 qui semblait avoir été lancé dans le buisson, car il y avait des brindilles et des bouts de feuille accrochés au mécanisme de l'arme et ils vous diront qu'ils ont trouvé là une douille. Vous entendrez aussi un témoignage d'après lequel les enquêteurs, au bureau du motel où M. Buschnell a été tué, ont trouvé une autre douille de 6.35. Vous entendrez le témoignage d'un expert attestant que la balle qu'il avait dans la tête était en fait une balle de calibre 6.35 tirée par un pistolet ayant le même genre de rayures dans le canon que le pistolet de 6.35 retrouvé dans le buisson. »

A mesure que les pièces à conviction et témoins étaient présentés au long de la journée, le dossier de Wootton se révélait à peu près comme il l'avait présenté ; solide et cohérent. Snyder et Esplin ne pouvaient qu'élever des doutes sur des points de détail ou s'efforcer de réduire la crédibilité de la déposition. C'est ainsi qu'Esplin amena le premier témoin, Larry Johnson, dessinateur industriel, à reconnaître que son plan du motel, tracé sur commande cette dernière semaine avant le procès, ne pouvait donner « aucune idée de quelles plantes ou légumes poussaient le 20 juillet » devant les fenêtres du motel. C'était un détail, mais qui diminua la valeur de la première pièce à conviction, et qui empêcha le jury d'être trop vite impressionné par la quantité même de celles-ci. Wootton, après tout, comptait produire dix-huit pièces à conviction.

Le témoin suivant, l'inspecteur Fraser, avait pris un certain nombre de photographies au bureau du motel. Esplin l'amena à convenir que l'on avait peut-être touché aux rideaux avant de prendre les photos.

Cela continua ainsi. De petites corrections, de menus ajustements au dossier que constituait Wootton. Lorsque Glen Overton arriva à la barre et décrivit Benny Buschnell mourant dans son sang, ainsi que l'attitude de Debbie Buschnell lorsqu'il la conduisit à l'hôpital, la défense resta silencieuse. Esplin n'allait pas souligner l'horreur de ces scènes par un contre-interrogatoire.

Le deuxième témoin, le docteur Morrison, était le médecin légiste de l'Utah, et c'était lui qui avait pratiqué l'autopsie de Bennie Buschnell. Le docteur Morrison déclara que l'absence de brûlure de poudre à la surface de la peau de Buschnell indiquait que l'arme du crime avait été placée en contact direct avec la tête de la victime.

Esplin dut faire quelque effort pour le discréditer.

MAÎTRE ESPLIN : Au moment où vous avez examiné le défunt, avez-vous examiné l'arme qui a été prétendument utilisée pour commettre ce crime ?
DOCTEUR MORRISON : Non, maître...
MAÎTRE ESPLIN : Et je présume qu'au moment où vous avez examiné le défunt, vous ne connaissiez pas le type de munition qui avait été utilisé.
DOCTEUR MORRISON : C'est exact.
MAÎTRE ESPLIN : Et vous dites pourtant que ces

détails étaient de nature à vous faire modifier vos conclusions ?

DOCTEUR MORRISON : Ils pourraient faire une différence... Dans ce cas particulier, à mon avis, cela ne changeait rien.. Il ne me semble pas que le genre de munition ou le type d'arme utilisé pose un problème en ce qui concerne les conclusions. On m'a informé toutefois, lorsque j'ai pratiqué l'autopsie, que l'arme en question était un pistolet.

MAÎTRE ESPLIN : Mais vous ne l'avez pas examiné ?

DOCTEUR MORRISON : Non, je n'ai pas examiné l'arme, maître.

La défense en était réduite à prendre des risques. A défaut d'autre chose, la vigueur du contre-interrogatoire d'Esplin pouvait jeter la confusion dans l'esprit du jury. Ainsi, alors même que le docteur Morrison expliquait qu'il n'avait pas besoin de connaître l'arme ni la munition puisque, dans ce cas, ni l'une ni l'autre n'affectaient le résultat, Esplin obtenait l'aveu que le docteur Morrison n'avait pas examiné l'arme. Cela pourrait tracasser certains jurés.

Martin Ontiveros se présenta ensuite et déclara que Gary avait laissé sa camionnette à la station-service, à deux blocs du motel, et qu'il s'était absenté une demi-heure. Lorsqu'il était revenu, Gary avait du sang sur la main gauche.

Ned Lee, un policier, avait trouvé le pistolet en suivant la traînée de sang de Gilmore depuis la station-service jusqu'aux buissons. « Tout ce qui est liquide a tendance à couler dans la direction où on se déplace », déclara-t-il, aussi avait-il été en mesure de déterminer que les mouvements de Gilmore allaient de l'endroit du buisson où était caché le pistolet jusqu'à la station d'essence de Fulmer. Une fois de plus, la défense n'avait pas grand-chose à faire de son témoignage.

L'inspecteur William Brown avait reçu la douille et le pistolet du sergent Lee et les avait fait photographier dans la position où ils avaient été découverts. Wootton présenta la photographie comme la pièce à conviction numéro 3.

MAÎTRE ESPLIN : Inspecteur Brown, est-ce vous qui avez pris cette photographie ?
INSPECTEUR BROWN : Non, maître.
MAÎTRE ESPLIN : Savez-vous qui l'a prise ?
INSPECTEUR BROWN : Non, maître, je ne sais pas.
MAÎTRE ESPLIN : Nous faisons objection, Votre Honneur. La preuve n'est pas suffisamment établie.
LE PROCUREUR WOOTTON : Pas du tout, Votre Honneur, je n'ai pas à établir quand et dans quelles circonstances les photos ont été prises. Tout ce que j'ai à établir, c'est qu'il regardait le buisson et que, lorsqu'on examine la photo, il s'agit bien du même buisson.

C'était quand même une petite victoire. Une pièce à conviction de plus légèrement sujette à caution. On ne savait jamais si quelques petites victoires ne pouvaient pas modifier l'effet final.

MAÎTRE ESPLIN : Vous avez bien utilisé l'arme pour relever les empreintes ? C'est exact ?
INSPECTEUR BROWN : Oui, maître.
MAÎTRE ESPLIN : Avez-vous trouvé des empreintes ?
INSPECTEUR BROWN : J'en ai trouvé une.
MAÎTRE ESPLIN : Avez-vous transmis cela au laboratoire du F.B.I. ?
INSPECTEUR BROWN : Je l'ai fait...
MAÎTRE ESPLIN : Quels ont été les résultats ?
INSPECTEUR BROWN : Ils avaient besoin d'une meilleure comparaison.

MAÎTRE ESPLIN : Autrement dit, ils ne pouvaient pas
   parvenir à une conclusion ?
INSPECTEUR BROWN : Exact.
MAÎTRE ESPLIN : Plus d'autres questions.

Lorsque Gerald Nielsen vint à la barre, Wootton
ne lui demanda rien à propos des aveux. Nielsen se
contenta de confirmer l'existence d'une blessure
par balle récente à la main gauche de Gilmore au
moment où on l'avait arrêté.

Gerald F. Wilkes, un agent du F.B.I., était expert
en balistique.

PROCUREUR WOOTTON : Voudriez-vous, je vous prie,
   dire au jury quelles ont été vos conclusions ?
M. WILKES : En me fondant sur l'examen de ces
   deux balles, j'ai pu déterminer que les deux
   douilles ont été tirées avec cette arme et aucune
   autre.

Esplin n'avait d'autre recours que de poser des
questions susceptibles d'amener des réponses
gênantes.

MAÎTRE ESPLIN : Existe-t-il un certain nombre de
   marques qui doivent se retrouver sur une pièce à
   conviction... avant que vous soyez en mesure
   d'affirmer, au-delà d'un doute raisonnable, que la
   balle a été tirée par la même arme ?
M. WILKES : Non, maître. Je ne fixe pas de nombre
   minimal de marques microscopiques pour procéder à une identification.
MAÎTRE ESPLIN : Avez-vous une idée du nombre de
   marques, de similarités ou de points de similarité
   que vous avez trouvés entre la pièce à conviction
   numéro 12 et la balle témoin que vous avez tirée
   au laboratoire ?
M. WILKES : Les marques de similitude se retrouvaient tout autour de la circonférence de la
   douille. En fait, il y en a tant que cela ne laissait

582

dans mon esprit aucun doute quant à la conclusion à laquelle j'étais parvenu.

Peter Arroyo déclara avoir vu Gary au bureau du motel.

PROCUREUR WOOTTON : A quelle distance de lui étiez-vous à ce moment ?

M. ARROYO : Oh ! quelque chose comme trois mètres.

PROCUREUR WOOTTON : Était-il à l'intérieur du bureau ?

M. ARROYO : Oui.

PROCUREUR WOOTTON : Et vous étiez dans l'allée ?

M. ARROYO : Oui.

PROCUREUR WOOTTON : A ce moment, avez-vous observé quelque chose qu'il avait en sa possession ?

M. ARROYO : Oui.

PROCUREUR WOOTTON : Dites-nous ce que vous avez vu.

M. ARROYO : Dans la main droite, il avait un pistolet avec un canon long. Dans sa main gauche, le tiroir-caisse d'une caisse enregistreuse.

PROCUREUR WOOTTON : Pouvez-vous nous décrire le pistolet ?

M. ARROYO : Oui.

PROCUREUR WOOTTON : Dites-nous exactement ce que vous avez vu.

M. ARROYO : En fait il s'est arrêté en me voyant. Je l'ai d'abord regardé, puis le pistolet et je l'ai regardé de nouveau pour voir ce qu'il allait faire avec le pistolet. Je croyais qu'il travaillait au bureau et qu'il tripotait le pistolet. Ça m'inquiétait. Alors je l'ai encore regardé droit dans les yeux. Il s'est arrêté et m'a regardé. Au bout de quelques secondes il a fait demi-tour et est repassé de l'autre côté du comptoir.

PROCUREUR WOOTTON : Qu'avez-vous fait ?

M. ARROYO : Nous avons continué à marcher en direction de la voiture.

PROCUREUR WOOTTON : Monsieur Arroyo, l'homme que vous voyez maintenant dans la salle du tribunal est-il celui que vous avez observé avec le revolver et le tiroir-caisse ?

M. ARROYO : Oui.

PROCUREUR WOOTTON : Voudriez-vous, s'il vous plaît, l'identifier pour la Cour et pour le jury ?

M. ARROYO (en désignant du doigt) : L'homme avec la veste rouge et la chemise verte.

PROCUREUR WOOTTON : Assis à la table de l'avocat en face de moi ?

M. ARROYO : Oui.

PROCUREUR WOOTTON : Votre Honneur, le greffier peut-il noter que le témoin identifie le prévenu ?

LA COUR : Il le peut.

PROCUREUR WOOTTON : J'en ai terminé, Votre Honneur.

MAÎTRE ESPLIN : Monsieur, pourriez-vous décrire l'homme que vous avez observé au bureau du motel cette nuit-là ?

M. ARROYO : Oui. Il avait l'air un peu plus grand que moi...

MAÎTRE ESPLIN : Quelles autres caractéristiques pourriez-vous décrire ?

M. ARROYO : Il avait une petite barbiche et de longs cheveux.

MAÎTRE ESPLIN : Quels autres signes distinctifs vous rappelez-vous ?

M. ARROYO : Ses yeux.

MAÎTRE ESPLIN : Que vous rappelez-vous à propos de ses yeux ?

M. ARROYO : Quand j'ai regardé ses yeux... c'est assez difficile à décrire. Je n'oublierai jamais ces yeux-là.

MAÎTRE ESPLIN : Avez-vous vu la couleur de ses yeux ?

M. ARROYO : Non. Juste le regard.

Ça n'est pas difficile de comprendre ce que voulait dire Arroyo. Gilmore avait foudroyé Wootton du regard pendant toute la déposition.

Lorsque Arroyo eut terminé, l'accusation déclara qu'elle n'avait rien à ajouter pour l'instant. Esplin se leva et dit que la défense, elle non plus, n'avait rien à ajouter.

LA COUR : Vous n'avez pas l'intention de citer de témoignage ?
MAÎTRE ESPLIN : Non, Votre Honneur.
LA COUR : Très bien. Les deux parties en ayant terminé, il serait du devoir de la Cour de donner ses instructions au jury... J'y suis prêt mais cela prendrait une demi-heure et nous amènerait, une fois de plus, à poursuivre assez avant dans la soirée. Et je crois savoir qu'il y a de grands débats ce soir.

Le juge faisait allusion au second débat prévu entre Jerry Ford et Jimmy Carter.

LA COUR : Dans l'intérêt de tous je donnerai donc mes instructions demain matin plutôt que ce soir, et nous terminerons l'affaire demain.

5

6 octobre

Je viens de rentrer du tribunal.
Whoo !
Je t'avais dit que je n'attendais pas grand-chose de Snyder ni d'Esplin mais je ne m'attendais pas à les voir ne pas présenter la moindre défense.

Dire que j'ai été surpris quand Esplin a dit qu'il n'avait rien à ajouter serait fichtrement au-dessous de la vérité.

Ils ne m'ont jamais dit qu'ils allaient faire ça : ne pas présenter la moindre défense.

Je n'arrivais pas à y croire ! Je comptais sur une certaine défense... si faible soit-elle.

Je croyais qu'ils allaient au moins essayer d'obtenir une accusation de meurtre sans préméditation.

C'est une certitude maintenant que je vais être accusé d'homicide et Esplin et Snyder le savaient lorqu'ils ont dit aujourd'hui qu'ils en avaient terminé.

Ils ne m'ont jamais dit qu'ils allaient me faire un coup pareil.

Quand je leur en ai parlé après le procès, ils avaient un air coupable et sur la défensive.

Ils n'ont même pas essayé.

Tout ce qu'ils veulent c'est se garder une possibilité d'appel, et ils n'ont même pas fait ça.

C'est comme ça avec les avocats désignés d'office.

Dès que la Cour se fut ajournée, il y avait eu une conférence et Gary leur avait déclaré qu'il n'était pas content.

« Je croyais que vous alliez faire venir un psychiatre ou quelque chose comme ça. »

Ils expliquèrent de nouveau : ils comptaient en faire venir un demain à l'audience de révision. Inutile de le faire au procès. Aucun médecin ne dirait qu'il était légalement fou, alors ça ne servirait qu'à inciter le jury à la condamnation. Tandis que comme ça, quelques-uns des jurés pourraient se poser des questions au sujet de sa santé mentale.

« Est-ce qu'on n'aurait pas pu faire venir quelqu'un ? demanda-t-il, rien que pour les apparences ? »

Ils exposèrent leur stratégie. Sa situation n'était peut-être pas aussi mauvaise qu'elle en avait l'air, disaient-ils. Premièrement, l'accusation n'avait pas comparé le sang de Gary au sang dont on avait trouvé la trace. Si l'analyse avait révélé que c'était du O, qui était celui de Gary, ç'aurait été très grave. Deuxièmement, dit Craig Snyder, ils n'avaient pas relevé les empreintes sur le pistolet. Donc on ne pouvait pas rattacher le pistolet et sa main sans un soupçon de doute. Troisièmement : l'accusation avait négligé de présenter l'argent du vol comme pièce à conviction. Ils avaient l'argent, mais ils ne l'avaient pas présenté. Quatrièmement, Wootton n'avait pas osé utiliser les aveux de Gary à Gerald Nielsen. Le jury, dit Craig, le regard grave derrière ses lunettes, avait encore à assimiler ces doutes pour le juger coupable. Ce n'était pas facile de condamner un homme à mort, pensaient-ils sans le dire. Le jury devrait absolument se forcer pour surmonter ces lacunes. Alors, si l'affaire pouvait être menée selon les règles, si les débats restaient calmes, l'atmosphère pourrait donner à réfléchir au jury. Ce serait difficile pour lui de condamner un homme à mort dans un climat d'incertitude.

Gary annonça qu'il voulait faire une déclaration au juge. Il voulait témoigner.

Ils étaient contre. Pour l'instant, dit Craig Snyder, il était déjà condamné à quatre-vingt-dix-neuf pour cent. S'il témoignait, on en viendrait à cent pour cent.

Gary parut un moment consterné. « Je l'ai fait, voilà tout. » Il insista de nouveau pour être cité à la barre.

Ils tentèrent de réfléchir à l'effet que ça ferait de rouvrir le dossier. Mauvais effet. Une fois de plus ils pensèrent à citer Nicole, mais ils s'étaient faits depuis si longtemps à l'idée de ne pas la citer que la perspective de la voir à la barre les contrariait.

Ça pouvait avoir un effet de boomerang. Si jamais on apprenait que Gary avait des pistolets dans sa voiture et qu'il circulait avec des enfants... Non, Nicole aussi, c'était un mauvais cheval.

On ne prit aucune décision. Chacun des trois hommes dormit du mieux qu'il put.

CHAPITRE XXVIII

DÉFENSE

1

NICOLE n'était pas au tribunal ce matin-là pour une bonne raison : elle était encore malade de la façon dont Gary s'était comporté la veille.

Elle croyait que le premier jour serait consacré au procès, mais en fait on n'y avait procédé qu'au choix des jurés. On ne cita aucun témoin. C'était long et assommant, et elle ne réussit même pas à parler à Gary avant la seconde suspension d'audience lorsqu'on la laissa s'asseoir à côté du box. Tout d'un coup, il exhiba la lettre qu'elle avait écrite une semaine auparavant, celle où elle lui disait qu'elle préférerait être morte plutôt que de le faire souffrir en allant avec d'autres hommes. Et voilà que tout d'un coup il réagissait de façon très désagréable. « Tu parles de mourir, ce ne sont que des mots, bébé », dit-il en lui lançant un regard signifiant que séparée du box par la cloison elle ne risquait rien.

Elle lui dit alors que s'il le voulait, il pouvait la tuer là, en pleine salle de tribunal. En fait, dit-elle en s'efforçant de ne pas pleurer, c'était déjà la tuer que de pouvoir penser comme il le faisait. Il dit d'un ton sarcastique : « Comment voudrais-tu que je te tue maintenant ? Avec des menottes aux poignets et les jambes enchaînées ? » Elle se sentit stupide. Plus tard, il lui fit un clin d'œil. Comme si de rien n'était. Comme s'il avait eu seulement une bouffée de méchanceté et que c'était passé.

Mais elle ne dormit pas de toute la nuit. Le matin, après avoir laissé les gosses à sa voisine, elle sommeilla un peu et se réveilla tout abrutie et mal foutue.

Lorsqu'elle arriva au tribunal, il sembla absolument ravi de la voir. Il avait complètement oublié la journée de la veille. Nicole était assise là, comme en transe. Elle ne se rendait même pas compte de ce qui se passait. A la fin de la journée, elle se sentait plus loin de Gary qu'elle ne l'avait été à aucun moment lors de la pire époque de Spanish Fork.

Ce soir-là, Sue arriva et annonça qu'elle emmenait Nicole pour la saouler, pour lui changer les idées.

Nicole se rendit compte qu'elle avait vraiment envie de s'amuser, de danser. Ce n'était pas une très bonne idée, mais Sue était là. Nicole se laissa entraîner.

Elles passèrent au Dollar d'Argent puis s'en allèrent chez Fred. Nicole aimait bien l'atmosphère qui régnait là. Il y avait un tas de bergers australiens, elle dansa avec deux ou trois d'entre eux. Elle les aimait bien. C'était chouette la façon dont ils effleuraient les boules de billard.

Un type vraiment bien lui dit qu'il était ancien président des bergers de Salt Lake. Un beau parleur. Il était bel homme et dansait bien. Mais elle revenait toujours à sa propre table pour siroter son jus de pamplemousse à la vodka.

Sur ces entrefaites, Sue disparut et Nicole se retrouva avec toutes ses préoccupations. Ce fut alors que l'ancien président lui proposa de venir à Salt Lake. Nicole se dit qu'elle aimerait bien voir à quoi ressemblait ce club. Ça faisait des années qu'elle entendait parler de la maison des bergers australiens de Salt Lake. Peut-être qu'elle allait se détendre un peu et rencontrer des gens.

Elle essaya de penser un peu clairement à quoi ça pourrait la mener. Il était déjà deux heures du matin. Il lui faudrait près d'une heure pour aller à Salt Lake, et puis là-bas la fête continuerait. Elle se dit que le jour arriverait avant que des problèmes se posent.

C'est vrai que lorsqu'ils arrivèrent à Salt Lake, elle resta assise à écouter des gens, à parler un peu. Elle s'anima, but de la bière ; bref, passa le temps de façon agréable et paisible. Elle se sentait détendue, assise sur le divan, un vieux canapé défoncé. C'était bien, ce club, un endroit plein de bonnes vibrations, avec une sorte de bar installé dans le salon et aussi un tas de motocyclettes. Il y avait des taches d'essence et d'huile sur la vieille moquette déchirée. Par moments, elle fermait les yeux et peut-être s'assoupit-elle un peu. Il devait être cinq heures du matin lorsqu'elle dit : « J'ai envie de dormir. »

L'ex-président la persuada de descendre et ça lui parut sans grand risque. C'était une vaste pièce pleine de matelas où des gens étaient installés. Certains peut-être qui s'envoyaient en l'air, il faisait trop sombre pour voir. Elle commença à s'éveiller un peu et à se demander comment diable elle allait partir toute seule de Salt Lake. Là-dessus, le type s'installa sur le même matelas, et pas moyen de lui faire comprendre qu'elle n'en avait pas du tout envie. Tout ce qu'elle essayait de dire rebondissait.

Il lui demandait sans cesse pourquoi elle avait encore ses vêtements et lui pas. Elle essaya de discuter, mais il avait fumé trop d'herbe. Impossible de s'en tirer comme ça. Elle dut finir par le laisser faire. Ça foutait vraiment en l'air la décision qu'elle avait prise d'être fidèle à Gary dans la vie et dans la mort.

Lorsqu'elle s'éveilla, ça n'allait pas fort. Elle n'avait pas peur que Gary l'apprenne, elle avait tout simplement peur. Elle était installée dans un horrible endroit. A l'intérieur d'elle-même tout était merdique. Elle en aurait pleuré, mais ça aurait fait un bien vilain bruit.

Ce fut une longue matinée. Elle dut réveiller l'ex-président des bergers australiens pour qu'il la ramène au tribunal, et lorsqu'elle arriva l'audience était commencée. En revenant de Salt Lake à Provo, à califourchon sur la moto, elle savait qu'elle ne mentirait jamais à Gary à propos de ça s'il l'interrogeait, mais elle n'avait pas envie de lui en parler. Elle frissonnait à l'idée qu'il allait lui poser des questions.

Installée derrière cet étranger, elle décida que, jusqu'à la fin de ses jours, elle ne coucherait plus jamais avec un autre type.
Jamais elle ne se laisserait de nouveau entraîner dans quelque chose qui la mettrait à ce point mal à l'aise. Un de ces jours, au cours d'une de ses visites, Gary allait peut-être la regarder dans le blanc des yeux en lui demandant si elle avait couché avec quelqu'un. Elle ne savait pas si elle serait capable de lui dire la vérité. Elle ne voulait pas penser aux dégâts que ça ferait chez lui et chez elle, si elle mentait carrément tout en le regardant bien en face. Elle avait assez d'emmerdements pour l'instant.

MAÎTRE ESPLIN : Votre Honneur, nous demandons que pour ce sujet la salle soit évacuée. C'est un sujet assez délicat.

LA COUR : Monsieur Gilmore, demandez-vous que la salle soit évacuée ?

GILMORE : Oui.

LA COUR : Je vais donc faire évacuer. Je vais demander à tout le monde de sortir, à l'exception des membres de la Cour et du personnel de sécurité. (A neuf heures du matin, la salle fut évacuée.)

MAÎTRE ESPLIN : Votre Honneur, la défense a terminé sa présentation hier... A ce moment, nous estimions que M. Gilmore ne devait pas témoigner dans cette affaire, qu'il devait exercer son droit de garder le silence tout au long de ce procès... Après avoir discuté cette question hier soir et pris conscience de son désir de venir à la barre, une fois de plus nous... avons tous les deux exprimé l'avis soigneusement pesé... qu'il ne devait pas y venir... et laisser à l'accusation la charge de la preuve. Mais une fois de plus nous lui avons assuré que c'était à lui de décider et... qu'il avait le droit de venir à la barre malgré notre avis. Nous lui avons conseillé de réfléchir, pendant la nuit, à la décision qu'il allait prendre. Nous l'avons reçue ce matin...

LA COUR : Monsieur Gilmore, désirez-vous toujours venir à la barre ?

GILMORE : Ça n'est pas que j'aie un si brûlant désir de venir à la barre, mais je n'étais tout simplement pas prêt à voir mes avocats terminer leur exposé comme ils l'ont fait hier. Je veux dire que c'est ma vie que je joue à ce procès et je m'attendais à une sorte de défense. Et lorsqu'ils ont arrêté leur exposé hier, ma foi, il m'a semblé que c'était à peu près la même chose que de plaider coupable à une accusation de meurtre avec préméditation, parce que je ne vois pas, à ce stade, comment le jury pourrait rendre un autre verdict. Et pourquoi avoir un procès ? Je veux dire...

LA COUR : Quelle preuve avez-vous que vous souhaitiez présenter ?

GILMORE : Apparemment, d'après mes avocats, je n'en ai aucune.

LA COUR : En avez-vous ou pas ?

GILMORE : Mon Dieu, je ne sais pas... J'ai des impressions, des sentiments et je crois que les médecins ne sont pas d'accord sur ce point.

LA COUR : Voyons, monsieur Gilmore...

GILMORE : Il faut me laisser finir.

LA COUR : Oui. Oui. Allez-y.

GILMORE : Il me semble que j'ai de bonnes raisons de plaider la folie, ou du moins certains éléments. Mais il paraît que les médecins ne sont pas d'accord. Seulement les conditions dans lesquelles j'ai parlé aux médecins n'étaient pas bonnes. Il y avait des détenus présents. Tout ça ne s'est pas bien passé. Ça n'était vraiment pas juste pour moi. Et ça flanquait par terre tout mon système de défense. Tout simplement, je ne veux pas plaider coupable à une accusation de meurtre avec préméditation et accepter une condamnation sur cette base. Telles que je vois les choses maintenant, ça demandera moins d'une demi-heure pour en arriver là. C'est ce que je dis. C'est ce que je sens, enfin. Je veux dire que je m'attendais quand même à ce qu'on présente une sorte de dossier, même s'il est un peu maigre. Et je crois que la meilleure chose que je pourrais faire serait sans doute de m'adresser aux jurés moi-même. Je pourrais faire ça à l'audience de révision de peine, mais ce serait après qu'ils m'auraient déclaré coupable. J'aimerais exposer au moins ce que j'ai à dire avant que le jury se retire.

LA COUR : Vous pouvez venir à la barre si vous le désirez. Mais si vous le faites, vous devez pleinement comprendre les conséquences de cette mesure.

GILMORE : Ma foi, vous savez, je ne vous dis pas que je brûle d'envie d'aller à la barre. J'aimerais juste présenter une défense. C'est ce à quoi je m'attendais de la part de mes avocats.

LA COUR : Voulez-vous venir à la barre et témoigner ?

GILMORE : Je veux présenter une défense. Je ne veux pas rester assis sur mon banc sans rien dire et être...

LA COUR : La question que je vous pose est la suivante : voulez-vous que la Cour rouvre le dossier...

GILMORE : Exact.

LA COUR : ... Prêter serment et témoigner ?

GILMORE : Oui. Oui. Parfaitement. Si c'est comme ça que vous me le demandez, d'accord.

LA COUR : Maintenant, je tiens à ce que vous compreniez pleinement que si vous faites ça vous devrez alors vous soumettre au contre-interrogatoire du procureur. Vous comprenez cela ?

GILMORE : Oui.

LA COUR : Et vous serez forcé de répondre aux questions qu'on vous posera.

GILMORE : Oui.

LA COUR : Et ces questions et vos réponses peuvent peut-être vous accabler. Vous comprenez cela ?

GILMORE : Je le comprends. Vous savez, je comprends tout ce que vous avez dit.

MAÎTRE SNYDER : Votre Honneur, puis-je faire une autre déclaration ?

LA COUR : Oui, vous pouvez.

MAÎTRE SNYDER : Je tiens à ce que M. Gilmore comprenne parfaitement que maître Esplin et moi-même avons contacté le docteur Howell, le docteur Crist, le docteur Lebegue, le docteur Woods, que nous avons discuté avec eux en détail les examens auxquels ils ont procédé et leurs conclusions, et que nous avons relu tous leurs dossiers à l'hôpital de l'Etat d'Utah, dossiers qui font presque huit centimètres d'épaisseur. Le mieux qu'ils puissent vraiment faire est de certifier que le prévenu souffre d'une forme de trouble mental connu sous le nom de comportement psychopathique ou antisocial. Nous en avons discuté avec l'accusé. Nous lui avons dit qu'à notre avis, et d'après la loi, ce n'est pas une défense en ce qui concerne la folie. Et nous avons conseillé à l'accusé de ne pas citer de témoins dans la catégorie d'experts, de médecins, de psychiatres, de psychologues pouvant aider l'accusé à cet égard... Et que sans ce genre de témoignage d'experts, la Cour ne donnera même pas aux jurés l'idée d'envisager l'excuse de la folie. Je tiens à ce que tout cela soit bien noté et je tiens à conseiller M. Gilmore là-dessus.

GILMORE : Je vais retirer ma demande. Continuez comme c'était avant.

LA COUR : Vous quoi ?

GILMORE : Je retire ma demande de rouvrir le dossier.

LA COUR : Vraiment ?

GILMORE : Oui.

LA COUR : Très bien. Voulez-vous faire revenir le jury, s'il vous plaît ? Oui, et les autres peuvent entrer aussi.

Ils étaient abasourdis. Les avocats de la défense, le procureur, le juge, peut-être l'accusé lui-même. On aurait dit qu'au cours de la discussion une sorte de résignation s'était abattue sur lui, une tristesse profonde, et qu'il voyait maintenant l'affaire comme Snyder et Esplin la lui avaient exposée depuis des semaines.

Ce matin-là, alors que Gary faisait sa déclaration, Noall Wootton n'y comprenait plus rien.

Il aimait à s'attaquer à une affaire comme s'il était l'avocat de la défense. Parfois cela lui donnait quelques idées sur ce que les autres allaient faire. Dans le cas présent, il attendait que la défense trouve pour Gilmore un meilleur mobile que le vol lorsqu'il avait pénétré dans City Center Motel. Que, par exemple, il était venu demander une chambre, ou qu'il était passé pour reprendre une discussion. Peut-être Buschnell avait-il refusé un jour d'en louer une à Gilmore parce qu'il était ivre. Et dans ce cas, étant venu sans intention de voler, il aurait pu abattre Buschnell sans préméditation. L'idée du vol ne lui serait venue qu'après. Ce serait donc un meurtre sans préméditation. Wootton s'attendait tout naturellement à ce genre de système de défense. Il ne savait vraiment pas ce qu'il pourrait invoquer pour le réfuter si Gary venait à la barre raconter une histoire convaincante.

Ce ne fut que plus tard que Wootton apprit que Gary ne voulait pas coopérer avec ses avocats. Dans l'immédiat, il avait du mal à comprendre pourquoi ils avaient arrêté leur exposé, mais il avait conclu que la raison pour laquelle ils ne faisaient pas venir Gilmore à la barre devait concerner sa personnalité. Il devait avoir un caractère explosif. Aussi, ce matin-là, dès que Gary annonça qu'il voulait témoigner, Wootton se dit que ce serait peut-être aussi bien. Ce pourrait être une occasion de faire apparaître le fait que Gilmore avait ordonné à sa victime de l'allonger par terre et puis l'avait abattue.

Peut-être Gary vit-il son regard, peut-être Gary sentit-il son assurance. Wootton fut doublement déconcerté lorsque Gary eut de nouveau changé d'avis. C'était comme avoir affaire à un poney fou qui partait au galop à la moindre bouffée de vent. Et puis ensuite ne voulait plus bouger.

Wootton fit une brève conclusion. Il passa en revue ce que ses témoins avaient établi la veille, exposa l'enchaînement des preuves et insista sur le témoignage du docteur Morrison.

« Selon lui, dit Wootton, Bennie Buschnell est mort d'une seule balle tirée dans la tête. Il vous a dit quelque chose de bien plus important que cela. Il vous a dit que le pistolet avait été placé directement contre le crâne de Bennie lorsqu'on avait pressé la détente... Cela vous montre qu'il ne s'agissait pas d'un coup de feu tiré au hasard à travers la pièce. Ce n'était pas une balle tirée pour intimider ou effrayer, c'était un coup de feu qui voulait tuer et tuer sur-le-champ. (Il prit une profonde inspiration.) Réfléchissez bien à l'affaire, dit-il en conclusion, et jugez-la équitablement. Mais quand je dis jugez-la équitablement, je ne veux pas dire avec équité du seul point de vue de Gary Gilmore, bien que cela soit important ; vous devez vous montrer équitable du point de vue de la veuve de Benny Buschnell, de son enfant et de l'enfant qu'attend sa veuve. » L'accusation en avait terminé.

Mike Esplin commença par féliciter le jury. Puis il se mit à chercher les points faibles dans les preuves présentées par Noall Wootton.

MAÎTRE ESPLIN : Considérez d'abord l'heure tardive. Pour commencer, il semble raisonnable de supposer que le directeur du motel n'était même pas dans son bureau. Peut-être... était-il dans son salon et quelqu'un d'autre était-il dans son bureau, peut-être cette personne était-elle en train de prendre l'argent dans la caisse et le directeur est-il survenu et a-t-il été abattu. Ce n'est pas un larcin, c'est un vol qualifié. Je me permets donc de vous suggérer que sur ce point il y a un doute raisonnable. L'accusation n'a pas prouvé ces faits. Or, elle a des témoins qu'elle aurait pu citer pour les établir...

Il faisait allusion à Debbie Buschnell.

« ... Mais elle ne l'a pas fait. Autre point, elle a indiqué qu'il manquait cent vingt-cinq dollars, et aussi que l'accusé avait été arrêté pour ce délit plus tard le même soir. L'accusation n'a pas montré un centime de cet argent. Elle n'a pas mentionné que M. Gilmore avait été fouillé. Ce prévenu est accusé d'avoir volé de l'argent. Où est-il ? Autre point : cette arme, quelle que soit la personne qui l'ait mise dans le buisson, quand on l'a placée là, est partie accidentellement. Le coup est parti. Cela ne vous amène-t-il pas à penser que c'est un pistolet qui part bien facilement ? L'accusation doit démontrer le meurtre intentionnel. On n'a pas répondu à ces questions. Il n'y a personne qui, en fait, ait vu l'incident. La seule chose dont M. Arroyo ait pu témoigner, c'est qu'il a vu une personne dans le bureau, qu'il a identifiée comme étant l'accusé, avec un pistolet semblable à celui-ci. Il a dit qu'il ne pouvait pas assurer que c'était le même pistolet... Tout ce qu'il a pu déclarer, c'était qu'il se souvenait de son visage et lui avoir vu un pistolet dans la main.
« On ne peut pas tirer grand-chose du témoignage de Martin Ontiveros. Il a dit aussi que Gary Gilmore était arrivé à la station-service pour faire réparer sa camionnette. Ça semble un peu ridicule. Je vous suggère que si l'intention de M. Gilmore était de venir cambrioler le City Center Motel il n'aurait pas laissé sa camionnette là, à la station-service, ce qui permettait de le

situer facilement sur les lieux ou à proximité des lieux du crime.

Esplin éprouvait de l'émotion. A sa surprise, ces conclusions devenaient la déclaration la plus émouvante qu'il eût jamais faite. A plusieurs reprises, sa voix se brisa. Par la suite, les gens lui dirent, lors de la suspension : « Comment avez-vous pu faire un numéro pareil ? » « Ça n'était pas du chiqué », répondit Esplin. Il avait remarqué, et il en tirait quelque espoir, que plusieurs jurés avaient les larmes aux yeux.

« Quand vous vous retirerez pour délibérer, reprenez les questions que l'on vous pose, considérez-les avec soin et si vous avez des doutes là-dessus, le moindre doute raisonnable, alors j'estime que votre obligation est premièrement de déclarer l'accusé coupable du crime moins grave d'homicide par accident, ou bien, deuxièmement, d'acquitter l'accusé. Je vous remercie. Procureur Wootton, nous renonçons à réfuter les arguments de la défense. » (Sur quoi le jury se retira, pour délibérer, à dix heures treize, le 7 octobre 1976.)

Lorsque le jury fut sorti, Esplin se leva de nouveau.

MAÎTRE ESPLIN : Votre Honneur, il y a encore un point : nous voudrions faire objection aux commentaires avancés par le procureur dans ses conclusions, quand il faisait allusion au fait de rendre justice à Benny Buschnell, à sa veuve et à ses enfants, conclusion que nous estimons dommageable à l'objectivité de ce jury, et nous voudrions dès maintenant introduire un recours en annulation fondé sur ce point.

LA COUR : Le recours en annulation est refusé. Rien d'autre ? Très bien. L'audience est donc suspen-

due jusqu'au moment où l'huissier nous annon-
cera que le jury est parvenu à un verdict.

Le jury s'était retiré à dix heures treize du matin.
Une heure et vingt minutes plus tard, les jurés
revinrent avec un verdict déclarant l'accusé coupable d'homicide avec préméditation. Comme il était
presque l'heure du déjeuner, le juge Bullock décida
de suspendre le procès jusqu'à une heure trente de
l'après-midi, heure où commencerait l'audience en
révision de peine pour déterminer si Gary allait
être condamné à l'emprisonnement à vie ou à la
peine de mort.

CHAPITRE XXIX

LA SENTENCE

1

JUSQUE-LÀ la salle d'audience avait été à moitié vide, mais durant la suspension du déjeuner des bruits avaient dû circuler à la cafétéria, car à l'audience de révision de peine, la salle était bourrée. Un processus juridique allait décider de la vie d'un homme : ce devait être un impressionnant après-midi.

Comme l'expliqua le juge Bullock, le but de l'audience de révision de peine était de découvrir si l'accusé, ayant été reconnu coupable de meurtre avec préméditation, allait être maintenant condamné à la peine de mort ou à l'emprisonnement à vie. Pour cette raison, les témoignages de seconde main seraient acceptés à la discrétion de la Cour.

Comme les témoignages de seconde main pouvaient se révéler dommageables à Gary, Craig Snyder (qui plaidait à l'audience de révision de peine alors que Mike Esplin avait plaidé lors du procès) faisait de son mieux pour trouver un motif de faire appel. Snyder fit de fréquentes objections et le juge Bullock les refusa presque aussi souvent. Qu'une décision du juge fût déclarée erronée par une plus haute instance et Gary pourrait ne pas être exécuté. Aussi Craig Snyder comptait-il autant sur un futur appel que sur ses chances d'éviter maintenant la peine de mort.

Il n'arrêta donc pas de soulever des objections durant le témoignage de Duane Fraser qui, pendant la suspension du déjeuner, avait appelé au téléphone le directeur adjoint du pénitencier de l'Etat d'Oregon. Duane Fraser déposa qu'on lui avait dit au téléphone comment Gilmore « avait attaqué quelqu'un avec un marteau », et « en une autre occasion avait attaqué un dentiste », et donc « avait été transféré de la prison d'Etat de l'Oregon à la prison de Marion dans l'Illinois ». Snyder ne cessait de faire des objections en considérant tout cela comme imprécis et ne provenant pas d'un expert.

Albert Swenson, professeur de chimie à B.Y.U., témoigna qu'un échantillon de sang de Gary Gilmore, prélevé après l'arrestation, contenait moins de sept centièmes de gramme d'alcool par cent grammes de sang. Ce n'était pas un taux élevé. Il devait être parfaitement conscient de ce qu'il faisait. Toutefois, comme le prélèvement avait été effectué cinq heures après le crime, le professeur Swenson spécifia qu'au moment où le coup de feu avait été tiré la teneur du sang en alcool aurait pu être de treize centièmes. Cela, déclara-t-il, était un taux au cours duquel l'accusé savait encore ce qu'il faisait, mais pouvait moins s'en soucier.

Au cours du contre-interrogatoire, Snyder parvint à faire admettre au professeur Swenson que le taux aurait pu atteindre dix-sept centièmes, ce qui était deux fois plus que le taux toléré par l'Etat pour conduire en état d'ivresse. S'ajoutant au fiorinal, le degré d'ivresse du coupable serait donc plus important. Tout compte fait, le témoignage de Swenson se révélerait peut-être positif pour Gary.

Le témoin suivant était Dean Blanchard, délégué du District à la Liberté surveillée des Adultes. Il comparaissait à la place de Mont Court, qui était en vacances. M. Blanchard dit tout d'abord : « Je ne le connais pas très bien », puis poursuivit en déclarant qu'il avait eu « très peu de contacts directs avec M. Gilmore ». Aussitôt Snyder dit qu'il faisait objection à son témoignage.

L'inspecteur Rex Skinner vint à la barre. Il y eut alors une longue discussion entre Snyder et la Cour. La déposition de Skinner, déclara Snyder, « était entièrement dommageable à l'accusé ».

PROCUREUR WOOTTON : Monsieur Skinner... avez-vous participé à l'enquête sur... la mort par balle d'un certain Max Jensen ?

M. SKINNER : Oui, monsieur le Procureur. En effet...

PROCUREUR WOOTTON : Où cela s'est-il passé ?

M. SKINNER : A la station-service Sinclair, 800 North à Orem.

PROCUREUR WOOTTON : Lorsque vous êtes arrivé là-bas, avez-vous observé le corps de Max Jensen ?

M. SKINNER : Oui, monsieur le Procureur. Je l'ai observé.

PROCUREUR WOOTTON : Voudriez-vous décrire, monsieur, où il se trouvait et dans quelle position il était quand vous l'avez observé ?

MAÎTRE SNYDER : Votre Honneur, je fais objection.

LA COUR : Objection retenue.

PROCUREUR WOOTTON : Avez-vous observé des blessures sur le corps ?

MAÎTRE SNYDER : Objection, Votre Honneur.

LA COUR : Objection retenue.

PROCUREUR WOOTTON : Savez-vous s'il s'agissait d'un homicide ?

MAÎTRE SNYDER : Je ferai la même objection, Votre Honneur.

LA COUR : Il peut répondre.

M. SKINNER : Oui, monsieur le Procureur.

PROCUREUR WOOTTON : Comment le savez-vous ?

MAÎTRE SNYDER : Votre Honneur, je vais faire objection à tout témoignage au-delà de ce point.

LA COUR : Je pense que le témoignage est recevable. S'il sait qu'il s'agit d'un homicide... il a dit oui. Continuez.

PROCUREUR WOOTTON : Monsieur Skinner, avez-vous fait arrêter quelqu'un en rapport avec cet incident ?

M. SKINNER : Oui, monsieur le Procureur.

MAÎTRE SNYDER : Votre Honneur, je fais objection à cela.

LA COUR : Il peut répondre.

PROCUREUR WOOTTON : Qui avez-vous arrêté ?

M. SKINNER : Gary Gilmore.

MAÎTRE SNYDER : Pas de question.

LA COUR : Pas de question ? Très bien, vous pouvez vous retirer.

PROCUREUR WOOTTON : Veuillez appeler Brenda Nicol.

Brenda était dans tous ses états. Elle avait demandé à Noall Wootton de ne pas la faire citer. Il avait, répondit-il, une convocation pour elle, et elle ferait mieux de se magner le train jusqu'au tribunal. Elle vint donc, et pendant tout le temps de sa déposition, Gary la foudroya du regard. Le genre de regard qui vous fait cailler le sang. Si le regard de quelqu'un pouvait tuer, alors on était mort. Ça vous liquidait comme une décharge électrique.

« Oh ! Gary, disait Brenda au fond de son cœur, ne sois pas si en colère contre moi. Mon témoignage ne signifie rien. » Une fois de plus elle raconta comment Gary lui avait demandé d'appeler sa mère. « Gary, elle va être inquiète. Ta mère va me demander : Est-ce que ces accusations sont vraies ? » Et elle déclara que Gary avait répondu :

« Dis-lui que c'est vrai. » De nouveau, Esplin lui fit admettre, tout comme elle l'avait admis à l'audience préliminaire, qu'elle ne pouvait pas être certaine que Gary avait voulu dire que c'était vrai qu'il avait commis un meurtre, ou si c'était vrai qu'il était accusé de meurtre. Pendant le temps de sa déposition, elle sentit Gary qui la foudroyait du regard comme si ce témoignage anodin, qui n'allait changer les choses ni dans un sens ni dans l'autre, était le crime le plus abominable qu'elle aurait jamais pu commettre.

Elle s'inquiétait aussi à l'idée de ce que Nicole pourrait faire si Gary était assez en colère pour lui faire le même coup. Pour faire plaisir à Gary, rien n'arrêterait Nicole, estimait Brenda.

2

Wootton en avait terminé pour l'accusation. John Woods témoignait maintenant pour Gary.

MAÎTRE SNYDER : Si vous aviez un individu ayant une personnalité psychopathique, cette personne aurait-elle la même capacité d'apprécier ce qu'il y a de mal dans sa conduite qu'un « individu normal » ?

DOCTEUR WOODS : Il en aurait la capacité mais selon toute probabilité il choisirait de ne pas le faire.

MAÎTRE SNYDER : Et si vous ajoutiez à ce point l'influence de l'alcool et d'un médicament comme le fiorinal, cela augmenterait-il ou diminuerait-il la capacité de cet individu d'apprécier et de comprendre ce qu'il y a de mal dans sa conduite ?

DOCTEUR WOODS : Théoriquement, cela diminuerait son jugement et relâcherait les contrôles chez un sujet qui a déjà un assez mauvais contrôle de lui-même...

MAÎTRE SNYDER : Docteur Woods, l'accusé vous a-t-il fait part d'expériences remontant à l'enfance et qui vous ont paru particulièrement intéressantes dans le cours de votre expertise ?

DOCTEUR WOODS : Il a relaté certaines expériences d'enfance, et je dirais que selon moi certaines personnes pourraient les trouver très curieuses.

MAÎTRE SNYDER : Voudriez-vous nous donner un exmple de l'une d'elles ?

DOCTEUR WOODS : Celle qui me vient à l'esprit, c'était l'expérience au cours de laquelle l'accusé s'avançait sur un pont et attendait l'arrivée du train, puis courait jusqu'à l'extrémité du pont pour voir s'il allait plus vite que le train avant que la locomotive ne le précipite du pont dans le ravin en dessous.

Wootton intervint :

PROCUREUR WOOTTON : Monsieur, vous avez préparé et fait enregistrer à la Cour, le 2 septembre 1976, un résumé de votre rapport.

DOCTEUR WOODS : Oui, monsieur le Procureur.

PROCUREUR WOOTTON : Etait-ce en fait un résumé précis de votre analyse de cet homme ?

DOCTEUR WOODS : Oui, monsieur le Procureur.

PROCUREUR WOOTTON : Une partie de ce rapport indiquait, je lis : « Nous ne le trouvons pas psychotique ni « dément ». Nous ne pouvons trouver aucune preuve d'affection neurologique organique, de troubles des processus de la pensée, d'altération de la perception de la réalité, de perturbations des sentiments ni de l'humeur ni de manque de perspicacité... Nous n'estimons pas qu'il était mentalement atteint à l'époque des actes mentionnés. Nous pensons qu'à l'époque des actes mentionnés il avait la capacité d'apprécier ce qu'il y avait de mal dans cet acte et de conformer son comportement aux exigences de la loi. Nous avons étudié avec soin son usage volontaire de l'alcool, des médicaments (fiorinal) au moment de l'acte et nous n'estimons pas que cela ait altéré sa responsabilité. » Est-ce toujours votre opinion ?

DOCTEUR WOODS : Oui, monsieur le Procureur.

PROCUREUR WOOTTON : Vous continuez en disant : « Nous avons de même étudié l'amnésie partielle dont il est fait état pour l'événement survenu le 20 juillet 1976 et nous estimons qu'elle est trop circonstanciée et commode pour être valable. » Est-ce toujours votre opinion ?

DOCTEUR WOODS : Oui, monsieur le Procureur.

PROCUREUR WOOTTON : Je vous remercie. C'est tout.

La défense avait une possibilité particulière. C'était de faire venir à la barre Gerald Nielsen. Dans les notes que Nielsen avait consultées lors de l'audience préliminaire, se trouvait un témoignage d'après lequel Gary avait dit : « Je suis vraiment navré », et il avait des larmes aux yeux. « J'espère qu'ils vont m'exécuter pour ça, avait-il dit à Nielsen. Je mérite de mourir. » Une telle contrition pourrait influencer le jury.

Pourtant ils ne songèrent pas longtemps à citer Nielsen. Il en savait trop. Nielsen pouvait témoigner comment Gary avait abusé de la clémence des officiers de police, des délégués à la liberté surveillée et des juges. Ensuite, Wootton pourrait faire remarquer que le repentir de Gilmore était venu après son arrestation. Tout bien pesé, c'était un trop grand risque. La défense fit donc venir Gary à la barre. Sa meilleure chance aujourd'hui résidait dans son propre témoignage.

MAÎTRE SNYDER : Monsieur Gilmore, avez-vous tué Benny Buschnell ?

GILMORE : Oui, je crois.

MAÎTRE SNYDER : Aviez-vous l'intention de tuer M. Buschnell au moment où vous êtes allé au *City Center Motel* ?

GILMORE : Non.

MAÎTRE SNYDER : Pourquoi avez-vous tué Benny Buschnell ?

GILMORE : Je ne sais pas.

MAÎTRE SNYDER : Pouvez-vous dire au jury ce que vous avez ressenti au moment où ces événements se sont produits ?

GILMORE : Je ne sais pas. Ce que j'ai ressenti exactement, je n'en suis pas sûr.

MAÎTRE SNYDER : Allez.

GILMORE : Eh bien, j'ai eu l'impression qu'il n'y avait aucun moyen de pouvoir éviter ce qui se passait, qu'il n'y avait pas d'autre solution, pas de possibilité pour M. Buschnell. C'était quelque chose, vous comprenez, qu'on ne pouvait pas arrêter.

MAÎTRE SNYDER : Avez-vous l'impression d'avoir eu la maîtrise de vous-même ou de vos actions ?

GILMORE : Non.

MAÎTRE SNYDER : Avez-vous l'impression... Non, laissez-moi vous poser la question ainsi : savez-vous pourquoi vous avez tué Benny Buschnell ?

GILMORE : Non.

MAÎTRE SNYDER : Aviez-vous besoin de l'argent ?

GILMORE : Non.

MAÎTRE SNYDER : Quelles étaient vos impressions sur le moment ?

GILMORE : J'avais l'impression de regarder un film ou bien, vous savez, que c'était quelqu'un d'autre peut-être qui faisait ça, et je le regardais le faire...

MAÎTRE SNYDER : Avez-vous eu l'impression de voir quelqu'un d'autre le faire ?

GILMORE : Un peu, je crois. Je ne sais pas vraiment. Je n'arrive pas à me rappeler ça nettement. Il y a des moments de cette nuit-là que je ne me rappelle pas du tout. Parfois c'est très net et parfois c'est un blanc total.

MAÎTRE SNYDER : Monsieur Gilmore, vous rappelez-vous une expérience de votre enfance telle que celle qu'a décrite le docteur Woods, où vous étiez planté au milieu d'une voie de chemin de fer avec un train venant vers vous et où vous vous mettiez à courir sur une passerelle pour battre le train de vitesse ?

GILMORE : Oui. Je ne lui ai pas dit que c'était traumatisant ni rien. J'essayais de lui donner une comparaison avec le besoin et l'envie que j'ai éprouvés la nuit du 20 juillet. J'ai l'impression parfois qu'il faut que je fasse des choses et on dirait qu'il n'y a pas d'autre possibilité ni de choix.

MAÎTRE SNYDER : Je vois. Et est-ce similaire à ce que vous avez éprouvé la nuit du 20 juillet 1976 ?

GILMORE : Similaire. Très similaire. Oui, c'est vrai. Parfois j'éprouvais l'envie de faire quelque chose, et j'essayais de ne pas le faire, et puis l'envie devenait plus forte, jusqu'à être irrésistible. Et c'est ce que j'ai éprouvé la nuit du 20 juillet.

MAÎTRE SNYDER : Vous aviez l'impression de n'avoir aucun contrôle sur ce que vous faisiez ?

GILMORE : Oui.

Il est possible que son témoignage ait aidé. Snyder l'avait fait venir à la barre dans l'espoir qu'il pourrait dire qu'il regrettait, qu'il aurait l'air d'avoir des remords ou du moins qu'il détournerait les jurés de l'idée qu'il était un monstre sans cœur. Il n'était guère arrivé à ce résultat, mais peut-être s'était-il rendu service. Peut-être. Il s'était montré calme à la barre, sans doute trop calme, trop grave, même un peu lointain. Certainement trop réfléchi. Il aurait aussi bien pu être un des nombreux experts de ce procès. Snyder le laissa à Wootton.

La transformation fut brutale. On aurait dit que Gilmore ne pardonnerait jamais à Wootton d'essayer d'interdire à Nicole l'accès de la salle d'audience. A chaque phrase l'hostilité revenait.

« Comment l'avez-vous tué ? commença Wootton.

— Je lui ai tiré dessus, fit Gilmore.

— Racontez-moi, dit Wootton, racontez-moi ce que vous avez fait.

— Je lui ai tiré dessus », dit Gilmore plein de mépris pour cette question et pour l'homme qui posait une pareille question.

PROCUREUR WOOTTON : L'avez-vous fait s'allonger sur le sol ?

GILMORE : Pas de mes propres mains, non.

PROCUREUR WOOTTON : Lui avez-vous dit de s'allonger sur le sol ?

GILMORE : Oui, en effet.

PROCUREUR WOOTTON : A plat ventre ?

GILMORE : Non, je ne crois pas que je sois entré dans de tels détails.

PROCUREUR WOOTTON : Etait-il allongé à plat ventre ?

GILMORE : Il était allongé par terre.

PROCUREUR WOOTTON : Avez-vous appuyé le pistolet contre sa tête ?

GILMORE : Je pense que oui.

PROCUREUR WOOTTON : Avez-vous pressé la détente ?

GILMORE : Oui.

PROCUREUR WOOTTON : Ensuite, qu'avez-vous fait ?

GILMORE : Je suis parti.

PROCUREUR WOOTTON : Avez-vous pris le tiroir-caisse avec vous ?

GILMORE : Je ne me souviens pas avoir pris la caisse avec moi.

PROCUREUR WOOTTON : Mais vous l'avez vue au tribunal, n'est-ce pas ?

GILMORE : Oui, j'ai vu ce que vous disiez être le tiroir-caisse posé là.

PROCUREUR WOOTTON : Vous ne vous rappelez pas l'avoir déjà vu ?

GILMORE : Non.

PROCUREUR WOOTTON : Avez-vous pris son argent ?

GILMORE : Je ne me le rappelle pas non plus.

PROCUREUR WOOTTON : Vous souvenez-vous avoir pris de l'argent ?

GILMORE : Je ne me rappelle pas ça non plus, je vous l'ai dit.

PROCUREUR WOOTTON : Vous souvenez-vous avoir eu de l'argent sur vous quand on vous a arrêté plus tard ce soir-là ?

GILMORE : J'avais toujours de l'argent sur moi.

PROCUREUR WOOTTON : Combien aviez-vous sur vous ?

GILMORE : Je ne sais pas.

PROCUREUR WOOTTON : Vous n'avez aucune idée ?

GILMORE : Je n'ai pas de compte en banque. Je trimbale juste mon argent dans ma poche.

PROCUREUR WOOTTON : Vous ne savez pas d'où venait cet argent ?

GILMORE : Oh ! j'avais été payé vendredi. Ça ne faisait pas très longtemps avant.

PROCUREUR WOOTTON : Vous avez dit qu'on vous avait mis dans tous vos états cette nuit-là pour une question personnelle. Pourquoi ne nous en parlez-vous pas ?

GILMORE : Je préférerais ne pas le faire.

PROCUREUR WOOTTON : Vous refusez ?

GILMORE : Exact.

PROCUREUR WOOTTON : Même si la Cour vous dit que vous avez à le faire, vous ne le ferez pas ?

GILMORE : Exact.

En s'éloignant, Wootton pensait assurément que Gilmore avait nui à ses chances. Il était sorti très froid de cet interrogatoire. Wootton voulait être objectif, mais il se sentait assez content. Il trouvait que son contre-interrogatoire avait été très efficace, surtout cette première question : « Comment l'avez-vous tué ? » et la réponse : « Je lui ai tiré dessus. » Pas le moindre remords. Ce n'était pas la façon la plus astucieuse de se battre pour sa vie.

Wootton jeta un nouveau coup d'œil au jury et il sut qu'il serait surpris si Gilmore n'était pas condamné à mort. Wootton n'avait pas arrêté d'observer ce jury et, si les jurés ne regardaient pas Gilmore avant son témoignage, ce qui selon Wootton signifiait qu'ils étaient mal à l'aise de se trouver là, à le juger, ils le dévisageaient maintenant, l'air abasourdi, presque ahuri, surtout une des deux femmes que Wootton avait choisies pour siéger durant le procès.

En formant un jury, la stratégie de Wootton était de choisir un juré fort et intelligent et un qui, à son avis, ne l'était pas. On essayait de présenter le dossier sous la forme d'un récit au juré qui n'était pas intelligent, alors qu'on soulignait les contradictions à l'intention de celui qui l'était. Maintenant, cette femme observait vraiment Gilmore. L'expression de son visage reflétait tout ce qu'aurait pu désirer Wootton et signifiait : « Vous êtes aussi mauvais que le dit le procureur. »

4

Après ce contre-interrogatoire, Wootton prit soin d'abréger sa conclusion.

« Benny Buschnell ne méritait pas de mourir, dit Wootton au jury, et il m'est difficile de vous faire comprendre la profondeur du chagrin que ce genre de comportement de la part de Gary Gilmore a causé à la femme et aux enfants de Benny. »

MAÎTRE SNYDER : Votre Honneur, je proteste contre l'introduction de ce genre de remarque entachée de préjugés dans l'argument de l'accusation...

LA COUR : Très bien. Je retiens votre requête. Je vais demander au procureur Wootton d'omettre désormais toute allusion à ce sujet.

PROCUREUR WOOTTON : Voyons le genre d'homme qu'est l'accusé. Il a passé les douze dernières années en prison. Tous les efforts de récupération se sont apparemment soldés par un consternant et total échec. Si vous n'arrivez pas à récupérer quelqu'un en douze ans, pouvez-vous espérer jamais y parvenir ? Il vous dit qu'il a tué Benny et qu'il ne sait pas pourquoi. Il vous explique comment. Il lui a demandé de s'allonger sur le sol, a placé un pistolet contre sa tête et a pressé la détente. C'est ce que j'appelle tuer de sang-froid. Or, précédemment, il a été condamné à deux reprises pour vol. Pour ces délits il a purgé des peines de prison, et a appris quelque chose. Savez-vous quoi ? Il va tuer ses victimes. Voilà qui est habile. Si vous décidez de gagner votre vie comme voleur, cela tient debout, car une victime morte ne va pas vous identifier. Selon toute probabilité, il se serait tiré sans encombre de cette affaire sans une stupide malchance. Il s'est accidentellement tiré une balle dans la main. Ces choses-là arrivent, j'imagine, quand on a bu un peu trop et qu'on tripote une arme. Il a aussi tout un passé d'évasions : à trois reprises d'une maison de correction ou d'une autre et une fois du pénitencier de l'Etat d'Oregon. Qu'est-ce que cela vous révèle ? Si vous décidez d'enfermer Gary Gilmore en prison à vie, nous ne pouvons vous donner aucune garantie. Nous ne pouvons pas vous certifier qu'il ne s'évadera pas une fois de plus. Il est apparemment assez habile sur ce point. Si jamais il recouvre la liberté, toute personne qui se trouvera en contact avec lui ne sera pas en sûreté si elle possède quelque chose que par hasard Gilmore veut. Il a à son actif tout un passé de violence en prison. Si vous souhaitez le renvoyer en prison, il est impossible, étant donné son comportement, de garantir la sécurité même des autres prisonniers. A quoi bon, dès lors, le laisser continuer à vivre ? Aucun espoir de récupération. S'il s'évade, il représente un danger, et en représente toujours un même s'il ne s'évade pas. De toute évidence, au point où en est cet homme, on ne peut rien pour le sauver. Il offre un risque d'évasion très élevé. Il constitue un extrême danger pour tout le monde. Toutefois, et sans même tenir compte de ces facteurs, je vous déclare ceci : pour ce qu'il a fait à Benny Buschnell et la situation dans laquelle il a mis la femme de Buschnell, il a perdu le droit de continuer à vivre, il devrait être exécuté. C'est la recommandation que je vous fais.

Wootton s'assit et Snyder s'approcha des jurés pour énoncer ses dernières remarques. Il parla avec une émotion considérable.

MAÎTRE SNYDER : J'imagine que nul n'est plus consterné que moi de ce qui est arrivé à Ben Buschnell et à sa famille. Pour moi personnellement, cette affaire a été très difficile à plaider. Je crois que cela place le jury dans une position où je n'aimerais pas être, en dépit du genre de crime qui a été commis dans l'affaire qui nous concerne. Ce qui nous préoccupe ici, c'est la vie humaine. M. Gilmore est aussi une personne. Et bien que M. Gilmore ait des antécédents dont on peut espérer qu'ils peuvent être une leçon pour nous tous et qu'aucun de nous n'aura plus jamais à les rencontrer, c'est une personne et, à mon avis, il a le droit de vivre. Je ne pense pas qu'il y ait rien de plus personnel pour tout individu que son droit de vivre. Et vous voici maintenant dans la situation où il vous faut décider si vous allez retirer cette vie à Gary Gilmore ou le laisser vivre. Je n'excuse pas ce qu'a fait M. Gilmore, je ne prétends même pas essayer de l'expliquer, mais j'estime qu'il a quand même le droit de vivre et je vous demanderai de ne pas lui refuser ce droit. Je pense que les propos du procureur Wootton sont justifiés. Je crois que l'histoire de M. Gilmore est assurément quelque chose dont il n'a pas à être fier. Je ne crois pas qu'aucun de nous le soit... M. Gilmore souffre bien de quelque chose qui peut-être le dépasse, mais ce n'est pas une raison pour que nous décidions de lui retirer la vie... M. Gilmore est le genre de personne qui a plus besoin d'être soignée que d'être tuée. Il doit, à mon avis, être puni pour ce qu'il a fait, et la loi nous en fournit le moyen par une sentence de prison à vie. Et je ne pense pas que les craintes exprimées par le procureur Wootton quant à sa récupération, ni sur ce qui pourrait se passer s'il était libéré, non je ne pense pas que ce genre de raisonnement soit fondé. M. Gilmore a trente-six ans...

GILMORE : Trente-cinq.

MAÎTRE SNYDER : Trente-cinq ans. Si vous le décidez, il va être incarcéré pour la vie. C'est long, très long. Et bien que je suppose qu'à un certain moment, après bien des années, il soit susceptible d'être mis en liberté surveillée, ce ne sera pas avant longtemps, bien longtemps. Je crois qu'il mérite vraiment la même chance que Benny Buschnell aurait dû avoir. J'en suis persuadé, et je recommanderai énergiquement au jury d'accorder le droit à la vie à M. Gilmore. J'aimerais vous faire observer, comme il est indiqué dans les Instructions, que pour pouvoir appliquer la peine de mort, il faut un vote unanime des douze jurés. Si l'un de vous ne vote pas la peine de mort, alors la sentence sera la prison à vie et c'est le verdict que rendra la Cour. J'aimerais demander à chacun de vous de scruter sa propre conscience et d'infliger dans ce cas l'emprisonnement à vie.

LA COUR : Maître Esplin, souhaitez-vous faire un commentaire ?

MAÎTRE ESPLIN : Je pense que maître Snyder a fort exactement dépeint mes sentiments.

Le juge Bullock demanda alors à l'accusé s'il n'y avait rien qu'il voulût dire au jury. Ce serait sa dernière chance de parler de repentir.

Gilmore répondit : « Eh bien, je suis enfin satisfait de voir que le jury me regarde. (Comme cette remarque était accueillie en silence, il ajouta :) Non, je n'ai rien à dire.

— C'est tout ? demanda le juge.

— C'est tout. »

5

Maintenant que l'audience était terminée et que le jury s'était retiré dans la salle des délibérations, Vern et Ida sortirent et s'en allèrent faire quelques pas autour de l'immeuble, en même temps que les autres gens qui attendaient le verdict. Ils ne comptaient pas venir au palais de justice, mais Gary avait téléphoné à Ida en lui demandant d'être là. Après cet appel, aucun prétexte n'aurait pu justifier leur absence.

Dans la salle du tribunal, Mike Esplin s'arrangea avec les gardes pour que Nicole pût s'asseoir auprès de Gary. De cette façon, il pouvait lui parler par-dessus la barrière. Pendant qu'ils attendaient, ils plaisantaient. Ils se tenaient même les mains. Cela impressionna Mike Esplin. Ce type attendait de savoir s'il allait être exécuté ou non, et pourtant il ne manquait pas de panache.

Craig Snyder était curieux de savoir de quoi Gary et Nicole pouvaient bien parler, et il s'approcha suffisamment pour entendre Nicole dire : « Ma mère veut que tu lui fasses un tableau. » « Oh ! dit Gary, je ne pensais pas que ta mère m'aimait vraiment. » « Ma foi, répondit Nicole, c'est vrai qu'elle ne t'aime pas. Elle le veut simplement pour pouvoir dire : c'est Gary Gilmore qui a peint ce tableau. » Gary éclata de rire. Craig n'en revenait pas. Avoir Nicole près de lui semblait plus important pour Gary que tout le reste du procès. Il avait l'air si heureux.

Un peu plus tard, Gary voulut se rendre aux toilettes, alors les deux gardes se levèrent avec lui et ils s'en allèrent à pas lents, Gary entravé, les fers l'empêchant de se déplacer rapidement. Brenda s'approcha. « Gary, dit-elle, ne me fais pas la gueule. Juste parce que je t'ai dénoncé et que j'ai témoigné contre toi, ça n'est pas une raison de m'en vouloir, non ? » Il pencha le cou et la toisa. C'était terrible de le voir enchaîné. Elle tendit la main et toucha ses menottes d'un geste tendre, mais il retira sa main et lui lança un regard qui la rongea longtemps et ne cessa jamais de la hanter.

Pendant des semaines, alors qu'elle était plantée devant l'évier à laver la vaisselle, elle éclatait en sanglots. Alors Johnny s'approchait et la prenait par les épaules en disant : « Essaie de ne pas tant y penser, mon chou. » Mais elle ne voyait que Gary de nouveau derrière des barreaux, plus bas qu'il n'avait jamais été.

Le bruit courut que le verdict était décidé et tous regagnèrent la salle du tribunal. Le jury fit son entrée. L'huissier lut le verdict. C'était la mort. On fit l'appel des jurés. Chacun des douze dit oui à son tour et Gary se tourna vers Vern et Ida en haussant les épaules. Lorsque le juge lui demanda : « Avez-vous une préférence quant au mode d'exécution ? » Gary répondit : « Je préfère être fusillé. »

Le juge Bullock répondit alors : « L'ordre en sera donné. » La date de l'exécution fut fixée au lundi 15 novembre à huit heures du matin de cette année-là, et Gary Gilmore serait confié au shérif du comté d'Utah pour être remis au directeur de la prison de l'Etat d'Utah.

La nouvelle faisait vibrer la salle. On aurait dit qu'auparavant il y avait eu une certaine atmosphère et que, maintenant, il y en avait une autre. Un homme allait être exécuté. C'était réel, mais on ne le comprenait pas. L'homme était là, sous leurs yeux.

Gilmore choisit cet instant pour parler à Noall Wootton. C'était la première fois, depuis des semaines, qu'il lui adressait la parole. Gary le toisa d'un air calme et dit : « Wootton, tout le monde ici a l'air fou. Tout le monde sauf moi. » Wootton le regarda et songea : « Oui, en cet instant, tout le monde est peut-être fou, sauf Gary. »

Noall avait maintenant un sentiment qui le tracassait : celui d'avoir l'impression — qu'il avait toujours ressentie — que Gilmore était plus intelligent que lui. Wootton savait fichtrement bien que Gilmore était plus instruit. Il s'était instruit lui-même, mais il était allé plus loin. « Dieu tout-puissant, se dit Wootton, le système a vraiment échoué avec cet homme, misérablement échoué. »

Après cela, les gens commencèrent à évacuer la salle et Nicole pleurait dans le couloir. Nicole et Ida se retrouvèrent et s'étreignirent, elles éclatèrent en sanglots et Nicole dit : « Ne vous inquiétez pas, tout va s'arranger. » Vern était dans un état de choc. Il s'attendait à ce verdict, mais en était néanmoins bouleversé.

Une femme, une jeune journaliste, s'approcha de Gary et demanda : « Avez-vous un commentaire à faire ? » Il dit : « Non, pas particulièrement. » Elle reprit : « Trouvez-vous que tout a été juste ? Y a-t-il quelque chose que vous aimeriez dire ? » Gary répondit : « Eh bien, j'aimerais vous poser une question. » « Quoi donc ? » fit-elle. Il demanda : « Qui diable a gagné le championnat de base-ball ? »

7

Le policier qui devait escorter Gary jusqu'à la prison puis l'accompagner jusqu'au pénitencier s'appelait Jerry Scott, et c'était un grand et bel homme. Dès le début, il ne s'entendit pas avec Gary.

Lorsqu'il entra dans la salle du tribunal pour venir le chercher, Gilmore n'avait ni fers aux pieds ni menottes, aussi Scott s'agenouilla-t-il pour boucler tout cela et lui demanda de se mettre debout pour pouvoir fermer la chaîne d'entrave. Scott estimait que c'était plus facile et plus confortable pour le prisonnier si on pouvait lui passer une chaîne d'entrave à la ceinture et y attacher les menottes devant plutôt que d'avoir un homme avec les bras pliés derrière le dos. Mais lorsque Gary se leva il dit : « Vous avez trop serré les fers. Je ne peux pas marcher. »

Jerry Scott se baissa. Il y avait un peu de jeu dans les fers, il savait donc qu'ils n'étaient pas trop serrés. « Gary, dit-il, ils sont bien. » Sur quoi Gilmore répliqua : « Ou bien vous m'enlevez ces fers ou bien vous allez me porter. »

Scott répondit : « Je ne vous porterai pas. Je vous tirerai. » Scott était écœuré. Tout le monde autour de Gilmore disait oui monsieur et non monsieur, comme si commettre un meurtre faisait de lui un personnage intéressant. Il fallait être ferme avec les prisonniers, c'était une chose que Scott avait décidée depuis longtemps et voilà que tout le monde ici se donnait du mal pour être supergentil avec ce type. C'était peut-être parce qu'il vous regardait toujours droit dans les yeux comme s'il était innocent.

Gilmore commençait vraiment à faire un cinéma et à débiter des grossièretés dans le tribunal. Scott n'avait pas envie de se coltiner avec lui sur le trajet empruntant les escaliers pour arriver à l'ascenseur et sous les yeux de tout le monde. Aussi finit-il par desserrer les menottes et les fers. Gilmore se plaignit de nouveau, et Scott, cette fois, les desserra vraiment, mais Gilmore se plaignait toujours. Scott commença à se méfier, surtout quand Gilmore répéta : « Vous allez être obligé de me porter pour me faire sortir d'ici. »

« Je ne les desserrerai pas plus, dit Scott. Remuez-vous le train. On s'en va, que ça vous plaise ou non, et si ça ne vous plaît pas, je vais vous traîner, mais je ne vous porterai pas. A vous de choisir », dit Scott.

Là-dessus, Gilmore se mit à marcher avec lui. Ils devaient aller vraiment lentement, parce qu'il n'avait à peu près que vingt-cinq centimètres de jeu aux fers, et Gilmore resta furieux pendant tout le trajet jusqu'à la voiture et même pendant la route de Center Street jusqu'à la prison. Scott installa Gary sur la banquette avant auprès de lui et deux policiers s'intallèrent derrière. Lorsqu'ils furent arrivés, ils lui retirèrent les fers et les menottes et ramenèrent Gilmore à sa cellule. Ils l'écoutèrent parler à son compagnon de cellule pendant qu'il rassemblait ses affaires personnelles pour être transféré à la prison de l'Etat d'Utah.

« Voilà, dit Gilmore à son compagnon, ils m'ont condamné à mort. (Il secoua la tête et ajouta :) Tu sais, je vais manger d'abord. » Son compagnon dit qu'il avait un mandat qu'il n'avait pas encore touché et il en obtint cinq dollars d'un des gardiens ; il les donna à Gary qui dit : « Tu es trop gentil. Jamais je ne pourrai te rembourser. » « Ça n'est pas grand-chose », dit son compagnon. « Ecoute, fit Gilmore, rends-moi un service, renvoie ces livres à la bibliothèque de Provo, pour que Nicole n'ait pas d'ennuis. Ils sont enregistrés à son nom. » « Pas de problème », répondit son compagnon. Puis, tandis que Scott les observait, Gilmore tendit à l'autre détenu une chemise de cow-boy bleue en disant : « C'est Nicole qui me l'a faite. » Puis il lui passa un rasoir Schick à lame éjectable en disant : « Je veux que tu aies ça comme souvenir. » Ils se serrèrent la main en se souhaitant mutuellement bonne chance, le geôlier ouvrit la porte et Gary sortit, puis se retourna en faisant un pied de nez. Son compagnon de cellule en fit autant. Le shérif Cahoon s'approcha pour serrer la main de Gary.

Scott entraîna Gary dans le couloir et le fit se déshabiller pour une fouille complète. Cela exaspéra de nouveau Gilmore. Il était très soucieux de sa personne et de ses objets personnels. Ces derniers ne comprenaient qu'un tas de lettres et quelques livres, mais il ne voulut pas les perdre de vue et se comporta comme si la fouille corporelle était une attaque personnelle. Scott n'avait pas du tout cette impression. Ce type venait d'être condamné à mort. Cela nécessitait de sévères mesures de sécurité.

Une fois qu'il fut déshabillé, les policiers passèrent leurs doigts dans ses cheveux pour s'assurer qu'il n'y avait rien qui y fût collé. Il avait les cheveux assez longs pour dissimuler une lime à métaux. Ils vérifièrent derrière les lobes des oreilles et lui firent lever les bras, pour vérifier dans les poils des aisselles et examinèrent aussi son nombril. On lui souleva les testicules pour voir s'il n'avait pas quelque chose de fixé dessous puis on le fit se pencher en écartant les fesses pour être sûr que rien ne dépassait de la région du rectum. Maintenant, on n'y enfonçait plus le doigt. Ils vérifièrent enfin ses pieds pour s'assurer qu'il n'avait rien de caché entre les doigts de pied. Pendant tout ce temps, Gilmore débita toutes les injures qui pouvaient lui passer par la tête.

On lui remit alors ses fers. Scott s'assura qu'ils étaient bien serrés et lui dit : « Gary, je ne t'aime pas et tu ne m'aimes pas, mais oublions ça. Je vais t'accompagner jusqu'à la prison d'Etat et je ne tiens pas à ce que tu essaies de t'enfuir. Le shérif adjoint Fox va s'asseoir juste derrière toi et si tu fais la moindre difficulté, si tu as un geste rapide ou agressif, il va te faire péter le cou, oui, te le péter. » Même après une fouille corporelle, on ne savait jamais ce qu'un prisonnier pouvait dissimuler. Une épingle de nourrice pouvait être cachée sous les menottes et permettre de les ouvrir. On pouvait même, si l'on savait s'y prendre, ouvrir des menottes avec une recharge de stylo à bille. Il y avait toujours de quoi s'inquiéter lors du transfert d'un prisonnier. Scott dit à Gary de s'asseoir dans la voiture, qu'ils iraient directement au pénitencier et que tout se passerait bien.

Il sortit de la prison de son pas lent d'homme entravé et monta dans la voiture, à côté de Scott, les policiers derrière, et ils partirent. Pour plus de protection, Jerry Scott s'était arrangé pour avoir deux inspecteurs qui suivaient dans une autre voiture, à trois cents mètres derrière. Ils surveilleraient tout chauffeur qui pourrait s'intercaler derrière la voiture de tête pour tenter un plan d'évasion. Ils surveilleraient aussi tout véhicule piloté par un dingue qui aurait pu décider de vouloir assassiner Gilmore.

Le voyage se passa sans histoire. Gilmore fit une phrase pour dire combien l'air était bon et comme le paysage était beau le soir. Scott répondit : « Oui, il fait beau temps. » Gilmore prit une profonde inspiration et demanda : « Est-ce qu'on pourrait ouvrir un tout petit peu ma vitre ? » Scott répondit : « Bien sûr », puis il expliqua par-dessus son épaule aux policiers assis derrière lui : « Lee, je vais me pencher pour lui ouvrir un peu sa vitre. » Fox fit donc un mouvement en avant pour le couvrir tandis que Scott se penchait pour tourner d'une main la manivelle. Cela parut rafraîchir Gilmore. Il ne dit plus rien jusqu'à la fin du trajet... mais il parut aussi se détendre.

Lorsqu'ils arrivèrent au pénitencier d'Etat, le policier de service leur fit traverser différentes portes jusqu'au quartier de haute surveillance. Là, on lui ôta ses fers, les entraves et les menottes, on le fouilla de nouveau, puis on le conduisit jusqu'à sa cellule. Gary ne dit pas un mot. Scott ne lui dit pas au revoir. Il ne voulait pas l'agiter et un pareil geste pourrait avoir l'air d'une provocation. Dehors, la nuit était tombée et la crête de la montagne descendait jusqu'à l'autoroute comme un grand animal sombre qui déployait sa patte.

Ce soir-là, Mikal Gilmore, le plus jeune frère de Gary, reçut un coup de téléphone de Bessie. Elle lui dit que Gary avait été condamné à mort. « Maman, répondit Mikal, on n'a exécuté personne dans ce pays depuis dix ans, on ne va pas commencer avec Gary. » Malgré cela, la nausée le prit lorsqu'il raccrocha. Pendant tout le reste de la nuit, il fut obsédé par les yeux de Gary.

SEPTIÈME PARTIE

LE CORRIDOR DE LA MORT

CHAPITRE XXX

LE TROU

1

PEU après la rentrée scolaire en septembre, un autre professeur parla à Grace McGinnis d'un article qu'il avait lu en juillet à propos d'un type de Portland arrêté pour le meurtre de deux hommes en Utah. Le nom, s'il s'en souvenait bien, était Gilmore. N'avait-elle pas un ami de ce nom ? Grace ne voulait vraiment pas en entendre davantage. Il y avait des formes de mauvaises nouvelles qui apparaissaient comme certaines grosseurs mystérieuses et qui disparaissaient si on n'y prêtait pas attention.

Voilà que l'histoire était citée de nouveau dans les journaux de Portland. Le meurtrier était bien Gary Gilmore et il avait été condamné à mort à Provo, dans l'Utah. Grace songea à appeler Bessie. Ce serait le premier coup de téléphone depuis des années. Mais elle croyait entendre la conversation avant qu'elle ait eu lieu.

« Je ne peux pas croire, dirait Bessie, que le Gary que je connais a tué ces deux jeunes gens. Ce n'est pas possible. Il y a toujours eu chez lui une douceur naturelle.

— Mais si, dirait Grace, il l'a vraiment fait.

— Je n'ai jamais perçu ce genre de cruauté chez

Gary », dirait Bessie, et Grace acquiescerait de nouveau, tout en sachant qu'elle ne disait pas la vérité. Gary ne s'était jamais montré cruel envers elle, certes, mais elle avait vu un horrible changement se faire chez lui après ces traitements à la prolixine, une modification de la personnalité si radicale que Grace pouvait dire en toute sincérité qu'elle ne reconnaissait plus l'homme nommé Gary Gilmore qui existait après avoir pris ce médicament. C'était comme si quelque chose d'abominable s'était introduit dans son esprit. Elle n'était pas très surprise qu'il eût tué deux personnes. Après la prolixine, elle avait toujours eu un peu peur de lui.

Ce jour-là, Grace avait la main sur le téléphone, mais elle ne pouvait se décider à appeler Bessie, pas encore. « Je suis lâche, se dit Grace, je suis résolument lâche », et elle pensa à eux tous, à Bessie dans sa caravane, à Frank Sr mort avant qu'elle l'eût jamais rencontré, mais qu'elle connaissait par toutes les histoires de Bessie, et le fils de Bessie, Frank Jr, qui ne disait jamais un mot, et Gaylen, qui avait failli mourir dans la voiture de Grace, et Mikal, et Gary. Elle sentit déferler sur elle un mélange de tendresse, d'accablement et d'une colère brûlante comme la bile, plus tout le malheur que Grace pouvait abriter dans son grand corps, des souvenirs tristes et mélancoliques, et toute l'horreur qui l'avait fait sortir un jour de la vie de Bessie. Tout cela revenait, et elle pensa de nouveau à Bessie, seule dans sa caravane.

2

Mikal fut le premier Gilmore que Grace rencontra. Lors de l'année scolaire 1967-1968, elle l'avait eu comme élève de seconde année en création littéraire, et c'était l'un des meilleurs étudiants qu'elle eût jamais eus. Le nom de jeune fille de Grace était Gilmore, Grace Gilmore McGinnis, et pourtant quand Bessie et elle en avaient discuté, elles n'avaient découvert entre elles aucun lien de parenté. A part cette homonymie, Grace avait été impressionnée par une longue et intelligente conversation qu'elle avait eue avec Mikal à propos de Truman Capote. Elle avait donné à la classe *De Sang-Froid* comme lecture obligatoire. Mikal avait fait montre d'une grande perspicacité en discutant de ce livre.

Mais la première fois que Mikal et elle s'étaient trouvés très proches, c'était lorsqu'on avait demandé à Grace de faire une émission sur les Affaires étrangères pour le Canal 8 de la télévision locale et de choisir quatre élèves dont elle pensait qu'ils pourraient traiter un sujet comme « La révolution culturelle chinoise ». Elle choisit tout d'abord Mikal.

A cette époque, il portait les cheveux longs. Milwaukie, un faubourg ouvrier de Portland, avait son lot d'universitaires collet monté apprécié par les professeurs, qui estimaient qu'aucun élève à cheveux longs ne devrait représenter l'établissement à un programme de télévision. Grace s'en alla trouver le proviseur afin de solliciter une réunion du conseil des professeurs pour trancher la question. Elle en accusa certains d'être absolument tordus. Elle savait qu'elle ne remporterait jamais le concours de la quadragénaire la plus mince de la ville, mais Grace savait se servir de sa taille, de sa masse et de sa voix — fort impressionnante — pour faire passer un peu de mépris libéral. Mikal participa à l'émission de télévision. Il s'y montra excellent.

De temps en temps, Grace avait un étudiant qui, comme elle le disait, était plutôt un disciple qu'un élève. Mikal appartenait à cette catégorie. Grace recherchait les sujets qu'elle supposait capables d'éveiller son intérêt. Elle avouait franchement avoir quelques préjugés en sa faveur. Elle ne trouva donc pas exceptionnel qu'il vînt un jour la trouver pour annoncer que sa mère allait être expulsée pour des arriérés d'impôts et qu'il ne connaissait personne à qui demander conseil. Accepterait-elle de parler aux gens du fisc ? Grace se rendit un samedi à Oakhill Road et sa première réaction en voyant la maison avec l'allée circulaire fut : « Mon Dieu, cet endroit doit être hanté. » Ça tenait à on ne sait quoi dans la végétation derrière qui envahissait tout.

Ce n'était qu'une première impression, mais cela faisait quelque temps qu'elle s'intéressait aux phénomènes psychiques, aussi cette pensée ne provoqua-t-elle pas chez elle une grande agitation. Grace entra dans un grand salon sombre, meublé de façon disparate dans un style que Grace appelait du gothique de Portland. Une collection de belles pièces d'acajou d'après-guerre en provenance des Philippines.

3

Bessie était frêle, avec des cheveux gris sombre noués sur la nuque en un chignon qui dégageait un visage extrêmement intéressant, du genre qui vous donnait envie d'en savoir plus sur elle. Elle avait l'air d'une femme qui, à tout le moins, aurait fait une parfaite gouvernante dans un club de femmes. Mais en fait, se dit Grace, Bessie aurait eu vraiment sa place dans un château. Elle aurait pu être la veuve du président d'une entreprise de services publics qui s'habillait toujours en gris comme si elle ne voulait faire aucune concession à l'argent. Grace l'aima dès le premier regard. Toute cette classe et cette dignité, toute cette réserve paisiblement accumulée la fascinaient.

Elle l'aima encore plus lorsqu'elles commencèrent à bavarder. Dès l'instant où Grace dit que son nom de jeune fille était Gilmore, ce fut le début d'une conversation qui se poursuivit pendant trois heures. Elles abordèrent toutes sortes de sujets.

Au bout d'un moment, Bessie se mit à parler de ses problèmes relatifs à la maison. Frank l'avait achetée comptant, et il n'y avait pas d'hypothèque, mais elle était quand même difficile à entretenir. Elle n'avait pas d'assurance et gagnait moins de deux cents dollars par mois à travailler comme fille de salle dans une taverne qui s'appelait *Chez Speed*. Pas question pour elle d'avoir de l'avancement et de devenir serveuse, car elle était trop lente et souffrait d'arthritisme. Dans l'immédiat elle avait six années d'arriérés d'impôts et la municipalité la menaçait de s'en prendre à ses biens. Elle avait reçu un avis de saisie. Elle ne voulait tout de même pas perdre la maison alors que Mikal poursuivait ses études. Elle voulait, en fait, garder cette maison pour que ses fils puissent y revenir. Elle tenait à ce qu'ils retrouvent la maison qu'ils avaient connue avant leur départ. Aussi espérait-elle obtenir que l'Église mormone paie ses impôts et, en compensation, elle laisserait la maison à l'Église après sa mort. Elle espérait que cela paraîtrait une offre valable.

Dans cette affaire, Grace ne pouvait lui être d'aucun secours. Grace ne connaissait pas grand-chose aux mormons et, en l'occurrence, la solution dépendait de l'évêque local et de l'attitude qu'il adopterait. Elles passèrent donc à d'autres sujets. Bessie se révéla avoir une conversation charmante.

Elle raconta comment, au restaurant où elle

travaillait, on ne lui laissait que peu de temps pour déjeuner. « Nous avons trente minutes pour commander nos plats à un chef grincheux, nous précipiter dans l'arrière-cuisine et essayer d'avaler le tout. On s'apercevait bien que je ne finissais jamais mon déjeuner, alors le chef m'a dit : « Je vais diminuer tes portions. » « Je vous en prie, ai-je dit, je suis incapable de manger tout ce que vous me donnez en une demi-heure. Il me faudrait une heure. De plus, avait-elle poursuivi, j'aime bien laisser quelque chose dans mon assiette. Je ne mange jamais tout ce que j'ai. Je ne l'ai jamais fait de ma vie. Le jour où je terminerai une assiette, je me retrouverai de l'autre côté. Ça me renverra chez moi... dans la mesure où j'ai un chez moi. »

La veille, Bessie avait dit au conducteur du bus : « Savez-vous qu'il y avait un opossum crevé juste devant ma porte ? » Le conducteur répondit : « Pourquoi ne l'avez-vous pas ramassé pour en faire du ragoût ? » Elle répondit : « Vous savez, Glen, je ne vais plus jamais vous adresser la parole. » « L'opossum ne pouvait pas vous faire du mal s'il était mort », fit-il. Elle répondit : « Mais si. Il avait peut-être des puces. »

Grace la trouvait de plus en plus sympathique. Elles parlèrent de l'aversion qu'elles éprouvaient toutes les deux pour les tissus synthétiques, et pourtant qui pouvait encore se payer de la laine, du coton ou de la soie ? « Je vais d'une année sur l'autre sans vêtements, expliqua Bessie. Pas nue quand même... ça suffirait à guérir le pays du sexe ! » Elle en vint à parler de Gary à Grace. Chez Speed, personne ne savait qu'elle avait un fils au pénitencier. Une dame lui avait même dit un jour : « Vous en avez de la chance d'avoir vécu aussi longtemps sans avoir eu un vrai chagrin pendant votre vie. »

Grace trouvait que Bessie avait une voix remarquable. Pas exactement cultivée, ni superbe, mais assurément insolite. Bette Davis jouant une femme de pionnier. Grace demanda à voir une photo de Bessie quand elle était jeune et la trouva magnifique. Grace se dit que la patine qu'avait acquise Bessie au long des années était le résultat de son stoïcisme.

La conversation ne s'acheva que lorsque Bessie dut aller travailler. Elle s'était vêtue d'un corsage blanc, d'une jupe foncée et d'un chandail bleu marine. Elle tenait un tablier sur son bras. Elle portait des chaussures à talon plat et n'avait pas la démarche d'une femme à qui on avait dit jadis qu'elle ferait une bonne danseuse de ballet : l'arthrite avait déjà gagné ses mains, ses genoux et ses chevilles.

Grace la conduisit en voiture chez Speed où elle prit une tasse de café tout en regardant Bessie desservir les tables. Elle fut horrifiée de la voir contrainte d'exécuter un tel travail.

Le souvenir de cette femme resta gravé dans son esprit. Bessie, vivant dans cette maison hantée qu'elle tenait à conserver. Grace allait rendre visite à Bessie de temps en temps pour lui parler des impôts et de l'Église. Plus tard, quand tout fut perdu, d'autres histoires remontèrent à la surface et Grace en vint à se demander pourquoi Bessie avait tenu à garder cette habitation. « Grace, lui dit-elle un jour, la maison est bel et bien hantée. Personne d'autre que moi n'aurait accepté d'y rester si longtemps. Si vous étiez montée au premier, vous l'auriez senti. Une nuit où mon mari était très malade, juste quelques mois avant sa mort, il s'était levé et a commencé à prendre le couloir pour aller à la salle de bain, puis il est tombé dans les escaliers avec un bruit terrible. On aurait presque dit que quelque chose l'avait empoigné et l'avait précipité jusqu'en bas. C'est grâce à ses nombreuses années d'entraînement acrobatique qu'il ne s'est pas tué. Je me suis mise à hurler et je tambourinai à la porte de chacun des garçons. « Levez-vous, votre père est tombé. » Ils se sont précipités, et Frank Jr l'a ramassé et l'a ramené dans sa chambre. Et puis, après la mort de Frank Sr, un soir où Mikal et moi nous apprêtions à aller nous coucher, nous entendîmes un terrifiant fracas dans le vestibule, au rez-de-chaussée, entre la chambre à coucher et la cuisine. C'était vraiment un endroit où vivre était absolument terrifiant. »

Bien sûr, Grace n'entendit parler de ces histoires qu'après que Mikal fût entré à l'université, et que Bessie habitait dans la caravane qu'elle avait achetée avec l'aide de l'Église et aussi grâce à la vente de son mobilier en acajou des Philippines.

4

Bessie mentionna que le dimanche, le seul jour où elle avait congé, il n'y avait pas de service de car aller et retour entre Portland et Salem. Grace dit : « Il n'y a aucune raison qui m'empêche de vous conduire à la prison. » Les visites n'avaient lieu que deux fois par mois, et les enfants de Grace étaient mariés. Elle n'avait pas de pressantes obligations familiales. De plus, Grace adorait lire. Elle emportait un livre pour le déguster dans la voiture en attendant la fin de la visite, et elle passait un excellent moment à faire le trajet pour y aller et pour en revenir en discutant sorcières. Bessie disait d'elle qu'elle était à deux doigts de devenir une créature des bois. Elle respectait les sorcières, dit-elle, et n'avait aucune envie d'être en leur pouvoir. « Savez-vous, fit-elle, que j'ai peur de me trouver dans une voiture auprès de quelqu'un qui a affaire à elles, car je suis persuadée qu'elles peuvent démolir la voiture. Il faut être sur ses gardes contre toutes vibrations fortes et maléfiques qui peuvent survenir. »

Ce jour-là, Grace resta assise deux heures dans la voiture, lisant pendant que Bessie était dans la prison. En revenant, Bessie lui dit que Gary avait inscrit le nom de Grace sur la liste des visites. Cela n'intéressait pas particulièrement Grace de le rencontrer, mais elle se dit : « Ma foi, si c'est Bessie qui le veut, d'accord. »

Les visites se poursuivirent pendant deux ans, à peu près tous les quinze jours. Parfois elles arrivaient à la prison et les autorités leur disaient : « Vous ne pouvez pas le voir aujourd'hui. Il est au trou, il est bouclé. » On ne prévenait Bessie que lorsqu'elle était là.

La première fois que Grace pénétra dans la prison, elle fut surprise par la puissance des échos. Mais à part ce bruit, ça n'était pas aussi terrible que les prisons qu'elle avait vues au cinéma. Il y avait tout autour de celle-ci un grand mur de pierre grise, et c'était assez déprimant, mais le pénitencier était situé un peu n'importe comment au milieu d'un champ qui le séparait d'une route à grande circulation à la lisière de Salem, et le bâtiment de l'administration n'avait que deux étages. On entrait par une petite porte. La pièce de réception ressemblait au hall minable d'une petite usine ou d'un dépôt quelconque, avec, au centre, un grand bureau circulaire pour les renseignements. Aux murs des peintures de cerfs et de chevaux exécutées par des détenus. Il y avait aussi une porte à barreaux coulissante donnant accès à une petite pièce comportant, de l'autre côté, une seconde porte. Quand on le leur disait, les visiteurs venaient tous s'entasser dans cet espace et la grille derrière eux se refermait. Il y avait alors un temps mort et l'autre grille, devant, s'ouvrait. Le claquement des portes produisait des échos qui se répercutaient le long des murs de pierre, aussi bruyants que des wagons de marchandises roulant dans une gare de triage. Et enfin, tout le monde passait dans la salle des visites.

On aurait dit une salle de conférences pour réunions de parents d'élèves dans un lycée. Des tas de chaises pliantes orange pâle, bleu pâle, jaune pâle et vert pâle étaient disposées autour de minables tables en bois blond. Le long du mur, il y avait des distributeurs de cigarettes, de Coca, de bonbons. Rien qu'un gardien ou deux, et trente ou quarante personnes se parlant à travers la largeur de la table, souvent deux ou trois visiteurs pour chaque détenu.

Grace y vit toutes sortes de visiteurs : des pères et des mères de la classe ouvrière à l'air triste, des épouses harassées avec des bébés sur les bras ayant encore un peu de lait caillé à la commissure des lèvres. Un nombre considérable de très grosses femmes franchissaient les barrières en tanguant.. En général, elles avaient un roman d'amour avec un détenu très maigre. On voyait aussi quelques jeunes femmes bien faites avec un air que Grace en vint à reconnaître. Elles étaient très maquillées et semblaient appartenir à une classe spéciale. De toute évidence, elles avaient un petit ami en prison, et Grace finit par apprendre de Gary qu'un tas d'entre elles avaient aussi un petit ami à l'extérieur qui avait fait de la prison, qui en était sorti et qui, à n'en pas douter, ne tarderait pas à y revenir. Il était parfaitement possible que ces filles fussent plus amoureuses de l'homme qu'elles venaient voir à la prison que de celui avec qui elles vivaient à l'extérieur.

Et il y avait, bien sûr, les prisonniers. Certains avaient des airs d'opprimés, c'était le moins qu'on pouvait dire. Ils étaient simples d'esprit ou contre-faits, et avaient un air furtif ou impassible, terrifié ou stupide. C'étaient des hommes qui paraissaient avoir grandi dans des cours de ferme et qui sem-blaient posséder une logique de rustres.

Et puis il y avait des hommes qui se tenaient comme s'ils se considéraient être des personnages intéressants. On aurait dit qu'ils appartenaient à une société très fermée. Ils avaient un petit sourire qui semblait vouloir dire qu'ils en savaient plus sur la vie, l'existence et le monde que les gens qui venaient leur rendre visite. En général, leur allure était souple et tout à fait athlétique. Ils se dépla-çaient avec l'habileté de funambules, mais ils étaient arrogants au possible et promenaient un regard moqueur sur les visiteurs. On aurait dit qu'ils avaient l'habitude d'être regardés et considé-raient en valoir la peine. Mais ils ne gardaient ce genre d'expression que jusqu'au moment où ils venaient s'asseoir en face de leurs visiteurs. Alors, leur attitude changeait. Une demi-heure plus tard, on pouvait percevoir sur leur visage la vulnérabili-té, la tendresse ou simplement un profond mal-heur.

Plus tard, lorsqu'elle connut mieux Gary, il expli-qua avec soin qu'il y avait deux genres de prison-niers : les détenus et les taulards. La façon dont il disait cela donnait à penser que la seconde catégo-rie était supérieure à la première et qu'il en faisait partie. Grace l'y aurait d'ailleurs classé elle-même. Il s'habillait de cette façon. Très soigné dans sa chemise bleu pâle et ses treillis de prisonnier bleu clair. Les taulards, par opposition aux détenus, portaient leurs chemises comme si elles étaient faites sur mesure. Au bout d'un temps d'observa-tion, la différence entre les deux groupes s'imposait aux yeux. Elle pouvait comparer cela à ce qui se passait dans un lycée où tous les premiers des différentes classes, les athlètes et les gosses séduisants formaient toujours un petit clan à part. Et puis il y avait les autres.

Gary, toutefois, n'était jamais arrogant avec sa mère. Il parlait avec elle le plus sérieusement du monde. Ils étaient si absorbés dans leur conversation que Grace regardait souvent autour d'elle pour ne pas trop les gêner. Et puis Bessie ou Gary disait quelque chose de drôle. Tous deux riaient avec le plus bel entrain. On riait énormément dans cette salle de visite.

Il consacrait toujours quelques minutes à Grace. Il se montrait aimable dans ses propos, mais avec un soupçon d'ironie. Il voulait toujours savoir quels fantômes Grace avait rencontrés dans ses pensées durant la semaine, et puis ils se mettaient à parler de fantômes. Il demandait aussi l'opinion de Grace sur les livres qu'il lisait. Son préféré, c'était *L'Homme de Gingembre* de J.P. Donleavy. Un jour elle lui offrit un abonnement à *Art d'aujourd'hui*. Elle estimait que ses portraits d'enfants étaient dignes des plus grands éloges.

La seule fois où elle le vit se mettre en colère, ce fut le jour où Bessie lui avoua qu'elle avait définitivement perdu la maison. Il était si furieux contre l'Église mormone que, bien des années plus tard, le souvenir de sa colère fit dire à Grace : « Je parierais qu'il savait que ces garçons étaient mormons avant de les tuer. »

Il demandait aussi comment Mikal se débrouillait au collège. Mikal le Mystérieux, l'appelait-il, parce qu'il ne venait jamais le voir. Grace croyait l'entendre dire : « Je ne connais pas vraiment Gary », et c'était vrai, si l'on songeait que Mikal n'avait que quatre ans quand son frère avait été envoyé en maison de redressement. Grace croyait

aussi que les longs cheveux de Mikal y étaient pour
quelque chose. Il ne se serait pas senti à l'aise dans
cette salle de visite et sous les yeux des détenus.

Parfois, Bessie divertissait Gary en lui racontant
des histoires drôles sur son père. Il était impossible
de ne pas reconnaître que le père et le fils ne
s'étaient jamais entendus, mais maintenant, au
fond, c'étaient les histoires concernant Frank Sr
qui faisaient le plus rire Gary.

5

Frank se vantait du saut périlleux qu'il faisait
autrefois par-dessus des chaises empilées, dans la
fosse d'orchestre, et un jour, à Denver, il décida de
lui faire une démonstration. Bessie lui dit qu'elle ne
pensait pas qu'il devrait essayer. Il était trop ivre.
« J'ai fait cela toute ma vie, lui dit-il, je saurai
encore le faire. » Il se leva, sauta, les chaises
s'écroulèrent et il resta là si assommé qu'elle le
crut mort. « Je n'arrêtais pas d'essayer de lui faire
du bouche-à-bouche ou Dieu sait comment on
appelle ça ! »

Il y avait aussi l'histoire du mouton. Gaylen avait
un mouton noir et Mikal criait : « J'en veux un. »
Ce que Mikal voulait, Mikal l'obtenait. « Bien sûr,
bien sûr, dit-elle, un mouton, un cheval, une vache,
n'importe quoi dès l'instant que c'est pour le
petit. » Frank revint des abattoirs avec un mouton
blanc qui avait une tête noire et il le fit sortir de
l'arrière du break. Bessie était furieuse. Elle n'aimait pas les animaux et il allait falloir nettoyer
l'arrière de la voiture. Saleté de mouton.

La dame qui habitait à côté avait trois chiens qui jappaient. Lorsque Frank tourna le coin, le mouton devint impossible. Tous les garçons se mirent à hurler : « Aide papa à faire entrer le mouton dans l'enclos. » Ça dura une demi-heure. Bessie était restée sur la véranda. Elle criait : « Tords-lui la queue, Frank, et il marchera tout droit devant toi », mais Frank n'entendait pas ce qu'elle disait et expliquait à Gaylen : « Donne-lui un coup de pied au cul, à cette sale bête. » Gaylen prenait son élan, le mouton se retournait et recevait le coup de pied en pleine tête. Frank disait : « Tu ne sais donc pas reconnaître la tête du cul ? »

Tout d'un coup l'animal se retourna. Frank eut le pied pris dans la corde, tomba, et le mouton se mit à le traîner. Il lâcha une traînée de diarrhée verdâtre, cependant que Frank était tiré à travers la pelouse, le trottoir et les gravillons du bas-côté de la route. Lorsqu'on releva Frank, il avait le derrière endolori. « Regarde-moi ça, dit-il en s'époussetant, je suis plein d'herbe.

— Frank, dit Bessie, ça n'est pas de l'herbe. » Entre deux éclats de rire elle avait dit : « C'est une des choses les plus drôles que j'aie jamais vues. »

« Tu te rappelles, fit Gary, comme papa était le plus mauvais conducteur du monde ? (Il se tourna vers Grace.) Mon père causait tout le temps des accidents. Quand des gens klaxonnaient, il leur faisait un pied de nez. Ou alors il lâchait le volant et agitait les doigts auprès de ses oreilles comme s'il était un renne. Ça rendait les gens fous jusqu'au moment où il reprenait le volant en main. Nous autres, gosses, on trouvait qu'il était formidable. On agitait nos doigts aussi en regardant les conducteurs. »

Après ces rires et l'évocation de ces souvenirs, Gary dit : « Je regrette que papa soit mort. Voilà longtemps qu'il m'aurait fait sortir d'ici.

— Je sais bien, Gary, fit Bessie, mais moi je ne peux pas. Je n'ai pas l'argent ni le savoir-faire. Je n'ai pas l'autorité qu'avait ton père.

— Ah ! dit Gary, j'ai passé je ne sais combien de nuits sans sommeil à souhaiter que mon père soit encore là. »

« Ils étaient comme deux taureaux qui se battent à coups de corne, expliqua Bessie à Grace sur le chemin du retour, mais Gary a raison, son père ne l'aurait jamais laissé en prison. Frank serait allé voir les gens qu'il fallait et aurait su quoi leur dire. Moi, j'ai grandi dans une idiotie de ferme au fond de l'idiotie d'Utah. Tout ce que j'ai jamais connu, c'étaient les vaches, les porcs, les poulets, les chèvres, les chevaux et les moutons, alors je ne suis d'aucune utilité à Gary. (Elle soupira.) Je regrette bien que Frank n'ait pas été plus proche de ce garçon de son vivant. »

Elle faisait le trajet aller et retour, soixante-cinq kilomètres dans chaque sens, un dimanche sur deux, et les échos du passé se répercutaient comme des portes d'acier qu'on claque. Bessie avait tout un trésor d'histoires et les offrait comme des confiseries. On aurait dit qu'elle préférait naturellement les petites histoires amusantes à la profondeur de ces échos qui remontaient du passé.

6

Elle expliqua à Grace comment Frank et elle étaient en train de traverser le Texas en car lorsque Gary était né à l'étape du soir à l'hôtel Burleston à

McCamey. Ils n'avaient pu repartir que lorsqu'il avait six semaines. Ça suffisait pour le faire se considérer à jamais comme un Texan.

« Vous aimiez bien voyager avec deux bébés ? » avait demandé Grace. Non, pas du tout, mais son attitude restait la même : elle aimait Frank comme il était. Pas la peine d'essayer de le changer. Ils voyageaient donc. Elle s'attendait toujours à des ennuis.

Dans le Colorado, Frank s'était fait arrêter pour avoir donné un chèque sans provision et avait été condamné à trois ans de prison. Bessie rentra à Provo pour l'attendre. Il n'y avait pas d'argent pour aller nulle part ailleurs.

Elle crut que c'était la fin de tout. Sa famille ne se montra pas compréhensive. Elle avait été absente deux ans et revenait avec deux gosses et un mari en prison. Mais elle attendit. Elle ne songea jamais à prendre un autre homme. Ce fut une longue attente, mais ce n'était pas le bout du monde. Frank sortit au bout de dix-huit mois et l'emmena en Californie ; il travailla dans une usine de la Défense nationale et ils recommencèrent à voyager. Lorsque les garçons avaient six et sept ans et que Gaylen vint au monde, elle parvint à persuader Frank d'acheter une maison dans la banlieue de Portland. Ça valait beaucoup mieux que de laisser les garçons dormir dans des dépôts de cars en se gorgeant de saucisses chaudes.

Frank se mit à récrire les résumés du Code de Construction de villes comme Portland, Seattle et Tacoma. Il les transcrivait en langage clair de telle sorte qu'en achetant son manuel les lecteurs savaient comment s'y prendre pour bâtir ou rénover leurs maisons selon les lois de la ville. Puis il se mit à faire de la publicité pour ses manuels. Au long des années, c'était devenu rentable. Il y eut une époque où Frank recevait des chèques tous les jours.

Les garçons allaient à l'école paroissiale de Notre-Dame-des-Peines et Gary envisageait de devenir pasteur. Bessie adorait leur maison de Crystal Springs Boulevard. Elle était petite mais c'était là qu'elle avait passé ses meilleurs moments. Puis Frank dut s'installer pour un an à Salt Lake. Ce fut l'époque, raconta-t-elle à Grace, où Gary entrevit une apparition qui ne le quitta plus.

Elle mit cela sur le compte de la maison qu'ils habitaient. Même Frank convenait qu'elle était hantée, et pourtant ce n'était pas un homme à accepter facilement cette idée. Mais un jour, alors qu'ils étaient dans la chambre en train de donner son biberon à Mikal, tout nouveau-né, ils entendirent quelqu'un qui parlait et qui riait dans la cuisine. Lorsqu'ils se précipitèrent en bas, il n'y avait personne.

Puis il y eut une inondation et la soupape de sûreté de la chaudière, au sous-sol, ne se ferma pas une fois le feu éteint. Des bulles de gaz se mirent à monter le long des murs. Frank dit : « Cette fois, ça y est. On s'en va. » On aurait dit qu'il entrevoyait une photo d'eux dans les journaux : le père, la mère et leurs quatre fils morts dans une explosion.

Elle avait été heureuse de quitter la maison mais pas sa voisine, Mme Cohen, qui était une vieille dame charmante. Bessie fit sa connaissance parce que la fenêtre de la chambre de Mme Cohen se trouvait juste en face de celle des garçons et que Gary tirait par la fenêtre avec son pistolet à eau : *pssst*. Mme Cohen le sermonna : « Ne fais pas ça. Je suis une vieille dame, tu ne devrais pas faire ça. » Elle finit par dire à son frère : « Écoute, je vais

prévenir les parents. » Le frère de Mme Cohen
répondit : « Ce sont des gentils. Ne va pas les
voir. » Elle insista : « J'y vais. » Lorsqu'elle eut présenté ses doléances, Frank dit : « Je peux vous
l'assurer, ils ne le referont jamais. » Là-dessus,
Mme Cohen lui fit promettre de ne pas donner de
fessée aux garçons. Les gosses tombèrent amoureux d'elle à cause de cela et Mme Cohen resta si
longtemps dans leur maison cette fois-là que son
frère s'inquiéta : « Il croyait que nous l'avions tuée,
et enterrée au sous-sol. J'ai dit : « Non, non, nous
« sommes trop occupés pour avoir le temps de
« tuer des gens. » Oh! je l'aimais vraiment cette
dame. » « Je ne vous oublierai jamais, nous dit-elle,
vous êtes mes seuls amis gentils. »

Le jour de leur départ, Mme Cohen et elle pleu-
rèrent en se disant adieu. « Vous avez de la chance
de ne pas rester dans cette maison. Elle est pleine
de maléfices », dit encore Mme Cohen.

7

Dès ce jour, Frank ne sut plus jamais s'y prendre
avec les garçons. Assurément, Gary changea, et il
ne devait plus jamais cesser de se disputer avec son
père.

De retour à Portland, Gary se mit à utiliser
d'abondance un langage grossier. Ça sortait de lui
en un flot sulfureux. Bessie avait l'impression qu'un
abominable démon lui sortait de la bouche. Elle
tenta un jeu familial. « Vous n'aurez pas à utiliser
un tel langage, si vous avez un vocabulaire étendu », dit-elle aux garçons.
L'un d'eux ouvrait le dictionnaire et choisissait
un mot. Puis un autre, et en donnait le sens et

l'orthographe. Au long des années, ils acquirent ainsi une connaissance des mots à surprendre leurs professeurs.

Elle était une mère indulgente. Si elle promettait qu'ils pourraient aller le samedi au spectacle elle les laissait y aller, même s'ils avaient tout démoli dans la maison. Leur père était tout le contraire. Qu'ils renversent un verre de lait et c'était la grande colère. Les garçons vivaient donc sous deux systèmes.

Bien entendu, plus de la moitié des affaires de Frank se trouvaient à Seattle. Il ne revenait que de temps en temps passer une fin de semaine avec eux et n'arrêtait pas de se disputer avec Gary.

Ça démarrait pour rien. « Ferme la porte derrière toi », disait Frank. « Ferme-la toi-même », répliquait Gary. Et les voilà qui se levaient en hurlant. Ça créait une atmosphère lourde à couper au couteau. Et Bessie connaissait bien le sens de cette expression.

Pourtant, la première fois que Gary s'attira des histoires, Frank était là pour le faire libérer sous caution. A deux reprises il engagea un détective privé pour établir que Gary n'avait pas fait ce que Bessie savait fort bien qu'il avait fait. Elle gâtait le bon côté de Gary, et Frank cultivait le mauvais.

Après que Gary fut pris à voler une voiture, on l'envoya en maison de correction. Une fois par mois Bessie et Frank allaient le voir et pique-niquaient sur l'herbe. De l'extérieur, MacLaren n'avait pas l'air plus terrible que quelques écoles privées où elle était allée au cours de ses voyages. Deux beaux toits de tuile rouge et des bâtiments en stuc jaune à deux étages. Un grand campus bien vert.

Lorsqu'il y était entré, c'était un mauvais garçon ; quand il en sortit, il était devenu presque un homme endurci. Ses professeurs signalaient qu'il ne s'intéressait pas le moins du monde aux études libres. Il dormait toute la journée. Le soir, lorsque Bessie lui demandait : « Où vas-tu ? » il répondait : « Je sors chercher des histoires, j'ai envie de me bagarrer. »

Une ou deux fois il revint vilainement battu. Il avait un très mauvais caractère, et c'était difficile à supporter. Elle priait simplement le Ciel qu'il apprenne à se dominer. Il finissait par avoir tellement de cicatrices à force de se battre qu'elle pouvait à peine le regarder. Une fois, il rentra à l'aube et s'évanouit sur le seuil. Il avait un œil presque sorti de son orbite. Il fallut le conduire à l'hôpital.

Il avait presque vingt ans lorsqu'il fut très près d'user de violence envers son père. Frank était alors trop malade pour insister. Bessie demanda à Gary de quitter la maison pour la nuit.

8

Une année, il y eut des émeutes au pénitencier de l'État d'Oregon, Gary y participa et fut interviewé à la télé. Une jeune fille vit l'émission, entama avec lui une correspondance et en vint à l'aimer assez pour aller le voir. D'après Gary, elle avait vingt-six ans, elle s'appelait Becky et elle était très grosse. Mais elle écrivait des lettres superbes. Il déclara à Bessie qu'il allait l'épouser et adopter son petit garçon.

Mais Becky avait un ulcère, elle alla se faire opérer, puis elle rentra chez elle et mourut.

La prison refusa de laisser Gary aller à l'enterrement. Il n'était pas de la famille. Bessie envoya des fleurs en son nom.

Peu de temps après cela, Gary et quatre autres détenus qui se trouvaient en haute surveillance s'ouvrirent les poignets. Lorsque Grace le revit, on le traitait à la prolixine. On aurait dit qu'il avait quitté son propre corps et qu'il était revenu dans celui d'un étranger. Il avait la mâchoire pendante, la bouche ouverte, les yeux vitreux. Il marchait aussi lentement qu'un homme qui a des fers aux pieds.

Lorsque Bessie le vit ainsi, elle éclata en sanglots. Tout s'arrêta dans la salle des visites. On n'entendait plus un autre bruit que celui des prisonniers lui disant : « Tiens le coup, mon vieux. »

Durant toute cette visite, les prisonniers n'arrêtèrent pas de lui dire : « Courage, garçon ! » Gary faisait de véritables efforts pour parler à Bessie et à Grace, mais ses lèvres remuaient comme celles d'un homme qui a des graviers dans la bouche. Grace ne pensait qu'à faire partir Bessie, mais celle-ci ne voulait pas partir avant d'avoir vu un adjoint du directeur.

« Comment avez-vous pu faire ça à mon fils ? » demanda Bessie.

Il avait l'air embêté, mais il répondit que la prolixine était le meilleur médicament qu'on avait trouvé pour les individus violents et psychotiques.

Grace avait envie de dire : « Foutaises. » Elle ne le fit pas.

La prison arrêta le traitement à la prolixine et les symptômes disparurent, mais aux yeux de Grace il était devenu un autre homme. Il y avait maintenant en lui quelque chose qui ne lui inspirait pas confiance. Sa conversation était devenue minable. Son point de vue déplaisant. C'était comme s'ils évoluaient dans des sphères différentes.

9

Gaylen Gilmore entra dans la vie de Grace. Gaylen dont Bessie lui parlait depuis deux ans. Gaylen qui, avant tout, voulait être écrivain. Il écrivait des poèmes magnifiques, disait Bessie, mais il écrivait aussi sur des chèques. A seize ans il se mit à boire et quand il avait bu, il allait à la banque et rédigeait un chèque en imitant sa signature. Ce qui l'avait perdu, disait Bessie, c'était qu'il était beau. Bessie estimait qu'elle n'avait jamais vu un garçon plus beau. Elle riait encore plus avec Gaylen qu'avec Gary.

Ce que Gaylen fit de plus grave, ce fut de donner un chèque de cent dollars chez Speed. Lorsqu'il se révéla sans provision, elle dit à Speed : « Je vous rembourserai sur ma prochaine paie », mais celui-ci répondit : « Non, ça n'est pas de ta faute. » Bessie insista : « Je dois le faire. » Lorsqu'elle rapporta cette conversation à Gaylen, il monta dans sa voiture et disparut pendant cinq ans.

Il appela de Chicago pour dire : « Maman, c'est la première fois que je ne suis pas avec toi pour Thanksgiving et je regrette de ne pas être là. » Bessie dit : « Si je t'envoie l'argent, tu viendras ? » Il dit oui, mais ne le fit pas.

Des années plus tard, il revint avec sa femme Janet. Il avait des saignements d'estomac. Bessie pensait que c'était un ulcère mais, en réalité, il avait reçu un coup de pic à glace. Bessie voulait l'emmener voir Gary — il ne l'avait pas vu depuis des années — mais Gaylen dit : « J'ai la gueule de bois. » Bessie demanda : « Qu'est-ce que tu as fait la nuit dernière pour être si ivre ? » Il répondit que c'était l'anniversaire de la mort de Harry Houdini, et qu'il le célébrait toujours.

Et puis un soir, peu après minuit, Janet appela Grace pour lui dire que Gaylen était très malade et qu'ils n'avaient pas de quoi prendre un taxi. Pouvait-elle les emmener en voiture à l'hôpital de Milwaukie ? Grace arriva, les conduisit mais impossible de faire admettre Gaylen. Il n'avait ni carte de sécurité sociale ni médecin.

Sur le conseil de l'hôpital, ils se rendirent à l'hôpital municipal de l'Oregon. Là, Gaylen s'entendit répondre la même chose. Il était maintenant deux heures du matin. L'hôpital suivant refusa aussi. Grace dit qu'elle se portait garante des frais d'hospitalisation, quel qu'en fût le prix, mais on lui dit qu'il fallait un docteur pour l'admettre. Grace se dit : « Ce garçon va mourir sur la banquette arrière de ma voiture. »

A l'école de médecine, on leur dit d'attendre et ils attendirent jusqu'à cinq heures et quart. Gaylen, qui souffrait énormément, finit par se lever et dit aux femmes qu'il ne voulait pas attendre davantage. Grace lui fit ses adieux au motel. Elle dit : « Appelez-moi si je peux vous aider », mais elle rentra en se disant qu'on pourrait très bien installer Bessie à côté d'un malade condamné et qu'elle n'aurait rien à dire.

Un jour, Grace reçut une lettre de Gary. Il y avait dedans cinquante dollars comme premier remboursement des cent dollars qu'elle lui avait avancés pour un râtelier, mais le reste de la lettre était terrifiant. Sa haine de la prison semblait incontrôlable. Il parlait de violence avec une hargne qu'elle n'arrivait pas à admettre. Cela n'avait aucun rapport avec les conversations qu'ils avaient eues.

Grace se dit alors : « Je n'ai qu'une certaine quantité d'énergie. J'ai des enfants et des petits-enfants. Je ne peux pas porter ce fardeau. Je suis résolument lâche. »

Elle appela Bessie pour lui dire : « Avec la meilleure volonté du monde, et cela ne changera rien aux sentiments que j'éprouve pour vous, il faut que je cesse de vous voir. »
Bessie comprit. Il n'y eut pas d'échange de propos désagréables. Grace se retira seulement avec beaucoup de douceur. Elle n'avait plus revu aucun d'eux depuis lors.

Elle apprit plus tard que Gaylen était mort et que Bessie avait payé les frais du voyage de deux gardiens qui avaient escorté Gary jusqu'à l'enterrement. Les policiers s'étaient montrés convenables ; ils étaient en civil et s'étaient tenus un peu à l'écart. Personne ne sut que Gary était prisonnier. Ensuite, Bessie alla personnellement payer les gardiens tout en les remerciant.

CHAPITRE XXXI

LA TEMPÊTE SOUFFLE

1

7 octobre

Nicole, mon ange,
   Je suis en taule maintenant. Je viens d'y arriver. On dirait que je suis au trou. Une cellule pour une personne avec un matelas foutu, pas d'oreiller et, par terre, les assiettes en carton sales de quelqu'un qui était là avant moi. On m'a donné une salopette blanche, et j'ai horreur des salopettes. Ça me serre toujours à l'aine.

8 octobre

   Ce matin on m'a apporté un oreiller. Whooou! Voilà maintenant que je chie dans la batiste!
   Un lieutenant et un visiteur de prison m'ont fait un bref exposé des règles de l'établissement. Je leur ai demandé comment ça se passait pour les visites et ils m'ont dit que tu pourrais me voir. Même si nous ne sommes pas légalement mariés, tu pourras venir me voir. Une heure par semaine le vendredi matin entre neuf heures et onze heures. Je t'ai inscrite sur le formulaire de visite comme NICOLE GILMORE (BARRETT)

et sous la rubrique « Parenté » j'ai mis épouse de droit coutumier-fiancée. J'aimerais que tu utilises mon nom mais bien sûr tes papiers d'identité portent celui de Barrett — et ils te demanderont probablement une carte d'identité.

9 octobre

Je ne sais pas si je t'ai parlé auparavant de ce que je pense de la guerre de Sécession — je l'ai sans doute fait. En tout cas tu ne seras pas surprise d'apprendre que mes sympathies vont toutes vers le Sud. Et c'est une attraction aussi forte que j'éprouve pour l'île d'Emeraude. A tort ou à raison ils Croyaient : vers la fin, c'est tout ce qu'ils avaient pour se battre : une croyance et du courage. Ils étaient à court de tout : de vivres et de munitions et de tout ce qu'il faut pour faire une guerre. Mais ils ont failli gagner. Ils sont arrivés à un cheveu de gagner la plus sanglante des guerres.

« Quand l'Honnête Abe a appris la nouvelle de
[votre chute,
Les gens ont pensé qu'il allait donner un grand bal
[de la Victoire,
Mais il a demandé à l'orchestre de jouer Dixie, pour
[toi
Johnny le Rebelle — et pour tout ce que
[tu croyais —
Tu as combattu jusqu'au bout, Johnny le Rebelle,
[Johnny le Rebelle
Tu as combattu jusqu'au bout. »

Ma foi, c'est un des épisodes de l'histoire qui me séduit, comme la défense d'Alamo.

Que va-t-il advenir de nous, Nicole ? Je sais que tu te poses cette question. Et la réponse est tout simplement : par l'amour... nous pouvons nous élever au-dessus de la situation.

654

Nicole, mon inclination est de les laisser m'exécuter. Si je renonçais à faire appel, ils seraient obligés soit de commuer la peine, soit d'exécuter la sentence. Je ne pense pas qu'ils la commueraient.

Ce n'est vraiment pas à moi seul de prendre la décision. Je ne peux pas te demander de te suicider. J'ai cru à un moment que je pourrais mais je ne peux pas. Si je suis exécuté et que tu te suicides, eh bien, en toute franchise, je crois que c'est ce que je voudrais.

Mais je ne vais pas t'imposer cela en te demandant de le faire.

11 octobre

J'ai écrit à ma mère vendredi après qu'elle soit venue me voir ici. Jamais je n'ai parlé à ma mère comme je lui ai parlé voilà deux jours. Bien que les sentiments qui existent entre ma mère et moi soient très profonds, ils se sont toujours exprimés de façon superficielle. Bref, j'ai parlé à ma mère de l'amour que toi et moi avons l'un pour l'autre. Je lui ai dit que je ne pouvais pas et que je ne voulais pas expliquer au juste ce qui s'était passé et qui a eu pour résultat la situation où je suis. Je lui ai dit qu'à la suite de toute une vie de solitude et de frustration, j'ai laissé se développer de mauvaises habitudes de faiblesse qui ont fait de moi quelqu'un de néfaste. Que je n'aime pas être mauvais et que je désire ne plus être mauvais.

Oh ! Nicole, il arrive un moment où on doit avoir le courage de ses convictions. Tu sais que j'ai passé à peu près dix-huit ans de ma vie sur trente-cinq sous les verrous. J'en ai détesté chaque instant mais je n'ai jamais versé de larmes là-dessus. Je ne le ferai jamais. Mais j'en ai assez, Nicole. Je déteste cette routine, je déteste le bruit, je déteste les gardiens, je déteste le désespoir que cela me fait éprouver. Tout et n'importe quoi que je fasse, c'est juste pour passer le temps. La prison m'affecte plus que la plupart des gens. Ça me vide. Chaque fois qu'on m'a bouclé je crois que j'ai éprouvé un tel désespoir que je me suis laissé couler à pic et que, ma foi, ça a eu pour résultat de me faire passer plus de temps en prison que je ne l'aurais sans doute dû. Si ça veut dire quelque chose.

Tu es une fille très forte, une âme très forte. Tu le sais et tu sais que je le sais. Tu as dû trouver cette force quelque part, tu n'es pas tout simplement née avec. Je veux dire que tu l'as peut-être puisée dans une vie antérieure, mais qu'à l'origine tu as dû la mériter en surmontant de durs obstacles. Nous sommes seulement plus forts que ce que nous surmontons.

12 octobre

« Les factures s'entassent et les bébés vont pieds
                                        [nus
    Et je suis fauché
Le coton a baissé de vingt-cinq cents la livre
    Et je suis fauché
J'ai une vache qui ne donne plus de lait et une
                          [poule qui ne pond plus
Un tas de factures qui chaque jour grossit
L'État va venir déménager mes affaires
    Je suis fauché
Je suis allé trouver mon frère pour lui emprunter
                                    [de l'argent
    J'étais fauché
Comme j'ai horreur de mendier comme un chien
                              [qui réclame un os
    Mais je suis fauché
Mon frère m'a dit : "Je ne peux rien faire pour
                                          [toi

Ma femme et mes dix-neuf gosses sont tous au lit
[avec la grippe,
Et je comptais justement venir te trouver..."
    Je suis fauché. »

Les gens les plus braves sont ceux qui ont sur-
monté les plus grandes peurs. Moi j'ai horreur de
la peur. Je pense que la peur est une sorte de
péché...
    Il se peut que bientôt, le mois prochain, je me
trouve en face de plus de peur que je n'en ai jamais
connu. Je ne peux pas dire ce que j'éprouverai quand
cette heure arrivera... J'ai un peu l'impression que
toute ma vie aboutit à cela.

                                              15 octobre

Si tu viens me voir et qu'on ne veuille pas te laisser
entrer, va trouver le directeur, il s'appelle Sam Smith.
Ne discute pas avec lui, ne te mets pas en colère : les
gens dans sa position n'ont pas à écouter les discus-
sions, ils représentent un pouvoir par eux-mêmes.
Explique simplement que nous sommes fiancés, que
nous devons nous marier et que les visites et nos
lettres signifient énormément pour nous deux.

C'est drôlement chiant ici. Pas moyen de faire la
conversation. La seule chose dont ces deux Mexicains
parlent, c'est de mettre des filles au turf et se vanter
d'être des petits malins. Des vraies merdes. J'ai
entendu ce genre de conversation — cela ne varie
jamais d'un pénitencier à l'autre — de la pure fou-
taise... de la quintessence de foutaise.

Je ne dis pas que ce soit bien d'enfreindre la loi. Je
ne parle pas de ça — mais les prisons telles qu'elles
existent, cela n'est pas bien.

Je n'ai pas eu une nuit de sommeil depuis que je suis ici. Les lumières restent allumées, de l'autre côté des barreaux, vingt-quatre heures sur vingt-quatre. La nuit, j'accroche ma serviette pour la masquer un peu. Mais ils me réveillent quand ils font l'appel et menacent de me prendre mon malheureux matelas si je ne retire pas la serviette. C'est dément.

2

Kathryne était dans tous ses états à propos de Nicole. Ça n'était déjà pas brillant quand Gary était à la prison municipale, mais alors, Nicole avait juste à faire le trajet de Springville à Provo. Maintenant, c'était différent. Aller en stop à la prison la faisait passer par Pleasant Grove, et souvent elle laissait les gosses à Kathryne et s'arrêtait au retour pour les reprendre.

Kathryne essayait de parler de Gary, mais elle n'y réussissait pas beaucoup. « Comment a-t-il l'air d'être ? » demandait-elle et Nicole répondait : « Comment ? Comment pourrait-il être ? » Puis Kathryne apprit par Cathy que Gary disait qu'il voulait mourir. Nicole était discrète là-dessus. Kathryne commença vraiment à avoir peur lorsque Nicole déclara que les gosses seraient mieux lotis sans elle.

Elles eurent une scène violente à ce propos. Kathryne dit un tas de choses désagréables qu'elle ne pensait même pas. Tout d'abord, elle avait peur de l'auto-stop, alors elle attaquait Nicole là-dessus. Puis elle s'en prit à Gary. « Il n'est bon à rien, disait Kathryne. Ce n'est qu'un sale assassin et il mérite la peine de mort. Non, disait-elle en se reprenant, c'est encore trop bon pour lui.

— Tu ne le comprends pas », disait Nicole. « Non, disait Kathryne, je ne veux pas le comprendre. Et pourquoi n'essaies-tu pas de te mettre à la place de ces deux pauvres veuves qui doivent élever leurs gosses, seules, maintenant, alors que tu te précipites tous les jours que le Bon Dieu fait pour aller voir ce sale assassin ?. »

Kathryne n'était pas vraiment aussi montée contre Gary qu'elle le prétendait. En secret, peut-être même le plaignait-elle, mais il fallait trouver un moyen d'empêcher Nicole d'aller en stop à la prison. Tout ce que Kathryne pouvait envisager pour l'avenir, c'était que lorsqu'on exécuterait Gary, Nicole s'effondrerait.

Ce fut une grande discussion. A la fin, Nicole hurla, mais au moins, cela valait mieux que le silence. « Parfait, dit Kathryne, va donc tirer une balle dans la tête de quelqu'un. » « Je m'en fiche, répliquait Nicole, je ne veux pas entendre un mot de ce que tu dis.

— Oh ! Nicole, pourquoi, pourquoi, demandait Kathryne, pourquoi au nom du Ciel vas-tu là-bas ?

— Parce qu'il n'a personne d'autre. J'irai tous les jours de la semaine jusqu'à ce qu'on l'exécute. Et même, ajouta Nicole, j'irai assister à l'exécution.

— Comment le pourrais-tu ? » hurla Kathryne.

Et puis elles en vinrent à des sujets plus pratiques. « Si tu as besoin qu'on te conduise, dit Kathryne, bon sang, si tu veux absolument aller là-bas, appelle l'une de nous. » « Voyons, fit Nicole, vous travaillez, et je ne veux pas vous embêter. » « Bon Dieu, fit Kathryne, peu importe si je travaille. Je ne veux pas que tu fasses du stop. » « Mais, fit Nicole, je ne peux pas perdre le temps de passer ici. »

Même M. Overman, pour qui Kathryne travaillait, dit à Nicole : « Écoute, ma petite, si tu le veux, je te conduis, téléphone-nous au travail. Peu importe si tu désires partir à huit heures du matin. Ta mère peut prendre un moment pour t'accompagner. Je n'aime pas te voir faire du stop. » Nicole éclata de rire, puis dit : « Oh ! vous vous faites tous bien trop de souci. »

3

17 octobre

J'ai été une fois presque totalement privé de rêves pendant environ trois semaines. C'était quand j'étais sous prolixine et que je n'arrivais pas à dormir. Heureusement, je connaissais l'importance des rêves. Alors, je compensais du mieux que je pouvais. Je laissais mon esprit vagabonder en suivant les hallucinations qui s'imposaient à moi, mais jamais assez pour ne pas pouvoir m'en sortir. Je crois que j'ai appris une chose que peu de gens ont jamais pu vraiment comprendre : quelle chose épouvantable ce serait d'être fou.

C'est un fait que je jouais ma tête à ce procès et que mes avocats ne m'ont tout simplement pas défendu. Il est vrai qu'ils n'avaient pas grand-chose sur quoi travailler — mais ils ne se sont pas montrés bien curieux non plus. Ils n'ont jamais vraiment essayé de regarder en profondeur, ils s'imaginent que, comme tous les gens qui sont condamnés à mort, je vais me contenter de me maintenir en vie en faisant appel sur appel.

Je veux dire qu'ils ne savent tout simplement pas grand-chose, ces deux marionnettes, Snyder et Esplin. Qu'ils aillent se faire foutre. J'imagine qu'ils ne sont pas mal payés. Ils l'ont mérité. C'est l'État qui les a payés et ils ont fait ce qu'ils étaient censés faire pour l'État.

Le lieutenant... a dit qu'il allait falloir y aller un peu mollo avec nos bécotages dans la salle des visites. Je lui ai dit qu'on était simplement contents de se voir (c'est fichtrement au-dessous de la vérité). Il a dit qu'il pouvait comprendre cela — il est humain aussi. Je ne savais pas, mais le règlement c'est le règlement et il ne veut pas avoir à nous donner trop d'avertissements.

Voici quelques vers de La Sensitive. C'est de Percy Bysshe Shelley.

Et les feuilles, brunes, jaunes et grises et rouges
Et blanches avec la blancheur de ce qui est mort
Comme des cohortes de fantômes sont passées dans le
                                                    [vent sec ;
Leur sifflement a terrifié les oiseaux.

Je n'ose pas imaginer ; mais dans cette vie
D'erreurs, d'ignorance et d'efforts — ou rien n'est mais
                                        [où tout n'est qu'apparence,
Et nous les ombres du rêve.

19 octobre

Je n'ai rien contre Sue mais tu as dit dans une de tes lettres qu'elle essaie toujours de te faire sortir avec un copain de son petit ami et c'est sans doute à cause de Sue que ce foutu Hawaïen est venu. Je ne sais pas pourquoi tu laisses même ce Hawaïen séjourner chez toi aussi longtemps... Bon Dieu, bébé, fous-moi ça en l'air. Explique clairement à ce fils de pute qu'il doit foutre le camp. Et je voudrais aussi que tu fasses

661

comprendre à Sue que tu n'as pas besoin de petit ami.

Tu n'as pas besoin de laisser je ne sais quel trou du cul s'installer dans ton salon pendant qu'il attend que ses amis viennent le chercher : laisse-le attendre dans le caniveau.

La raison pour laquelle tu n'as pas pu trouver le mot dans le dictionnaire, c'est parce que tu l'as mal lu — ou que je ne l'ai pas bien écrit — en tout cas c'est TAUTOLOGISME et non pas TANTOLOGISME. Regarde encore. J'ai carrément pensé à te demander de te suicider. J'ai pensé à te dire que si tu te suicidais, c'est moi qui assumerais toute la dette, s'il y en avait une à payer. Je le ferais si je pouvais. Mais comment puis-je faire une proposition pareille quand je ne sais pas quel effet cela te ferait de faire ça ? Mon ange, est-ce qu'on nous donne maintenant une chance de revivre quelque chose qu'on a bousillé dans une vie antérieure ? Cela pourrait aussi bien être le cas qu'autre chose.

Écoute, je t'ai dit que je n'ai pas très peur de ça... Eh bien, j'ai peur de faire le mauvais choix. J'ai peur de nous faire du mal. Je ne veux pas nous faire de mal.

20 octobre

Baise-moi dans ton esprit et dans tes rêves mon ange viens à moi et enroule autour de moi ton corps tiède et mouillé et brûlant et poisseux et tout et prends mon sexe dans ta bouche et dans ton con et dans ton cul et allonge-toi sur moi et allonge-toi sous moi et allonge-toi auprès de moi avec ta tête si près et tes jolies jambes si hautes et tes seins partout sur moi et pose ton con sur ma bouche pour que je l'embrasse pour que je le lèche que je l'explore que je le suce que je l'aime et que je te sente exploser et gémir et soupirer et dégouliner ton jus tiède dans ma bouche.

Sue constatait tous les changements qui s'opéraient chez Nicole. Au début, quand Gary était à la prison municipale, Nicole avait vraiment envie de sortir. Peut-être bien qu'elle était aussi amoureuse de Gary qu'elle le disait, mais elle appréciait aussi le fait de ne plus avoir tout le temps personne sur le dos, personne. Elle et Sue commencèrent à sortir ensemble. Quelquefois même, après que Sue eut eu son bébé, elles faisaient une petite fête chez Nicole.

Et puis, cela commença. Nicole ne voulait plus voir d'hommes. Après le procès, Nicole lisait les lettres de Gary toute la nuit. Ou alors, elle passait son temps à écrire. Cela impressionnait Sue Baker. Une fois, Sue la vit même écrire à quatre heures du matin. Elle n'arrivait pas à s'arrêter. C'était comme de fumer en allumant une cigarette avec le mégot de la précédente.

Parfois Nicole éclatait de rire en lisant les choses drôles qu'elle mettait dans ses lettres. Mais il y en avait d'autres qui la faisaient pleurer. Elle ne cherchait pas à montrer à Sue qu'elle pleurait, mais on pouvait la voir qui lisait avec les yeux rouges. Des larmes coulaient sur ses joues. Et puis elle se redressait, s'arrêtait de pleurer et se remettait à écrire.

Une quinzaine de jours après le procès, Nicole parut vraiment excitée. « Tu sais, dit-elle à Sue, il ne va pas lutter. Il veut mourir. » Sue commença à dire ce qu'elle en pensait et Nicole répliqua : « S'il en a envie, c'est son droit. » Pas moyen de dire le contraire à Nicole.

Un jour, entendant Sue parler des tranquillisants dont Sue avait tout un flacon, Nicole demanda :

« Combien faut-il en prendre pour se tuer ? » Elle lui demanda cela, un soir, tranquille comme Baptiste. Sue n'y prêta pas attention. Elle dit : « Oh ! je ne sais pas. Je n'ai pas envie d'essayer, alors je ne sais pas. » Elle n'y attacha pas plus d'importance, mais comme les jours passaient et que Nicole devenait de plus en plus mélancolique, Sue commença à s'inquiéter.

20 octobre

Tout ne cesse de me rappeler la situation presque terriblement irréelle dans laquelle nous sommes. Je dois l'accepter. Je n'ai pas le choix — tu choisis de l'accepter. Tu me stupéfies, la force et la beauté que tu montres ! Ce serait si facile pour moi de mourir ; je n'ai qu'à congédier ces deux idiots d'avocats, renoncer à tout appel et sortir d'ici le lundi 15 novembre à huit heures du matin et vite et sans mal me faire fusiller. Si tu choisis de me rejoindre, ce serait beaucoup plus dur pour toi car tu serais obligée de le faire toi-même par le moyen que tu déciderais : somnifères, lame de rasoir, je ne sais quoi — tu devrais le faire toi-même — et c'est dur, je sais. Je ne suis pas insensible non plus au fait que tu es persuadée qu'en se suicidant on contracte une lourde dette. Je n'ignore pas non plus qu'il y a Sunny et Peabody. Oh ! Seigneur, il n'y a aucune raison pour que tu contractes une dette que moi je n'aurai pas si je me laisse simplement fusiller. Bébé, je ne te demande pas, je ne te dis pas de finir avec moi. Je ne peux faire ça. Mais je t'ai dit ce dont j'avais envie : si c'est une contradiction, eh bien, je n'y peux rien. J'essaie simplement d'être honnête.

21 octobre

Toute la journée je me suis senti dans un sale état. Déprimé. Abattu. Cette foutue cellule est trop petite.

Quand j'étais gosse, je chantais tout le temps. Je descendais jusqu'à Johnson Creek, c'était à Portland — et c'était une vraie rivière toute propre, avec des bois et des baignades où je nageais nu et quand j'étais seul je chantais à perdre haleine !

22 octobre

Oh ! bébé, tu as dit dans ta lettre que parfois tu n'arrives pas à sentir mon amour. Mais bébé il est là ! Il est là à chaque seconde, à chaque moment, à chaque heure de chaque jour. Je te l'envoie tout entier... Je veux te donner tout ce que je suis. Je veux que tu connaisses tout de moi. Même les choses que je n'aime pas tellement à mon sujet et que j'ai toujours un peu cachées ou altérées, changées un peu pour qu'elles n'aient pas l'air si moches...

Tout ça, je te le montrerai volontiers.

Bon Dieu, que c'est bruyant ici. Il y a, au fond, je ne sais quel connard qui gueule sans autre raison que le plaisir de gueuler. J'aimerais lui botter le cul avec mon quarante-quatre.fillette. C'est la saison du rugby et il semble y avoir une partie chaque soir. J'ai horreur du rugby et j'ai horreur d'écouter ces dingues hurler chaque fois qu'un connard gagne deux mètres.

Bah, et puis merde. C'est que je n'ai jamais été quelqu'un à faire beaucoup de bruit et je ne peux pas comprendre quand les autres font tout ce raffut jour et nuit. Je n'aime même pas parler depuis ces cellules — c'est bizarre de faire la conversation avec quelqu'un qu'on ne peut pas voir — imagine toute une bande de fils de pute bouclés jour et nuit dans des cellules et une dizaine de conversations différentes qui se déroulent à la fois — quelques-unes carrément d'un bout à l'autre du bâtiment.

J'espérais que cela resterait calme un moment. Mais cela n'arrive jamais. Ces portes, bon sang, comme

665

elles claquent et comme elles tapent. Cette saloperie
de télé hurle toute la journée. J'entends ces types à
longueur de journée voter pour savoir ce qu'ils veu-
lent regarder — cela prend cinq ou dix minutes — il y
a un connard qui lit toutes les heures le programme.
C'est dément. Quelle connerie ! J'ai tiré pas mal de
temps en taule — et cela a toujours été comme c'est
maintenant.

Dans une lettre, Nicole parla à Gary d'une fille
qui faisait du stop et qui s'était violer et larder de
vingt ou trente coups de poignard par un type,
dans une camionnette blanche. Elle disait qu'elle
n'avait pas peur de ce maniaque ni d'aucun autre.
Si jamais elle se trouvait dans une telle situation,
personne ne se servirait de son corps, à moins
qu'elle ne l'ait déjà quitté.

Gary ne répondit pas grand-chose, et Nicole en
fut contente. Elle se rendit compte que c'était sa
façon à elle de s'excuser pour l'ancien président
des bergers australiens.

Parfois, quand elle faisait du stop, elle avait
comme une vision de sa mort. Dans son esprit, elle
voyait la voiture dans laquelle elle se trouvait sortir
de la route. Elle se demandait alors ce qui se
passerait l'instant d'après qu'elle serait morte. Cette
pensée résonnait en elle comme un écho. Elle ne
cessait pas de voir la voiture quitter la route. Et
puis elle commençait à s'inquiéter : et si la mort
était une erreur ? Et si, en ce dernier instant, juste
au moment où cela arriverait, elle se rendait
compte que son action était vraiment une erreur ?
C'était sa seule préoccupation : qu'elle n'avait peut-
être pas le droit de mourir.

Subitement, lors de ses visites, Gary se mit à
parler de comprimés. Avec les comprimés, on s'en
allait en douceur. C'était paisible, disait-il. Pas du
tout comme la nausée et le froid qu'elle avait

éprouvés dans le tunnel. Les pilules, ça agissait en douceur.

Elle ne savait toujours pas si c'était bien de mourir. Durant tout le mois, elle avait été incapable de prendre une décision. Elle pensait et repensait aux gosses et finit quand même par décider qu'elle le ferait plutôt que d'être séparée de Gary. Tôt ou tard, il faudrait qu'elle essaie. C'était cela la solution.

Bien sûr, Gary n'arrêtait pas de lui en parler dans ses lettres. Deux ou trois fois elle se mit en colère et lui dit qu'il insistait trop là-dessus. Alors il s'excusait et disait qu'il ne faisait qu'exprimer ce qu'il ressentait. Mais le fait qu'il en parlait la faisait se demander si elle avait vraiment envie de le faire.

5

Gary s'éveilla affolé et fit dire à l'aumônier mormon de la prison, Cline Campbell, qu'il voulait le voir. Campbell passa un peu plus tard et Gary lui parla d'un rêve qu'il avait fait. De la pure paranoïa, dit-il. Nicole faisait du stop et le conducteur commençait à la violenter. Il fallait absolument qu'il la voie aujourd'hui. Est-ce que Campbell voudrait bien l'amener à la prison ? Campbell accepta.

La première fois que Cline Campbell rendit visite à Gary, il mentionna que voilà bien des années, Nicole avait été son élève à l'école des jeunes filles. Il avait passé des heures à lui donner des conseils. La nouvelle parut plaire à Gary. Après cela, ils s'entendirent fort bien. Ils eurent quelques conversations.

Campbell estimait que le système pénitentiaire était un mode de vie totalement socialiste. Pas étonnant que Gilmore se fût attiré des ennuis. Pendant douze ans, la prison même lui avait signifié quand aller se coucher et quand manger, ce qu'il devait porter et à quelle heure il devait se lever. C'était absolument à l'opposé du milieu capitaliste. Et puis un jour, on accompagnait le détenu jusqu'à la porte, on lui disait aujourd'hui, c'est jour magique, à deux heures vous êtes capitaliste. Maintenant, débrouillez-vous tout seul. Sortez, trouvez du travail, levez-vous tout seul, présentez-vous au travail à l'heure, gérez votre argent. Faites tout ce qu'on vous a enseigné à ne pas faire en prison. C'était l'échec garanti. Quatre-vingts pour cent d'entre eux retournaient sous les verrous.

Il était donc curieux à propos de Gilmore, il attendait avec impatience de l'entendre. Il sauta sur la première occasion, en fait, quelques jours après l'arrivée du prisonnier au pénitencier. Un soir, Campbell entra dans sa cellule et dit : « Je suis l'aumônier, je m'appelle Cline Campbell. » Gilmore portait la tenue blanche qu'on leur imposait en haute surveillance, et il était assis sur sa couchette, absorbé à faire un dessin. Il avait un crayon à la main et devant lui un portrait à demi terminé, mais il se leva, échangea une poignée de main avec l'aumônier et dit qu'il était enchanté de le rencontrer. Ils s'entendirent bien, l'aumônier le vit souvent. Jusqu'alors, Cline Campbell n'avait jamais eu à conseiller quelqu'un qui allait être exécuté. Les hommes du quartier des condamnés à mort étaient toujours là et Campbell avait bavardé avec eux, plaisanté avec eux, mais n'avait pas eu de conversations sérieuses — leurs appels se prolongeaient depuis des années — et ils étaient tous profondément dépravés. Il est vrai que tout le quartier de haute surveillance était un zoo, un zoo à un étage avec de nombreuses cages.

A angle droit avec le hall principal se trouvaient les unités de cellules régulières. Derrière une grille il y avait une série de cinq cellules faisant face à cinq autres. Chaque prisonnier avait donc vue sur le prisonnier en face de lui, et des vues partielles du reste des prisonniers de l'autre côté. Parfois, les dix hommes pouvaient discuter à la fois. C'était un charivari de cris et le bruit se répercutait de l'acier à la pierre. Les échos se rencontraient comme des voitures en collision. C'était un peu comme vivre à l'intérieur d'un intestin de fer.

La plupart des détenus passaient trois mois en haute surveillance, pas davantage. Mais les prisonniers du quartier des condamnés à mort étaient là à jamais. Les autres pouvaient quitter leur étage à l'heure des repas pour aller au réfectoire ou bien dans la cour. Dans le quartier des condamnés à mort, on servait les repas dans la cellule. On n'allait jamais dans la cour. Un par un, chaque homme pouvait quitter sa cellule une demi-heure par jour et marcher le long du couloir de l'étage. On pouvait parler aux autres détenus, exhiber — comme Campbell l'avait vu — le pénis que Dieu vous avait donné, ou bien inviter un autre détenu à passer le sien à travers les barreaux. On pouvait se faire menacer — et Gilmore était le genre d'homme à formuler une pareille menace — de s'éloigner des barreaux si on ne voulait pas prendre une tasse d'urine en pleine figure. C'était cela l'exercice au quartier des condamnés à mort.

Auprès des autres prisonniers qui se trouvaient là, Gilmore était détendu. En fait, Campbell s'en émerveillait. Campbell allait d'abord tout exprès à la cuisine pour lui rapporter une tasse de café noir et Gilmore disait en souriant : « Comment ça va, curé ? » et parlait d'un ton calme.

Parfois, ils discutaient dans la cellule de Gilmore. Mais le plus souvent Campbell le faisait appeler et ils s'installaient dans une des pièces du quartier de haute surveillance réservée à cet effet, de façon que personne ne puisse suivre leur conversation. A plusieurs reprises, Gilmore dit : « Vraiment, j'aime bien discuter le coup avec vous. Il n'y a personne d'autre ici avec qui je puisse parler. »

Une fois de temps en temps, ils avaient eu des conversations plus profondes. Gilmore disait : « Ces choses-là, je n'en parlerais même pas aux psychiatres. » Et il racontait comment, la première fois qu'il était allé à MacLaren, deux garçons l'avaient tenu pendant qu'il se faisait violer. Il détestait cela, disait-il, mais reconnaissait que, plus âgé, il avait participé au même jeu, mais de l'autre côté. Ils hochaient la tête. Il énonçait le vieux dicton de prison : « Dans chaque loup, il y a une lope qui cherche à se venger. »

Une fois, Gilmore fit une déclaration que Campbell n'oublia pas. « J'ai tué deux hommes, dit-il, je veux être exécuté à l'heure. »

Puis il ajouta : « Je ne veux absolument aucune célébrité. » Son ton était catégorique. Il expliqua à Campbell qu'il ne voulait pas d'intervention de média, pas d'interview pour la radio ni la télé, rien. « J'estime simplement que je dois être exécuté, je me sens responsable. »

Campbell dit : « Allons, cela ne peut être votre seul motif de vouloir mourir, Gary, rien que le sens de la responsabilité ? » Gary répondit : « Non, je vais être franc avec vous. J'ai passé dix-huit ans en taule et je n'ai pas l'intention d'en passer encore vingt. Je préfère être mort que vivre dans ce trou. »

Campbell comprenait cela. En général, l'Église des Saints du Dernier Jour tolérait la peine de mort. Campbell en était certainement partisan. Il estimait que voir un homme s'avilir, devenir chaque jour plus haineux, plus mauvais et plein de rancœur, tant envers lui-même qu'envers les autres était d'une cruauté absolue. L'homme était mieux loti et changerait moins et serait davantage lui-même après avoir été exécuté qu'en restant ici. Il était plus sage de passer dans le monde des esprits — et d'attendre la résurrection. Là, un homme pouvait avoir une meilleure chance de défendre sa cause. Dans le monde des esprits, on avait plus de chance de trouver de l'aide que la dégradation.

6

Campbell avait été missionnaire mormon en Corée, puis aumônier militaire dans une unité de parachutistes. Il avait enseigné aux missionnaires pendant six ans après sa sortie de l'armée. Il avait aussi été flic pendant le week-end. Il prenait une voiture de patrouille à six heures le vendredi soir et la rendait le lundi à huit heures du matin. Comme il avait grandi dans un ranch de l'Utah, il n'avait pas eu besoin d'apprendre à se servir d'une arme à feu. Étant enfant, il avait un pistolet et il savait s'en servir. En tirant de la hanche, il frappait un bidon d'essence à quinze mètres en un quart de seconde. Il avait grandi en se prenant pour un second Butch Cassidy.

Il n'était pas trop grand, mais il aurait considéré comme un péché de ne pas être en bonne forme et soigné. Il se tenait bien droit, les épaules en arrière, et aurait pu être un tireur d'élite. Il avait la patine du métal finement usiné. Durant ces week-ends où il travaillait comme flic, il était de service vingt-quatre heures durant, prenant tous les appels. Bien sûr, c'était une petite ville et, en général, il avait le temps d'aller au temple, mais il avait un petit récepteur radio sur lui qui permettait de toujours être contacté et, d'ailleurs, il procéda à plus d'arrestations à Lindon City que les deux autres inspecteurs réunis, puisque pendant le week-end il lui fallait s'occuper de tous les ivrognes et de toutes les bagarres.

La dernière fois qu'il avait vu Nicole, c'était au cours d'un de ces week-ends, à deux heures du matin. Il roulait dans Lindon et elle était là à faire du stop. Il lui dit : « Monte dans la voiture, qu'est-ce que tu fais ici ? C'est dangereux. »

Il avait entendu dire qu'elle avait un enfant et ce soir-là, elle était de toute évidence bourrée de drogue. Il avait toutes les raisons de l'emmener en prison, mais elle lui fit confiance et il veilla à ce qu'elle rentrât chez elle. Il ne cessait de penser à tous les conseils qu'il lui avait donnés une fois par semaine, lors de séances de cinq à trente minutes. Il savait quelle triste situation familiale était la sienne. Elle lui avait parlé d'oncle Lee, mais c'était un sujet délicat. Il ne parvint pas vraiment à la faire aller au fond du sujet. Parfois elle était assise dans sa classe, l'air rêveur, sans apparemment se rendre compte qu'elle était là.

Ce matin-là où Campbell s'en alla chercher Nicole pour la conduire près de Gary, elle dormait sur le divan et ses deux enfants étaient installés sur le plancher avec une couverture sur eux. Après s'être donné un coup de peigne, elle fit entrer Campbell. Elle ne savait même pas qui il était.

Elle entrebâilla le rideau. Sans le reconnaître. Il dit : « Comment vas-tu, Nicole, tu te souviens de moi ? » Elle le dévisagea et dit : « Bien sûr, entrez. » Il poursuivit : « Je suis le frère Campbell. » Elle reprit : « Oui, bien sûr, entrez donc. » Ils échangèrent quelques politesses et il dit qu'il était venu parce que Gary voulait la voir.

Elle déposa les enfants chez son ex-belle-mère, Mme Barrett, et sur le chemin de la prison, Campbell discuta de la situation. Elle lui dit sans ambages que si Gary mourait, elle pourrait bien mourir aussi.

C'était là une chose que Campbell avait du mal à garder pour lui, et pourtant, il ne pouvait guère en parler. Sa fonction à la prison l'obligeait à garder des secrets.

Parfois un détenu venait lui dire que tel prisonnier en avait après lui. Campbell n'allait pas trouver le directeur pour en discuter avec lui. Cela aurait permis aux autres détenus de déclarer que l'homme était un mouchard. Et ils en auraient eu encore plus après lui.

Campbell ne révélait donc rien, sauf si c'était une question de vie ou de mort. Mais dans ces cas-là, il en demandait la permission à l'homme qui s'était confié à lui.

Cette fois, bien qu'il sût que Gary et Nicole pensaient au suicide, il ne pouvait rien dire. Cela ne ferait qu'accroître la tension. Après cela, il y aurait un gardien assis jour et nuit dans la cellule de Gilmore. Toutefois, il ne pouvait guère prétendre qu'il avait l'esprit détendu. Ce qui le préoccupait le plus, c'était le calme avec lequel Nicole en avait discuté. Sauf en ces occasions où il était en colère, Gary avait le regard le plus détendu que Campbell ait jamais vu : ses yeux regardaient tout sans acuité. Et la voix de Nicole avait un peu la même qualité : elle ne trébuchait jamais lorsqu'elle disait la vérité.

7

Tu te souviens le soir où on s'est rencontrés ? J'avais besoin de t'avoir, pas juste physiquement mais de toutes les façons, pour toujours : ce soir-là il y avait un vent de tempête qui soufflait dans mon cœur. Ça restera pour toujours la plus belle nuit de ma vie. Je t'aime plus que Dieu. Je suis content que tu comprennes la façon dont j'entends cela mon ange. Ça me fait encore un drôle d'effet de le dire. Mais je ne veux vexer personne en faisant une déclaration comme ça. Je t'aime plus que n'importe quoi : je crois que Dieu en sourirait. Dans une de tes premières lettres, tu parles de grimper dans ma bouche et de descendre dans ma gorge accrochée à une mèche de tes cheveux pour réparer le coin usé de mon estomac. Tu écris bien.

Vendredi dernier, tu m'as dit que tu aimerais que chacun de nous pense à l'autre à une certaine heure de la journée, que ça nous rapprocherait peut-être. Mais je ne sais jamais quelle heure il est ici. Je ne vois pas de pendule et je n'ai qu'une idée approximative du temps. Je sais qu'on nous apporte le petit déjeuner vers six ou sept heures du matin, le déjeuner vers onze heures ou midi et le dîner vers quatre heures, mais je ne sais même pas si c'est toujours pareil — peut-être parce qu'ils font des rotations et qu'ils apportent les repas à une section d'abord un premier jour et à une autre le suivant. Merde, pour tout dire je ne sais tout simplement pas quelle heure il est.

Maintenant, chérie, nous en arrivons à une chose qu'il faut bien discuter ; le reste de ta vie à toi. Je ne veux pas qu'aucun autre homme te possède. Je ne veux qu'aucun autre homme te possède en aucune façon et surtout je ne veux qu'aucun homme me vole une partie de ton cœur.

Si je devais passer de l'autre côté et voir un autre homme avec toi, je ne peux tout simplement pas te dire ce que je ferais. Je crois que je chercherais une façon de mettre fin une fois pour toutes à l'existence de mon âme, de mon être même.

Si une chose comme cela n'était pas possible, j'envisagerais de jeter mon âme au centre de la planète Uranus, dans un endroit horrible entre tous de façon à ce que je puisse à jamais devenir tel qu'il me soit impossible de changer.

28 octobre

Bébé, j'aimerais pouvoir méditer. J'y arrive déjà dans une certaine mesure. Je le fais, mais pas vraiment profondément, tu vois ? Même quand c'est tranquille, on attend le bruit. Je sais qu'on peut trouver la bonne réponse à n'importe quoi par la méditation, mais, à cause du cadre où je vis, je n'y arrive guère. C'est plus que le bruit, on ne peut pas se laisser aller dans un endroit comme ça — il y a une atmosphère de tension, un climat de violence en prison — dans toutes les prisons — et c'est dans l'air. C'est plein de fils de pute paranoïaques ces endroits-là, ils se trimbalent en émettant des ondes paranoïaques négatives, hostiles. J'aime beaucoup que tu médites. Je ne sais si je suis très emballé par l'écriture automatique. Je crois qu'avec des choses comme l'écriture automatique, les planchettes Ouija, il est possible d'ouvrir des portes qu'il vaut peut-être mieux ne pas ouvrir. Je crois qu'il existe de nombreux esprits esseulés, perdus, abandonnés qui cherchent à pénétrer dans un esprit humain. Tous les esprits ne sont pas bienveillants. Beaucoup d'entre eux sont seulement esseulés, mais beaucoup sont malveillants aussi. Bébé, si tu bricoles avec les esprits, il faut que tu te méfies. Je n'essaie pas de prendre des airs sombres et menaçants et je ne sais pas très bien comment j'ai cette certitude-là, mais je suis convaincu qu'il faut garder le contrôle. Il faut être plus fort que la chose avec quoi on communique. Peser avec soin les « messages » qu'on reçoit et si au bout d'un moment on commence à éprouver une attraction, quelque chose qui ne va pas, si ça vous rend triste ou bizarre ou pas bien — alors il faut s'arrêter. Comme pour tout le reste dans la vie, il faut garder le contrôle. Être forte, ne pas avoir peur.

Bébé, je ne sais pas au juste ce qui se passe quand on meurt sauf que ce sera pour moi quelque chose de familier. C'est juste un sentiment fichtrement fort que j'ai — c'est quelque chose à quoi j'ai pensé, que je connais en fait depuis des années. Ce qu'il y a dans le fait de mourir c'est qu'il faut garder le contrôle. Ne pas se laisser distraire par des esprits esseulés et perdus qui t'interpellent au passage : peut-être même qu'ils essaient de vous attraper.

Quand cela nous arrive, nous devons chacun penser à l'autre. Je ne sais comment, mon ange, mais c'est une de ces choses que je sais. Quand on meurt, on est libre comme jamais on ne l'a été dans la vie — on peut voyager à une vitesse formidable. Rien qu'en pensant à un endroit on y est. C'est une chose naturelle et on s'habitue — c'est juste la conscience qui n'est plus encombrée du corps.

Tu sais, ce type dans la cellule à côté de moi lâche les pets les plus formidables que j'aie jamais entendus. Je croyais que Gibbs était un sacré péteur, mais il n'arrive pas à la cheville de ce mec ! Des pets bruyants, rauques, grondants, furieux — je n'ai jamais rien entendu de pareil. Cela fait un bruit pire que le démarrage d'une tondeuse à gazon.

Snyder et Esplin eurent quelques discussions avec Noall Wootton à propos de l'affaire. Ils se rencontraient dans les couloirs ou à la cafétéria et parfois se posaient des questions à propos de la stratégie de l'autre camp. Comme il avait gagné, Wootton les asticotait un peu, mais pas trop méchamment. C'était dans le genre : « Êtes-vous sûrs, pauvres poires, que vous avez eu toute la coopération que vous pouviez escompter de votre client ? » ou bien : « Pourquoi diable n'avez-vous pas fait citer sa petite amie ? » « Il n'a pas voulu », répondaient-ils. Tous reconnaissaient que c'était un vrai problème. Dès l'instant qu'un accusé était reconnu sain d'esprit et jouissait de toutes ses facultés, il avait le droit de mener sa défense comme il l'entendait.

Depuis que Gary était au pénitencier d'État, Snyder et Esplin n'avaient eu que peu de contacts avec lui. Ils lui parlèrent au téléphone deux ou trois fois et, au début, prirent des dispositions pour que Nicole puisse aller le voir, mais ils n'y allèrent eux-mêmes que deux jours avant que l'affaire ne passe en appel le 1er novembre. Ce jour-là, toutefois, ils eurent un contact oral dans la salle des visites au quartier de haute surveillance. Juste assez d'espace pour pouvoir marcher de long en large, peut-être quatre mètres cinquante sur six.

Ils arrivaient porteurs d'une bonne nouvelle. Leurs chances de faire commuer la peine de mort en emprisonnement à vie étaient bonnes. Tout d'abord, comme ils le lui expliquèrent, le statut de l'Utah sur la peine de mort, voté par la dernière législature, ne prévoyait pas de révision obligatoire d'un verdict de mort. C'était grave. Sans doute contraire à la Constitution. Cette critique, « contraire à la Constitution », représentait sans doute ce qu'on pouvait trouver de plus fort dans le domaine juridique. Un grand nombre de juristes estimaient que le statut de l'Utah allait presque certainement être annulé par la Cour suprême des États-Unis. Snyder et Esplin pensaient donc que la Cour suprême de l'Utah allait beaucoup hésiter avant de faire appliquer une peine de mort. La Cour suprême de l'Utah n'aurait certainement pas bonne mine si, peu après avoir laissé exécuter la sentence, la Cour suprême des États-Unis rendait un jugement contraire. Et puis ils avaient aussi un autre bon filon légal à exploiter. Lors de l'audience de révision de peine, le juge Bullock avait admis la preuve du meurtre d'Orem. Cela devrait avoir un gros effet sur le jury. C'était certainement plus facile de voter la mort d'un homme si on entendait parler d'un autre meurtre. Snyder et Esplin étaient donc optimistes. L'essentiel de leur système de défense avait été de manœuvrer pour pouvoir utiliser d'excellentes raisons de faire appel. Maintenant, ils éprouvaient même une certaine excitation. Une partie du dossier allait peut-être faire jurisprudence dans le Comté de l'Utah.

Gary écouta, puis il dit : « Cela fait trois semaines que je suis ici, et je ne sais pas si j'ai envie de passer ici le restant de mes jours. (Il secoua la tête.) Je suis arrivé avec l'idée que je pourrais peut-être le supporter, mais les lumières restent allumées vingt-quatre heures sur vingt-quatre et le bruit n'est pas supportable. »

Les avocats continuaient à lui exposer leurs raisons de faire appel. Le dernier argument, suivant lequel les commentaires de Wootton sur les souffrances de Debbie Buschnell pouvaient facilement être considérés comme de nature à causer un préjudice à Gary, était bon, excellent même.

Gary marchait de long en large et avait l'air un peu nerveux. Il répétait quelles difficultés il éprouvait à vivre en haute surveillance. Finalement il dit d'un ton tranquille : « Est-ce que je peux vous congédier ? »

Ils répondirent qu'il le pouvait. Toutefois, ajoutèrent-ils, ils pensaient qu'ils devraient peut-être continuer à faire appel. C'était leur devoir.

Gilmore dit : « Voyons, est-ce que je n'ai pas le droit de mourir ? (Il les dévisagea.) Est-ce que je ne peux pas accepter mon châtiment ? »

Gary leur fit part de la certitude qu'il avait d'avoir déjà été exécuté une fois auparavant, dans l'Angleterre du XVIIIᵉ siècle. Il dit : « J'ai l'impression d'être déjà venu ici. Il y a un crime dans mon passé. (Il se tut puis reprit :) J'ai l'impression que je dois payer pour ce que j'ai fait en ce temps-là. » Esplin ne put s'empêcher de penser que cette histoire d'Angleterre du XVIIIᵉ siècle aurait sûrement fait une sacrée différence si les psychiatres l'avaient entendue.

Là-dessus, Gilmore commença à expliquer que sa vie ne se terminerait pas avec cette vie-ci. Il existerait encore après sa mort. Tout cela semblait faire partie d'une discussion logique. Esplin finit par dire : « Gary, nous comprenons votre point de vue, mais nous estimons quand même de notre devoir de faire appel. » Lorsque Gary reprit : « Qu'est-ce que je peux y faire ? » Snyder répondit : « Ma foi, je ne sais pas. » Gary dit alors : « Est-ce que je peux vous congédier ? » Esplin répondit : « Gary, nous allons faire comprendre au juge que vous voulez nous virer, mais nous allons quand même déposer notre demande. » Ils se séparèrent en assez bons termes.

Noall Wootton était à San Francisco à un symposium national sur l'homicide. Il y était allé, comme il le dit, pour apprendre à mener l'accusation dans les affaires de meurtres, et on lui donna même un certificat. Sa femme devait venir le rejoindre pour quelques jours de vacances, mais un message venant de son bureau fit tomber tout ça à l'eau. La secrétaire de Wootton téléphona pour dire que Gary Gilmore avait l'intention de retirer sa requête pour un nouveau procès. Il n'allait pas faire appel. Il voulait être exécuté et Snyder et Esplin étaient très embêtés. Ils ne savaient pas quelle position adopter. Wootton en conclut qu'il ferait mieux de rentrer. Qui savait ce que Gilmore avait déniché ? Wootton ne se souvenait pas avoir connu une telle situation.

En ce 1er novembre, le tribunal était bien calme. Il n'y avait pas beaucoup de monde dans la salle et, tout bien considéré, le discours de Gary au juge était, se dit Wootton, plutôt ouvert et courtois. Wootton obtint du juge Bullock la permission de poser quelques questions.

PROCUREUR WOOTTON : Monsieur Gilmore, la façon dont vous avez jusqu'ici été traité au pénitencier de l'État d'Utah a-t-elle, en aucune façon, influencé votre décision ?

GILMORE : Non.

PROCUREUR WOOTTON : Et la façon dont vous avez été traité à la prison municipale ?

GILMORE : Non.

PROCUREUR WOOTTON : Bien. Vous avez été représenté par deux avocats payés par le Comté d'Utah. Admettez-vous cela ?

GILMORE : Oui.

PROCUREUR WOOTTON : Êtes-vous satisfait des avis qu'ils vous ont donnés et de la défense qu'ils vous ont assurée ?

GILMORE : Pas entièrement.

PROCUREUR WOOTTON : En quelle façon, monsieur ?

GILMORE : Je suis satisfait d'eux.

PROCUREUR WOOTTON : Donc, la façon dont ils vous ont représenté n'a pas nécessairement eu une influence sur votre décision. Est-ce correct ?

GILMORE : C'est une décision que j'ai prise seul. Elle ne dépend pas d'autre chose que du fait que je n'ai pas envie de passer le restant de ma vie en prison. Cela ne veut pas dire cette prison-ci ou cette prison-là, mais n'importe quelle prison.

PROCUREUR WOOTTON : Votre décision a-t-elle été influencée par autre chose que vos propres réflexions, monsieur, ou par quelqu'un ?

GILMORE : Je prends mes décisions moi-même.

PROCUREUR WOOTTON : Êtes-vous en ce moment sous l'influence d'un alcool, d'une drogue ou d'un produit quelconque ?

GILMORE : Non, bien sûr que non.

PROCUREUR WOOTTON : Avez-vous subi une influence de ce genre, monsieur, dans le cours de vos pensées précédant cette décision ?

GILMORE : Je suis en prison. On ne sert pas de bière, de whisky, ni rien de ce genre.

PROCUREUR WOOTTON : Monsieur, selon vous, vous estimez-vous mentalement et affectivement en mesure de prendre maintenant cette décision ?

GILMORE : Oui.

PROCUREUR WOOTTON : Prétendez-vous actuellement n'être pas sain d'esprit ou souffrir de troubles mentaux ?

GILMORE : Non. Je sais ce que je fais.

PROCUREUR WOOTTON : Monsieur, souhaiteriez-vous que la Cour remette la date de l'exécution au-delà de la période normalement prévue pour interjeter appel afin de vous donner plus de temps pour réfléchir à cette décision ?

GILMORE : A aucun moment je ne penserai différem-
ment.

DESERET NEWS

*Le prisonnier ne veut pas changer la date de
sa mort.*

Provo (A.P.) 1ᵉʳ novembre. — A moins qu'il
ne change d'avis et ne fasse appel, ou que
les tribunaux et le gouvernement intervien-
nent, un prisonnier libéré sur parole de
trente-cinq ans, accusé d'avoir tué un
employé d'hôtel, tient à maintenir au
15 novembre la date de son exécution.
  « Vous m'avez condamné à mourir. A
moins qu'il ne s'agisse d'une plaisanterie, je
tiens à ce que les choses aillent jusqu'au
bout », a déclaré hier Gary Gilmore.
  Le juge Bullock, du tribunal du 4ᵉ district, a signifié à Gilmore qu'il pouvait
encore changer d'avis et faire appel. De
plus, un avocat de l'accusé a déclaré qu'il
allait préparer les demandes d'appel au cas
où Gilmore déciderait d'interjeter appel.

DESERET NEWS

Houdini ne s'est pas montré.

Provo (A.P.) 1ᵉʳ novembre. — La Toussaint
a été une déception pour des groupes
essayant d'établir un contact avec l'esprit
du spécialiste de l'évasion, Harry Houdini,
qui est mort le jour de la Toussaint, voilà
cinquante ans.

Plusieurs prestidigitateurs s'étaient rassemblés dimanche dans la chambre de l'hôpital de Detroit où Houdini est mort, en espérant un message du maître. Tout ce qu'ils ont obtenu sur le magnétoscope apporté pour enregistrer l'événement a été des parasites d'une station locale diffusant du rock.

« Ça n'est même pas de la très bonne musique », a remarqué un prestidigitateur.

CHAPITRE XXXII

VIEUX CANCER. FOLIE NOUVELLE

1

LE 2 novembre, après les nombreux coups de téléphone, Bessie commença de nouveau à percevoir des échos. Le passé retentissait à ses oreilles, le passé résonnait dans sa tête. Des barreaux d'acier heurtaient la pierre.

« L'imbécile ! cria Mikal. Il ne sait donc pas qu'il est en Utah ? Ils vont le tuer s'il va trop loin. » Elle essaya de calmer son plus jeune fils, tout en songeant que depuis l'époque où Gary avait trois ans, elle n'avait cessé de penser qu'il serait exécuté. C'était un délicieux petit bonhomme, mais elle avait toujours vécu avec cette crainte depuis qu'il avait trois ans. C'était quand il avait commencé à montrer un aspect de sa personnalité qu'elle ne pouvait même pas supputer. Un jour, au cours de cette interminable année où Frank était dans cette prison du Colorado, elle était assise chez sa mère et regardait Gary jouer dans la cour. Il y avait une flaque de boue dont elle lui avait dit de s'éloigner. Deux minutes après qu'elle fut entrée dans la maison, il alla s'asseoir en plein milieu. Cela lui fit peur. Aurait-il toujours un pareil esprit de défi ?

Une fois de plus, les parois de la caravane l'enfermaient. Quelqu'un, un jour, lui avait demandé si elle avait eu du mal à s'habituer à vivre dans une caravane, et elle avait répondu non. C'était au début et parce qu'elle n'y avait jamais vécu. Depuis, elle se rendait compte qu'elle avait signé son arrêt de mort du jour où elle avait emménagé.

C'était laid et elle avait horreur des endroits laids. Sa santé déclina. Elle n'avait, croyait-elle, hérité que juste assez de sens artistique de l'oncle George, le peintre, pour savoir décorer un intérieur, et elle l'avait fait pour la dernière maison. C'était joli. Maintenant, elle vivait dans un endroit froid, et son arthrite empirait à mesure qu'elle passait des mois et des années près de sa table, dans la cuisine, tout au bout de la caravane, avec la radio entassée sur les annuaires téléphoniques, calant les os endoloris de son bassin sur un coussin.

Toute la décoration tournait autour du brun. Une pauvreté après l'autre. Même la glacière était marron. C'était une de ces teintes tristes qui n'égayait rien. Couleur d'argile. Où rien ne pouvait pousser.

A côté de la grand-route, dans ce terrain qu'ils appelaient le parc, se trouvaient cinquante caravanes. On y parquait de vieilles gens. A peu de frais. Sa caravane avait-elle coûté trois mille cinq cents dollars ? Elle ne s'en souvenait plus. Quand les gens lui demandaient s'il y avait une chambre ou deux, elle répondait : « Ça ne semble pas croyable, mais il y a une chambre et demie. » Il y avait aussi une demi-véranda avec une demi-marquise...

Parfois, elle ne sortait pas pendant des semaines. Son arthrite empirait. Chez Speed, elle n'arrivait pas à faire son travail. Ses doigts déformés lui faisaient mal chaque fois qu'elle prenait une assiette. Chaque mouvement lui semblait devoir être le fruit d'une désagréable transaction. Parfois, en plein milieu d'un geste, elle devait calculer comment dévier sa course de façon à ce que la répercussion de la douleur ne lui figeât pas l'épine dorsale. Le patron finit par lui dire qu'il était obligé de la congédier et il lui donna sa dernière paie. Elle gagnait soixante-dix dollars par semaine. Dès qu'elle se fut arrêtée de travailler, son arthrite empira. Un genou commença à la tracasser, puis l'autre.

Un médecin lui dit qu'il pouvait opérer ses genoux en lui mettant des articulations en matière plastique. Elle ne voulut pas. Elle ne se voyait pas vivant dans cette caravane déjà en plastique avec, en plus, des genoux en plastique. Les longs cheveux qui lui tombaient jusqu'à la taille devinrent gris et elle les coiffa en chignon. Étant donné la difficulté qu'elle éprouvait à lever les bras, elle les laissait généralement comme ça. « Je suis laide », se disait Bessie. C'était comme si, en perdant la maison, elle avait aussi perdu sa beauté.

Elle songea à l'année où Mikal termina ses études de lycée. Il alla au collège à Portland et travailla pour les payer. Il était intelligent, il avait de bonnes notes et devait penser à son avenir. Il y avait des périodes où il venait la voir moins souvent. Le jour où elle perdit la maison de dix pièces avec les meubles à tablettes de marbre, Mikal partit vers le nord, elle vers le sud. Plus jamais ils ne vécurent sous le même toit.

Elle n'était allée qu'un peu plus loin, au sud sur McLaughlin Boulevard à Milwaukie, puis au sud de Portland City. Elle était descendue un peu plus bas dans la large avenue bordée de bars, de petits bistrots et de magasins à prix réduits. Une station d'essence avait un vieux bombardier Boeing de la seconde guerre mondiale suspendu en l'air, au-dessus des pompes. On ne pouvait pas rêver mieux dans le genre surplus. Comme elle restait de plus en plus dans la caravane, elle passait de moins en moins devant ce ridicule avion.

Mikal était parti. Ils étaient tous partis. Elle ne savait dans quelle mesure c'était sa faute, ou si c'était la faute du monde qui poursuit inexorablement, mais ils n'étaient plus là. Gary était parti pour toujours. Et, dans ses rêves, le vent soufflait toujours par le trou que le pic à glace avait fait dans le ventre de Gaylen. Frank Jr était souvent parti, et lorsqu'elle le voyait pendant les week-ends, il restait plongé dans ses pensées, parlait rarement et ne pratiquait plus la prestidigitation. Quant à Frank Sr, cela faisait longtemps qu'il était mort.

Les chagrins de la famille avaient commencé avec Gary et le voilà qui voulait mourir. Quand il ne serait plus là, descendrait-il lui aussi dans cette fosse où ils n'auraient plus à se chercher les uns les autres ? Elle revécut les jours ayant précédé la mort de Frank Sr.

Son air mauvais, se plaisait-elle à dire, était suffisant pour faire reculer un homme. Il avait vécu si longtemps dans les milieux du spectacle, comme athlète, que ses muscles saillaient. C'était un homme fort et puissamment bâti, et pourtant elle le vit décliner pour n'être plus que l'ombre de lui-même et finalement mourir.

Il avait toujours eu très peur du cancer. Sa mère en était morte et Frank n'en parlait jamais, mais Bessie le savait. Il en éprouvait une crainte permanente. Rien que d'entendre le mot pouvait lui gâcher sa journée. Elle le vit languir à l'hôpital. Il dépérissait. Jadis, elle avait été très amoureuse de lui, mais il y avait eu de si nombreuses scènes à propos des garçons, surtout à propos de Gary, que, vers la fin, il n'y avait plus grand-chose entre eux. Mais c'était dur de le voir mourir, et l'amour qu'elle avait eu pour lui avait repris le dessus.

Seule, elle pleurait en pensant à la première fois où Gary avait comparu devant un juge, parce que c'était la première fois que Frank soutenait Gary. « N'avoue rien », avait-il répété à Gary. La sagesse de toute sa vie tenait dans cette remarque. Si l'on n'avouait rien, l'adversaire ne serait peut-être pas en mesure d'entreprendre le jeu de la loi et de la justice.

Néanmoins, le juge déclara Gary coupable.
Maintenant, Gary agissait à l'opposé de ce principe. « Tuez-moi », disait-il.

2

Lorsque Frank Sr était en prison, au Colorado, elle vécut quelque temps avec Fay. Une nuit une chauve-souris entra dans la maison de Fay. Elle appela la police pour la faire sortir. Pas de doute, cette chauve-souris portait malheur. Et puis, un an jour pour jour après la mort de Frank, une chauve-souris entra dans sa propre maison au mobilier en acajou des Philippines. Bessie se précipita au premier étage et appela de nouveau la police, frissonnante d'une peur vieille de vingt ans. Cela s'était passé peu après le jour où elle avait surpris Gary assis à son bureau et ayant à la main l'acte de naissance portant le nom de Fay Robert Coffman. Ce fut à cet instant qu'elle eut l'intuition que, même si cela prenait des années, elle perdrait la maison. Il y avait trop de haine chez Gary. Avec une telle haine, il n'était pas possible qu'elle pût la garder.

Pourtant, elle essaya. Tout au long des années, elle essaya malgré les doigts qui s'épaississaient, les genoux qui se bloquaient, la lente déformation de ses membres. Si l'Église mormone voulait bien payer son arriéré d'impôts, mille quatre cents dollars — ça n'était pas une fortune — elle signerait l'acte de cession jusqu'au jour où elle aurait remboursé totalement l'Église.

Ce serait simple, croyait-elle, mais cela eut seulement pour résultat de lui faire entendre des voix. Des voix réelles. Elle percevait toutes les vilaines pensées. L'évêque avait dit qu'ils enverraient un homme estimer la propriété. Il l'évalua à sept mille dollars, la moitié de ce que Frank Sr l'avait payée dix ans auparavant. Elle fit remarquer que son mari n'était pas un imbécile. L'homme répondit : « On m'a demandé de l'estimer à un prix bas », et il parla de la détérioration du terrain.

Bientôt les voix commencèrent à lui suggérer d'accepter de vivre sur un pied plus modeste. Était-elle obligée, maintenant, de rester dans une grande maison ? Elle pouvait travailler pour une des dames riches de l'Église, et avoir son gîte et son couvert assurés.

Cela ne semblait pas sage, expliqua l'évêque, de conserver la maison qu'elle était physiquement et matériellement incapable d'entretenir. La ville, d'ailleurs, la menaça de poursuites si elle ne déblayait pas l'arrière de la maison, envahi par les herbes. Elle avait quatre fils, et pourtant ce n'était qu'un taillis envahi de boîtes de conserve et de ronces. L'Église envoya des jeunes gens pour essayer de s'approprier tout ça, mais c'était un gros travail. Est-ce que Mikal ne pouvait pas l'aider ?

Il faisait ses études, expliqua Bessie. Après cette époque, il y eut comme un mur entre le diocèse et elle.

Elle entendit aussi des voix qui lui parlaient de la situation financière. La maison, si on tenait compte des frais d'entretien, ne valait pas ce que ça coûterait de rembourser les arriérés d'impôts. On lui répéta que le terrain adjacent à la maison était mal tenu, envahi de mauvaises herbes, et que ses fils ne l'avaient pas entretenu. Elle se sentait prête à tuer : elle n'aimait pas qu'on vienne lui dire ce que ses fils devraient faire. Pas plus qu'elle ne tolérait ces voix disant que la sagesse était de trouver une maison roulante où elle pourrait vivre et dont elle pourrait s'occuper.

Tous les gens qui m'ont fait du mal n'ont jamais été que des mormons, personne d'autre n'y est arrivé, se dit-elle. Elle se rappelait la haine farouche qu'elle avait lue sur le visage de Gary le jour où elle lui avait dit, dans la salle des visites au pénitencier d'Oregon, que l'Église ne l'avait pas aidée à sauver la maison. Elle avait eu l'impression que Gary avait trouvé un ennemi digne de lui.

Dans l'immédiat, elle était assise dans le noir dans sa caravane, sans télévision ni radio, les jambes enveloppées dans du papier d'emballage, et sa chemise de nuit ayant l'air d'avoir cent deux ans. Elle entendit le garçon de l'Église mormone frapper à sa porte, rompant le silence, le garçon qui venait l'aider. Pendant qu'il lavait la vaisselle sale répandue sur la table et l'évier, elle reprenait le fil du passé immédiat en évoquant ce qui s'était passé la veille et les cinq jours précédents, puis toute cette vie au jour le jour. Mais parfois, elle restait assise sans répondre aux coups frappés à la porte. Dans le noir elle le devinait qui regardait à travers les vitres de la porte pour essayer de découvrir son ombre assise. Et elle finissait par dire : « Va-t'en ! »

« Je vous aime, Bessie », disait le jeune mormon à travers la porte. Puis il s'en allait poursuivre sa ronde et aider une autre vieille dame, tout comme Bennie Buschnell l'avait fait jadis.

« Ça n'est pas possible que Gary veuille mourir », se répétait-elle dans l'obscurité.

2 novembre 1976
Milwaukie, Oregon

Gary Gilmore.
Matricule 13871.
Cher Gary,
J'ai entendu la nouvelle à midi et c'est à peine si j'ai pu la supporter, mon chéri. Je t'aime et je veux que tu vives.
Gary, Mikal t'aime aussi. Il est ton ami et tu sais que je ne te mentirais pas. Ça a été un rude coup pour lui mais il va essayer très dur de t'aider. Si tu as quatre ou cinq personnes qui t'aiment vraiment, tu as de la chance. Alors je t'en prie, tiens le coup.
Voici une photo de moi et de Mikal prise à Salt Lake City voilà des années.

Je t'aime.
MAMAN

3

Mikal n'avait jamais dit à Bessie quelle rage Gary avait éveillée en lui avec ces meurtres. Ç'aurait pu être moi, pensa-t-il en juillet, lorsqu'il apprit la nouvelle pour la première fois.

Mikal travaillait dans un magasin de disques. S'il faisait l'envie de ses amis parce qu'il pouvait avoir des enregistrements neufs avec trente pour cent de réduction, il devait aussi jeter à la porte du magasin les trafiquants de drogue et les faiseurs d'embrouilles. Il n'était pas nécessairement prêt à cela. Un jour, un voleur à l'étalage le menaça d'un couteau. Une autre fois, il faillit se faire assommer par un gros ivrogne qui urinait sur le pas de la porte. La violence de Portland venait effleurer les abords du magasin et y laissait un dépôt, un peu comme cette écume jaune, sur les plages de la ville, où de vieux préservatifs sèchent auprès de méduses échouées, de bouteilles de whisky vides et de poulpes morts.

Si certains entrevoyaient la vie de Mikal comme la tentative d'un Gilmore pour échapper à la malédiction familiale, ce n'était pas forcément le sentiment de Mikal. Il avait une vue plus simple. Il avait tout simplement eu peur de Gary pendant des années. Mikal, en lisant la manchette de cette terrible nuit de juillet, UN CITOYEN DE L'OREGON ARRÊTÉ POUR LE MEURTRE DE L'UTAH, éprouva de la honte. « Ç'aurait pu être moi. » Il aurait pu être la même victime du même absurde cambriolage. Il détestait son frère à ce moment-là. Son frère ne respectait rien. Son frère ne voulait pas savoir, quand il cambriolait une maison, ce que cela représentait de malheur pour les gens qui y habitaient.

Le lendemain, Bessie avait dit à Mikal : « Peux-tu imaginer l'impression que ça fait d'avoir un fils qu'on aime, et qu'on sait qu'il a privé deux autres mères de leurs fils ? » Mikal ne savait pas comment lui dire qu'il avait toujours eu peur des impulsions violentes et capricieuses de son frère, qu'il n'avait jamais su comment les affronter et qu'il était heureux, depuis 1972, de ne pas avoir eu à le revoir.

Cela s'était passé lorsque Gary s'était vu octroyer ce qu'on appelle une « libération scolaire » par le pénitencier de l'État d'Oregon pour être transféré, en semi-liberté, dans un établissement d'Eugene. On le laissait sortir pour étudier l'art. Bessie avait annoncé ça à Mikal, mais il fut néanmoins stupéfait de voir Gary débarquer dans sa chambre, au collège, le lendemain de sa libération en automne 1972, un paquet de six canettes de bière à la main et avec la bonne nouvelle qu'il pourrait encore s'inscrire le lendemain. L'école d'Eugene était pourtant distante de trois cents kilomètres, mais Gary ne semblait pas pressé. Il voulait juste voir comment Mikal se débrouillait.

Le lendemain, Gary était de nouveau là. Vêtu de la même façon. Ses yeux bleus tout injectés de sang contemplaient Mikal et il y avait un dépôt jaune au coin de ses paupières. Il était disposé à emmener Mikal déjeuner, mais seulement en taxi. Il ne voulait pas être vu dans les rues.

Mikal se sentit de nouveau baigné de la terreur qu'il avait toujours éprouvée les rares fois où il était allé voir Gary en prison. Ce n'était pas seulement à cause de Gary mais aussi de ce qu'il ressentait : toutes ces existences gâchées des autres prisonniers, la dépression, l'apathie, la rage figée, le potentiel sans fond de violence qui régnait dans ces couloirs. Au bout d'un certain temps Mikal cessa ses visites. Cela provoquait trop de perturbation lorsqu'il arrivait avec ses cheveux longs. C'était comme protester contre la guerre au Viêt-nam devant une caserne de Marines.

Ce jour-là, pour déjeuner, ils allèrent dans un bar où les serveuses avaient les seins nus. Mikal crut que Gary allait entrer en transe. Il ne cessait d'examiner les seins de la fille qui les servait. Au bout d'un moment, Mikal rassembla son courage et dit : « Il est bien évident que tu ne vas pas aller à tes cours. »

Gary répondit d'un ton délibérément traînant de paysan. Chiqué, se disait toujours Mikal, plus Texas qu'Oregon. « Mon vieux, fit Gary, je ne suis pas fait pour l'école. On ne peut rien m'apprendre sur l'art que je ne sache déjà. » Puis il changea de sujet. Il avait besoin d'un pistolet. Un copain du pénitencier de l'État d'Oregon allait être conduit la semaine prochaine à l'hôpital pour des soins dentaires. Il s'appelait Ward White. Gary voulait l'aider à s'évader.

Mikal protesta. « Tu gâches ta vie.
— C'est une question de dignité », dit Gary en regardant Mikal droit dans les yeux. Lorsqu'il eut la certitude qu'il ne lui procurerait pas d'arme, Gary dit : « Je le ferais pour mon frère, moi. »
Il déposa Mikal en taxi et continua sa route.

Mikal le vit deux fois encore ce mois-là. Gary passa une fois pour entendre des disques de Johnny Cash. Il était charmant et tout à fait sobre. Un autre jour, Gary vint le chercher au collège, l'emmena dans la maison d'un riche ami, lui montra la piscine, puis exhiba un pistolet. « Tu crois que tu pourrais jamais utiliser un de ces trucs-là ? » demanda-t-il.

On aurait dit un mec très fort qui vous pressait votre côté macho pour voir s'il y avait des fuites. « Je saurais me servir d'un pistolet si j'avais à le faire, dit Mikal, mais j'espère que tu parles de légitime défense. »

Gary rangea le pistolet et ébouriffa les cheveux de Mikal. « Allons, fit-il, je vais te raccompagner à la maison. »
Pendant le trajet, Gary se mit à klaxonner, une voiture roulant trop lentement, et comme le conducteur ralentissait encore pour l'agacer, Gary, d'une embardée, s'engagea sur la voie en sens

inverse, juste dans la trajectoire d'une camionnette qui approchait. A la dernière seconde, il évita la collision en faisant monter la voiture sur le trottoir.

« Tu as failli nous tuer », cria Mikal.

Gary respirait profondément. Il posa le front sur le volant. « Parfois, dit-il, il faut pouvoir affronter ça. »

4

Deux jours plus tard, Mikal apprit la nouvelle que Gary avait été arrêté pour vol à main armée. Il retourna en prison. Bien des mois après, Bessie et Mikal assistèrent à son procès. Juste avant le verdict, Gary fit une déclaration à la Cour. Mikal ne l'oublia jamais.

« J'aimerais présenter une requête pour demander une particulière indulgence. J'ai été bouclé les neuf dernières années et demie et j'ai eu à peu près deux ans et demi de liberté depuis l'âge de quatorze ans. J'ai toujours eu des condamnations fermes et je les ai toujours purgées, je n'ai jamais eu de libération anticipée. La justice ne m'a jamais laissé une chance et j'en suis arrivé à penser qu'elle est plutôt dure mais je n'ai jamais rien demandé jusqu'à aujourd'hui. Votre Honneur, on peut garder quelqu'un enfermé trop longtemps tout comme on peut ne pas le garder bouclé assez longtemps. Ce que je veux dire, c'est qu'il y a un moment où il serait bien de libérer quelqu'un ou de lui donner une chance. Bien sûr, qui va le dire ? Seul l'individu lui-même le sait vraiment, et le vrai problème serait d'en convaincre quelqu'un. Il y a eu des moments où j'ai eu l'impression que, si on me laissait souffler, alors je n'aurais sans doute plus jamais d'ennuis. Mais comme je l'ai dit, je n'ai pas l'impression que la justice ait jamais fait de concessions. En septembre dernier, j'ai été libéré du pénitencier pour aller suivre des cours au collège de Lane à Eugene et étudier l'art, et j'avais bien l'intention de le faire. J'étais en taule depuis neuf ans et du jour au lendemain j'étais libre, ça m'avait plutôt secoué. J'ai bu deux verres et je me suis rendu compte que c'était idiot de faire ça. Je venais de sortir et j'ai eu peur, étant en semi-liberté, de me rendre au collège avec l'haleine chargée d'alcool. J'ai pensé qu'on allait me ramener tout de suite au pénitencier et, pour être sincère, je crois que j'avais envie de continuer à boire un peu, c'était si bon. Bref, je me suis taillé. Il ne m'a pas fallu longtemps pour être fauché, j'ai passé deux jours à chercher du travail, mais je n'ai pas pu en trouver. Je n'ai aucune expérience du travail. Quand on est libre, on peut se permettre d'être fauché quelques jours, ça n'a pas d'importance, mais si on est un fugitif on ne peut pas se permettre du tout d'être fauché. J'avais besoin d'un peu d'argent. Je ne suis pas quelqu'un de stupide, même si j'ai fait un tas de choses idiotes, mais j'ai assez envie de liberté pour finir par comprendre que la seule façon de la trouver et de la garder, c'est de cesser d'enfreindre la loi. Je ne me suis jamais rendu compte de ça mieux que maintenant. Si vous vouliez m'accorder le sursis pour cette sentence, vous ne me lâcheriez pas tout de suite dans les rues. J'ai encore du temps à faire mais, comme je le disais, j'ai des problèmes, et si vous me donniez plus de temps, je pourrais les régler. »

Le juge le condamna à neuf ans de prison supplémentaires. « Ne t'en fais pas, dit Gary à sa mère, ils ne peuvent pas me faire plus de mal que je ne m'en suis fait. » Mikal lui serra la main et Gary lui dit : « Fais-moi plaisir. Prends un peu de poids, d'accord ? Tu es fichtrement trop décharné. » Mikal ne devait plus entendre sa voix pendant près de quatre ans, jusqu'au jour où il téléphona à la prison de l'État d'Utah au milieu de novembre 1976. A ce moment-là, Gary Gilmore était un nom célèbre dans la moitié des États-Unis.

DU MÊME AUTEUR

Chez le même éditeur :

BIVOUAC SUR LA LUNE, 1971.
PRISONNIER DU SEXE, 1971.
UN CAILLOU AU PARADIS, 1974.
MÉMOIRES IMAGINAIRES DE MARILYN, 1982.

Composition réalisée par C.M.L. Montrouge

IMPRIMÉ EN FRANCE PAR BRODARD ET TAUPIN
7, bd Romain-Rolland - Montrouge - Usine de La Flèche.
LIBRAIRIE GÉNÉRALE FRANÇAISE.
ISBN : 2 - 253 - 02965 - 3